DÉPÊCHES

CIRCULAIRES, DÉCRETS, PROCLAMATIONS

ET

DISCOURS

DE

LÉON GAMBETTA

MEMBRE DU GOUVERNEMENT DE LA DÉFENSE NATIONALE

MINISTRE DE L'INTÉRIEUR ET DE LA GUERRE

(1 Septembre 1870 — 6 Février 1871)

PUBLIÉS PAR M. JOSEPH REINACH

II

ÉDITION DÉFINITIVE

PARIS

G. CHARPENTIER et E. FASQUELLE, ÉDITEURS

11, RUE DE GRENELLE, 11

1891

DÉPÈCHES

CIRCULAIRES, DÉCRETS, PROCLAMATIONS

ET

DISCOURS

DE

LÉON GAMBETTA

IL A ÉTÉ TIRÉ

Soixante-quinze exemplaires sur papier de Hollande,
numérotés à la presse.

DÉPÊCHES

CIRCULAIRES, DÉCRETS, PROCLAMATIONS

ET

DISCOURS

DE

LÉON GAMBETTA

MEMBRE DU GOUVERNEMENT DE LA DÉFENSE NATIONALE

MINISTRE DE L'INTÉRIEUR ET DE LA GUERRE

(4 Septembre 1870 — 6 Février 1871)

PUBLIÉS PAR M. JOSEPH REINACH

II

ÉDITION DÉFINITIVE

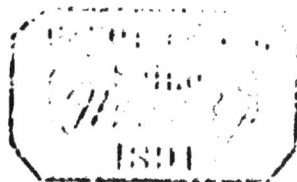

PARIS

G. CHARPENTIER ET E. FASQUELLE, ÉDITEURS

11, RUE DE GRENELLE, 11

1891

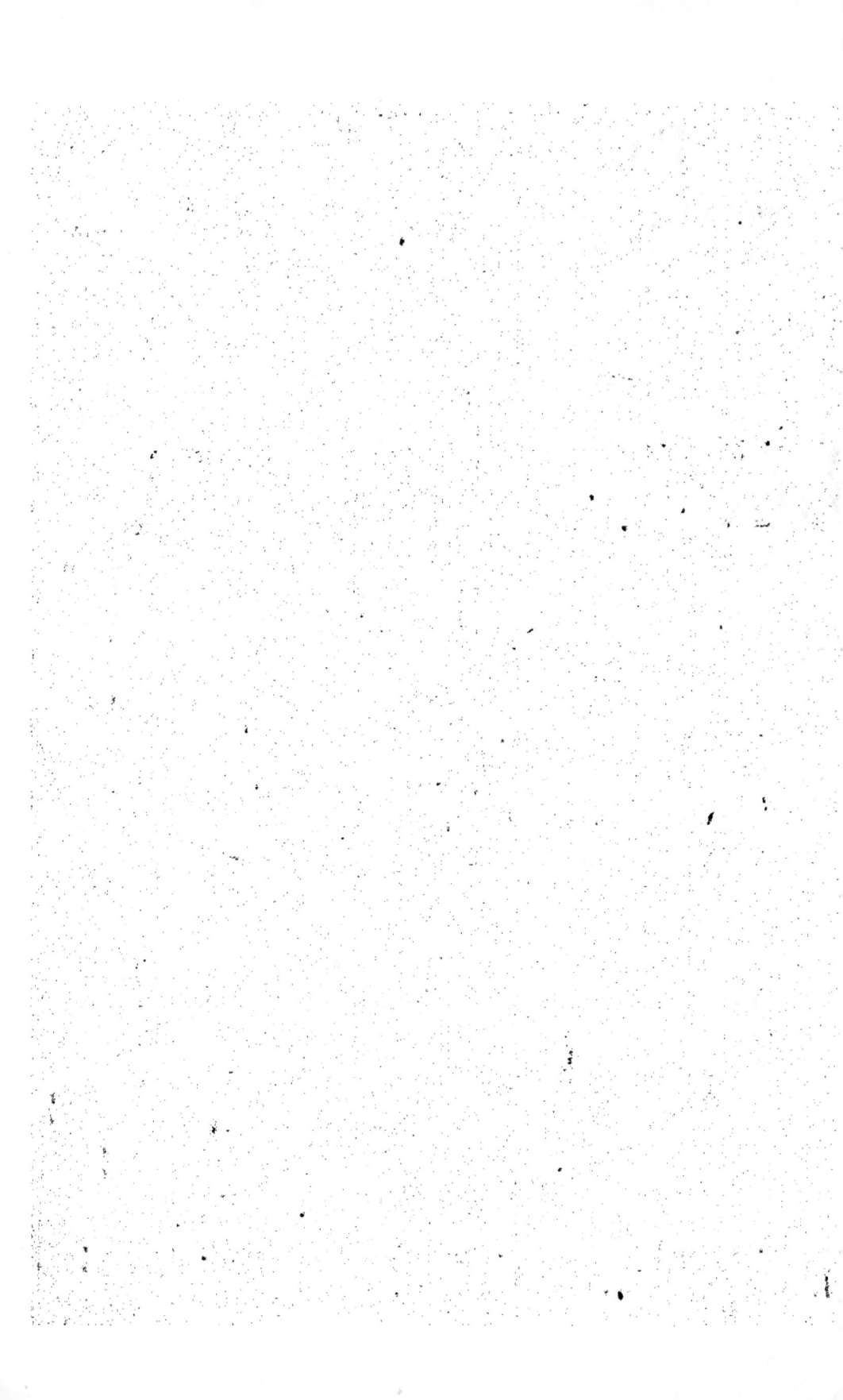

INTRODUCTION

J'achève aujourd'hui, après onze années, la tâche que m'avait confiée Gambetta le 24 juillet 1880, de publier, avec la collection de ses discours et plaidoyers politiques, les proclamations, circulaires, lettres et dépêches, émanées de son ministère sous le Gouvernement de la Défense nationale. La collection des discours est complète en onze volumes; celle des actes de la Délégation de Tours-Bordeaux, qui n'en comprend que deux, ne donne forcément qu'un choix de documents. La publication intégrale des seuls documents militaires, qui sont entassés plutôt que classés aux Archives du ministère de la Guerre, remplirait certainement, cinq ou six volumes *in-quarto* et n'offrirait d'ailleurs, même aux hommes spéciaux, qu'un intérêt secondaire. J'ai donc été amené à faire un choix dans la masse de ces actes, véritable océan où Gambetta, dans la lettre qu'il m'écrivait pour me charger de ce travail, me souhaitait de « faire bonne nage ». Il est possible que j'aie

donné trop pour certains chapitres et trop peu pour
d'autres; j'affirme en tout cas que le seul souci de
la vérité historique m'a guidé dans ce travail; j'ai
éliminé les dépêches dont la reproduction, à tort
ou à raison, ne me semblait pas indispensable à la
connaissance des événements politiques et militaires; mais, à la différence des membres de la
Commission chargée de l'Enquête parlementaire
sur le gouvernement du 4 septembre, je n'ai supprimé aucun texte par esprit de parti. On a pu lire
dans le tome I** de cette publication la fameuse
dépêche qui se termine par les mots : « Soyez
gais et de bonne composition », dépêche admirable
pour quiconque a vu de près ou a pu reconstituer
par la pensée l'état moral de tous ceux, militaires
ou civils, que la désespérance, sous les coups ré-
pétés de la mauvaise fortune, prenait alors et repre-
nait tous les jours, de tous ceux qui, pour retourner
avec un nouveau ressort au poste de combat ou de
travail, avaient incessamment besoin d'être rani-
més par l'indomptable vaillance et la confiance,
hélas! trop souvent affectée, du ministre de l'Intérieur et de la Guerre. On trouvera également ici
celles des dépêches militaires de la Délégation qui
ont été l'objet des plus vives critiques, critiques
injustes qui passent ou sont déjà passées, — critiques justes aussi, car il en a été formulé plus
d'une, et Gambetta était le premier à le reconnaître. Ces pièces cependant, on ne peut les juger

avec impartialité qu'en se souvenant des circonstances terribles où elles ont été écrites, des angoisses et des effarements au milieu desquels ces
ordres étaient expédiés aux quatre coins de la
France envahie, et surtout de cette responsabilité
que les plus autorisés déclinaient si souvent, qu'il
fallait cependant que quelqu'un prît et que le jeune
ministre de trente-trois ans ne repoussa jamais.

Les enquêteurs de l'Assemblée de Versailles ont
publié en leur temps, avec une absence de méthode
qui n'était peut-être pas exempte de tout calcul,
les dépêches, parfois tronquées, dont se compose
leur volumineux réquisitoire. J'ai essayé de grouper les pièces dans un ordre rationnel. On ne trouvera, d'autre part, dans cette édition, que très peu
de notes; d'abord, parce que leur multiplication
l'aurait démesurément étendue, sans profit appré-
ciable pour l'intelligence des événements; ensuite,
parce que le commentaire, c'eût été l'histoire même,
et que ce n'était pas ici le lieu de l'écrire. On l'écrira
un jour, cette histoire douloureuse et aussi glorieuse que cruelle, et s'il ne m'est pas interdit d'am-
bitionner une récompense pour le long travail que
je viens d'achever, j'ose croire qu'il sera difficile,
sinon impossible, de l'écrire sans ces deux volumes,
Mais je ne devais donner dans ce recueil, selon le
désir même de Gambetta, que des pièces, les pièces
authentiques, et je n'ai point donné autre chose.

Il y a déjà quelques années, — depuis la mort

de Gambetta, — que le procès a été jugé irrévocablement dans son ensemble : les partis et les factions se sont inclinés devant la vérité qu'ils n'avaient plus intérêt à méconnaître. On pourra le juger maintenant dans le détail de chaque jour, et ce second verdict, j'en ai l'assurance, ne fera que confirmer le premier. Jamais, au service d'une plus noble cause, — d'autant plus noble qu'elle a été plus constamment malheureuse, — il n'a été mis par un chef de gouvernement et par ses principaux collaborateurs plus de patriotisme, de sagacité et de courage. Les chefs de la Convention et les généraux des armées révolutionnaires ont été plus heureux : ils n'ont pas été plus dignes de l'admiration de l'histoire et de la reconnaissance de la patrie que les hommes de la guerre à outrance contre l'invasion allemande et les chefs improvisés de la Défense nationale.

JOSEPH REINACH.

Paris, ce 1er juin 1891.

CHAPITRE VIII

DÉCRETS ET ARRÊTÉS DU MINISTRE DE L'INTÉRIEUR ET DE LA GUERRE [1]

8 OCTOBRE 1870

M. Gambetta, arrivé le 7 octobre, dans la nuit, à Amiens, transmit le lendemain à la Délégation de Tours le décret relatif à l'ajournement des élections à la Constituante :

Le membre du Gouvernement, ministre de l'Intérieur à Délégation, à Tours.

Amiens, le 8 octobre, 5 h. matin.

Je suis à Amiens, après être sorti de Paris en ballon. Je pars pour Tours par Rouen. Je suis chargé par Gouvernement de

---

1. Nous avons donné (tome Ier, chapitre Ier), les principaux décrets rendus par M. Gambetta, ministre de l'intérieur, du 4 septembre au 7 octobre 1870. Nous reproduisons dans ce chapitre : 1° les principaux décrets rendus par la délégation de Tours-Bordeaux et par le ministre de l'intérieur et de la guerre du 8 octobre 1870 au 7 février 1871; 2° les principaux arrêtés pris par la Délégation et par M. Gambetta pendant la même époque; 3° les principales circulaires de la Délégation et du ministre qui n'ont pu trouver place dans les chapitres V et VI; 4° les principales communications et notes insérées)au *Moniteur universel*, sous la rubrique *Bulletin officiel de la Délégation du gouvernement de la Défense nationale.*

dépêches et instructions graves dont je vous fais connaître l'une, vu extrême urgence.

Je vous ai envoyé nombreux exprès porteurs de la minute de ce décret. Je le transcris ici pour qu'il y soit donné exécution immédiate :

DÉCRET DU 1ᵉʳ OCTOBRE 1870 QUI MAINTIENT
L'AJOURNEMENT DES ÉLECTIONS A LA CONSTITUANTE

Le Gouvernement de la défense nationale,

Vu la dépêche de la Délégation de Tours, en date du 29 septembre, parvenue le 1ᵉʳ octobre au gouvernement, portant fixation au 16 octobre des élections pour l'Assemblée constituante [1];

Vu le décret du Gouvernement en date du 23 septembre et le décret conforme de la Délégation de Tours, ajournant lesdites élections;

Attendu que la résolution nouvelle de la Délégation de Tours ne peut être que le résultat d'une méprise;

Qu'elle est en opposition avec le décret du Gouvernement de la Défense nationale, seul obligatoire, et que d'ailleurs elle est d'une exécution matériellement impossible dans vingt-trois départements, et nécessairement incomplète dans les autres;

DÉCRÈTE :

ARTICLE PREMIER. — L'ajournement des élections générales est maintenu jusqu'au moment où elles pourront se faire sur toute la surface de la République.

---

1. Le décret de la Délégation convoquant les collèges électoraux pour le 16 octobre avait paru au *Moniteur* du 3 octobre avec cette mention :« Fait à Tours, en conseil de Gouvernement, le 1ᵉʳ octobre 1870, délibéré en conseil de Gouvernement, le 30 septembre 1870. » L'article 13, qui fixait la répartition du nombre de représentants entre les départements, était suivi d'un tableau qui différait considérablement de celui qui avait été inséré au décret du 8 septembre. (Voir t. I, p. 18.) Ce décret était précédé d'une proclamation au peuple français. Il était signé de MM. Crémieux, Glais-Bizoin et Fourichon.

ART. 2. — Toute opération accomplie en violation du présent décret sera nulle et de nul effet.

ART. 3. — Le présent décret sera porté, par les soins de la élégation de Tours, à la connaissance de tous les départements.

Fait à l'Hôtel de Ville de Paris, le 1er octobre 1870.

GÉNÉRAL TROCHU, JULES FAVRE, JULES SIMON, JULES FERRY, LÉON GAMBETTA, GARNIER-PAGÈS, EMMANUEL ARAGO.

Envoyez courriers sur courriers à Paris, et annoncez révocation de votre décret sur les élections. A bientôt.

LÉON GAMBETTA.

Le décret du gouvernement, transmis par M. Gambetta, fut publié dans le *Bulletin officiel de la Délégation* sous la date du 10 octobre.

M. Gambetta arriva à Tours le 11 octobre. (Voir t. I, p. 11.)

———

11 OCTOBRE

DÉCRETS NOMMANT MM. DE FREYCINET ET JULES CAZOT

Tours, le 11 octobre 1870.

Le membre du Gouvernement de la défense nationale, chargé des ministères de la Guerre et de l'Intérieur, décrète :

M. Charles de Freycinet, ingénieur des mines, ancien chef de l'exploitation des Chemins de fer du Midi [1], est nommé Délégué du ministre auprès du département de la Guerre, et est chargé de diriger les services en

———

1. M. de Freycinet avait été nommé, le 5 septembre, préfet de Tarn-et-Garonne. On a vu (t. I, p. 11) à la suite de quels incidents il avait été obligé de donner sa démission.

son lieu et place dans les limites qui lui seront tracées par le ministre.

Il adressera au ministre un rapport journalier sur la marche des affaires.

Le membre du Gouvernement de la Défense nationale,

LÉON GAMBETTA.

DÉCRET SUR LA FORMATION DE CORPS DE GARDES NATIONAUX MOBILISÉS

Les membres du Gouvernement de la défense nationale, délégués pour représenter le Gouvernement et en exercer les pouvoirs ;

Considérant que les conseils de revision de la garde nationale mobilisée ont terminé leurs opérations ; qu'il y a lieu en conséquense de procéder à la formation des corps ;

Vu la loi du 13 juin 1851 ;

Vu le décret du 6 octobre suivant ;

DÉCRÈTENT :

ARTICLE PREMIER. — Dès la publication du présent décret, le maire de chaque commune, assisté de deux conseillers municipaux désignés par lui, procédera à la division des gardes nationaux mobilisés par compagnies.

ART. 2. — La force des compagnies est de 100 à 250 hommes.

Lorsqu'une commune ne fournira pas cet effectif, il lui sera adjoint une ou plusieurs communes limitrophes, appartenant au même canton, jusqu'au complément de l'effectif réglementaire.

ART. 3. — Il y aura un bataillon par canton, formé de 4 compagnies au moins et de 10 au plus.

S'il y avait plus de 10 compagnies, on formerait 2 ou plusieurs bataillons.

ART. 4. — La réunion des bataillons cantonaux dans le même arrondissement formera une légion commandée par un lieutenant-colonel ou un colonel.

La réunion des légions d'arrondissement formera une brigade qui prendra le nom du département, et sera placée sous les ordres d'un commandant supérieur.

Les cadres des différents corps seront fixés conformément au décret du 6 octobre 1851.

ÉLECTIONS. — NOMINATIONS

ART. 5. — Le commandant supérieur, les colonels et les lieutenants-colonels seront nommés par le ministre de l'Intérieur.

Les autres grades seront donnés à l'élection, conformément à la loi du 13 juin 1851, sauf les exceptions prévues aux articles 52, 53 et 56.

ART. 6. — Dans les deux jours qui suivront la formation des compagnies, il sera procédé à l'élection des officiers, sous-officiers et caporaux, sous la présidence du maire, assisté de deux conseillers municipaux désignés par lui.

L'élection aura lieu conformément à la section V de la loi du 13 juin 1851.

UNIFORME

ART. 7. — L'uniforme sera réglé dans chaque département par un arrêté du préfet.

La vareuse et le képi sont obligatoires. La vareuse portera le collet et les pattes rouges. Le nom du département, ou, au moins, ses initiales figureront sur le képi.

RASSEMBLEMENT. — EXERCICES

ART. 8. — Conformément au décret du 29 septembre dernier, les gardes nationales sédentaires et les pompiers devront céder leurs armes aux compagnies mobilisées.

ART. 9. — La distribution des fusils disponibles aura lieu immédiatement dans chaque commune par les soins des préfets. Au besoin il y sera joint des fusils de chasse.

Jusqu'à ce que le nombre des fusils soit égal à celui des gardes nationaux mobilisés, les hommes les plus jeunes de chaque compagnie seront les premiers armés.

ART. 10. — Les exercices se feront par commune ; ils auront une durée minimum de deux heures par jour. Le dimanche les compagnies se réuniront soit au chef-lieu du canton, soit dans toute autre commune désignée par le chef de bataillon. Si les circonstances l'exigeaient, le canton pourrait être divisé en circonscriptions pour les exercices.

Le chef de légion ou le commandant supérieur prescrira, s'il y a lieu, la réunion des corps sur un point quelconque de l'arrondissement ou du département.

Autant que possible il sera adjoint à chaque compagnie des instructeurs pris parmi les anciens militaires, ou les militaires provisoirement détachés de leurs corps.

ART. 11. — Les gardes mobilisés en marche seront mis à la disposition du ministre de la guerre, et soumis à la même discipline que l'armée.

ART. 12. — Il sera pourvu par un décret ultérieur au règlement des questions de solde, d'équipement, d'habillement, d'armement et d'entretien.

ART. 13. — Les départements de l'Intérieur et de la Guerre sont chargés de l'exécution du présent décret, qui sera inséré au Bulletin des Lois.

Tours, le 11 octobre 1870.

Signé : LÉON GAMBETTA, AD. CRÉMIEUX,
AL. GLAIS-BIZOIN, Amiral FOURICHON.

Par le Gouvernement :

Le secrétaire général du ministre de l'Intérieur délégué,

Signé : JULES CAZOT.

12 OCTOBRE

DÉCRETS RELATIFS A LA RÉUNION DES SERVICES DES TÉLÉGRAPHES ET DES POSTES

Les membres du Gouvernement de la défense nationale délégués pour représenter le gouvernement et en exercer les pouvoirs,

Considérant que le service des lignes télégraphiques et le ser-

vice des postes ont un but commun et doivent se compléter mu-
tuellement ;

Qu'en associant dans une certaine mesure les moyens dont ils
disposent, on peut obtenir une meilleure utilisation de leurs
forces et donner satisfaction à un vœu souvent émis par l'opinion
publique ;

Considérant qu'il importe, surtout dans les circonstances présentes, d'imprimer une impulsion plus active et un mouvement
plus rapide à tous les moyens de communication sur tous les
points du territoire de la République,

DÉCRÈTENT :

ARTICLE PREMIER. — L'administration des lignes télégraphiques et l'administration des postes sont placées sous une
direction unique.

ART. 2. — M. Stéenackers (François-Frédéric), directeur général des lignes télégraphique, est nommé directeur général
des télégraphes et des postes.

Fait à Tours, le 12 octobre 1870.

La Délégation du Gouvernement de la défense nationale,

Vu la proposition du directeur général des télégraphes et des
postes,

DÉCRÈTE :

Article unique. — M. Legoff, François-Joseph, est nommé
secrétaire général de la direction générale des télégraphes
et des postes.

Fait à Tours, le 12 octobre 1870.

DÉCRET DISSOLVANT LA GARDE CIVIQUE DE MARSEILLE

Le membre du gouvernement de la Défense nationale,
ministre de l'Intérieur et de la Guerre,

DÉCRÈTE :

ARTICLE PREMIER. — La garde civique de Marseille (Bouches-
du-Rhône) est dissoute.

ART. 2. — La garde nationale sédentaire est chargée du service de la ville.

ART. 3. — L'exécution du présent arrêté demeure confiée au secrétaire général du ministère de l'Intérieur délégué et au préfet des Bouches-du-Rhône.

Fait à Tours, le 12 octobre 1870.

DÉCRET ORDONNANT LA RÉQUISITION DES ARMES ET MUNITIONS D'ORIGINE ÉTRANGÈRE

Vu la nécessité de pourvoir sans retard à l'armement du pays, le Gouvernement de la défense nationale

DÉCRÈTE :

ARTICLE PREMIER. — Toutes les armes et munitions de guerre d'origine étrangère pourront être requises à leur arrivée en France.

ART. 2. — L'administration de la Guerre en déterminera la valeur, elle en prendra possession contre un récépissé donnant titre au remboursement.

Le membre du gouvernement de la Défense nationale, ministre de l'Intérieur et de la Guerre,

LÉON GAMBETTA.

DON DU BALLON LE « GEORGE-SAND »

On lit dans le *Moniteur universel :*

MM. Charles May et William Reynolds de New-York, qui ont eu la bonne fortune de faire le voyage de Paris avec M. Léon Gambetta, viennent de lui adresser la lettre suivante :

Honoré Monsieur,

Nous sommes heureux de pouvoir vous offrir, pour l'usage de la République française, le ballon le *George-Sand*, qui, grâce à la divine Providence, nous a conduits sains et saufs hors de Paris.

Nous profitons de cette occasion pour vous exprimer, à vous et à vos collègues du Gouvernement de la Défense nationale, nos sincères remerciements pour votre obligeance à nous procurer toutes les facilités nécessaires pour accomplir sains et saufs votre voyage de Paris; nous ajoutons, Monsieur, nos meilleurs souhaits pour l'avenir de la République.

Nous avons l'honneur d'être, avec le plus profond respect, vos obéissants serviteurs.

CHARLES W. MAY, WILLIAM-W.-REYNOLDS,
de New-York.

M. Gambetta a répondu :

Tours, 12 octobre 1870.

Monsieur Reynolds,

Votre offre généreuse me touche sans me surprendre, et je vous en remercie au nom de la République et de tous mes collègues.

Bien cordialement dans la République.

Signé : LÉON GAMBETTA.

---

13 OCTOBRE

DÉCRET SUR LES NOMINATIONS ET L'AVANCEMENT DANS L'ARMÉE

Les membres du Gouvernement de la défense nationale, délégués pour représenter le Gouvernement et en exercer les pouvoirs ;

Vu les circonstances exceptionnelles créées par l'état de guerre ;

Considérant qu'il importe de susciter l'émulation dans tous les rangs de l'armée et de faire appel aux jeunes talents; que c'est en rompant résolument avec la tradition que la première République a pu réaliser les prodiges de 1792;

DÉCRÈTENT :

ARTICLE PREMIER. — Les lois qui règlent les nominations et l'avancement dans l'armée sont suspendues pendant la durée de la guerre. En conséquence, des avancements extraordinaires pourront être accordés à raison des services rendus ou des capacités [1].

1. Modifié par le décret du 3 novembre.

Art. 2. — Des grades militaires pourront être conférés à des personnes n'appartenant pas à l'armée. Toutefois ces grades ne resteront pas acquis après la guerre, s'ils n'ont pas été justifiés par quelque action d'éclat ou par d'importants services constatés par le gouvernement de la République.

Art. 3. — Le ministre de la Guerre est chargé de l'exécution du présent décret.

Fait à Tours, le 13 octobre 1870.

---

11 OCTOBRE

DÉCRET RELATIF A L'ORGANISATION DE L'ARMÉE AUXILIAIRE

Le membre du Gouvernement, etc.,

Considérant qu'il importe de favoriser la formation des cadres d'officiers et de sous-officiers, tout en respectant les droits acquis dans l'armée,

DÉCRÈTE :

ARTICLE PREMIER. — Les gardes nationales mobiles, les gardes nationaux mobilisés, les corps francs et autres troupes armées relevant du ministère de la guerre, mais n'appartenant pas à l'armée régulière, sont groupés sous la dénomination commune d'*armée auxiliaire*. Cette dénomination n'affecte d'ailleurs en rien l'autonomie de ces divers corps, tant qu'il n'y a pas été dérogé par des décisions de l'autorité militaire.

Art. 2. — L'armée auxiliaire et l'armée régulière sont entièrement assimilées l'une à l'autre *pendant la durée de la guerre,* et sont soumises au même traitement. Elles doivent être considérées comme les deux fractions d'un seul et même tout : l'armée de la défense nationale.

Les troupes des deux armées peuvent être fusionnées à tout instant, selon les besoins de la guerre. Les officiers peuvent exercer indifféremment leur commandement dans l'une et l'autre armée, sans distinction aucune de leur origine.

Art. 3. — Font nécessairement partie de l'armée auxiliaire,

ien que nommés directement dans l'armée régulière, les officiers et sous-officiers choisis en dehors de l'armée en exécution de l'art. 2 du décret du 13 octobre 1870. En conséquence, toute nomination faite dans ces conditions porte expressément la mention : *Armée auxiliaire*.

Au contraire, les anciens officiers et sous-officiers qui rentrent dans l'armée avec leur ancien grade ou avec le grade auquel ils avaient droit quand ils ont quitté le service, appartiennent à l'armée régulière, à moins qu'ils n'aient fait connaître eux-mêmes que leur reprise de service était limitée à la durée de la guerre, auquel cas un grade supérieur peut leur être accordé dans l'armée auxiliaire.

ART. 4. — A la cessation des hostilités, il sera statué sur tous les grades conférés dans l'armée auxiliaire, afin de faire passer dans les cadres de l'armée régulière les officiers et sous-officiers qui, par suite de leur belle conduite, se seraient placés dans les conditions prévues par l'art. 2 du décret précité.

Fait à Tours, le 11 octobre 1870.

DÉCRET RELATIF A L'ÉTAT DE GUERRE

Le membre du Gouvernement, etc.,

Considérant qu'il importe d'organiser la défense locale et de donner un point d'appui à l'action des gardes nationaux pour les mettre en état de résister à l'ennemi;

DÉCRÈTE :

ARTICLE PREMIER. — Tout département dont la frontière se trouve, par un point quelconque, à une distance de moins de cent kilomètres de l'ennemi est déclaré *en état de guerre*. Cette déclaration est faite par le chef militaire du département aussitôt qu'il a connaissance de l'approche de l'ennemi à la distance sus-énoncée, et est immédiatement rendue publique, à la diligence des autorités civiles et militaires.

Tous avis concernant la marche de l'ennemi sont transmis directement, par la voie la plus prompte, aux chefs militaires et aux préfets des départements situés dans un rayon

de cent kilomètres au moins dans le sens de la marche de
l'ennemi.

ART. 2. — L'état de guerre entraîne les conséquences suivantes :

Le chef militaire du département convoque, toute affaire
cessante, un *comité militaire* de cinq membres au moins et
neuf au plus. Ce comité se compose, outre le chef militaire
qui le préside, d'un officier du génie ou, à défaut, d'artillerie; d'un officier d'état-major, d'un ingénieur des ponts
et chaussées et d'un ingénieur des mines. A défaut de ces
divers fonctionnaires, les membres sont choisis parmi les
personnes qui, à raison de leurs aptitudes ou de leurs antécédents, s'en rapprochent le plus.

Le comité, après avoir visité, s'il y a lieu, le terrain, dé-
signe dans les quarante-huit heures, à partir de la déclaration d'état de guerre, les points qui lui paraissent le plus
favorablement situés pour disputer le passage à l'ennemi.

Ces points sont immédiatement fortifiés à l'aide de travaux
en terre, d'abatis d'arbres et autres moyens d'un emploi
rapide et peu dispendieux. Ces fortifications prendront, selon
le cas, le caractère d'un camp retranché pouvant contenir
tout ou partie des forces disponibles du département, et
recevront. s'il y a lieu, de l'artillerie. Chacune des voies par
lesquelles l'ennemi est supposé pouvoir avancer recevra au
moins un système de défense semblable, dans les limites du
département. Il ne sera fait exception que lorsque la voie
sera déjà commandée dans le département par une place
fortifiée.

ART. 3. — Le comité militaire ou les membres délégués
par lui auront droit de réquisition directe sur les personnes
et les choses pour procéder à l'établissement des travaux
susmentionnés. Ils payeront les dépenses à l'aide de bons
délivrés par eux, et qui seront acquittés sur les fonds du
département ou des communes, ainsi qu'il sera dit plus loin.

ART. 4. — Dès que le chef militaire du département jugera
qu'un des points ainsi fortifiés est menacé, il y dirigera les
forces nécessaires à la défense. Ces forces seront empruntées,
soit aux troupes régulières ou auxiliaires du département,
non utilisées pour les opérations du corps d'armée en
campagne, soit à la garde nationale sédentaire. A cet effet,
le chef militaire jouira du droit de convoquer les gardes

nationales jusqu'à quarante ans, de telle commune qu'il désignera. Il aura le commandement en chef de toutes les forces ainsi réunies, et présidera lui-même à la défense.

L'officier du grade le plus élevé après lui commandera sur un autre point.

Art. 5.—Si un passage est forcé par l'ennemi, on veillera à rétablir la fortification aussitôt que possible, de manière à couper la retraite à l'ennemi, et ce passage sera gardé jusqu'à ce que le chef militaire juge l'ennemi suffisamment éloigné.

Art. 6.—Tant que dure l'état de guerre d'un département, les gardes nationaux convoqués à la défense sont placés sous le régime des lois militaires ; s'ils manquent à l'appel où s'ils n'accomplissent pas leurs devoirs de soldat, ils sont passibles des peines prévues par le code de l'armée.

A défaut d'uniforme, les gardes nationaux convoqués doivent porter le képi afin de constater leur qualité militaire.

Ils doivent, au moyen des bons qui leur seront remis par les soins du comité militaire, se pourvoir de vivres pour trois jours, sans préjudice des approvisionnements de tous genres que le comité militaire aura pu réunir directement sur les lieux.

Art. 7. — Les bons délivrés par le comité militaire sont reçus comme espèces dans les caisses publiques et acquittés au moyen d'un emprunt contracté au nom du département par le conseil général et, si le conseil général a été dissous, par une commission départementale nommée par le préfet.

Art. 8. — Dès la publication du présent décret, les préparatifs de défense ci-dessus prescrits commenceront d'urgence dans les départements compris dans la zone de guerre (jusqu'à 100 kilomètres au moins de l'ennemi), et les départements au delà de cette zone se livreront aux études préliminaires tendant à déterminer les points à fortifier ultérieurement.

Les officiers du génie de tous grades, occupés au service courant ou attachés à des corps en campagne, mais non indispensables aux opérations de ces corps, se feront immédiatement connaître au délégué du ministre de la Guerre qui leur donnera des destinations dans les départements, pour être attachés aux comités militaires et y diriger les travaux de défense prescrits par ces comités.

ART. 9. — Les chefs militaires des départements seront rendus personnellement responsables de l'organisation de la défense et de la résistance à opposer à l'ennemi.

Fait à Tours, le 11 octobre 1870.

DÉCRET SUR LES CHEFS DE CORPS COUPABLES D'AVOIR MANQUÉ DE VIGILANCE

Le membre du Gouvernement de la défense nationale, ministre de l'Intérieur et de la Guerre;

En vertu des pouvoirs à lui délégués par le Gouvernement, par décret en date à Paris du 1er octobre 1870;

Considérant que le premier devoir d'un chef de corps en temps de guerre est la vigilance;

DÉCRÈTE:

Sera traduit devant un conseil de guerre tout chef de corps ou de détachement qui se sera laissé surprendre par l'ennemi, ou qui se sera engagé sur un point où il ne soupçonnait pas la présence de l'ennemi.

Fait à Tours, le 11 octobre 1870.

---

16 OCTOBRE

ARRÊTÉ RELATIF AUX TRANSPORTS DE GUERRE

Le membre du Gouvernement de la défense nationale, ministre de l'Intérieur et de la Guerre.

Vu les circonstances exceptionnelles créées par l'état de guerre, considérant qu'il importe d'assurer toute célérité possible aux transports de la guerre,

ARRÊTE:

Les compagnies de chemins de fer devront prendre immédiatement des mesures pour que les trains de troupes, de munitions ou de matériel de guerre n'aient plus à subir désormais des séjours prolongés aux gares de bifurcation. Ces séjours ne devront jamais excéder :

Une heure pour le passage d'une ligne d'une compagnie sur une autre ligne de la même compagnie;

Deux heures pour le passage d'une ligne d'une compagnie sur une ligne d'une autre compagnie.

Fait à Tours, le 16 octobre 1870.

***

CIRCULAIRE AUX DIRECTEURS DES COMPAGNIES DE CHEMINS DE FER

Intérieur et Guerre aux directeurs des compagnies de chemin de fer.

Tours, le 16 octobre 1870:

Monsieur le directeur,

Il importe que le service des chemins de fer soit partout organisé dans les conditions que commandent l'état de guerre et l'investissement de Paris. Les communications d'une extrémité à l'autre de la France ne pouvant plus avoir lieu par Paris, et devant forcément être établies par diverses lignes d'embranchement, chacune des compagnies de chemins de fer devra mettre tout de suite en communication directe sur ces lignes un nombre suffisant de trains de voyageurs et de marchandises pour éviter désormais que les transports de la guerre aient jamais à subir un séjour de plus d'une heure aux gares de bifurcation dans son propre réseau. Quant aux gares de jonction, de réseau à réseau, le séjour n'y devra pas excéder deux heures. Tel est l'objet de l'arrêté que je viens de prendre de concert avec mon collègue des Travaux publics et dont j'ai l'honneur de vous adresser ci-joint un exemplaire.

La gravité des circonstances exige que tous les transports de guerre soient exécutés avec la plus grande célérité. Il est rappelé qu'aux termes des réquisitions les remises de ce service doivent être expédiées dans le délai le plus court et avoir la priorité sur tous les autres transports.

Les compagnies doivent retarder et même suspendre, au besoin, tout ou partie du service ordinaire, pour assurer la parfaite régularité des services de la guerre.

Toutefois, vous devrez maintenir le service des postes,

soit en conservant les trains qui lui sont spécialement affectés, soit en introduisant dans les trains spéciaux de la guerre les bureaux ambulants et les courriers de la poste.

En prévision des transports de la guerre, un service de jour et de nuit doit être organisé sur toutes vos lignes.

Lorsqu'une ligne de chemin de fer a été coupée par l'ennemi, et que dès lors le service ne peut plus s'effectuer sans interruption par chemin de fer, la compagnie doit donner son concours le plus dévoué au gouvernement et prendre toutes les dispositions en son pouvoir pour suppléer à l'interruption de la voie par des moyens de transport quelconques.

Les compagnies ne devront dans aucun cas refuser les transports de la guerre, mais indiquer seulement à l'autorité militaire les éventualités auxquelles ces transports sont exposés. C'est à l'administration de la guerre à apprécier le parti qu'elle devra prendre en pareil cas.

Je vous prie de me faire connaître dans le délai de trois jours les mesures que vous aurez prises en exécution des mesures prescrites par la présente circulaire, et de m'adresser le plus tôt possible les travaux et les graphiques de vos nouveaux services.

Vous voudrez bien m'indiquer, dans le plus bref délai, quelles sont à ce jour les sections de vos lignes sur lesquelles le service des trains a dû être suspendu par suite de la présence de l'ennemi, et de donner des ordres pour que je sois exactement prévenu à l'avenir, par télégraphe, de tout changement de cette nature qui viendrait à se produire.

Veuillez aussi recommander à vos chefs de gare de m'adresser directement tous les renseignements certains qu'ils pourront recueillir au sujet des mouvements et des forces de l'ennemi.

Je ne doute pas, monsieur le directeur, que le gouvernement ne trouve dans votre patriotisme le concours le plus empressé pour lui faciliter l'exécution de l'œuvre nationale qu'il a entreprise.

Recevez, monsieur le directeur, l'assurance de mes sentiments distingués.

Le membre du Gouvernement de la défense nationale,
ministre de l'Intérieur et de la Guerre,

Signé: Léon GAMBETTA.

18 OCTOBRE

DÉCRET QUI POURVOIT A L'ARMEMENT, L'HABILLEMENT ET L'ÉQUIPEMENT DES GARDES NATIONAUX MOBILISÉS

Les membres du Gouvernement de la défense nationale, délégués pour représenter le Gouvernement et en exercer es pouvoirs ;

Vu les décrets des 12 et 16 septembre 1870 ;

DÉCRÈTENT :

ARTICLE PREMIER. — Les gardes nationaux mobilisés seront habillés, équipés et soldés par l'État, au moyen de contingents fournis par les départements et les communes.

ART. 2. — Les officiers, sous-officiers, caporaux et gardes jouiront, lorsqu'ils auront quitté le canton, des allocations de solde attribuées par les tarifs en vigueur à la garde mobile.

Les commandants de légion recevront la solde des lieutenants-colonels de la garde mobile, et le commandant supérieur celle des colonels.

ART. 3. — L'armement sera fourni par l'État.

Toutefois, les communes contribueront aux frais d'achat ou de transformation d'armes effectués par la commission d'armement, dans la proportion de la moitié.

ART. 4. — Dans les trois jours qui suivront la publication du présent décret, les préfets, au vu des listes arrêtées par les conseils de revision, prendront un arrêté fixant le contingent total à payer par leur département.

Le contingent sera déterminé d'après les bases suivantes:
60 fr. par homme pour l'habillement et l'équipement;
3 mois de solde, calculés à raison de 1 fr. 50 c. par jour et par homme.

La portion du contingent applicable à l'habillement et à l'équipement sera versée au Trésor le 30 novembre ; celle relative à la solde sera payable en deux termes égaux, les 15 et 30 décembre 1870.

ART. 5. — Les ressources déjà votées par les Conseils généraux en faveur de la défense nationale, qui pourront être réalisées dans les délais fixés par l'article précédent, seront exclusivement affectées au payement du contingent assigné au département.

Art. 6. — La portion du contingent qui ne pourrait être acquittée par les ressources départementales, sera payée par les communes, soit au moyen de leurs ressources disponibles, soit au moyen de sommes qu'elles sont d'ores et déjà autorisées par le présent décret à emprunter, soit au moyen d'une taxe établie sur chaque contribuable de la commune inscrit au rôle des quatre contributions directes de 1870, proportionnellement au montant de ses impositions.

Art. 7. — Les communes qui pourront acquitter le montant de leur contingent, soit au moyen de leurs ressources disponibles, soit au moyen d'emprunts, pourront s'imposer, pendant les années 1871 et suivantes, les sommes qui leur seront nécessaires pour couvrir le déficit de leur budget et pour rembourser les prêts.

Les délibérations du Conseil municipal ou de la Commission municipale concernant les contributions extraordinaires à ce destinées, seront approuvées conformément aux dispositions de la loi du 24 juillet 1867.

Art. 8. — Lorsqu'il y aura lieu au concours des plus imposés, en nombre égal à celui des membres en exercice du Conseil municipal ou de la Commission municipale, en exécution de l'article 42 de la loi du 18 juillet 1837, le délai de dix jours, fixé par ladite disposition de loi, est réduit à deux, et lorsque lesdits imposés seront absents, il sera passé outre.

Art. 9. — Le contingent de chaque commune sera fixé proportionnellement au principal des quatre contributions directes.

A cet effet, les préfets prendront un arrêté qui sera notifié d'urgence aux maires, aux receveurs des finances et aux receveurs municipaux.

Les réclamations formées par les communes contre l'arrêté précité seront portées devant le ministre de l'Intérieur, qui statuera en dernier ressort.

Art. 10. — Dans les trois jours qui suivront la notification de l'arrêté, les maires et les receveurs municipaux adresseront, sous leur responsabilité personnelle, au préfet,

un certificat indiquant le montant et la nature des ressources qui pourraient être affectées au payement du contingent. Ils joindront, s'il y a lieu, à ce certificat, l'engagement
pris par des particuliers de faire l'avance à la commune.

ART. 11. — Au vu de ces pièces le préfet déterminera,
par un arrêté, dont ampliation sera transmise d'urgence au
ministre de l'Intérieur et au directeur des contributions
directes du département, les communes pour lesquelles il
est nécessaire d'établir un rôle.

ART. 12. — Les rôles seront dressés à la diligence des
directeurs des contributions directes, rendus exécutoires par
les préfets, et les réclamations seront jugées comme en
matière de contributions directes.

ART. 13. — La totalité des cotes sera exigible immédiatement.

ART. 14. — Les directeurs des contributions directes
auront droit à une indemnité de 1 p. 100 pour la confec-
tion des rôles et des avertissements. Cette allocation sera
comprise dans les rôles.

ART. 15. — Les receveurs municipaux sont responsables des
non-valeurs qui résulteraient de leur négligence, sans préjudice de la révocation qui pourra être prononcée contre eux.

ART. 16. — Les ministres de l'Intérieur et des Finances
sont chargés, chacun en ce qui le concerne, de l'exécution
du présent décret, laquelle aura lieu à compter du jour de
la publication faite dans les formes prescrites par l'article 1er de l'ordonnance du 18 janvier 1817.

Fait à Tours, le 18 octobre 1870.

---

19 OCTOBRE

DÉCRET CRÉANT DES CONSEILS ADMINISTRATIFS DE DIVISION

Le membre du Gouvernement, etc.,

Considérant que si le commandement militaire ne doit appartenir qu'à un seul, l'organisation et l'administration des troupes
appellent des délibérations qui sont le fait de plusieurs,

DÉCRÈTE :

ARTICLE PREMIER. — Il est créé dans chacune des 22 divisions militaires de la République un *conseil administratif* de la division, chargé de proposer toutes les mesures nécessaires à l'organisation et à l'administration des troupes, notamment en ce qui touche l'instruction des nouvelles recrues dans les dépôts et leur formation en compagnies,

ART. 2. — Le conseil administratif, comprenant neuf membres au plus, se compose de tous les chefs de service militaires et chefs de corps présents au chef-lieu de la division, parmi lesquels un chef de bataillon ou d'escadron, et en outre d'un représentant de l'administration centrale de la guerre, choisi dans l'ordre civil et nommé par le ministre.

Le conseil est présidé par le général de division et à son défaut par le représentant de l'administration centrale.

ART. 3. — Le général de division est seul chargé de l'exécution des décisions du conseil, sauf en ce qui concerne le service des réquisitions, lequel incombe toujours au représentant de l'administration centrale.

ART. 4. — Afin de faciliter la formation de nouvelles compagnies, les généraux de division restent investis du droit de nommer provisoirement à tous les emplois jusqu'à celui de capitaine inclusivement. Les grades ainsi conférés deviennent définitifs dans les formes ordinaires.

Lorsqu'il ne pourra être pourvu aux emplois par des sujets offrant les conditions requises, le général de division y suppléera au moyen d'officiers ou de sous-officiers de grade inférieur, qui jouiront de toute l'autorité appartenant au grade dont ils exerceront la fonction.

Fait à Tours, le 19 octobre 1870.

---

20 OCTOBRE

DÉCRET ORDONNANT QUE LA VILLE DE CHATEAUDUN
A BIEN MÉRITÉ DE LA PATRIE

La délégation du Gouvernement de la défense nationale établie à Tours,

Considérant que la petite cité de Châteaudun, ville ouverte, a résisté héroïquement pendant plus de neuf heures, dans la journée du 18 octobre, aux attaques d'un corps prussien de plus de 5 000 hommes qui n'a pu réussir à l'occuper qu'après l'avoir bombardée, incendiée et presque totalement réduite en cendres;

Considérant que, dans cette mémorable journée, la garde nationale sédentaire de Châteaudun s'est particulièrement distinguée par son énergie, sa constance et son patriotisme, à côté du corps des braves francs-tireurs de la ville de Paris;

Considérant qu'il y a lieu de signaler à la France, par un décret spécial du Gouvernement, le noble exemple donné par la ville de Châteaudun aux villes ouvertes exposées aux attaques de l'ennemi, et de subvenir aux premiers besoins de la population chassée de ses demeures par l'incendie et les obus prussiens;

DÉCRÈTE :

ARTICLE PREMIER. — La ville de Châteaudun a bien mérité de la patrie.

ART. 2. — Un crédit de 100 000 francs est ouvert au ministre de l'Intérieur, pour aider la population de Châteaudun à réparer les pertes qu'elle a subies à la suite de la belle résistance de la ville aux Prussiens dans la journée du 18 octobre 1870.

ART. 3. — Les ministres de l'Intérieur et des Finances sont chargés, chacun en ce qui le concerne, de l'exécution du présent décret.

Fait à Tours, le 20 octobre 1870.

La délégation du Gouvernement de la
défense nationale.

ARRÊTÉ ORDONNANT DES REVUES BI-HEBDOMADAIRES

Le Membre du Gouvernement de la défense nationale, ministre de l'Intérieur et de la Guerre,

Considérant qu'il importe, au point de vue de l'autorité

du commandement et de la discipline, de mettre le soldat
en contact fréquent avec ses officiers;

ARRÊTE :

ARTICLE PREMIER. — Les troupes réunies soit dans
les villes, soit dans les camps, devront être passées
en revue au moins deux fois par semaine. — Il sera
fait lecture chaque fois des derniers décrets, arrêtés
et instructions concernant le service.

ART. 2. — Il est interdit aux officiers de se mettre
en costume bourgeois pendant la durée de la guerre,
sauf quand ils sont détachés dans les services administratifs.

Fait à Tours, le 20 octobre 1870.

DÉCRET ORDONNANT L'ÉTABLISSEMENT DE CAMPS MILITAIRES

Le membre du Gouvernement de la défense nationale, ministre de l'Intérieur et de la Guerre :

En vertu des pouvoirs à lui délégués par le Gouvernement par décret en date de Paris du 1er octobre 1870;

Considérant qu'il importe d'exercer le soldat aux fatigues
de la guerre et de le soustraire aux causes de désordres qui
résultent du séjour des villes;

ARRÊTE :

ARTICLE PREMIER. — Chaque fois que dans une ville
l'effectif des troupes, appartenant soit à l'armée auxiliaire, soit à l'armée régulière, dépassera 2 000 hommes,
toute la portion de ces troupes qui ne sera pas nécessaire pour le maintien de l'ordre et de la tranquillité
ou le service des postes de la ville sera réunie dans
un camp situé à 3 kilomètres en avant de la ville,
à moins que les nécessités stratégiques ne commandent de laisser ces troupes à une distance moindre.

ART. 2. — L'emplacement du camp devra être choisi de manière à offrir de bonnes conditions de défense, et le camp devra être immédiatement protégé au moyen de travaux de terrassement et de fortifications de campagne, convenablement disposés et exécutés autant que possible sous la direction d'officiers du génie.

Le commandant des troupes a, pour l'exécution de ces travaux, le droit de réquisition sur les personnes et sur les choses; il peut réclamer notamment le concours des ingénieurs de l'État.

Les troupes doivent être occupées dans tous les cas à l'exécution des travaux.

ART. 3. — Toute communication entre le camp et la ville est interdite, sauf pour les besoins du service, à moins de permissions individuelles et écrites.

Les officiers doivent résider au camp et vivre de la vie des troupes.

ART. 4. — Chaque jour, le quart au moins de l'effectif des troupes campées exécutera des marches, variant de 20 à 30 kilomètres dans une journée. — Toutes les portions des troupes seront ainsi exercées à tour de rôle.

Les camps devront être organisés et gardés comme si l'ennemi se trouvait dans le voisinage, et les mesures prescrites par l'ordonnance du 3 mai 1832 devront leur être exactement appliquées.

ART. 5. — Les corps en campagne sont soumis aux dispositions qui précèdent. Toutefois, les travaux de défense prescrits à l'article 2 ne sont pas obligatoires quand les troupes ne doivent pas séjourner dans le camp plus de vingt-quatre heures et que l'ennemi ne se trouve pas dans le voisinage.

Tours, le 20 octobre 1870.

ARRÊTÉ CONSTITUANT UNE COMMISSION CHARGÉE DE L'ÉTUDE DES MOYENS DE DÉFENSE

Le membre du Gouvernement, etc.,

Considérant qu'un grand nombre de propositions sont faites journellement, touchant les moyens de faciliter la défense, et qu'il importe de soumettre ces propositions à l'examen d'hommes spéciaux;

ARRÊTE :

ARTICLE PREMIER. — Il est formé, auprès du département de la Guerre, une commission chargée de l'étude des moyens de défense.

Cette commission est ainsi composée :

MM. Deshorties, lieutenant-colonel d'état-major, président;
De Pontlevoy, commandant du génie ;
Bousquet, chef d'escadron d'artillerie ;
Naquet, professeur de chimie à la Faculté de médecine ;
Descombes, ingénieur des ponts et chaussées ;
Dormoy, ingénieur des mines ;
Marqfoy, ancien ingénieur au chemin de fer du Midi.

La commission désignera un de ses membres pour remplir les fonctions de secrétaire.

ART. 2. -- La commission adressera au ministre un rapport sur chacune des propositions qui lui seront soumises.

Fait à Tours, le 20 octobre 1870.

---

22 OCTOBRE

DÉCRET RELATIF AUX MESURES NÉCESSAIRES POUR EMPÊCHER LE RAVITAILLEMENT DE L'ARMÉE ENVAHISSANTE

Le membre du Gouvernement, etc.,

Considérant qu'il importe non seulement d'arrêter l'ennemi dans sa marche, par la défense locale organisée par le décret du 14 octobre 1870, mais aussi d'empêcher par des mesures énergiques le ravitaillement de l'armée envahissante en faisant le vide devant elle;

DÉCRÈTE :

ARTICLE PREMIER. — Dans tous les départements en état de guerre, le comité militaire pourra, après avoir pris l'avis du préfet, requérir l'évacuation immédiate des chevaux, bestiaux, voitures et approvisionnements de toute espèce, de nature à servir à l'ennemi.

Le comité militaire fera connaître la zone hors de laquelle les approvisionnements devront être évacués, et le préfet déterminera les points sur lesquels ces approvisionnements devront être dirigés.

Ces points pourront être choisis hors du département, et, dans ce but, le préfet se concertera, s'il y a lieu, avec ses collègues des autres départements.

ART. 2. — Lorsque l'évacuation n'aura pu avoir lieu à temps, le comité militaire requerra et poursuivra la destruction du matériel et des approvisionnements de toute nature pour éviter qu'ils ne tombent entre les mains de l'ennemi.

ART. 3. — Des reçus en poids et en nombre seront donnés aux habitants. Les estimations seront faites à dire d'experts. Le prix sera réglé ultérieurement, ou, s'il y a lieu, les quantités seront rendues en nature.

ART. 4. — Au reçu du présent décret, les préfets se concerteront immédiatement entre eux ainsi qu'avec les autorités militaires, et s'entoureront de toutes les personnes compétentes pour déterminer à l'avance les points sur lesquels les approvisionnements devront, le cas échéant, être dirigés. Ces points seront choisis de manière que les ressources mises en mouvement soient autant que possible utilisées pour les besoins des armées de la défense nationale.

ART. 5. — Une instruction rédigée de concert entre le ministre de la Guerre et le ministre de l'Intérieur réglera l'exécution du présent décret.

ART. 6. — Les chefs militaires et les préfets des départements seront rendus personnellement responsables de l'exécution du présent décret.

Tours, le 22 octobre 1870.

DÉCRET NOMMANT LES COMMANDEMENTS DE L'ARMÉE DE BRETAGNE

Le Gouvernement de la défense nationale

DÉCRÈTE:

ARTICLE PREMIER. — M. de Kératry est chargé du commandement en chef des gardes mobiles actuelles, des gardes nationaux mobilisés et corps francs des départements de l'Ouest, Finistère, Morbihan, Côtes-du-Nord, Ille-et-Vilaine, Loire-Inférieure, avec facilité d'opérer et de se fixer au chef-lieu d'un département placé en dehors de la région ci-dessus désignée : Laval ou le Mans.

ART. 2. — M. de Kératry, investi de tous pouvoirs pour organiser, équiper, nourrir et diriger ces forces, qui prendront le nom de forces de Bretagne, ne relèvera que du ministre de la Guerre.

ART. 3. — M. de Kératry prendra immédiatement son commandement en qualité de général de division, brevet de l'armée auxiliaire, et pendant la durée de la guerre.

ART. 4. — M. Carré-Kérisouet, ancien député, est nommé commissaire général des forces de Bretagne, avec rang de général de brigade.

ART. 6. — Un crédit de huit millions, spécialement affecté à l'armée de Bretagne, est ouvert au commandant en chef.

L'armée de l'Ouest jouira en outre de la solde et des vivres de campagne réglementaires, à partir du jour où chaque corps ou fraction de corps aura été mis en mouvement.

Tours, le 22 octobre 1870.

Visé pour ordre :

Signé : L. GAMBETTA.

Pour copie conforme :

Le délégué du ministre de la guerre,

C. DE FREYCINET.

23 OCTOBRE

DÉCRET AUTORISANT LE MINISTRE DE LA GUERRE A SUSPENDRE LA CIRCULATION DES TRAINS DE VOYAGEURS ET DE MARCHANDISES SUR LES LIGNES DE CHEMINS DE FER.

Le membre du Gouvernement de la défense nationale, ministre de l'Intérieur et de la Guerre ;

En vertu des pouvoirs à lui délégués par le Gouvernement, par décret en date à Paris du 1er octobre 1870;
Considérant que les nécessités créées par l'état de guerre entraînent des mesures exceptionnelles;

DÉCRÈTE :

ARTICLE PREMIER. — Pendant la durée de la guerre, le ministre de la Guerre, peut, à tout instant, si les circonstances militaires l'exigent, suspendre la circulation des trains de voyageurs et de marchandises sur une ou plusieurs lignes de chemins de fer.

ART. 2. — La décision du ministre est notifiée à l'avance, autant que possible, à l'administration supérieure du chemin de fer; mais, en cas d'urgence, la notification peut être faite directement à un chef de gare ou de station chargé à son tour de la transmettre à qui de droit.

ART. 3. — Deux heures après la notification, à moins qu'un délai plus long n'ait été indiqué par le ministre, aucun train public ne peut être engagé sur la section où la circulation est suspendue. Toutefois, les trains déjà engagés sur cette section peuvent se rendre à destination.

ART. 4. — A partir de l'interruption des trains publics. l'administration de la guerre, par un de ses agents dûment accrédité, dispose à son gré de la ligne pour ses propres transports. Les agents du chemin de fer sont tenus d'obtempérer à ses ordres comme aux ordres émanés de leur propre administration, en se conformant aux lois et règlements destinés à assurer la sécurité publique.

Fait à Tours, le 23 octobre 1870.

24 OCTOBRE

DÉCRET QUI DÉCLARE CITOYENS FRANÇAIS LES ISRAÉLITES INDIGÈNES DE L'ALGÉRIE

Le Gouvernement de la défense nationale

DÉCRÈTE :

Les israélites indigènes des départements de l'Algérie sont déclarés citoyens français ; en conséquence, leur statut réel et leur statut personnel seront, à compter de la promulgation du présent décret, réglés par la loi française, tous droits acquis jusqu'à ce jour restant inviolables.

Toute disposition législative, tout sénatus-consulte, décret, règlement ou ordonnance contraires, sont abolis.

Fait à Tours, le 24 octobre 1870.

Signé : AD. CRÉMIEUX, L. GAMBETTA, AL. GLAIS-BIZION, L. FOURICHON.

DÉCRET SUR LA NATURALISATION DES INDIGÈNES MUSULMANS ET DES ÉTRANGERS RÉSIDANT EN ALGÉRIE

Le Gouvernement de la défense nationale,

DÉCRÈTE :

ARTICLE PREMIER. — La qualité de citoyen français, réclamée en conformité des articles 1 et 3 du sénatus-consulte du 14 juillet 1865, ne peut être obtenue qu'à l'âge de vingt et un ans accomplis.

Les indigènes musulmans et les étrangers résidant en Algérie, qui réclament cette qualité, doivent justifier de cette condition par un acte de naissance ; à défaut par un acte de notoriété dressé, sur l'attestation de quatre témoins, par le juge de paix ou le cadi du lieu de la résidence, s'il s'agit d'un indigène, et par le juge de paix, s'il s'agit d'un étranger.

ART. 2. — L'article 10, paragraphe 1er du titre III, l'article 11 et l'article 14, paragraphe 2 du titre IV du décret du 21 avril 1866, portant règlement d'administration publique, sont modifiés comme il suit :

Titre III, article 10, paragraphe 1er : L'indigène musulman, s'il réunit les conditions d'âge et d'aptitude déterminées par les règlements français spéciaux à chaque service, peut être appelé, en Algérie, aux fonctions et emplois de l'ordre civil désignés au tableau annexé au présent décret.

Titre III, article 11 : L'indigène musulman qui veut être admis à jouir des droits de citoyen français, doit se présenter en personne devant le chef du bureau arabe de la circonscription dans laquelle il réside, à l'effet de former sa demande, et de déclarer qu'il entend être régi par les lois civiles et politiques de la France.

Il est dressé procès-verbal de la demande et de la déclaration.

Article 14, paragraphe 2 : Les pièces sont adressées par l'administration du territoire militaire du département au gouverneur général.

ART. 3. — Le gouverneur général civil prononce sur les demandes en naturalisation sur l'avis du comité consultatif.

ART. 4. — Il sera dressé un bulletin de chaque naturalisation en la forme des casiers judiciaires. Ce bulletin sera déposé à la préfecture du département où réside l'indigène ou l'étranger naturalisé, même si l'individu naturalisé réside sur le territoire dit *territoire militaire*.

ART. 5. — Sont abrogés les articles 2, 4 et 5 du sénatus-consulte du 14 juillet 1865, les articles 13, titre IV, et 1 9 titre VI, intitulé *Dispositions générales* du décret du 21 avri 1866. Les autres dispositions desdits sénatus-consulte et décret sont maintenues.

Tours, le 21 octobre 1870.

DÉCRET RELATIF A L'ORGANISATION POLITIQUE DE L'ALGÉRIE

Le Gouvernement de la défense nationale,

DÉCRÈTE :

ARTICLE PREMIER. — Sont supprimées les fonctions et attributions du gouverneur général de l'Algérie, de sous-gou-

verneur de Algérie, et de secrétaire général du gouvernement pour l'expédition générale des affaires civiles.

Le conseil supérieur du gouvernement de l'Algérie et le
conseil du gouvernement de l'Algérie sont également supprimés.

ART. 2. — Sont abolis les décrets du 10 décembre 1860,
du 30 avril et du 22 mai 1861, la décision impériale du
3 novembre 1862, les décrets du 11 juin 1863 et du 7 juillet
1864.

ART. 3. — L'Algérie renferme trois départements : le département d'Alger, le département d'Oran, le département
de Constantine ; ce qui établit 92 départements dans la
République française.

Chaque département nomme deux représentants du
peuple.

ART. 4. — Les trois départements de l'Algérie constituent
un seul et même territoire ; néanmoins, jusqu'à ce qu'il en
ait été décidé autrement, les populations européennes et
indigènes établies dans les territoires dits actuellement *territoires militaires*, continueront à être administrées par l'autorité militaire, sous la modification portée à l'article 8.

ART. 5. — Le gouvernement et la haute administration
de l'Algérie sont centralisés à Alger sous l'autorité d'un
haut fonctionnaire qui reçoit le titre de *gouverneur général
civil des trois départements de l'Algérie.*

ART. 6. — Un général de division, commandant les forces
de terre et de mer réunies dans les trois départements, ad-
ministre les populations européennes et indigènes actuellement soumises à l'autorité militaire, comme il est dit à
l'article 4.

Il a sous ses ordres les bureaux arabes.

Toutefois, le ministre de la Guerre et le ministre de la
Marine conservent sur l'armée et sur la marine, en Algérie
l'autorité qu'ils exercent sur les armées en campagne et sur
les stations navales.

ART. 7. — Chaque département est administré par un
préfet, qui exerce, sous l'autorité supérieure du gouverneur
général civil, les attributions conférées aux préfets des départements de la République. Il reçoit les instructions du
gouverneur général civil pour toutes les affaires qui intéres-
sent la colonisation, et lui rend compte de leur exécution

En cas d'absence le préfet est remplacé par son secrétaire général.

Art. 8. — Les populations actuellement soumises à l'autorité militaire dans les territoires dits *territoires militaires*, sont administrées par un colonel ou lieutenant-colonel nommé par le commandant des armées de terre et de mer.

Néanmoins le préfet a sous ses ordres les chefs des différents services civils et financiers dont l'action s'étend sur les diverses populations de l'Algérie, et qu'il surveille en vertu de son autorité directe.

Tout centre où l'autorité civile jugera qu'il existe un nombre d'Européens suffisant pour former un Conseil municipal, sera constitué en commune qui relèvera de l'autorité préfectorale.

Art. 9. — Les préfets et les commandants militaires chargés de l'administration des départements de l'Algérie seront tenus d'adresser chaque trimestre au gouverneur général civil un rapport détaillé sur la situation de chaque administration.

Art. 10. — Le gouverneur général civil correspond avec chaque ministre selon la nature des affaires; chaque année un rapport général détaillé est remis par lui au conseil des ministres, imprimé et communiqué à l'assemblée des représentants du peuple.

Art. 11. — Le gouverneur général civil ne peut être représentant du peuple; mais il a entrée à la Chambre, qui peut d'ailleurs l'appeler dans son sein, et devant laquelle il est responsable de ses actes.

En cas d'absence, il peut déléguer sous sa propre responsabilité, au secrétaire général du gouvernement de l'Algérie, la signature des affaires courantes de son administration.

Art. 12. — Il est créé près le gouverneur général civil de l'Algérie un secrétaire général du gouvernement dont les attributions seront fixées ultérieurement par un règlement d'administration publique.

Art. 13. — Il est créé un comité consultatif du gouvernement général de l'Algérie, composé comme il suit:

1° Six citoyens français ou naturalisés français, élus pour trois années, au scrutin de liste et à la majorité absolue des suffrages, par tous les électeurs français de l'Algérie, et à raison de deux membres par chaque département ;

2° Le premier président de la cour d'Alger ;

3° Le secrétaire général du gouvernement ;

4° L'inspecteur général des travaux civils et l'inspecteur général des finances en Algérie ; ces deux derniers n'ayant voix délibérative que pour les affaires de leur compétence, et sur lesquelles ils présentent leur rapport écrit.

Le gouverneur général civil de l'Algérie prendra, lorsqu'il le jugera convenable, la présidence du comité consultatif. A son défaut, la présidence appartiendra au premier président de la cour d'Alger.

Le comité consultatif du gouvernement est appelé donner son avis sur les affaires qui lui seront attribuées par un règlement d'administration publique arrêté dans les trois mois de la publication du présent décret. Provisoirement, il donne son avis sur les affaires d'administration qui ne sont pas dans les attributions des préfets.

ART. 4. — Il est créé un conseil supérieur du gouvernement général de l'Algérie, composé comme il suit:

Le gouverneur général civil, président ;

Le commandant des forces de terre et de mer en Algérie ;

Le premier président de la cour d'Alger ;

L'archevêque d'Alger ;

Les préfets des trois départements ;

Neuf conseillers généraux, élus chaque année, dans son sein, par le Conseil général de chaque département, à raison de trois membres par conseil.

Le Conseil supérieur se réunit chaque année au mois d'octobre, après la session des Conseils généraux, pour délibérer sur le budget général de l'Algérie.

Le vice-président et le secrétaire sont nommés par le Conseil supérieur et dans son sein, à la pluralité des suffrages.

Le Conseil supérieur ne pourra délibérer qu'autant qu'il réunira la majorité de ses membres ; les délibérations sont prises à la majorité des membres présents.

Les procès-verbaux seront publiés après la session ; un résumé sommaire des délibérations pourra, en vertu d'une autorisation du conseil, être communiqué à la presse locale pendant la session.

Le projet du budget général de l'Algérie, arrêté provi-
sirement par le gouverneur général civil, après délibéra-
on du Conseil supérieur, sera transmis au conseil des mi-
istres pour être définitivement arrêté.

Art. 15. — Il n'est dérogé en rien à la législation actuelle
ur les attributions des Conseils généraux et des Conseils
nunicipaux en Algérie.

Un décret ultérieur fixera la composition et le mode d'é-
ction de ces Conseils.

Art. 16. — Toutes dispositions contraires au présent
écret sont et demeurent abrogées.

Le présent décret sera rendu exécutoire dans les formes
rescrites par l'article 4 de l'ordonnance du 27 novembre
816, et par l'ordonnance du 18 janvier 1817.

Fait à Tours, en conseil de Gouvernement, le 21 octobre 1870.

Signé : Ad. Crémieux, L. Gambetta,
Glais-Bizoin, Fourichon.,

ARRÊTÉ NOMMANT LE DIRECTEUR DE LA SURETÉ GÉNÉRALE

Le membre du Gouvernement de la défense nationale,
ninistre de l'Intérieur,

En vertu des pouvoirs à lui délégués par le Gouvernement, par
écret en date, à Paris, du 1er octobre 1870,

ARRÈTE :

M. Ranc, ancien maire du neuvième arrondissement de
Paris, est chargé des attributions de directeur de la sûreté
générale dans toute l'étendue du territoire de la République.

Fait à Tours, le 21 octobre 1870.

CIRCULAIRE AUX PRÉFETS RELATIVE AUX MESURES A PRENDRE POUR SIGNALER LES MOUVEMENTS DE L'ENNEMI

Monsieur le préfet,

Le Gouvernement de la défense nationale a besoin d'être
éclairé d'une façon régulière sur les mouvements des armées

ennemies et des corps plus ou moins nombreux qui se ré
pandent dans les .départements pour les occuper et le
mettre à contribution.

Il vous est facile, avec le concours des sous-préfets et de
maires, de fournir à cet égard les renseignements les plu
sérieux et les plus circonstanciés.

En groupant tous les documents qu'il recevra par l'inter
médiaire des préfets et des sous-préfets, le gouvernemen
se rendra plus complètement compte des marches et contre
marches de l'ennemi, et de l'importance des forces réunie
ou disséminées sur les divers points du territoire. Il fau
que désormais notre armée soit à l'abri de toute surprise
C'est là un point d'un immense intérêt national sur leque
j'appelle toute votre attention.

Les instructions que vous devrez adresser aux sous-préfe
et aux maires seront les suivantes:

Sur tous les points où la présence de l'ennemi sera signalée
les maires enverront des émissaires qui auront à observer

1° L'importance des troupes ennemies, en distinguan
soigneusement les différentes armes ;

2° La route suivie par le corps observé, le lieu de dépar
et le point présumé vers lequel il se dirige ;

3° L'heure de l'arrivée, la durée du stationnement et l'heur
du départ;

4° Enfin, toutes les particularités qui se manifesteron
quelque minimes qu'elles paraissent, leur importance a
point de vue des opérations militaires pouvant échapper
l'esprit des observateurs.

Les maires devront chaque jour vous transmettre ou trans
mettre aux sous-préfets de leur arrondissement, par la voi
la plus rapide, un bulletin comprenant les indications qu
précèdent.

Vous inviterez ces magistrats à utiliser, soit comme émis
saires chargés d'observer l'ennemi, soit comme agents d
transmission, les agents et facteurs de la poste, les gen
darmes et les cantonniers et tous les habitants qui voudron
mettre au service du pays leur intelligence et leur dévoue
ment.

Les maires seront rendus personnellement responsable
de la négligence qu'ils apporteraient à l'organisation d
service des renseignements, et je suis décidé à traduire de

vant la cour martiale ceux d'entre eux qui auraient failli à leur devoir.

MM. les sous-préfets chargés de recueillir les documents fournis par les maires devront les résumer dans une dépêche concise qui vous sera transmise par le télégraphe et, à défaut, par voie d'exprès. Cette dépêche indiquera, en outre, le degré de confiance qui paraît devoir être accordé aux indications reçues. Le double de la dépêche me sera adressé directement par le sous-préfet.

Pour être à même d'exercer un contrôle efficace sur les renseignements qui leur sont fournis, MM. les sous-préfets devront recourir à des émissaires spéciaux et, au besoin, provoquer la formation de comités d'arrondissement.

De votre côté, monsieur le préfet, vous voudrez bien me faire parvenir les renseignements que vous auriez pu vous procurer directement en dehors de ceux qui vous sont fournis par les sous-préfets. Vous communiquerez l'ensemble des uns et des autres au général commandant le département.

Vous insisterez auprès de vos collaborateurs pour que toutes les transmissions aient lieu de la manière la plus prompte et sans préoccupation aucune des règles hiérarchiques. Toute l'utilité de ces informations repose, vous le sentez, sur leur célérité.

Recevez, monsieur le préfet, l'assurance de mes sentiments très distingués;

Pour ampliation:

Le ministre de l'Intérieur et de la Guerre,

Léon Gambetta.

Le délégué du ministre au département de la Guerre,

C. de Freycinet.

_____

25 OCTOBRE

DÉCRET AUTORISANT LE MINISTRE DES FINANCES A ÉMETTRE UN EMPRUNT DE 250 000 000

Le Gouvernement de la défense nationale,

DÉCRÈTE:

ARTICLE PREMIER. — Le ministre des Finances est autorisé

à émettre un emprunt de deux cent cinquante millions de francs, destiné aux besoins de la défense nationale.

ART. 2. — Cet emprunt, qui sera émis par voie de souscription publique en France et en Angleterre, sera réalisé en obligations au porteur d'une valeur nominale de 500 francs, 2,500 francs, 12,500 francs, et 25,000 francs, rapportant 6 p. 100 d'intérêts annuels, payables par semestre, les 1er avril et 1er octobre de chaque année.

ART. 3. — Le taux d'émission est de 85 p. 100 de la valeur nominale de chaque obligation.

Soit pour une obligation de	500 fr.	. . . .	425 fr.
—	—	2,500	 2,125
—	—	12,500	 10,625
—	—	25,000	 21,250

ART. 4. — Les obligations seront remboursables au pair en 34 ans, par voie de tirage au sort, à partir du 1er avril 1873, à moins que le Gouvernement n'use du droit qu'il se réserve de se libérer à toute époque par le remboursemen, au pair desdites obligations, en prévenant six mois à l'avancet par un avis inséré au *Journal officiel.*

ART. 5. — Les sommes à verser et les époques de versement sont indiquées ci-après :

	OBLIGATIONS			
VERSEMENTS	DE 500	DE 2500	DE 12500	DE 25000
Au moment de la souscription.	100	500	2 500	5 000
Le 1er décembre 1870.	100	500	2 500	5 000
Le 1er janvier 1871.	100	500	2 500	5 000
Le 1er février 1871.	125	625	3 125	6 250
TOTAL.	425	2125	10 625	21250

ART. 6. — Une réduction proportionnelle aura lieu, s cela est nécessaire, après la clôture de la souscription. Un avis officiel fera connaître le taux de cette réduction.

ART. 7. — La souscription publique sera ouverte le jeudi 27 octobre 1870 au matin, et sera close le samedi 29 octobre, à 4 heures du soir.

ART. 8. — Les versements par anticipation jouiront d'un escompte de 4 p. 100 l'an; en cas de retard, il sera dû au Trésor un intérêt de 6 p. 100 l'an, sans préjudice du droit que le Trésor aura de faire effectuer, sans avis préalable, la vente de l'obligation.

ART. 9. — Le directeur général de la comptabilité publique, délégué du ministre des Finances, est chargé de l'exécution du présent décret.

Fait à Tours, le 25 octobre 1870.

29 OCTOBRE

INSTRUCTION RELATIVE AUX MESURES A PRENDRE POUR EMPÊCHER LE RAVITAILLEMENT DE L'ARMÉE ENNEMIE.

L'évacuation des bestiaux, chevaux, voitures et approvisionnements de toute espèce, de nature à servir à l'ennemi, prescrite par le décret du 22 octobre, doit être préparée dès maintenant.

En conséquence, les préfets des départements menacés s'entendront avec les préfets des départements voisins et avec l'autorité militaire pour déterminer à l'avance les points sur lesquels devront être dirigés les approvisionnements.

L'évacuation se fera, suivant les circonstances, par les voies ferrées, par terre, par canaux, ou par mer, dans les départements voisin du littoral.

La partie la plus délicate de l'opération est celle relative au bétail et aux chevaux. On ne perdra pas de vue que la pauvreté de l'année en fourrages rend l'alimentation difficile partout, et impossible sur certains points. Dans ce dernier cas, les préfets s'entendront avec leurs collègues, et, au besoin, prendront par le télégraphe les ordres du ministre de l'Intérieur. D'un autre côté, l'accumulation des troupeaux les expose à la peste bovine; il faudra donc les disséminer le plus possible, et, en cas d'encombrement, faire abattre une partie des troupeaux et procéder à la salaison des viandes. Des hommes spéciaux seront chargés, par le comité militaire, de diriger cette opération.

Le comité, en prescrivant l'évacuation, tiendra compte des exigences de la subsistance du pays et des troupes chargées de la défense locale; il se concertera avec le commandant et les fonctionnaires de l'intendance, pour déterminer la part à faire aux corps d'armée opérant dans le pays. Il pourra d'ailleurs demander à ce sujet les instructions des ministres de la Guerre et de l'Intérieur.

Le comité militaire, tout en tenant compte de tous les droits, tout en sauvegardant dans la limite du possible tous les intérêts, n'oubliera pas que, pour être efficace, l'exécution de ces mesures doit essentiellement être rapide.

Le rôle des comités militaires étant ainsi suffisamment tracé, il paraît nécessaire de donner quelques instructions de détail sur les mesures à prendre par les communes.

Dès que l'ordre d'évacuation aura été donné par le comité militaire, le maire et les conseillers municipaux établiront le relevé des quantités à mettre en mouvement, et donneront reçu en poids et en nombre aux habitants; ces reçus porteront estimation faite, soit d'après la dernière mercuriale, soit à dire d'experts.

Les relevés des communes seront centralisés, à la diligence des préfets, sur un point non occupé, et établiront la base des droits des communes.

Le maire autorisera les détenteurs non employés à la défense, à accompagner leurs troupeaux et marchandises; s'ils sont insuffisants, il désignera le nombre d'habitants nécessaires, et nommera un délégué de la commune qui fera fonction de comptable.

Des agents, nommés par le préfet, centraliseront l'opération et feront accompagner les envois. Ces agents, au moyen d'écritures simples, tiendront compte des pertes par cas de force majeure; si l'autorité civile ou militaire leur fait des réquisitions pour satisfaire aux besoins de l'armée ou des populations, ils se feront délivrer des bons dont la valeur sera ultérieurement remboursée par qui de droit.

Les maires des communes que traverseront les troupeaux prendront les dispositions les plus efficaces pour assurer la conservation des animaux

Dès l'arrivée des troupeaux à destination, le maire fera connaitre au préfet le nombre de têtes de bétail; cet avis sera transmis par le préfet au ministre de l'Intérieur, qui le communiquera à son collègue de la Guerre.

Si des maladies épidémiques se déclaraient, avis immédiat en serait donné au sous-préfet de l'arrondissement qui prendrait les mesures nécessaires pour arrêter le mal. Il ferait abattre au besoin les animaux sains et saler la viande.

Tours, le 29 octobre 1870.

----

2 NOVEMBRE

DÉCRET ORDONNANT LA LEVÉE EN MASSE

Les membres du Gouvernement de la défense nationale délégués pour représenter le Gouvernement et, en exercer les pouvoirs,

Considérant que la patrie est en danger, que tous les citoyens se doivent à son salut ; que ce devoir n'a jamais été ni plus pressant ni plus sacré que dans les circonstances présentes,

DÉCRÈTENT :

ARTICLE PREMIER. — Tous les hommes valides de 21 à 40 ans, mariés ou veufs avec enfants sont mobilisés.

ART. 2. — Les citoyens mobilisés par le présent décret seront organisés par les préfets, conformément aux décrets des 29 septembre et 11 octobre, ainsi qu'à la circulaire du 15 octobre de la présente année.

ART. 3. — Les citoyens mobilisés par le présent décret seront, leur organisation faite, mis à la disposition du ministre de la Guerre. Cette organisation devra être terminée le 19 novembre.

ART. 4. — Il sera pourvu à leur habillement, équipement et solde, d'après les règles prescrites par le décret du 22 octobre de la présente année.

ART. 5. — Toute exemption basée sur la qualité de soutien de famille est abolie, même à l'égard de ceux à qui elle avait été antérieurement appliquée par les conseils de revision. Il n'est admis d'autres exemptions que celles résultant des infirmités ou basées sur les services publics énumérés dans la circulaire du 15 octobre 1870. Est également abrogé l'article 145 de la loi du 22 mars 1831.

ART. 6. — La République pourvoira aux besoins des familles reconnues nécessiteuses. Un comité, composé du Maire ou président de la Commission municipale et de deux conseillers municipaux ou membres de la Commission, statuera définitivement sur les demandes formées à cet égard par les familles domiciliées dans la commune.

ART. 7. — La République adopte les enfants des citoyens qui succombent pour la défense de la patrie.

ART. 8. — Le ministre de la Guerre est autorisé à utiliser, pour la fabrication des armes et engins de guerre, les usines et ateliers pouvant servir à cet effet.

ART. 9. — Le ministre de l'Intérieur et de la Guerre est chargé de l'exécution du présent décret, laquelle aura lieu immédiatement après la publication qui en sera faite conformément aux ordonnances du 27 novembre 1816 et du 18 janvier 1817.

Fait à Tours, le 2 novembre 1870.

LÉON GAMBETTA, A. GLAIS-BIZOIN,
AD. CRÉMIEUX. L. FOURICHON.

Par le Gouvernement :

Le Secrétaire général du ministre
de l'Intérieur délégué,

JULES CAZOT.

Le délégué du ministre au département
de la Guerre,

C. DE FREYCINET.

DÉCRET ASSIMILANT A L'ARMÉE LE PERSONNEL DE L'ADMINISTRATION DES TÉLÉGRAPHES ET DES POSTES REMPLISSANT UNE MISSION DE GUERRE.

Les membres du Gouvernement de la défense nationale, délégués pour représenter le Gouvernement et en exercer les pouvoirs,

Vu le décret du 15 octobre 1870, qui charge exclusivement de toutes les opérations de la télégraphie militaire les fonctionnaires et agents de l'administration des télégraphes et qui règle l'assimilation de leurs grades avec ceux de l'armée;

Vu le décret du 2 novembre courant, aux termes duquel chaque corps d'armée doit être pourvu d'un personnel suffisant pour assurer les communications télégraphiques, 1° entre le quartier général et la ligne permanente la plus voisine; 2° entre le quartier général et chacune de ses divisions;

Vu le décret du 12 octobre 1870, plaçant les deux administrations des télégraphes et des postes sous une direction unique;

Vu l'arrêté du directeur général des télégraphes et des postes, en date du 16 octobre dernier, qui détermine l'uniforme de campagne des fonctionnaires et agents du service télégraphique;

Considérant qu'un grand nombre d'agents du télégraphe sont actuellement employés à des opérations de guerre et chargés, soit de desservir les forts et places de guerre et les postes d'observation militaires, soit d'installer et de rétablir, sous le feu de l'ennemi, les communications télégraphiques nécessaires à la direction des mouvements de l'armée;

Considérant qu'un certain nombre d'agents des postes remplissent des fonctions de même nature, soit auprès des armées, soit sur le territoire ennemi, soit en s'efforçant d'établir à travers les lignes ennemies des communications avec les places investies ;

Considérant que tous les agents de ces deux personnels peuvent être appelés d'un moment à l'autre à remplir un semblable service et à partager ainsi les dangers de l'armée;

Sur la proposition du directeur général des télégraphes et des postes;

DÉCRÈTENT :

ARTICLE PREMIER. — Le personnel de l'administration des télégraphes et des postes détaché auprès des armées, ou affecté au service de défense d'une place ou d'un territoire en état de siège ou assiégé, ou enfin remplissant une mission de guerre, est considéré et traité comme faisant partie de l'armée.

ART. 2. — Le directeur général des télégraphes et des postes déterminera les cas où la tenue de l'uniforme, tel qu'il est réglé par son arrêté sus-visé, est obligatoire pour ces agents.

La dépense nécessaire sera imputée sur les fonds du chapitre II (article 1er) du budget extraordinaire du ministère de la Guerre.

Fait à Tours, le 2 novembre 1870.

3 NOVEMBRE

ARRÊTÉ ENJOIGNANT A TOUT OFFICIER DE PARTIR DANS LES VINGT-QUATRE HEURES POUR LE POSTE QUI LUI EST DÉSIGNÉ.

Le membre du Gouvernement de la défense nationale, ministre de l'Intérieur et de la Guerre,

Considérant la nécessité de ne pas laisser un poste militaire dépourvu de son titulaire,

ARRÊTE :

Tout officier, quel que soit son grade, qui, par lettre d'avis, télégramme ou autrement, reçoit l'ordre officiel de se rendre à un poste, doit effectuer son départ dans les vingt-quatre heures qui suivent la réception de l'ordre.

Il est remplacé d'office dans son poste, jusqu'à l'arrivée de son successeur, par l'officier du grade le plus élevé après lui.

Fait à Tours, le 3 novembre 1870.

DÉCRET RELATIF AUX COMMISSIONS DÉLIVRÉES A TITRE PROVISOIRE

Le membre du Gouvernement, etc.

Considérant que l'extension rapide de nos forces militaires conduit à donner aux officiers et sous-officiers composant les cadres le l'armée régulière, des avancements de grade qui ne sont pas toujours suffisamment justifiés par les services antérieurs, et qui semblent dès lors violer les principes de justice et d'équité;

DÉCRÈTE:

ARTICLE PREMIER. — A partir de ce jour, les commissions délivrées par le ministre de la Guerre, ou par les généraux commandant en chef les corps d'armée ou les divisions territoriales, aux officiers et sous-officiers de l'armée régulière, seront établies à titre *provisoire*, toutes les fois que le titulaire ne se trouvera pas dans les conditions requises pour l'avancement.

Ces commissions pourront être rendues définitives à tout instant, à la suite de quelque action d'éclat ou de services exceptionnels dûment constatés. En tous cas, à la fin de la guerre, les commissions provisoires seront classées d'après le mérite des titulaires, et seront rendues définitives toutes celles qui s'appuieront suffisamment sur les services rendus.

ART. 2. — Les commissions provisoires sont, pendant toute leur durée, entièrement assimilées aux commissions définitives. Elles confèrent la même autorité et donnent lieu aux mêmes avantages et prérogatives.

Fait à Tours, le 3 novembre 1870.

DÉCRET ORDONNANT, DANS CHACUN DES DÉPARTEMENTS DE LA RÉPUBLIQUE, LA FORMATION D'UNE BATTERIE D'ARTILLERIE DE CAMPAGNE PAR 100 000 AMES.

Le Membre du Gouvernement de la défense nationale, ministre de l'Intérieur et de la Guerre,

En vertu des pouvoirs à lui délégués par le Gouvernement, par décret en date à Paris du 1er octobre 1870;
Considérant qu'il importe de relever notre artillerie de l'infériorité numérique dans laquelle elle se trouve vis-à-vis de l'ennemi;
Vu les demandes formées par plusieurs départements, desquelles il résulte que l'industrie privée offre à cet égard des ressources qui peuvent être utilisées,

DÉCRÈTE:

ARTICLE PREMIER. — Chacun des départements de la République est tenu de mettre sur pied, dans le délai de *deux mois*, autant de batteries de campagne que sa population renferme de fois 100 000 âmes. Ces batteries seront montées, équipées et pourvues de tout leur matériel et personnel, y compris les officiers, plus un chef d'escadron par trois batteries.

La première batterie, dans chaque département, devra être prête dans le délai d'un mois.

ART. 2. — Lesdites batteries sont établies aux frais du département et à la diligence du préfet, qui jouira à cet effet de tous droits de réquisition nécessaires.

Avant d'être mises en service, elles devront être présentées à l'autorité militaire du département, qui s'assurera que les pièces sont en état de marcher, et délivrera un certificat en conséquence dans le délai de trois jours à partir de la date de la présentation.

ART. 3. — L'État se réserve la faculté de disposer des batteries ainsi formées. En ce cas, il remboursera le montant de la dépense au département.

Les batteries restant à la disposition du département font partie de droit des forces constituées au moyen des gardes nationales du département.

Fait à Tours, le 3 novembre 1870.

————

4 NOVEMBRE

DÉCRET RELATIF A L'EMPLOI DE PIGEONS POUR LES CORRESPONDANCES PRIVÉES DES DÉPARTEMENTS AVEC PARIS

La Délégation du Gouvernement de la défense nationale,

Considérant que depuis l'investissement de Paris, il a été établi, par les soins du double service des télégraphes et des postes, au moyen de ballons partant de Paris et de pigeons voyageurs partant de Tours, un échange spécial de correspondances destiné à suppléer, entre Tours et Paris, aux moyens de correspondance ordinaires momentanément suspendus;

Considérant que cet échange, jusqu'à présent réservé aux communications du Gouvernement, se trouve aujourd'hui suffisamment assuré pour qu'il soit possible d'en faire profiter les particuliers pour leurs relations avec la capitale, sans en garantir cependant la parfaite régularité ;

Considérant, toutefois, que ce mode extraordinaire de correspondance, d'ailleurs coûteux, n'offre encore que des facilités très restreintes, et que les exigences supérieures de la défense nationale ne permettent d'en accorder l'usage public que dans d'étroites limites et à des conditions de taxe relativement élevées;

Sur la proposition du directeur général des télégraphes et des postes,

DÉCRÈTE :

ARTICLE PREMIER. — Il est permis à toute personne résidant sur le territoire de la République de correspondre avec Paris par les pigeons voyageurs de l'administration des télégraphes et des postes, moyennant une taxe de cinquante centimes (0,50 c.) par mot, à percevoir au départ, et dans des limites qui seront déterminées par des arrêtés du directeur général de cette administration.

ART. 2. — Les télégrammes destinés à cette transmission spéciale seront reçus dans les bureaux de télégraphe et de poste qui seront désignés par l'administration, et transmis au point de départ des pigeons voyageurs par la poste, ou par le télégraphe, lorsque les exigences du service général le permettront.

Il ne sera perçu aucune taxe complémentaire à raison de la transmission postale ou télégraphique, ni à raison de la distribution des télégrammes à domicile à Paris.

ART. 3. — L'État ne sera soumis à aucune responsabilité à raison de ce service spécial. La taxe perçue ne sera remboursée dans aucun cas.

ART. 4. — Le directeur général des télégraphes et des postes est chargé de l'exécution du présent décret.

Fait à Tours, le 4 novembre 1870.

ARRÊTÉ RÉGLANT L'EXÉCUTION DU PRÉCÉDENT DÉCRET

Le directeur général des Télégraphes et des Postes.

Vu le décret du 4 novembre 1870,

ARRÊTE :

ARTICLE PREMIER. — Les dépêches privées destinées à être

transmises à Paris par les pigeons voyageurs, seront reçues dans tous les bureaux de télégraphe et de poste du territoire de la République, aux conditions de taxe fixées par le décret sus-visé et d'après les règles ci-après.

ART. 2. — Ces dépêches devront être rédigées en français, en langage clair et intelligible, sans aucun signe ou chiffre conventionnel. Elles ne devront contenir que des communications d'intérêt privé, à l'exclusion absolue de tout renseignement ou appréciation de politique ou de guerre.

ART. 3. — Le nombre maximum des mots de chaque dépêche est fixé à vingt.

Les expressions réunies par un trait d'union ou séparées par une apostrophe seront comptées pour le nombre de mots servant à les former.

Par exception, dans l'adresse, la désignation du destinataire, celle du lieu et du domicile ne compteront chacune que pour un seul mot, bien que formées d'expressions composées.

Il en sera de même de la signature de l'expéditeur.

Toute lettre isolée comptera pour un mot.

Les nombres devront être écrits en toutes lettres, et seront comptés d'après les règles ci-dessus.

ART. 4. — L'indication du lieu de destination ne sera obligatoire que pour les dépêches à distribuer hors de l'enceinte de Paris, dans la banlieue investie. Les dépêches ne portant aucune indication de cette nature seront considérées comme à destination de Paris même. La mention « rue » pourra être supprimée, aux risques et périls de l'expéditeur.

L'indication de la date et du lieu de l'origine n'est pas non plus obligatoire.

ART. 5. — Les dépêches présentées dans les bureaux télégraphiques seront traitées, en ce qui concerne la perception de la taxe, comme les télégrammes ordinaires. La taxe sera perçue en numéraire. La souche du registre des recettes devra porter la mention : « pigeons voyageurs ».

Les dépêches présentées dans les bureaux de poste devront être affranchies au moyen de timbres-poste, qui seront oblitérés par les receveurs. Elles seront vérifiées au guichet en ce qui concerne l'application de la taxe. En cas d'insuffisance d'approvisionnement de timbres, l'affranchissement pourra, par exception, avoir lieu en numéraire, dans les formes habituelles.

ART. 6. — Les bureaux soit de télégraphe, soit de poste, réuniront sous une même enveloppe toutes les dépêches qu'ils auront reçues dans la journée et les adresseront au directeur général des Télégraphes et des Postes, à Tours, avec la mention spéciale : « pigeons voyageurs », inscrite au coin supérieur droit de l'enveloppe.

ART. 7. — Les dépêches présentées, après le départ du courrier de la poste, dans les bureaux du télégraphe où le service de la télégraphie privée n'est pas suspendu, pourront être, dans le cas où les lignes départementales seraient en mesure de les recevoir sans aucun préjudice pour le service public, transmises par le télégraphe au bureau du même département qui serait le mieux en situation de les diriger immédiatement par la poste sur la direction générale.

ART. 8. — Tout envoi sera accompagné d'un bordereau portant, avec la date de l'envoi et le numéro d'ordre, l'indication du nombre total des dépêches transmises et de la somme totale des taxes perçues pour ce en oi.

Les envois de chaque catégorie de bureaux, tant de télégraphe que de poste, seront faits directement, sans confusion entre les deux services.

ART. 9. — Les dépêches centralisées à Tours seront dirigées sur Paris, par les soins de la direction générale, au fur et à mesure qu'elle disposera des moyens d'expédition suffisants, et distribuées à Paris, à la diligence du service télégraphique central.

ART. 10. — Conformément à l'article 3 du décret sus-visé, aucune réclamation ne sera admise en cas de non-remise ou d'erreur de distribution, toute taxe perçue demeurant, à raison des difficultés que présente ce service spécial, définitivement acquise à l'État.

ART. 11. — Les dispositions du présent arrêté sont applicables à partir du 8 courant.

Fait à Tours, le 4 novembre 1870.

Le directeur général des Télégraphes et des Postes,

F. STEENACKERS.

DÉCRET RELATIF AUX CORPS DE FRANCS-TIREURS

Le membre du Gouvernement, etc.

Considérant que, tout en respectant l'autonomie et les libres allures des corps de francs-tireurs et volontaires, il convient cependant d'établir des garanties de discipline et de prévenir des actions isolées, qui pourraient en certains cas préjudicier à l'action commune ;

DÉCRÈTE :

ARTICLE PREMIER. — A partir de ce jour, tout corps de francs-tireurs ou de volontaires sera spécialement attaché par le ministre de la Guerre à un corps d'armée en campagne, ou, à défaut, à une division militaire territoriale, et il sera tenu d'opérer conformément aux directions supérieures du chef de ce corps ou du commandant de la division militaire.

Il ne pourra être dérogé à cette règle qu'en vertu d'une autorisation spéciale du ministre de la Guerre, dont le commandant des francs-tireurs devra être toujours porteur pour en justifier au besoin.

ART. 2. — Aucun corps de francs-tireurs ou aucun détachement de corps ne peut s'éloigner du territoire dans lequel il a reçu ordre d'opérer, sans une autorisation en bonne forme du commandant du corps d'armée ou de la division militaire auquel il a été attaché.

Les francs-tireurs ne peuvent s'absenter isolément de leur corps ou de leur détachement sans un congé régulier de leur commandant.

ART. 3. — Les corps francs actuellement en campagne sont rattachés d'office aux corps d'armée ou aux divisions militaires dans le territoire desquels ils opèrent. Ils devront immédiatement se faire connaître au général en chef et prendre ses ordres. Avis en sera donné au ministre de la Guerre.

Ceux de ces corps qui désireraient être rattachés à un autre corps d'armée ou à une autre division territoriale, sont tenus d'adresser, *dans les cinq jours*, une demande au ministre de la Guerre. Passé ce délai, il ne sera pas statué sur ces demandes.

ART. 4. — Tout corps franc ou portion de corps franc qui

ontreviendra aux dispositions qui précèdènt sera désarmé
l dissous, sans préjudice des peines qui pourraient être
prononcées par les tribunaux militaires.

Fait à Tours, le 4 novembre 1870.

6 NOVEMBRE

NOTE SUR LA DIVULGATION DES MOUVEMENTS MILITAIRES [1]

Tours, le 6 novembre 1870.

Le ministre de la Guerre et de l'Intérieur rappelle aux
journaux paraissant à Tours, l'existence des lois qui punis-
ent la divulgation des mouvements militaires en voie
d'exécution. Il a paru notamment, et trop fréquemment,
des notes et des indications sur les mouvements de l'armée
de la Loire.

Il ne sera point fait de procès de presse pour la répression
de pareils délits. Les journaux qui se permettent d'aussi
coupables manœuvres alors que l'ennemi est si près de
nous, contraindront le Gouvernement à décréter l'état de
siège, qui l'armera contre eux du droit de suppression
pure et simple. Le Gouvernement est fermement résolu à
ne plus tolérer aucune publication de nature à renseigner
l'ennemi sur nos opérations militaires.

7 NOVEMBRE

DÉCRET RÉGLEMENTANT LA LEVÉE EN MASSE

Les membres du Gouvernement de la défense nationale,
délégués pour représenter le Gouvernement et en exercer
les pouvoirs,

Vu les décrets des 12 et 16 septembre 1870;
Vu les décrets des 29 septembre, 11 octobre et 2 novembre 1870;

DÉCRÈTENT:

ARTICLE PREMIER. — Les citoyens mobilisés par le décret

1. Cette note a été insérée le 7 novembre au *Moniteur universel*.

du 29 septembre de la présente année forment un premier ban, dans lequel sont compris ceux qui ont été, à titre de soutiens de famille, exemptés par les conseils de revision.

ART. 2. — Les citoyens mobilisés par le décret du 2 novembre de la présente année forment un second ban qui se subdivise en trois autres : le premier, comprenant les hommes de vingt et un à trente ans ; le second, les hommes de trente à trente-cinq ans ; le troisième, de trente-cinq à quarante ans.

ART. 3. — Les bans organisés par le présent décret seront successivement appelés et mis à la disposition du ministre de la Guerre dans l'ordre qu'il fixera ultérieurement.

ART. 4. — Un conseil de revision, composé, au chef-lieu de chaque arrondissement, du sous-préfet, d'un lieutenant de gendarmerie et d'un membre du conseil municipal, statuera souverainement, à mesure des appels successifs, sur les réclamations formées pour infirmités, après avoir pris l'avis d'un médecin étranger à l'arrondissement et entendu le médecin de l'appelé, si l'appelé le réclame.

ART. 5. — Il n'est rien innové en ce qui concerne les administrations financières, civiles, de l'instruction publique, des cours et tribunaux, les établissements publics employés au service de l'État, qui restent réglés, comme ils le sont, par les dispositions antérieures au décret du 2 novembre.

ART. 6. — Il sera fait pour la marine un contingent, réglé par le ministre de la Guerre, des hommes ayant servi dans la marine et munis de brevets de spécialité.

ART. 7. — Le ministre de l'Intérieur et de la Guerre est chargé de l'exécution du présent décret, laquelle aura lieu immédiatement après qu'il aura été publié conformément à l'ordonnance du 18 janvier 1817.

Fait à Tours, le 7 novembre 1870.

---

8 NOVEMBRE

DÉCRET RELATIF AUX TRANSPORTS DES APPROVISIONNEMENTS

Le membre du Gouvernement, etc.,

Considérant qu'il importe d'accélérer et de surveiller le transport des approvisionnements et du matériel de guerre sur les chemins de fer ;

DÉCRÈTE :

ARTICLE PREMIER. — Il est institué un service spécial d'inspection pour le transport des approvisionnements et du matériel de guerre sur les chemins de fer.

Ce service est placé dans les attributions du directeur des services de l'intendance. Il se compose d'un inspecteur principal et d'autant d'inspecteurs et agents secondaires que les besoins de la surveillance l'exigent.

ART. 2. — M. Poirier, ancien chef de la perception et du contrôle des chemins de fer du Midi, est nommé inspecteur principal des transports de la guerre.

Fait à Tours, le 8 novembre 1870.

***

DÉCRET SUR LA DISCIPLINE DE LA GARDE NATIONALE MOBILISÉE

Les membres du Gouvernement de la défense nationale, délégués pour représenter le Gouvernement et en exercer les pouvoirs,

Vu les décrets des 12 et 16 septembre 1870,

Vu les décrets des 29 septembre, 11 octobre et 2 novembre, sur la garde nationale mobilisée,

DÉCRÈTENT :

ARTICLE PREMIER. — La garde nationale mobilisée est soumise à la discipline réglée par les articles 113, 114 et 116 de la loi du 13 juin 1851, sur la garde nationale, ainsi que par les articles 5, 81 et 83 de ladite loi.

Les peines énoncées à l'article 113 sont applicables, selon la gravité des cas, aux fautes énumérées aux articles 73, 74 et 76 de la même loi.

La privation du grade est encourue dans le cas prévu aux articles 75 et 79.

Elle est prononcée :

Pour les officiers, par le ministre de l'Intérieur, sur le rapport du commandant en chef ;

Pour les sous-officiers, caporaux ou brigadiers, par le commandant en chef.

ART. 2. — Une fois à la disposition du ministre de la Guerre, la garde nationale mobilisée sera soumise à la discipline de l'armée, conformément à l'article 11 du décret du 11 octobre 1870.

ART. 3. — Le ministre de l'Intérieur et de la Guerre est chargé de l'exécution du présent décret.

Fait à Tours, le 8 novembre 1870.

---

10 NOVEMBRE

DÉCRET RELATIF AUX OFFRES DE CLOCHES FAITES PAR DES PAROISSES ET DES CONSISTOIRES POUR LA FONTE DES CANONS.

Le membre du Gouvernement de la défense nationale, ministre de l'Intérieur et de la Guerre,

En vertu des pouvoirs à lui délégués par le Gouvernement, par décret en date à Paris du 1er octobre 1870;

Attendu qu'en présence des dangers de la patrie et devant la nécessité urgente d'augmenter la puissance de notre artillerie, un grand nombre de paroisses et de consistoires ont offert spontanément les cloches des églises et des temples pour servir à la fonte des canons;

Attendu que des offres d'un patriotisme aussi élevé doivent être encouragées par tous les moyens et profondément honorées;

DÉCRÈTE :

ARTICLE PREMIER. — Les préfets sont autorisés à accepter les offres de cloches qui leur seront faites par les paroisses et par les consistoires.

Afin de perpétuer à jamais le souvenir d'actes aussi méritoires, on gravera sur le bronze des canons les noms des paroisses ou des consistoires qui auront fourni les cloches

Fait à Tours, le 10 novembre 1870.

CIRCULAIRE RELATIVE AU « BULLETIN DE LA RÉPUBLIQUE »

Le Ministre de l'Intérieur à MM. les préfets et sous-préfets.

Tours, le 10 novembre 1870.

Monsieur le préfet,

En créant un *Bulletin de la République française*, le Gouvernement de la défense nationale à Tours s'est proposé de répandre dans toutes les communes la connaissance des actes officiels et d'aider à l'instruction politique du peuple.

L'interruption forcée du *Journal Officiel* et du *Moniteur des communes*, pour la province, par suite du siège de Paris, rendait cette publication indispensable. Je n'ai donc pas hésité à décider qu'elle paraîtrait trois fois par semaine et sous forme d'affiche, de manière à atteindre le plus complètement possible le but que je viens d'indiquer.

Je vous ai adressé le 15 octobre, par le télégraphe, une première circulaire réglant l'organisation de ce service.

Chaque commune devait recevoir un exemplaire du *Bulletin*. Il en était attribué deux au chef-lieu de canton, six au chef-lieu de l'arrondissement et douze au chef-lieu du département. Les exemplaires destinés à chaque arrondissement seraient transmis directement aux préfets et aux sous-préfets. Ces fonctionnaires devaient les répartir suivant cet ordre et les expédier immédiatement aux maires des communes, en leur recommandant de les faire afficher aux endroits les plus apparents.

Je vous prie de vouloir bien me faire connaître si ces instructions ont été observées. Il m'a été rapporté que, dans quelques arrondissements, le *Bulletin* n'est pas régulièrement placardé, par la négligence ou le mauvais vouloir des maires. C'est un point qu'il convient de vérifier avec la plus grande exactitude. Vous ne devez tolérer aucun manquement aux recommandations que vous avez dû faire aux administrations locales. C'est à vous qu'il appartient de veiller à ce que l'affichage, qui est notre unique moyen d'information et d'enseignement, s'effectue aussitôt après la réception du *Bulletin* dans les mairies.

D'ailleurs, pour assurer au *Bulletin* de la République une publicité plus certaine et plus efficace encore, j'ai adopté la résolution suivante :

Tous les dimanches, obligatoirement, et même plusieurs fois dans le cours de la semaine, s'il se peut, l'instituteur de chaque commune devra lire aux habitants réunis soit à la mairie, soit dans l'école, les principaux articles insérés au *Bulletin* de la République. Les populations devront être prévenues du lieu, du jour et de l'heure choisis pour ces lectures. L'instituteur s'attachera particulièrement à donner connaissance des articles de doctrine ou d'histoire, dont la rédaction a pour objet d'éclairer l'esprit du peuple, de lui enseigner ses droits politiques et sociaux aussi bien que les devoirs qui en sont le corollaire, et de démontrer cette vérité essentielle que la République seule peut assurer, par ses institutions, la liberté, la grandeur et l'avenir de la France.

Je n'ai pas besoin de faire ressortir la haute importance de cette propagande éminemment moralisatrice. Pendant vingt ans, l'Empire a systématiquement travaillé à entretenir le peuple dans l'ignorance et à le corrompre, afin d'en faire l'instrument de son despotisme. C'est à nous de relever l'âme de la nation, d'y développer les idées de justice et d'indépendance, le sentiment du patriotisme, les vertus civiques, et de prévenir, par cette régénération intellectuelle et morale, le retour des lamentables catastrophes qui accablent en ce moment la patrie.

Je ne puis donc que vous inviter à vous concerter immédiatement avec les autorités chargées de représenter l'instruction publique, pour que les maires et les instituteurs reçoivent sans aucun retard toutes les instructions utiles à ce sujet.

Vous me ferez part, d'une manière spéciale, de la suite qui aura été donnée à la présente circulaire.

Agréez, monsieur le préfet, l'assurance de ma haute considération.

Le Ministre de l'intérieur,

L. GAMBETTA.

DÉCRET RELATIF AUX OUVRIERS EMPLOYÉS DANS LES ATELIERS DE MATÉRIEL D'ARMEMENT

Le membre du Gouvernement, etc.,

Attendu qu'il est indispensable de maintenir dans leurs ateliers les ouvriers occupés à fabriquer le matériel d'armement, mais que cependant ces ouvriers doivent être astreints, quant à l'organisation et la discipline, aux mêmes obligations que les autres citoyens des diverses levées auxquelles ils appartiennent;

DÉCRÈTE :

ARTICLE PREMIER. — Dans les villes où se trouvent des ateliers de matériel d'armement, il sera constitué des compagnies ou des bataillons (suivant le nombre), formés avec les ouvriers de ces ateliers.

ART. 2. — Les ouvriers d'autres localités qui pourraient être admis ultérieurement dans les ateliers de matériel d'armement, seraient inscrits dans ces compagnies.

ART. 3. — Lorsque ces ouvriers quitteront leurs travaux, ils rentreront dans les diverses levées dont ils font partie.

ART. 4. — Les compagnies spéciales d'ouvriers de matériel d'armement seront, toutes les fois que cela sera possible, organisées en sections et batteries d'artillerie, et devront, une fois par semaine au moins, être exercées à la manœuvre du canon.

ART. 5. — En cas d'urgence, les mécaniciens, fondeurs, armuriers, serruriers, forgerons, charrons, selliers et autres ouvriers de professions analogues, pourront être désignés dans les différentes levées pour être incorporés d'office dans les compagnies de matériel d'armement, et attachés aux ateliers où leur concours est nécessaire.

Fait à Tours, le 10 novembre 1870.

11 NOVEMBRE

DÉCRET SUR LA PROMULGATION DES LOIS ET DÉCRETS DE LA DÉLÉGATION DU GOUVERNEMENT.

Les membres du Gouvernement de la défense nationale,

Vu le décret du Gouvernement de la défense nationale portant la date du 5 novembre 1870;

DÉCRÈTENT :

ARTICLE PREMIER. — Tant que les communications avec la ville de Paris et le Gouvernement de la défense nationale ne seront pas rétablies, le *Journal officiel* de la République française ne pouvant pas venir régulièrement dans les départements, la promulgation des lois et des décrets rendus par la Délégation du Gouvernement aura lieu dans le *Moniteur universel*, qui remplacera pour leur publication et leur promulgation le *Journal officiel* de la République française.

ART. 2. — Tout décret du Gouvernement de la défense nationale, inséré au *Journal officiel* de la République française, qui parviendra à Tours, sera immédiatement publié dans le *Moniteur universel*. Cette publication, pour tous les arrondissements de France où le *Journal officiel* de la République française ne serait pas parvenu, vaudra la promulgation par ce journal.

Fait à Tours, en conseil de Gouvernement, le 11 novembre 1870.

Signé: AD. CRÉMIEUX, L. GAMBETTA, AL. GLAIS-BIZOIN, L. FOURICHON.

DÉCRET RELATIF AUX TRAVAUX DE DÉFENSE

Les membres du Gouvernement, etc.,

Considérant qu'il importe d'accélérer par tous les moyens l'exécution des travaux de défense sur tous les points du territoire;

DÉCRÈTENT :

ARTICLE PREMIER. — Les ingénieurs des ponts et chaussées, les ingénieurs des mines, les agents voyers et les architectes des départements sont, avec tout leur personnel et leurs moyens d'action, mis à la disposition du ministre de la Guerre pendant la durée des hostilités.

Ils peuvent être requis soit directement par le ministre, soit par les autorités dûment qualifiées pour la défense. Ils sont employés à tous travaux de fortification et de campement jugés utiles pour la garde des armées et la protection du territoire. Ils peuvent être également chargés de missions ou de services administratifs tendant au but de la défense.

ART. 2. — Les compagnies de chemins de fer peuvent être requises de mettre leurs gares, stations ou parties de lignes en état de défense. Leur personnel peut être temporairement tenu de coopérer aux travaux de la défense commune dans l'étendue du département traversé par le chemin de fer.

ART. 3. — Les entrepreneurs des travaux publics, et, d'une manière générale, tout personnel organisé en vue d'une exécution rapide de travaux offrant de l'analogie avec les travaux de défense ou de campement, pourront être temporairement requis par le ministre de la Guerre ou par les autorités qui le représentent.

Fait à Tours, le 11 novembre 1870.

---

14 NOVEMBRE

DÉCRET QUI INTERDIT TOUTES POURSUITES POUR DETTES CONTRE LES MÈRES OU LES VEUVES DE MILITAIRES

Le Gouvernement de la Défense nationale,

DÉCRÈTE :

Pendant la durée de la guerre, la mère veuve qui a son fils ou des fils sous les drapeaux, la femme dont le mari est sous les drapeaux, la mère veuve qui a perdu un de ses enfants au service de la patrie, la femme dont le mari a succombé en combattant ou par suite de ses blessures, ne peuvent être soumises à aucun acte de poursuite pour payement soit des dettes du mari qu'elles auraient cautionnées, soit pour dettes des enfants dont elles seraient héritières, soit pour leurs propres dettes ; le mobilier garnissant leur habitation, soit qu'il leur appartienne, soit qu'il appartienne au mari ou aux enfants; ne peut être saisi.

Fait en conseil de Gouvernement, à Tours, le 14 novembre 1870.

DÉCRET SUR LES EFFETS DE COMMERCE SOUSCRITS AVANT LA GUERRE

La Délégation du Gouvernement de la défense nationale,

Considérant que les effets de commerce souscrits avant la guerre, à la différence des effets souscrits après la guerre déclarée, l'ont été dans l'ignorance d'un événement inattendu, qui a jeté tout à coup la perturbation dans le commerce endu, sinon impossibles, du moins très difficiles, les moyens de libération,

DÉCRÈTE :

ARTICLE PREMIER. — Jusqu'au 15 décembre prochain, aucun protêt ne pourra être fait, aucune poursuite exercée pour les effets de commerce souscrits avant le 15 août dernier.

ART. 2. — Tous les effets de commerce souscrits postérieurement au 15 août dernier demeurent soumis au décret du 5 novembre, dont toutes les dispositions non contraires à l'article 1er sont maintenues.

Fait à Tours, le 14 novembre 1870.

DÉCRET INSTITUANT UN COMITÉ TECHNIQUE DE L'ARTILLERIE

Le membre du Gouvernement, ministre de la Guerre et de l'Intérieur,

Considérant qu'il est nécessaire d'étudier, dans le plus bref délai possible, toutes les propositions qui ont pour but d'accroître l'efficacité des moyens de défense, et qu'il importe de suppléer à l'absence du comité de l'artillerie chargé de l'examen de toutes les questions techniques relatives à l'armement;

DÉCRÈTE :

ARTICLE PREMIER. — Il est institué, pour la durée de la guerre, un comité technique de l'artillerie.

ART. 2. — Le comité technique de l'artillerie sera présidé par un général ou un colonel de l'arme, et comprendra autant d'officiers qu'il sera nécessaire pour l'examen des questions qui lui seront soumises par le directeur de l'artillerie au ministère, sans que le nombre total des membres puisse dépasser sept.

ART. 3. — Un chef d'escadron ou un capitaine remplira les fonctions de secrétaire et sera chargé de la rédaction du procès-verbal des séances.

ART. 4. — Chacune des questions soumises au comité sera l'objet d'un rapport spécial adressé au ministre de la Guerre par le président.

Fait à Tours, le 11 novembre 1870.

ARRÊTÉ RELATIF AUX TRAVAUX DE TERRASSEMENT

Le membre du Gouvernement, etc.,

Considérant que l'emploi de plus en plus fréquent des fortifications passagères dans la guerre actuelle, rend nécessaire d'accroître les moyens de terrassements mis à la disposition des troupes en campagne;

ARRÊTE :

ARTICLE PREMIER. — Des outils de terrassier, pelles, pioches, haches et serpes seront distribués aux troupes d'infanterie, à raison de 10 pelles, 10 pioches, 2 haches et 2 serpes pour 100 hommes, pour être portés alternativement par les hommes de chaque compagnie.

ART. 2. — Les parcs de corps d'armée conserveront leur organisation actuelle, et serviront de réserve pour assurer la fourniture des outils divisionnaires.

ART. 3. — Les parcs d'armée comprendront 20 000 outils au lieu de 10 000.

ART. 4. — Les directeurs de l'infanterie et du génie sont chargés d'assurer, dans le plus bref délai, l'exécution du présent arrêté.

Tours, le 15 novembre 1870.

---

17 NOVEMBRE

DÉCRET METTANT DES RÉGIMENTS DE GARDE MOBILE A L'ORDRE
DU JOUR DE L'ARMÉE

Les membres du gouvernement de la Défense nationale,

En vertu des pouvoirs à eux délégués,

Considérant que les corps dont la désignation suit, se sont particulièrement fait remarquer par leur intrépidité et leur sang-froid dans les combats qui ont amené la reprise de la ville d'Orléans;

DÉCRÈTENT :

Les régiments de la garde nationale mobile de la Dordogne et de la Sarthe sont mis à l'ordre du jour de l'armée.

Tours, le 17 novembre 1870.

Les membres du Gouvernement de la Défense nationale,

En vertu des pouvoirs à eux délégués,

Considérant que les corps dont la désignation suit, se sont particulièrement fait remarquer par leur intrépidité et leur sang-froid dans les combats qui ont amené la reprise de la ville d'Orléans,

DÉCRÈTENT :

Les 3e et 6e bataillons de chasseurs à pied et le 37e régiment de marche sont mis à l'ordre du jour.

Tours, le 17 novembre 1870.

Les Membres du Gouvernement :

L. GAMBETTA, A. CRÉMIEUX,
L. FOURICHON, GLAIS-BIZOIN.

Pour le ministre,

Le délégué au département de la guerre,

C. DE FREYCINET.

CIRCULAIRE

A MM. *les généraux et intendants divisionnaires et à MM. les*
préfets des départements.

Messieurs,

Dès le début de la guerre actuelle, des mesures ont été
prises pour réglementer, autant que possible, le service médical des bataillons de la garde mobile, et garder en réserve
des ressources suffisantes en vue de certaines éventualités.

Ces mesures ont fait l'objet d'une circulaire, en date du
1er septembre 1870, qui a autorisé MM. les généraux divisionnaires à pourvoir directement à la nomination des médecins de la garde mobile à raison d'un par bataillon, et à
conserver dans leurs foyers tous les hommes appelés, justi-
fiant du titre de docteur en médecine ou en pharmacie,
ou de la possession d'au moins douze inscriptions.

En présence du décret récent qui mobilise tous les hommes
valides de 21 à 40 ans, il importe d'assurer le service médical des forces nouvelles qui vont être appelées à concourir
à la défense du pays. J'ai arrêté dans ce but les mesures
suivantes :

1º Les généraux divisionnaires conservent le droit de
nommer directement les médecins dans la garde mobile, à
raison d'un par bataillon, et en se conformant aux règles
tracées par la circulaire précitée du 1er septembre 1870.

2º Tout corps mobilisé en vertu du décret précité du
2 novembre 1870, devra, avant sa mise en marche, être
pourvu d'un médecin, à raison d'un par bataillon ou par
force équivalente à celle d'un bataillon.

3º Les généraux divisionnaires, de concert avec les préfets des départements, commissionneront directement les
médecins dans les corps mobilisés, et ils rendront compte
au Ministre des nominations qu'ils auront faites. Autant que
possible, les médecins nommés par eux devront être choisis
dans l'arrondissement auquel appartient le corps mobilisé.
Le choix devra se porter de préférence sur les docteurs en
médecine; à défaut de docteurs en médecine, les généraux
divisionnaires auront la faculté de nommer des officiers de

santé ou des étudiants en médecine possédant seize inscriptions.

4° Les demandes d'emploi de médecin dans les corps mobilisés devront toutes être adressées à MM. les généraux divisionnaires; celles adressées au ministre de la Guerre demeureraient sans réponse.

5° Les médecins nommés par les généraux auront le rang et le grade de médecin aide-major de 1re classe, s'ils sont pourvus du diplôme; de 2e classe, s'ils ne sont qu'officiers de santé et ne peuvent justifier que de la possession de seize inscriptions. Ils auront droit à la solde et aux prestations correspondant à ces grades.

6° La même assimilation sera applicable aux médecins qui seront nommés, à l'avenir, dans la garde mobile ; mais il demeure entendu que les nominations déjà faites sont maintenues, et qu'aucune réclamation tendant à une modification de grade ne pourra être admise par effet rétroactif.

7° Les généraux divisionnaires et les préfets des départements prendront les mesures nécessaires pour exempter de la mobilisation, et pour maintenir dans leurs foyers :

1° Tous les docteurs en médecine ou officiers de santé ;

2° Tous les étudiants en médecine ou en pharmacie pouvant justifier de la possession de seize inscriptions :

3° Tous les pharmaciens établis ;

8° Aucune exemption ne sera prononcée en faveur des étudiants ayant moins de seize inscriptions ;

9° Il n'est pas dérogé, d'ailleurs, aux prescriptions de la circulaire du 1er septembre 1870, qui se rattachent à la réquisition de médecins par les soins de MM. les généraux ou intendants divisionnaires pour le service médical des dépôts de corps de troupes ou des hôpitaux militaires.

Recevez, Messieurs, l'assurance de ma considération la plus distinguée,

Le ministre de l'Intérieur et de la Guerre,

L. GAMBETTA.

19 NOVEMBRE

DÉCRET SUR LA PÉNALITÉ EN MATIÈRE DE RAVITAILLEMENT DE L'ENNEMI

Le Gouvernement de la défense nationale,

Attendu que les mesures adoptées pour empêcher le ravitaillement de l'ennemi doivent avoir pour sanction une répression qui fait défaut dans un grand nombre de cas, tandis que, dans quelques autres, elle dépasse une légitime proportion,

DÉCRÈTE :

ARTICLE PREMIER. — Lorsque des décrets ou des arrêtés locaux légalement pris auront interdit les transports de denrées ou bestiaux sur des points occupés par l'ennemi ou dans des lieux ou des places où il se ravitaille par des agents ou par des intermédiaires, le fait d'expédier ou vendre, ou conduire, ou recevoir les denrées ou bestiaux est un délit justiciable des tribunaux correctionnels.

Le délit sera puni d'un emprisonnement d'un mois à six mois et d'une amende de cent francs à mille francs.

ART. 2. — Les expéditeurs, vendeurs, conducteurs, destinataires, condamnés comme ayant sciemment commis le délit ou pour y avoir sciemment coopéré, seront solidairement responsables des amendes.

ART. 3. — S'il résulte, soit de l'instruction, soit du débat à l'audience, des présomptions suffisantes du crime prévu par l'article 77, et si le prévenu n'établit pas l'excuse de la force majeure, il est renvoyé devant les tribunaux compétents.

ART. 4. — Dans tous les cas, et quel que soit le propriétaire, la confiscation des denrées et bestiaux sera prononcée.

Fait à Tours, le 19 novembre 1870.

Signé : AD. CRÉMIEUX, L. GAMBETTA,
AL. GLAIS-BIZOIN, L. FOURICHON.

21 NOVEMBRE

Monsieur l'intendant, des plaintes nombreuses me parviennent au sujet des services de l'intendance, en ce qui concerne notamment le manque de vivres des divisions ou détachements en campagne opérant isolément, et le défaut d'objets essentiels d'habillement et d'équipement des bataillons de la garde mobile.

J'appelle votre sérieuse attention sur ces deux points importants du service qui vous est confié.

Il faut que l'habillement et l'équipement des gardes mobiles actuellement dans votre division soient immédiatement complétés par vos soins.

On me signale chaque jour des bataillons qui manquent de souliers, de tentes-abris et de couvertures, alors que ces objets existent en quantité suffisante dans les magasins.

Cet état de choses déplorable ne saurait être plus longtemps toléré.

Renseignez-vous sur les besoins actuels des corps de la mobile; procurez-vous immédiatement les objets nécessaires, soit par acquisition amiable, soit par réquisition, et, en cas d'impossibilité absolue, faites-moi connaître exactement le nombre et la nature des objets que vous n'aurez pu vous procurer. — Concertez-vous avec MM. les préfets de votre division pour utiliser les effets qui sont restés en réserve dans beaucoup de départements.

Il faut aussi que toutes les troupes en campagne ou en stationnement appartenant à toutes les armes soient abondamment pourvues de vivres, et je vous rappelle que ce soin vous incombe pour toutes celles qui opèrent ou stationnent dans votre division et qui n'ont pas un intendant spécial. Des divisions isolées ont récemment manqué de vivres, parce que l'intendance territoriale a négligé de pourvoir à leurs besoins.

Je vous rendrai personnellement responsable, à l'avenir, de toute négligence de cette nature qui viendrait à se produire.

Pour les corps d'armée pourvus d'un service spécial, vous devrez encore prêter votre concours aux fonctionnaires chargés d'assurer leur administration. Il vous appartient, d'ailleurs, de vous renseigner sur les effectifs et sur les positions des troupes opérant isolément dans votre division auprès des généraux sous le commandement desquels elles sont placées. Leur concours ne saurait vous faire défaut.

La gravité des circonstances actuelles impose à tous les fonctionnaires de l'intendance le devoir de prouver leur dévouement et leur patriotisme en prenant les mesures les plus énergiques, et en ne reculant devant aucun effort pour que nos soldats ne puissent désormais manquer de rien.

Le gouvernement est fermement résolu à ne tolérer aucune défaillance à cet égard.

Je vous charge de donner les ordres les plus sévères aux sous-intendants de votre division, dans l'esprit de la présente circulaire.

Recevez, monsieur l'intendant, l'assurance de ma considération très distinguée.

Tours, le 21 novembre 1870.

Le ministre de l'Intérieur et de la Guerre,

L. GAMBETTA.

22 NOVEMBRE

DÉCRET DÉCLARANT NON AVENUES POUR LA LEVÉE EN MASSE TOUTES LES EXEMPTIONS MÊME PRONONCÉES PAR DES CONSEILS DE RÉVISION

Les membres du Gouvernement de la défense nationale,

Considérant qu'il n'est pas possible d'admettre que les décrets du 2 et du 7 novembre 1870 aient voulu que leurs prescriptions, s'appliquant à des hommes mariés ou veufs avec enfants, ne fussent pas appliquées aux célibataires et aux jeunes hommes;

Attendu que les deux décrets appellent tous les hommes valides de 20 à 40 ans, et que dès lors tous les hommes compris entre ces deux âges, mariés, même veufs avec enfants, sont mobilisables et peuvent être mis à la disposition du ministre de la Guerre, sans autre exemption possible que celles provenant des infirmités ou rappelées dans l'article 5 du premier décret et dans l'article 4 du second;

Attendu qu'il importe peu que d'autres exemptions ou même que des exemptions pour infirmités aient été accordées par des conseils de révision formés dans des circonstances moins graves;

DÉCRÈTENT :

ARTICLE PREMIER. — Les articles 1er et 5 du décret du 2 novembre, et l'article 4 du décret du 7 novembre 1870, s'appliquent à tous les hommes valides de 21 à 40 ans; en conséquence tout homme valide de 21 à 40 ans, même exempté pour quelque cause que ce soit par des conseils de révision ayant siégé avant les deux décrets précités, ne peut être exempté de la mobilisation et du service militaire que pour les causes énumérées dans l'article 5 du décret du 2 novembre 1870.

ART. 2. — Il sera statué sur les réclamations fondées sur les infirmités, par un conseil de révision formé comme il est dit à l'article 4 du décret du 7 novembre 1870.

ART. 3. — Sont annulées toutes exemptions antérieurement accordées, même pour cause d'infirmités, par les conseils de révision qui ont statué avant le 2 novembre, et leurs décisions sont déclarées non avenues.

Fait à Tours, le 22 novembre 1870.

———

25 NOVEMBRE

DÉCRET RELATIF A L'ÉTABLISSEMENT DE ONZE CAMPS DESTINÉS A LA CONCENTRATION ET A L'INSTRUCTION MILITAIRE DES GARDES NATIONAUX MOBILISÉS.

Le membre du Gouvernement de la défense nationale, ministre de l'Intérieur et de la Guerre,

En vertu des pouvoirs à lui délégués par le Gouvernement, par décret en date de Paris du 1er octobre 1870;

Vu le décret du 2 novembre 1870, relatif à la mobilisation de tous les hommes de vingt et un à quarante ans;

Vu le décret du 22 octobre 1870, qui a établi un commandement spécial pour les forces mobilisées de la Bretagne;

Vu le décret du 12 novembre 1870, qui a créé auprès de Toulouse un camp d'instruction pour les forces mobilisées de la Haute-Garonne, de Tarn-et-Garonne, du Gers, des Hautes-Pyrénées, de l'Ariège, de l'Aude et du Tarn;

Considérant qu'il importe de hâter l'organisation et l'instruction de toutes les forces nationales qui doivent concourir à la délivrance de la patrie;

DÉCRÈTE :

ARTICLE PREMIER. — Il sera immédiatement créé des camps pour l'instruction et la concentration des gardes nationaux mobilisés, appelés sous les drapeaux en vertu du décret du 2 novembre 1870.

Seront également admis dans ces camps, les gardes nationaux mobiles, actuellement dans les dépôts, les corps francs en formation, ainsi que les contingents de l'armée régulière présents aux dépôts, au fur et à mesure des ordres du ministre de la Guerre.

ART. 2. — Ces camps seront établis dans les environs des villes et recevront les contingents de toute catégorie des départements environnants, en conformité de la nomenclature ci-après :

Saint-Omer (camp d'Helfaut). — Nord, Pas-de-Calais, Somme, Seine-Inférieure, Oise, Aisne, Ardennes, Marne, Meuse, Moselle.

Cherbourg (presqu'île du Cotentin). — Eure, Calvados, Manche, Orne, Eure-et-Loir, Seine-et-Oise, Mayenne, Sarthe, Loir-et-Cher, Seine.

Conlie. — Finistère, Côtes-du-Nord, Ille-et-Vilaine, Morbihan, Loire-Inférieure.

Nevers. — Seine-et-Marne, Aube, Loiret, Nièvre, Cher, Yonne, Indre.

La Rochelle. — Maine-et-Loire, Indre-et-Loire, Deux-Sèvres, Vendée, Vienne, Haute-Vienne, Charente, Charente-Inférieure.

Bordeaux. — Gironde, Dordogne, Lot, Lot-et-Garonne, Landes, Basses-Pyrénées.

Clermont-Ferrand. — Allier, Creuse, Puy-de-Dôme, Haute-Loire, Cantal, Corrèze.

Toulouse. — Tarn-et-Garonne, Tarn, Gers, Haute-Garonne, Hautes-Pyrénées, Ariège, Aude, Pyrénées-Orientales.

Montpellier. — Lozère, Aveyron, Hérault, Ardèche, Gard.

Pas-des-Lanciers. — Haute-Savoie, Savoie, Drôme, Isère, Hautes-Alpes, Basses-Alpes, Vaucluse, Bouches-du-Rhône, Var, Alpes-Maritimes, Corse.

Lyon (Sathonay). — Rhône, Loire, Saône-et-Loire, Ain, Jura, Doubs, Côte-d'Or, Haute-Saône, Haute-Marne, Vosges, Meurthe, Haut-Rhin, Bas-Rhin.

ART. 3. — Chacun des camps sus-énoncés devra être en état de contenir soixante mille hommes au moins.

Les camps de Saint-Omer, Cherbourg, la Rochelle et du Pas-des-Lanciers, qui, à raison de leur situation géographique auprès de la mer, offrent des facilités exceptionnelles de ravitaillement et de communication, seront en état de recevoir chacun deux cent cinquante mille hommes. Ces camps porteront le nom de camps stratégiques, pour les distinguer des autres, nommés simplement camps d'instruction, et recevront de solides fortifications pouvant être munies d'artillerie.

ART. 4. — L'emplacement de chaque camp sera déterminé par le comité militaire du département, institué en vertu du décret du 14 octobre 1870. Dans les départements où ce comité n'existe pas encore, il sera immédiatement convoqué par les soins du chef militaire du département. Un délégué du préfet siégera au sein du comité, pour prendre part à la discussion relative au choix de l'emplacement.

Ledit emplacement devra être déterminé et les travaux devront être en voie d'exécution dans les cinq jours qui suivront la publication du présent décret. Ces travaux seront dirigés par le comité militaire et exécutés sous la surveillance d'un de ses membres, commis spécialement à cet effet.

ART. 5. — Pour l'exécution des travaux, le comité militaire jouira de tous les droits de réquisition prévus par les décrets du 14 octobre et du 11 novembre 1870.

Les frais seront supportés par les départements intéressés et répartis entre eux, au prorata de leur population respective.

La dépense afférente aux départements dont le territoire est occupé par l'ennemi, sera supportée par l'État. Celle nécessitée par l'établissement des camps stratégiques, sera supportée moitié par l'État, moitié par les départements de la circonscription.

ART. 6. — A chaque camp sera attaché le personnel supérieur suivant :

Un commandant du camp, ayant le rang de général de division et autorité sur tout le personnel et les troupes réunies au camp.

Un chef instructeur, ayant rang de colonel ou de général de brigade;

Un chef du génie, ayant rang de colonel du génie;

Un administrateur, ayant rang d'intendant et chargé de tous les services relatifs aux approvisionnements ;

Un médecin en chef.

ART. 7. — Les fonctionnaires ci-dessus désignés seront nommés par le ministre de la Guerre. Ils seront pris indifféremment dans l'ordre civil ou militaire, sauf le commandant du camp, qui sera exclusivement militaire. Les nominations dans l'ordre militaire pourront toutes être faites au titre de l'armée auxiliaire.

L'ensemble de ces chefs de service constituera le conseil d'administration du camp, sous la présidence du commandant du camp, chargé de l'exécution.

Il pourra être nommé un vice-président, pris dans l'ordre civil et spécialement chargé de l'organisation proprement dite.

Toutes les nominations dans le personnel du camp ou pour le commandement des troupes, seront faites, à titre provisoire, par le commandant du camp. Celles des chefs de légion ou des généraux de brigade seront faites par le ministre de la Guerre, sur la proposition du commandant du camp.

ART. 8. — L'appel des mobilisés et autres contingents désignés à l'article premier aura lieu à partir du 1er décembre prochain, savoir : les mobilisés du premier ban entre le 1er et le 10 décembre, et les mobilisés des autres bans entre le 20 et le 30 décembre.

Les hommes seront acheminés au camp dans l'état d'équipement et d'armement où ils se trouveront. Cet équipement et cet armement seront complétés d'office par les soins du ministre de la Guerre et aux frais des départements respectifs. A partir de ce moment, l'entretien et la solde des troupes restent exclusivement à la charge de l'État.

ART. 9. — Les troupes présentes au camp seront continuellement instruites et exercées et mèneront la vie des armées en campagne. Elles seront passées en revue deux fois par semaine. Elles seront soumises à la discipline et aux lois militaires. Toutes les semaines, le commandant du camp rendra compte au ministre de l'état physique et moral des troupes. Ce compte rendu sera accompagné des rapports des chefs de service.

ART. 10. — Le commandant du camp aura le droit de réorganiser les bataillons de gardes mobiles ou mobilisés qui auraient moins de huit cents hommes ou plus de douze cents hommes. Il composera des régiments de trois bataillons et des brigades de deux régiments, en respectant autant que possible l'autonomie de chaque département.

A partir du jour de l'arrivée des troupes au camp, toute nomination à faire dans les cadres relèvera de l'administration de la Guerre, et aura lieu en conformité du dernier paragraphe de l'article 7.

ART. 11. — En ce qui concerne l'organisation des batteries départementales, prescrites par le décret du 3 novembre 1870, les préfets s'occuperont de faire exécuter les pièces, de les faire équiper, monter et atteler, en conformité du décret. Mais le commandant du camp aura le soin de former et d'exercer le personnel des artilleurs et des conducteurs.

Aussitôt qu'une batterie sera prête, elle sera expédiée avec son attelage et tous ses accessoires au camp, où elle servira immédiatement à l'instruction du personnel.

ART. 12. — Il sera formé, par les soins du commandant du camp, des régiments de cavalerie et des compagnies du génie, dans les proportions usitées pour les armées en campagne.

ART. 13. — Pour pourvoir aux besoins des troupes, le commandant du camp ou ses délégués jouiront, toutes les fois que les circonstances le rendront nécessaire, du droit de réquisition directe sur les personnes et les choses : ce droit s'exercera dans les limites de la circonscription desservie par le camp; mais il ne pourra s'étendre au delà qu'en vertu d'une autorisation spéciale du ministre de la Guerre.

Fait à Tours, le 25 novembre 1870.

Le membre du Gouvernement de la Défense nationale, ministre de l'Intérieur et de la Guerre.

LÉON GAMBETTA.

DÉCRET COMPLÉTANT LES DISPOSITIONS DU DÉCRET SUS-VISÉ DU 4 NO-
VEMBRE, ET FONDANT ENSEMBLE LES MESURES PRISES PAR L'AD-
MINISTRATION DES TÉLÉGRAPHES ET DES POSTES, A PARIS ET A
BORDEAUX.

Les membres du Gouvernement de la défense nationale
délégués pour représenter le gouvernement et en exercer
les pouvoirs,

Vu le décret du 4 novembre 1870;
Considérant que, lorsque déjà la direction générale des Télégraphes et des Postes avait organisé, à Tours, un service de correspondance privée entre les départements et Paris, par les pigeons
voyageurs, l'administration des Postes, à Paris, se préoccupait de
fournir aux habitants de Paris, au moyen de cartes-poste, préparées à l'avance, les éléments d'une correspondance sommaire à
échanger par la même voie;
Que le service des postes, à Paris, se mettait en même temps
en mesure d'assurer le paiement de mandats délivrés en province;
Considérant qu'il y a lieu, dès lors, de compléter les dispositions du décret sus-visé du 4 novembre, en vertu duquel le service
des correspondances privées par pigeons voyageurs a été établi
à Tours;
Sur la proposition du directeur général des Télégraphes et des
Postes;

DÉCRÈTENT :

ARTICLE PREMIER. — La direction générale des Télégraphes
et des Postes est autorisée à accepter, aux conditions de taxe
ci-dessous, pour être transmises à Paris par pigeons voyageurs, des réponses faites par oui ou par non, sur des cartes
spéciales mises à la disposition des habitants de Paris pour
être insérées dans les lettres adressées en province. Ces
cartes, en dehors de la désignation du lieu où réside l'expéditeur, de l'inscription des initiales de ses nom et prénoms,
du nom et du domicile du destinataire, ne doivent contenir
aucune autre mention que les mots *oui* ou *non*, et ces mots
sont limités à quatre.
ART. 2. — Le prix de la dépêche-réponse, par oui ou par
non, est fixé uniformément à un franc, à percevoir au départ.
ART. 3. — Des mandats de poste, jusqu'à concurrence de
300 francs inclusivement, à destination de Paris et de l'en-

ceinte fortifiée, pourront être délivrés par tous les bureaux de poste où se fait un service d'articles d'argent, moyennant le payement des droits ordinaires et d'une taxe de 3 francs en sus.

Art. 4. — Les dépêches-réponses devront, comme les dépêches ordinaires, être reçues dans tous les bureaux de télégraphe et de poste de France, et être affranchies d'après les règles fixées par le décret du 4 novembre. Elles seront transmises ensuite par les agents, ainsi que les mandats, au directeur général des Télégraphes et des Postes, à Tours.

Art. 5. — Toutes les dispositions du décret du 4 novembre qui ne sont pas contraires à celles du présent décret, sont et demeurent maintenues.

Art. 6. — Le directeur général des Télégraphes et des Postes est chargé de l'exécution du présent décret.

Fait à Tours, le 25 novembre 1870.

La délégation du gouvernement de la Défense nationale.

---

26 NOVEMBRE

DÉCRET RELATIF A LA CRÉATION DE NOUVEAUX CADRES DE COMPAGNIES MOBILISABLES

Les membres du Gouvernement, etc.,

Considérant que, dans un certain nombre de dépôts d'infanterie, presque tous les cadres des compagnies mobilisables ont été envoyés à des régiments de marche;

Considérant que de nouveaux cadres sont nécessaires pour continuer l'organisation des troupes à former,

DÉCRÈTENT :

Article premier. — La création de nouveaux cadres de compagnies est autorisée dans les dépôts des corps d'infanterie.

Art. 2. — Ces cadres ne seront formés que lorsque l'effectif des hommes de troupe l'exigera.

Art. 3. — Les dépôts des régiments d'infanterie ne pourront pas avoir plus de quatre cadres de compagnies, et les bataillons de chasseurs à pied, plus de deux.

ART. 4. — Les compagnies provisoires seront en sus du nombre des compagnies mobilisables.

ART. 5. — Les généraux commandant les divisions militaires procéderont à l'organisation des cadres en y nommant à tous les emplois, sauf ratification, par le ministre de la Guerre, des choix d'officiers. Ils appliqueront, à cet effet, les dispositions énoncées dans le décret du 3 novembre 1870, portant que les commissions seront établies à titre provisoire, toutes les fois que les titulaires ne se trouveront pas dans les conditions requises pour l'avancement.

ART. 6. — Le ministre de l'Intérieur et de la Guerre est chargé de l'exécution du présent décret.

Fait à Tours, le 26 novembre 1870.

---

27 NOVEMBRE

DÉCRET ÉTABLISSANT UNE INSPECTION GÉNÉRALE POUR LE SERVICE DES REMONTES

Le membre du Gouvernement, etc.,

DÉCRÈTE :

1º Il est créé, pour la durée de la guerre, une inspection générale pour le service des remontes, chargée de rechercher tous les moyens de réunir, le plus promptement possible, tous les chevaux de selle aptes au service de la guerre, nécessaires aux corps de cavalerie et autres corps de troupes à cheval de l'armée régulière.

2º Cette inspection est confiée à un général de brigade de cavalerie qui proposera directement au ministre de la Guerre l'adoption des mesures propres à assurer le service de la mission qui lui est confiée.

Fait à Tours, le 27 novembre 1870.

---

28 NOVEMBRE

DÉCRET RELATIF A LA CORRESPONDANCE EN FRANCHISE DES INGÉNIEURS DE L'ÉTAT

Le membre du Gouvernement, etc.,

Considérant que les ingénieurs de l'État prêtent un utile concours à la défense nationale, et qu'il importe de faciliter leur action,

· DÉCRÈTE :

ARTICLE PREMIER. — Les ingénieurs des ponts et chaussées et des mines sont autorisés à correspondre en franchise par le télégraphe avec le ministre de la Guerre, avec les autorités civiles et militaires, et entre eux, toutes les fois qu'ils sont chargés, par le ministre de la Guerre ou par le commandant d'un corps d'armée, d'exécuter d'urgence des travaux de nature à faciliter la marche des troupes ou à arrêter celle de l'ennemi, et que ces communications télégraphiques sont exclusivement destinées à hâter l'achèvement desdits travaux, ou à en donner connaissance aux personnes intéressées à être promptement informées.

ART. 2. — Pour le même but et dans les mêmes conditions, ils sont autorisés à voyager, avec le personnel qu'ils emmènent, sur les chemins de fer, par les trains de marchandises et les trains militaires, et même à requérir, en cas de nécessité, des trains spéciaux.

ART. 3. — Pour hâter l'exécution de ces travaux urgents, ils ont le droit de réquisition directe sur les personnes et les choses, et toute personne qui refuse d'obtempérer à ces réquisitions, ou qui entrave l'exécution, est considérée comme accomplissant un acte de nature à nuire aux opérations des armées.

ART. 4. — Les droits ci-dessus seront exercés sur la simple présentation d'un titre régulier, émané du ministre des Travaux publics, et établissant la qualité de la personne.

Fait à Tours, le 28 novembre 1870.

DÉCRET OUVRANT AU MINISTÈRE DE L'INTÉRIEUR UN CRÉDIT DE SIX
MILLIONS, AFFECTÉ AUX TRAVAUX D'UTILITÉ COMMUNALE

Les membres du Gouvernement de la défense nationale
délégués pour représenter le Gouvernement et en exercer
les pouvoirs,

Vu les décrets des 12 et 16 septembre 1870 ;
Considérant que des crédits spéciaux ont été successivement
ouverts pour venir en aide aux familles qui ont des membres sous
les drapeaux ;
Considérant qu'il est également nécessaire d'assurer des moyens
d'existence aux citoyens dispensés du service militaire, que la
mauvaise saison, le ralentissement de l'industrie et la cessation
des travaux agricoles, ont laissés sans travail ;
Considérant qu'il importe cependant de ne pas donner aux
subsides du Gouvernement le caractère d'une aumône, mais de
les accorder comme la juste rémunération d'un travail utile ;

DÉCRÈTENT :

ARTICLE PREMIER. — Il est ouvert au ministère de l'Intérieur, sur l'exercice 1870, un crédit de six millions, qui sera
affecté, à titre de subvention extraordinaire, à des travaux
d'utilité communale ;

ART. 2. — Cette somme sera répartie par le ministre de
l'Intérieur, sur l'avis des préfets, en tenant compte des besoins
et des ressources des communes, ainsi que des efforts qu'elles
auront faits pour l'organisation des travaux.

ART. 3. — Les ministres de l'Intérieur et des Finances sont
chargés, chacun en ce qui le concerne, de l'exécution du présent décret qui sera inséré au Bulletin des lois.

Fait à Tours, le 28 novembre 1870.

La Délégation du Gouvernement de la Défense nationale.

,29 NOVEMBRE

DÉCRET RELATIF AU SERVICE DES TRANSPORTS

Le membre du Gouvernement, etc.,

Considérant qu'il importe, dans l'intérêt du service des transports aux armées, de donner aux ordres du personnel du train régulier des équipages, dans chaque division et corps d'armée, une organisation rigoureuse;

Voulant, en outre, selon les termes du règlement du 20 janvier 1867, assurer une direction efficace aux services de l'entreprise des réquisitions,

DÉCRÈTE :

ARTICLE PREMIER. — Un officier supérieur du train des équipages militaires, du grade de colonel, est placé au grand quartier général de chaque armée, et prend le titre de commandant supérieur des troupes de ce corps.

Un chef d'escadron du train des équipages militaires est placé au quartier général de chaque corps d'armée, pour commander le train des équipages militaires de ce corps.

ART. 2. — Il est créé par division de corps d'armée un cadre de surveillance, de direction et de conduite des équipages auxiliaires d'entreprise et de réquisition, composé de la manière suivante, savoir :

Capitaine.	1
Lieutenant.	1
Sous-lieutenant.	1
Maréchal des logis, faisant fonctions d'adjudant.	1
Maréchaux des logis ou brigadiers.	5
Cavaliers.	15
Trompettes.	2
Comptable auxiliaire.	1
TOTAL.	27

Ce cadre, à l'exception des officiers, se distinguera du train régulier par une marque qui sera déterminée par le ministre de la Guerre.

ART. 3. — Par suite des dispositions qui précèdent, le

tableau A faisant suite au décret du 28 janvier 1868, sur la composition du cadre d'un régiment du train des équipages militaires, est modifié de la manière suivante :

Colonel.	1
Lieutenant-colonel.	1
Chefs d'escadrons.	2
Major.	1
Capitaine-instructeur.	1
Capitaines adjudants-majors.	2
Capitaine trésorier.	1
Capitaine d'habillement.	1
Sous-lieutenant adjoint au trésorier.	1
Sous-lieutenant d'armement adjoint à l'habillement.	1
TOTAL.	12

Il ne sera pourvu momentanément qu'à ceux de ces emplois nécessaires pour constituer l'armée de la Loire d'après les bases énoncées dans les articles 1er et 2.

Fait à Tours, le 29 novembre 1870.

---

30 NOVEMBRE

DÉCRET RELATIF AU CONCOURS DU GÉNIE CIVIL AVEC LE GÉNIE MILITAIRE

Le membre du Gouvernement, ministre de l'Intérieur et de la Guerre,

Considérant que le concours du génie civil avec le génie militaire a, dans la présente campagne, donné les meilleurs résultats,

DÉCRÈTE :

ARTICLE PREMIER. — Il est attaché à chaque corps d'armée en campagne un personnel de quatre ingénieurs des ponts et chaussées ou des mines, placés sous la direction de l'un d'entre eux faisant fonction d'ingénieur en chef.

Ce personnel relève du général en chef et agit d'après ses instructions, soit séparément, soit sous la direction du chef du génie militaire. Il a pour mission spéciale d'exercer le droit de réquisition du général en chef à l'égard des populations, en vue de procurer à l'armée tous les moyens nécessaires pour la prompte exécution des travaux intéressant la sécurité.

ART. 2. — Les ingénieurs sont accompagnés d'agents auxiliaires dont le nombre ne peut dépasser quarante pour tout le corps d'armée, et ils emportent avec eux les outils et machines les plus indispensables qu'on n'est pas sûr de rencontrer dans le pays.

ART. 3. — Les ingénieurs peuvent être employés à tous les travaux qui rentrent dans les attributions du génie militaire. Ils le sont plus particulièrement à la réparation et à la destruction des routes, ponts et ouvrages d'art, ainsi qu'aux terrassements nécessaires pour les fortifications passagères.

ART. 4. — Les fonctions ci-dessus indiquées peuvent être, par décision spéciale du ministre de la Guerre, confiées à des agents voyers de département, des ingénieurs civils, ou à d'autres personnes que leur aptitude, leurs antécédents ou leurs moyens d'action désignent suffisamment pour ce genre d'emploi.

ART. 5. — Les services rendus par les ingénieurs et autres personnes attachés aux corps d'armée seront considérés comme *services rendus devant l'ennemi.*

ART. 6. — Il est créé auprès du ministère de la Guerre une direction spéciale dite *Direction du génie civil des armées.* Un ingénieur est placé à la tête de ce service.

Fait à Tours, le 30 novembre 1870.

---

6 DÉCEMBRE

DÉCRET RELATIF A LA COMPOSITION DES SERVICES ADMINISTRATIFS

Le membre du Gouvernement, ministre de l'Intérieur et de la Guerre,

Considérant qu'il importe de régler avec précision la nature et la composition des services administratifs attachés aux armées en campagne,

DÉCRÈTE :

Le personnel des services administratifs et médicaux atta-

chés aux armées en campagne, est réglé de la manière suivante :

ARTICLE PREMIER. — Le service des divisions d'infanterie,
dont l'effectif ne dépasse pas 15 000 hommes, comprend :

1 Intendant, chef du service;

2 Intendants de 3ᵉ classe ou sous-intendants;

1 Officier d'administration, 1 adjudant, occupés dans les
bureaux;

2 Officiers d'administration, 3 adjudants, 2 employés auxiliaires, pour le service des subsistances;

1 Officier d'administration;

4 Adjudants, pour l'équipement et les ambulances;

2 Médecins-majors, 5 médecins aides-majors, 1 pharmacien aide-major, pour le service médical.

Indépendamment des fonctionnaires ou agents, la division possède :

Un nombre de commis aux écritures proportionnel aux
besoins;

40 Ouvriers d'administration;

Des bouchers et des boulangers, quand le service des vivres
n'est pas fait par des entreprises;

60 Infirmiers;

75 Mulets, dont 60 porteurs de cacolets et 15 porteurs de
litières;

Une demi-compagnie au moins du train des équipages militaires avec chevaux et voitures, sans préjudice des moyens
auxiliaires de transport obtenus par voie de traités, réquisitions ou autrement;

ART. 2. — La division de cavalerie dont l'effectif ne dépasse pas 5 000 hommes, comporte :

1 Intendant, chef du service;

1 Intendant de 3ᵉ classe ou sous-intendant;

1 Adjudant occupé dans les bureaux;

1 Officier d'administration, 3 adjudants, 2 employés auxiliaires, pour le service des subsistances;

1 Officier d'administration, 2 adjudants, pour l'équipement et les ambulances;

2 Médecins-majors, 3 médecins aides-majors, 1 pharmacien aide-major, pour le service médical;

Plus, des commis aux écritures, en proportion des besoins;

30 Ouvriers d'administration;

Des bouchers et des boulangers, selon les cas ;

30 Infirmiers ;

60 Mulets, dont 50 porteurs de cacolets, et 10 porteurs de litières;

Une demi-compagnie au moins du train des équipages militaires.

ART. 3. — Le personnel sera convenablement augmenté au moyen d'un personnel auxiliaire, quand l'effectif de la division d'infanterie ou de cavalerie dépassera les chiffres ci-dessus indiqués.

ART. 4. — Quand des brigades sont appelées à agir isolément, le personnel en est réglé par le chef des services de la division à laquelle ces brigades appartiennent, ou directement par l'administration de la Guerre.

ART. 5. — Lorsque plusieurs divisions sont réunies en corps d'armée, la direction supérieure des services est centralisée entre les mains d'un intendant divisionnaire, qui prend le titre d'intendant en chef du corps d'armée.

Le service du quartier général du corps d'armée comprenant les troupes de réserve est assuré au moyen du personnel ci-après :

3 Intendants.

Occupés dans les bureaux :

2 Officiers d'administration ;
2 Adjudants.

Pour le service des subsistances :

2 Officiers d'administration ;
5 Adjudants;
3 Employés auxiliaires.

Pour l'équipement et les ambulances :

2 Officiers d'administration ;
3 Adjudants;
2 Employés auxiliaires.

Pour le service médical :

1 Médecin principal;
3 Médecins-majors;
9 Médecins aides-majors;

1 Pharmacien-major;
1 Pharmacien aide-major.

Et, en outre :

Des commis aux écritures, selon les besoins;

50 Ouvriers d'administration, sans compter les bouchers et les boulangers;

60 Infirmiers;

125 Mulets, dont 100 porteurs de cacolets et 25 porteurs de litières;

Une demi-compagnie au moins du train des équipages militaires, sans préjudice des autres moyens de transport.

Art. 6. — Un certain nombre de voitures à deux roues, dites *masson*, est attaché à chaque division d'infanterie et de cavalerie, et à chaque quartier général de corps d'armée, pour le transport des blessés qui ne peuvent être portés sur les mulets.

Art. 7. — Lorsque plusieurs corps d'armée sont réunis en une armée, l'intendant divisionnaire placé à la tête des services prend le nom d'intendant en chef de l'armée.

Le personnel nécessaire au grand quartier général de l'armée est déterminé dans chaque cas par le ministre, sur la proposition de l'intendant en chef.

Le médecin le plus élevé en grade parmi ceux attachés au grand quartier général prend le titre de médecin en chef de l'armée.

Art. 8. — Les équipages auxiliaires des divisions et des quartiers généraux sont commandés et gardés par des détachements de troupes du train; à défaut, les généraux désignent sur la demande, de l'intendance, les détachements de cavalerie qui doivent assurer cette protection.

Art. 9. — Le personnel et les troupes employées par le service de l'intendance sont répartis, entre les diverses divisions, par les soins de l'intendant en chef de l'armée ou du corps d'armée.

Art. 10. — Les intendants en chef étant responsables de la marche des services qui leur sont confiés, ont la faculté, dans les cas d'urgence et sous la charge d'en rendre compte au ministre, d'élever temporairement, au moyen d'un personnel auxiliaire, les chiffres précédemment fixés.

Ils peuvent aussi pourvoir d'office à un service, quand le titulaire fait défaut, en désignant provisoirement un autre agent.

ART. 11. — Les dispositions qui précèdent, en ce qui concerne la fixation du personnel, ne s'appliquent qu'aux armées en marche, et nullement à l'organisation des services en arrière, qu'il est nécessaire d'instituer sur les bases successives d'opération, au fur et à mesure du mouvement en avant des armées.

Fait à Tours, le 6 décembre 1870.

_____

ENQUÊTE SUR LES FAITS QUI ONT AMENÉ L'ÉVACUATION D'ORLÉANS

Par décision de ce jour, M. le ministre de l'Intérieur et de la Guerre a désigné trois commissaires pour procéder à une enquête sur les faits qui ont amené l'évacuation d'Orléans.
Ces trois commissaires sont :
MM. Barral, général de division, président ;
Robert, intendant général du service militaire ;
Ricard, ancien préfet des Deux-Sèvres, commissaire de la Défense nationale.

_____

CIRCULAIRE

A MM. les généraux et intendants divisionnaires,
et MM. les préfets des départements.

Messieurs,

La circulaire télégraphique du 19 novembre a délégué aux préfets la nomination aux emplois de médecins dans les bataillons de la garde nationale mobilisée.
D'un autre côté, la circulaire du 2? novembre a délégué aux généraux divisionnaires la nomination des médecins dans les mêmes bataillons mais de concert avec les préfets.
Cette dernière circulaire a donné lieu à des interprétations inexactes. Elle n'a eu nullement en vue d'annuler les nominations légalement faites par les préfets jusqu'à ce jour ; mais, à la veille de la mobilisation, il était nécessaire d'assurer la constitution définitive des cadres du service médical par le concours des délégués du ministère de l'Intérieur, de

qui relevait la garde mobilisée, et des délégués du département de la Guerre sous l'autorité duquel les bataillons étaient
sur le point d'être placés.

Les généraux divisionnaires doivent, en conséquence,
maintenir les nominations déjà faites, pourvoir dès à présent, et d'accord avec les préfets, aux vacances qui existent
jusqu'au jour où, les bataillons étant mobilisés, la nomination des médecins sera exclusivement réservée aux généraux
divisionnaires ainsi que cela a lieu pour la garde mobile.

Il est bien entendu qu'à partir du moment où les bataillons de mobilisés feront partie d'un corps d'armée, la nomination des médecins appartiendra au ministre de la guerre.

Recevez, Messieurs, l'assurance de ma considération la
plus distinguée,

Le ministre de l'Intérieur et de la Guerre,

GAMBETTA.

7 DÉCEMBRE

DÉCRET RELATIF AUX ÉLÈVES DES SÉMINAIRES

Les membres du Gouvernement de la Défense nationale
délégués pour représenter le Gouvernement et en exercer
les pouvoirs,

DÉCRÈTENT :

Tout Français entré dans un séminaire à partir du
1er août 1870, reste soumis aux lois et décrets militaires.
Il ne peut invoquer d'autre exemption que celle résultant
d'infirmités. Sa réclamation serait, dans ce cas, jugée souverainement par le conseil de revision établi par le décret
du 7 novembre 1870.

Fait à Tours, le 7 décembre 1870.

La délégation du Gouvernement de la Défense nationale.

8 DÉCEMBRE

NOTE OFFICIELLE ANNONÇANT LE TRANSFERT DU GOUVERNEMENT A BORDEAUX

Tours, le 8 décembre 1870.

A la suite des derniers événements militaires accomplis sur la Loire, et de l'évacuation d'Orléans, le Gouvernement a décidé la création de deux armées distinctes, ayant à opérer dans les deux régions séparées par le cours du fleuve, en conservant la jonction avec Paris comme objectif immédiat et suprême. Dans cette situation, il importe avant tout que la liberté des mouvements stratégiques de ces deux armées ne puisse être entravée, ni de près ni de loin, par des préoccupations politiques ou administratives.

En conséquence, la proximité du siège du Gouvernement à Tours pouvant gêner les opérations des deux armées, il a été décidé que l'ensemble des services serait transporté à Bordeaux qui, par la facilité de ses communications de terre et de mer avec le reste de la France, offre de précieuses ressources pour l'organisation de nos forces et la continuation de la guerre.

Quant au ministre de l'Intérieur et de la Guerre, il se rend dès demain aux armées, où est sa place dans les circonstances actuelles, pour assister aux efforts des soldats de la France vers Paris.

———

CIRCULAIRE

A MM. les généraux commandant les divisions et subdivisions militaires, les préfets des départements et les sous-préfets, les intendants et sous-intendants militaires, les commandants des circonscriptions et des dépôts de remonte.

Tours, le 8 décembre 1870.

Messieurs, jusqu'à ce jour, le service de la remonte générale a pu accomplir sa tâche par des achats réguliers de

chevaux.de selle et de trait aptes au service de guerre;
mais les pertes considérables que l'armée a subies et qu'il
a fallu combler au plus vite pour la formation instantanée
de nouveaux escadrons et de nouvelles batteries ont, sinon
épuisé, du moins ralenti forcément dans les derniers temps
les offres des éleveurs et des marchands.

J'ai dû, en conséquence, me préoccuper des moyens de
maintenir les effectifs au niveau des besoins auxquels ils
doivent incessamment satisfaire, et j'ai arrêté que le service
de la remonte générale opérerait immédiatement par voie
de réquisition la rentrée des chevaux de selle et de trait
nécessaires à l'armée régulière.

A cet effet, vous vous conformerez, chacun en ce qui vous
concerne, aux dispositions suivantes :

1° Les préfets des départements feront établir de suite
par les sous-préfets la liste des personnes possédant des
chevaux hongres ou des juments dans leurs arrondissements respectifs; les chevaux entiers de toutes races, aptes
au service de la cavalerie légère, seront également désignés.

Ces listes qui indiqueront, avec la plus grande exactitude, les noms et qualités des personnes, le nombre d'animaux possédés par chacune d'elles, et les localités où elles
résident seront transmises aux commandants des circonscriptions de remonte desquelles relèvent les départements.

2° Aussitôt que les officiers de la remonte seront en possession de ces listes, ils annonceront sur l'ordre qu'ils en
recevront des commandants de circonscription, les jours où
les réquisitions auront lieu, et les comités se transporte-
ront aux chefs-lieux d'arrondissement où les propriétaires
désignés devront amener leurs animaux.

3° Les chevaux et juments amenés seront examinés par
les comités des dépôts de remonte desquels relèvent leurs
départements.

Ceux qui seront reconnus aptes au service de guerre
dans les conditions prévues par les règlements en vigueur,
seront réquisitionnés et seront achetés à leur valeur, dans
la limite toutefois, sur l'ensemble, des prix portés au budget, et il sera remis aux propriétaires des animaux des cer-
tificats d'achat dont le montant sera acquitté sur les crédits du budget extraordinaire du service de remontes;

4° Les chevaux requis par le service de la remonte générale pour l'armée régulière ne pourront être, sous aucun prétexte, détournés de leur destination pour être remis aux gardes nationales mobilisées et aux corps d'éclaireurs qui possèdent de leur côté les moyens de requérir par l'entremise des préfets.

Vous tiendrez rigoureusement la main à ce que cette dernière disposition soit exécutée.

Comme vous le voyez, les opérations telles qu'elles résulteront des indications ci-dessus, constitueront pour chaque dépôt de véritables tournées d'achat, avec cette seule différence que les chevaux, au lieu d'être présentés de bonne volonté, seront requis et qu'ils demeureront définitivement acquis à l'État aux prix fixés par les comités, sans qu'il soit permis aux propriétaires d'opposer un refus à la prise de possession des animaux.

Je vous prie, Messieurs, d'assurer la prompte exécution des dispositions ci-dessus.

Je vais faire connaître incessamment aux commandants de circonscription le nombre de chevaux qu'ils auront à faire diriger sur chacun des corps qu'ils sont chargés de remonter.

Recevez, Messieurs, l'assurance de ma considération distinguée.

Le ministre de l'Intérieur et de la Guerre,

L. GAMBETTA.

DÉCRET CONSTITUANT UNE COMMISSION DE CONTROLE ET DE LIQUIDATION POUR LES MARCHÉS MILITAIRES

Les membres du Gouvernement, etc.,

Considérant que des marchés très nombreux ont été passés, depuis le début de la guerre, pour les subsistances, l'habillement et l'équipement des troupes régulières et auxiliaires;

Considérant qu'un grand nombre de marchés n'ont pu être, pour des causes diverses, complètement exécutés;

Considérant que les intérêts du Trésor sont engagés dans ces opérations, pour des sommes considérables;

Considérant qu'il y a urgence, pour l'État et les contractants, à ce qu'il soit statué sur les droits dès à présent acquis.

DÉCRÈTENT :

ARTICLE PREMIER. — Il est formé au ministère de la Guerre

une commission chargée de réunir, de contrôler et de liqui-
der provisoirement tous les marchés passés, depuis le début
de la guerre, pour fournitures faites ou à faire aux troupes,
sans que les rapports de la commission puissent, d'ailleurs,
préjudicier en rien aux décisions à rendre ultérieurement
par l'autorité chargée de la liquidation définitive.

Art. 2. — La commission fera chaque semaine un rapport au ministère de l'Intérieur et de la Guerre.

Art. 3. — Cette commission est composée de :

M. Férot, directeur des services de l'intendance et de la
comptabilité générale au ministère de la Guerre, président ;

M. Colleau, conseiller référendaire à la Cour des comptes,
vice-président ;

M. Durangel, chef de la division départementale au ministère de l'Intérieur ;

M. Hébert, chef de la division de la comptabilité au ministère de l'Intérieur ;

M. Courtois, intendant militaire ;

M. Lejeune, intendant militaire ;

M. Certes, inspecteur des finances ;

M. Panafieu, chef de bureau de l'intendance au ministère
de la Guerre ;

M. Lavig, attaché au cabinet du ministre de l'Intérieur, chargé
du service de la comptabilité pour la garde nationale mobile ;

M. Carlier, adjoint à l'inspection des finances, secrétaire.

Art. 4. — Cette commission pourra être augmentée par
décret de M. le ministre de l'Intérieur et de la Guerre.

Art. 5. — M. le ministre de l'Intérieur et de la Guerre est
chargé de l'exécution du présent décret.

Fait à Tours, le 8 décembre 1870.

---

14 DÉCEMBRE

DÉCRET AUTORISANT LE MINISTRE DE LA GUERRE A COMPLÉTER LES BATAILLONS DE GARDE MOBILE PAR DES PRÉLÈVEMENTS SUR LA GARDE NATIONALE MOBILISÉE.

Le Gouvernement de la défense nationale,

Vu le décret du 29 septembre 1870, relatif à la mobilisation des
hommes de vingt et un à quarante ans ;

Vu le décret du 25 novembre suivant, qui appelle à l'activité, du 1er au 10 décembre, les gardes nationaux mobilisés,

DÉCRÈTE :

ARTICLE PREMIER. — Le ministre de la Guerre est autorisé à prélever dans la garde nationale mobilisée, au fur et à mesure des besoins du service, le nombre d'hommes nécessaire pour compléter les régiments de la garde nationale mobile.

Ces prélèvements s'opéreront en commençant par les gardes nationaux mobilisés les plus jeunes d'âge.

ART. 2. — Les gardes nationaux mobilisés devront être versés dans les régiments, bataillons ou batteries de la garde nationale mobile provenant du département auquel ils appartiennent.

ART. 3. — Le ministre de l'Intérieur et de la Guerre est chargé de l'exécution du présent décret.

Fait à Bordeaux, le 11 décembre 1870.

DÉCRET AUTORISANT LE MINISTRE DE LA GUERRE A PRÉLEVER DANS LA GARDE NATIONALE MOBILISÉE LES ANCIENS MILITAIRES

Le Gouvernement de la défense nationale,

Vu le décret du 29 septembre 1870, relatif à la mobilisation des hommes de vingt et un à quarante ans;

Vu le décret du 25 novembre suivant, qui appelle à l'activité, du 1er au 10 décembre, les gardes nationaux mobilisés,

DÉCRÈTE :

ARTICLE PREMIER. — Le ministre de la Guerre est autorisé à prélever dans la garde nationale mobilisée les hommes qui ont servi dans les divers corps des armées de terre et de mer.

Ces hommes seront dirigés sur les dépôts des corps d'infanterie le plus à proximité du lieu de leur résidence.

ART. 2. — Sont seuls exceptés de cet appel les hommes qui, à la date de ce jour, sont en possession du grade d'officier ou d'adjudant dans la garde nationale mobilisée.

ART. 3. — Le ministre de l'Intérieur et de la Guerre est chargé de l'exécution du présent décret.

Fait à Bordeaux, le 11 décembre 1870.

DÉCRET RELATIF AU GÉNIE CIVIL DES ARMÉES

Les membres du Gouvernement,

Vu le décret du 30 novembre 1870, qui attache à chaque corps d'armée en campagne un personnel d'ingénieurs et d'agents, sous le titre de génie civil des armées;

Considérant qu'il importe de déterminer d'une manière précise la situation des fonctionnaires et agents qui sont chargés de ce service,

DÉCRÈTENT :

ARTICLE PREMIER. — Le personnel de chaque corps d'armée comprendra :

Un ingénieur en chef;
Trois ingénieurs ordinaires;
Trois chefs de section principaux :
Six chefs de section;
Neuf piqueurs;
Dix-huit chefs de chantier;
Une compagnie d'ouvriers de soixante hommes pouvant être augmentée et portée, au besoin, à trois cents.

ART. 2. — Les ingénieurs et agents seront assimilés aux officiers de l'armée, comme l'indique le tableau ci-après :

Grade dans le génie civil.	Grade correspondant dans l'armée.
Ingénieur en chef.	Colonel.
Ingénieur ordinaire.	Chef de bataillon.
Chef de section principal.	Capitaine.
Chef de section.	Lieutenant.
Piqueur.	Sous-lieutenant.

Les chefs de chantier sont assimilés aux sous-officiers.
Les ouvriers sont assimilés aux soldats du génie.
Ils seront recrutés exclusivement parmi les ouvriers terrassiers, charpentiers, mineurs, serruriers et maçons, et pourront être pris dans les compagnies mobilisées.

ART. 3. — Les ingénieurs et agents actuellement au service de l'État ou des départements continueront à être payés de leurs appointements et frais fixes, par ces mêmes services.

Ils recevront, en outre, toutes les indemnités de guerre attribuées aux officiers du grade auquel ils sont assimilés.

Les ingénieurs et agents qui ne recevraient actuellement aucune rétribution, ni de l'État, ni des départements, auront droit aux appointements et frais de guerre attribués aux officiers du grade auquel ils sont assimilés.

ART. 4. — Le costume des ingénieurs, agents et ouvriers, sera déterminé par une décision ministérielle.

ART. 5. — Il sera adjoint à la direction un ingénieur des ponts et chaussées ou des mines, et un nombre d'agents suffisant pour assurer le service.

ART. 6. — Les ministres des Travaux publics, des Finances, de l'Intérieur et de la Guerre, sont chargés, chacun en ce qui le concerne, de l'exécution du présent décret.

Fait à Bordeaux, le 11 décembre 1870.

CIRCULAIRE

A MM. les Préfets des départements, et Sous-Préfets.

Messieurs, afin de faciliter les engagements volontaires pour la durée de la guerre, j'ai décidé que l'aptitude au service des engagés pourrait être constatée non seulement par les commandants des dépôts de recrutement, les chefs de corps et les officiers de gendarmerie, mais encore les maires des chefs-lieux de canton, qui reçoivent lesdits engagements. (Circulaire du 10 août 1870.)

Il résulte de divers rapports qui m'ont été transmis, que les maires se montrent trop faciles dans l'acceptation des engagés, et qu'ils admettent des hommes qui sont soit trop jeunes, soit usés par l'âge, soit atteints d'infirmités. Ces hommes sont réformés après un court séjour au corps, et l'État se trouve avoir fait en pure perte des frais pour leur mise en route, leur habillement et leur instruction.

C'est là un abus auquel il est urgent de porter remède, et je vous invite à recommander d'une manière pressante aux maires de chefs-lieux de canton d'apporter plus de sévérité dans le choix des engagés. Vous leur ferez comprendre qu'au besoin ils encourront la responsabilité de leur négligence.

Recevez, Messieurs, l'assurance de ma considération très distinguée.

Pour le ministre et par son ordre :

Le délégué au département de la Guerre,

C. DE FREYCINET.

---

16 DÉCEMBRE

CIRCULAIRE TÉLÉGRAPHIQUE AUX AUTORITÉS CIVILES ET MILITAIRES

Bordeaux, 16 décembre 1870.

Le ministre de la Guerre est informé qu'un certain nombre de militaires de tous grades qui se sont trouvés séparés de leurs corps à la suite des derniers événements militaires, ne l'ont pas encore rejoint. Le ministre rappelle que les militaires dans ce cas sont considérés par la loi comme ayant déserté devant l'ennemi et à ce titre sont passibles des conseils de guerre. Les autorités civiles et militaires sont chargées, sous leur responsabilité personnelle, de mettre immédiatement en demeure de rejoindre leurs corps tous les militaires qui se trouvent encore dans de telles conditions. Ceux qui n'obéiraient pas à cet ordre dans les vingt-quatre heures seront traités suivant la rigueur des lois.

Le ministre de l'Intérieur et de la Guerre.

Pour le ministre et par son ordre :

Le délégué au département de la Guerre,

Signé : **C. DE FREYCINET.**

17 DÉCEMBRE

CIRCULAIRE

Bordeaux, le 17 décembre 1870.

A MM. les généraux commandant les divisions et les subdivi-sions territoriales et actives, les préfets des départements, les intendants et sous-intendants militaires, les chefs de corps de toutes armes, les chefs de légion et les commandants de compagnie de gendarmerie, les commandants des dépôts de recrutement et de réserve.

Messieurs,

J'ai l'honneur de vous envoyer ci-joint ampliation d'un décret en date du 14 décembre courant, aux termes duquel le ministre de la Guerre est autorisé à prélever dans la garde nationale mobilisée les hommes qui ont servi dans les divers corps des armées de terre et de mer.

Déjà par mes circulaires des 18 novembre et 12 décem-bre derniers, les célibataires et les veufs sans enfants, âgés de 21 à 40 ans, qui ont été inscrits sur les contrôles de la garde nationale mobilisée en vertu du décret du 29 septem-bre, et qui avaient appartenu à l'artillerie ou à la cavalerie, ont été envoyés dans les corps d'artillerie.

Il reste encore dans les rangs de la garde nationale mo-bilisée un certain nombre d'hommes qui ont servi dans l'in-fanterie, le génie ou les équipages militaires.

Au reçu de la présente circulaire, ces hommes seront convoqués au chef-lieu du département de leur résidence par les soins du dépôt de recrutement. Cette convocation sera faite soit par un ordre d'appel soit par voie d'afficha-ges, soit par tout autre moyen de publicité.

Pour ceux qui font partie de corps mobilisés qui ont déjà quitté le département où ils ont été formés, le comman-dant du dépôt de recrutement adressera l'ordre d'appel qui les concerne au chef du corps mobilisé. Ce dernier fera mettre les hommes en route pour la destination indiquée sur ledit ordre d'appel, et informera immédiatement de leur départ le commandant du dépôt de recrutement.

Ces anciens militaires, aussi bien ceux qui ont servi dans l'infanterie que dans le génie, les équipages militaires, les sections d'ouvriers d'administration, des commis aux écritures, dans les infirmiers militaires, etc., etc., seront répartis entre les dépôts des corps d'infanterie le plus à proximité du lieu de leur résidence. (2e paragraphe de l'art. 1er du décret précité du 14 décembre 1870.)

Tous ceux qui ont appartenu à l'infanterie de la marine seront envoyés dans les dépôts des corps où ils ont servi. (2e paragraphe de l'art. 1er ci-dessus.)

Aucun de ces hommes ne pourra, bien entendu, se faire remplacer.

La présente circulaire s'applique à tous les célibataires ou veufs sans enfants ayant servi, tant à ceux de 35 à 40 ans atteints par le décret du 29 septembre qu'à ceux qui, exempts d'abord de l'appel prévu par la loi du 10 août, ont été ultérieurement compris dans la mobilisation.

Elle concerne non seulement les anciens militaires mais encore les jeunes soldats qui, sans avoir été définitivement appelés à l'activité, ont été exercés dans des dépôts d'instruction.

Sont seuls exceptés de cet appel les hommes qui, à la date de ce jour, sont en possession du grade d'officier ou d'adjudant dans la garde nationale mobilisée. (Art. 2 du décret du 14 décembre 1870.)

La mesure dont il s'agit pourra s'exécuter dans le plus bref délai à l'aide des listes des gardes nationaux mobilisés qui se trouvent entre les mains des diverses autorités. Les commandants des dépôts de recrutement m'adresseront donc, le 31 décembre au plus tard, le chiffre des hommes mis en route conformément aux instructions qui précèdent, avec l'indication des corps sur lesquels ils ont été dirigés.

Recevez, Messieurs, l'assurance de ma considération la plus distinguée.

Le ministre de l'Intérieur et de la Guerre.

Par le ministre :

Le délégué au département de la Guerre,

C. DE FREYCINET.

, CIRCULAIRE

A MM. *les ingénieurs en chef et ordinaires*
du Génie civil.

Bordeaux, le 17 décembre 1870.

Monsieur,

Il me paraît nécessaire, au moment où vous allez entrer en campagne, de définir d'une manière nette et précise le but que s'est proposé le Gouvernement en organisant le service du génie civil.

Ce but n'est pas de créer des compagnies nouvelles opérant concurremment avec le génie militaire.

Le Gouvernement a voulu utiliser pour la défense du pays les hommes chargés, en temps de paix, de l'exécution des grands travaux publics, et il s'est adressé naturellement aux ingénieurs, architectes et conducteurs habitués à diriger ces travaux.

Vous aurez nécessairement, pour l'exécution, à demander le concours des entrepreneurs, et le Gouvernement ne doute pas qu'ils ne s'empressent de mettre au service de la défense nationale les moyens si puissants dont ils disposent.

Vous pouvez également, comme le porte le décret du 30 novembre 1870, requérir les ouvriers et les choses qui vous paraissent nécessaires pour assurer la sécurité de l'armée.

Les travaux que vous aurez à faire exécuter comprennent la construction ou la réfection des routes, chemins de fer, ponts et ouvrages d'art; la création d'obstacles de toute nature destinés à empêcher ou retarder la marche de l'ennemi; l'exécution des travaux de retranchement; l'étude topographique des terrains, etc. Ces travaux sont exactement semblables à ceux que vous êtes habitués à diriger et le Gouvernement compte sur votre énergie et votre activité pour les organiser rapidement et les conduire à bonne fin, partout où cela sera nécessaire.

Recevez, Monsieur, l'assurance de ma considération la plus distinguée.

Le ministre de l'Intérieur et de la Guerre.

20 DÉCEMBRE

DÉCRET CRÉANT SIX DÉPÔTS DE CONVALESCENTS

Le membre du Gouvernement, ministre de l'Intérieur et de la Guerre,

Considérant qu'il importe que les blessés et convalescents qui ont besoin d'un repos assez long soient groupés sur différents points en arrière des armées, où, tout en se trouvant dans de bonnes conditions pour se rétablir, ces militaires puissent être maintenus sous l'action directe du commandement,

ARRÈTE :

ARTICLE PREMIER. — Il est créé six dépôts de convalescents, qui seront établis à Nantes, Bayonne, Toulouse, Montpellier, Perpignan et Nice.

Ces dépôts recevront les blessés et convalescents jugés incapables, pour le moment, de rentrer dans le rang. Par suite il ne sera plus accordé de congés de convalescence.

ART. 2. — Il y aura dans chaque dépôt, pour le commandement et l'administration, un personnel composé ainsi qu'il suit :

Un officier supérieur commandant le dépôt, un officier chargé des détails du service, un officier chargé de l'administration, deux médecins militaires, un cadre de sous-officiers et caporaux ou brigadiers.

Ce personnel normal pourra être augmenté en proportion des accroissements survenus dans l'effectif du dépôt. Le général commandant la subdivision appréciera les besoins et décidera à cet égard.

ART. 3. — Le commandant sera nommé par le ministre.

ART. 4. — Les officiers chargés des détails du service et l'officier chargé de l'administration seront désignés, soit parmi les officiers prisonniers sur parole, soit parmi les officiers évacués les plus valides, par le général commandant la subdivision, qui désignera également les médecins militaires. A défaut de médecins militaires, le général fera requérir, par les soins de l'intendance, deux médecins civils pour assurer le service médical du dépôt.

Les sous-officiers, caporaux ou brigadiers constituant le

cadre de chaque dépôt seront à la désignation du commandant de ce dépôt.

ART. 5. — Au fur et à mesure que les militaires évacués sur les dépôts deviendront disponibles pour le service actif, ils seront dirigés sur la portion mobilisée des corps auxquels ils appartiennent.

Le commandant du dépôt adressera tous les huit jours au ministre un état nominatif pour les officiers, numérique pour les troupes, indiquant:

1° Les militaires devenus disponibles et renvoyés à leur corps dans la huitaine précédente;

2° Les militaires renvoyés pendant la huitaine précédente dans leurs foyers comme étant susceptibles d'être réformés;

3° Les militaires présents au dépôt.

Bordeaux, le 20 décembre 1870.

---

25 DÉCEMBRE

DÉCRET RELATIF A LA DISSOLUTION DES CONSEILS GÉNÉRAUX ET DES CONSEILS D'ARRONDISSEMENT

Les membres du Gouvernement de la défense nationale délégués pour représenter le gouvernement et en exercer les pouvoirs,

Considérant que les conseils généraux élus sous l'Empire avec l'attache de la candidature officielle, en vertu d'une loi qui donne à leur mandat une durée de neuf années, constituent une représentation départementale en opposition complète avec l'esprit des institutions républicaines;

Considérant, dès lors, que la dissolution des conseils généraux doit suivre celle du Sénat, du Corps législatif et des conseils municipaux,

DÉCRÈTENT :

ARTICLE PREMIER. — Les conseils généraux sont dissous.

Art. 2.. — Le ministre de l'Intérieur est chargé de l'exécution du présent décret.

Fait à Bordeaux, le 25 décembre 1870.

LÉON GAMBETTA, AL. GLAIS-BIZOIN, AD. CRÉMIEUX, L. FOURICHON.

DÉCRET ORDONNANT LA DISSOLUTION DES CONSEILS GÉNÉRAUX ET DES CONSEILS D'ARRONDISSEMENT.

Les membres du Gouvernement de la défense nationale délégués pour représenter le gouvernement et en exercer les pouvoirs,

Vu les décrets des 12 et 16 septembre 1870 ;

Vu le décret du 13 septembre 1870, daté de Paris, par lequel le Gouvernement de la défense nationale a réglé les mesures financières nécessaires pour assurer les services départementaux en 1871 et suppléer à l'action des conseils généraux et des conseils d'arrondissement ;

Vu la circulaire ministérielle du 17 décembre présent mois,

DÉCRÈTENT :

ARTICLE PREMIER. — Les conseils généraux et les conseils d'arrondissement sont dissous. Sont également dissoutes les commissions départementales, dans les départements où il en a été institué.

ART. 2. — Les conseils généraux seront remplacés par des commissions départementales composées d'autant de membres qu'il y a de cantons dans le département. Elles seront instituées par le Gouvernement, sur la proposition d'urgence des préfets.

ART. 3. — Le budget départemental sera réglé conformément au décret du 13 septembre 1870 et à la circulaire du 17 décembre même année.

ART. 4. — Le ministre de l'Intérieur est chargé de l'exécution du présent décret.

Fait à Bordeaux, le 25 décembre 1870.

La délégation du Gouvernement de la défense nationale.

CIRCULAIRE SUR L'ORGANISATION DU SERVICE HOSPITALIER, EN ARRIÈRE DES ARMÉES, A L'INTÉRIEUR.

Bordeaux, le 25 décembre 1870.

A MM. les préfets, les généraux commandant les divisions territoriales et actives, les intendants et sous-intendants militaires, les médecins militaires.

Messieurs,

L'effectif des armées de la République en campagne devenant chaque jour plus considérable, les installations et les méthodes usitées, jusqu'ici, menacent d'être insuffisantes ; en conséquence, je prescris, dans la présente instruction, une série de mesures qui devront, sans le moindre retard, être mises à exécution.

INSTRUCTION POUR L'ORGANISATION DU SERVICE HOSPITALIER, EN ARRIÈRE DES ARMÉES A L'INTÉRIEUR

Évacuation des malades et des blessés.
Ambulances provisoires.

Il est à peu près impossible, aux nombreuses armées françaises qui opèrent aujourd'hui sur le territoire de la République, de choisir d'autres lignes d'opérations que les voies ferrées. Ces voies, et les fleuves à partir du point où ils se raccordent à une ligne de fer, sont donc les lignes d'évacuation nécessaires.

Mais, pour que le transport des malades et des blessés par chemins de fer devienne supportable, il importe de créer, sur les lignes, des ambulances provisoires pouvant contenir, chacune, mille à douze cents malades ou blessés.

Les ambulances provisoires sont des établissements dans lesquels les malades ou blessés pourront être momentanément reçus, chauffés, abrités, pansés et réconfortés.

Pour le moment, j'ai prescrit des installations de cette nature dans les gares ci-après désignées :

Rennes, Laval, Mayenne, Le Mans, Caen, Alençon, Argentan, Sées, Tours, Angers, Nantes, Poitiers, Niort,

La Rochelle, Angoulême, Coutras, Libourne, Bordeaux, Bourges, Montluçon, Nevers, Moulins, Clermont-Ferrand, Mâcon, Bourg, Lyon, Saint-Étienne et Saint-Germain-des-Fossés.

A l'avenir et sans qu'il soit besoin de nouveaux ordres, l'intendant d'une division territoriale occupée ou traversée par une armée, ou simplement placée dans un rayon de 200 kilomètres en arrière du point de concentration d'une armée, établira des ambulances provisoires dans toutes les gares principales ; et, autant que possible, ces ambulances ne devront pas être éloignées l'une de l'autre de plus de 60 kilomètres.

Les intendants divisionnaires prescriront aux intendants sous leurs ordres d'organiser et d'attacher à chacun de ces établissements un personnel de médecins et d'infirmiers, un service alimentaire, un approvisionnement de médicaments et d'objets de pansement, des moyens élémentaires de couchage pour trois à quatre hommes et des moyens de transports ; le tout formant un ensemble prêt à fonctionner.

Les ambulances créées seront utilisées de la manière suivante :

L'intendant chargé, en arrière de chaque armée, corps d'armée ou division, de l'évacuation des blessés, aura pour premier devoir de prévenir l'intendant chargé de la première ambulance provisoire : 1º du nombre probable de blessés ou de malades à attendre dans la journée ou dans les journées suivantes ; 2º de la préparation de chaque train et de l'heure probable de son arrivée.

Il requerra du prévôt de l'armée, du corps d'armée ou de la division, une force suffisante pour maintenir l'ordre dans la gare d'embarquement ; il veillera à ce que les wagons ne reçoivent que des militaires visités par les médecins, et susceptibles de supporter le transport au moins jusqu'à la première ambulance.

Le train formé, il le fera accompagner par un cadre de conduite, ou tout au moins par un sous-officier porteur d'une feuille sommaire d'évacuation faisant connaître la destination et la composition du train.

On réunira autant que possible, dans les mêmes voitures, les blessés ayant une même destination.

Si l'intendant chargé des évacuations opère dans une gare

menacée par l'ennemi, il se préoccupera surtout de l'évacuer le plus promptement possible ; mais il n'oubliera jamais ses devoirs relatifs aux avis à donner à la première ambulance provisoire, et il ne fera jamais partir un train sans le faire accompagner comme il vient d'être dit.

L'intendant chef d'une ambulance provisoire doit rassembler le personnel en temps utile, le diriger sur la gare en nombre proportionnel à celui des malades ou blessés annoncés, et faire procéder à tous les préparatifs nécessaires pour assurer l'alimentation, le pansement et le classement par catégories des malades ou blessés.

A l'arrivée du train, l'intendant, assisté de la force armée, fera évacuer les wagons et diriger tous les militaires sur l'ambulance provisoire.

Là, le médecin-chef désignera les malades ou les blessés hors d'état de supporter un plus long trajet et veillera à ce qu'ils soient couchés ; il fera panser ceux qu'il jugera capables de remonter en wagon et désignera les simulateurs et les fuyards à la force publique qui s'en emparera.

L'intendant ou son suppléant veillera à ce que tous soient nourris et restaurés, fera reformer le train et préviendra, par télégraphe, l'ambulance provisoire suivante où les mêmes opérations seront exécutées s'il y a lieu.

Il est recommandé aux médecins qui auront appliqué aux blessés des appareils ne devant pas être levés avant plusieurs jours, de prendre des mesures pour que les médecins des ambulances provisoires suivantes soient renseignés sur les pansements faits et ne soient pas exposés à lever inutilement ces appareils. Une carte remise au sous-officier chargé de la conduite du train pourra prévenir toute erreur et éviter des pansements inutiles et dangereux.

Le train parti, les grands malades et blessés seront transportés de l'ambulance provisoire dans les hôpitaux temporaires dont il va être parlé.

Les trois premières ambulances provisoires sur une ligne, ne doivent jamais conserver que les malades et les blessés incapables de supporter un plus long trajet.

La destination définitive de chaque train est fixée par l'intendant spécialement désigné, pour ce service, par l'intendant en chef de l'armée ou du corps d'armée engagé avec l'ennemi.

L'un des devoirs de ce fonctionnaire est, en effet, de se tenir au courant des ressources hospitalières existant derrière lui. Pour cela, il se renseigne, par le télégraphe, auprès des intendants dont les divisions sont traversées par la ligne ou les lignes d'évacuation dont il se propose de faire usage. Au besoin, il fait augmenter, par les intendants divisionnaires, le nombre de places disponibles, et, d'après les renseignements qu'il reçoit, il règle la destination des trains qu'il fait organiser.

De deux destinations possibles pour un train de blessés ou de malades, l'intendant de l'armée doit toujours choisir la plus éloignée. Cependant la guerre pouvant, à chaque instant, amener des événements imprévus, il arrivera quelquefois que l'intendant chargé des évacuations, momentanément sans communications avec son intendant d'armée ou de corps d'armée, ignorera la situation hospitalière. Dans ce cas, il devra, avant tout, informer de ce fait l'intendant de la première ambulance provisoire, et celui-ci demeurera chargé du soin de donner une destination définitive aux trains qu'il recevra. A cet effet, ce dernier se renseignera auprès des intendants divisionnaires dont les ressources sont placées sur la ligne d'évacuation.

Hôpitaux temporaires.

Les ambulances provisoires dont je viens d'ordonner l'organisation ne tarderaient pas à être encombrées, si elles n'étaient entourées d'hôpitaux temporaires.

Je prescris, une fois pour toutes, à MM. les intendants divisionnaires, de créer rapidement et en dehors des ressources qui existent déjà, savoir:

1° Dans toutes les villes où il a été créé une ambulance provisoire, placée à un point de croisement de voies ferrées, et environs, des établissements hospitaliers contenant de deux à trois mille lits et un personnel suffisant prêt à fonctionner.

2° Dans toute ville où il a été créé une ambulance provisoire, sans embranchement, et environs, des établissements contenant de mille à deux mille lits, suivant les ressources de la ville.

3° Entre les ambulances provisoires et dans toutes les

places de la division offrant des ressources, des hôpitaux temporaires contenant le plus de lits possible.

J'investis les intendants divisionnaires et les intendants des places où il y a lieu de créer un service hospitalier, du droit de requérir les établissements publics propres à l'installation de malades et de blessés ; ce n'est qu'à défaut de ces ressources qu'on entreprendra des constructions spéciales.

Les réquisitions seront adressées, savoir :

Par l'intermédiaire des préfets pour les établissements d'instruction publique ;

Par l'intermédiaire des préfets pour les établissements religieux ;

Par l'intermédiaire des préfets, pour les propriétés privées ;

Aux chefs de gare, pour celles qui sont relatives à des locaux dans les gares.

S'il se produisait des oppositions ou des difficultés quelconques dans l'application des mesures dont il s'agit, on me les signalerait immédiatement.

Pour le personnel des établissements à créer, les intendants divisionnaires auront pouvoir de commissionner, au titre de l'armée auxiliaire et pour la durée de la guerre, les personnes qu'ils jugeront aptes à remplir les emplois de sous-intendants, de médecins et pharmaciens-majors de 2e classe, d'aides-majors de 1re et de 2e classe, de comptables et de chefs infirmiers.

Ils provoqueront le concours des comités de la Société de secours aux blessés militaires des armées de terre et de mer, des associations religieuses, des comités locaux et, en cas de nécessité pressante, des particuliers.

Dans les ports de mer, ils s'adresseront aux préfets maritimes pour obtenir, dans les hôpitaux de la marine, les places disponibles.

L'intendant de chaque division, ayant créé toutes les ressources possibles, se préoccupera journellement de faire le vide autour des ambulances provisoires, et, de proche en proche, dans sa division :

1° En veillant à ce que le séjour des militaires ne se prolonge pas au delà du temps nécessaire dans les établissements hospitaliers ;

2° En opérant des évacuations sur les divisions voisines.

Il devra donc se faire tenir exactement au courant des ressources de sa division, et se concerter périodiquement avec ses collègues voisins, afin de n'être jamais pris au dépourvu.

Inspection du service hospitalier.

A dater du 25 du présent mois, chaque intendant divisionnaire me fera parvenir, tous les cinq jours, une situation indiquant, nominativement et par place, les établissements hospitaliers de sa division, et, pour chacun de ces établissements :

1° Le nombre de malades et de blessés;

2° Le nombre de places vacantes.

D'un autre côté, les fonctionnaires de l'intendance, que de nombreux travaux retiennent à leur poste, peuvent difficilement se déplacer, et la plupart des faits d'exécution d'un service aussi étendu que celui qui s'organise, s'accomplissant en dehors de leur résidence, échapperaient forcément à leur surveillance, souvent même à leur action.

Pour parer à cet inconvénient, un service spécial d'inspection sera constitué. Un arrêté prochain en fera connaître l'organisation et le mode de fonctionnement.

Je vous prie de m'accuser réception de la présente circulaire.

Le membre du Gouvernement,
ministre de l'Intérieur et de la Guerre.

Par délégation du ministre de l'Intérieur et de la Guerre :

Le ministre de la Justice,

AD. CRÉMIEUX.

Par le ministre :

Le délégué au département de la Guerre,

C. DE FREYCINET.

26 DÉCEMBRE

DÉCRET CONSTITUANT UNE SOUS-DIRECTION SPÉCIALE CHARGÉE DES SERVICES MÉDICAUX DE L'ARMÉE

Le membre du Gouvernement, etc.,

Considérant que si le contrôle administratif et financier des services médicaux de l'armée peut être utilement exercé par l'intendance militaire, la direction technique de ces mêmes services doit appartenir à des hommes versés dans l'art de guérir,

DÉCRÈTE :

ARTICLE PREMIER. — Il est formé, au sein de la direction générale de l'administration de la Guerre, une sous-direction spéciale chargée de tous les services médicaux de l'armée.

Le bureau des hôpitaux et des invalides fera partie de cette sous-direction.

ART. 2. — M. le docteur Charles Robin, membre de l'Institut, est placé à la tête de ce service, en qualité de sous-directeur.

Fait à Bordeaux, le 26 décembre 1870.

2 JANVIER

DÉCRET RELATIF AUX AMBULANCES PRIVÉES

Le membre du Gouvernement, ministre de l'Intérieur et de la Guerre,

Considérant que la multiplicité des ambulances privées au sein des armées, sans surveillance ni contrôle de la part de l'autorité militaire, est de nature à engendrer des abus graves, et qu'il est possible de les prévenir en faisant ressortir toutes ces sociétés à une seule d'entre elles, dûment qualifiée;

Considérant les importants services rendus à la cause de l'humanité par la Société internationale de secours aux blessés des armées de terre et de mer,

DÉCRÈTE :

ARTICLE PREMIER. — Toutes les ambulances volantes, et

autres sociétés ayant en vue le soulagement des blessés sur le champ de bataille et après le combat, sont désormais placées sous la direction et la responsabilité de la Société internationale de secours aux blessés des armées de terre et de mer, laquelle accepte les obligations et charges résultant de ce mandat.

En conséquence, à partir de ce jour, aucune ambulance volontaire volante ne pourra être créée sans l'autorisation formelle du conseil supérieur de la Société ou de l'un des délégués régionaux qui le représentent officiellement. Le conseil supérieur ou son délégué avisera le ministre de la Guerre et lui remettra une liste du personnel de l'ambulance ainsi créée.

Art. 2. — Les ambulances volantes nationales ou étrangères, une fois accréditées, devront se mettre à la disposition du général et de l'intendant en chef de l'armée, lesquels, de concert avec le délégué général près le ministère de la Guerre, leur assigneront le point où leur concours devra plus particulièrement s'exercer.

Art. 3. — Les ambulances volantes, créées jusqu'à ce jour, soit par des comités indépendants, soit par les représentants quelconques de l'autorité civile, devront immédiatement, dans le délai de huit jours, régulariser leur position auprès de la Société de secours aux blessés, qui proposera au ministre leur maintien ou leur dissolution.

Art. 4. — Aucune personne âgée de moins de 40 ans ne pourra faire partie d'une ambulance volante ou sédentaire, à moins d'avoir son diplôme de docteur ou un minimum de seize inscriptions.

Art. 5. — Le personnel actuellement en activité des ambulances de la Société de secours aux blessés créées à Paris, soit qu'elles existent encore dans leur constitution primitive, soit qu'elles aient été officiellement réorganisées, n'est pas atteint par l'article 4. Une liste complète du personnel sera remise au ministre de la Guerre.

Art. 6. — Les brassards ne seront délivrés aux ambulances volontaires volantes ou aux ambulances fixes de la Société, que par le conseil supérieur de la Société ou par ses délégués régionaux, sous leur responsabilité. Ces brassards seront accompagnés d'une carte nominative, qui sera signée et timbrée du délégué régional et de l'intendant militaire.

En dehors du personnel de la Société, de celui des diverses délégations et de celui des ambulances volantes, le gouvernement ne reconnaît le droit de porter le brassard et les insignes de la Convention de Genève qu'aux présidents, vice-présidents, secrétaires et trésoriers des comités qui seront admis à s'affilier régulièrement à la Société de secours et au personnel médical qui desservira les ambulances créées par ces comités.

Art. 7. — Tous les brassards qui ont été délivrés, soit par des comités locaux, soit par des autorités administratives quelconques, sont déclarés nuls et non valables aux yeux du gouvernement, à partir du 15 janvier prochain. Des poursuites seront exercées contre ceux qui continueront à les porter indûment.

Art. 8. — Les dispositions de l'article précédent ne sont pas applicables aux brassards portant la signature du président de la Société, du délégué général auprès du ministère de la Guerre et des délégués régionaux.

Art. 9. — Le ministre de la Guerre se réserve le droit de nommer, la Société entendue, le délégué général qui la représente auprès de son département.

Art. 10. — Les arrêtés, décisions et circulaires publiés jusqu'à ce jour, avant le présent décret, sont annulés.

Est maintenu le décret du 23 juin 1866, qui a déclaré la Société internationale de secours aux blessés d'utilité publique. Toutefois, les droits et privilèges en résultant sont subordonnés à l'exécution du présent décret.

Fait à Bordeaux, le 31 décembre 1870.

A Messieurs les généraux commandant les divisions militaires et les subdivisions; les préfets des départements.

Messieurs, en vue d'assurer le bon ordre dans le service des transports des troupes par voies ferrées, et de remédier à certains inconvénients qui résultent pour ces troupes des temps d'arrêt forcés dans les grandes gares et les gares de croisement, j'ai arrêté les dispositions suivantes :

· Le chef du poste de gendarmerie, dans chacune de ces gares est tenu :

1° De questionner chaque chef de détachement arrivant, sur l'effectif du détachement, le lieu du départ et celui de destination ;

2° De fournir à ce chef de détachement, après s'être renseigné à ce sujet auprès du chef de gare, toutes les indications de nature à l'éclairer sur le temps probable de son séjour dans la gare ; de désigner les hôtels, auberges, bâtiments dans le voisinage de la gare, où les troupes pourraient s'approvisionner et faire la soupe ;

3° Lorsque le détachement n'aura plus à s'arrêter avant d'atteindre le lieu de destination, de remettre au chef de gare une dépêche qui devra être transmise par le télégraphe de la ligne au chef de poste de la gendarmerie du lieu d'arrivée.

Aussitôt la réception de l'avis de l'heure probable de l'arrivée d'une troupe qui doit faire arrêt ou débarquer définitivement, le chef du poste de chaque station envoie par un planton prévenir l'intendance et la mairie, où un employé doit se tenir prêt à répondre, même la nuit.

Les trains pouvant contenir à la fois plusieurs détachements et un grand nombre d'isolés, ayant tous besoin des mêmes renseignements, le chef de la police militaire de chaque département devra faire imprimer en placards, et afficher dans toutes les gares importantes, les indications suivantes :

Adresses : du général,
du commandant de place ou d'armes,
du commandant de la gendarmerie,
des différentes intendances, avec indication des attributions de chacune,
de la manutention et des magasins à fourrage,
de la préfecture,
de la mairie.

Je vous prie de prendre toutes les mesures pour assurer, en ce qui vous concerne, l'exécution de ces dispositions.

Recevez, Messieurs, l'assurance de ma considération la plus distinguée.

Bordeaux, le 2 janvier 1871.

APPEL RELATIF AU PAIEMENT DES CONTRIBUTIONS DIRECTES

A nos concitoyens,

Les contributions directes vont être mises en recou
vrement pour l'année 1871; elles se paient seulement
de mois en mois, par douzième échu. Le Gouvernement engage les contribuables à venir en aide au
Trésor public. Il faut pourvoir aux besoins de nos soldats sous les armes, de nos blessés après la bataille,
de nos malades dans les ambulances.

L'armée vous réclame des millions chaque jour.
Vieux et jeunes soldats rivalisent de courage : il faut
que leur dévouement à la patrie trouve sa compensation dans notre ardeur à les protéger. Riches qui pouvez faire l'avance de votre impôt annuel, versez immédiatement le montant de votre contribution de
l'année; que chaque citoyen, selon ce qu'il pourra
faire, acquitte en un seul paiement la moitié, le tiers
de son impôt de 1871.

En ce moment aider le Trésor, c'est faire acte de bon
citoyen. Le Gouvernement qui voit et qui admire vos
efforts de chaque jour, sait qu'il peut compter sur le
concours qu'il demande à votre patriotisme.

Bordeaux, 2 janvier 1871.

AD. CRÉMIEUX, LÉON GAMBETTA,
GLAIS-BIZOIN, L. FOURICHON.

---

4 JANVIER

DÉCRET RELATIF AUX SERVICES ADMINISTRATIFS DES ARMÉES

Le membre du Gouvernement, ministre de l'Intérieur et
de la Guerre,

Considérant que le développement toujours croissant de l'effectif des armées en campagne et des troupes en rassemblement impose au service central de l'administration de la Guerre un travail auquel l'organisation actuelle ne saurait plus longtemps suffire;

Considérant qu'il importe que les services administratifs des armées continuent à recevoir une impulsion énergique,

DÉCRÈTE :

Il est créé, dans la 6ᵉ direction du ministère de la Guerre, un service central et quatre sous-directions, savoir :

1ʳᵉ *sous-direction.* — Intendance militaire, transports, solde et revues, comptabilité.

2ᵉ *sous-direction.* — Subsistances militaires, chauffage.

3ᵉ *sous-direction.* — Hôpitaux, invalides.

4ᵉ *sous-direction.* — Habillements, lits militaires, campement.

Les attributions respectives du service central et de chacune des sous-directions seront réglées par arrêté ministériel.

Fait à Bordeaux, le 4 janvier 1871.

---

7 JANVIER

DÉCRET SUR LA CRÉATION D'UN CORPS DE CAVALIERS DÉTACHÉS

Le membre du Gouvernement de la défense nationale, ministre de l'Intérieur et de la Guerre,

En vertu des pouvoirs à lui conférés par décret en date à Paris du 1ᵉʳ octobre 1870,

DÉCRÈTE :

ARTICLE PREMIER. — Il sera formé un corps sous le nom de Corps des Cavaliers détachés. Ce corps comprendra 2 escadrons de 150 hommes; il sera composé de 100 cavaliers du goum de Constantine, avec leurs chevaux, et de 200 cavaliers, avec 200 chevaux pris dans le dépôt de Tarbes ou dans un dépôt voisin.

ART. 2. — Le cadre des officiers est arrêté comme il suit: 1 chef d'escadron, 2 capitaines-commandants, 2 capitaines en second, 4 lieutenants, 4 sous-lieutenants.

ART. 3. — Le corps des cavaliers détachés relèvera directement du général commandant la subdivision du Mans. Il agira dans les départements de la Sarthe, du Loiret, de l'Orne, de l'Eure, d'Eure-et-Loir et de Seine-et-Oise.

ART. 4. — Le corps aura pour mission d'éclairer les avant-postes de l'armée française, de recueillir tous les renseignements possibles sur la position et les forces ennemies, et d'indiquer les coups de main qu'il conviendrait de tenter sur les postes ou corps isolés peu nombreux. Les officiers transmettront le résumé de leurs observations aux chefs des corps de troupes les plus voisins et, en même temps, au ministre de la Guerre.

ART. 5. — L'emplacement des stations volantes, qu'il est nécessaire d'établir à proximité des lignes ennemies, sera déterminé par le commandant du corps, ainsi que la station principale où seront centralisés les renseignements. La répartition des cavaliers entre les différentes stations sera faite aussi d'après les ordres du commandant.

ART. 6. — Pour l'accomplissement de sa mission, le commandant du corps est investi du droit de réquisition sur les personnes et sur les choses.

Fait à Bordeaux, le 7 janvier 1871.

Le membre du Gouvernement de la défense nationale,

Signé : L. GAMBETTA.

———

13 JANVIER

CIRCULAIRE

Intérieur et Guerre à préfets.

Je vous adresse la protestation solennelle contre le bombardement de Paris, signée par tous les membres du Gouvernement de Paris et de Bordeaux.

Cette protestation devra être imprimée de suite par vos soins au chef-lieu et envoyée d'urgence pour être affichée à triple exemplaire dans chaque commune de votre département et lue en chaire dans la journée du dimanche à l'issue des offices; elle devra être publiée à son de trompe ou de

caisse avec tout l'appareil désirable; vous la ferez précéder ou
suivre de telle proclamation que vous jugerez convenable.
Adressez-moi compte de l'effet produit.

Signé: LÉON GAMBETTA.

RÉPUBLIQUE FRANÇAISE

GOUVERNEMENT DE LA DÉFENSE NATIONALE

Nous dénonçons aux cabinets européens, à l'opinion publique du monde, le traitement que l'armée prussienne ne
craint pas d'infliger à la ville de Paris.

Voici quatre mois bientôt qu'elle investit cette grande
capitale et tient captifs ses deux millions quatre cent mille
habitants, elle s'était flattée de les réduire en quelques
jours, elle comptait sur la sédition et la défaillance; ces auxiliaires faisant défaut, elle a appelé la famine à son aide,
ayant surpris l'assiégé privé d'armée de secours et même
de gardes nationales organisées, elle a pu l'entourer à son
aise de travaux formidables hérissés de batteries qui lancent
la mort à huit kilomètres; retranchée derrière ce rempart,
l'armée prussienne a repoussé les offensives de la garnison
puis elle a commencé à bombarder quelques-uns des forts.

Paris est resté fermé alors sans avertissements préa-
lables, l'armée prussienne a dirigé contre la ville des projectiles énormes dont ses redoutables engins lui permettent
de l'accabler à deux lieues de distance. Depuis quatre jours
cette violence est en cours d'exécution, la nuit dernière
plus de deux mille bombes ont accablé les quartiers de
Montrouge, de Grenelle, d'Auteuil, de Passy, de Saint-
Jacques et de Saint-Germain. Il semble qu'elles aient été
dirigées à plaisir sur les hôpitaux, les ambulances, les pri-
sons, les écoles et les églises. Des enfants et des femmes
ont été broyés dans leur lit ; au Val-de-Grâce, un malade a
été tué sur le coup, plusieurs autres ont été blessés; ces
victimes inoffensives sont nombreuses et nul moyen ne leur
a été donné de se garantir contre cette agression inattendue; les lois de la morale la condamnent hautement ; elles
qualifient de crime la mort donnée hors des nécessités
cruelles de la guerre. Or, ces nécessités n'ont jamais excusé

le bombardement des édifices privés, le massacre des citoyens paisibles, la destruction des retraites hospitalières;
la souffrance et la faiblesse ont toujours trouvé grâce devant la force et quand elles ne l'ont pas désarmée elles
l'ont déshonorée; les règles militaires sont conformes à
ces grands principes d'humanité. Il est d'usage, dit l'auteur le plus accrédité en pareille matière, que l'assiégeant
annonce, lorsque cela lui est possible, son intention de
bombarder la place, afin que les non-combattants, et spécialement les femmes et les enfants, puissent s'éloigner et
pourvoir à leur sûreté. Il peut cependant être nécessaire
de surprendre l'ennemi afin d'enlever rapidement la position et dans ce cas la non-dénonciation du bombardement
ne constituera pas une violation des lois de la guerre. Le
commentateur de ce texte ajoute : « Cet usage se rattache
aux lois de la guerre qui est une lutte entre deux États et
non entre deux particuliers. User d'autant de ménagements
que possible envers ces derniers est le caractère distinctif
de la guerre civilisée. »

Aussi pour protéger les grands centres de population
contre les dangers de la guerre, on les déclare le plus souvent villes ouvertes; l'humanité exige que les habitants
soient prévenus du moment de l'ouverture du feu, toutes les
fois que les opérations militaires le permettront. Ici le doute
n'est pas possible, le bombardement infligé à Paris n'est pas
le préliminaire d'une action militaire, il est une dévastation
froidement méditée, systématiquement accomplie et n'ayant
d'autre but que de jeter l'épouvante dans la population
civile au moyen de l'incendie et du meurtre. C'est à la Prusse
qu'était réservée cette inqualifiable entreprise sur la capitale qui lui a tant de fois ouvert ses murs hospitaliers.

Le Gouvernement de la Défense nationale proteste hautement en face du monde civilisé contre cet acte d'inutile
barbarie et s'associe de cœur aux sentiments de la population indignée qui, loin de se laisser abattre par cette violence, y puise une nouvelle force pour combattre et repousser la honte de l'invasion étrangère.

> *Signé :* Général TROCHU, JULES FAVRE, EMMANUEL ARAGO,
>   ERNEST PICARD, JULES FERRY, GARNIER-PAGÈS,
>   JULES SIMON, EUGÈNE PELLETAN.

Les membres de la délégation du Gouvernement de la Défense nationale, établis à Bordeaux, déclarent s'associer à la protestation solennelle contre le bombardement de Paris.

Signé par leurs collègues :

AD. CRÉMIEUX, GLAIS-BIZOIN,
L. FOURICHON, L. GAMBETTA.

---

19 JANVIER

CIRCULAIRE

Bordeaux, 19 janvier 1871, 11 h. 33 s.

Guerre à généraux commandant les divisions et subdivisions et à préfets.

Il résulte des divers renseignements qui ont été fournis que les bataillons de mobilisés n'ont pas tous été organisés d'une manière uniforme en ce qui concerne la composition des cadres de compagnies. Le ministre de la Guerre croit devoir, à ce sujet, faire remarquer qu'au moment de leur remise à la Guerre, les cadres de compagnies doivent être constitués sur le pied de trois officiers des grades de capitaine, de lieutenant et sous-lieutenant, de six sous-officiers, dont un sergent-major et un fourrier, le bataillon comporte en outre le chef de bataillon, un capitaine adjudant-major et un adjudant. Dans le cas où ces fixations auraient été dépassées, les éliminations à faire par l'autorité préfectorale seule auront lieu en raison de la moindre aptitude des officiers ; ceux ainsi éliminés rentreront dans le rang, il ne leur sera pas alloué d'indemnité d'entrée en campagne.

Ceux d'entre eux qui ont touché la première portion de cette indemnité ne toucheront pas la seconde. Il leur sera tenu compte de leur ancienne position en cas de candidature ultérieure à un grade. La réduction des sous-officiers en excédent s'effectuera d'après les mêmes règles.

Signé : LÉON GAMBETTA.

---

20 JANVIER

DÉCRET EXCLUANT DE L'ORDRE JUDICIAIRE LES MAGISTRATS COMPLICES DU CRIME DU 2 DÉCEMBRE

Les membres du Gouvernement de la défense nationale délégués pour représenter le Gouvernement et en exercer les pouvoirs,

Considérant qu'en 1852, après l'attentat du 2 décembre, quand un pouvoir usurpateur, violant toutes les lois, brisait l'Assemblée des représentants du peuple, anéantissait la constitution républicaine, il s'est trouvé dans l'ordre judiciaire, c'est-à-dire dans les rangs des gardiens de la loi, des hommes qui ont associé leurs noms aux odieuses persécutions du tyran et l'ont aidé à proscrire les ennemis de son usurpation, les amis de la République ;

Considérant que ces hommes ont accepté, eux magistrats, eux la justice, de faire partie des commissions politiques, c'est-à-dire de participer à l'abolition de toute justice ; qu'en effet, ils ont prononcé des condamnations contre des concitoyens sans les entendre, sans les appeler ; ils ont inventé contre eux des peines qui n'existent pas dans nos lois, telles l'exil et l'internement, ils ont même condamné à être transportés à Cayenne une innombrable quantité d'hommes irréprochables ;

Considérant qu'ils ont ainsi voué à la ruine et à la mort un nombre considérable de citoyens, amis inébranlables de la patrie, et réduit leurs familles à la misère et au désespoir ;

Considérant qu'aucun crime ni aucun délit n'avait été commis par ces victimes d'une impitoyable colère ; que les plus coupables aux yeux des commissaires étaient ceux qui s'étaient levés pour défendre ou venger la constitution mise sous leur garde et que le plus grand nombre a été condamné, non pour des actes, mais pour des opinions républicaines ;

Considérant que notre première révolution, fondée sur le droit et la loi, proclamait en 1790 « que les citoyens ne « peuvent être distraits de leurs juges naturels par aucune

« commission » ; que la République de 1870, fondée sur le droit et la loi, doit par un exemple mémorable rappeler ce principe protecteur et relever la majesté de la justice.

DÉCRÈTENT :

Sont déchus de leurs sièges et exclus de la magistrature :

MM. Devienne, premier président de la Cour de cassation [1];

Raoul Duval, premier président de la cour de Bordeaux ;

De Bigorie de Laschamps, premier président de la cour de Colmar ;

Massot, premier président de la cour d'appel de Rouen ;

Legentil, conseiller à la cour d'appel de Rouen ;

Vincendon, conseiller à la cour de Grenoble ;

Dubois, conseiller à la cour de Lyon ;

Dupuy, président du tribunal de Brest ;

Villeneuve, conseiller à la cour d'appel de Toulouse ;

Lesueur de Pérès, conseiller à la cour d'appel d'Agen ;

Jeannez, conseiller à la cour d'appel de Besançon ;

Willemot, conseiller à la cour de Besançon ;

Chaudreau, président du tribunal de la Rochelle.

D'autres magistrats se trouvent dans la même situation. Il sera statué quant à eux après qu'ils auront été entendus dans leurs explications.

Fait à Bordeaux, le 20 janvier 1871.

La délégation du Gouvernement
de la défense nationale.

---

1. M. Devienne avait déjà été déféré disciplinairement devant la Cour de cassation par décret du Gouvernement de la défense nationale en date du 23 septembre 1870, au sujet de la correspondance de Mlle Marguerite Bellanger. (Voir *Papiers et Correspondances de la famille impériale*, tome Ier, page 65.)

CIRCULAIRE

A MM. les préfets des départements, à MM. les généraux de division et à MM. les chefs de légion de gendarmerie.

Bordeaux, 20 janvier 1871.

Messieurs,

Le 20 décembre dernier, un décret a pourvu à certaines exigences de la défense nationale, en mobilisant la gendarmerie et en la plaçant sur les derrières de l'armée pour arrêter les fuyards et les déserteurs.

Comme corollaire de cette mesure, dont l'exécution ne souffrait pas de retard, une disposition nouvelle devait sauvegarder aussitôt les intérêts de l'ordre dans les départements dépourvus désormais de force publique régulière. Tel est le but du décret du 14 janvier courant qui institue des brigades provisoires de gendarmerie, fonctionnant à la place des brigades mobilisées.

Le premier de ces décrets a déterminé quelle serait la mission de la gendarmerie concentrée sur les derrières de l'armée et comment aurait lieu cette concentration. Dans les dispositifs du second se trouvent fixées les conditions du recrutement des auxiliaires de la gendarmerie. Je ne reviendrai pas sur ces points ; mais je crois utile d'entrer dans quelques détails sur les voies et moyens d'exécution des mesures dont il s'agit.

A cet effet, j'ai arrêté les dispositions suivantes :

1° *Mobilisation de la gendarmerie.*

La mobilisation de la gendarmerie, pour les légions indiquées au décret du 20 décembre, aura lieu immédiatement si elle n'est déjà effectuée. Elle comprendra tous les hommes à pied et à cheval, à la seule exception de ceux qui seraient incapables de tout service actif et qui seraient maintenus à leur résidence. Les chefs de légion statueront personnellement sur ces positions.

Une situation établie le plus tôt possible fera connaître au ministre l'effectif mobilisé par compagnie en hommes à pied et à cheval, et donnera les noms des officiers, sous-officiers et brigadiers.

Il va sans dire que les familles des militaires mobilisés continueront d'occuper leur logement à la caserne. Les chefs de légion devront s'opposer à tout déplacement qui serait demandé à cet égard, et, au besoin, ils en référeraient au ministre si cette mesure provoquait quelque difficulté. La gendarmerie mobilisée conservera, jusqu'à nouvel ordre, son armement actuel. Les chefs de légion ou commandants de compagnie se concerteront avec l'autorité militaire ou civile pour assurer aux chefs-lieux des compagnies le casernement de leur troupe. A défaut de casernes ou d'établissements suffisants, les militaires des légions mobilisées seront cantonnés chez l'habitant, et principalement dans les faubourgs, en évitant l'éparpillement.

Les troupes installées, les chefs de légion ou commandants de compagnie exécuteront simplement et avec la plus grande énergie les prescriptions suivantes :

1° Occuper en force, de nuit et de jour, les gares des points qui leur sont assignés, et y exercer la police militaire, ainsi que dans les ambulances, hôpitaux, hospices civils et chez les habitants qui ont recueilli des malades ou des blessés. Les signaler à l'autorité militaire ;

2° Arrêter les fuyards isolés ou en bandes, tous les militaires, officiers ou soldats de n'importe quel corps voyageant sans titre régulier (ordre, permission ou congé); les faire conduire aux dépôts d'isolés ;

3° Recueillir les armes, les munitions, les effets d'équipement abandonnés ou entre les mains des isolés;

4° User d'initiative dans la réquisition des bâtiments ou locaux nécessaires à leur casernement, et, en cas de marche de l'ennemi, pour avancer ou reculer les postes de la légion ;

5° Enfin faire fouiller la contrée par des patrouilles, arrêter les gens suspects (espions, gens sans aveu, etc.);

6° Pour l'exécution du service, les colonels ou commandants auront le droit de réquisition directe sur les compagnies de chemins de fer pour le transport des isolés, des détachements, des armes et des munitions.

2° *Brigades provisoires.*

Le recrutement des auxiliaires aura lieu par les soins et sous la responsabilité des chefs de légion.

A cet effet, ils feront un appel aux militaires de la gen-

darmerie retraités dans la circonscription de leur commandement, et choisiront parmi eux ceux qui leur paraîtront
dans les conditions voulues pour rendre de meilleurs services. Ils investiront directement de l'emploi de gendarme
auxiliaire les anciens militaires régulièrement proposés
pour la gendarmerie, et qui accepteraient d'être nommés
dans les conditions de l'art. 2 du décret du 11 janvier
courant. Ils nommeront, sur la proposition des préfets,
les mobilisés mariés qu'il y aurait lieu de prendre, mais
seulement après avoir épuisé les deux premières catégories. Ils s'assureront, au préalable, que ces derniers sont
susceptibles de prêter un utile concours à la force publique;
que leurs antécédents sont irréprochables, et qu'ils puisent
dans la considération de leurs concitoyens la force morale.
indispensable à l'exercice du mandat qui leur serait confié.
Sans exiger des mobilisés les conditions de taille fixées par
les règlements, ils ne devront pas s'en écarter trop sensiblement. Ils devront aussi savoir lire et écrire correctement,
afin d'être en état, le cas échéant, de dresser un procès-
verbal. Dans aucun cas, l'auxiliaire mobilisé ne pourra être
employé dans la commune, où il n'aurait pas toute la liberté d'action voulue. J'annulerai toute nomination faite
dans ces conditions.

Il n'est pas délivré de commission aux anciens gendarmes
qui ont déjà prêté serment. Les auxiliaires des deux autres
catégories recevront seuls ce titre qui leur donnera le caractère d'agents de la force publique.

Les commissions seront établies par les chefs de légion
sur les formules mises à leur disposition; mais elles seront
renvoyées pour être soumises à la signature du ministre.
Ces formalités devront être remplies aussi rapidement que
possible, de manière que les auxiliaires puissent toujours
avoir prêté le serment prescrit par la loi dans le délai de
deux mois, fixé par l'art. 234 du décret du 18 février 1863.

Les chefs de légion répartiront les auxiliaires qu'ils auront nommés, de manière à constituer des brigades de 3
ou 4 hommes au plus, y compris les gendarmes titulaires
qui n'auraient pas été mobilisés; cette force est suffisante
pour assurer le service de surveillance.

Les sous-officiers et brigadiers rappelés à l'activité en
vertu de l'art. 2 du décret du 11 janvier, seront employés

dans le grade dont ils étaient titulaires au moment de leur admission à la retraite, ils seront placés dans les brigades où le gendarme restant ne serait pas en état de remplir les fonctions de chef de poste.

Les chefs de légion, qui ont tout pouvoir pour nommer les auxiliaires, à charge de rendre compte au ministre, seront autorisés, sous la même condition, à statuer sur les propositions de toute nature les concernant.

Les auxiliaires figureront à la suite sur les contrôles de chaque compagnie. Une fois les brigades constituées, les chefs de légion adresseront au ministre un extrait de ce contrôle.

Ces brigades resteront soumises, comme celles à la suite desquelles elles fonctionnent, à l'action et au contrôle des commandants de compagnie et des commandants d'arrondissement, qui se feront rendre compte, aussi souvent que possible, de la manière dont le service s'exécute, et qui les surveilleront directement, lorsque le besoin de leur présence se fera reconnaître.

Les auxiliaires seront, autant que possible, logés dans les casernes de gendarmerie. Cependant ils ne pourront déposséder les familles des absents des logements qu'elles occupent. A défaut des locaux, l'administration départementale sera chargée d'y pourvoir. Les chefs de légion se concerteront avec MM. les préfets pour lever toute difficulté à ce sujet.

L'habillement et équipement des auxiliaires sera celui des titulaires de l'arme à pied. Les mobilisés qui auraient déjà pris la tenue de leurs corps seraient seuls autorisés à la conserver. Ils porteraient comme marque distinctive le képi de gendarme.

L'armement sera celui de gendarme à pied. Partout où les armes des absents auront été enlevées, les chefs de légion adresseront un état de leurs besoins (Service de l'artillerie). Il y sera répondu immédiatement.

Bien que le décret du 14 janvier n'ait en vue de répondre qu'aux effets de la mobilisation, il n'en est pas moins applicable aux légions qui, sans être mobilisées, ont subi des réductions dans leur effectif par suite des formations successives des régiments de gendarmerie, des forces publiques, ou du passage dans l'artillerie des militaires qui avaient servi dans cette arme.

Pour combler les vides existant dans leurs brigades, les chefs de ces légions pourront donc invoquer les bénéfices du décret précité.

Par le champ d'action laissé à votre initiative dans l'exécution des décrets des 20 décembre dernier et 14 janvier courant, vous êtes associés à deux grandes mesures qui doivent produire tous leurs bons effets, grâce à votre concours ferme et empressé. Je sais aussi que je ne fais pas un vain appel à votre zèle éclairé et à votre patriotisme; et, que, par l'accord des autorités civiles et militaires, se trouvent résolues à l'avance toutes les difficultés de détail que je n'ai pu prévoir.

Recevez, Messieurs, l'assurance de ma considération la plus distinguée.

Le ministre de l'Intérieur et de la Guerre,

Pour le ministre et par son ordre,

Le délégué au département de la Guerre,

C. DE FREYCINET.

---

25 JANVIER

CIRCULAIRE

A MM. les préfets et les sous-préfets, à M. le général inspecteur général des remontes, à MM. les commandants des circonscriptions et des dépôts de remonte, et à MM. les chefs de légion de gendarmerie.

Bordeaux, 25 janvier 1871.

Messieurs,

Malgré les termes formels de mes circulaires des 8 et 20 décembre 1870, prescrivant la réquisition des chevaux aptes au service de guerre pour les besoins des corps à cheval de l'armée régulière, j'ai eu lieu de constater que l'opération était à peine commencée et qu'elle était l'objet de lenteurs regrettables dans son application.

Plusieurs préfets m'ont même adressé des observations

tendant à faire, sinon rapporter, du moins ajourner les mesures édictées à cet égard ; d'autres ont voulu établir des catégories d'exceptions, basées sur le danger qu'il pourrait y avoir à interrompre, par la prise des chevaux des particuliers, les grands services industriels et agricoles ; enfin, il ne faut pas le dissimuler ici, des intérêts purement personnels ont été mis en jeu.

Je vous ferai remarquer que, lors même qu'il ne s'agirait pas en ce moment de la solution d'une question d'un ordre supérieur, intéressant au plus haut point la défense nationale, les objections qui me sont présentées n'auraient pas l'importance qu'on semble vouloir y attacher.

Ainsi que je l'ai fait ressortir dans ma circulaire du 20 décembre dernier, les catégories de chevaux utiles à l'industrie et à l'agriculture, qui sont presque tous entiers, échapperont à la réquisition. D'un autre côté, les conditions exigées pour la remonte de l'armée laisseront encore de côté un grand nombre d'animaux inaptes au service de guerre. Ce n'est donc, en réalité, principalement en ce qui concerne les chevaux de selle pour la cavalerie, que parmi les attelages des particuliers et les chevaux de luxe que les prises seront les plus nombreuses. Or, je suis persuadé que les propriétaires de ces animaux seront les premiers à aider à l'exécution d'une mesure dont les circonstances justifient surabondamment la nécessité. D'ailleurs, le commerce possède assez de chevaux qui lui sont refusés par les remontes pour que les sociétés industrielles, comme les personnes, trouvent facilement le remplacement de ceux qui leur ont été pris pour l'armée régulière, sans avoir à craindre d'être dépossédées une seconde fois.

Enfin, pour lever toute difficulté au sujet du déplacement et pour me rendre à de nombreuses réclamations que j'ai reconnu fondées, les propriétaires des chevaux ne seront plus obligés de les conduire aux chefs-lieux d'arrondissements. Ils les amèneront seulement aux chefs-lieux de canton.

J'espère que ces explications lèveront les scrupules des fonctionnaires auprès desquels on se sera plu à exagérer les conséquences d'une mesure dont l'application analogue a été faite, lorsqu'il s'est agi des remontes de l'artillerie et de la cavalerie des gardes mobilisées.

Ceci posé, j'engage donc MM. les préfets et sous-préfets

à résister à toutes les sollicitations, et à adresser immédiatement aux officiers de la remonte les listes qu'ils doivent
leur fournir, et ceux-ci à procéder immédiatement à la prise
des animaux qu'ils reconnaîtront aptes à l'armée régulière. Comme il peut se faire que, malgré ces observations,
des animaux aptes au service de guerre échappent au service de la remonte, j'ai décidé que les officiers de ce service
ne devront pas hésiter à requérir directement sur place, et
au moment où ils les rencontreront, des animaux qui auraient dû être présentés et pris et qui n'auraient pas été portés
sur les listes des préfets. Ils se feront assister au besoin par
la gendarmerie, appelée à dresser procès-verbal, s'il le faut,
de la situation des propriétaires des animaux ainsi requis.

Je terminerai en vous faisant connaître qu'à l'exception
des chevaux laissés aux officiers supérieurs et autres des
gardes mobilisées présents dans les camps ou à l'armée, et
auxquels des rations de fourrages sont allouées, aucuns ne
peuvent être exceptés.

Les fonctionnaires civils de tous ordres, comme les autres
propriétaires, sont soumis aux dispositions ci-dessus, et
doivent même donner, dans les circonstances où nous nous
trouvons, l'exemple d'un patriotisme désintéressé auquel
j'espère ne pas faire un vain appel.

Recevez, Messieurs, l'assurance de ma considération la
plus distinguée.

Le ministre de l'Intérieur et de la Guerre,

---

28 JANVIER

DÉCRET RELATIF AUX RAPPORTS DES COMPAGNIES DE CHEMINS
DE FER AVEC LE MINISTRE DE LA GUERRE

Les membres du Gouvernement, etc.,

Considérant qu'il importe d'activer et de régulariser les transports de la guerre sur les chemins de fer, et qu'un des moyens
d'atteindre ce but, c'est de faciliter les rapports des compagnies
de chemins de fer avec le ministère de la Guerre et entre elles,

DÉCRÈTENT :

ARTICLE PREMIER. — Les compagnies de chemins de fer

sont tenues de se faire représenter auprès du ministère de la Guerre par un agent supérieur muni de pouvoirs suffisants, pour recevoir les ordres du ministère de la Guerre et pour les faire exécuter sur son propre réseau.

Les agents des compagnies, réunis auprès du ministère de la Guerre, formeront un syndicat chargé de régler toutes les questions intéressant à la fois plusieurs compagnies, notamment celles qui naissent de la circulation et de la répartition du matériel. Ce syndicat tiendra séance chaque jour dans un local dépendant du ministère de la Guerre. Procès-verbal des délibérations sera dressé et le registre contenant ces procès-verbaux sera communiqué à toute demande au ministre de la Guerre ou à ses délégués.

Art. 2. — Chaque fois qu'une armée opère dans le voisinage d'un chemin de fer et qu'elle emprunte ou peut être amenée à emprunter ce chemin de fer pour ses transports, la compagnie est tenue, sur la demande du général en chef de l'armée, d'envoyer à la station désignée par lui un agent supérieur du mouvement, lequel aura tous les pouvoirs nécessaires pour faire exécuter les ordres donnés par le général en chef ou par ses représentants.

Art. 3. — Le ministre de l'Intérieur et de la Guerre est chargé de l'exécution du présent décret.

Fait à Bordeaux, le 28 janvier 1871.

DÉCRET FIXANT AU 8 FÉVRIER 1871 LES ÉLECTIONS A L'ASSEMBLÉE NATIONALE [1]

Les membres du Gouvernement de la défense nationale siégeant à Bordeaux,

DÉCRÈTENT :

ARTICLE PREMIER. — Les assemblées électorales sont convoquées pour nommer les représentants du peuple à l'Assemblée nationale.

ART. 2. — Elles se réuniront le mercredi 8 février prochain, pour procéder aux élections dans les formes de la loi

1. Voir pour l'historique de ces décrets, tome 1er, p. 262.

Art. 3. — Un décret, rendu aujourd'hui, règle les dispositions légales; il va être immédiatement publié.

Art. 4. — Les préfets, sous-préfets et maires sont chargés de l'exécution du présent décret qui sera publié, affiché et exécuté, aux termes de l'article 5 de l'ordonnance du 27 novembre 1816 et de l'ordonnance du 18 janvier 1817.

Fait à Bordeaux, le 31 janvier 1871.

Signé : Ad. Crémieux, L. Gambetta,
L. Fourichon, Glais-Bizoin.

DÉCRET RELATIF AUX ÉLECTIONS DU 8 FÉVRIER

Les membres du Gouvernement de la défense nationale délégués pour représenter le gouvernement et en exercer les pouvoirs,

Considérant qu'il est juste que tous les complices du régime qui a commencé par l'attentat du 2 décembre pour finir par la capitulation de Sedan, en léguant à la France la ruine et l'invasion, soient frappés momentanément de la même déchéance politique que la dynastie à jamais maudite dont ils ont été les coupables instruments ;

Considérant que c'est là une sanction nécessaire de la responsabilité qu'ils ont encourue en aidant et assistant, avec connaissance de cause, l'ex-empereur dans l'accomplissement des divers actes de son Gouvernement qui ont mis la patrie en danger,

DÉCRÈTENT :

Article premier. — Ne pourront être élus représentants du peuple à l'Assemblée nationale les individus qui, depuis le 2 décembre 1851 jusqu'au 4 septembre 1870, ont accepté les fonctions de ministre, sénateur, conseiller d'État ou préfet.

Art. 2. — Sont également exclus de l'éligibilité à l'Assemblée nationale les individus qui, aux élections législatives qui ont eu lieu depuis le 2 décembre 1851 jusqu'au 4 septembre 1870, ont accepté la candidature officielle et dont les noms figurent dans les listes des candidatures recommandées par les préfets au suffrage des électeurs et ont été publiées au *Moniteur officiel* avec les mentions : candidat du gouvernement, candidat de l'administration ou candidat officiel.

ART. 3. — Sont nuls, de nullité absolue, les bulletins de vote portant les noms des individus compris dans les catégories ci-dessus désignées, et ne seront pas comptés dans la supputation des voix.

ART. 4. — Le ministre de l'Intérieur est chargé de l'exécution du présent décret-loi.

Fait à Bordeaux, le 31 janvier 1871.

La délégation du Gouvernement de la défense nationale,

LÉON GAMBETTA, A. GLAIS-BIZOIN,
AD. CRÉMIEUX, L. FOURICHON.

DÉCRET RÉGLEMENTAIRE SUR LES ÉLECTIONS A L'ASSEMBLÉE NATIONALE.

La délégation du Gouvernement de la défense nationale,

Vu le décret, à la date de ce jour, qui convoque, pour le 8 février, les citoyens qui doivent procéder à l'élection de l'Assemblée nationale;

Voulant, autant qu'il est possible dans des circonstances aussi urgentes, pourvoir aux moyens d'assurer la vérité, la liberté et le secret du vote universel;

DÉCRÈTE :

ARTICLE PREMIER. — Le maire de chaque commune dressera immédiatement une liste générale des habitants de la commune âgés de 21 ans au moins, citoyens français.

Cette liste sera publiée et affichée samedi 4 ou dimanche 5 février au matin.

ART. 2. — Tous ceux qui seraient omis pourront, dans les

journées de dimanche et de lundi, jusqu'à dix heures du soir, porter leur réclamation devant le maire, qui réunira, sous sa présidence, une commission de 4 membres pris parmi les électeurs.

Cette commission statuera sur toutes les demandes, sans appel ni recours.

ART. 3. — La liste additionnelle sera affichée le mardi soir, et les citoyens qui auront été inscrits prendront part au vote.

ART. 4. — Participeront à l'élection tous les citoyens français, âgés de 21 ans, inscrits sur les listes électorales et additionnelles, sauf les exceptions portées à l'article 3 de la loi des 15-18 mars 1849.

ART. 5. — Tous les électeurs voteront au chef-lieu de canton par scrutin de liste. Néanmoins, le préfet peut, à cause des circonstances locales, diviser les cantons en deux ou trois circonscriptions. Dans ce cas, le vote pour chacune de ces sections aura lieu dans la commune qu'il aura spécialement désignée.

ART. 6. — Il n'y aura qu'un seul jour de vote.

ART. 7. — Le scrutin sera ouvert le mercredi 8 février, depuis sept heures du matin jusqu'à sept heures du soir. Il sera procédé selon les prescriptions de la loi des 15-18 mars 1849, avec celle seule dérogation que le préfet pourra désigner pour chaque section où l'élection aura lieu le président du bureau électoral.

ART. 8. — Le scrutin sera secret.

ART. 9. — Le dépouillement du scrutin aura lieu le soir même du mercredi. Il sera commencé à sept heures et demie : les tables de dépouillement seront composées de six membres au moins.

ART. 10. — Les éligibles qui auront obtenu le plus grand nombre de suffrages légaux, quel que soit le nombre des électeurs inscrits ou des votants, seront proclamés représentants élus à l'Assemblée nationale.

ART. 11. — Le nombre total des représentants du peuple à l'Assemblée nationale, sera de 759, non compris les colonies françaises.

ART. 12. — Les représentants à nommer sur la base de la population seront répartis entre les départements selon le tableau joint au présent décret et qui en fait partie intégrante.

ART. 13. — Si, dans le tableau, quelque erreur s'était glissée qui privât un ou plusieurs départements d'un nombre quelconque de représentants, l'Assemblée nationale fixerait le nombre, et le Gouvernement le ferait compléter immédiatement par l'élection. L'erreur en plus ne serait réparable qu'à l'élection d'une nouvelle Assemblée.

ART. 14. — Sont éligibles tous les citoyens français qui ont droit à être inscrits sur la liste électorale, pourvu qu'ils aient atteint l'âge de 25 ans.

ART. 15. — Sont exclus de l'éligibilité, les membres des familles qui ont régné sur la France depuis 1789. Sont nuls de nullité absolue les bulletins de vote portant les noms des personnes désignées dans le présent article. Ces bulletins ne seront pas comptés dans la supputation des voix.

ART. 16. — Ne peuvent être élus représentants du peuple les individus compris dans l'une des neuf premières catégories de l'article 79 de la loi des 15-18 mars 1849 et dans les dispositions de l'article 81 de la même loi.

ART. 17. — Les incompatibilités portées dans les articles 82 et suivants de cette loi sont abolies, et ces articles, jusques et y compris l'article 80, sont abrogés.

ART. 18. — L'article 62 de la même loi est applicable aux armées en campagne. Sous les drapeaux, dans les armées ou dans les camps, les soldats, les mobiles, les mobilisés, les marins, tous ont le droit de voter et l'exercent dans les termes de cet article.

ART. 19. — Les citoyens qui sont hors de leur département et qui veulent prendre part à l'élection, ont le droit de voter dans le canton où ils se trouvent, s'ils sont accompagnés au bureau de deux électeurs qui constatent leur individualité et leur droit. Leur bulletin peut porter le nom des éligibles de leur département, et, dans ce cas, le bulletin sera envoyé au préfet de ce département par le président de la section.

ART. 20. — Le nombre des députés dans les colonies est fixé comme il suit :

Martinique, 2; Guadeloupe, 2; Guyane, 1; Sénégal, 1; Réunion, 2. — Total, 8.

Dans ces colonies, l'élection aura lieu le troisième dimanche qui suivra la réception dans chaque colonie du *Moniteur universel* publiant le décret de convocation.

Disposition transitoire.

ART. 21. — La Réunion ayant nommé ses 2 députés sous l'empire du décret du 1er octobre, et sans avoir connaissance du décret qui l'a révoqué, la validité de l'élection et l'admission des 2 députés élus seront soumises à la Chambre.

ART. 22. — La loi électorale des 15-18 mars 1849 est d'ailleurs applicable dans toutes celles de ses autres dispositions qui ne sont pas contraires au présent décret.

Toute disposition législative concernant les élections, et postérieure à cette loi, est et demeure abrogée.

Fait à Bordeaux, le 31 janvier 1871.

DÉCRET OUVRANT UN PREMIER CRÉDIT D'UN MILLION POUR VENIR EN AIDE AUX COMMUNES VICTIMES DE L'INVASION

Les membres du Gouvernement de la défense nationale délégués pour représenter le gouvernement et en exercer les pouvoirs,

Considérant que c'est pour le Gouvernement un devoir impérieux de venir en aide aux communes qui ont eu à subir les violences et les déprédations de l'ennemi;

Considérant qu'en attendant qu'il puisse être procédé régulièrement à l'évaluation des dommages causés, il importe de prendre dès à présent des mesures qui permettent de faire face aux besoins urgents,

DÉCRÈTENT :

ARTICLE PREMIER. — Il est ouvert au ministre de l'Intérieur, sur l'exercice 1871, un premier crédit d'un million de francs (1 000 000 fr.) pour venir en aide aux communes victimes de l'invasion.

ART. 2. — Les ministres de l'Intérieur et des Finances sont chargés, chacun en ce qui le concerne, de l'exécution du présent décret.

Fait à Bordeaux, le 31 janvier 1871.

La délégation du Gouvernement de la défense nationale.

1er FÉVRIER

CIRCULAIRE

Bordeaux, 1er février 1871.

Intérieur et Guerre à généraux commandant et préfets.

Messieurs, je vous invite à donner tous vos soins, pendant la durée de l'armistice, à compléter l'organisation et l'instruction des gardes nationales mobilisées. Les légions doivent être, pourvues de tout ce qui leur est nécessaire, remises à la Guerre dans le plus bref délai. Il est nécessaire que chaque homme soit muni de deux paires de souliers et d'une capote, outre la tunique ou la vareuse ; vous voudrez bien, en conséquence, presser les confections et prendre des mesures pour envoyer aux légions déjà parties le complément des effets d'habillement, de campement et d'équipement qui aurait dû leur être fourni avant leur remise à la Guerre. On me signale sur beaucoup de points la mauvaise qualité des étoffes et fournitures. Je vous rappellerai qu'il faut se montrer d'autant plus sévère dans la réception des livraisons qu'il y aurait inhumanité à ne point protéger nos soldats par tous les moyens possibles contre les rigueurs de la saison. Dans les dépôts de mobilisés, créés par suite d'un télégramme du 25 de ce mois, vous placerez provisoirement les officiers provenant de la réduction des cadres. En attendant que des vacances me soient signalées dans les légions endivisionnées, vous les emploierez à instruire les retardataires ou les réfractaires qui rentreront successivement. Ces cadres serviront en outre à conduire des détachements aux armées actives ou aux camps. Vous vous concerterez avec la gendarmerie pour que les colonnes mobiles parcourent votre département et fassent rentrer les réfractaires sous l'obéissance des lois. Je vous autorise d'ailleurs à rendre leurs noms publics. Pour les armes déjà achetées, il est essentiel de délivrer les pièces de rechange et des nécessaires d'armes; sans cette précaution, qui a été trop négligée, la moindre détérioration rend une arme inutile. Enfin, je ne saurais trop insister sur la nécessité de donner à vos mobilisés une première instruction militaire avant leur remise à la Guerre et je vous recommande à cet égard la stricte observation des prescriptions contenues dans ma circulaire du 5 de ce mois ; vous ferez enregistrer par chaque maire et le commandant de la gendarmerie le nom de tout soldat de l'armée de la ligne, de la garde nationale, mobile ou mobilisée qui aurait quitté son corps ou son camp pour rentrer dans ses foyers et vous exigerez qu'on vous en rende compte nominativement, quel que soit le motif de la permission ; recommandez aux maires ou aux présidents de commissions municipales la plus grande exactitude à cet égard et rendez-les responsables ; si la permission n'est pas légale, la gendarmerie ramènera le délinquant au chef-lieu du département où les mesures seront prises pour assurer son retour à son corps; tous les cinq jours vous adresserez au ministère de la guerre (1re direction) la liste de ces arrestations, en spécifiant le corps auquel appartient le délinquant et le lieu d'où il est parti.

Recevez, Messieurs, l'assurance de ma considération la plus distinguée.

Signé : Léon Gambetta.

CIRCULAIRE AUX PRÉFETS

1er février 1871.

Le gouvernement vient de recevoir de l'émir Abd-El-Kader une lettre dont voici la traduction :

« Louange à Dieu l'unique. — *A LL. EExc. MM. les membres du gouvernement de la France résidant à Bordeaux.* — — Que Dieu les aide et leur donne victoire. — Vous m'avez informé que des imposteurs se servaient de notre nom et de notre cachet pour soulever le Sahara de l'Est et pour exciter les mécontents à porter les armes contre la France, quand un grand nombre de nos frères (Dieu les protège) sont dans vos rangs pour repousser l'ennemi envahisseur et quand vous travaillez à rendre les Arabes des tribus libres comme les Français eux-mêmes.

« Nous venons vous dire que ces tentatives insensées, quels qu'en soient les auteurs, sont faites contre la justice, contre la volonté de Dieu et la mienne. Nous prions le Tout-Puissant de punir les traîtres et de confondre les ennemis de la France.

« Le 20 de shawal 1287.

« (L. S.) Le sincère ABD-EL-KADER. »

L'original de cet important document a été transmis à Alger après avoir été reproduit par les procédés photographiques. De nombreux exemplaires de ces fac-similés seront envoyés dans les trois départements par les premiers courriers.

---

4 FÉVRIER

DÉCRET RELATIF AUX CADRES DE RÉGIMENT DE CAVALERIE

Le membre du gouvernement, etc.,

Vu l'ordonnance du 8 septembre 1841, réglant la composition et l'organisation des cadres des régiments de cavalerie;

Vu les décrets des 1er mars 1854, 20 décembre 1855 et 5 novembre 1865, portant organisation de l'ex-garde;

Vu le décret du 21 octobre 1870, qui supprime ladite garde;

Considérant que le nombre et les effectifs des régiments de cavalerie sont aujourd'hui insuffisants pour assurer la composition des brigades et des divisions à attacher aux corps d'armée;

Considérant que 56 régiments sur 63 ont été anéantis à la suite des capitulations de Sedan, de Strasbourg et de Metz; que, sur ce nombre, 15 ont été reconstitués, et qu'on a créé depuis 39 régiments de marche, composés d'escadrons prélevés dans les différents dépôts de l'arme;

Considérant qu'on a rendu ainsi à l'armée 54 régiments sur 56 qu'elle avait perdus; mais que la formation de régiments de marche en aussi grand nombre offre de graves inconvénients au double point de vue de la constitution et de l'administration des corps, et de la cohésion et de l'homogénéité qu'ils doivent avoir;

Considérant qu'il y a lieu de faire rentrer les régiments de l'ex-garde au nombre des régiments de ligne;

Considérant que, par suite de l'absence de la plupart des officiers de tous grades retenus prisonniers de guerre, l'avancement a suivi dans les dépôts une progression rapide, nécessitée sans doute par le besoin de reformer au plus vite de nouveaux cadres;

mais qu'il est possible de le maintenir aujourd'hui dans de sages limites, tout en récompensant amplement les faits de guerre et les actions d'éclat;

Considérant que l'admission à laquelle il a fallu recourir pendant la guerre, comme sous-lieutenants, à titre provisoire, des personnes ayant subi certaines épreuves scientifiques, mais n'ayant pas d'antécédents ni de titres militaires, a introduit dans les régiments des officiers qui ne peuvent rendre immédiatement à la cavalerie tous les services que cette arme spéciale réclame;

Considérant qu'un tel état de choses ne saurait subsister plus longtemps sans porter atteinte à la bonne organisation de l'arme de la cavalerie qui, jusqu'à ce jour, et malgré les nombreuses pertes qu'elle a faites, a pu résister à toutes les causes d'affaiblissement qui sont venues la frapper;

Considérant enfin que l'avancement à l'ancienneté et au choix par régiment dans les grades de sous-lieutenant, de lieutenant et de capitaine, a créé jusqu'à ce jour des inégalités regrettables, sur l'ensemble de l'arme, au détriment d'officiers méritants,

DÉCRÈTE :

ARTICLE PREMIER. — L'arme de la cavalerie qui compte aujourd'hui 63 régiments, savoir :

6 régiments de l'ex-garde; 10 régiments de réserve (cuirassiers); 20 régiments de ligne (12 de dragons, 8 de lanciers); 30 régiments de légère (12 de chasseurs, 8 de hussards); 4 régiments de chasseurs d'Afrique; 3 régiments de spahis,

Sera composée, à l'avenir, de 75 régiments, répartis de la manière suivante :

12 régiments de réserve (cuirassiers); 26 régiments de ligne (16 de dragons, 10 de lanciers); 30 régiments de légère (18 de chasseurs, 12 de hussards); 4 régiments de chasseurs d'Afrique; 3 régiments de spahis.

Ces régiments seront numérotés, dans chaque arme, du numéro 1 au chiffre qui en détermine le nombre.

Ils seront tous à 6 escadrons de 150 hommes et 120 chevaux, cadre d'officiers, grand et petit état-major non compris.

ART. 2. — Les régiments de marche existants seront rattachés aux dépôts de l'arme qu'ils représentent, et recevront, dans cette arme, le numéro du dépôt auquel chacun d'eux aura été affecté.

ART. 3. — Les régiments de l'ex-garde seront définitivement supprimés sous cette dénomination et deviendront :

Les carabiniers, le 11e cuirassiers ; les cuirassiers, le 12e cuirassiers ; les dragons, le 13e dragons; les lanciers, le 9e lanciers ; les chasseurs, le 13e chasseurs ; les guides, le 9e hussards.

Art. 4. — Les 12 régiments créés en augmentation, par le présent décret, seront formés au fur et à mesure que la nécessité en sera reconnue, et à l'exclusion de tous autres régiments de marche.

Les états-majors et les cadres de ces nouveaux régiments seront constitués au moyen de prélèvements opérés dans les régiments existants, et, au besoin, par avancement.

Art. 5. — Nul ne pourra être nommé sous-lieutenant dans l'arme de la cavalerie, même à titre provisoire, s'il n'est sous-officier dans l'arme, et présenté pour l'avancement par son chef de corps, avec avis motivé du commandement, ou s'il ne remplit, pendant la durée de la guerre, les conditions prévues par les articles 1, 2, 3, 4, 5, 7 et 8 du décret du 25 janvier 1871.

Art. 6.—A l'avenir, l'avancement au grade de sous-lieutenant au choix, et à ceux de lieutenant et de capitaine, soit à l'ancienneté, soit au choix, aura lieu sur l'ensemble de l'arme.

Il sera dressé, à cet effet, des listes d'ancienneté pour les sous-lieutenants et les lieutenants de cavalerie.

Art. 7. — Les dispositions des ordonnances et décrets antérieurs qui ne sont pas contraires à celles ci-dessus édictées, continueront de recevoir leur exécution.

---

6 FÉVRIER

NOMINATION DU MINISTRE DE L'INTÉRIEUR

Le Gouvernement de la Défense nationale,
    DÉCRÈTE :

M. Emmanuel Arago est nommé ministre de l'Intérieur.

Fait à Bordeaux le 6 février 1871.

        AD. CRÉMIEUX, AL. GLAIS-BIZOIN, L. FOURICHON,
            EUG. PELLETAN, GARNIER-PAGÈS, JULES SIMON.

Par décret de même date, M. Emmanuel Arago était

nommé ministre de la Guerre par intérim. Cet intérim cessa le 10, à l'arrivée à Bordeaux de M. le général Le Flô, ministre de la Guerre.

Le *Moniteur* du 10 février publia la note suivante :

MM. Clément Laurier, directeur général du personnel et du cabinet au ministère de l'Intérieur ; Jules Cazot, secrétaire général du ministère de l'Intérieur ; Arthur Ranc, directeur général de la sûreté ; Maurice Lévy, ingénieur des ponts et chaussées, délégué spécial du ministre de l'Intérieur pour l'armement, ont remis leurs démissions le lundi 6 février, entre les mains de M. Gambetta, ministre de l'Intérieur, qui les a acceptées.

CHAPITRE IX

OPÉRATIONS DES ARMÉES DE LA LOIRE

La délégation du Gouvernement de la défense, formée de MM. Crémieux, Glais-Bizoin et l'amiral Fourichon, s'était installée à Tours le 16 septembre « avec mission d'organiser, s'il se pouvait, une armée de secours derrière la Loire ». Nous empruntons au livre de M. de Freycinet, *la Guerre en Province*, le résumé des premiers préparatifs tentés par la délégation jusqu'à l'arrivée de M. Gambetta comme ministre de l'Intérieur et de la Guerre.

« … La délégation se mit à l'œuvre sur-le-champ. La tâche, en ce qui concerne la partie militaire, était des plus rudes. Il n'existait plus un seul régiment d'infanterie ni de cavalerie; il n'y avait que des hommes, en assez grand nombre, il est vrai, dans les dépôts, mais sans aucun commencement d'organisation. L'artillerie était nulle; on ne comptait à ce moment, dans toute la France, que six pièces prêtes à entrer en ligne; les autres manquaient de leurs affûts.

« On fit venir d'Afrique les premières troupes et l'on s'occupa de former des régiments sur divers points du territoire. On créa ainsi, en peu de temps, le premier noyau de l'armée de la Loire, qui atteignit une trentaine de mille hommes, sous le commandement du général de Lamotte-Rouge. C'était le prélude de l'armée de secours qu'on destinait plus tard à marcher sur Paris et qui, en attendant, gar-

dait la position d'Orléans. Dans les Vosges, on réunit un
corps, sous les ordres du général Cambriels, chargé de
défendre les défilés de ces montagnes. Dans l'Ouest, on
travailla à grouper des bataillons de gardes nationaux mobiles, sous la direction du général Fiéreck.

« Mais ces tentatives, très méritoires par les difficultés
qu'elles eurent à surmonter, n'obtinrent pas grand succès.
L'ennemi, qui avait un intérêt évident à ne pas laisser constituer autour de lui des forces imposantes, porta ses coups
partout où elles prenaient consistance. Des échecs de détail assez nombreux s'ensuivirent et le travail d'organisation
en souffrit considérablement. Bientôt des complications sur-
girent au sein de l'administration supérieure; l'amiral Fourichon résigna le portefeuille du ministère de la Guerre, qui,
pendant plusieurs jours, resta sans titulaire effectif. Diverses
combinaisons furent mises en avant pour y suppléer, entre
autres celle d'un comité directeur de cinq membres, qui ne
parvint pas à se constituer.

« La situation en était là et l'opinion publique commen-
çait à s'émouvoir, lorsque M. Gambetta, parti de Paris en
ballon avec des pouvoirs extraordinaires de ses collègues du
gouvernement, arriva à Tours le 9 octobre pour se mettre
à la tête de la défense...

« M. Gambetta prit en mains les deux ministères de la
Guerre et de l'Intérieur, et m'appela, comme son délégué,
au premier de ces deux départements. C'est dans cette qualité, sous le titre de délégué du ministre de la Guerre, que
j'ai participé aux événements qui suivirent et que j'en ai
connu personnellement les détails.

« A la date du 10 octobre, jour où la nouvelle administration entra en fonctions, la situation militaire de la France
était la suivante :

« Paris, étroitement bloqué, ne communiquait plus que
d'une manière intermittente et par voies extraordinaires
avec la province;

« Le maréchal Bazaine, enfermé dans Metz, avait cessé de
prendre part aux hostilités et préparait déjà sa capitulation;

« Sur les bords de la Loire, 20 à 25 000 hommes, battus
à Artenay et bientôt à Orléans, commençaient une retraite
qui ne devait s'arrêter qu'au fond de la Sologne;

« Dans l'Est, l'armée du général Cambriels, réduite par le feu, la fatigue et surtout les désertions, à 24000 hommes, abandonnait les Vosges et cherchait un abri à Besançon;

« Dans l'Ouest, 30000 gardes nationaux mobiles, mal équipés, mal armés et non encore embrigadés, sans cavalerie ni artillerie, formaient, de Chartres à Évreux, un fragile cordon, destiné à être rompu au premier choc;

« Dans le Nord, aucune force constituée; des garnisons dans les places, mais pas de corps tenant la campagne.

« Au total, moins de 40000 hommes de troupes régulières, autant de gardes nationaux mobiles, 5 à 6000 cavaliers, une centaine de pièces de canon, le tout en assez mauvais état et fort éprouvé, tel était l'ensemble des moyens opposés à une invasion qui disposait déjà de 7 à 800000 soldats parfaitement organisés, de 2000 pièces de canon, non compris les batteries de siège, et de puissantes réserves échelonnées sur le Rhin pour maintenir l'armée envahissante à un constant niveau. »

Campagne de Paris. — Camp de Salbris. — Bataille de Coulmiers. — Reprise d'Orléans.

TOURS, 13 octobre 1870. — *Ministre Guerre à général d'Aurelle, la Ferté-Saint-Aubin* [1]. — Je reçois de

1. « Les premiers régiments de l'armée de la Loire, battus à Artenay et à Orléans, avaient passé le fleuve et se repliaient en Sologne. Un corps allemand, d'une force inconnue, les poursuivait et montrait sa tête de colonne jusqu'à Lamotte-Beuvron. Où s'arrêterait la poursuite? Il était difficil de le prévoir. On pouvait craindre que ce corps, profitant de ses avantages et du désarroi dans lequel cette double défaite avait jeté les troupes françaises, ne s'avançât jusqu'à Vierzon, pour, de là, détruire les établissements militaires de Bourges et de Nevers, ou, à son choix, se porter sur Tours et enlever la délégation du gouvernement. Le danger paraissait si imminent, qu'un premier conseil de guerre, tenu dans la nuit du 14 au 15, auquel assistaient l'amiral Fourichon et le général Bourbaki, arrivé de Metz, conclut à rejeter sur Gien et Briare le faible noyau de troupes qui barrait le chemin de Vierzon. Toutefois, dans un second conseil, tenu le lendemain, auquel j'assistais, cette décision ne fut pas maintenue, et l'on s'arrêta au parti de tenter une résistance désespérée à Salbris, derrière la Sauldre. » (FREYCINET, *loc. cit.*, p. 70.)

Bourges la dépêche suivante : Orléans étant occupé par l'ennemi, Vierzon encombré par le 18ᵉ corps, Bourges par la division d'infanterie qui s'y forme, je ferai diriger sur Nevers la brigade Morandy du 16ᵉ corps, 8ᵉ bataillon de chasseurs à pied, 36ᵉ de marche, 8ᵉ de mobiles. Le 36ᵉ de marche est à Argent (Cher). — Approuvez-vous? Veuillez me transmettre votre avis par dépêche.

GAMBETTA.

TOURS, 13 octobre 1870. — *Guerre à d'Aurelle.* — Prenez en main le commandement en chef des 15ᵉ et 16ᵉ corps. Nous vous donnons pleins pouvoirs vis-à-vis de l'arsenal de Bourges, vis-à-vis des préfets et vis-à-vis des populations, pour vous procurer armes, munitions, approvisionnements de toutes sortes, et même travailleurs pour exécuter les travaux de défense. Vous commandez également en chef les commandements supérieurs régionaux de l'Ouest et du Centre, et vous disposez de tous les moyens militaires. L'artillerie du 16ᵉ corps a quatre batteries toutes prêtes de 12, à Angers, et trois batteries de 4, à Tours. La cavalerie du 16ᵉ corps a deux brigades prêtes, dont la brigade Tripart, entre Vendôme et Tours. Enfin, vous recevrez de Tours toutes les troupes disponibles au fur et à mesure qu'elles arriveront. Avec tous ces moyens, vous ferez les plus grands efforts pour arrêter et même refouler l'ennemi sur les deux routes de Tours à Orléans et de Tours à Châteaudun. Action prompte et énergique. Accusez réception par télégraphe de cette dépêche.

TOURS, 13 octobre. — *Ministre Guerre à général Tripart, Vendôme.* — Vous dites n'avoir aucune nouvelle du général en chef. Il est à la Ferté-Saint-Aubin. Écrivez-lui. Vous dites que paysans ne se prêtent nullement à la défense des routes. Déployez à cet égard une grande énergie. Usez activement du droit de réquisition. Faites afficher dans toutes les commines, si besoin est, et si possible, les dispositions légales relatives à vos pouvoirs en temps de guerre. Établissez cours martiales qui jugent sommairement et livrez-leur les récalcitrants.

La Ferté, 13 octobre 1870. — *D'Aurelle à Guerre.* — J'ai reçu les deux dépêches que vous m'avez adressées dans la journée. La première demande des rapports dont je n'ai pu encore réunir les éléments.

Celle relative à la réunion des commandements des 15e et 16e corps d'armée et des commandements supérieurs de l'Ouest et du Centre, demande un peu de réflexion.

J'ai mesuré les difficultés de bonne exécution et de responsabilité de ces divers commandements. Leur action est trop étendue, les moyens de communication sont presque impossibles, et tendent chaque jour à le devenir davantage.

Un tel travail demanderait un personnel considérable. La formation du 16e corps d'armée ne fait que commencer. Les soins à donner au commandement de deux corps d'armée, en présence d'un ennemi audacieux et entreprenant, rendraient par trop difficile une tâche dont je comprends toute l'importance. Il conviendrait donc de le réduire au commandement du 15e et du 16e corps, en vous réservant les rapports avec les préfets et les commandants supérieurs régionaux.

L'occupation d'Orléans par des forces considérables rend l'ennemi maître des deux rives de la Loire, puisque tous les ponts, depuis Châteauneuf jusqu'à Blois, sont coupés, à l'exception de celui d'Orléans, gardé par une formidable artillerie.

D'un autre côté, monsieur le ministre, les engagements qui ont eu lieu jusqu'ici démontrent qu'on ne peut compter encore sur la solidité de nos jeunes soldats, malheureusement trop disposés à l'indiscipline et à lâcher pied devant l'ennemi.

J'attends vos ordres.

Tours, 13 octobre 1870. — *Comte de Kératry à Guerre.*

Monsieur le ministre,

Le 13 octobre, à 2 heures du soir, après quatre heures de route en ballon, je débarquai à cinq kilomètres de

Bar-le-Duc, chargé d'une mission en Espagne par le gouvernement central. Je me mis immédiatement en route, et, sur une dépêche pressante de vous, je modifiai mon itinéraire direct vers les Pyrénées, et je vins m'entretenir avec vous à Tours. Dans notre entretien, la nécessité absolue de ravitailler Paris au plus tôt vous fut présentée par moi comme le véritable objectif des efforts à tenter par la province et comme l'espérance vivace de la capitale, convaincue déjà depuis plusieurs jours par les déclarations officielles que la province marche à son secours. A l'issue de cet entretien, il fut entendu sur votre offre et sur ma demande que, aussitôt ma mission en Espagne terminée, je me mettrais à la disposition du gouvernement pour tenter cette œuvre de ravitaillement sans laquelle l'héroïque résistance de Paris est condamnée à la stérilité.

En deux jours et demi, je suis allé à Madrid et j'en suis revenu. Le matin je vous ai déclaré que j'étais prêt à prendre un commandement que ne sollicite pas mon ambition, mais que recherchent ma conscience et l'espérance assurée du succès. J'ai trouvé vos idées modifiées et incertaines, et je ne puis vous cacher mes angoisses en présence de la perte d'un temps si précieux. Je vous le dis en toute sincérité : vous avez courageusement assumé le double fardeau de l'Intérieur et de la Guerre. Votre esprit politique vous absorbe tout entier au milieu du développement militaire que vous cherchez et que vous réussissez déjà à propager en province; mais à côté du souffle patriotique que vous inspirez, il y a l'organisation et la conduite des choses militaires qui vous échappent totalement. Vous êtes forcé de les confier à des mains autres que les vôtres : pendant ce temps, des fautes et des désastres s'accomplissent. Je vois bien que le général Bourbaki va vers le Nord; Bazaine résiste toujours avec le même héroïsme; les généraux Cambriels et Garibaldi vont travailler l'Est et les communications de l'ennemi, trop longtemps respectées pour notre honneur national; la Lorraine pillée et brûlée se lève enfin; l'armée de la Loire est chargée de protéger le centre et le siège du gouvernement. Je veux bien que tout ceci soit important; mais, ne l'oubliez pas : périsse plutôt tout en province que Paris ne succombe; car Paris, c'est le seul espoir d'une paix favorable qui disparaît de suite si la famine le force à céder;

Paris, c'est le dernier boulevard de notre indépendance.

Il a encore plus de deux mois de vivres; il renferme une armée aguerrie tout à l'heure, mais dont les 400 000 combattants ne feront une sortie pour rompre le cercle d'investissement qu'avec la sécurité absolue qu'ils peuvent donner la main à une armée de secours venant de la province. Ce jour sera celui de la libération : il ne peut être plus longtemps reculé, et j'ai l'honneur de vous renouveler ma demande en en formulant les exigences militaires.

Pour que mon commandement ne soit pas illusoire et pour que j'aie en mains l'instrument nécessaire, je réclame tout pouvoir, ne relevant que du gouvernement lui-même, pour lever, équiper, enrégimenter, nourrir et diriger les contingents utiles qui restent disponibles à l'heure actuelle dans les départements de l'Ouest : Finistère, Ille-et-Vilaine, Côtes-du-Nord, Morbihan, Loire-Inférieure, Mayenne, qui ne sont soumis encore à aucun grand commandement. Le Mans commande toutes les lignes ferrées et sert de trait d'union entre le Nord et le Midi. C'est de là que, dans l'esprit de Paris et des hommes pratiques, doit s'élancer l'armée de ravitaillement en prenant la route de la rive droite de la Seine, appuyée d'une part sur les forces de la Seine-Inférieure, de l'autre sur l'aile gauche de l'armée de l' Loire. Pour arriver au but proposé, je composerai le corps d'armée de gardes mobiles restant dans les dits départements, de leurs gardes nationaux mobilisés ; j'ai un besoin absolu de deux escadrons de cavalerie régulière à cent vingt chevaux par escadron, comme éclaireurs, et de 2 000 hommes d'infanterie régulière comme réserve.

L'effectif devant s'élever à une quarantaine de mille hommes, j'ai besoin de 16 batteries de 12 rayé et de 4 batteries de 4 rayé, ce qui fait un total de 120 canons, soit 3 canons par 1 000 hommes proportion qui est celle des Prussiens. En outre, je requerrai dans les arrondissements maritimes les marins qui me seront nécessaires, soit pour le service des pièces de marine que j'établirai autour du Mans, soit pour le service de mes pièces de campagne, à défaut d'artilleurs de terre.

J'aurai le choix libre des officiers de l'armée régulière qui demanderont à me suivre ou *qui sont aujourd'hui sans emploi.*

Telles sont, monsieur le ministre, les observations et les propositions que j'ai considéré comme un devoir supérieur de vous formuler. Leur succès dépend de la rapidité de leur exécution. J'ai l'honneur de vous prier de prendre à leur égard une décision affirmative ou négative. Au cas où elle serait négative, je m'éloignerai de Tours dans la journée de demain, avec le regret que mes services ne puissent être utilisés, mais avec la pensée consolante que je n'aurai rien marchandé de moi-même au salut de mon pays.

Agréez, monsieur le ministre, l'assurance de ma haute considération.

Comte E. de Kératry[1].

Tours, 14 octobre 1870. — *Guerre à d'Aurelle.* — Puisque vous le désirez, bornez-vous au commandement des 15e et 16e corps d'armée, et nous nous chargerons des rapports avec les préfets et les commandants supérieurs régionaux. Ces pouvoirs étendus vous avaient été donnés pour vous faciliter la tâche.

Léon Gambetta.

14 octobre 1870. — *Guerre au général d'Aurelle.* — Je reçois, par le ballon, des nouvelles de Paris que je vous prie de communiquer aux troupes, parce que je les crois de nature à relever le moral de tous les combattants. Des sorties ont été effectuées par les troupes régulières, la garde mobile et la garde nationale sédentaire, sur divers points de la ceinture, notamment du côté de Saint-Denis, à Stains et Pierrefitte, du côté de Charenton, à Créteil, enfin à Saint-Cloud et au Bas-Meudon. Sur tous les points, l'ennemi a été délogé des positions qu'il occupait. Ces nouvelles ont produit le plus heureux effet dans Paris qui est rempli d'enthousiasme; l'union et la concorde sont plus grandes que jamais et c'est joyeusement qu'on supporte les souffrances du siège. Courage donc, de l'énergie, et tout ira bien.

Lamotte, 15 octobre 1870. — *Général commandant en chef de l'armée de la Loire à Guerre, Tours.* — Je suis arrivé à

1. Cf. page 26 le décret qui nomme le comte de Kératry commandant de l'armée de Bretagne.

Lamotte-Beuvron à 10 heures sans aucune rencontre de l'ennemi qui a été trompé sur la direction que j'ai prise; il s'attendait à me voir partir par Beaugency. Des reconnaissances faites dans la journée d'hier m'autorisent à croire que des troupes considérables avaient été dirigées de ce côté. Je reçois votre dépêche télégraphique qui me prescrit de ne pas passer la Loire, et de manœuvrer au mieux de manière à couvrir Vierzon d'abord et ensuite Bourges qui doit être mon objectif principal et définitif... La marche faite aujourd'hui rentre dans cette nouvelle combinaison : je passerai ici la journée de demain, et je choisirai une position qui me permette d'atteindre ce but qui fait l'objet de votre dépêche.

Les avis que j'ai reçus ce matin me font connaître que l'ennemi est en forces considérables sur l'une et l'autre rive de la Loire, avec une artillerie très nombreuse. Je fais un peu la part de l'exagération.

Pour diriger sur Orléans un corps si nombreux, ils ont été obligés de dégarnir Rambouillet et Versailles ; pourriez-vous faire prévenir Paris ?

15 octobre 1870. — *Guerre à d'Aurelle*. — Ne passez pas la Loire, mais manœuvrez au mieux, en vous maintenant le plus longtemps possible, de manière à couvrir Vierzon d'abord et ensuite Bourges. La conservation de Bourges doit être votre objectif principal et définitif. Cet ordre a été délibéré en conseil.

LÉON GAMBETTA.

POURRU-AUX-BOIS, près Sedan, le 15 octobre 1870. — *Maréchal de Mac-Mahon à ministre Guerre.*

Monsieur le ministre,

J'apprends indirectement que votre intention est de remplacer le général Chanzy dans le commandement de la province d'Oran qu'il exerce aujourd'hui.

Permettez à un vieil officier général, qui a dernièrement quitté l'Algérie où il a passé plus de trente années de sa vie, et où il a connu personnellement tous les officiers supérieurs qui y ont commandé, de vous faire à ce sujet quelques observations.

De la sécurité de la province d'Oran dépend celle de toute l'Algérie. Si cette province est tranquille il n'y a aucune insurrection à craindre de la part des deux autres. Il est donc de la plus haute importance que le commandement de la province d'Oran soit confié à l'officier général le plus capable de l'exercer. Or, le général Chanzy est, selon moi, celui qui remplit le mieux ces conditions. C'est non seulement un homme très brave et d'un grand sang-froid, mais d'une haute intelligence et qui, depuis vingt ans en Algérie, connaît à merveille tous les chefs du Tell et du Sahara de la province d'Oran. Il inspire à tous ces chefs une grande confiance, et, par suite, je le répète, se trouve plus en état qu'aucun autre d'arrêter ou de réprimer promptement une insurrection dans le Sud-Ouest de notre colonie.

Si je suis bien informé, il aurait été question de donner ce commandement à un officier général de cavalerie qui a été également longtemps employé en Algérie. J'ai pour cet officier général une grande estime et même beaucoup d'amitié, mais dans l'intérêt du pays, je me fais un devoir de vous dire qu'il ne connaît pas la province d'Oran, et qu'il serait loin, sous tous les rapports, d'y pouvoir rendre les mêmes services que le général Chanzy.

Agréez, monsieur le ministre, l'assurance de ma haute considération.

Le Maréchal de France,
DE MAC-MAHON.

P. S. — Je déplore vivement que vous n'ayez pu trouver encore un officier général ou autre qui se soit mis à faire véritablement dans notre pays le métier de partisan, qui fasse sauter les tunnels, les ponts des chemins de fer, qui coupe les voies de communication employées par l'ennemi. Peut-être que l'homme le plus en état de rendre ces services, que je considère aujourd'hui comme de la plus haute importance, est le marquis de Galliffet qui a fait longtemps au Mexique la guerre de guérillas, et qui a prouvé, dans toutes les campagnes auxquelles il a pris part, particulièrement le jour de la malheureuse affaire de Sedan, une bravoure au-dessus de tout éloge. Cet officier est en ce moment prisonnier à Ems. Il a fait demander au Roi de Prusse, dont il est connu, d'être échangé contre un officier supérieur prussien. Le roi paraît disposé à admettre cet échange. S'il a lieu, faites venir immédiatement à Tours M. de Galliffet, je suis convaincu qu'il organisera en quelques jours le service de guérillas sur les lignes de communication de l'ennemi [1].

1. Une première demande d'échange avait été adressée par le général de Galliffet, dès le 7 septembre, au général Herwarth von Bittenfeld, commandant supérieur des forces rhénanes, et transmise par celui-ci au roi de Prusse, qui l'avait acceptée, mais à condition que le général, avant d'être dirigé sur Metz, rendît visite à l'empereur Napoléon au château de Wilhelmshöhe. Le général de Galliffet, flairant un piège semblable à celui où l'espion Régnier faisait tomber le général Bourbaki vers la même époque, refusa la condition du voyage préalable auprès de l'empereur prisonnier, et écrivit directement à M. Tachard, ministre de France à Bruxelles, pour le prier de faire former une demande officielle d'échange par M. Gambetta. La demande de M. de Galliffet, ainsi appuyée par M. Tachard et par le maréchal de Mac-Mahon, fut favorablement accueillie par le ministre de la guerre, et le général de Galliffet fut inscrit avec le n° 2, le n° 1 ayant été réservé au général Clinchant.

Le général Clinchant ayant réussi à s'échapper au moment même de son arrivée en Allemagne, M. de Galliffet fut inscrit avec le n° 1, mais aucun officier général prussien n'ayant été fait prisonnier, il désespérait de reprendre les armes pendant la campagne, lorsque, dans les premiers jours du mois de décembre, il vit arriver à Ems, où il était interné, un serviteur de confiance du prince de Galles. Cet envoyé, qui se rendait à Wiesbaden, avait été chargé par le prince de voir le général et de s'informer de ce qu'il pourrait faire pour lui. M. de Galliffet pria aussitôt le prince de Galles de vouloir bien faire transmettre au roi de Prusse, par l'intermédiaire du prince royal, son beau-frère, une nouvelle demande d'échange ainsi conçue : « Ne prévoyant pas que les chances de la guerre viennent me faire profiter d'un échange avec un officier général de mon grade, je demande à être échangé contre un

TOURS, 17 octobre 1870. — *Freycinet à général d'Aurelle.*
— Général, j'ai reçu les diverses dépêches que vous m'avez
envoyées.

Le point sur lequel je désire appeler particulièrement
votre attention, c'est sur la possibilité d'un mouvement combiné entre vos forces et celles du général Pourcet à Blois.
Ce général a dans sa main, à Blois et à Tours, une trentaine de mille hommes pourvus d'artillerie.

Il est prévenu qu'il vous obéit absolument pour les mouvements militaires. Par conséquent, vous n'avez qu'à lui
donner l'ordre que vous jugerez nécessaire pour soutenir
votre armée.

Dans le cas, par exemple, où votre marche sur Vierzon se
serait continuée, et où les Prussiens vous auraient suivi,
vous auriez eu à donner l'ordre précis au général Pourcet
de se trouver avec des troupes, à une heure et à un point
déterminés, de manière à prendre l'ennemi entre deux feux
et à lui infliger enfin une de ces surprises dont nous avons
été si souvent victimes. De même encore, si l'ennemi ten-
tait de se jeter à l'Ouest pour se porter sur Blois ou sur
Tours, dans la ligne de Romorantin, vous auriez à combiner votre action avec le général Pourcet; seulement, les
rôles entre lui et vous se trouveraient alors sensiblement
renversés, puisque c'est vous qui auriez à prendre l'ennemi
à revers.

Il me parait plus probable que l'armée prussienne restera groupée au Sud d'Orléans, où peut-être de nouveaux
corps viendront la renforcer. Il y aura alors, sans doute, à
se demander bientôt s'il ne convient pas de marcher sur

simple soldat prisonnier, renonçant à tous les privilèges de mon
grade et m'engageant à n'accepter aucun avancement pendant
toute la durée de la guerre et à ne combattre, par conséquent, que
dans le rang, comme simple soldat. » Le prince royal de Prusse,
vivement sollicité par le prince de Galles, transmit à son père la
demande du général de Galliffet et l'appuya vivement. Mais le général de Moltke s'opposa formellement à ce que la demande fût
admise, alléguant « que les esprits, en France, étaient bien assez
échauffés et qu'un échange fait dans des conditions pareilles ne
serait pas de nature à les calmer ».

Le général de Galliffet ne se rendit à Wilhelmshôhe, pour présenter ses hommages à l'empereur, qu'après ce nouveau refus; il
n'y resta que quelques heures.

elle, toujours combinant votre action avec celle du général
Pourcet, qui vous rejoindrait par la Loire. Seulement, il ne
faut pas trop se presser, et si vos positions sont bonnes, il
vaut mieux les conserver et attendre, ne fût-ce que pour
donner aux troupes le temps de prendre plus de cohésion
et d'aplomb, et aux généraux celui de mieux connaître leurs
troupes.

Mais, quelles que soient les combinaisons qui doivent
surgir, il est un point essentiel que vous devez réaliser à
tout prix, c'est de ne pas agir isolément, mais de faire con-
verger vos forces et celles du général Pourcet dans une
action commune. Tout est là.

Mais ce but ne pourra être sûrement atteint que lorsque
vous posséderez une connaissance complète des mouvements et de la force de l'ennemi, grâce à des reconnaissances habiles et multipliées. A ce propos, je crois devoir
insister sur la convenance de remplacer les reconnaissances
faites par de gros détachements par des reconnaissances
faites par un très petit nombre de cavaliers supérieurement
montés. Mieux vaut trois ou quatre bons chevaux que deux
ou trois cents médiocres. Je vous engage donc à multiplier
les reconnaissances, en réduisant chacune d'elles à quelques bons et hardis cavaliers. Je vous recommande le pont
de Meung-sur-Beuvron et celui de la Ferté-Beauharnais
comme des buts d'observations quotidiennes.

Usez aussi du système d'espionnage, qui ne me paraît
pas suffisamment développé ; seulement, ici encore, mieux
vaut la qualité des espions que la quantité.

Maintenez-vous en relations régulières chaque jour avec
Bourges, Vierzon, Tours et Blois, de manière que vous connaissiez constamment tous les éléments sur lesquels vous
pouvez compter. Si vous prévoyiez devoir prolonger votre
séjour à Salbris, profitez-en pour vous retrancher le plus
fortement possible, ces travaux étant d'ailleurs excellents
pour améliorer le soldat.

Enfin j'appelle votre attention sur le service de l'intendance. Ne négligez rien pour que l'armée soit bien pourvue,
pour que les munitions ne manquent pas, et si les choses
ne se passaient pas à votre gré, ne craignez pas de réclamer énergiquement auprès de nous.

Sur ces divers points, et en particulier sur ce qui touche

les mouvements et la force supposée de l'ennemi, je vous invite à me passer des dépêches fréquentes et précises.

Agréez, général, l'expression de mes sentiments les plus distingués.

C. DE FREYCINET.

BLOIS, le 19 octobre 1870. — *Le général commandant 16ᵉ corps à Guerre, Tours.* — L'ennemi marche en hâte sur Vendôme qui demande appui. Ici pas de canons. Ma seule batterie est à Mer. On pourrait envoyer de suite deux batteries de Tours à Vendôme par une voie ferrée. J'envoie cavalerie et infanterie au général Deplanque, qui aura forces suffisantes. L'important est l'artillerie qui ne peut venir vite que de Tours.

BLOIS, le 19 octobre 1870. — *Général commandant 16ᵉ corps au ministre de la Guerre, Tours.* — Hier, le général Deplanque avec le 37ᵉ a été mis en mouvement vers la forêt de Marchenoir avec mission de veiller avec ses trois bataillons et les trois de mobiles qui y étaient déjà entre Cloyes à l'Ouest et Lorges à l'Est de la forêt. Je lui envoie de nouvelles instructions, lui prescrivant d'observer tout particulièrement Cloyes et la route de Vendôme. Les 7 000 hommes d'infanterie me semblent suffisants pour garder Cloyes et surtout Vendôme contre fâcheuse éventualité. Je vous envoie le capitaine Lambilly.

BOURGES, 20 octobre 1870. — *Général Polhès à Guerre, Tours.* — Le maire de Sully écrit au sous-préfet de Gien : « Les Prussiens en grand nombre se dirigent sur Gien par les deux rives de la Loire. Avant-garde à Châteauneuf avec trois pièces d'artillerie, le corps principal compte 24 canons. » Un avis officiel de Bellegarde m'annonce que l'ennemi est à Vitry, 16 kilomètres de Bellegarde, 48 environ de Gien. Le maire de Sully, qui s'était porté sur Thigy, a été arrêté par une patrouille de hussards de la Mort. L'officier qui la commandait s'est enquis de la distance de Thigy à Gien et du nombre de troupes occupant cette ville, le maire aurait répondu que toutes les troupes étaient parties pour Bourges. Ils croient donc cette ville sans garnison. Je répète que la mobile est insuffisante à la défense de Gien. Je forme, avec ce qui est arrivé du 16ᵉ corps, une brigade

complète. Je hâte l'envoi. Je prends une des batteries du
13ᵉ d'artillerie.

21 octobre 1870. — *Guerre à d'Aurelle.* — Détachez
de votre aile gauche une dizaine de mille hommes, et
envoyez-les à marche forcée sur Blois, à la disposition
du général Pourcet. Il est bien entendu que le corps
détaché comprend sa cavalerie et son artillerie.

Informez Pourcet de l'heure probable de l'arrivée
de ces troupes à Blois.

21 octobre 1870. — *D'Aurelle à Guerre.* — La 1ʳᵉ brigade
de la 3ᵉ division, forte de 11 200 hommes, avec 3 batteries
de 4, partira ce soir à 5 heures pour se rendre à Blois, où
elle arrivera après-demain, dans la matinée, sous les ordres
du général Peytavin. Cette division n'a pas de cavalerie, je
n'ai ici que la division Reyau, que je suis forcé de conserver en entier.

Salbris, 25 octobre 1870. — *Général d'Aurelle à général Martin des Paillères.* — Mon cher général, je rentre de Tours, et
je me hâte de vous donner connaissance de ce qui a été décidé.

Et, d'abord, le mouvement se fera par Blois et non par
Gien. Après deux heures de discussion, on a fini par être
d'accord sur ce point.

Dans tous les cas, votre rôle reste le même, vous êtes
chargé d'attaquer Orléans par l'amont et la rive droite.

D'après tous les rapports, il ne paraît pas y avoir dans
Orléans ou les environs plus de 65 000 hommes. Il est possible même que ce chiffre soit exagéré.

Voici l'ensemble du mouvement des deux divisions du
15ᵉ corps et des troupes du 16ᵉ, chargées d'opérer en aval
de la ville :

26 octobre, préparatifs.

27 et 28 octobre, transport des troupes sur Vendôme et
sur Mer.

Le 28 au soir, les troupes occuperont les positions suivantes :

Division Peytavin du 15ᵉ corps (temporairement sous les
ordres du général Pourcet); Marchenoir, Saint-Léonard,
Oucques et Viévy-le-Rayé.

16ᵉ corps concentré entre Plessis-l'Échelle, Roches, Concriers, Séris et la Madeleine. La 2ᵉ division du 15ᵉ corps, Martineau des Chenez, à Mer et ses environs.

Le 29, les troupes occuperont l'espace compris entre Ouzouer-le-Marché et Beaugency.

Le 30, entre les Barres, sur la route de Châteaudun, et la Chapelle.

Le 31, attaque d'Orléans, en menaçant la ligne de retraite de l'armée allemande par la route de Paris. Les treize régiments de cavalerie seront sur notre gauche du côté de Patay le 30, et du côté d'Artenay le 31, pour couper la route.

Si pendant ce mouvement les troupes ennemies, venant de Chartres, s'avançaient contre nous avant que nous fussions à Orléans, nous nous retournerions pour marcher au-devant d'elles. Nous tâcherons de vous faire prévenir à temps, si ce dernier mouvement s'effectue; mais, dans tous les cas, vous ne devez pas moins vous avancer sur Orléans, afin d'empêcher les troupes prussiennes qui sont dans cette ville de venir nous prendre à revers.

On dit la forêt sillonnée par de longues tranchées et des abatis. Je ne sais ce qu'il y a de vrai dans tout cela. Renseignez-vous avec soin, de manière que vos mouvements puissent concorder avec ceux des 15ᵉ et 16ᵉ corps d'armée.

Dans votre marche sur Orléans, et au moment de l'attaque que vous avez à faire, agissez d'après les circonstances, les renseignements que vous pourrez vous procurer, et d'après les indications que je vous donne dans cette lettre sur nos mouvements probables.

Dans tous les cas, tenez-moi tous les jours au courant de votre position et de votre situation, et écrivez-moi plusieurs dépêches par jour, si cela est nécessaire.

De mon côté, je vous tiendrai au courant de tout ce qui pourra vous intéresser.

Requérez le service télégraphique d'avoir à rétablir les lignes derrière vous, au fur et à mesure que vous avancerez du côté d'Orléans.

Recevez, etc.

Général D'AURELLE.

27 octobre 1870. — *Guerre à général Kératry, Saint-Brieuc.*
— Le Mans a besoin d'être protégé; les cinq batteries sont

absolument nécessaires pour défendre la ligne de Serquigny que nous avons un si grand intérêt à protéger. Je vous
prie de n'apporter aucun trouble aux opérations de ce
côté; de les faciliter au contraire autant qu'il vous sera possible, et, pour ce faire, de laisser partir les cinq batteries.
Évitons surtout tout ce qui pourrait ressembler à des conflits de pouvoirs.

28 octobre 1870. — *Guerre à général Kératry, Brest.* — Si
vous êtes prêt à marcher je vous autorise à vous faire délivrer des canons à Brest. Vous êtes trop pratique pour ne
pas admettre avec moi qu'il faut avant tout couvrir la ligne
du Mans, suivant ma dépêche d'hier.

Tours, 29 octobre 1870. — *Délégué Guerre à général d'Aurelle.* — Général, ainsi que M. Gambetta vous l'a télégraphié
cette nuit, nous avons dû, en présence de votre dépêche d'hier
au soir 10 h. 20 [1], renoncer à la magnifique partie que
nous nous préparions à jouer et que, selon moi, nous devions gagner. Mais puisque nous devons renoncer à vaincre
étant deux contre un, alors qu'autrefois on triomphait un
contre deux, n'en parlons plus, et tâchons de tirer le meilleur parti possible de la situation.

Vous savez façonner et constituer une armée; vous l'avez

1. Le général d'Aurelle, dans son livre: *Première armée de la
Loire,* explique comme suit cet incident :

« En arrivant à Blois, le général en chef reçut la visite du
général Michaud, commandant la subdivision, qui lui exposa la
position difficile des troupes bivouaquées en avant de la ville, par
suite du mauvais temps; d'un autre côté, le général commandant
l'artillerie du 15ᵉ corps rendait compte de la peine qu'il avait à
pouvoir réorganiser ses batteries, par suite de la dispersion d'une
partie de son matériel, chargé avec trop de précipitation au
moment du départ de Vierzon.

« La cavalerie n'était pas dans de meilleures conditions. Aucune précaution n'avait été prise par l'administration du chemin
de fer pour opérer le débarquement des chevaux, qui furent
obligés d'attendre en gare une demi-journée, parce qu'on ne
s'était pourvu ni des plateaux ni des ponts, matériel spécial dont
on se sert habituellement pour cette opération.

« Le ministre fut informé par dépêche télégraphique de ces
contretemps, qui obligeaient le général en chef à retarder d'un
jour le départ de l'armée. Il répondit, par la même voie, d'ajourner
le mouvement commencé sur Orléans. »

prouvé à Salbris. Employez vos talents à pétrir et réorganiser en une seule masse les 5 divisions que vous avez actuellement autour de Blois. Amenez-y la discipline et la tenue que vous aviez su obtenir dans le 15e corps. Que ce soit bientôt un seul corps compact et vigoureux de 70 000 hommes. Quant au général Pourcet, il recevra une autre destination. Dès ce soir, vous en serez avisé. Il ne sera pas remplacé, à moins que vous n'en fassiez la demande, afin de vous faciliter l'œuvre de refonte que vous allez entreprendre sur vos 5 divisions ainsi placées directement sous votre main.

Lorsque vous vous sentirez en état de marcher vers les Prussiens, vous nous le direz. En attendant, soyez vigilant, fortifiez vos positions, ayez l'œil sur la région entre Blois et Salbris, afin d'éviter une marche de l'ennemi vers Tours et Vierzon.

C. DE FREYCINET.

1er novembre 1870. — *Guerre au directeur d'artillerie, à Brest.* — Délivrez immédiatement au général Kératry tout le matériel de guerre qu'il vous demandera. La présente dépêche est un ordre formel. Répondez sur-le-champ au sujet des mesures prises pour l'exécution.

1er novembre 1870. — *Guerre à général Kératry, à Naples.* — Je vous confirme ma dépêche précédente vous annonçant que je suis résolu à seconder par tous les moyens qui sont en mon pouvoir la mission dont vous êtes chargé. Ordre formel a été donné à Roussin, du ministère de la marine, de lever tous les obstacles que vous pourriez rencontrer de la part des préfets maritimes pour l'armement de votre corps d'armée. Je n'ai fait de réserve, dans mes rapports avec vous, qu'en ce qui touche les opérations militaires générales. Je vous renouvelle à cet égard l'invitation de les seconder aussi activement que vous le pourrez. Agissez avec la dernière énergie.

Communiquez la présente dépêche à toutes personnes tentées de vous opposer résistance.

MER, 2 novembre 1870. — *Général d'Aurelle à général Chanzy.* — Mon cher général, je vous adresse la copie d'une dépêche télégraphique que je reçois à l'instant pour le général Pourcet :

« Tours, 2 novembre. — *Guerre à général Pourcet, à Mer.* — Remettez immédiatement au général Chanzy le commandement du 16e corps d'armée. »

Vous devez sans doute avoir reçu des instructions pour ce commandement.

Rendez-moi compte de votre prise de possession.

Agréez, etc.

Général D'AURELLE.

Saint-Léonard, 2 novembre 1870. — *Général Chanzy à général en chef.* — Mon général, je reçois à l'instant (11 heures) votre dépêche qui m'annonce que je suis nommé au commandement du 16e corps d'armée. Je vais me rendre à Marchenoir pour prendre possession de ce commandement.

Je suis arrivé de Tours hier soir. Au ministère, on ne m'a entretenu que d'un projet qui consistait à m'envoyer au Mans former un nouveau corps d'armée. Il n'a nullement été question du projet qui fait l'objet de votre dépêche.

J'ai prescrit au général Deplanque, qui commande la 1re brigade de la 1re division, et dont les troupes sont placées à Viévy-le-Rayé et à Écoman, de s'éclairer en avant et à gauche pour avoir des renseignements sur les troupes qu'on signale du côté de Cloyes, venant de Chartres et de Châteaudun. Je lui envoie à Cloyes une batterie d'artillerie.

En remettant le commandement de la division au général Deplanque, je lui ai prescrit d'établir son quartier général à Viévy-le-Rayé.

P. S. — Notre gauche est faible et notre ligne un peu étendue. Si je reçois des renseignements constatant la marche de forces ennemies sur Ecoman, je renforcerai l'aile gauche.

Recevez, etc.

GÉNÉRAL CHANZY.

Tours, 3 novembre 1870. — *Guerre à général en chef.* — Général, je désire que vous étudiiez, avec M. de Serres que je vous envoie, une combinaison dont je me suis entretenu avec M. Gambetta, et qui a, en principe, son assentiment.

Cette combinaison reposerait essentiellement sur les bases suivantes :

1° Faire passer une bonne division, 15 à 18 000 hommes de troupes bien constituées et ingambes, du côté de Salbris, par voie de terre, pour se rattacher au corps de Des Paillères, et se mettre sous ses ordres;

2° Vous mettre en rapport avec le général Fiéreck dont les troupes, une vingtaine de mille hommes, seront groupées sous un seul général, lequel vous obéira pour la direction stratégique;

3° Combiner avec ledit général et avec Des Paillères un mouvement qui consisterait, d'une part, à faire avancer les troupes du Mans (ou plutôt de la Ferté-Bernard, car c'est là, je crois, qu'elles sont groupées) vers Châteaudun, et à faire ensemble une démonstration du côté d'Orléans, de manière à tenir en éveil les forces prussiennes massées autour de Patay; et, d'autre part, pendant que cette démonstration aurait lieu, faire marcher Des Paillères avec son corps grossi à 45 ou 50 000 hommes environ, lui faire traverser la Loire au point favorable et descendre vers Orléans, par la rive droite. Ce général ne trouverait que peu de troupes, et s'emparerait vraisemblablement de la ville sans grandes difficultés. Quant à la forêt, elle doit être, d'après nos ordres, occupée aux deux tiers par nos tirailleurs. En résumé, vous feriez le mouvement inverse de celui précédemment combiné, en ce sens que Des Paillères serait le corps actif au lieu de vous. Si cette combinaison, dont M. de Serres vous développera les détails, vous convient, Des Paillères devrait être avisé aussitôt par vous, et les troupes détachées de votre corps pour le rejoindre devraient, comme ayant le plus long chemin à parcourir, commencer leur mouvement dès demain. Celles du Mans s'ébranleraient ensuite, et vous-même ne vous mettriez en marche que tout à fait en dernier, puisque vous auriez très peu à avancer pour compléter la démonstration.

Veuillez m'indiquer, par écrit, les dates auxquelles les diverses étapes seraient parcourues et le jour précis où, dans cette hypothèse, Orléans devrait tomber entre nos mains.

C. DE FREYCINET.

Tours, 4 novembre 1870. — *Délégué à ministre Guerre.* — Monsieur le ministre, je vous prie de vouloir bien me donner des instructions exactes et précises sur la conduite que je dois tenir à l'égard de nos opérations militaires.

Depuis quelques jours, l'armée et moi-même ignorons si le gouvernement veut la paix ou la guerre. Au moment où nous nous disposons à accomplir des projets laborieusement préparés, des bruits d'armistice[1] tout à coup répandus jettent le trouble dans l'âme de nos généraux. Alors se produisent de leur part des objections, comme celles contenues dans la lettre ci-jointe du général d'Aurelle, qui dissimulent mal leur désir de se soustraire à une responsabilité qui les inquiète. Moi-même, si je cherche à remonter leur moral et à les pousser en avant, j'ignore si demain je ne serai pas désavoué. Déjà, vous le savez, la nouvelle de la capitulation de Metz, répandue dans l'armée de la Loire, à la suite du passage d'un de nos hommes d'État à travers nos lignes, a arrêté un mouvement qui devait infailliblement nous conduire à Orléans, et nous faire mettre la main sur un corps prussien et une nombreuse artillerie.

Je ne saurais accepter, pour ma part, de voir constamment nos projets militaires déjoués par la politique. Mais il est une considération plus puissante qui s'impose aux méditations du gouvernement.

Tandis que notre armée hésitante n'ose faire un p.... . avant, les Prussiens, qui poursuivent leur but avec .... .. se concentrent de plus en plus au-devant de nos .. .. d'un moment à l'autre se trouveront rejoints par l'armée de Metz. Ils choisiront leur jour et leur heure, et attaqueront victorieusement le général d'Aurelle campé entre Blois et Marchenoir. Ainsi, nous laissons passer l'occasion propice, pendant que l'ennemi prépare une partie à son gré.

Cette situation ne saurait durer. Il faut que le gouvernement dise résolument si nous devons faire la paix ou la guerre. Dans le premier cas, nous abandonnerons nos lignes, nous repasserons la Loire, et nous ramènerons l'armée en arrière sur un point où elle n'a rien à craindre de l'ennemi. Dans le second cas, nous reprendrons nos combinaisons

1. A la suite du voyage de M. Thiers à Paris.

interrompues et nous ferons un mouvement offensif avant
que l'ennemi ait réuni des forces supérieures.

Je vous prie donc, monsieur le ministre, de vouloir bien
me faire connaître d'une manière catégorique :

Si nous devons pousser vigoureusement les opérations en
nous plaçant au seul point de vue militaire;

Ou si, en prévision d'un armistice prochain, nous devons
éviter les engagements et dès lors nous replier en arrière.
Car, je le répète, le maintien pur et simple de nos positions
actuelles serait dangereux et pourrait, au gré des Prussiens,
aboutir à un désastre pour nos armes.

G. DE FREYCINET.

TOURS, 4 novembre 1870. — *Gambetta à délégué
Guerre.* — Monsieur le délégué, je constate avec vous,
avec une égale inquiétude, la détestable influence des
hésitations politiques du gouvernement, dont le résultat évident est d'énerver et de déconcerter nos
efforts militaires et le moral de nos généraux et de
nos soldats. Mais il faut réagir et redoubler d'énergie.
J'ignore si le gouvernement de l'Hôtel de Ville est
enclin à traiter. Pour moi, je ne connais que mon
mandat et mon devoir, qui est la guerre à outrance.

En conséquence, en dépit de toutes fausses manœuvres, de toute mauvaise direction diplomatique ou
autre, ne vous laissez arrêter ni retenir par des tentatives de négociations dont je repousse la responsabilité.

Nous avons eu le malheur de voir une première
fois notre plan offensif, si sagement combiné, entravé
par l'intervention de Thiers. Il ne faut point rester plus
longtemps sous le coup de cette ingérence. Il faut
reprendre notre ligne de conduite et arrêter dès aujour-
d'hui nos mouvements en avant dont vous me communiquez tous les moyens d'exécution. Je mettrai à
votre disposition les mesures les plus énergiques et,
si la fortune peut être forcée par notre résolution,
nos études, nos dévouements, la patrie ne pourra

rien nous, reprocher et nous trouverons dans notre conscience la récompense du devoir accompli.

Donc c'est la guerre, ne perdez pas une minute, et en avant !

Mes meilleurs sentiments.

LÉON GAMBETTA.

MEUNG, 5 novembre 1870, — *Général Chanzy à Guerre, Tours.* — Huisseaux-sur-Moves. — J'avais reçu l'ordre de me mettre en retraite sur Beaugency avec les 16e et 17e corps ; le mouvement était commencé et les convois fortement engagés lorsqu'à une heure m'est parvenu le second ordre me prescrivant de me porter sur Orléans. L'ennemi attaquait depuis Patay jusqu'aux Ormes, et les 1re et 2e divisions du 16e corps sont en retraite sur Bussy-Saint-Liphard et Meung. Je dus venir prendre position avec le reste derrière la forêt de Montpipeaux pour protéger les convois et les parcs. Je n'ai pu par aucun moyen communiquer avec le général en chef que je crois à Orléans. Je prends mes dispositions pour rallier tout le monde et aller occuper fortement demain la ligne de Lorges à Beaugency, appuyant ma gauche à la forêt de Marchenoir et ma droite à la Loire. Mon quartier général sera à Josnes. Je tiendrai sur cette ligne jusqu'à ordre contraire. Les troupes décimées par quatre jours de lutte ont perdu grand nombre de leurs officiers, sont très fatiguées ; les munitions s'épuisent.

TOURS, 5 novembre 1870. — *Guerre à général en chef.* — Préparez tout comme si vous deviez exécuter votre mouvement dès le 6 au matin, et vous le commencerez, en effet, si vous n'avez pas reçu auparavant d'ordre contraire. Donnez à Des Paillères les ordres nécessaires.

DIZIER, 7 novembre 1890. — *Général d'Aurelle à Guerre, Tours. — Communication général Chanzy à général en chef.* — Ce matin deux pelotons Abdelal avancés jusqu'à 1 500 mètres de Bacon, repliés devant tirailleurs infanterie et 300 cavaliers ennemis vers Prénouvellon et Verdes qui s'est défendu et a tué un cuirassier. Ennemi retiré devant général Abdelal. Ce soir habitants de Verdes prévenus par uhlans, village brûlé demain, mesures prises pour secourir Verdes cette nuit. D'après renseignements état-major ennemi à Lus, 60 canons du bois Bucy avancés hier soir à Bonneville, cavalerie à Coulimiers, Lus, Haute-Bruyère poussant reconnaissance route Châteaudun, 1 000 hommes et 6 pièces à Saint-Sigismond, 6 canon à Saint-Péravy, infanterie à Champfroid, Crottes, Sainterey. Tranchées de la Touanne à Saint-Ay, de Thorigny à Lelorges. Lipowski signale ennemi a requisitionné toutes voitures à Tournoisy et environs pour transporter matériel et munitions direction de Meung, ajoute Orléans évacué, mêmes renseignements d'un capitaine francs-tireurs allé hier de Guise près Tournait.

Ennemi prépare évidemment un mouvement.

Dizier, le 7 novembre 1870. — *Général d'Aurelle à Guerre, Tours.* — Je reçois du général Chanzy la dépêche suivante :

« Vers 11 heures une colonne ennemie composée de 2 bataillons, 1 500 chevaux, 10 pièces d'artillerie, venant de la direction de Bacon et se prolongeant le long de la forêt de Marchenoir, a attaqué successivement nos avant-postes de Poisly, de la ferme de Pointe-d'Enfer et de Saint-Laurent-des-Bois ; l'engagement paraissait sérieux à hauteur de Vallière. Un bataillon de chasseurs à pied et 2 mitrailleuses venant de Marchenoir débouchaient à midi par Saint-Laurent et refoulaient l'ennemi entre Vallière et Villeciclair. Le général Abdelal a envoyé 3 escadrons dans la direction de Vallière. A 3 heures la brigade Bourdillon arrivait sur le lieu du combat. L'ennemi, menacé par la cavalerie qui tournait Vallière et par les colonnes d'attaque, se retirait à 3 h. 30 m. dans la direction de Chantôme, laissant sur le terrain ses morts et ses blessés : 5 officiers et 50 hommes ; la cavalerie, de son côté, a fait 60 prisonniers, dont un officier. De notre côté le commandant de chasseurs à pied et un officier blessés, 4 tués, une trentaine de blessés. »

8 novembre 1870. — *Guerre à lieutenant-colonel Reffye.* — M. le général de Kératry demande qu'on lui délivre pour l'armée de Bretagne quatre mitrailleuses avec projectiles. Êtes-vous en mesure de satisfaire à cette demande ? Je transmets la même question à directeur d'Indret.

Tours, le 9 novembre. — *Guerre à général en chef, armée Loire, Posty*. — Je n'ai reçu, touchant l'arrivée d'un renfort de 20 à 25 000 Prussiens venant de Paris, aucun autre renseignement que celui que je vous ai déjà transmis. Je donne les ordres nécessaires pour l'approvisionnement de Vendôme. Une personne que j'ai vue hier au soir et qui avait traversé Orléans le matin, y avait trouvé 15 000 hommes environ. Dans ces conditions, je ne puis vous donner aucun ordre et je dois vous laisser juge; mais je désire vivement que notre plan primitif puisse s'accomplir, car son succès aurait pour nous une immense importance, surtout par ses conséquences ultérieures. Il faut tenir compte, en outre, de l'appui que vous devez attendre de l'autre côté par le corps (celui du général des Paillères) qui opère pour vous rejoindre. Il ne faut donc pas renoncer légèrement à votre marche en avant.

BATAILLE DE COULMIERS

Château du Grand-Lus, 9 novembre 1870. — *Général en chef à Guerre*. — Le combat a duré jusqu'à la nuit. Les troupes du 15ᵉ corps occupent Bardon, les châteaux de la Touanne, de la Renardière, du Grand-Lus et Coulmiers.

Le général Chanzy, qui avait commencé l'attaque de Gémigny pour exécuter son mouvement tournant, a été obligé de reporter sa gauche en arrière, parce que le général Reyau, qui devait se diriger sur Saint-Péravy, l'a fait prévenir que de fortes colonnes ennemies le menaçaient sur sa gauche.

Après avoir lutté avec son artillerie qui a beaucoup souffert, le général Reyau s'est replié sur Prénouvellon. Par suite, le général Chanzy prépare son mouvement pour résister à l'attaque dont il est menacé, en occupant Cheminiers et Poiseaux.

Son quartier général est à Epieds.

Château du Grand-Lus, 10 novembre 1870. — *Le général d'Aurelle à ministre de la Guerre, Tours*. — La bataille livrée hier contre les Prussiens, qu'on peut appeler bataille de Coulmiers, parce que l'effort fait sur ce point a été désespéré, a donné des résultats qui ont dépassé toutes mes espérances. Meung, Saint-Ay, toute la rive gauche et la rive droite jusqu'à Orléans sont évacués.

Orléans n'a plus dans ses murs d'autres Prussiens que des traînards, des hommes débandés qui s'y rendent de tous côtés pour ne pas tomber entre nos mains; ils sont prisonniers.

J'aurais pu occuper cette ville dès ce matin, je n'ai garde de le faire encore. J'espère que la division des Paillères nous joindra ce soir ou demain matin. Je me place à cheval sur la route de Paris, prêt à recevoir l'armée prussienne renforcée par celle qu'on dit venir de Chartres. L'armée est heureuse des éloges que vous lui avez envoyés au nom du gouvernement.

J'enverrai ce soir ou demain matin un régiment et un officier général à Orléans, avec le titre de commandant supérieur, pour y organiser les services militaires.

Faites continuer la ligne du chemin de fer de Beaugency à Orléans.

Le moral des troupes est décuplé.

LAFERTÉ-SAINT-AUBIN, le 10 novembre 1870. — *Général Faye au ministre de la Guerre à Tours et au général d'Aurelle à Poisly.* — J'arrive à Laferté par pluie battante depuis hier; hommes fatigués. Vais les faire reposer deux heures; puis repartirai sur Orléans. J'espère aller près d'Olivet. Pas reçu d'ordre du général d'Aurelle dont j'ignore la position actuelle. Prière de lui faire passer cette dépêche. Locomotive partie d'ici à 11 heures sur Orléans afin de rétablir la voie endommagée sur plusieurs points; a emmené des ouvriers.

On dit Orléans occupé par nous depuis cette nuit. J'ignore si c'est par général d'Aurelle ou par général des Paillères. Pas de nouvelles du commandant Cathelineau.

ORDRE GÉNÉRAL DU COMMANDANT EN CHEF
DE L'ARMÉE DE LA LOIRE

Officiers, sous-officiers et soldats
de l'armée de la Loire.

La journée d'hier a été heureuse pour nos armes;

toutes les positions attaquées ont été enlevées avec vigueur, l'ennemi est en retraite.

Le Gouvernement, informé par moi de votre conduite, me charge de vous adresser des remerciments ; je le fais avec bonheur.

Au milieu de nos malheurs, la France a les yeux sur vous ; elle compte sur votre courage ; faisons tous nos efforts pour que cet espoir ne soit pas trompé.

Au grand quartier général de Lus, le 10 novembre 1870.

Le général commandant en chef,

Signé : D'AURELLE.

RAPPORT DU GÉNÉRAL EN CHEF DE L'ARMÉE DE LA LOIRE SUR LA BATAILLE DE COULMIERS, LIVRÉE LE 9 NOVEMBRE 1870

Monsieur le ministre,

J'ai l'honneur de vous adresser le rapport sur la bataille de Coulmiers, livrée dans la journée du 9 novembre.

Dès la fin du mois dernier, il avait été décidé, à la suite d'un conseil de guerre tenu à Tours, qu'on tenterait une opération combinée pour occuper Orléans, qu'on devait attaquer du côté de l'Ouest, par les troupes directement placées sous mes ordres, et du côté de l'Est, par les troupes du général des Paillères, le tout agissant sur la rive droite de la Loire.

Diverses circonstances, survenues au moment même de l'exécution du mouvement de concentration, ne permirent pas de donner immédiatement suite à ce sujet.

Le 5 au soir, il fut décidé, d'après les instructions reçues du ministre de la Guerre, que l'on reprendrait cette opération, et le général des Paillères, établi à Argent et à Aubigny-la-Ville, reçut l'ordre de partir le lendemain 6, pour se diriger, par Gien et la forêt d'Orléans, sur cette dernière ville, en lui laissant toute liberté de mouvement, de manière à arriver le 10 au soir ou le 11 au matin, suivant les événements.

Le reste de mes troupes, qui était établi sur ma droite et

en arrière de la forêt de Marchenoir, depuis Mer jusqu'à
Viévy-le Rayé, ne devait se porter en avant que le 8, afin de
donner au général des Paillères le temps de faire son mouvement.

Dans la matinée du 8, l'armée vint occuper les positions
suivantes : les généraux Martineau et Peytavin s'établirent
entre Messas et le château du Coudray; le général Chanzy
entre le Coudray et Ouzouer-le-Marché; le général Reyau
avec la cavalerie à Prénouvellon et Sérouville; mon quartier
général à Poisly.

L'ordre de marche, pour la journée du lendemain, portait qu'une partie des troupes du général Martineau irait
prendre position entre le Bardon, à droite, et le château de
la Touanne, à gauche, que le général Peytavin s'emparerait successivement de Bacon, de la Renardière et du
Grand-Lus, pour donner ensuite la main à la droite du
général Chanzy, en vue d'attaquer le village de Coulmiers;
d'après nos renseignements, l'ennemi s'était fortement retranché.

Ma réserve d'artillerie et le général Dariès, avec ses ba·
taillons de réserve, devaient soutenir ce mouvement.

Le général Chanzy devait exécuter par Charsonville,
Epieds et Gémigny, un mouvement tournant appuyé sur la
gauche par la cavalerie aux ordres du général Reyau, lequel avait pour instructions de chercher à déborder autant
que possible l'ennemi par sa droite. Les francs-tireurs de
Paris, sous les ordres du lieutenant-colonel Lipowski, avaient
l'ordre d'appuyer, sur la gauche, le mouvement de la cavalerie.

Le 9, dès 8 heures du matin, toutes les troupes se mirent,
en mouvement, après avoir mangé la soupe.

La portion des troupes du général Martineau, désignée
pour agir sur la droite, effectua son mouvement sans rencontrer l'ennemi.

Une moitié des forces commandées par le général Peytavin, soutenue elle-même par la réserve d'artillerie, enleva
d'abord le village de Bacon, et se dirigea ensuite sur le
village de la Rivière et le château de la Renardière, où
l'ennemi était fortement établi dans toutes les maisons du
village et dans le parc. Cette position, vivement attaquée par
trois bataillons, le 6e bataillon de chasseurs de marche, un

bataillon du 16e de ligne et un du 33e de marche, fut enlevée malgré tous les efforts de l'ennemi pour s'y maintenir. Dans cette attaque, dirigée par le général Peytavin en personne, qui ne pouvait être soutenu que très difficilement par l'artillerie, parce que nos tirailleurs occupaient une partie du village, les troupes déployèrent une vigueur remarquable. La seconde moitié des troupes du général Peytavin se portait en avant, tandis que la position de la Renardière était enlevée, occupait le château du Grand-Lus sans trouver de résistance, et faisait appuyer sa gauche vers le village de Coulmiers.

Sur la gauche, les troupes du général Barry marchaient par Champdry et Villarceau, qui était le centre de la ligne ennemie et qui était très fortement occupé. Arrêtées dans leur marche par l'artillerie prussienne, elles ne purent arriver que vers 2 heures et demie à Coulmiers, devant lequel se trouvaient déjà les tirailleurs du général Peytavin.

Les tirailleurs, auxquels se joignirent ceux du général Barry, se jetèrent au pas de course et aux cris de : « En avant! Vive la France! » dans les jardins et le bois qui sont au sud de Coulmiers, y pénétrèrent malgré la résistance furieuse de l'ennemi, mais ne purent se rendre maîtres du village. L'ennemi, qui s'y était retranché et qui avait accumulé sur ce point une grande partie de ses forces et de son artillerie, faisait les plus grands efforts pour s'y maintenir, afin de protéger la retraite des troupes de sa gauche, qui se trouvaient d'autant plus compromises que notre mouvement en avant s'accentuait davantage.

Pour faire cesser cette résistance, le général en chef appela le général Dariès et la réserve d'artillerie. Cette dernière s'établit en batterie à hauteur du Grand-Lus ; et, après un feu des plus violents pendant plus d'une demi-heure, finit par réduire au silence les batteries de l'ennemi.

En ce moment, les tirailleurs, soutenus par quelques bataillons du général Barry, conduits par le général en personne, reprirent leur marche en avant et pénétrèrent dans le village, d'où ils chassèrent l'ennemi vers 4 heures du soir.

Dans cette attaque, les troupes du général Barry, 7e bataillon de chasseurs de marche, 31e régiment d'infanterie de marche, et le 22e de mobiles (Dordogne), montrèrent beaucoup de vigueur et d'entrain.

A gauche du général Barry, une partie des troupes du contre-amiral Jauréguiberry, éclairées sur leur gauche par les francs-tireurs du commandant Liénard, traversèrent Charsonville, Epieds, et arrivèrent devant Cheminiers, où elles furent assaillies par une grêle d'obus. Elles déployèrent leurs tirailleurs, mirent leurs batteries en position, et continuèrent leur marche en ouvrant un feu de mousqueterie. La lutte que soutinrent ces troupes fut d'autant plus sérieuse, qu'elles furent longtemps exposées, non seulement aux feux partant de Saint-Sigismond et de Gémigny qui étaient devant elles, mais encore à ceux de Coulmiers et de Rosières qui n'attiraient pas encore l'attention du général Barry.

Il était à peu près 2 heures et demie. A ce moment, le général Reyau fit prévenir le général Chanzy que sa cavalerie avait éprouvé une résistance sérieuse; que son artillerie avait fait des pertes en hommes et en chevaux; qu'elle n'avait plus de munitions, et qu'il était dans l'obligation de se retirer.

Pour éviter un mouvement tournant que l'ennemi aurait pu tenter par suite de cette retraite, le général Chanzy, qui dans cette journée a montré du coup d'œil et de la résolution, porta sa réserve en avant, dans la direction de Saint-Sigismond, en la faisant soutenir par le reste de son artillerie de réserve.

Le contre-amiral Jauréguiberry était parvenu à faire occuper le village de Champs par un bataillon du 37e; mais, à peine arrivé, attaqué par de l'artillerie et des colonnes d'infanterie qui entraient en ligne, ce bataillon dut abandonner le village.

L'énergique volonté de l'amiral parvint cependant à nous maintenir dans nos positions jusqu'à 4 heures et demie, et l'arrivée d'une batterie de 12 réussit à maîtriser l'artillerie ennemie.

Pendant ce laps de temps, le 37e de marche et le 33e de mobiles ont été fortement éprouvés. A 5 heures, toutes les troupes de l'amiral Jauréguiberry se portèrent à la fois en avant et s'emparèrent au pas de charge et à la baïonnette des villages de Champs et d'Ormeteau.

Après la prise de ces villages, dont le dernier avait été soigneusement crénelé et admirablement disposé pour la défense, l'ennemi, en pleine retraite, fut poursuivi, tant qu'il fit clair, par le feu de notre artillerie.

En résumé, dans la journée du 9, nous avons enlevé toutes les positions de l'ennemi, qui, d'après l'aveu d'officiers bavarois faits prisonniers, doit avoir subi des pertes considérables. Nous avons eu à lutter contre le 1er corps d'armée bavarois, assisté de cavalerie et d'artillerie prussiennes.

Cette journée eut pour résultat d'obliger l'ennemi à évacuer non seulement toutes les positions retranchées qu'il occupait derrière la rivière des Mauves et les environs d'Orléans, mais encore d'abandonner en toute hâte cette ville, pour battre en retraite sur Artenay par Saint-Péravy et Patay, en laissant entre nos mains plus de 2 000 prisonniers, sans compter tous les blessés.

La pluie et la neige qui étaient tombées toute la nuit et dans la journée du lendemain, et qui avaient détrempé les terres, rendirent impossible une poursuite qui eût pu nous donner de plus grands résultats. Malgré ces difficultés, une reconnaissance poussée jusqu'à Saint-Péravy s'empara de deux pièces d'artillerie, d'un convoi de munitions et d'une centaine de prisonniers dont cinq officiers.

Le général des Paillères, dont la marche sur Orléans avait été calculée sur une plus longue résistance de l'ennemi, marcha quatorze heures dans la journée du 9, dans la direction du canon, et, malgré ses efforts, ses têtes de colonne ne purent arriver à la nuit que jusqu'à Chevilly.

Nos troupes d'infanterie de ligne et nos mobiles qui voyaient le feu pour la première fois, ont été admirables d'entrain, d'aplomb et de solidité.

L'artillerie mérite de grands éloges, car, malgré des pertes sensibles, elle a dirigé son feu et manœuvré, sous une grêle de projectiles, avec une précision et une intrépidité remarquables.

Nos pertes de cette journée ont été d'environ 1 500 hommes tués ou blessés.

Le colonel de Foublonge, du 31e de marche, a été tué. Le général de division Ressayre, commandant la cavalerie du 16e corps d'armée, a été blessé par un éclat d'obus.

Je ne saurais trop vous dire, monsieur le ministre, combien j'ai eu à me louer de la vigueur que l'armée tout entière a montrée dans cette journée. Il serait trop long de citer tous les actes de courage et de dévouement qui me sont signalés.

J'ai l'honneur de recommander à votre sollicitude les demandes de récompense que je vous adresse, et qui sont justifiées par des faits d'armes accomplis dans cette circonstance.

Agréez, monsieur le ministre, l'assurance de mon profond respect.

Le général en chef de l'armée de la Loire,

D'AURELLE.

COURTALAIN, 10 novembre 1870. — *Général commandant supérieur Ouest à Guerre, Tours.* — Aurais pu faire occuper hier soir Châteaudun par une portion des troupes de ma colonne, mais la dépêche du général d'Aurelle m'est arrivée trop tard pour pouvoir le faire. Me trouvant sans communications télégraphiques, nous ne serons réunis que ce soir dans cette ville, sauf une demi-batterie qui n'a pas encore rejoint, par suite d'une fausse direction. J'ai reçu ce matin une dépêche du général d'Aurelle qui me dit : « Si vous êtes à Châteaudun le 9, faites, le 10, un mouvement de mon côté et poussez tant que vous pourrez. » Le général d'Aurelle a sans doute oublié qu'il ne m'a jamais fait part de ses projets et j'ignore complètement où est son armée; j'ai besoin d'avoir ces renseignements pour ne pas aller me jeter sur l'ennemi avec une colonne composée de bataillons de mobiles formée après les autres et non encore organisée et, pour ainsi dire, sans artillerie; car je n'ai même pas encore une bouche à feu par 1 000 hommes. Les hommes n'ont que 60 cartouches pour tout approvisionnement. Je n'ai aucun service administratif organisé, pas d'intendant, pas de vivres, pas d'ambulances. D'autre part, le pays est épuisé et ne nous fournit pas de ressources. Il faut absolument que je trouve des vivres à Châteaudun, surtout si je dois me porter en avant; il m'est indispensable de savoir quelle direction prendre pour exécuter le mouvement que m'a prescrit le général d'Aurelle. Je suis informé de source certaine que le prince Albert a hier quitté Chartres avec 15 000 hommes et 54 bouches à feu. J'envoie une dépêche semblable au général d'Aurelle, mais comme je ne suis pas certain qu'elle lui parvienne, je vous prie de la lui faire parvenir.

SAINT-CYRIEN-VAL, 11 novembre 1870. — *Général des Paillères à ministre Guerre, Tours.* — Après avoir marché quatorze heures dans la direction du canon, je suis arrivé hier à Fleury. J'en suis parti ce matin et suis établi à Chevilly; ce matin poursuivi la queue d'un convoi, fait quelques prisonniers, resté à Chevilly pour rallier convois et arrièregarde. Hommes très fatigués.

Un camp considérable se forme à Corbeil. On annonce un corps prussien aux environs d'Étampes; nouvelle qui mérite confirmation.

SAINT-CYRIEN-VAL, 11 novembre 1870. — *Général d'Aurelle au général Fiéreck à Châteaudun.* — Notre opération a réussi; nous sommes à Orléans; votre concours nous a été très utile pour couvrir notre gauche; ne nous est plus nécessaire. Votre présence doit être utile au Mans. Je pense donc que vous pouvez rentrer à moins d'ordres contraires que vous pourriez avoir reçus ministre.

SAINT-CYR, 11 novembre 1870. — *Général d'Aurelle à Guerre, Tours.* — Temps affreux et froid, pluie et neige; à Villeneuve-Dingré, mon quartier général est chez le maire, nous nous sommes mis en mouvement à midi pour nous rapprocher de la route de Paris. Je n'ai pas encore les rapports du général Chanzy, mais nous n'avons rien entendu et les renseignements faisaient connaître que les Prussiens avaient traversé Saint-Péravy et Patay pour se retirer sur Artenay et Tours où ils avaient rallié un corps d'armée nombreux venant de Paris.

Le général des Paillères me ralliera demain. Je vais faire étudier les positions; envoyez-nous des outils, des vivres, des munitions à Orléans et augmentez notre artillerie si c'est possible avec du gros calibre. Le génie du 17e corps pourrait nous être bien utile dans ce moment. J'aurais besoin d'ingénieurs pour l'exécution des travaux qui doivent être le plus rapides possible.

DOCUMENTS COMMUNIQUÉS

11 novembre 1870.—. L'armée de la Loire, sous les ordres du général d'Aurelle de Paladines, s'est emparée hier d'Orléans après une lutte de deux jours.

Nos pertes, tant en tués qu'en blessés, n'atteignent pas 2000 hommes; celles de l'ennemi sont plus considérables.

Nous avons fait plus d'un millier de prisonniers et le nombre augmente par la poursuite. Nous nous sommes emparés de 2 canons, modèle prussien, de plus de 20 caissons chargés de munitions et attelés, et d'une grande quantité de fourgons et voitures d'approvisionnement. La principale action s'est concentrée autour de Coulmiers, dans la journée du 9. L'élan des troupes a été remarquable, malgré le mauvais temps.

Tours, 11 novembre 1870. — *Guerre à d'Aurelle.* — Le gouvernement remercie les troupes de leurs efforts et vous félicite de votre succès. A vous reviendra l'honneur et le bonheur d'avoir changé la fortune de nos armes. Nous approuvons pleinement les dispositions que vous avez prises autour d'Orléans pour vos troupes, et nous allons nous occuper de satisfaire à toutes vos demandes. Toutes vos propositions de récompenses seront approuvées. Les généraux Borel, Peytavin et Longuerue seront faits divisionnaires. M. Gambetta aura le plaisir de le leur confirmer de vive voix demain. Vous recevrez prochainement des instructions; en attendant, redoublez de vigilance, en prévision d'un retour offensif.

De Freycinet.

12 novembre 1870. — *Guerre à général, Langres.* — Merci de vos renseignements sur capitulation de Metz. Continuez à vous informer pour nous tenir au courant.

Tours, 13 novembre 1870. — *Guerre à général d'Aurelle.* — Général, ainsi que je vous l'ai dit hier avec insistance, vous devez considérer Orléans comme une nouvelle base d'opération. Dès lors, il importe de ne pas s'y enfermer indéfiniment, mais il faut au contraire envisager le camp retranché que vous y faites établir comme un refuge dans lequel vous rentrerez après des expéditions heureuses.

Il serait dangereux, selon moi, d'attendre patiemment à Orléans que des forces supérieures vinssent nous attaquer. Si, par exemple, une occasion favorable s'offrait d'écraser à quelque distance un corps inférieur en nombre, vous devriez évidemment en profiter.

Or, la situation présente est celle-ci : d'un côté, au delà d'Artenay, sont réunies des forces que les évaluations les plus plus élevées mettent à 55 000 hommes, et que je suppose devoir être d'une quarantaine de mille, avec une nombreuse artillerie. En même temps, des corps paraissent vouloir venir du côté de Pithiviers et de Montargis. Peut-être que d'autres encore viennent de Paris ou de Chartres. Je n'en suis point inquiet, car je crois fermement que vous serez en mesure de résister à leurs efforts combinés. Mais la question se pose de savoir s'il ne serait pas avantageux, pour vous, de vous porter au-devant de ces diverses forces et de les écraser successivement. Ainsi, n'y aurait-il pas lieu, par exemple, de vous porter au-devant d'Artenay et d'y livrer bataille avant l'arrivée des renforts?

Je vous prie d'étudier attentivemement cette question, et dans le cas où vous la résoudriez dans le sens de l'affirmative, vous me le feriez connaître par le télégraphe. En ce cas, vous devriez évidemment commencer par faire demain des reconnaissances approfondies pour déterminer avec exactitude l'importance et la position des corps prussiens, et ce ne serait que si la partie vous semblait vraiment belle que vous la tenteriez. Vous vous mettriez alors en marche après-demain mardi, et vous livreriez bataille mercredi. Pendant ce temps-là, vos travaux de défense continueraient au camp d'Orléans avec persistance.

Quelle que soit votre décision à cet égard, ne perdez pas de vue que vos troupes doivent, en tout cas, faire de longues promenades, vraies expéditions militaires, autour de vous. Lancez chaque jour une colonne de 20 à 30 000 hommes pour nettoyer le pays.

Campagne de Paris (*suite*). — Batailles de Loigny et de Patay. — Évacuation d'Orléans.

VILLENEUVE D'INGRÉ, 14 novembre 1870. — *Général d'Aurelle à ministre de la Guerre, à Tours.* — Le 11, en avant de Patay, à Rouvray, les francs-tireurs de Paris ont tué cinq cuirassiers blancs et pris trois autres; le 12, tué un cuirassier blanc et fait plusieurs prisonniers; le 13, avec le détachement de cavalerie de Patay, ils se sont emparés, dans la direction d'Orgères, de deux cuirassiers blancs dont un sous-officier, et d'un uhlan.

Le 14, le sous-lieutenant Collignon et huit cavaliers du 2ᵉ de cavalerie légère mixte, en reconnaissance, ont pris, en avant de Dambron, près des avant-postes ennemis, un lieutenant de hussards de Blucher (Poméranie) et son ordonnance. Cet officier était seul en reconnaissance. Ce matin, les francs-tireurs de Paris ont tué quelques cavaliers prussiens (cuirassiers) près d'Orgères, et repris des réquisitions.

15 NOVEMBRE

MESURES PRISES POUR LA DÉFENSE D'ORLÉANS
EN PRÉVISION D'UNE ATTAQUE

Ordre général.

L'ensemble du projet de défense est basé sur une forte occupation de la forêt et sur une ligne de retranchements et de batteries qui, partant de Chevilly, va aboutir vers le village de la Chapelle, en passant par Gidy, Boulay, les Ormes et le Bout-de-Coute.

Mais avant de se retirer dans cette position, il y a lieu de tenir une ligne d'avant-postes fortifiés, de manière à retarder la marche de l'ennemi, en lui faisant éprouver le plus de pertes possible.

La ligne d'avant-postes fortifiés passerait, en partant de la droite, par Provenchère, Huêtre, Coinces, le Chêne, Saint-Peravy, Coulimelle, Saint-Sigismond et Coulmiers. Il y aurait lieu de fortifier aussi et de mettre en état de défense le village de Briey.

Pour l'exécution de ce projet de défense, il est nécessaire de modifier l'emplacement des troupes.

Si le 16e corps était attaqué dans sa position actuelle, il lui serait très difficile de suivre sa ligne de retraite, qui est la grande route de Châteaudun à Orléans, et dans le cas où son centre serait forcé, il ne pourrait plus se retirer que par Gémigny et Rosières, et peut-être même serait-il jeté en dehors par Ouzouer-le-Marché. Le même danger menacerait aussi toute notre cavalerie, qui se trouve sur la gauche de Saint-Péravy, et qui pourrait être séparée du reste de l'armée.

D'un autre côté, Chevilly, qui est le point le plus avancé et qui sert de pivot à la ligne de défense, doit être très fortement occupé.

Enfin le 15e corps, dont la 1re et la 2e division sont entre Gidy et Chevilly, et la 3e division tout à fait à l'extrême gauche, devra occuper fortement les positions assignées à ses divisions.

Pour la facilité du commandement, il importe de concentrer les troupes des 15e et 16e corps comme il suit :

15e *corps d'armée.* — 1re division entre Chevilly et Saint-Lyé; 2e division entre Gidy et Boulay occupant les avant-postes fortifiés de la Provenchère et de Huêtre.

3e division entre Gidy et Boulay, occupant Briey, qui devra être mis en état de défense.

16e *corps d'armée.* — Une division à Saint-Péravy, occupant les villages de Coinces, le Chêne, Coulimelle, Saint-Sigismond, Gémigny, Rosières et Coulmiers.

Une division aux Barres et à Bucy-Saint-Liphard.

Toute la cavalerie du 15e corps qui est à la gauche, moins une brigade, qui ttera celle du 16e corps et ira s'établir à Saint-Lyé.

Dans le cas où l'ennemi nous obligerait à quitter la ligne d'avant-postes fortifiés, les troupes du 15e corps se replieraient en arrière des retranchements, de manière à défendre l'espace compris entre Boulay et Chevilly.

Le 16e corps, après avoir reporté en arrière et rallié les troupes des avant-postes, aurait à défendre tout ce qui se trouve au sud de la route de Châteaudun, appuyant sa droite aux Barres, et faisant pivoter sa gauche autour de ce point, en profitant de tous les bois dont le pays est couvert, pour arrêter ou tout au moins retarder la marche de l'ennemi.

Il est essentiel que la réserve d'artillerie du 15ᵉ corps puisse s'établir du côté de Clos-Aubry ou de la Haute-Épine, pour avoir sa ligne de retraite assurée, et pour contribuer à la défense des ouvrages.

Quant au parc du 16ᵉ corps, on devra le faire rétrograder, pour le placer en arrière d'Ormes.

16 novembre 1870. — *Général d'Aurelle à Guerre.* — Je viens de voir le chef d'état-major du 17ᵉ corps d'armée.

Voici les emplacements que je propose pour les troupes de ce corps :

La 1ʳᵉ division, à peu près organisée, à Ouzouer-le-Marché, ayant sa réserve d'artillerie derrière elle.

La 2ᵉ division entre Beaugency et Josnes.

La 3ᵉ division à Marchenoir.

Le quartier général à Lorges.

Une brigade de cavalerie cantonnée à Charsonville, Sérouville et Binas, l'autre brigade à Écoman.

Le parc d'artillerie à Marchenoir.

SAINT-PÉRAVY, 17 novembre 1870. — *Chanzy à Guerre.* — Pour reconnaître exactement les positions de l'ennemi en avant de nous, le lieutenant-colonel Lipowski, parti hier avec deux compagnies de francs-tireurs et un peloton de chasseurs, s'est porté sur Viabon qu'il a trouvé occupé par le 10ᵉ régiment de lanciers prussiens. Deux escadrons ont résisté pour couvrir la retraite du prince Albrecht, qui, logé dans le village, a fui précipitamment dans la direction de Voves avec le reste du régiment. On a tué une vingtaine de uhlans, blessé une dizaine dont plusieurs ont été abandonnés par l'ennemi, fait un prisonnier et pris quelques chevaux. Le colonel Lipowski a couché au château de Cambrai; il est rentré ce matin à Patay, par Voves, Villeprévot et Tillay où il a encore rencontré un escadron de uhlans venant de Janville et auquel il a tué et blessé quelques hommes.

Les gens du pays ont entendu le canon dans la direction de Bonneval. Tout fait présumer un mouvement de ce côté.

VILLENEUVE-D'INGRÉ, 18 novembre 1870. — *Général d'Aurelle, à Guerre.* — Monsieur le ministre, malgré les mauvais temps nos travaux marchent bien. Les terrassements sont avancés, surtout ceux des batteries. Dès aujourd'hui, nous aurons deux batteries armées de canons de marine à Chevilly et à Gidy.

On poursuit le développement des tranchées-abris; enfin on met en même temps en état de défense une ligne de postes avancés, à la Provenchère, Huêtre, Briey, Coinces, Saint-Péravy, Coulimelle, Saint-Sigismond, Gémigny, Rosières et Coulmiers.

La ligne de défense principale formée par la lisière de la forêt depuis Saint-Lyé jusqu'à Chevilly, et qui se continue par Gidy, Boulay, Ormes, Ingré, présente un développement considérable, qui exige des forces nombreuses pour la garder. Aussi est-il urgent de pousser activement les travaux autour d'Orléans, et d'arriver à armer le plus tôt possible les batteries projetées autour de cette ville et destinées à recevoir les canons de la marine.

Ce ne sera que lorsque tous ces travaux seront terminés et que ces batteries seront armées, que l'armée aura sa liberté d'action.

Depuis le 13, le prince Albrecht, avec une trentaine de mille hommes, dit-on, a fait un mouvement vers Chartres et jusqu'à Dreux.

Le général Fiéreck m'informe, par le télégraphe, que la partie de ses troupes qui était le plus au nord, forcée de se retirer devant l'ennemi, a été obligée de battre en retraite au delà d'Évreux.

Ce mouvement divergent, joint à celui qui a été prescrit par le général Durrieu pour concentrer ses troupes autour de la forêt de Marchenoir, a enlevé une grande partie des forces dont disposait le commandant supérieur de l'Ouest. Il continue cependant à garder la ligne de la Conie et celle du Loir jusqu'à Châteaudun.

J'ai prescrit au général Durrieu, dont la 1re division doit se porter à Ouzouer-le-Marché, de remonter jusqu'à la Conie avec ses divisions, son artillerie et sa cavalerie, pour défendre cette ligne dans le cas où elle serait sérieusement menacée par l'ennemi.

Cet officier général prendrait alors, de ce côté, la direction des opérations.

Avec les troupes des 15° et 16° corps, nous occupons comme avant-postes Patay et Artenay, tous les deux fortement retranchés.

Une partie des francs-tireurs du lieutenant-colonel Lipowski sont derrière la Conie.

Tous les jours notre cavalerie et les francs-tireurs poussent en avant des reconnaissances, dans lesquelles nous faisons souvent des prisonniers. Hier, le lieutenant-colonel Lipowski a surpris, avec deux compagnies, à Viabon, un régiment de uhlans. Le prince Albrecht, qui était établi dans une des auberges du village, s'est sauvé en toute hâte. On a trouvé chez lui des ordres de mouvement que j'ai l'honneur de vous adresser avec leur traduction. Ce document ne laisse aucun doute sur les projets de l'ennemi sur Chartres et Bonneval.

Les 30 000 hommes qui sont du côté de Chartres ne comprennent pas toutes les troupes qui sont devant nous; il résulte des renseignements recueillis qu'il restait encore des forces considérables dans le triangle formé par Angerville, Joinville et Gouillons, et que tous ces villages ont été mis successivement en état de défense.

En outre, des renseignements fournis par le sous-préfet de Montargis, et qui sont donnés comme certains, font connaître qu'un corps de 30 000 hommes serait venu avant-hier, 16 du courant, de Malesherbes, et se serait dirigé sur Pithiviers et sur Sermaise. Dans la journée d'hier, Pithiviers aurait été occupé par des forces nombreuses. Ce renseignement est donné comme certain par le sous-préfet de Montargis.

La direction prise par ce corps ennemi prouve qu'il s'est porté dans le triangle indiqué ci-dessus. S'est-il arrêté là avec les troupes déjà réunies sur ce point, ou a-t-il appuyé vers l'ouest, du côté de Chartres? C'est ce que j'ignore encore.

Dans tous les cas, cette lenteur de l'ennemi à s'approcher de nous, nous permet d'exécuter nos travaux de défense et de rendre difficile toute tentative qu'il pourrait faire sur Orléans.

Agréez, etc.

Général D'AURELLE.

Tours, 19 novembre 1870. — *Guerre à général d'Aurelle.* — Général, je vous écris quelques mots au sujet de nos forces, pour que vous puissiez envisager l'ensemble des ressources mises à votre disposition.

Actuellement, le 17e corps, commandant Durrieu, comprenant une quarantaine de mille hommes, est réuni entre Meung et Châteaudun. Il est placé sous votre direction et protège votre aile gauche. Il est lui-même protégé par des troupes dispersées entre Châteaudun et Nogent-le-Rotrou, que je m'occupe de réunir sous les ordres du commandant Jaurès, de la marine (capitaine de vaisseau), lequel obéira également à vos directions stratégiques.

A votre aile droite, j'ai appelé l'armée de Crouzat à Gien. Elle compte actuellement, y compris une division du 18e corps, qui s'y trouve momentanément jointe, une cinquantaine de mille hommes. Elle vous obéira de même.

Enfin nous formons à Nevers, sous le commandement de Bourbaki, le 18e corps, qui sera prêt dans quelques jours et qui, avec la division jointe momentanément à Crouzat, comptera 45 000 hommes.

Ainsi vous aurez à votre gauche une soixantaine de mille hommes, et à votre droite près de 80 000 hommes prêts à vous appuyer et obéissant à vos directions stratégiques.

Quoique vous n'accordiez, je le sais, aucune confiance à des corps aussi récemment formés, je continue à penser qu'il y a là un élément d'action à un moment donné.

L'artillerie de Crouzat est d'une soixantaine de bouches à feu, et celle de Durrieu un peu supérieure. Le corps de Bourbaki va avoir également son artillerie complète.

Je vous engage à examiner si vous n'augmenteriez pas sensiblement la force de ces corps en les échangeant graduellement avec ceux qui sont actuellement sous votre main. Ainsi peut-être pourriez-vous faire permuter le corps de Chanzy avec celui de Durrieu, que vous façonneriez à votre austère discipline, et un peu plus tard vous remplaceriez l'ancienne division des Paillères par le corps de Crouzat. Vous auriez alors à vos ailes des forces mobiles bien constituées, douées d'initiative, et vous tiendriez au centre les forces nouvelles, que vous façonneriez peu à peu, comme vous avez fait pour les 15e et 16e corps.

Ce sont des réflexions que je vous livre, et vous verrez la suite qu'il conviendrait de leur donner.

Je vous engage également à étudier, avec vos généraux, la meilleure direction à donner à cette force totale de 250 000 hommes que vous allez avoir sous la main. Nous ne pouvons demeurer éternellement à Orléans. Paris a faim et nous réclame.

Étudiez donc la marche à suivre pour arriver à nous donner la main avec Trochu, qui marcherait à votre rencontre avec 150 000 hommes, en même temps qu'une diversion serait tentée dans le Nord.

De notre côté, nous étudions un plan ici. Dès que vos idées seront un peu arrêtées sur cette grave affaire, prévenez-moi ; nous nous réunirons à Tours ou à votre quartier général pour en disserter.

Prière de m'accuser réception de la présente, et de me faire part, s'il y a lieu, de vos premières réflexions. M. de Rochefort me rapportera la réponse.

DE FREYCINET.

VILLENEUVE-D'INGRÉ, 20 novembre 1870. -- *Général en chef à Guerre.* — Monsieur le ministre, j'ai l'honneur de vous accuser réception de la lettre qui m'a été adressée par M. de Freycinet et apportée par M. de Rochefort.

Je l'ai examinée avec toute l'attention qu'elle mérite.

Et d'abord, j'ai vu que le commandement territorial de l'Ouest, que vous voulez placer sous ma direction, était d'une difficulté trop grande à exercer pour pouvoir l'accepter, et j'ai déjà eu l'honneur de décliner cette responsabilité. Les troupes de ce commandement ne sont pas mobilisables, et ne peuvent rendre de services que sur place. Leur administration deviendrait une difficulté que ne pourrait vaincre aucun intendant.

Je demande, en conséquence, que ce commandement soit laissé entre les mains du commandant territorial de l'Ouest, sauf à le rattacher celui de l'armée de Bretagne, si vous le jugez convenable.

Le général Crouzat m'écrit qu'il est aujourd'hui à Gien avec 20 000 hommes. Quant à la division du 18ᵉ corps, sous les ordres du général Feillet-Pilatrie, elle dépend du corps d'armée qui s'organise à Nevers et qui est destiné au général Bourbaki.

Toutes les troupes qui appartiennent au 18e corps sont en formation; elles ne peuvent pas compter pour marcher à l'ennemi comme des troupes constituées.

L'évaluation que vous faites de toutes ces forces est donc exagérée et en partie fictive.

Vous me proposez dans votre lettre de faire des échanges de corps de nouvelle formation, avec les 15e et 16e corps que j'ai sous la main.

Je pense que ce n'est pas à la veille d'entrer en ligne avec l'ennemi qu'il convient de faire de pareils mouvements.

Je suis forcé de réduire dans de notables proportions le chiffre de 250 000 hommes que vous indiquez comme devant être bientôt à ma disposition.

Je ferai tous mes efforts pour tirer le meilleur parti possible des troupes qui me seront confiées, mais il serait dangereux de se fier au mirage trompeur de chiffres groupés sur le papier, et de les prendre pour une réalité.

Pour étudier un plan à suivre pour arriver à donner la main au général Trochu, il serait nécessaire que je fusse au courant de ce qui se passe à Paris, et des intentions de cet officier général.

Quant au projet que vous élaborez de votre côté, je l'examinerai dès que vous voudrez bien me le soumettre.

Agréez, etc.

D'AURELLE.

Tours, 20 novembre 1870. — *Gambetta à général d'Aurelle.* — Général, la lettre que vous avez reçue de M. de Freycinet a été délibérée avec moi, et je vous prie de la considérer comme l'expression sérieuse et rigoureuse de mes vues.

Je me résume, il faut prendre trois mesures principales :

1° Il est de la plus évidente utilité d'avoir sur vos deux ailes des troupes solides et tout à fait disciplinées.

Je me plais à reconnaître que, grâce à votre vigilance et à votre énergie, vous avez transformé le moral et la conduite de vos troupes.

Il faut continuer cette salutaire éducation et l'étendre. Il est bien clair que vous ne pouvez accomplir ce travail avec précipitation et sans tenir compte des nécessités immédiates de l'action militaire ; mais il faut y penser, et aussitôt qu'il sera possible de faire une substitution entre une portion des troupes placées à votre gauche et une partie de celles que vous avez constituées, il faudra y pourvoir avec la même prudence.

Il faudra suivre la même règle pour votre droite. Tout est dans le choix du moment et la mesure.

2° J'ai en main le rapport du général Crouzat, expédié ce matin, qui porte ses forces à 55 000 hommes, et qui me paraît assez satisfait ; je ne peux donc m'expliquer à aucun degré la réduction que vous en faites au chiffre de 20 000 hommes.

D'ailleurs, quand je prévois les additions successives que vous pouvez recevoir d'ici à trois semaines, comme devant vous faire atteindre 250 000 hommes, soyez assuré que je ne prends pas des fictions pour des réalités.

J'ai trop le scrupule des intérêts en jeu pour me faire de telles illusions. Les renforts que je vous indique vous seront certainement livrés.

Orléans doit être pour nous une nouvelle base d'opérations, comme le fut Salbris. C'est de là que nous devons partir pour opérer le grand mouvement vers Paris, d'après un plan que nous arrêterons en commun.

3° A ce sujet, je vous prie de méditer de votre côté un projet d'opérations ayant Paris pour suprême objectif.

Je ne peux compter que cette préparation implique pour vous la connaissance préalable des projets du général Trochu.

Nous sommes sans nouvelles ; le hasard seul nous permet d'une façon tout à fait intermittente d'en ob-

tenir : c'est une inconnue de plus dans notre pro-
blème que nous devons être résolus à vaincre comme
bien d'autres. Pour cela il suffit de supposer une
simple chose, c'est que Paris connaît notre présence
à Orléans, et que dès lors c'est dans l'arc de cercle
dont Orléans est le point médian que les Parisiens
seront fatalement amenés à agir.

Je compte que vous voudrez prendre en considération les vues générales mais sûres d'après lesquelles
nous devons opérer, et veuillez agréer l'assurance de
mes sentiments affectueux.

LÉON GAMBETTA.

CHATEAUDUN, 20 novembre 1870. — *Général commandant à
Guerre, Tours; à général Durrieu à Mer; à général d'Aurelle
à Villeneuve; à général Chanzy à Saint-Peravy; à Directeur
général, Tours.* — D'après renseignements et rapports de mes
avant-postes, j'apprends que 400 Prussiens sont à Damma-
rie, 150 à Frenay-le-Comte; que des éclaireurs ennemis ont
été vus à Sommeray. Dans les bois de Feugères se trouvent
à peu près 300 hommes, cavalerie, artillerie et un peu d'infanterie. L'ennemi, qui aurait abandonné Voves et Orgères et
qui a été vu à Montboisier, aurait été repoussé par bataillon
de marins.

20 novembre 1870. — *Guerre à général Kératry, à Conlie.* —
Je me suis occupé, pendant une grande partie de la journée,
d'hier et d'aujourd'hui, de la question de l'armement de vos
troupes. Je crois m'être acquitté de mes devoirs envers le
pays, envers vos soldats et envers vous. Ce n'est pas la
première fois d'ailleurs que je vous donne la preuve de mon
concours dont vous ne devriez jamais douter. Je suis bien
aise de vous en avoir donné une preuve nouvelle le jour où
vous écriviez dans une dépêche[1] qui a passé sous mes yeux
que j'arme à fusils perfectionnés tous les aventuriers qui
passent à Tours au cri de Vive la République! Ce n'est point

1. Dépêche de M. de Kératry à M. Kérisouët.

ce cri qui m'empêcherait de les armer si j'avais de quoi, et je suis tout à fait surpris que vous vous soyez permis de faire un grief qui, du reste, est tout à fait injuste. Je ne vous dis rien de plus sur ce mouvement d'impatience.

MANS, 21 novembre 1870. — *Commandant artillerie sous-chef état-major à Guerre, Tours.* — Je reçois de Nogent-le-Rotrou la dépêche suivante :

« La position du colonel Rousseau à Condé, et à la Fourche a été attaquée par des forces supérieures et elle est forcée, mais on se bat encore, on évacue les approvisionnements et les munitions sur la ligne du Mans. Depuis hier nous sommes inondés de fuyards et la défense de la ville est impossible quand les troupes ne tiennent pas. Les préfets, les autorités ont pris des dispositions pour évacuer leurs services. Je n'ai aucune force ici en ce moment. J'attends vos ordres.

« LEMOINE DES MARES. »

Le général Jaurès est parti pour Nogent-le-Rotrou.

TOURS, le 21 novembre 1870. — *Guerre à général Kératry, au camp de Conlie.* — Concertez-vous avec Jaurès pour couvrir Alençon avec toutes les forces dont vous devez pouvoir disposer.

21 novembre 1870. — *Guerre à général Kératry, au camp de Conlie.* — Je vous autorise d'urgence à prendre les mobiles de Marseille installés à Laval. Je ne peux vous autoriser à prendre à Rennes les harnais que vous me demandez. Ils appartiennent au 19ᵉ corps. M. Jaurès est un officier de marine très éminent qui commande au Mans. Entendez-vous avec lui.

TOURS, 22 novembre. — *Guerre à Kératry.* — L'ennemi paraît vouloir nous pousser assez vivement dans la direction du Mans; je vous conjure d'oublier que vous êtes Breton pour ne vous souvenir que de votre qualité de Français et de vous concerter avec le général Jaurès pour opposer à l'invasion votre naissante, mais vaillante armée; c'est l'occasion de lui donner le baptême du feu.

Tours, 22 novembre, 1 h. 5 soir. — *Guerre à Kéralry.* — Je pars pour Mans avec renforts. Je vous manderai aussitôt arrivé. Jusque-là travaillez et préparez-vous à mettre en ligne les plus grandes forces que vous pourrez.

GAMBETTA.

Le Mans, 22 novembre, 4 h. 25 soir. — *Guerre à Kéralry, Conlie.* — Je suis au Mans, venez, je vous prie; il faut nous concerter pour agir et sauver la ligne du Mans que des incapables ont compromise.

GAMBETTA.

MOUVEMENT SUR PITHIVIERS

22 novembre 1870, 11 h. du soir. — *Guerre à général d'Aurelle.* — Suivant avis que vous a porté de Serres et que devait compléter un ordre spécial, le général des Paillères devra coucher à Chilleurs-aux-Bois après-demain soir, jeudi 24 courant. Le général Crouzat, de son côté, partant demain soir entre Beaune-la-Rolande et Juranville. Transmettez-lui cet ordre vous-même.

Vous recommanderez à ces deux généraux de s'éclairer très soigneusement à grande distance, à mesure qu'ils approcheront des limites de la forêt, puisque l'ennemi poursuit son défilé dans la direction de Montargis, Beaumont, Pithiviers.

DE FREYCINET.

Saint-Jean, 22 novembre 1870. — *Le général d'Aurelle à Guerre, Tours.* — Je donne l'ordre au général Durrieu de se rendre à Tours auprès de vous, et de remettre, pendant son absence, le commandement du 17e corps d'armée au général de Sonis, qu'il convient de nommer général de division, avant de le placer à la tête du 17e corps d'armée.

Tours, 22 novembre. — *Le ministre de la Guerre à général d'Aurelle, à Saint-Jean-de-la-Ruelle.* (Dépêche parvenue avec le chiffre des inspecteurs.) CONFIDENTIELLE.

J'observe beaucoup d'ordres et de contre-ordres dans les instructions données au général de Sonis, qui me paraît très bien comprendre la situation. Pour couper court à ces fausses manœuvres, je vous autorise, si vous y trouvez avantage, à confier le commandant du 17e corps au général de Sonis, à envoyer le général Durrieu à Tours auprès du ministre.

La présente dépêche vous donne pleins pouvoirs à cet égard, comme aussi de remplacer Durrieu par Jauréguiberry, en laissant de Sonis dans son commandement actuel. Si donc vous maintenez le *statu quo*, c'est sous votre propre responsabilité.

C. DE FREYCINET.

Le Mans, 23 novembre, 5 h. matin. — *Guerre à Kératry, Conlie.* — Vous commencez votre mouvement sur Saint-Calais; je reste au Mans : tous mes renforts pour vous appuyer. Allez rendre à la République et à la France un signalé service et justifier d'un coup toutes les espérances fondées sur votre valeur. Venez, nous nous battrons ensemble; nous arrêterons la marche des Prussiens; vous savez d'avance les résultats d'une heureuse résistance[1].

GAMBETTA.

Saint-Jean-de-la-Ruelle, 23 novembre 1870. — *Général en chef à Guerre.* — Monsieur le ministre, j'ai reçu la dépêche télégraphique qui me donne l'ordre de faire le mouvement sur Pithiviers, à la 1re division du 15e corps et au 20e corps, qui doivent aller coucher, demain 24, à Chilleurs-aux-Bois et Beaune-la-Rolande.

1. Le mouvement eut lieu dans les conditions indiquées; le 26, l'avant-garde prussienne, craignant de se trouver enveloppée par des forces supérieures, évacuait Saint-Calais. Le général de Kératry, au lieu de poursuivre sa marche en avant, s'arrêta à Yvrée-l'Evêque.

J'ai donné des ordres en conséquence au général des Paillères et au général Crouzat.

Après avoir pris mes dispositions pour assurer l'exécution des ordres que vous m'avez donnés, il me reste un autre devoir à remplir, c'est celui de vous faire connaître toute ma pensée au sujet de l'opération que vous avez prescrite, et sur les conséquences qu'elle peut avoir.

L'objectif que vous indiquez à M. le général des Paillères, à qui je vais confier cette opération, est Pithiviers, qui est un des cantonnements de la concentration que l'ennemi opère en avant de nous, entre Juranville, Sermaises et Pithiviers.

Il faut donc s'attendre à ce qu'une grande partie de ses forces, qu'on doit évaluer au chiffre de 70 à 80 000 hommes, vienne au secours des défenseurs de Pithiviers, ville assez considérable, protégée en avant par un ravin, défendue par un château qui ne supporterait pas un siège, mais qui devient un obstacle très sérieux, lorsqu'il est occupé et que les défenseurs ont la certitude d'être soutenus, au plus tard, dans les vingt-quatre heures.

Pithiviers est une de ces positions dont on ne doit s'emparer qu'en la tournant. Le général des Paillères ne pourra la tourner par la gauche, parce que c'est de ce côté que l'ennemi arrivera en force; le général Crouzat aura peut-être plus de facilité sur la droite; dans tous les cas, il faut s'attendre à une lutte d'autant plus sérieuse pour nous, que les terres sont détrempées et qu'il est impossible de faire mouvoir l'artillerie ailleurs que sur les chemins ferrés.

Cette lutte ne manquera pas d'attirer sur Pithiviers l'armée prussienne; pour ne pas laisser écraser des Paillères et Crouzat, nous nous trouverons dans la nécessité de nous porter en avant pour les soutenir.

Arriverons-nous à temps? Cela est douteux, attendu que Pithiviers est plus rapproché des cantonnements prussiens que des nôtres.

Donc, pour être sûre de soutenir efficacement des Paillères et Crouzat, il faut que notre armée fasse un mouvement en avant, en même temps que les deux généraux marcheront sur Pithiviers.

La conséquence à tirer de ce qui précède, c'est que l'opération proposée ne sera plus restreinte à l'occupation de

Pithiviers par une portion de l'armée, mais deviendrait une bataille générale à laquelle prendrait part toute l'armée et qu'on irait livrer à une journée de marche de la position fortifiée que nous avons étudiée et armée avec beaucoup de soin.

Au lieu de rester dans nos lignes, nous irions chercher l'ennemi dans les siennes, en nous exposant à embourber notre artillerie dont nous ne pourrions faire usage, vu l'impossibilité absolue de la faire marcher en dehors des chemins ferrés.

Dans de pareilles conditions et avec l'ennemi auquel nous avons affaire, l'opération que vous m'avez ordonné d'entreprendre sur Pithiviers ne me paraît pas présenter assez de chances de succès pour être poursuivie, avec d'autant plus de raison que, si elle venait à échouer, elle pourrait nous placer dans une situation très grave au point de vue militaire et au point de vue moral.

La position de Pithiviers vaut-elle qu'on joue, pour s'en rendre maître, une partie aussi sérieuse ? C'est une question que je ne fais qu'indiquer, et à laquelle le ministre seul peut répondre.

Telles sont les observations que m'a suggérées l'examen approfondi d'un plan dont vous ne m'avez fait part qu'en me donnant des ordres pour son exécution.

Dans cet examen, où j'ai été guidé par une longue expérience des choses militaires, j'ai mis de côté toute espèce de considération personnelle, et n'ai été inspiré que par l'idée du bien public et des grands intérêts du pays que nous avons à défendre, dans une circonstance aussi grave que celle où nous nous trouvons.

Je dois ajouter que le général des Paillères, qui est venu conférer avec moi au sujet de ce projet, partage tout à fait ma manière de voir, sur l'impossibilité qu'il y a de se servir de l'artillerie ailleurs que sur les chemins ferrés, sur les difficultés de toute nature qu'il pourrait avoir.

Recevez, etc.

Général D'AURELLE.

23 novembre 1870. — *Guerre à d'Aurelle.* — J'ai vu votre lettre apportée par capitaine d'état-major.

Des Paillères exécutera demain le mouvement prescrit,

mais s'arrêtera au-dessous de Chilleurs-aux-Bois, sans sortir de la forêt.

Crouzat exécutera de même demain soir le mouvement prescrit, mais prendra position entre Bellegarde et Boiscommun, en faisant occuper Ladon et Maizières par des avant-postes.

L'un et l'autre attendront de nouveaux ordres pour aller plus loin.

Quant à vous-même, il vous appartient de prendre des dispositions pour que le départ de des Paillères ne vous découvre en quoi que ce soit.

C. DE FREYCINET.

23 novembre 1870. — *Guerre à d'Aurelle.* — Je me suis concerté avec M. Gambetta, relativement à votre dépêche de ce matin, 9 h. 45, et voici la réponse que je suis chargé de vous transmettre :

Nos instructions d'hier soir répondent par avance à votre question pour des Paillères. Nous ne demandons pas en ce moment qu'il dépasse Chilleurs-aux-Bois, mais nous demandons simplement qu'il se masse entre Chilleurs et Loury sur les points qu'il jugera les plus avantageux, et qu'il y attende de nouveaux ordres.

Quant au mauvais état des chemins et à la dissémination relative des forces qu'entraîne le mouvement simultané vers Montargis, Beaumont, Pithiviers, nous ne nous les dissimulons pas, mais tout plan a ses risques, et nous devons croire qu'ici les risques ne sont pas plus grands qu'ailleurs, puisque aucun autre plan ne nous a été proposé par vous, et que cependant un plan quelconque est absolument indispensable, par suite des circonstances supérieures que vous connaissez. Votre dessein d'attaquer en toute direction, avec toutes vos forces réunies à Orléans, nous est indiqué pour la première fois, et quelle qu'en puisse être la valeur intrinsèque, vous remarquerez qu'il est bien tard pour y revenir, notre mouvement étant déjà fortement engagé.

Enfin, il est permis de penser que les difficultés de locomotion, que vous faites valoir à juste raison, se feront également sentir pour l'ennemi, et ne constituent pas dès lors un élément de faiblesse spécial au plan en cours d'exécution,

Vous recommanderez à des Paillères de faire des reconnaissances à très grandes distances. Ainsi, il rapporte qu'on a dit que Chambon est occupé; mais il devrait le savoir d'une manière positive par ses moyens propres. Recommandez-lui aussi d'entretenir avec vous de bonnes communications, et ne laissez pas découvrir autour de vous les positions qu'il avait pour mission de garder jusqu'ici.

C. DE FREYCINET.

Tours, 23 novembre 1870. — *Guerre à général en chef.* — Général, j'ai lu avec la plus grande attention votre lettre de ce jour, que m'a apportée votre officier de l'état-major général.

A vos objections, dont je ne méconnais pas la portée, je ferai cette simple réponse :

Si vous m'apportiez un plan meilleur que le mien, ou même si vous m'apportiez un plan quelconque, je pourrais abandonner le mien et révoquer mes ordres.

Mais depuis douze jours que vous êtes à Orléans, vous ne nous avez, malgré nos invitations réitérées, de M. Gambetta et de moi, proposé aucune espèce de plan.

Vous vous êtes borné à vous fortifier à Orléans, selon nos indications, après avoir commencé à déclarer que la position n'y serait pas tenable.

Votre avis sur ce point, je me plais à le reconnaître, paraît s'être grandement modifié, puisque vous ne désirez plus abandonner vos lignes.

Malheureusement, ce désir, que je comprends, n'est pas réalisable. Des nécessités d'ordre supérieur nous obligent à faire quelque chose, et par conséquent à sortir d'Orléans.

Ainsi que M. Gambetta et moi vous l'avons expliqué, Paris a faim et veut être secouru. Il ne dépend donc pas de nous de vous laisser passer l'hiver à Orléans. Je dis passer l'hiver, car il n'y a guère de chance que la saison devienne moins mauvaise, pendant trois ou quatre mois, qu'elle l'est en ce moment, et que l'ennemi soit moins nombreux autour de vous. Or, le nombre des Prussiens d'un côté et l'humidité du sol d'un autre côté, sont les deux objections que vous mettez en avant. Elles subsisteront, je le répète, beaucoup plus longtemps que Paris n'aura de vivres pour se nourrir.

Il faut donc sortir de l'immobilité où le salut suprême de la patrie nous condamne à ne pas rester.

A mon avis même, nous aurions déjà dû sortir. Nous aurions dû déjà nous porter vers ces positions de Pithiviers et de Montargis, qui vous inquiètent aujourd'hui si fort, et troubler, par des pointes hardies, l'éternel défilé que l'armée de Frédéric-Charles a fait au-dessus de vos têtes. Telle a été la pensée qui a inspiré ma lettre du 13 novembre, celle du 19 novembre, plusieurs dépêches, et enfin celle de M. Gambetta, du 20 novembre.

Je ne puis donc que maintenir, sauf de légères variantes introduites en conséquence de votre lettre de ce jour, les ordres précédemment donnés pour le mouvement de Des Paillères et de Crouzat, et je vous envoie, en la confirmant, copie de ma dépêche de ce soir. Ce mouvement a d'ailleurs été concerté avec M. Gambetta et a sa pleine approbation.

                              C. DE FREYCINET.

SAINT-JEAN, 24 novembre 1870. — *D'Aurelle à Guerre.* — Je croyais que, d'après vos ordres et les miens, le général Durrieu était parti pour Tours et que le général de Sonis était à la tête du 17e corps. Mais il paraît qu'interprétant mal la dépêche par laquelle vous lui prescrivez de ne partir qu'après avoir assuré le service, le général Durrieu a cru devoir rester jusqu'à l'arrivée du général de Sonis à son quartier général. Ce dernier est devant l'ennemi et ne peut pas quitter sa position. Il en résulte que le 17e corps a deux commandants en chef, et que de Sonis reçoit en même temps des ordres de nous et du général Durrieu. Donnez l'ordre à cet officier général de se rendre immédiatement à Tours, en laissant le service au chef d'état-major.

SAINT-JEAN, 24 novembre 1870. — *D'Aurelle à Guerre.* — Je reçois du général Crouzat la dépêche suivante :

« Ainsi que vous me l'aviez prescrit, j'avais établi mon corps d'armée entre Boiscommun et Bellegarde. Une tentative que j'ai faite pour occuper Maizières avec un bataillon m'a valu une attaque des plus violentes sur la route de Ladon et de Beaune-la-Rolande. La fusillade et la canon-

nade, commencées vers 11 heures, n'ont cessé qu'à 3 heures
du soir sur la route de Ladon, et à 4 heures et demie sur
la route de Beaune-la-Rolande. Nos pertes sont peu nombreuses, elles s'élèvent à une dizaine de tués et environ
cinquante blessés.

« Les mobiles ont très bien tenu, mais ils m'ont brûlé un
nombre infini de cartouches.

« D'autre part, une rencontre a eu lieu à Boiscommun
entre mes lanciers et des uhlans. Sept uhlans ont été tués
et plusieurs faits prisonniers; parmi ces derniers sont deux
deux officiers. Malheureusement le lieutenant-colonel,
M. de Brasserie, a été blessé et est resté aux mains de
l'ennemi avec quelques-uns de ses lanciers.

« Je ne sais si l'attaque se renouvellera cette nuit ou demain matin. La position est assez difficile, car l'ennemi
paraît tenir beaucoup à la route de Montargis à Beaune-
la-Rolande et Pithiviers par Ladon. J'ai deux divisions
entre Montliard et Bellegarde, une brigade qui barre la route
de Beaune-la-Rolande, et une autre qui barre la route de
Ladon.

« J'attends vos ordres pour demain. »

Ne connaissant pas le but précis des mouvements que
vous avez ordonnés, il m'est fort difficile de donner des
instructions qui pourraient s'écarter de vos intentions.

En exécutant ces mouvements, les généraux des Paillères
et Crouzat se trouvent à une très forte journée de marche
et ne peuvent pas, par conséquent, se soutenir mutuelle-
ment.

L'attaque faite contre le général Crouzat, et la résistance
qu'il a éprouvée, font douter qu'il puisse continuer son
mouvement en avant.

Dans cette situation, ces deux corps doivent-ils se réunir,
et quel serait alors leur point de concentration?

Dans la crainte que le général Crouzat ne reçoive pas ses
instructions en temps utile, je vous prie de les lui donner
directement par le télégraphe, à Bellegarde, et de me les
faire connaître.

Tours, 24 novembre 1870. — *Guerre à d'Aurelle.* — J'envoie à Crouzat la dépêche ci-après :

« Demain, 25 courant, maintenez vos positions. Retranchez-vous solidement à Montliard, Château-des-Marais, Boiscommun et Bellegarde, qui me paraissent des positions favorables. Occupez les points dominants par de l'artillerie. Vous devez commander les trois routes de Landon, Maizières et Bellegarde. Pratiquez de grands abatis d'arbres; faites fossés et retranchements; entourez-vous de fortifications passagères; et pour tous ces travaux vous avez pleins pouvoirs pour requérir largement hommes et choses. Prenez à cet égard les mesures les plus énergiques, nous vous soutiendrons. Pendant ce temps nous faisons avancer le 18e corps sur Montargis pour vous dégager. Nous vous envoyons de l'artillerie d'Orléans. Si, malgré tout, vous ne pouvez tenir dans vos positions sans vous compromettre, vous rétrograderez lentement vers Châteauneuf, et vous prendrez de bonnes positions derrière le canal d'Orléans.

« Je suis satisfait de vos mouvements jusqu'à présent, et vous féliciterez de notre part les mobiles sous vos ordres, et vous me signalerez ceux qui mériteraient une distinction; mais vous leur recommanderez sévèrement d'économiser leurs munitions.

« En ce qui concerne le général des Paillères, donnez-lui vous-même l'ordre de conserver sa position sous Chilleurs-aux-Bois, en s'y massant.

« Prenez toutes vos dispositions préliminaires, en vue de diriger les deux autres divisions du 15e corps, dans la direction de Des Paillères.

« Envoyez d'urgence, par voitures requises, deux batteries d'obusiers de montagne à Crouzat. »

SAINT-JEAN, 25 novembre. — *D'Aurelle à Guerre.* — Monsieur le ministre, j'ai l'honneur de vous adresser, ci-joint, copie de la dépêche du général des Paillères ainsi conçu :

« *Le général des Paillères au général d'Aurelle.* — Loury, 24 novembre 1870. — Mon convoi tout entier est arrivé à hauteur de Saint-Lyé. Le chemin de Saint-Lyé à Loury étant plus mauvais encore, demain je serai obligé de requérir tous les chevaux du pays pour pouvoir l'amener ici. Je ne pourrai donc aller plus loin que Chilleurs. J'attendrai des ordres pour exécuter ce mouvement. L'ennemi occupe, dit-on, Chambon. Aujourd'hui, il a attaqué Neuville-aux-Bois en force, avec pièces de canon, cavalerie et infanterie.

« Il a été repoussé par les francs-tireurs de Cathelineau. Demain un rapport sera envoyé. »

Il résulte de cette dépêche que le général des Paillères a rencontré dans les mauvais chemins des difficultés telles, que, s'il se portait en avant, il ne pourrait, dans sa première marche, dépasser Chilleurs. Il ne pourra donc pas arrêter la marche des Prussiens, qui s'opère dans la direction de l'ouest.

La concentration de l'armée prussienne faite, il est évident que nous serons attaqués dans nos positions qui avaient été bien fortifiées, ainsi que vous m'en aviez donné l'ordre. Si le général des Paillères occupait ses anciennes positions de Chevilly et de Saint-Lyé, il nous serait d'un puissant appui pour la résistance, ou pour nous porter en avant, afin d'attaquer l'armée prussienne si elle ne vient pas à nous.

Dégarnir Orléans pour se porter ailleurs, c'est découvrir notre ligne d'opérations, où se trouvent concentrés les immenses approvisionnements destinés à l'armée de la Loire, et nous exposer à les livrer à l'ennemi.

Des Paillères, ne pouvant que très lentement avancer, perdra un temps considérable. Je serais d'avis qu'il rentrât dans ses positions, et que les 15e et 16e corps réunis, soutenus par Crouzat à notre droite pour empêcher un mouvement tournant, se portassent à la rencontre de l'ennemi, ou allassent le chercher partout où on le trouvera.

Dans ce mouvement, le 17e corps me couvrirait à gauche, et ce serait peut-être le moyen d'appeler à nous la partie de l'armée prussienne qui menace Vendôme et Blois.

Remarquez, monsieur le ministre, quelle est la dissémination de nos troupes appelées à concourir au même but, lorsque nous aurions tout avantage à nous trouver réunis.

BELLEGARDE, 25 novembre 1870. — *Général Crouzat à ministre de la Guerre, Tours, et à général d'Aurelle, à Saint-Jean-de-la-Ruelle.* — J'apprends à l'instant que Montargis a été évacué ce matin à 8 heures, et que l'ennemi, se jetant sur sa droite, abandonne la route de Montargis à Beaune par Ladon et Juranville. J'enverrai demain matin une reconnaissance sur Beaune.

BELLEGARDE, 25 novembre 1870. — *Général Crouzat à Guerre, Tours, et à général en chef, Saint-Jean-de-la-Ruelle.* — Je n'ai pas été attaqué ce matin. Je viens de visiter mes lignes. J'ai une brigade à cheval à Ouzouer sur la route de Ladon, une autre sur la route de Juranville, et mes deux autres divisions, la droite et la gauche à Montliard. J'ai une compagnie à Boiscommun et deux à Saint-Loup, l'ennemi continue à passer en assez grandes masses sur la route de Montargis à Ladon et de Ladon à Beaune. Hier il a perdu beaucoup de monde. Mes reconnaissances de cavalerie qui sont allées ce matin à Ladon et à Mézières ont appris que beaucoup de cadavres prussiens, dont plusieurs officiers, étaient autour de ces localités.

CONLIE, 25 novembre 1870. — *Général Le Bouëdec à ministre guerre, le Mans. (Faire suivre Tours.)* — Prière instante de faire une enquête sur commandant L..., conduite indigne, lâche; Prussiens n'ont pas dépassé la Sarthe, j'ai été à la Hutte. Prussiens se dirigent de Mamers sur Saint-Come et Bonnétable. Les 3 pièces de 16 rayées en gare de Conlie malgré les mauvais chemins; armement de la redoute avance; chemins coupés jusqu'à Beaumont et Fresnay.

MANS, 26 novembre 1870. — *Général Jaurès à Guerre, Tours.* — Les troupes qui opéraient sous commandement général Malherbe m'arrivent.

Je vais former aujourd'hui même forte colonne pour porter sur Ardenay et Bouloire. Général Kératry annonce intention de marcher par Favigne-Lévêque et le Grand-Luce.

Je reçois à l'instant nouvelle que deux à trois cents Prussiens sont entrés à Bouloire. Colonne Rousseau très forte se met en marche.

CHATEAUDUN, 26 novembre 1870. — *Général de Sonis à Guerre, Tours, et d'Aurelle, Saint-Jean-de-la-Ruelle.* — Si des renseignements parvenus de plusieurs côtés sont exacts, ce que je n'ai pu encore vérifier, les grosses forces de l'armée prussienne auraient quitté les environs de Paris, poursuivant le mouvement sur le Mans. Des prisonniers m'affirment que

le prince royal de Prusse était à Brou. Il en résulte que
j'aurai des forces très supérieures sur les bras peut-être ce
soir. On m'annonce de deux côtés différents que l'ennemi
s'approche de Châteaudun venant de Courtalain. Je vais
partir, faites-moi soutenir. Quoique mes troupes soient très
faibles, nous ferons notre devoir. Il doit être entendu que
ma ligne de retaite en cas de malheur est Orléans par route
Saint-Péravy.

Si n'approuvez, avisez de suite. On m'annonce encore mouvement concentrique sur moi des armées Frédéric-Charles,
prince Albert et prince royal. Peut-être ces bruits sont-ils
exagérés, mais prudence commande d'être prêts à tout.

CHATEAUDUN, 26 novembre 1870. — *Général de Sonis à
Guerre, Tours.* — Il m'est impossible de tenir sur des positions comme celles que j'occupe avec si peu de monde. Je
serais écrasé et vous priverais de vos troupes; je vais partir
ce soir dans la direction de Marchenoir, quoique mes troupes
soient très fatiguées. Prévenez d'Aurelle. Brou bombardé.
Suis menacé de tous côtés; si renseignements exacts, prince
Albert marche de Courtalain sur Cloyes.

NOGENT-SUR-VERNISSON, 26 novembre 1870. — *Chef état
major 18ᵉ corps d'armée à Guerre et à général Crouzat, Bellegarde.* — Je vous ai télégraphié hier le mouvement exécuté
par le 18ᵉ corps qui occupe la ligne de Marmant, Solterre,
Saint-Hilaire, Oussoy, Thimory et Fresnoy. Tous les renseignements me signalent Montargis peu ou point occupé. Je
marche en avant et compte être placé ce soir la droite à
Montargis, la gauche à Villemoutiers, me reliant avec la
droite du 20ᵉ corps.

BILLOT.

SAINT-JEAN-DE-LA-RUELLE, 26 novembre 1870. — *Général
commandant en chef à Guerre, Tours.* — Je reçois du général
de Sonis la dépêche suivante :

« Je ne puis pas tenir dans mes positions; j'ai trop peu
de monde; l'ennemi m'entoure de trois côtés d'après renseignements; je marche sur Marchenoir, soutenez-moi;
prince Albert marche de Courtalain sur Cloyes. »

Je lui prescris formellement d'après vos ordres de battre

en retraite sur Écoman et d'examiner s'il n'y aurait pas lieu de faire une marche de nuit pour se dérober et arriver à temps à la forêt de Marchenoir.

D'AURELLE.

SAINT-JEAN, 26 novembre. — *D'Aurelle à Guerre.* — Le général Peytavin m'informe que le matériel pour transporter le régiment que vous m'avez demandé, n'arrivera qu'à 4 heures du soir. L'embarquement commencera dès que le train sera en gare.

TOURS, 26 novembre 1870. — *Guerre à général Crouzat, commandant le 20ᵉ corps, à Bellegarde (faire suivre), et à général Billot, commandant le 18ᵉ corps, à Montargis (faire suivre). Extrême urgence, pour général d'Aurelle.* — Sans nouvelles de vous, je suppose que vous occupez l'un et l'autre les positions prescrites dans ma dépêche d'hier. Sur cette base, je vous envoie pour demain dimanche 27 courant les instructions suivantes :

Vous vous concerterez (Crouzat, Billot) pour agir en commun en vue d'occuper avant la nuit Beaune-la-Rolande, Maizières et Juranville. Crouzat commandera le mouvement.

Le 20ᵉ corps (Crouzat) occupera de bonnes positions dans le voisinage de Beaune, telles que Batilly et Nancray. Le 18ᵉ corps pourra occuper de bonnes positions, près Maizières, comme Juranville, Saint-Loup. On coupera la route de Beaumont à Maizières aussi loin que possible de Maizières, et on la rendra impraticable sur la plus grande longueur.

On se retranchera avec soin dans les positions qu'on occupera et on attendra de nouveaux ordres.

Envoyez deux fois par jour des dépêches au général d'Aurelle et au ministre.

27 novembre 1870. — *D'Aurelle à Guerre.* — Le général de Sonis ayant reçu l'ordre de battre en retraite sur Écoman et la forêt de Marchenoir, le corps de Chanzy ne pourrait faire un mouvement pour protéger cette retraite sans découvrir complétement Orléans, où notre situation est déjà affaiblie par le départ de Des Paillères et d'un régiment envoyé à Tours. Il est donc indispensable que

Chanzy conserve ses positions. De Sonis faisant une marche de nuit, sera probablement au jour à Écoman.

BELLEGARDE, 27 novembre 1870. — *Général Crouzat à Guerre, Tours; à général d'Aurelle, Saint-Jean.* — Hier je vous ai télégraphié trois fois que j'occupais Bellegarde, Quiers, Montliard, Saint-Loup et le soir, avec la brigade Hainglaise, Ladon. J'envoie mon chef d'état-major à Montargis pour se concerter avec Billot qui ne répond pas à mes télégrammes de cette nuit. Je prescris à Billot de se porter sur Ladon. Lorsque sa tête de colonne y arrivera et si la journée n'est pas trop avancée, je ferai porter la brigade Hainglaise à Maizières, Juranville et Beaune pendant que ma 2e division se portera sur Beaune par Montbanais, et ma 1re division sur Saint-Michel et Naucray et Batilly. Mais je le répète: pour que le mouvement puisse être exécuté aujourd'hui, il faut que Billot arrive assez à temps à Ladon et à Lorcy.

SAINT-JEAN-DE-LA-RUELLE, 27 novembre 1870. — *Général commandant en chef à Guerre, Tours.* — Je reçois du général de Sonis la dépêche suivante de Saint-Laurent-des-Bois : « Je suis arrivé ici après avoir marché toute la nuit sur plusieurs colonnes. Tout mon monde n'a pas encore rejoint, mais ne tardera pas. Ma 1re division est à Écoman; je comptais la rapprocher de moi pour ne pas être éparpillé. Je n'ai pas encore vu la 2e et ne sais où elle est. Prière de me déterminer les positions que vous voulez que j'occupe, je n'ai que trois escadrons de cavalerie légère très fatigués. Très difficile de surveiller au loin dans ces conditions. » Voici la copie des instructions que je lui adresse afin que vous puissiez les rectifier au besoin : « Vu l'absence de nouvelles de l'ennemi de notre côté et d'après l'insistance du ministre à vous diriger sur Écoman, établissez-vous avec toutes vos forces en arrière de la forêt entre Viévy-le-Rayé et Oucques en faisant occuper tous les débouchés de la forêt depuis Saint-Laurent jusqu'à l'ouest; occupez surtout Écoman en vous y fortifiant; surveillez la vallée du Loir depuis Morée jusqu'à Pezous. »

D'un autre côté je reçois de Chanzy, à 5 heures du soir, les renseignements suivants : francs-tireurs attaqués sur

Guillonville; infanterie prussienne à Loigny se barricadant, forte colonne de cavalerie en avant de Patay avec du canon; il y a un poste télégraphique à Marchenoir.

D'AURELLE.

TOURS, 27 novembre. — *Délégué Guerre à général Kératry.* — Le ministre de l'intérieur et de la guerre a décidé que, pour établir l'unité dans le commandement des troupes destinées à opérer dans l'Ouest, le général Jaurès aurait le commandement supérieur de toutes ces forces, y compris celles placées sous votre autorité directe. Le ministre me charge de vous en informer. Je vous prie, en conséquence, de vous conformer aux instructions que vous donnera Jaurès pour toutes les opérations militaires. Le gouvernement avait espéré que vous feriez une marche plus rapide en avant, au lieu de rester à Yvrée-l'Évêque, faubourg du Mans. Je compte toujours sur votre vaillant concours.

C. DE FREYCINET.

SAINT-JEAN-DE-LA-RUELLE, 28 novembre 1870. — *Général commandant en chef à Guerre, Tours.* — Une dépêche télégraphique datée de 10 h. 30 de Bellegarde m'informe que le général Crouzat, n'ayant pas reçu à temps votre dépêche de cette nuit, est parti pour commander le mouvement sur Beaune-la-Rolande, qu'on entend une canonnade assez vive sur Maizières, que nos troupes marchent en communication avec Des Paillères.

D'AURELLE.

MARCHENOIR, 28 novembre 1870. — *Général de Sonis à M. de Freycinet, Tours.* — Permettez-moi insister sur absolue nécessité de nombreuse cavalerie légère. Je n'ai rien, je ne puis m'éclairer. Les forces prussiennes se sont déplacées et sont sur ma gauche, où devrait se produire l'effort, tandis qu'en ce moment c'est le point le plus faible.

SAINT-JEAN-DE-LA-RUELLE, 28 novembre 1870. — *Le général commandant en chef à Guerre, Tours.* — Pas de dépêche de Crouzat. Le général Des Paillères télégraphie à 2 heures et

demie : « Suis resté en communication avec Crouzat sans faire
mouvement parce que la canonnade paraissait remonter
depuis ce matin vers le nord et annonçait que nous gagnions
du terrain. » A 2 heures et demie dépêche de Crouzat à
Des Paillères disant : « Attaque sur Beaune paraît terminée
et réussie malgré vive résistance; on annonce colonne de
renfort prussiennes venant de Pithiviers, je demande du
renfort. » Le général des Paillères part demain matin avec
21 000 hommes et du canon qu'il envoie coucher à Courcy
et Chambon. Je lui donne pour instruction de combiner son
mouvement avec Crouzat de manière à menacer la ligne de
retraite de l'ennemi sur Pithiviers et d'emmener avec lui
tout ce qu'il a de munitions d'infanterie et d'artillerie de 4
et canon à balles, dans le cas où Crouzat en aurait besoin.

D'AURELLE.

28 novembre 1870. — *D'Aurelle à Guerre*. — Je reçois une
dépêche du général Crouzat qui m'annonce qu'après avoir
occupé les positions de Maizières, Juranville, Nancray, Saint-
Michel, Batilly, et attaqué Beaune-la-Rolande, il a été
obligé de se replier sur ses anciennes positions, par suite
de l'arrivée d'une forte colonne ennemie, avec beaucoup
d'artillerie, venant de Pithiviers. Il n'a pas été suivi. Je
l'engage à conserver ses positions sans reprendre l'offensive.

SAINT-PÉRAVY, 28 novembre 1870. — *Chanzy à Guerre*. —
Dans la journée d'hier de fortes reconnaissances prussiennes,
infanterie, cavalerie et artillerie, ont cherché à tâter toute
ma ligne d'avant-postes. L'ennemi, repoussé partout, a subi
quelques pertes en hommes et en chevaux, et laissé 5 prisonniers entre nos mains.

38 francs-tireurs de la Sarthe, commandés par le lieutenant de Pradun, vivement attaqués en avant de Guillonville, se sont repliés, en faisant très bonne contenance
et avec beaucoup de calme et d'ordre, sur Patay, en tuant
du monde à l'ennemi.

CONLIE, 28 novembre 1870. — *Kératry à Guerre, Tours*. —
J'ai résigné mon commandement [1].

KÉRATRY.

1. Sur l'évacuation du camp de Conlie, voir t. Ier, p. 236 et suiv.

YVRÉE-L'ÉVÊQUE, 28 novembre 1870. — *Général Gougeard, commandant le camp de Conlie, à Guerre, Tours.* —J'ai pris les ordres du général Jaurès et je les exécute. Il m'ordonne de couvrir le Mans et d'organiser mes troupes; je fortifie les hauteurs d'Yvrée et place mon artillerie sur les positions; mais les investigations auxquelles j'ai dû me livrer en prenant mon commandement ont dénoté des faits graves que je crois devoir vous faire connaître sans retard. Je n'ai aucun service d'intendance ni de solde; mon corps d'armée mange par accident, il n'y a rien de réglé; j'ai en tout 90 cartouches par fusils chassepot et, pour les fusils Spinces (ou Spincer) les cartouches n'entrent souvent pas dans les canons. Il est vrai que l'approvisionnement de l'artillerie est de 100 coups par pièce, mais une de mes mitrailleuses n'a aucune espèce de cartouches. Il est possible que des approvisionnements existent, soit à Conlie, soit ailleurs, je l'ignore. Quoi qu'il arrive; je suis ici en mesure, mais pour arriver à un maximum de puissance, il faut de toute nécessité une intendance, des approvisionnements sérieux; enfin rentrer dans la règle. J'espère même, avant peu, être prêt à prendre l'offensive, car l'esprit des troupes est excellent et j'ai pu me convaincre aujourd'hui, après la revue du général Kératry, que, si certains services spéciaux et purement personnels sont désorganisés, l'ensemble ne souffrira pas. J'envoie demain une forte reconnaissance à Connéré où l'on m'annonce la venue probable de 3 000 ennemis. Les pièces de 16 centimètres de marine que vous avez envoyées au Mans y sont encore et nous n'avons pas de munitions pour les servir.

CAMP D'YVRÉE-L'ÉVÊQUE, 28 novembre, 2 heures du matin. — *Carré-Kérisouël à uerre, Tours.* — Je reçois une dépêche de M. de Kératry datée de Conlie, par laquelle j'apprends sa démission de général en chef des forces de Bretagne.

En temps de paix, je me retirerais sans hésitation, sans examiner les raisons qui ont amené cette démission. Aujourd'hui, je laisse de côté toute question de solidarité ou d'affection blessée. Un devoir domine tous les autres, celui qui nous impose de servir notre pays dans la limite de nos forces et de nos moyens.

D'après cela, veuillez me dire, monsieur le ministre, ce

que vous voulez que je fasse; je suis entièrement à votre
disposition pour servir la France et la République. Mon frère
et mon beau-frère, mariés comme moi, sont dans l'armée,
l'un comme capitaine d'éclaireurs à cheval, l'autre comme
capitaine d'état-major, tous deux sont à Conlie. Je ne suppose pas que leur intention soit de se retirer si vous voulez
bien les maintenir.

En attendant votre réponse, je reste à l'armée qui se
porte en avant demain et, dans tous les cas, je ferai mon
devoir de soldat citoyen.

CHATEAUDUN, 29 novembre 1870. — *Général de Sonis à
Guerre, Tours.* — J'ai trouvé chevaux artillerie 17ᵉ corps
très fatigués. Les dernières marches, celle d'hier principalement, les ont complètement épuisés. Indispensable doubler
les attelages, sans cela impossible sortir des grandes routes
tellement terrain détrempé urgent envoyer cent chevaux pour
remplacer blessés et indisposés. Vous prie faire relier par
télégraphe mon quartier général avec Châteaudun. Vous
demande un chiffre pour correspondance secrète. Besoin
urgent de cavalerie légère plus nombreuse au quartier général, il n'y a plus d'intendant depuis départ de M. Cri-
zolles et de son adjoint. Vous prie instamment donner une
position honorable au général de Rouvre, trop âgé, pour circonstances actuelles, et le remplacer par colonel de Bouillé.
Pourriez-vous me donner agent intelligent et actif pour
organiser service complet espionnage?

MANS, le 29 novembre 1870. — *Général Jaurès à Guerre,
Tours.* — Colonel Rousseau à Saint-Calais informe que mouvement précipité de retraite de l'ennemi vers Mondonbleau
et Courtalin paraît certain. Dois-je toujours descendre sur la
Chartre comme avez ordonné, ou poursuivre ennemi par
Saint-Calais et Mondoubleau en envoyant colonne Rousseau
en avant? Pas d'agents télégraphiques à Saint-Calais. Répondre à préfet Mans ou général qui enverra exprès ici; attendrai réponse.

MANS, 29 novembre 1870. — *Général Jaurès à Guerre,
Tours.* — Je suis à Grand-Lus, je marche aussi vite que
possible; mais les fréquentes coupures des routes retardent

considérablement. Conformément à vos ordres je partirai demain pour la Chartre, une colonne par grande route, l'autre par forêt de Bersay; j'attends nouvelle arrivée colonne Rousseau à Saint-Calais. Distance entre la Chartre et Saint-Calais 30 kilomètres, colonne Rousseau se trouvant trop éloignée pour que je puisse l'appuyer. Il serait peut-être imprudent de la porter sur Vendôme par Epuisay, route directe. Elle pourrait se relier à moi en descendant par Troo, nous marcherions ensuite ensemble sur Montoire et Vendôme. Si approuvez, donnez ordre direct à Rousseau à Saint-Calais par télégraphe. Vous ai écrit que colonne Kératry pas prête à partir.

MANS, 29 novembre 1870. — *Colonel Rousseau à Guerre, Tours.* — Ma division est à Saint-Calais; l'ennemi est signalé en forces entre Courtalin et Châteaudun; on le signale aussi remontant vers la Ferté-Bernard. Personne à Bessé.

LADON, 29 novembre 1870. — *18ᵉ corps à Guerre, Tours; à général en chef armée de la Loire, Saint-Jean-de-la-Ruelle.* — Sur l'ordre du général Crouzat, je reporte le quartier général du 18ᵉ corps de Maizières à Ladon, le corps d'armée reste établi, la droite à Montargis, la gauche à Ladon. Je conserve un poste solide à Maizières et je garde par mes avant-postes de cavalerie la ligne de Juranville, Lorcy, Chapelon, Villevoques, Pannes, Moncresson. L'ennemi a évacué Corbeil depuis hier. Pour le moment je ne vois rien d'inquiétant devant moi. Un détachement de 5 à 6000 hommes étant signalé comme pouvant marcher sur Montargis, j'ai renforcé ce poste pour couvrir la ligne de communication de Nevers. — Après plusieurs jours de fatigues et malgré les difficultés surmontées hier, les troupes ont bonne attitude. J'ai été placé sous la direction du général Crouzat pour opérations d'hier.

Le 18ᵉ corps doit-il désormais relever de lui, comme semblerait d'indiquer son ordre de retraite ce matin, ou bien, ce qui, selon moi, serait préférable, doit-il continuer à relever du ministre ?

BILLOT.

29 novembre 1870. — *Guerre à Crouzat.* — Nous sommes

très satisfaits de votre vigoureuse pointe sur Maizières, Juranville, Beaune-la-Rolande, qui a pleinement atteint notre but, en arrêtant les mouvements tournants de l'ennemi sur le Mans et Vendôme en rappelant ses forces sur son centre. Il importe par suite que vous vous concentriez de votre côté et que vous établissiez une relation plus étroite avec Des Paillères. Vous prendrez en cor··········ence les positions suivantes :

Crouzat s'établira entre Chambon, Moulin-de ·······ult, Boiscommun, Nibelle, s'appuyant ainsi sur les magnifiques positions de la lisière de la forêt. Billot s'établira vers Bellegarde et Ladon, donnant la main à Crouzat. Le poste de Montargis conserverait sa position, et, en cas de menace. sérieuse, rejoindrait le 18e corps. Vous avez par-dessus tout, et comme premier soin, à vous retrancher dans vos positions. Requérez hommes et choses pour les travaux. Nous attendons vos rapports sur la journée d'hier pour donner les récompenses.

DE FREYCINET

MARCHENOIR, 29 novembre 1870. — *Général Sonis à Guerre, Tours; général d'Aurelle, Saint-Jean-de-la-Ruelle; général Chanzy, Saint-Péravy; capitaine de frégate Collet, Fréteval.* — Mes reconnaissances qui viennent de rentrer signalent l'abandon de leurs postes par les Prussiens et un mouvement précipité de l'ennemi dans direction d'Orléans.

Des bruits de reddition de Paris circulent dans mon camp sans que j'aie pu encore découvrir l'auteur de ces bruits.

BELLEGARDE, 29 novembre 1870. — *Général Crouzat à Guerre, Tours.* — Mes pertes sont nombreuses, mes munitions aux deux tiers épuisées. Si je suis vigoureusement attaqué, je ne tiendrai pas à Bellegarde, j'ai besoin de quelques jours de repos pour refaire mon corps d'armée et lui donner de la consistance; je prescris au 18e corps de se replier sur Ladon, je crois Montargis menacé par Ferrières. Avisez.

SAINT-JEAN, 29 novembre 1870. — *D'Aurelle à Crouzat et Guerre.* — Faites en sorte de vous maintenir dans les positions que vous occupez.

Le 18e corps, que vous avez laissé à Juranville et à Maizières, n'est-il pas en danger, et ne convient-il pas de le rappeler à Ladon?

Examinez et décidez.

SAINT-JEAN-DE-LA-RUELLE, 29 novembre 1870. — *Général commandant en chef à ministre de la Guerre, Tours.* — Aujourd'hui Varize a été attaqué très sérieusement. A la suite de cet engagement, le général Chanzy, qui s'était porté vers Tournoisis pour observer ce qui se passait, me fait parvenir la dépêche suivante :

« Je descends de cheval. L'ennemi paraît venir en forces de Châteaudun sur notre gauche. D'autres colonnes sont en avant de nous. Les francs-tireurs Lipowski ont été obligés d'abandonner Varize et Peronville après avoir subi des pertes sérieuses. La cavalerie a été engagée ce soir entre Tournoisis et Villamblain. L'ennemi a poursuivi jusqu'à Tournoisis où il a été reçu par la fusillade d'un bataillon de chasseurs à pied. Il faisait déjà nuit. Nous aurons bien certainement quelque chose de sérieux demain matin, si même il n'est rien tenté cette nuit sur nos postes. Je vais prendre des mesures et je vous écrirai dans une heure ou deux.»

Je prends mes dispositions pour repousser une attaque. Avez-vous des renseignements à me donner sur les forces qui peuvent être venues du côté de Châteaudun?

D'AURELLE.

SAINT-JEAN, 29 novembre 1870. — *Général commandant en chef à Guerre, Tours.* — Le général Dariès m'informe que deux officiers prussiens, blessés et faits prisonniers à Bellegarde, ont dit que les forces qu'ils ont réunies sont si considérables, qu'il ne leur paraît pas possible que nous puissions résister. D'après leur dire, la lutte aurait lieu entre Beaune-la-Rolande et Pithiviers, terrain étudié avec le plus grand soin par l'état-major prussien. Ces deux officiers sont partis hier soir pour Tours.

SAINT-JEAN-DE-LA-RUELLE, 29 novembre 1870. — *Général d'Aurelle à l'intendant en chef, Orléans.* — N'envoyez demain aucun convoi sur les routes de Paris, de Châteaudun et de Coulmiers, afin qu'elles soient libres. Attaque probable dès le matin.

SAINT-JEAN-DE-LA-RUELLE, 29 novembre 1870. — *Général d'Aurelle à général Crouzat, Bellegarde.* — Les renseignements que je reçois me font croire à la probabilité d'une attaque par des forces considérables pour demain matin.

Dans cette prévision, je donne l'ordre au général des Paillères de marcher au canon, de nous rallier en ne laissant que ce qui est strictement nécessaire pour garder les passages de la forêt.

Je compte sur vous pour couvrir notre flanc droit, si nous sommes attaqués, ce que le canon vous indiquera.

SAINT-JEAN-DE-LA-RUELLE, 29 novembre 1870. — *Général d'Aurelle au ministre de la Guerre, Tours.* — Je viens de donner tous mes ordres en prévision d'une attaque pour demain.

J'ai prescrit à de Sonis de se mettre en marche à 5 heures du matin, pour se porter sur Coulmiers par Ouzouer-le-Marché et Charsonville, en se débarrassant des gros bagages, qu'il enverra à Marchenoir.

Des Paillères a l'ordre de marcher au canon et de nous rallier avec le plus de monde possible, tout en gardant les passages de la forêt pa.· de forts détachements.

Enfin Crouzat a pour instruction, s'il entend le canon, de couvrir notre flanc droit.

SAINT-JEAN-DE-LA-RUELLE, 29 novembre 1870. — *Général d'Aurelle au général Chanzy, à Saint-Péravy.* — J'ai reçu votre dépêche, et, d'après les indications que vous me donnez, des ordres ont été expédiés partout pour résister à une attaque.

En prévision de cette attaque, j'ai prescrit à de Sonis de partir demain matin à 5 heures, et de se diriger sur Coulmiers, en passant par Ouzouer et Charsonville.

Des Paillères a l'ordre de marcher au canon, et de venir nous rallier avec le plus de monde possible, tout en gardant cependant les passages de la forêt.

Crouzat est prévenu, et doit appuyer notre droite. Je donne l'ordre de faire rallier demain matin aux Ormes le 8ᵉ régiment de mobiles.

SAINT-JEAN, 30 novembre 1870. — *D'Aurelle à Guerre.* — Je reçois en même temps vos deux dépêches de 10 h. 30 et dé 11 h. 50. Je suis prêt à me porter en avant pour prendre l'offensive avec le 15ᵉ et le 16ᵉ corps, en laissant le 17ᵉ devant Orléans. Pour exécuter ce mouvement j'ai besoin d'être renseigné par vous sans restriction, et le plus tôt possible, afin de pouvoir ordonner le mouvement pour le commencer dès demain matin.

Si je laisse de Sonis, faut-il le placer sur la route de Châteaudun ou de Pithiviers?

Dois-je appeler Des Paillères, qui est à Chilleurs avec sa division?

Quel doit être le rôle du 18ᵉ et du 20ᵉ corps dans cette opération?

Vous me parlez de prendre la direction du nord et du nord-est; la première me conduit à Étampes, et la deuxième à Pithivers. Laquelle des deux faut-il prendre? En un mot, où doit être mon objectif?

D'AURELLE.

TOURS, 30 novembre. — *Guerre à d'Aurelle.* — Continuez vos préparatifs en vue de vous porter en avant, route d'Étampes et route de Pithiviers, avec le 16ᵉ corps et les deux divisions du 15ᵉ, et en vue de ramener de Sonis, 17ᵉ corps, à Orléans. Ne changez pas la position de la division qui est avec Des Paillères.

Je vous expliquerai de vive voix ce que nous attendons de vous, et nous l'étudierons ensemble. Si le général Chanzy et même le général des Paillères peuvent se trouver à votre quartier général, ce soir, à 8 heures, sans compromettre en quoi que ce soit la sécurité des troupes, je serai charmé de les associer à notre conférence.

LADON, 30 novembre 1870. — *Chef état-major 18ᵉ corps à Guerre, Tours; à général d'Aurelle, Saint-Jean-de-la-Ruelle.* — D'après les renseignements qui me viennent des reconnaissances, l'ennemi, repoussé hier de divers points, reviendrait en forces vers Lorcy, Corbeille, Mignerettes. On parle de 80 canons, 2 mitrailleuses et environ 20 000 hommes. Il est à présumer que les Prussiens vont tenter de venger les échecs partiels qu'ils ont subis hier; je prends mes dispositions de défense. Je demande au général Crouzat de venir appuyer la gauche du 18ᵉ corps vers Maizières et j'appelle

le général Perrin de Montargis à Saint-Maurice pour couvrir
ma droite.

SAINT-CALAIS, 30 novembre 1870. — *Général Jaurès à
Guerre, Tours.* — La première division, colonel Rousseau,
partira demain matin pour Mondoubleau. Conformément à
vos instructions, je lui donne l'ordre de diriger le plus loin
possible, vers Courtalain, les reconnaissances de cavalerie.
Je laisse le corps de Bretagne à Yvrée, pour couvrir le Mans.
J'ai seulement recommandé à général Gougeard d'occuper
fortement les bois de la fourche formée par la route de Paris
et la route de Bouloire. Laisse au préfet du Mans quelques-
unes de mes troupes qui s'y trouvent et qu'il me demande
à conserver momentanément. Je prends position ici en attendant vos ordres.

MARCHENOIR, 30 novembre 1870. — *Général de Sonis à
Guerre, Tours.* — J'ai reçu votre dépêche; conformément
aux ordres du général d'Aurelle je pars ce matin à 5 heures,
me dirigeant sur Coulmiers pour me déployer droite aux
bois de Montpipeau, gauche près Nouvellon. Mon convoi
laissé à Marchenoir marchera sur Beaugency. Les corps
francs du capitaine de frégate Collet occupent Saint-Hilaire,
Morée, Fréteval et les bois de Fréteval. Si vous jugez à propos me faire rejoindre par la brigade de ma 1re division
et la batterie laissée à Vendôme, ordonnez directement mouvement au colonel Paris.

FRÉTEVAL, 30 novembre. — *Colonel Paris, commandant une
brigade à Morée, à Guerre, Tours.* — Arrivé à Morée et Fréteval. Prussiens évacué Cloyes; on dit Prussiens repoussés à
Villamblanc et rejetés sur Châteaudun. Pas d'ennemi dans
le pays d'après reconnaissances faites par le capitaine de
frégate Collet.

Combats de Villepion, de Coigny et de Patay.

BELLEGARDE, 30 novembre 1870. — *Général Crouzat à
Guerre; général d'Aurelle à Saint-Jean-de-la-Ruelle à général
d'Espalières, à Loury.* — Je considère comme certain que j'ai

devant moi des masses ennemies énormes; peut-être au jour serai-je attaqué; dans ce cas, je me retirerai sur la lisière de la forêt qui est derrière moi et de là aussi lentement que possible sur Ingranne, Seiche, Bruyère et Combreux. La brigade que j'avais laissée à Boiscommun a dû l'évacuer et me rallier pour ne pas être enveloppée.

1er décembre 1870. — *Crouzat à Guerre.* — Ainsi que je vous l'ai télégraphié hier soir, ma 1re division occupe Chambon et la route qui mène de Nancray à Nibelle.

Ma 3e division est campée en avant de Nibelle, se relie à gauche avec la 1re division, et a un bataillon à Chénault. Ma 2e division, se reliant à gauche avec la 3e, occupe les routes qui mènent de Boiscommun à Nesploy et à Nibelle. Le 18e corps n'occupe pas encore Nesploy, ce qui me serait d'un grand secours.

A la suite des combats de ces six derniers jours, mes divisions sont très affaiblies en hommes, et surtout en officiers.

Le 3e régiment de zouaves de marche a eu à lui seul, à Beaune-la-Rolande, 17 officiers tués ou blessés. Je vous prie de me renforcer mes divisions. J'ai un besoin absolu de 20 000 havresacs, 10 000 paires de souliers, 10 000 paires de guêtres, et du campement pour 10 000 hommes. Laissez-moi quelques jours de repos pour me refaire. Le moral de mes hommes est bon, mais ils manquent de trop de choses par le temps froid et pluvieux qu'il fait. Les trois bataillons de la Haute-Loire, 67e mobile de marche, n'ont pour tout vêtement que des pantalons et des blouses de toile complètement hors de service; comment pourraient-ils, dans ces conditions, résister au bivouac au mois de décembre?

Tours, 1er décembre 1870. — *Guerre à général Crouzat, Bellegarde, Loiret. A communiquer au général d'Aurelle.* — Je reçois votre dépêche de ce soir, 8 heures. Je ne vous cacherai pas que, faisant suite à celles que vous m'avez déjà adressées ces derniers jours, elle ne me produit 'pas une bonne impression.

Vous me paraissez bien prompt à vous décourager, et vous n'opposez pas à l'ennemi cette solidité sans laquelle le succès est impossible. Vous me parlez aujourd'hui de

quelques jours de repos. Il s'agit bien de repos, alors que
le général Ducrot, moins prompt que vous à s'inquiéter,
n'hésite pas à nous rejoindre à travers un océan d'ennemis.
Il faut marcher et marcher vite. Donc, à partir de ce moment,
et en vue de mettre nos opérations militaires à l'abri des
hésitations possibles du 20e corps, je vous place, vous et
votre corps, sous la direction stratégique du commandant
en chef du 18e corps. Dispensé désormais du soin de former
des combinaisons, j'attends de vous que vous emploierez
toute votre activité et votre énergie à relever le moral de
vos troupes. Si l'attitude de ce corps continuait à paraître
aussi incertaine, je vous en considérerais comme personnellement responsable, et vous auriez à rendre compte au
gouvernement des conséquences que cette situation pourrait
avoir. Je m'occupe d'ailleurs des fournitures que vous me
demandez si tardivement.

DE FREYCINET.

Tours, 1er décembre 1870. — *Guerre à d'Aurelle.* — Paris a
fait hier un sublime effort. Les lignes d'investissement ont été
rompues, culbutées avec un héroïsme admirable. Le général
Ducrot avance vers nous avec son armée décidée à vaincre
ou à mourir. Il occupe aujourd'hui les positions de Cham-
pigny, Bry-sur-Marne. Il va évidemment se diriger sur la
forêt de Fontainebleau en s'appuyant sur la Seine par la
route de Melun.

Général, cet héroïsme nous trace notre devoir.

Volez au secours de Ducrot, sans perdre une heure, par
les voies que nous avons combinées hier. Accélérez par tous
les moyens ce mouvement commencé ce matin. Redoublez
de vitesse et d'énergie. Faites appel au patriotisme de vos
généraux. Leur grand cœur répondra au vôtre. Mais que
cet élan n'enlève rien à votre sang-froid; continuez vos
opérations avec la même prudence, seulement exécutez-les
avec une foudroyante rapidité. Mettez-vous immédiatement
en rapport avec les 17e, 18e et 20e corps, et donnez-leur vos
instructions, pour que rien ne manque à cet ensemble
offensif. Je crois que vous pourrez gagner un jour depuis
votre départ jusqu'à la forêt de Fontainebleau. En attendant, tâchez de trouver des émissaires sûrs, pris parmi des
officiers ou sous-officiers très connus, que vous enverrez en

toute hâte dans la direction présumée que doit suivre
Ducrot, pour l'informer de celle que vous suivrez vous-
même, afin que, d'une part, sa vaillance soit soutenue par
l'assurance que vous marchez vers lui, et que d'autre part
il sache à coup sûr vers quel point il doit porter ses pas.
Ne donnez point de dépêche à un émissaire, ou du moins
ne donnez qu'une dépêche assez réduite pour qu'elle puisse
être détruite par eux facilement, car il importe que l'ennemi ne connaisse pas à l'avance nos mouvements.

DE FREYCINET.

TOURS, 1er décembre 1870. — *Guerre à généraux en chef
des 15e, 16e, 17e, 18e et 20e corps.* — Grande victoire à Paris
avec sortie du général Ducrot, qui occupe la Marne. Le général en chef vous donnera des instructions en rapport
avec ce grand événement.

DE FREYCINET.

SAINT-JEAN, le 1er décembre 1870. — *Général commandant
en chef à Guerre, Tours.* — La dépêche télégraphique annonçant que le général Ducrot avait rompu les lignes prussiennes près de Paris a produit un immense effet. Immédiatement fait un ordre du jour à toute l'armée que j'ai
transmis par télégraphe, afin que cette heureuse nouvelle
fût connue sans retard. Les ordres sont donnés pour que
le mouvement convenu hier puisse s'opérer avec promptitude. Le corps du général Chanzy était trop faible pour
opérer seul contre les troupes prussiennes placées en avant
de lui. Je l'ai fait appuyer fortement par mes divisions
Peytavin et Martineau; il est à croire que la position de
Pithiviers nous sera vivement disputée.

D'AURELLE.

ORDRE DU JOUR

Officiers, sous-officiers et soldats de l'armée de la
Loire.

Paris, par un sublime effort de courage et de patriotisme, a rompu les lignes prussiennes. Le général

Ducrot, à la tête de son armée, marche vers nous.
Marchons vers lui avec l'élan dont l'armée de Paris
nous donne l'exemple.

Je fais appel aux sentiments de tous, des généraux
comme des soldats. Nous pouvons sauver la France!

Vous avez devant vous cette armée prussienne que
vous venez de vaincre sous Orléans, vous la vaincrez
encore.

Marchons donc avec résolution et confiance.

En avant, sans calculer le danger!

Dieu protège la France!

Au quartier général, à Saint-Jean-de-la-Ruelle.
1er décembre 1870,

Le général en chef,

D'AURELLE.

SAINT-JEAN, le 1er décembre 1870. — *Général commandant
en chef à Guerre, Tours.* — Le corps d'armée du général
Chanzy a été très fortement engagé depuis midi jusqu'à
nuit close. Toutes les positions attaquées par la première
division sous les ordres de l'amiral ont été vigoureusement
enlevées, malgré une énergique résistance elle est installée
sur les positions conquises en avant Villepion et défavorables. Le général de Sonis a reçu l'ordre de porter une de
ses brigades à Patay avant le jour, le général Chanzy croit
à un grand succès.

Des fusées aperçues sur les derrières du côté de la Conie
lui font croire à des renforts ennemis venant de Châteaudun;
y a-t-il encore des troupes prussiennes à cet endroit?

D'AURELLE.

SAINT-CALAIS, 1er décembre 1870. — *Général Jaurès à
Guerre, Tours.* — Je reçois renseignements suivants: chef
de gare de Connerre signale Prussiens en force sur ce point;
ont fait fortes barricades sur route entre Gère et village.
Autre employé du chemin de fer venant du Luart dit que
ce matin à 11 heures grand nombre ennemis, cavalerie et

infanterie étaient entre Luart et Thorigné; cavalerie occupait hauteurs environnantes; ont établi batterie d'artillerie entre les deux villages. Autres renseignements disent ennemis Astreaux et Villaine-la-Gronais avec 52 pièces. On ne signale plus ennemis du côté de Mondoubleau.

SAINT-CALAIS, le 1er décembre 1870. — *Général Jaurès à Guerre, Tours.* — On me signale ennemi au nombre de 5 à 6000 allant à Montmirail. Je partirai demain matin, comme vous me l'avez indiqué, pour Vibraye et Montmirail. J'attendrai là vos ordres pour la marche sur Châteaudun; la seule difficulté est la question des vivres.

PATAY, 1er déce mbre 1870. — *Général Chanzy au général en chef, à Saint-Jean.* — Le 16e corps, qui a quitté ses positions à 10 heures, a trouvé, sur sa gauche, l'ennemi fortement établi de Guillonville à Terminiers par Gommiers. Le combat, engagé à midi, s'est prolongé jusqu'à 6 heures du soir. Malgré la résistance énergique d'une force d'au moins 20000 hommes, cavalerie et infanterie, et de 40 à 50 canons, la 1re division a enlevé successivement les premières positions ennemies, et ensuite celles de Nonneville, Villepion et Faverolles, sur lesquelles elle bivouaque cette nuit.

Partout nos troupes ont abordé l'ennemi avec un élan irrésistible. Les Prussiens ont été délogés des villages à la baïonnette.

Notre artillerie a été d'une audace et d'une précision que je ne puis trop louer.

Nos pertes ne paraissent pas sérieuses; celles de l'ennemi sont considérables; on recueille des prisonniers, parmi lesquels plusieurs officiers. Les honneurs de la journée sont à l'amiral Jauréguiberry.

L'ennemi s'est retiré dans la direction de Loigny et de Château-Cambray; je le suivrai demain.

Je crois à un grand succès.

SAINT-JEAN-DE-LA-RUELLE, 1er décembre 1870. — *Général en chef à général Chanzy, à Patay.* — Je vous félicite sur le succès que vous venez d'obtenir. Adressez aussi mes félicitations à l'amiral sur la vigueur qu'il a déployée. Vous recevrez, dans la nuit, l'ordre de mouvement pour demain.

Ce mouvement sera à peu près celui que vous m'avez indiqué vous-même.

Je vous fais appuyer par les divisions Peytavin et Martineau. Je donne l'ordre au général de Sonis d'avoir demain, au jour, une de ses brigades à Patay.

D'AURELLE.

Saint-Jean, le 2 décembre 1870. — *Général commandant en chef l'armée de la Loire à Guerre, Tours.* — J'emmènerai probablement le 16ᵉ corps, ou du moins 2 divisions. Orléans va se trouver découvert. Dirigez sur cette ville les troupes que vous pouvez avoir de disponibles et faites couvrir la Conie, si vous en avez la possibilité. Des troupes venant de Chartres pourraient facilement faire un coup de main sur Orléans. M. Ribourt, capitaine de vaisseau, est laissé à Orléans, comme commandant supérieur. Il est indispensable d'y envoyer un général. Je n'en ai pas à laisser. A partir de 10 heures et demie, mon quartier général sera à Chevilly.

D'AURELLE.

Tours, 2 décembre 1870, 4 h. *soir.* — *Guerre à d'Aurelle.* — Il demeure entendu qu'à partir de ce jour, et par suite des opérations en cours, vous donnerez directement vos instructions stratégiques aux 15ᵉ, 16ᵉ, 17ᵉ, 18ᵉ et 20ᵉ corps. J'avais dirigé jusqu'à hier les 18ᵉ et 20ᵉ, et par moments le 17ᵉ. Je vous laisse ce soin désormais.

D'après l'ensemble de mes renseignements, je ne crois pas que vous trouviez à Pithiviers ni sur les autres points une résistance prolongée. Selon moi, l'ennemi cherchera uniquement à masquer son mouvement vers le nord-est, à la rencontre de Ducrot.

La colonne à laquelle vous avez eu affaire hier, et peut-être aujourd'hui, n'est sans doute qu'une fraction isolée qui cherche à nous retarder. Mais, je le répète, le gros doit filer vers Corbeil.

En ce moment Châteaudun est réoccupé par nous.

L. GAMBETTA.

SAINT-PÉRAVY, le 2 décembre 1870. — *Général Chanzy à général en chef à Saint-Jean et Guerre, Tours.* — Patay, le 1er décembre 1870. Le 16e corps, qui a quitté ses positions à 10 heures, a trouvé sur sa gauche l'ennemi fortement établi de Guillonville à Terminiers par Gommiers. Le combat engagé à midi s'est prolongé jusqu'à 6 heures du soir malgré la résistance énergique d'une force d'au moins 20000 hommes, cavalerie, infanterie et de 40 à 50 canons; la première division a enlevé successivement les premières positions ennemies et ensuite celles de Noville, Villepion et Faverolles, sur lesquelles elle bivouaque cette nuit. Partout nos troupes ont abordé l'ennemi avec un élan irrésistible. Les Prussiens ont été délogés des villages à la baïonnette; notre artillerie a été d'une audace et d'une précision que je ne puis trop louer. Nos pertes ne paraissent pas sérieuses, celles de l'ennemi sont considérables. On recueille des prisonniers parmi lesquels plusieurs officiers. Les honneurs de la journée sont à l'amiral Jauréguiberry. L'ennemi s'est retiré dans la direction de Loigny et de Château-Cambray. Je le suivrai demain sur Janville et Toury. Je fais connaître à mon corps d'armée la grande nouvelle de la sortie de Paris. Il vient de l'affirmer de nouveau par le combat de Villepion.

CHANZY.

TERMINIERS, 2 décembre 1870. — *Général Chanzy à général en chef.* — Mon général, après un beau succès hier, nous avons quitté ce matin les positions conquises à Terminiers, Faverolles, Villepion et Nonneville pour nous porter sur Janville et Toury.

Nous avions enlevé Loigny et le château de Goury, et nous avancions sur Bazoches et Lumeau, lorsque les divisions engagées se sont repliées, sur les positions quittées le matin, devant des forces considérables et devant une nombreuse artillerie arrivant du nord et de l'est.

Tout le 16e corps étant alors engagé, et l'ennemi menaçant ma gauche, j'ai dû faire prévenir le général de Sonis, qui est arrivé vers 4 heures de Patay, avec ce qu'il avait de son corps d'armée.

Avec ce renfort, nous pûmes reprendre l'offensive et nous reporter au delà de Loigny. Malheureusement le général de Sonis a été blessé et ses troupes se sont repliées. La nuit venait, nous avons été obligés de nous retirer devant un effort très vigoureux de l'ennemi et nous venons d'arriver ; la 1re division du 16e corps et une partie du 17e à Terminiers, la 2e division du 16e corps et la division de Flandres autour de Gommiers, le général Roquebrune (du 17e corps) à Fréeul.

Je suis sans nouvelles du général Morandy, qu'on me dit en retraite au delà de Sougy.

Je ne sais encore ce qu'est devenu le général de Sonis. Le général Deplanque a été blessé. Nous avons de grandes pertes ; beaucoup de troupes ont quitté le champ de bataille en désordre ; presque toutes les munitions sont brûlées.

Je redoute une attaque pour cette nuit ou pour demain matin. Dans l'état moral où se trouvent les troupes, je crois indispensable que le 15e corps appuie sur nous, et que l'ennemi entende le canon sur ses derrières dès le jour.

Je ferai tout pour reprendre l'offensive, mais un secours m'est indispensable. Je vous prie de me faire parvenir vos ordres avant le jour à Terminiers où je suis, et de me dire si je puis compter sur une diversion du 15e corps.

Je crois que nous avons devant nous toutes les forces ennemies accourues pour nous écraser. La partie se jouera par ici.

CHANZY.

CHEVILLY, le 3 décembre 1870. — *Le général commandant en chef au ministre de la Guerre, à Tours.* — Un officier du général Chanzy m'a confirmé la dépêche que j'avais reçue. Son corps d'armée et le 17e ont beaucoup souffert. Ils se sont trouvés en présence de forces très considérables. Je lui ai envoyé trois dépêches pour lui prescrire de battre en retraite sur Saint-Péravy. J'ignore si elles sont parvenues. Depuis 10 heures la division Martineau soutient une attaque des plus vives faite par des forces considérables. Menacé d'être tourné, il me fait connaître qu'il évacue Artenay pour se replier sur Chevilly.

D'un autre côté, Des Paillères me télégraphie qu'il est attaqué en avant et sur sa droite par des forces considérables et parle, dans le cas où il ne pourrait résister, de se retirer sur Orléans par la route de la forêt.

L'ennemi est en grande force partout et nous devons nous attendre à être attaqués dans nos positions d'Orléans.

D'AURELLE.

ARTENAY, 3 décembre 1870. — *Général commandant en chef au ministre de la Guerre, Tours.* — Je reçois du général Chanzy la dépêche suivante :

« Après avoir enlevé ce matin Loigny et Châteaugoury, nous avons été repoussés par des forces très considérables et une nombreuse artillerie. Les 16ᵉ et 17ᵉ corps ont été engagés en entier. Le général de Sonis est blessé. Nous nous sommes installés la nuit venue à Terminiers et Morèle. Je redoute une attaque pour cette nuit ou demain matin. Il est indispensable que dès le point du jour le 15ᵉ corps se mette en mouvement de ce côté, de façon à faire entendre son canon sur les derrières de l'ennemi qui cherche à me tourner sur ma gauche et peut-être sur ma droite. Je vous envoie un officier et attends vos instructions à Terminiers avant le jour. »

Dans cette situation, un mouvement sur Pithiviers par la plaine n'est plus possible. Le 16ᵉ et le 17ᵉ corps ont besoin de se refaire après deux jours d'efforts et le dernier avec insuccès. J'ajoute que la 3ᵉ division du 15ᵉ corps a été elle-même fort éprouvée. Du moment que la marche sur Pithiviers n'est plus possible en présence des forces considérables ennemies qui restent maîtresse de la plaine, non seulement je dois renoncer à pousser un mouvement en avant, mais je me vois dans l'obligation de ramener les deux divisions du 15ᵉ corps à Chevilly. Je donne en conséquence l'ordre au général Chanzy de reprendre ses positions et moi-même me mettrai en marche vers les 10 heures du matin pour revenir à Chevilly.

D'AURELLE.

CHEVILLY, 3 décembre 1870. — *Général commandant en chef à Guerre, Tours.* — Chanzy a enfin reçu l'ordre de battre en retraite et s'est mis en mesure de l'exécuter. Il va placer le 17ᵉ corps à Saint-Sigismond, Rosières et Coulmiers, et m'annonce que les Prussiens marchent sur le

16ᵉ corps. Ainsi c'est une attaque générale depuis Termi-
nier jusqu'à Coulcy, et partout en grandes forces, et avec
une artillerie considérable. Des Paillères m'écrit que, ne
pouvant plus tenir, il bat en retraite lentement sur Loury.
La division a évacué Artenay, et a pris position à la Croix-
Briquet. La batterie de la marine a commencé à tirer; la
division Peytavin a repris la position à gauche. Je lui prescris de porter 2 régiments en avant avec son artillerie à hauteur de Chevilly. L'ennemi est tellement fort en nombre et
en artillerie que nous sommes obligés de céder le terrain.
Dans cette situation, il m'est bien difficile de dire quelles
seront ce soir les positions des divers corps, et surtout quel
plan d'opération je dois adopter.

ARTENAY, 2 décembre 1870, 11 h. soir. — *Général comman-*
dant en chef à Guerre, Tours. (Urgent.) — Nous nous sommes
battus jusqu'à la nuit; nous avons de ce côté conservé nos
positions, mais c'est tout ce qu'a pu faire la division Peytavin
qui avait reçu l'ordre de se porter entre les routes de Paris
et de Chartres pour soutenir le mouvement que le général
Chanzy devait faire sur Janville et Toury.

Je suis sans nouvelles de Chanzy; je sais seulement que
la division Morandy, qui devait former sa droite, n'a pas tenu
et qu'elle a rétrogradé jusqu'à Huêtre. La retraite de cette
division a dû retarder le mouvement de Chanzy et a presque
compromis la division Peytavin qui a eu affaire à deux
divisions prussiennes qui ont cherché à déborder sa gauche
pour l'isoler complétement.

L'arrivée de la réserve d'artillerie du 15ᵉ corps a arrêté
le mouvement tournant de l'ennemi et a permis au général
Peytavin de se maintenir dans ses positions. La 3ᵉ division
du 15ᵉ corps aurait environ 500 hommes hors de combat.
Au dire des officiers prussiens prisonniers, les pertes de
l'ennemi sont considérables.

Il m'est impossible de savoir ce que je vais faire demain
avant d'avoir des nouvelles de Chanzy; dans tous les cas, je
ne crois pas pouvoir partir avant 11 heures du matin. Nous
avons eu devant nous une division du 11ᵉ corps et le 13ᵉ corps
tout entier qui étaient sur la gauche de l'ennemi.

Pas de nouvelles de Des Paillères ni de Bourbaki; je leur
prescris de faire demain une démonstration et de se rensei-

gner sur les mouvements que peut faire l'ennemi qui est devant eux.

D'AURELLE.

Mon quartier général est à Artenay et j'ai à ma disposition les 2e et 3e divisions du 15e corps avec toute la réserve d'artillerie.

SAINT-PÉRAVY, 3 décembre 1870. — *Chanzy à Guerre.* — Me conformant aux ordres du général en chef, j'ai ramené aujourd'hui le 16e corps sur ses anciennes positions de Boulay à Saint-Péravy, et établi le 17e à Saint-Sigismond, Rozières, Gémigny et Coulmiers. La retraite, menacée par des masses ennemies considérables, s'est opérée dans le meilleur ordre possible après la rude journée d'hier. L'ennemi a beaucoup souffert. Nos pertes sont nombreuses et regrettables ; beaucoup de notre artillerie démontée ; les hommes fatigués.— Le 15e corps est aux prises avec l'ennemi. J'ai envoyé au canon la division Barry, qui est encore engagée en avant de l'Encornes.

Un nouveau mouvement de retraite, s'il était nécessaire, s'opérerait difficilement sur Orléans pour les 16e et 17e corps dont le matériel roulant obstrue les routes. Je crois à un effort complet de l'ennemi sur l'armée de la Loire.

SAINT-PÉRAVY, 3 décembre 1870. — *Général Guépratte, à Guerre, Tours.* — Mon ancienneté m'appellerait à prendre commandement du 17e corps, par suite de blessures du général Sonis fait prisonnier. Le général de Bouillé, chef d'état-major général, est blessé. Je propose pour le remplacer colonel Forgemol. Prière urgente de désigner sur-le-champ quelqu'un pour prendre le commandement du 17e corps.

CERCOTTES, 3 décembre 1870. — *Général en chef au général Chanzy, à Saint-Péravy.* Si vous êtes attaqué demain matin, ou si vous ne pouvez vous maintenir dans vos positions par suite d'un mouvement de retraite du 15e corps, ce n'est pas sur Orléans que vous devez chercher à vous retirer, mais sur Beaugency, de manière que vous puissiez venir vous établir plus tard derrière la forêt de Marchenoir. Je crois cette direction possible et sans danger pour vous, par suite de l'envoi de forces assez considérables sur votre flanc gauche. Étudiez dès à présent votre retraite dans ce sens. Si nous étions forcés de prendre ce parti, il serait dangereux d'accumuler à Orléans les 15e, 16e et 17e corps.

D'Aurelle.

Évacuation d'Orléans.

Saran, 4 décembre 1870, 4 h. matin. — *D'Aurelle à Guerre.* Dans les journées du 1er et du 2 décembre, les 16e et 17e corps ont été très éprouvés et ont fait des pertes considérables.

Hier 3 décembre, de 9 heures du matin à 5 heures et demie du soir, le 15e corps a lutté contre des forces supérieures en nombre et en artillerie, devant lesquelles il n'a pu conserver ses positions. La 1re division s'est retirée sur Loury; la 2e d'Artenay sur Chevilly d'abord, et plus tard sur Cercottes; enfin la 3e a dû se replier de Huêtre sur Gidy. La lutte a été acharnée : aussi les pertes sont très nombreuses, et comme elle s'est terminée à la nuit close et au milieu des bois, il en est résulté un assez grand désordre.

Dans cette situation et après une lutte de trois jours, où tous les corps ont été plus ou moins éprouvés et désorganisés, il n'y a plus lieu de faire de plan de campagne. Je dois même vous déclarer que je considère la défense d'Orléans comme impossible. Quelque pénible que soit une pareille déclaration, c'est un devoir pour moi de la porter à votre connaissance, parce qu'elle peut épargner un grand désastre.

Si nous avions du temps devant nous pour nous réorganiser et nous remettre, on pourrait essayer; mais l'ennemi sera demain sur nous, et, je vous le répète avec douleur, mais avec une profonde conviction, nos troupes, éprouvées et démoralisées par ces dernières journées, ne tiendront pas.

Il ne nous reste qu'un parti à prendre, c'est de battre en retraite, et voici comme je la comprendrais.

Les 16e et 17e corps se retireraient sur Beaugency et Blois, le 18e et le 20e corps sur Gien, enfin le 15e corps passerait la Loire à Orléans pour aller en Sologne. De cette manière, les routes ne seraient pas encombrées et on aurait plus de facilités pour vivre.

D'AURELLE.

Tours. 4 décembre. — *Freycinet à Gambetta.* — Monsieur le ministre, voilà la dépêche que je crois convenable d'écrire à d'Aurelle. Tous les détails auxquels elle fait allusion ont été développés dans une dépêche d'hier au soir 11 heures. Si vous approuvez la présente, veuillez la signer et l'expédier. Le vu de votre nom produira, j'espère, quelque effet sur ces âmes lâches.

C. DE FREYCINET.

Si vous alliez demain à Orléans au point du jour ?
Peut-être sauveriez-vous la situation comme au Mans.

Tours, 4 décembre 1870, 5 h. matin. — *Guerre à général en chef armée Loire, Cercottes.* — Votre dépêche de cette nuit me cause une douloureuse stupéfaction. Je n'aperçois dans les faits qu'elle résume rien qui soit de nature à motiver la résolution désespérée par laquelle vous terminez. Jusqu'ici vous avez été mal engagé et vous vous êtes fait battre en détail. Mais vous avez encore 200 000 hommes en état de combattre si leurs chefs savent, par leur exemple et par la fermeté de leur attitude, grandir leur courage et leur patriotisme. L'évacuation dont vous parlez serait par elle-même, et en dehors de ses conséquences militaires, un immense désastre. Ce n'est pas au moment où l'héroïque Ducrot cherche à venir vers nous que nous devons nous retirer de lui. L'heure d'une telle extrémité ne me paraît pas avoir encore sonné. Je ne vois rien à changer, quant à présent, aux instructions que je vous ai envoyées hier au soir et qu'à l'heure où je vous écris vos généraux se préparent à exécuter. Opérez, comme je vous l'ai mandé, un mouvement général de concentration. Rappelez à vous le 18ᵉ et le 20ᵉ corps, dont on me paraît ne s'être pas assez occupé. Resserrez les 15ᵉ, 16ᵉ et 17ᵉ corps. Utilisez vos lignes de feu, dont vous-même naguère me vantiez la puissance et opposez dans ces lignes une *résistance* indomptable. Envoyez d'avance vos *impedimenta* sur la rive gauche et allégez vos mouvements. N'omettez pas de faire surveiller et garder par de fortes escouades tous vos ponts sur la Loire pour empêcher la malveillance et la trahison de les détruire. Enfin, ne pensez qu'à organiser la lutte et à la généraliser. Je reçois à l'instant une dépêche de Bourbaki qui m'informe qu'il se met en devoir de réaliser le mouvement de concentration sur Orléans que j'ai prescrit.

LÉON GAMBETTA.

SARAN, 4 décembre 1870. — *Général en chef à Guerre, Tours.* — Je suis sur les lieux et mieux en état que vous de juger la situation. — C'est avec une douleur non moins grande que la vôtre que je me suis déterminé à prendre cette résolution extrême. — L'ennemi a franchi tous les obstacles jusqu'à Cercottes, il est en outre maître de tous les débouchés de la forêt, la position d'Orléans n'est donc plus ce qu'elle était autrefois; aujourd'hui qu'elle est entourée et qu'elle a perdu l'appui de la forêt, elle n'est plus défendable, avec des troupes éprouvées par trois jours de fatigue et de combat, et démoralisées par les pertes considérables qu'elles ont faites. — D'un autre côté, les forces de l'ennemi dépassent toutes mes prévisions et les appréciations que vous m'avez données. Le temps presse et ne me permet plus de faire la concentration dont vous parlez, la résistance ne peut s'organiser d'une manière efficace, malgré tous les efforts que l'on pourrait tenter encore, Orléans tombera facilement ce soir ou demain entre les mains de l'ennemi. Ce sera un grand malheur, mais le seul moyen d'éviter une catastrophe encore, c'est d'avoir le courage de savoir faire un sacrifice lorsqu'il en est encore temps. L'armée de la Loire peut rendre de grands services à la défense nationale, mais à la condition de la concentrer sur les points où elle ait le temps de se réorganiser. Chercher à la concentrer à Orléans, c'est l'exposer à être détruite sans résultat, je crois donc devoir maintenir les ordres qui ont été donnés.

En présence des ordres qui ont été donnés par vous au général Bourbaki, il ne m'appartient pas de les changer, je vous laisse le soin de les confirmer ou de les retirer, je dois seulement vous faire observer que ce mouvement vers Orléans devant l'ennemi, maître de la forêt, peut être d'autant plus dangereux que le général Bourbaki ne peut passer la Loire qu'à Orléans et à Gien, le pont de Châteauneuf n'est pas encore terminé.

D'AURELLE.

ORLÉANS, 4 décembre 1870. — *D'Aurelle à Guerre.* — Je change mes dispositions : dirige sur Orléans 16e et 17e corps, appelle 18e et 20e, organise résistance, suis à Orléans à la place.

TOURS, 4 décembre 1870. — *Guerre à d'Aurelle.* — Le gouvernement a appris avec une profonde satisfaction que vous organisiez la résistance à Orléans, et que vous étiez entré dans la voie tracée par nos précédentes dépêches.

En ce qui me concerne personnellement, j'ai la foi entière que vous pouvez résister efficacement derrière vos batteries de marine. Un moment de panique parmi vos troupes a produit tout le mal, mais la vérité est que vous pouvez concentrer en quarante-huit heures plus de 200 000 hommes dans votre main, sans compter 60 000 hommes, que je réunis à Marchenoir et Beaugency, pour appuyer votre gauche et empêcher qu'elle ne soit tournée. Je ferai avancer cette nouvelle armée vers vous dès que vous le jugerez utile.

Quant à votre droite, il me paraît certain qu'elle sera couverte par la seule approche des 18e et 20e corps, auxquels j'avais déjà donné ordre de se rabattre vers vous.

M. Gambetta part dans une demi-heure pour Orléans.

ORLÉANS, 4 décembre 1870. — *D'Aurelle à Guerre.* — J'avais espéré jusqu'au dernier moment pouvoir me dispenser d'évacuer la ville d'Orléans. Tous mes efforts ont été impuissants. Cette nuit la ville sera évacuée.

Tours. — 4 décembre 1870. — *Guerre à d'Aurelle.* — Le Gouvernement de la Défense nationale me charge de vous transmettre la dépêche suivante :

L'opinion du gouvernement consulté était de vous voir tenir ferme à Orléans, vous servir des travaux de défense, et ne pas s'éloigner de Paris. Mais puisque vous affirmez que la retraite est nécessaire, que vous êtes mieux à même, sur les lieux, de juger la situation, que vos troupes ne tiendraient pas, le gouvernement vous laisse le soin d'exécuter les mouvements de retraite sur la nécessité desquels vous insistez et que vous présentez comme de nature à éviter à la défense un plus grand désastre que celui-là même de l'évacuation d'Orléans.

En conséquence, je retire mes ordres de concentration active et forcée à Orléans et dans le périmètre de nos feux de défense, et donnez des ordres à tous vos généraux placés sous votre commandement en chef.

LÉON GAMBETTA, AD. CRÉMIEUX.
A. GLAIS-BIZOIN, L. FOURICHON.

Montjoie, 4 décembre 1870. — *Général d'Aurelle à général Chanzy, à Saint-Péravy.* — Je vous confirme l'ordre que je vous ai donné hier soir d'exécuter votre mouvement de retraite sur Beaugency; vous n'avez pas, pour passer sur la rive gauche de la Loire, à compter sur le pont de Beaugency, vous ne pouvez la traverser qu'à Blois.

Saint-Péravy, 4 décembre 1870. — *Général Chanzy à ministre Guerre, Tours.* — Pour éviter l'encombrement sur Orléans, dans le cas d'une retraite, le général en chef me prescrit de la faire sur Beaugency avec les 16e et 17e corps. Les ponts sont-ils rétablis à Meung, à Beaugency et à Mer? Ces renseignements me sont indispensables pour les directions à donner à mes parcs et convois.

ORLÉANS, 4 décembre 1870. — *Le général en chef au général Chanzy, à Saint-Péravy.* — Ne vous mettez pas en retraite, si vous n'y êtes pas forcé, je vais vous transmettre de nouveaux ordres tout à l'heure.

> *P. O. Le capitaine aide de camp du général en chef,*
>
> DE LANGALERIE.

Le 4 décembre 1870. — *Général d'Aurelle à général, Chanzy, à Saint-Péravy.* — Par suite de nouvelles dispositions, dirigez-vous le plus tôt possible sur Orléans, avec les 16e et 17e corps. Ne faites partir pour Beaugency que les malades et éclopés. Venez occuper les positions qui avaient été préparées pour les 15e et 16e corps.

> D'AURELLE.

TOURS, le 4 décembre 1870. — *Freycinet à général en chef d'Aurelle, à Orléans.* — Je reçois à l'instant votre imprévue et bien cruelle dépêche m'annonçant pour cette nuit l'évacuation d'Orléans. Vous ne me dites aucun des faits qui ont amené cette douloureuse détermination.

Ne perdez pas de vue d'envoyer vos instructions à tous vos corps d'armée, notamment aux 18e et 20e corps, qui avaient commencé leur mouvement de concentration sur Orléans.

TOURS, 4 décembre 1870. — *Guerre à général en chef d'Aurelle, Orléans.* — Faites-moi donc connaître par télégraphe quels ordres vous avez donnés aux 16e et 17e corps, ainsi qu'au 18e et au 20e.

Les deux premiers ont-ils reçu ordre de se replier en aval de la Loire?

Suivent-ils le long du fleuve ou marchent-ils dans la direction de Binas, sur la forêt de Marchenoir? Avez-vous eu des engagements aujourd'hui?

MER, 5 décembre 1870. — *Le général Guépratte, commandant provisoirement le 17e corps, à M. le ministre de la Guerre, à Tours.* — Hier matin trois divisions du 17e corps étaient campées à Saint-Sigismond, Gémigny et Coulmiers. A la suite d'une attaque contre 16e corps et pour repousser un mouvement de l'ennemi cherchant à couper ce corps, la 2e et la 1re division du 17e corps ont été appelées par M. le général Chanzy vers 2 heures, alors que je n'avais plus avec moi que la 3e division du 17e corps. J'ai reçu l'ordre de battre en retraite sur Orléans si cela était encore possible et de profiter de toutes les voies pour me replier promptement au besoin au-dessous de Meung et de Beaugency. Dans cette situation, j'ai dû opérer rapidement la retraite de la cavalerie, de toute l'artillerie qui me restaient, du parc, par Rosières, Huisseau et Meung. J'ai confié à M. le général de Flandres le soin d'opérer la retraite de sa division qui avait été portée dans la journée à Gemigny, ainsi que celle des convois du corps d'armée. Cette opération s'est accomplie sans être inquiétée jusqu'à Coulmiers où la division et les convois étaient à 5 h. 30. Le général de Flandres devait continuer son mouvement de Coulmiers sur Bacon et se diriger ensuite sur Blois. D'après mon ordre, vu la rupture des ponts en amont de cette ville, il m'était impossible d'arrêter à Meung ni à Beaugency la cavalerie et l'artillerie du 17e corps à cause du grand encombrement de la présence d'une partie du 16e corps. Je fis continuer sa marche jusqu'à Mer où j'ai devancé les troupes et où j'attends vos ordres. Depuis 3 heures je n'ai plus eu de nouvelles de M. le général Chanzy qui, à cette heure, battait en retraite sans être inquiété.

La FERTÉ-SAINT-AUBIN, 5 décembre 1870. — *Général d'Aurelle à Guerre, Tours.* — L'ennemi a commencé l'attaque à 7 heures du matin par la route de Paris, et, comme la forêt avait été évacuée la veille par la 1re division, les Prussiens ont débouché aussi par la route de Loury. On a disputé le terrain pied à pied, mais le soir l'ennemi était devant Orléans.

Tant que le jour a duré, les batteries de la marine ont maintenu son artillerie, mais à partir de 5 h. 30 du soir, ce puissant moyen de secours était devenu inutile. L'ennemi a continué à tirer sur la ville, et a poussé son infanterie en avant. Après une lutte qui s'est prolongée jusqu'à 8 heures du soir et qui n'était plus soutenable avec chance de succès et sans reposer, Orléans a été pris d'assaut et a été traité en ville conquise.

Il a fallu se replier. L'évacuation a eu lieu à 11 heures

d'après une convention réglée par parlementaire. Il a été impossible de replier les troupes; elles continuent leur retraite sur la Motte-Beuvron en désordre. La route est encombrée de bagages. Les poudres pour faire sauter le pont n'étaient pas arrivées. J'ai fait replier à 9 heures le pont de bateaux. Les 16e et 17e corps avaient reçu l'ordre, le 3 au soir, de battre en retraite sur Beaugency. Je suis sans nouvelles de Chanzy, dont j'ai été coupé dès 10 heures du matin par de la cavalerie. Le 20e corps, sur l'ordre que vous lui aviez donné, s'est dirigé sur Orléans et plusieurs officiers sont venus dans la journée m'annoncer son arrivée prochaine. J'ai beaucoup de crainte pour lui. Je lui ai fait dire par le télégraphe de se replier au plus vite sur Gien, ainsi qu'au général Bourbaki.

J'ignore s'ils ont reçu ma dépêche.

D'AURELLE.

BEAUGENCY, 5 décembre 1870. — *Général Camo à Guerre, Tours.* — J'ai reçu votre dépêche à 4 heures du matin. J'exécuterai vos ordres. De nombreuses troupes sont en retraite d'Orléans et de Bacon sur Beaugency et Meung, elles sont des 16e et 17e corps. Je n'ai pas vu le général Tripart.

BEAUGENCY, 5 décembre 1870. — *Général Camo à ministre Guerre, Tours.* — Le 16e corps occupe les positions suivantes: cavalerie à Poisly, 1re division à Lorges, 2e et 3e en arrière de Beaugency, le 17e corps est tout entier entre Josne et Ourcelle, cavalerie et réserve d'artillerie à Mer, quartier général du général Chanzy à Josnes; mes troupes sont établies de Beaumont à Meung, par Châtre-le-Bardon et les Monts, quartier général à Beaugency, cavalerie dans la plaine entre Beaugency et le Buisson.

Pas de nouvelles de Jaurès.

Prussiens occupent la route d'Orléans entre Courcelles et Chevigny.

MER, 5 décembre 1870. —*Général Guépratte à Guerre, Tours.* — J'attends vos ordres à Mer où je réunis les troupes du 17e corps qui y arrivent.

Hommes et chevaux sont très fatigués. Je n'ai encore rien reçu de M. le général Chanzy ni de M. le général de Flandres, qui doit approcher de Blois, seul point où la Loire puisse être passée. J'ai ici l'artillerie de réserve et le parc du 17e corps.

ORLÉANS, 5 décembre 1870. — *Général des Paillères à Guerre, Tours.* — Ennemi a proposé notre évacuation d'Orléans à 11 heures et demie du soir sous peine de bombardement de la ville. Comme devions la quitter cette nuit, j'ai accepté au nom du général en chef.

Batteries de la marine ont été enclouées, poudre et matériel détruits.

ORLÉANS, 5 décembre 1870. — *Général des Paillères à Guerre, Tours.* — Réponse à la dépêche de M. de la Taille. Faites rebrousser le train de munitions à Amboise. Orléans est évacué ce soir à 11 h. 30 d'après convention avec l'ennemi.

SULLY, 5 décembre 1870. — *Général Bourbaki à Guerre, Tours.* — J'ai rendu compte au général d'Aurelle de ma position. Les 18e et 20e corps sont sur la rive gauche de la Loire, le premier à Viglain, le second à Sully, son quartier général.

Je me rendrai à Gien demain. — Je me propose de me replier ensuite sur Nevers; j'attendrai des ordres à Gien; je ferai concourir à tous mes mouvements le 20e corps.

Le pont de Jargeau est coupé, celui de Châteauneuf n'a pas été réparé, je fais couper ce soir celui de Sully.

LA FERTÉ-SAINT-AUBIN, 5 décembre 1870. — *Secrétaire général préfecture Orléans à Guerre, Tours.* — Orléans a été occupé par les Prussiens à 11 heures et demie du soir après pourparlers.

Une heure a été donnée aux troupes pour évacuer la ville. Le 15e corps et une partie du 16e sont en ce moment à la Ferté. On dit les Prussiens presque sans munitions. Je ne pense pas qu'ils aient fait beaucoup de prisonniers à Orléans.

TOURS, 6 décembre 1870. — *Guerre à d'Aurelle.* — Le commandement en chef de l'armée de la Loire est supprimé. Le 16e et le 17e corps, formant la deuxième armée de la Loire, passent sous les ordres du général Chanzy.

Les 15e, 18e et 20e corps formeront, sous les ordres du général Bourbaki, la première armée de la Loire.

Remettez immédiatement le commandement au général des Paillères. Vous êtes nommé au commandement des lignes stratégiques de Cherbourg, et vous vous rendrez sur-le-champ à votre destination.

Tours, 6 décembre 1870. — *Freycinet à général d'Aurelle.* — Votre expérience et la connaissance que vous avez de Salbris peuvent être d'une grande utilité au général des Paillères et au général Crouzat. Veuillez aider le premier de vos conseils et donner des ordres au général Crouzat, s'il vous les demande. Je fais appel à votre dévouement et à votre patriotisme.

Salbris, 6 décembre 1870. — *D'Aurelle à Guerre.* — Je viens de recevoir votre dépêche télégraphique qui m'annonce que le commandement en chef de l'armée de la Loire est supprimé, et ma nomination au commandement du camp stratégique de Cherbourg.

Je viens, d'après vos ordres, de remettre mon commandement au général des Paillères. Celui des lignes stratégiques de Cherbourg n'est pas en rapport avec le commandement de général en chef que j'ai exercé. Je dois à ma dignité de ne pas amoindrir la position que j'ai occupée, et je vous demande à ne pas aller prendre possession de ce commandement et à me retirer dans mes foyers.

Ma santé, d'ailleurs, est altérée et réclame des soins que je ne puis recevoir que chez moi.

J'attends votre réponse à Salbris.

Formation de la 1re et de la 2e armée de la Loire. — Lignes de Josnes. — Batailles de Villorceau et de Vendôme. — Retraite sur la Sarthe.

Tours, 6 décembre 1870. — *Guerre à Chanzy.* — Vous êtes nommé général en chef des 16e, 17e et 21e corps. Le contre-amiral Jauréguiberry est nommé au commandant du 16e corps, sous votre autorité su-

périeure. Le général Colomb commandera de même
le 17ᵉ corps, et le général Jaurès le 21ᵉ. Quant à la
division Camô, qui appartient au 19ᵉ corps en formation, elle formera provisoirement un petit corps
distinct sous vos ordres, et servira à vous appuyer tant
que vous le jugerez utile. Formez votre état-major
général, indiquez-nous ce dont vous avez besoin en
sus de ce que vous avez sous la main, pour le compléter d'une manière suffisante.

Léon Gambetta.

Josnes, 6 décembre 1870. — *Général Chanzy à Guerre,
Tours.* — La division Morandy part demain pour aller occuper le parc de Chambord et les positions de défense de la
rive gauche de la Loire à hauteur de Blois.

Les francs-tireurs de Foudras à Saint-Laurent-des-Eaux
ne signalent que quelques uhlans dans cette direction. Un
corps ennemi s'est avancé aujourd'hui jusqu'à Maizières en
avant de Villermain de Beaugency. Le général Camô s'est
porté au-devant d'un parti ennemi faisant une démonstration sur Meung.

Je demande que l'amiral Jauréguiberry qui va commander un corps comptant un général de division ait le grade
supérieur au titre définitif ou tout au moins au titre provisoire.

Chanzy.

Salbris, 7 décembre. — *D'Aurelle à Guerre.* — Il m'est
difficile de donner des conseils au général des Pallières,
sans blesser l'amour-propre de cet officier général, sans lui
enlever une partie de son autorité morale et le prestige nécessaire à tout commandant de corps d'armée. Je le crois
d'ailleurs très capable de se tirer seul d'affaire.

Il m'est impossible de donner des ordres au général Crouzat, qui sait que je n'ai plus aucune autorité pour le faire.

Des ordres ainsi donnés seraient nuisibles aux intérêts du
service. Une responsabilité partagée devient nulle; il faut
en tout l'unité de commandement.

Ma présence ici ne peut plus être utile; je n'ai plus d'autorité ni de commandement à exercer. Je vous demande donc à partir au plus tôt.

ARGENT, 7 décembre. — *Général commandant le 20e corps à Guerre, Tours.* — Ainsi que je vous l'ai annoncé, l'ennemi a attaqué Gien; rive droite, les communications télégraphiques sont interrompues et il me paraît certain que je ne recevrai plus de vivres par Gien, il faut donc que je me retire sur Bourges; à moins d'ordres contraires, j'irai m'établir demain entre Aubigny-ville et la Chapelle d'Anguillon; je télégraphie à Bourges, pour qu'on m'envoie des vives au-devant de moi. Mon parc d'artillerie de réserve, que j'aurais dirigé le 4 sur Orléans par la rive gauche de la Loire pendant que je m'y portais par la rive droite, ne m'a pas encore rejoint.

CRÓUZAT.

SALBRIS, 7 décembre 1870. — *Général commandant 15e corps à Guerre, Tours, et à général Bourbaki, Gien.* — Mon avant-garde à Nouan a été attaquée par une forte reconnaissance ennemie. Cette démonstration est le prélude d'une attaque plus sérieuse. Ma première intention était de me replier sur Vierzon où j'ai plusieurs milliers de fuyards, y compris deux ou trois cents officiers ou plus peut-être, afin de pouvoir reconnaître mon corps d'armée et couvrir cette importante station. Mais sur l'observation du général d'Aurelle, que vous avez prié de conserver la direction des opérations jusqu'à l'arrivée du général Bourbaki, je me dirige sur Aubigny pour me rallier au général Crouzat, d'autant plus que tous les ordres donnés antérieurement assignent cette direction. Si vous avez des observations à faire, je vous prie de faire prévenir de suite.

DES PAILLÈRES.

GIEN, 7 décembre 1870. — *Général Bourbaki à Guerre, Tours.* — Le général d'Aurelle me fait prévenir qu'il arrivera ce soir à Gien. Cette nouvelle m'empêche d'aller à Salbris. Nous nous croiserions peut-être sans passer par la même route. Les renseignements que je reçois me font connaître l'approche de colonnes ennemies, d'infanterie, de cavalerie et d'artillerie défilant vers Gien, les unes par Saint-

Père et Ouzouer-sur-Loire, rive droite. L'ennemi est occupé à réparer le pont servant de communication entre Saint-Père et Sully. Je suis sans nouvelles de Joigny et d'Auxerre. Je ne vois pas de mouvement se prononcer jusqu'à présent sur la route d'Orléans à la Motte-Beuvron. Deux soldats français, faits prisonniers à Orléans et s'étant évadés, évaluent les forces qui leur ont été opposées à un chiffre énorme. Voulez-vous que nous prenions soit la ligne de Clamecy à Nevers, soit celle de Nevers à Bourges, pour garantir les deux corps d'armée contre tout mouvement susceptible de leur faire perdre leurs lignes de retraite? Dans ce cas, se serait aux troupes les plus voisines de Gien à se replier les premières. Si nous nous maintenons dans nos positions actuelles, nous nous trouverons attaqués demain ou après-demain dans des conditions regrettables. L'ennemi est à quelques kilomètres, il marche sur Gien.

BEAUGENCY, 7 décembre 1870. — *Général Barry à Guerre, Tours.* — *Confidentielle.* — Ma division, 2ᵉ du 16ᵉ corps, épuisée par la bataille du 2, ayant été complètement dispersée le 4 et dans l'impossibilité de se reconstituer dans la position de première ligne qui lui a été assignée à Beaugency, malgré mes protestations; d'un autre côté, la présence de mes débris démoralisés ne devant être qu'un danger pour les troupes engagées, je vous demande à être immédiatement placé dans une position où je puisse me réorganiser en sécurité, ce qui exigerait une huitaine de jours. Si cette demande ne peut être accueillie, je me déclare réduit à une impuissance absolue et dans l'impossibilité de servir telle, que je me verrais forcé de renoncer à mon commandement.

TOURS, le 7 décembre 1870. — *Intérieur et Guerre à général Bourbaki, Gien, à communiquer au général Crouzat à Argent et au général des Paillères, Salbris.* — Mon intention et mon espoir étaient de vous voir reprendre une vigoureuse offensive avec les 15ᵉ et 18ᵉ corps réunis. Mais ce que vous dites des conditions d'une lutte demain ou après-demain et l'éloignement actuel du 15ᵉ corps autorisent un repliement pour couvrir Nevers et Bourges. La position des 15° et 20° corps nécessitera probablement que vous passiez sur la rive gauche de la Loire au moment et au point qui vous paraîtront le plus favorables. Il est bien entendu que le 20° corps, comme le 15° et le 18°, restera sous votre direction absolue. Une fois que vous aurez tout réuni ainsi sous votre main, je compte que vous serez réellement prêt pour une action décisive.

L. GAMBETTA.

JOSNES, le 7 décembre 1870. — *Général Chanzy à Guerre, Tours.* — Je ne puis avoir encore des renseignements même approximatifs sur nos pertes. Je reconstitue les divisions pour la plupart dispersées. Il rentre des hommes à chaque instant. Des détachements nombreux ont suivi le 15° corps de l'autre côté de la Loire. La division Morandy seule ne compte plus que 4 000 hommes en ce moment. L'artillerie est fort réduite et en grande partie démontée. Je compte être en mesure de vous fixer autant que possible ce soir. Presque tous les chefs de corps et officiers supérieurs dans le 16° corps et une partie du 17° ont été tués ou blessés. Il me tarde de voir arriver des généraux et des officiers d'état-major. Je laisse le corps Gougeard en avant à Vendôme jusqu'à ce que toute appréhension ait disparu de ce côté. La vallée du Loir, les débouchés de la forêt de Marchenoir sont gardés. L'ennemi a attaqué hier soir Meung qui a dû être abandonné. Le général Camó occupe fortement Boinard, Bole, et Langlechêne. 2 officiers du régiment à pied de gendarmerie tués. Mes reconnaissances cherchent à apprécier les forces de l'ennemi signalées hier depuis Ouzouer-le-Marché jusqu'à la Loire. La division Morandy est partie ce matin pour Blois et Chambord. Je suis sans nouvelles de ce qui se passe de l'autre côté de la Loire. Je donne l'ordre aux francs-tireurs de Foudras, qui avaient abandonné Saint-Laurent-des-Eaux devant quelques uhlans, de réoccuper ce point.

CHANZY.

JOSNES, le 7 décembre 1870. — *Général Chanzy à ministre Guerre, Tours.* — Nous avons été attaqués aujourd'hui sur toute la ligne depuis Meung jusqu'à Saint-Laurent-des-Bois. L'effort principal de l'ennemi était sur Beaugency.

La colonne mobile de Tours, la 1re division du 16e corps et la 1re division du 17e ont été sérieusement engagées.

Nous avions affaire à une artillerie nombreuse évaluée d'après les prisonniers à 86 pièces ayant pris part à l'action soutenue par des réserves d'artillerie. Les forces ennemies engagées comptaient *deux* divisions bavaroises et *une* division prussienne, plus 2000 chevaux ayant en arrière des forces considérables. C'était l'armée du prince Charles avec le grand-duc de Mecklembourg. L'ennemi a été repoussé jusqu'au delà du Grand-Châtre et nous couchons sur nos positions de ce matin. Les prisonniers avouent des pertes considérables chez l'ennemi du fait de notre mousqueterie, tout en constatant que notre artillerie a eu un grand effet sur celle de l'ennemi. La bataille s'étant prolongée jusqu'à la nuit close, je ne connais pas encore nos pertes. J'espère qu'elles seront peu importantes. Notre armée a opéré avec ordre et avec calme. Il se peut que nous soyons attaqués demain ; je compte que nous nous en tirerons comme aujourd'hui. Le général de division bavarois Stéphan, de la 1re division d'infanterie de la garde bavaroise, a été blessé d'une balle dans le bras et d'un éclat d'obus à la jambe. En avant de Saint-Laurent-des-Bois, l'ennemi a été repoussé de Marolles par les troupes du général Jaurès.

Je suis rentré à 8 heures du soir à Josnes.

CHANZY.

JOSNES, 7 décembre 1870. — *Général Chanzy à général Camó, à Beaugency.* — L'affaire d'aujourd'hui a été bonne ; l'ennemi poursuivi vigoureusement jusqu'au Châtre s'est replié sur Bacon. Les 16e et 17e corps sont rentrés dans leurs positions de ce matin ; réoccuper au jour celles que vous aviez de Messas à la Loire. Il est de toute nécessité de tenir sur la ligne que nous occupons. Nous sommes en forces suffisantes pour cela ; tout mouvement de retraite serait funeste. Je compte sur vous et sur vos troupes pour tenir demain, si l'ennemi attaque de nouveau. Mettez-vous en communication avec l'amiral Jauréguiberry qui est à Villeneuve.

JOSNES, 7 décembre 1870. — *Le général Chanzy au ministre de la Guerre, à Tours.* — L'ennemi attaque fortement sur Meung; la division Camô est engagée. Je la fais appuyer par la 1re division du 16e corps avec la 1re du 17e en réserve. Toute l'armée est sous les armes. Je me porte à Messas pour juger et diriger.

BLOIS, 7 décembre 1870. — *Général Michaux au ministre Guerre, Tours.* — Le général Morandy est arrivé avec sa division; le général Peytavin rejoint Salbris avec 1 000 hommes environ de sa division et une batterie qu'il a ralliée.

BEAUGENCY, 8 décembre 1870. — *Général commandant Beaugency à ministre Guerre, Tours.* — J'ai tenu toute la journée à Foinard sous une violente canonnade. Mon centre a été percé vers 3 heures et demie au château de Langlechêne, j'ai battu en retraite en ordre sur Beaugency. Les Prussiens ont leurs avant-postes aux vallées sur la rive droite. Un gros corps est derrière avec beaucoup d'artillerie sur la rive gauche. Leurs batteries de position sont établies dès ce soir, leur tir réglé; ils commenceront leur canonnade sur la ville demain matin. Mes troupes sont très fatiguées et leur moral fort ébranlé : il n'est pas possible de tenir à Beaugency. Je prends mes dispositions pour la retraite vers Mer et Ménars.

Général CAMO.

LA CHAPELLE, 8 décembre 1870. — *Général Bourbaki à ministre Guerre, Tours.* — D'après vos ordres, le 20e corps s'est mis en route pour Bourges, il couche aujourd'hui dans les bois en avant de la Chapelle et continue demain son mouvement. Le 18e corps doit être ce soir à hauteur de Cosne, se dirigeant sur Bourges. D'après vos instructions, le commandant du 15e corps a pris l'avis du général d'Aurelle qui le dirige sur Aubigny. Ce faux mouvement découvre complètement les routes d'Orléans à Vierzon et à Bourges. Vous pouvez considérer le 15e corps comme très désorganisé et susceptible de très peu d'efforts. Le 20e, quoiqu'en meilleur état, est très décousu. Je fais des vœux et des efforts pour que ces deux corps atteignent Bourges sans encombre. Le temps est affreux, les routes des plus difficiles pour les

chevaux. Le général Crouzat me fait dire que l'ennemi est
sur la route d'Orléans à Bourges.

Blois, 8 décembre 1870. — *Général commandant à Blois à
Guerre, Tours.* — La 3ᵉ division réduite à sa plus simple
expression, sans artillerie disponible, a été dirigée sur
Chambord pour se refaire, tout en gardant cette position.
Les hommes sont tellement exténués par trois jours de
combats et six jours de marches forcées, qu'on ne peut
absolument rien espérer d'eux qu'une déroute déplorable,
au premier coup de fusil, si les troupes étaient engagées.
Dans cette situation, l'ennemi ayant un corps nombreux à
Salbris, Beaugency allant certainement être attaqué fortement ce matin, je considère comme un impérieux devoir de
demander à M. le ministre de la porter immédiatement le
plus en arrière possible afin de procéder à la réorganisation.

Blois, 8 décembre 1870. — *Général Michaux à Guerre,
Tours.* — J'ai expédié hier et avant-hier 3 000 hommes
débandés des 16ᵉ et 17ᵉ corps sur Mer où se trouve le général Barry.

La division Morandy arrivée hier ici très incomplète et
exténuée, l'artillerie sans attelages possibles et sans munitions; 12 000 Prussiens à Salbris marchent probablement
sur Vierzon et paraissent se diriger aussi sur Romorantin.
Beaugency va être attaqué ce matin ; s'il est pris, Blois se
trouve très compromis, et peut être cerné. Les généraux
Peytavin, Morandy et moi demandons des ordres.

Tours, le 8 décembre 1870. — *Le ministre de la
Guerre à M. le général Chanzy.* — Prenez les mesures
qui vous paraîtront le plus convenables pour assurer la
retraite de votre armée, soit sur Vendôme, soit sur
Blois. Que le soin de couvrir Tours ne vous préoccupe
point et ne pèse pas sur la détermination que vous
allez prendre. Veillez seulement à empêcher autant
que possible la dissolution de votre armée.

GAMBETTA.

Josnes, 8 décembre 1870. — *Général Chanzy à ministre Guerre, Tours.* — J'ai renouvelé cette nuit au général Camó, qui me prévenait de sa résolution de retraite sur Mer, l'ordre formel de tenir à Beaugency et j'ai placé sous le commandement de l'amiral qui, en cas d'attaque, commandera l'aile droite de l'armée. On ne doit se replier sur Mer que si on est contraint; malheureusement, la confiance ne s'impose pas. Les reconnaissances signalent l'armée ennemie en avant de nous à hauteur du Grand-Chatre, avec une nombreuse artillerie. Je m'attends donc à une attaque sérieuse.

Tours, 8 décembre 1870. — *Gambetta à général Bourbaki à la Chapelle, ou Bourges.* — J'ai reçu votre dépêche de 5 h. 45 soir et j'y réponds. Vous m'avez dit que pour éviter un désastre il fallait vous mettre en retraite, soit sur la direction de Clamecy à Nevers, ce qui, carte en mains, était inexplicable, soit sur la direction de Nevers et Bourges. Je vous ai répondu alors de rallier vos trois corps et de vous retirer de manière à couvrir à la fois Nevers et Bourges, vous laissant d'ailleurs juge de l'opportunité du jour et du point où vous deviez retraverser la Loire. Au même instant le général des Paillères, qui consultait sur le point où il devait se porter, était invité à prendre immédiatement vos ordres et, jusqu'à votre réponse, de conserver sa position de Salbris et de couvrir Vierzon. J'ai tout lieu de croire que la colonne devant laquelle vous vous repliez est bien loin d'avoir l'importance de celle que Chanzy y refoule victorieusement depuis deux jours avec des troupes pour le moins aussi fatiguées que les vôtres. Je compte bien que vous allez faire tête et vous préparer à cette action décisive dont je vous parlais dans ma dernière dépêche et que rend de plus en plus avantageuse la division de l'armée ennemie depuis les événements d'Orléans.

LÉON GAMBETTA.

Tours, 8 décembre 1870. — *Guerre à général Chanzy, à Josnes.* — Toutes vos nominations sont acceptées d'avance et seront régularisées au fur et à mesure que vous les présenterez. N'ayez donc aucune préoccupation de ce côté, et conférez immédiatement ces nouvelles fonctions à ceux que vous en jugez dignes.

Nous vous félicitons de la fermeté de votre attitude, et nous n'avons qu'un désir, c'est que vous puissiez la faire partager par tous ceux qui vous entourent.

DE FREYCINET.

Tours, 9 décembre 1870. — *Guerre à Chanzy.* — Je vous félicite de la façon dont vous portez depuis trois jours le poids de la lutte... Je compte que le mouvement de Jauréguiberry réussira ce matin ; dans tous les cas, j'approuve d'avance toutes les dispositions que vous pourrez prendre pour les provisions et la conservation de vos forces. Ne pensez nullement à Tours ; j'ai fait évacuer hier le gouvernement, et je pars moi-même à 10 heures pour Blois, d'où j'irai vous rejoindre. Donc ne pensez qu'à vous-même et nullement au siège du gouvernement, et tenez selon votre habitude, c'est-à-dire ferme.

L. GAMBETTA.

Tours, 9 décembre 1870. — *Guerre à Chanzy.* — La position militaire est regardée comme critique dans les cercles bien informés. On a des inquiétudes sur l'issue finale de la lutte. Le général Manteuffel a reçu l'ordre de revenir sous Paris.

Voici maintenant copie d'une dépêche que m'adresse le général Faidherbe, de Lille, à 7 h. 45 soir.

« On dit canonnade entendue vers Villers-Cotterets et Compiègne. En conséquence, je vais diriger le 22ᵉ corps en avant. »

L. GAMBETTA.

Josses, 9 décembre 1870. — *Général Chanzy à Guerre, Tours.* — Je reçois du général Barry la dépêche suivante : « La colonne Camô est en pleine déroute. Je n'ai pas un homme. Je n'ai pas de division.

« Pour n'être pas pris par l'ennemi, je me retire sur Blois et je vous prie de me relever de mon commandement. »

Pas de nouvelles directes du général Camô. Le général Tripart, qui a pris le commandant des troupes en retraite sur Mer me télégraphie : « Notre droite a cédé, nos avant-postes sont ce soir à Tavers. »

Si l'amiral ne parvient pas à arrêter le mouvement de l'ennemi sur notre droite, je serai tourné.

Si ce matin je ne puis tenir tête à l'ennemi, je crains une débandade ou tout au moins d'être impuissant à arrêter la retraite quand elle aura commencé. Je crois dans ce cas que le mieux, pour chercher à éviter un désastre, serait de prendre la direction de Vendôme, si je ne viens pas à couvrir et défendre Blois.

Bourges, 9 décembre 1870. — *Général Bourbaki à Guerre, Bordeaux.* — Quelque activité que j'aie apporté dans l'exécution de vos instructions en me dirigeant sur Bourges, j'y arrive seulement ce soir avec le 20e corps d'armée. Il m'a donc été totalement impossible de couvrir Vierzon qui est déjà occupé par l'ennemi par suite du regrettable mouvement du 15e corps qui, au lieu de marcher sur Bourges comme j'en avais donné l'ordre à son chef, s'est porté de Salbris sur Aubigny d'après l'avis de d'Aurelle. Ce corps n'arrivera que demain ; il en est de même du 18e qui couchera cette nuit entre Sancerre et Bourges. Mehun-sur-Yèvre était occupé dès ce matin par une colonne évaluée à 5 000 hommes et composée de troupes des trois armes, d'autres avant-gardes se font voir à Neuvy-sur-Barengeau et à Allongny ; en arrière de Vierzon de fortes colonnes qui ont franchi la Loire sur les ponts d'Orléans me sont signalées, il est évident que l'ennemi veut tourner les débris de l'armée de la Loire et leur couper la retraite. J'ai pris toutes les dispositions possibles pour combattre, si cela devient nécessaire, mais avec un troupeau d'hommes en grande partie démoralisés par les échecs successifs qui viennent de les frapper, par les fatigues de marches continuelles et rapides, par le temps affreux que nous avons et surtout par la débandade du 15ᵉ corps, je prévois le résultat néfaste qui nous attend aussi. Si je puis repousser avec le 20ᵉ corps les têtes de colonnes ennemies, attendrai-je ici à être rallié par le 15ᵉ et le 18ᵉ. J'irai prendre ensuite position à Saint-Amand où j'espère avoir quelques jours de répit afin de mettre de l'ordre. Les hommes sont dans un état de misère et de marasme dont vous ne pouvez vous faire une idée. Je n'essaie pas de me retirer sur Nevers, parce qu'on m'assure que des concentrations de forces ennemies s'opèrent du côté de Dijon et d'Auxerre.

Josnes, 9 décembre 1870. — *Général Chanzy à Guerre.* — *Tours.* — La communication télégraphique étant interrompue depuis quelques heures avec Beaugency, je viens seulement d'apprendre que le général Camô, contrairement aux ordres formels que je lui avais donnés et prétendant obéir à ceux que vous lui aviez donnés directement par un capitaine du génie envoyé de Tours, s'était retiré dans l'après-midi de Beaugency, qui a été occupé à la nuit par une troupe mecklembourgeoise qui s'est glissée le long de la Loire. Je regrette vivement cet incident qui atténue le succès de la journée et je donne l'ordre à l'amiral Jauréguiberry qui commande l'aile droite de débusquer demain au jour l'ennemi de Beaugency.

Nous avons ici une centaine de prisonniers prussiens.

Les renseignements qu'ils m'ont fournis constatent que le prince Charles a fait venir la nuit dernière des troupes d'Orléans et a donné aujourd'hui avec toutes ses forces. Ces prisonniers disent que l'armée prussienne ne croyait avoir affaire qu'à des fuyards, que les pertes qu'elle a éprouvées aujourd'hui sont considérables.

Bordeaux, le 10 décembre 1870. — *Guerre à général Bourbaki, Bourges.* — Je reçois à l'instant la dépêche suivante : « Bordeaux de Nevers. Inspecteur divisionnaire à directeur général. Je crois devoir vous communiquer dépêche ci-dessous venant de Blemeau : « De Thou à préfet Auxerre, « à colonel commandant forces Yonne et Prémery général, « Nevers. — Briare, Ouzouer, Gien évacués en hâte; tous

« les Prussiens descendent sur Orléans, répétant *Hoch*
« *Frederic!* » Tout indique concentration rapide des Prussiens
« sur Orléans, prévenez armée de la Loire. Source cer-
« taine. »

D'autre part, des dépêches de nos généraux m'informent
qu'une colonne de 20 000 hommes environ (j'ai des raisons de la croire moins forte), descendue d'Orléans sur
Blois, par la rive gauche, cherche à s'emparer de Blois, et à
tourner l'armée de Chanzy. Il est donc évident qu'un effort
suprême est tenté pour écraser l'armée de Chanzy, et que,
selon toute apparence, vous n'avez devant vous que des rideaux ; à moins, donc, que vous n'ayez la preuve du contraire, et que vous n'ayez la certitude d'être vous-même en
présence d'une nombreuse armée, je vous demande, dans
l'intérêt commun, de tenter un effort suprême. Laissez à
Bourges la partie de vos forces qui est incapable de marcher, et, avec toute la partie valide, mettez-vous immédiatement en marche sur Blois, de manière à couper court à
tout mouvement des Prussiens sur la rive gauche, et à
jeter dans le fleuve la colonne qui s'y trouve déjà engagée. Avertissez Chanzy de vos mouvements, pour que lui-
même, au besoin, se repliant sur Blois, s'il le juge opportun, puisse vous donner la main sur ce point; mais il n'y a
pas un instant à perdre pour agir, si vous devez le faire.

C. DE FREYCINET.

Retraite sur le Loir.

JOSNES, 10 décembre 1870. — *Général Chanzy à Ministre,*
Tours ou Bordeaux. — Nous avons encore tenu aujourd'hui sur
nos positions malgré les efforts faits par l'ennemi sur notre
aile gauche et sur notre centre. On s'est battu depuis
8 heures du matin jusqu'à 5 heures et demie. L'ennemi a
partout été repoussé, bien que nous ayons eu affaire à une
très nombreuse artillerie. Le village d'Origny, occupé hier
soir par les Prussiens, a été repris avant le jour par une attaque de vive force. Le nombre des prisonniers faits à l'ennemi dans la journée est d'environ 400; parmi eux des

officiers et un major d'infanterie. Ces prisonniers confirment les pertes considérables faites par les Prussiens dans les dernières journées. Hier et aujourd'hui nos mitrailleuses ont fait de nombreuses victimes. Toutes les fermes sont remplies de blessés prussiens. De notre côté, pertes sensibles. Le colonel américain Burnn blessé grièvement. — On aperçoit sur la rive gauche de la Loire un mouvement de l'ennemi se dirigeant sur Blois. Des paysans affirment avoir vu un équipage de pont. Cependant, aucune tentative de passage ne m'a été signalée jusqu'ici. Il est de la plus haute importance que Blois ne permette pas à l'ennemi de passer le fleuve. Je réitère au général Barry l'ordre de résister à outrance.

BORDEAUX, le 10 décembre 1870. — *Général Bourbaki à Guerre, Bordeaux.* — Rallier mes trois corps, c'est ce que j'ai cherché à faire en venant à Bourges; j'espère que cette opération sera terminée demain.

Résister à une avant-garde pour reculer le jour suivant devant le corps entier n'est pas une victoire. Si je marchais en ce moment sur Blois, vous ne reverriez probablement pas un seul des canons ni des hommes composant les trois corps dont vous m'avez prescrit de diriger les mouvements.

Chanzy a peut-être devant lui une partie de l'armée du prince Frédéric-Charles, mais il est certain que j'en ai une autre partie devant mon front et sur mon flanc gauche. En outre, un corps de 15 000 hommes menace Nevers.

Si vous voulez sauver l'armée, il faut la mettre en retraite ; si vous lui imposez une offensive qu'elle est incapable de soutenir dans les conditions actuelles, vous vous exposez à la perdre. Dans le cas où votre intention serait de prendre ce dernier parti, je suis si profondément convaincu des conséquences pouvant en résulter, que je vous prierais de confier cette tâche à un autre.

Un mouvement tournant bien dirigé contre nous occasionnerait actuellement un désastre, je le répète encore. C'est précisément ce que l'ennemi cherche à faire depuis qu'il a percé le centre de l'armée de la Loire et pu franchir les ponts d'Orléans, non avec des bandes mais avec des forces bien organisées.

Les armées du prince Frédéric-Charles, du duc de Mecklembourg et du général Werder comptent plus de 200 000 hommes opérant dans les directions de Bourges, de Blois et de Nevers. C'est le double de ce que nous pourrons supporter. Je vous dis encore que vous vous faites illusion et sur le nombre et sur la qualité des soldats que nous leur opposons. En raison de nos marches incessantes, je n'ai pas encore pu faire faire un appel sérieux, mais le nombre des hommes de troupe et des officiers de la garde mobile qui ne sont plus à leur poste est considérable. Ceux qui se trouvent dans le rang ont peu de valeur, pour la plupart.

Vous aviez annoncé l'envoi d'un intendant en chef des trois corps d'armée, je ne l'ai jamais vu.

Vous ne répondez pas à la proposition que je vous ai soumise de me retirer sur Saint-Amand et plus loin, au besoin, afin de refaire l'armée si l'ennemi se trouve ainsi obligé de me laisser quelque répit. C'est, cependant, ce que j'ai l'intention de faire, car nos hommes arrivent ici bien péniblement.

Je crains que les Prussiens ne m'en laissent pas le temps et que je sois obligé de recevoir le combat demain, ou après-demain ; car d'Orléans et de Nevers, on se rend plus promptement à Bourges qu'on ne peut le faire de Gien à Bourges ; ces deux dernières villes n'étant pas reliées directement entre elles par une voie ferrée comme les premières.

Général Bourbaki.

P. S. — Le général Billot sera demain, à midi, à ma hauteur.

Les corps connus qui tâchent de nous envelopper pour nous jeter dans la souricière de Bourges comptent un effectif d'environ 70 000 hommes. Le général Borel et tous les commandants de corps d'armée sont d'avis que nous ne sommes nullement de force. En conséquence, si l'ennemi m'en laisse le temps, je commencerai ma retraite vers 4 ou 5 heures du soir.

G. Bourbaki.

Bordeaux, le 10 décembre 1870. — *Délégué guerre à Gambetta, à Blois.* — Je reçois la dépêche suivante : « Conlie, 18 décembre, 2 h. 45 soir. Membre du gouvernement de la

défense nationale à délégué de la Guerre de Bordeaux. — L'effectif actuel de l'armée réunie à Conlie est de 46000 hommes;
indépendamment de la dépense journalière il y a à payer
des échéances pour travaux et marchés en cours d'exécution, l'intendant n'a aucun moyen de pourvoir à ces nécessités. » Il y a péril en la demeure et il est absolument indispensable d'ouvrir immédiatement à Rennes, non ailleurs,
un crédit d'un million dont je vous porterai des explications. Je ne crois pas devoir prendre sur moi de faire ouvrir un tel crédit sur ce simple exposé, d'autant plus que ce
qui me revient de la commission envoyée à Conlie n'est pas
favorable aux travaux dont parle la dépêche. Je vous prie
de me donner vos instructions.

DE FREYCINET.

JOSNES, 10 décembre 1870. — *Général Chanzy au général
Barry, à Blois.* — Vous devez défendre Blois à outrance. Faites
venir d'urgence des munitions de Tours si vous en manquez.
Organisez toutes les forces dont vous disposez et utilisez
les travaux de défense préparés en vue d'une attaque sur
Blois. Rappelez à vous la brigade Desmaisons, qui est de
votre division. Nous maintenons l'ennemi depuis quatre
jours en luttant avec avantage, du matin jusqu'au soir, et
vous ne pouvez avoir affaire qu'à des forces relativement
faibles; avec celles dont vous disposerez, vous pouvez bien
certainement empêcher l'ennemi de passer le fleuve devant
vous; il doit vous rester de l'artillerie, disposez-en et rendez-moi compte.

JOSNES, 11 décembre 1870. — *Général Chanzy au général
Barry.* — Vous êtes chargé de la défense de Blois, et toutes
les troupes qui s'y trouvent sont sous vos ordres. Vous êtes
également chargé de la défense du fleuve en amont et en
aval; agissez donc d'après les renseignements que vous
devez avoir le premier, et le mieux connaître. Vous avez à
Amboise le général Morandy et le général Desmaisons.
Appelez à Blois la brigade Desmaisons, qui est reposée, et
laissez à Amboise le général Morandy, en faisant passer
sur la rive droite ses troupes et son artillerie.

JOSNES, 11 décembre 1870. — *Général Chanzy au comman-*

dant militaire et au préfet d'Indre-et-Loire. — Si l'ennemi continue son mouvement sur Tours, faites détruire successivement les ponts sur le fleuve, s'il est impossible d'en assurer la défense; il est de la dernière importance que les Prussiens ne puissent pas traverser la Loire. Surveillez leur marche. Empêchez-les d'établir des ponts de bateaux. Renseignez-moi exactement.

CHANZY.

BORDEAUX, 11 décembre 1870. — *Guerre à général Chanzy, à Josnes et à Mer.* — Sur votre demande, j'ai envoyé à Mer le plus de munitions que j'ai pu; je pense que vous aurez pris toutes les précautions nécessaires pour évacuer ces munitions, même dans le cas où votre communication par chemin de fer viendrait à être coupée avec Tours. Je prescris à Tours de ne plus rien envoyer que sur votre demande; faites cette demande au commandant de l'artillerie à Tours, pour Mer ou pour Vendôme suivant les circonstances.

THOUMAS.

BORDEAUX, 11 décembre 1870. — *Guerre à général Bourbaki, Bourges et à général Chanzy, Josnes.* — En présence de votre dépêche de ce soir 10 décembre 8 heures, par laquelle vous déclarez que si vous marchiez sur Blois nous ne reverrions ni un de vos hommes ni un de vos canons, il est évident que je ne puis pas insister pour vous faire prendre une offensive quelconque. Quant à vous dire jusqu'à quel point vous devez vous replier pour refaire votre armée, je ne puis vous répondre et je dois vous en laisser juge, tant les conditions dans lesquelles paraissent se trouver vos troupes sont exceptionnelles. Toutefois, avant de prendre une résolution définitive et d'abandonner absolument toute offensive, je vous engage à méditer les renseignements que je vous ai transmis ce soir, desquels il résulterait que vous avez affaire à bien moins de 70 000 hommes. En tout cas, je vous invite à télégraphier vos mouvements à Chanzy, à Josnes.

DE FREYCINET.

BLOIS, 11 décembre 1870. — *Général Barry à Guerre, Tours.* — Le général Chanzy m'écrit qu'il redoute très sérieusement un mouvement de l'ennemi sur ses derrières, soit par le passage de nos ponts, s'ils ne sont pas interdits, soit par l'établissement de ponts de bateaux.

Les ponts d'Amboise et de Montlouis sont très dangereux dans cette éventualité.

Blois, 11 décembre 1870. — *Général Barry à Guerre, Tours.* — Blois n'est pas encore canonné. J'ai quelque lieu de croire que l'ennemi ne se maintient devant moi que par un rideau, et prononce rapidement un mouvement vers Tours. Il a avec lui un équipage de pont traîné par des voitures attelées de huit chevaux.

Il y a sur la Loire, principalement en aval de Mosne, des îles qui faciliteraient l'établissement d'un pont. Mais, je le répète, il y a à craindre une marche rapide sur Tours.

Blois, le 11 décembre 1870. — *Général Barry au ministre Guerre, Tours.* — Il est 6 heures du matin, Blois n'a pas encore été canonné, et aucune tentative d'établissement de pont dans ses environs ne m'est confirmée. Il est hors de doute pour moi que l'ennemi se dirige à marches forcées sur Tours, ou qu'il tentera un passage plus en aval.

Le général Morandy est à Amboise ; il m'écrit qu'il ne pourra arriver ici que demain, ses troupes étant exténuées, environ 1 500 hommes et une batterie. Je demande des instructions à son sujet au général Chanzy.

Blois, 11 décembre 1870. — *Général Barry à Intérieur, Tours.* — Je crois qu'il sera nécessaire, non seulement de faire sauter le pont d'Amboise mais encore de surveiller en force tout le cours de la rivière. Les colonnes ennemies qui sont passées cette nuit possèdent des haquets avec pontons.

La rupture du pont d'Amboise regarde Tours, je vous prie de donner des ordres pressants à ce sujet, l'ennemi marchant très vite. J'ai toujours des Prussiens devant moi, je ne sais en quel nombre et si c'est un masque pour mieux dérober leur marche. En tous cas je défendrai la ville avec toute l'énergie que vous désirez.

BARRY.

JOSNES, 11 décembre 1870. — *Guerre à général Bourbaki,
à communiquer au général Chanzy, à Josnes, et à Gambetta,
Tours.* — Je reçois de Prémery la dépêche suivante :

« *Colonel commandant les forces de l'Yonne à ministre Guerre,
Bordeaux.* — Briare, Ouzouer, Gien évacués précipitamment par ennemi. Tout annonce concentration Prussiens
sur Orléans. Les renseignements pris dans la Puisaye paraissent certains.

« Colonel PALU. »

Cette dépêche et plusieurs autres dans le même sens ne
me laissent aucun doute sur le fait que vous n'avez devant
vous que des rideaux. Je ne puis vous donner l'ordre formel
de marcher parce que je ne suis ni ministre ni général, et
que si, par une cause quelconque, il vous arrivait un échec
vous en attribueriez toute la responsabilité à mon ingérence intempestive et à mon incompétence ; mais je sens
bien que je suis dans le vrai, en vous conseillant une
marche sur Blois, non avec toutes vos forces, mais avec
celui de vos corps qui voudra marcher. Il doit se trouver
autour de vous un général qui consente à se dévouer pour
marcher au secours de Chanzy, ne fût-ce qu'avec une colonne de 15 000 hommes choisis.

Interrogez vos officiers généraux, et si l'un d'eux veut
accepter cette mission, permettez-lui de l'accomplir ; faites
qu'on ne puisse pas dire un jour qu'une armée française a
laissé écraser une autre armée française dans son voisinage.
Je m'attends à ce que Gambetta, qui va à Bourges, vous
tiendra le même langage.

DE FREYCINET.

BORDEAUX, 11 décembre. — *Guerre à Chanzy, à Josnes.* — J'ai
passé depuis hier matin des dépêches réitérées et instantes
à Bourbaki pour l'engager à se porter vers Blois en ce moment même. Je télégraphie à M. Gambetta, qui se rend à
Bourges, pour lui demander d'user de toute son influence
dans le même sens. A l'instant, midi cinquante, je reçois
une dépêche de Bourbaki, annonçant son intention de se
conformer à vos désirs. Je vous engage à télégraphier à la
fois à Gambetta et Bourbaki, et à leur faire connaître le
point exact où vous comptez vous porter, et la direction

dans laquelle Bourbaki doit s'avancer pour favoriser vos mouvements.

DE FREYCINET.

BLOIS, 11 décembre 1870. — *Général Barry à ministre Guerre, Bourges.* — Pas encore d'engagement ni bombardement à Blois, la grande majorité des habitants a quitté la ville, je ne sais encore si le pont d'Amboise est détruit, c'est une opération de plusieurs heures; en tout cas, général Morandy est chargé de le défendre; le pont de Chaumont a été brûlé hier, je résisterai à Blois jusqu'au bout,

JOSNES, 11 décembre 1870. — *Général Chanzy au général Borel, à Bourges.* — Nous sommes établis depuis quatre jours de Lorges à Tavers, faisant tête à l'ennemi, nous battant du matin au soir et ayant affaire au gros de l'armée du prince Charles, au grand-duc de Mecklembourg et au corps bavarois. Tout l'effort est donc sur nous. Un corps prussien descend la Loire, sur la rive gauche, menace Blois, Tours, et cherche à me tourner. Je suis dans une position des plus critiques si vous ne vous portez pas en avant. Vous n'avez devant vous que très peu de monde. Venez donc sans perdre une minute, et prévenez-moi.

Mon quartier général est à Josnes.

JOSNES, 11 décembre 1870. — *Général Chanzy à Bourbaki, commandant en chef, à Bourges.* — Établi entre la forêt de Marchenoire et la Loire, je lutte depuis cinq jours du matin au soir avec le gros des forces du prince Charles. L'ennemi n'a que peu de monde à Orléans; un corps qui ne dépasse pas bien certainement 20 000 hommes du côté de Vierzon, et un autre de 12 à 15 000 qui menace Blois, Tours, arrive d'Orléans en passant la Loire.

Marchez donc carrément et sans perdre une minute. Ma position est des plus critiques, et vous pouvez me sauver.

TOURS, 12 décembre 1870. — *Général division à ministre Guerre, Bordeaux.* — Mer est évacué; Blois plus tenable doit être abandonné par ordre du général Chanzy. L'ennemi est signalé à Montrichard; résisterai jusqu'à ce que vous me donniez ordres.

BOURGES, 12 décembre. — *Ministre Guerre à général Bourbaki, à Mehun.* — Une personne sûre arrivée d'Orléans donne les renseignements suivants :

Elle a vu passer vendredi à midi à la Madeleine (faubourg d'Orléans) des troupes prussiennes se dirigeant sur Beaugency. Pendant une ou deux heures qu'elle est restée à la Madeleine, il est passé sous ses yeux deux régiments de cavalerie, environ un régiment d'artillerie (le 10e), des régiments d'infanterie supposés hessois et trois autres régiments d'infanterie prussienne avec un convoi de munitions très considérable.

Le lendemain, tous les habitants du faubourg Madeleine s'accordèrent à dire que troupes et convoi auraient passé toute la nuit sans interruption, se dirigeant vers Beaugency. Le même samedi, la personne qui nous donne ces renseignements était à Sully-sur-Loire, et le maire de cette localité lui a affirmé avoir vu la plus grande partie des troupes prussiennes qui se dirigeaient sur Nevers, retourner sur Orléans; elle a vu la cavalerie défilant sur la levée de la Loire (rive droite) et il a supposé que pendant ce temps l'infanterie et l'artillerie suivaient la route impériale.

Cette même personne passant samedi à Jargeau a appris que la veille (vendredi) cinq à six mille Prussiens étaient arrivés dans cette localité, annonçant qu'ils devaient y passer la nuit, et que dans cette même journée (1 heure après) ils étaient partis précipitamment pour Orléans.

A Gien un petit détachement de Bavarois a passé le fleuve en bateau et ce sont ces Bavarois qui passent maintenant les habitants d'une rive à l'autre.

D'après ces renseignements il semblerait que toute l'armée prussienne se dirigerait sur l'armée du général Chanzy.

D'après ces renseignements, qui paraissent certains, votre armée n'a pas à craindre une attaque sérieuse et peut se reconstituer en toute sécurité.

Nous étions d'accord hier sur la nécessité d'une station prolongée pour les troupes, mais nullement de se replier jusqu'à Saint-Amand. Un fait accompli hier vient encore me confirmer dans l'appréciation que je viens de vous donner; les Prussiens ont fait sauter le pont du chemin de fer de Vierzon à Selles-sur-Cher, ce qui prouve qu'ils n'ont pas l'intention de venir de votre côté. En outre, je vous prie de ne pas découvrir Bourges inutilement, ce serait d'un effet moral aussi désastreux que l'évacuation d'Orléans.

Demandez à Chanzy s'il n'est point vrai qu'il a sur la rive droite le gros des forces prussiennes. Je viens de prendre une ordonnance qui ordonne le cantonnement de troupes à la prussienne; les maires sont avisés. Cela refera vite les soldats. Envoyez vos demandes à Friand qui est ici à Bourges et organise tous les services.

Je crois qu'en utilisant tous les édifices de Bourges, les villages environnants, les corps se referaient vite; on serait toujours à temps d'aller à Saint-Amand, je vous prie de réfléchir. Envoyez au loin des reconnaissances et vous verrez qu'il y aura fort peu de monde sur la rive gauche. J'ai besoin, avant de vous exposer les vues du gouvernement sur l'emploi ultérieur de vos forces, de vous voir au complet travail de réorganisation, soit dans vos positions actuelles, soit à Bourges.

GAMBETTA.

BOURGES, 12 décembre. — *Ministre Guerre à général en chef Chanzy à son quartier général au château des Noyers entre Epiais et Villetrum.* — Je suis arrivé à Bourges ce matin, vous pouvez m'y adresser vos dépêches, car j'y suis probablement pour quelques jours, étant dans l'intention de présider à la réorganisation de la seconde armée de la Loire, notamment du 15e corps. Il y a ici de bons éléments mais tout est à refaire. Un mouvement offensif sur Vierzon est en train de s'opérer. Je suis informé que l'ennemi qui occupait

cette localité l'a brusquement abandonnée. Je crois bon que
le général Barry tienne aussi longtemps que possible sur
la Loire à Blois afin de vous faciliter dans vos opérations et
les mouvements des corps, qui sont en route de Tours sur
Châteaurenault, Herbault et Vendôme. Nous sommes toujours d'accord.

Tours, 12 décembre 1870. — *Général division, Tours, à
Guerre, Bordeaux.* — Depuis quarante-huit heures ai pris
toutes les mesures nécessaires pour défense énergique. Ennemi vient d'être signalé en avant de Saint-Aignan (Loir-
et-Cher).

Bordeaux, 12 décembre 1870. — *Guerre à général Vergne,
Nevers; à communiquer général Mazure, Bourges.* — Nous
ne pouvons que vous savoir gré des intentions qui vous
ont inspiré les mesures militaires énumérées dans votre
dépêche d'hier 8 h. 10 s.; mais il ne faut pas qu'il y ait
de malentendu. Le commandement de la défense dans le
département appartient de droit au commandant de la
division Mazure, et au commandant de la subdivision de
Pointe. Quand je vous ai parlé d'y prêter votre plus actif
concours, j'ai entendu que vous feriez tous vos efforts pour
fournir à la défense, c'est-à-dire aux généraux chargés de
l'effectuer, le plus de mobilisés possible : 1° Que vous vous
occuperiez de recueillir de façon ou d'autre, de concert avec
le comité militaire, les mobilisés non capables d'entrer en
ligne; 2° que vous vous concerteriez avec les généraux
chargés normalement de la défense, c'est-à-dire avec
Mazure et subsidiairement avec de Pointe, pour agir avec
eux, s'il y avait lieu, dans des limites convenues. Mais je ne
puis pas vous donner la direction supérieure de la défense
qui incombe de droit aux deux généraux susnommés.

DE FREYCINET.

Vendôme, 12 décembre 1870. — *Général Chanzy à Guerre,
Bordeaux; à général Bourbaki, Bourges.* — L'ennemi, qui
a canonné un instant notre aile droite hier soir, paraît
s'être arrêté à hauteur de Josnes où il est entré. Aujourd'hui,
sauf quelques coups de canon, il n'a pas cherché à inquié-

ter notre mouvement de retraite. L'armée, après une marche pénible par le dégel et la pluie, est arrivée en bon ordre sur ses positions de Viévy-le-Rayé, Oucques, Boisseau, Conan et Rhodon : je compte demain couvrir Vendôme avec le 16e corps et avoir les deux autres au delà du Loir. Je n'ai pas eu aujourd'hui de nouvelles de Blois : j'en attends cette nuit. J'ai prescrit au général Barry de tenir jusqu'à la dernière extrémité pour éviter d'être tourné pendant mon mouvement de retraite; il se repliera ensuite avec la division Morandy qui est à Amboise, de façon à me rejoindre dans la direction de Saint-Calais, On signale un grand mouvement de l'ennemi qui semble rétrograder sur Orléans sur la rive gauche. Sur la rive droite il semble avoir renoncé à poursuivre l'armée. Les quatre dernières journées de combat l'ont fatigué et épuisé ses munitions. Des renseignements certains constatent qu'il a subi des pertes considérables, surtout en officiers.

Bourges, 13 décembre 1870. — *Gambetta à général Bourbaki, Mehun.* — Je tiens à vous rappeler que dans sa dépêche le général Trochu insistait pour qu'on occupât Gien et que surtout on conservât toujours Bourges. Je sais bien que vos troupes exténuées par des marches forcées, par un temps effroyable, ont besoin d'être reposées et réorganisées; encore trois jours de marche pour aller à Saint-Amand les mettront bien bas. Vous n'auriez pas grand monde devant vous, il serait possible de vous réorganiser sur place et vous y gagneriez en temps et en économie de fatigue, outre que nous resterions d'accord avec les prescriptions du général Trochu.

Je vous en conjure, malgré les difficultés de la tâche, n'oubliez pas les nécessités que nous impose Paris et faites-moi connaître votre décision.

Tours, 13 décembre 1870. — *Général division à Guerre, Bordeaux.* — Suis prévenu que l'ennemi, sous les ordres du prince Charles, avance sur Tours, sur trois colonnes : sur rive droite, rive gauche Loire et vallée du Cher.

N'ai que 9 000 hommes avec toutes nos petites fractions à opposer.

Ferai pour le mieux.

TOURS, 13 décembre 1870. — *Général division à Guerre, Bordeaux.* — Ennemi signalé à Montrichard, 2 000 hommes, artillerie considérable concentrée à Coutre sous les ordres du prince Charles qui occupait hier Onzain. Ne puis envoyer les 250 disciplinaires à Blois évacué.

CHATEAUROUX, 13 décembre 1870. — *Colonel commandant subdivision à général division, Bourges ; à Guerre, Bordeaux.* — Neuf uhlans sont entrés hier soir à 7 heures et demie à Reuilly, est à 20 kilomètres d'Issoudun, 48 de Châteauroux.

VENDÔME, 13 décembre 1870. — *Général Chanzy à Guerre, Bordeaux.* — Mon mouvement de retraite sur Vendôme s'est achevé aujourd'hui sans avoir été inquiété. Je m'établis sur de bonnes positions. Je donne ordre au général Barry qui s'est replié prématurément sur Saint-Amand de s'y arrêter et d'y tenir ; on dit l'ennemi en forces à Chartres. Dreux serait évacué, personne à la Loupe et à Bretincelles. Rien ne m'oblige à hâter mon mouvement sur le Mans. Je reste ici, persuadé que, tout en s'y reposant, l'armée sera encore une menace qui peut rendre l'ennemi hésitant pour ses opérations au-dessous de Blois. Je le crois peu en forces sur les deux rives. La démonstration sur Vierzon est de plus en plus nécessaire et facile. Ce matin à 6 heures et demie, un officier s'assurait à Blois chez le maire qu'il n'y avait encore aucun Prussien dans la ville. La panique qui se produit à Tours, où le chemin de fer évacue son matériel, où les employés du télégraphe ont abandonné leur poste, est des plus intempestives et des plus regrettables. Aucun des renseignements que je reçois des préfets n'est contrôlé, tous sont exagérés. Je crains qu'on ne fasse sauter tous les ponts sur le reste de la Loire.

CHANZY.

MEHUN, 13 décembre 1870. — *Général Bourbaki au ministre de la Guerre, Bourges et Bordeaux.* — J'ai quitté Bourges hier avec les trois corps d'armée, le 17e est à Saint-Martin-

d'Auxigny, le 20e a poussé jusqu'à Allogny, le 15e est à
Mehun-sur-Yèvre, mon quartier général. Je fais occuper
Vierzon ce matin même et pousser des reconnaissances vers
Neuvy-sur-Barangeon et la Chapelle-d'Angillon. Je continue
à recevoir réclamations de mes commandants de corps d'armée au sujet des fatigues imposées aux troupes, des retards
dans les distributions, de l'état de l'équipement, de l'habillement, des effets de campement et de la chaussure. Afin de
refaire les troupes et les mettre en mesure d'opérer utilement, je me propose de partir demain pour Saint-Amand,
comme il a été convenu hier dans notre entretien. Les renseignements recueillis me prouvent que le gros des forces
ennemies est sur la rive gauche de la Loire et que Chanzy a
sa retraite assurée. Il serait bon de diriger dès à présent
sur Saint-Amand tous les approvisionnements nécessaires
malgré vos ordres récents. Je n'ai pas encore vu l'intendant
Friant. Les quelques pertes subies le 4 décembre par le 20e
corps dans la marche vers Orléans à Vitry-aux-Loges et à
Chécy, celles subies le 7 par le 18e corps lors de l'attaque de
Gien, enfin les vides causés par les fatigues dans les cadres
comme dans les rangs de la troupe et les pertes de chevaux
sont assez considérables pour que les effectifs aient été notablement réduits. La division Martineau ne compte plus
guère que 6 000 combattants. Il me serait donc bien utile, en
vue des mouvements que les trois corps d'armée auront à
exécuter, de recevoir des renforts en hommes et en chevaux.
Je vous demande de me faire connaître le plan général que
vous avez adopté pour la défense nationale. Je vous sou-
mettrai mes observations pendant les quelques jours de
repos que prendront mes troupes. Je ne négligerai rien ensuite pour concourir aussi activement qu'il me sera possible
à l'ensemble des opérations.

MEHUN, 13 décembre 1870. — *Général Bourbaki à Guerre,
Bourges; très urgent.* — Bourges n'est pas abandonné dans
mon projet, puisque la partie la plus avancée des cantonnements occupée par trois divisions n'en serait pas éloignée
de plus d'une journée de marche et que le reste de l'armée
pourrait se porter en deux jours sur cette ville.
　Je descends de cheval et viens encore d'examiner les
trois corps d'armée. Je ne crois pas que l'on puisse en faire

quelque chose de sérieux avant de les avoir réorganisés.

Les ordres sont tels que nous en étions convenus hier, on peut en donner de contraires, mais la chose est difficile. Réorganiser les corps d'armée dans les positions si peu favorables qu'ils occupent est au-dessus de mes facultés. Si vous le croyez possible, donnez-moi un successeur et ne le regrettez pas, car je souffre beaucoup d'une ancienne blessure ayant déterminé une ostéite aiguë du tibia gauche; répondez de suite pour que vos intentions soient remplies.

MEHUN, 13 décembre 1870. — *Général Bourbaki à Guerre, Bourges.* — Non seulement je coopérerai à la défense de Bourges dans les nouvelles positions que je veux prendre, mais l'armée bonne ou mauvaise se battra en même temps que Bourges se défendra.

Si dans deux heures je n'ai pas reçu de réponse de vous, les mouvements que j'ai ordonnés commenceront à s'effectuer.

MEHUN, 14 décembre 1870. — *Général commandant 15ᵉ corps à ministre de la Guerre, préfecture Bourges.* — Je vous prie de vous rappeler la promesse que vous m'avez faite de disposer du commandement du 15ᵉ corps, en faveur d'un officier-général en meilleur état de santé que moi. Dans ma situation et au moment où vous réorganisez les armées, il est de mon devoir de vous représenter que je ne puis assumer la responsabilité d'un commandement de cette importance qu'il serait plus avantageux pour le bien public de remettre entre les mains d'un autre plus en état d'en remplir les obligations. Je vous signalerai que M. de Colomb étant nommé commandant du 17ᵉ corps, je vous serai obligé, puisqu'il se trouve ici, de m'autoriser à lui remettre mon commandement.

Général C. DES PAILLÈRES.

MEHUN, 14 décembre 1870. — *Général commandant 15ᵉ corps au ministre de la Guerre, Bourges. Faire suivre.* — Je viens d'apprendre que vous avez nommé le général de Colomb commandant du 17ᵉ corps. Je vous prie lui donner provisoirement le commandement du 15ᵉ corps en mon lieu et place. Il est ici.

DES PAILLÈRES.

. MEHUN, 14 décembre 1870. — *Général Bourbaki à ministre Guerre Bourges.* — Je reçois vos instructions relatives au commandement des corps d'armée, elles seront exécutées.

Je vous renverrai par la poste l'arrêté que vous m'avez remis tantôt concernant Borel, Clinchant, et Billot. Ayez la bonté de m'en adresser un autre concernant Crouzat, Clinchant et Colomb.

BOURGES, 14 décembre 1870. — *Au général Bourbaki, Mehun.* — Je n'ai pas reçu de réponse à ma dernière dépêche d'hier au soir qui s'est croisée avec la vôtre suivant note du télégraphe. J'insiste de plus en plus pour que vous n'alliez pas à Saint-Amand. Je vous envoie une nouvelle dépêche de Chanzy. Répondez-moi ou que vous restez dans vos positions, ou que c'est sur Bourges que vous viendrez vous reformer. (*Suit la dépêche.*)

Dreux serait évacué, personne à la Loupe et Bretoncelles; rien ne m'oblige à hâter mon mouvement sur le Mans, je reste ici persuadé que tout en s'y reposant l'armée sera encore une menace qui peut rendre l'ennemi hésitant pour les opérations au-dessus de Blois.

Je le crois peu en forces sur les deux rives, la démonstration sur Vierzon est de plus en plus nécessaire et facile. Ce matin à 6 heures un officier s'assurait à Blois, chez le maire, qu'il n'y avait encore aucun Prussien dans la ville; la panique qui se produit à Tours où le chemin de fer évacue son matériel, où les employés du télégraphe ont abandonné leur poste, est des plus intempestives et des plus regrettables. Aucun des renseignements que je reçois du préfet n'est contrôlé, tous sont exagérés; je crains qu'on ne fasse sauter tous les ponts sur le reste de la Loire.

BOURGES, 14 décembre 1870. — *Guerre à général Bourbaki, Mehun.* — Je vous envoie communication d'une dépêche que je reçois du général Chanzy :

« Il est nécessaire que les généraux Colomb et Cérez soient à leur poste. Je n'ai aucune nouvelle, où sont-ils?

« *Signé :* CHANZY. »

C'est à vous d'aviser, nous sommes d'accord, tranchons tout de suite la situation, afin que je réponde au général Chanzy. Répondez-moi par télégraphe.

BOURGES, 14 décembre 1870. — *Guerre à général Bourbaki, Mehun.* — Faites avec Borel ce que vous voudrez, mais je tiens à ce que Clinchant prenne le commandement du 20ᵉ corps. Quant au 15ᵉ, mettez Colomb, j'arrangerai l'affaire avec Chanzy. Renvoyez-lui Cérez, Crouzat n'est pas destitué. Il sera appelé au commandement d'une division militaire; mais je ne le trouve pas assez vigoureux pour l'offensive ultérieure.

MEHUN, 14 décembre 1870. — *Général Bourbaki au ministre Guerre, Bourges.* — J'attends un train pour me rendre à Bourges près de vous. Vierzon a été occupé hier, on n'y a trouvé que 600 cavaliers, il a été fait 15 prisonniers dont un cadet. Les corps d'armée continuent, d'après vos ordres, à occuper les mêmes positions. Ces positions présentent un danger sérieux, le même que celles adoptées pour l'armée de la Loire avant la dernière évacuation d'Orléans. Les troupes ont une rivière à dos. Le moindre échec peut se transformer en désastre et amener la chute de Bourges. Je ne demande pas à porter la totalité de mes troupes à Saint-Amand, je désire seulement me cantonner dans cette direction en me tenant entre le Cher et le canal du Berry.

Je ferai occuper les bords de l'Yèvre à droite et à gauche de Bourges prêt à franchir cette rivière afin de menacer d'attaquer les ailes de l'ennemi qui se présenterait devant la ville pour la bombarder. Se placer en avant de Bourges c'est compromettre et la ville et l'armée; se placer en arrière c'est assurer le repos et la défense de l'un et de l'autre.

C. BOURBAKI.

Combats de Morée et de Vendôme.

VENDÔME, 14 décembre 1870. — *Général Chanzy au minis-tre, Bordeaux.* — Quartiers généraux, le 14 décembre : de la 2ᵉ armée, Vendôme ; du 16ᵉ corps, au Temple près Ven-dôme route de Blois ; du 17ᵉ corps, au château de Lepau ; du 21ᵉ corps, à Busloup près Fréteval. La colonne mobile de Tours au Temple, sous les ordres du commandant du 16ᵉ corps. La colonne mobile du Loir, commandant Gaujard, sous les ordres du commandant du 21ᵉ corps à Cloyes.

CHATELLERAULT, 15 décembre 1870. — *Général division Sol à Guerre, Bordeaux.* — J'apprends en arrivant à Châtel-lerault que l'ennemi se replie. Je rentre à Tours.

BOURGES, 14 décembre 1870. — *Guerre à général Bourbaki, à Mehun.* — Je vous envoie communication immédiate de la dépêche que je reçois de Bordeaux :

« 14 décembre. — *Sous-préfet Havre à Bordeaux.* — De magnifiques succès sous Paris qui, n'ayant pas encore de caractère officiel, présentent néanmoins la plus grande vrai-semblance, nous sont annoncés de divers points. Paris débloqué, Bismarck bloqué dans Versailles avec 80 000 hom-mes, 50 000 prisonniers, 50 canons pris, 200 canons en-cloués, Trochu marche sur Mantes, Vinoy sur Rouen. Nous envoyons dès à présent colonne en avant et nous nous pré-parons tous à partir pour Rouen. Les Prussiens qui nous enveloppaient se retirent par marches forcées en manifes-tant les plus vives inquiétudes.

« RAMEL. »

BORDEAUX, le 15 décembre 1870. — *Guerre à général Chanzy, Vendôme. Communication à Gambetta, Bourges.* — Je reçois du Havre la dépêche suivante : « Sous-préfet à préfet Indre-et-Loire, Tours et Guerre, Bordeaux. — Je n'ai envoyé aucune dépêche hier ni à vous, ni au général de Chanzy. » N'ajoutez donc aucune créance à ce qu'elle contient et prévenez le gé-néral Chanzy de se tenir en garde, il y a là peut-être une manœuvre de l'ennemi sur laquelle il importe d'être fixé. Considérez donc comme non avenu ce que j'ai dit hier touchant la possibilité de succès récents sous Paris et le repliement des Prussiens dans le Nord, du reste; je ne vous avais donné ces renseignements que sous réserve, et cela nous montre avec quelle circonspection nous devons accueillir de pareilles nouvelles.

De Freycinet.

Bordeaux, 15 décembre 1870. — *En communication à général Chanzy, Vendôme, et Gambetta, Bourges. — Guerre à général Ferri-Pisani, Angers.* — La droite du général Chanzy, établie vers Saint-Amand et Châteaurenaud, est menacée d'être tournée par un corps prussien parti de Blois. Prenez toutes les troupes qui peuvent être mises en route à Angers, embarquez-les par le chemin de fer pour Tours où vous vous rendrez vous-même le plus tôt possible. Il y a à Tours actuellement environ 5000 hommes qui, avec ce que vous ferez partir d'Angers, vous donneront le moyen de faire une diversion sur Amboise pour inquiéter et retarder l'ennemi. Vous prendrez le commandement des troupes et celui de la 18e division militaire; vous aviserez le général Chanzy, à Vendôme, du chiffre des forces que vous aurez réunies et du mouvement que vous tenterez. Je vous recommande de ne pas vous avancer sans vous éclairer soigneusement; ne perdez pas de vue que le but de votre opération est simplement de retarder la marche de l'ennemi sur la droite de Chanzy en l'inquiétant par cette démonstration vivement menée. Le général de Curten est chargé de rallier à Poitiers quelques troupes, je lui donne l'ordre de vous appuyer dès qu'il aura réuni une force suffisante. Il faudra donc l'aviser aussi de tout ce que vous ferez. Il arrivera à Poitiers cette nuit.

Bordeaux, 15 décembre 1870. — *Général Chanzy à ministère Guerre, Bourges et Bordeaux.* — Le grand-duc de Mecklembourg attaque depuis hier Fréteval et le cours supérieur du Loir avec trois divisions d'infanterie et une nombreuse artillerie. Le 21e corps, soutenu par partie du 17e, résiste à cette attaque, dont le but est évidemment de s'emparer de la grand'route d'Orléans au Mans. Un autre corps ennemi marche en ce moment de Blois sur nos positions en avant de Vendôme. Châteaurenaud et Saint-Amand sont occupés par nous pour couvrir le chemin de fer. L'effort de l'ennemi semble s'être reporté tout entier sur rive droite de la Loire. Il est donc plus essentiel que jamais de prononcer vigoureusement et rapidement un mouvement sur la rive gauche, par les troupes de Bourges. J'insiste pour qu'à Tours on fasse bonne contenance et pour que vous donniez l'ordre au général Sol de se porter carrément en avant dans la direction d'Amboise avec toutes les forces dont il peut disposer et celles que vous pourrez lui adjoindre.

BOURGES, 15 décembre 1870. — *Guerre à général Bourbaki, Mehun.* — Je tiens de source sûre, de la bouche d'un aumônier venu à pied d'Orléans, que toute l'armée du prince Charles s'est portée sur Beaugency et qu'il reste dans la Sologne et du côté de Gien, à peine 30 000 hommes. Je vous donne ces renseignements comme positifs et résultant d'un long interrogatoire que j'ai fait subir à l'aumônier sur la carte même.

BORDEAUX, 15 décembre 1870. — *Général division à Guerre, Bordeaux.* — Le général commandant à Auch me rend compte qu'il y a une démonstration assez sérieuse des mobilisés d'Auch et de Plaisance, le général me fait connaître qu'il a donné des ordres au 34e de ligne de se tenir prêt à marcher, mais je l'invite à agir avec la plus grande prudence et à éviter autant que possible de mettre la troupe de ligne en présence des mobilisés révoltés. Je l'engage à faire appel à leur patriotisme et à ne rien négliger pour les convaincre qu'il sera fait droit à leurs réclamations si elles sont justifiées; ils protestent contre certaines exemptions. Je recommande enfin de n'avoir recours à la troupe de ligne qu'autant que la gendarmerie serait insuffisante pour rétablir l'ordre et sur une réquisition expresse du préfet. En présence de cet état de choses, je crois qu'il serait prudent de diriger sur Toulouse les deux compagnies de gardes mobilisés du Gers qui sont prêtes à partir, afin d'éviter qu'elles fassent cause commune avec les mobilisés.

LEFORT.

DÉCRETS NOMMANT TROIS COMMANDANTS D'ARMÉE.

Le membre du Gouvernement de la Défense nationale ministre de l'Intérieur et de la Guerre,

En vertu des pouvoirs à lui délégués par le gouvernement, par décret en date de Paris du 1er octobre
1870, arrête :

M. le général Borel est nommé commandant du
15e corps en remplacement du général Martin Des
Paillères.

M. le général Clinchant, commandant du 20e corps
en remplacement du général Crouzat.

M. le général Billot, commandant le 18e corps.

Bourges, le 14 décembre 1870.

LÉON GAMBETTA.

MEAUX, 15 décembre 1870. — *Général Crouzat commandant le 20e corps, à Guerre, Bordeaux.* — J'ai appris par
le *Moniteur* qu'un décret du 8 décembre a accordé des
décorations aux officiers et soldats de l'armée faisant partie
du 20e corps à la suite des combats livrés le 24 novembre
autour de Bellegarde. J'en remercie le gouvernement.
J'aurais été heureux de pouvoir annoncer aux officiers et
aux soldats de la garde mobile que les propositions faites
en leur faveur avaient été également accordées. Leur état
moral aurait beaucoup gagné. Je supplie le gouvernement
de ne pas les oublier lorsqu'il examinera les propositions
faites à la suite de la bataille de Beaune, lesquelles ont été
remises au général de Loverdo par mon chef d'état-major.
Le duplicata de ces propositions était envoyé au général
d'Aurelle pour être ensuite remises au ministre par un
officier d'état-major du 20e corps, M. d'Hotelans. Je crains
que cet officier n'ait disparu au moment de l'évacuation
d'Orléans.

BOURGES, 15 décembre 1870. — *Au général en chef
Chanzy, à Vendôme.* — J'ai reçu votre dépêche, j'ai

passé les ordres les plus précis et les plus vigoureux
au général Sol pour qu'il se porte dans la direction
d'Amboise, et j'ai communiqué votre dépêche à Bourbaki, à son quartier général. Je vais faire l'impossible
pour vous faire appuyer.

L. GAMBETTA.

BORDEAUX, le 16 décembre 1870. — *Guerre à Gambetta,
Bourges, à communiquer général Chanzy, Vendôme.* — Vous
devez avoir reçu cette nuit une dépêche de Chanzy qui
montre une fois de plus quelle responsabilité redoutable Bourbaki assume devant l'histoire en refusant de faire sur Amboise le mouvement de diversion que je lui réclame depuis
six jours. Il allègue la désorganisation et la fatigue de ses
troupes. N'est-ce pas un aveu accablant contre lui-même
que de déclarer hors d'état d'agir des troupes dont une
grande partie n'a pas combattu, alors que celles de Chanzy,
parties du même point à la même date, n'ont pas cessé de
combattre contre un ennemi supérieur en nombre ? Quel que
soit l'état des trois corps soumis à Bourbaki, je prétends qu'il
était possible de trier dans ces trois corps, ainsi que je le lui
ai dit au début une colonne active de 15 à 20 000 hommes
qu'on aurait jetée sur la Loire au grand profit de Chanzy.
J'insiste sur cette idée parce que la situation peut se renouveler et qu'il est peut-être temps encore de sauver l'héroïque armée qui se bat autour de Vendôme. Je conseille
énergiquement de porter l'armée tout entière de Bourbaki,
avec tous les ménagements nécessaires, vers Selles et conjointement de lancer devant elle une colonne d'élite choisie
dans les 3 corps.

DE FREYCINET.

BORDEAUX, le 16 décembre 1870. — *Guerre à Gambetta,
Bourges.* — En étudiant attentivement sur la carte la position de Chanzy, je crains que sa résistance, si elle se prolonge, ne compromette très sérieusement sa ligne de retraite.
Étant admis, comme il l'envisage lui-même, la possibilité
d'une marche de l'ennemi sur Montoire, il deviendrait presque
impossible à Chanzy de se retirer sur le Mans et il n'aurait
d'autre ressource que de remonter vers Mondoubleau et

d'aller se perdre entre des corps ennemis vers le nord. Je crois devoir vous soumettre ces observations pour que vous en teniez tel compte que vous jugerez convenable dans la direction imprimée aux opérations stratégiques des armées de la Loire.

DE FREYCINET.

BORDEAUX, le 16 décembre 1870. — *Délégué Guerre à Gambetta, Bourges.* — Je reçois à l'instant une dépêche de Chanzy, 8 h. 30, laquelle annonce sa retraite sur Saint-Calais et le Mans et enlève par conséquent tout intérêt à la dépêche par laquelle j'appelais votre attention sur l'opportunité de ce même mouvement. Considérez donc ma propre dépêche comme non avenue.

DE FREYCINET.

BORDEAUX, le 16 décembre 1870. — *Guerre à Gambetta, Bourges.* — Je reçois du général de Marivault la dépêche suivante :

« Je demande de nouveau l'ordre de l'évacuation. Il y a péril physique et moral à rester plus longtemps sans pouvoir donner aux troupes l'assurance d'un changement. »

Comme le camp de Conlie confine à la politique, je ne crois pas pouvoir prendre une décision à son sujet sans vous en avoir référé[1]. Faut-il, en présence des mauvaises conditions physiques, dans lesquelles il paraît que se trouvent nos troupes et en présence aussi de l'éventualité d'une marche de l'ennemi sur le Mans, faut-il évacuer le camp de Conlie ? Et si oui, faut-il disperser purement et simplement les hommes ou chercher un autre emplacement ? Réponse urgente.

BORDEAUX, le 16 décembre. — *Guerre à Gambetta, Bourges.* — Permettez-moi de revenir sur la question du camp de Conlie qui ne me paraît pas aussi simple. Les conditions physiques tiennent à ce que, par suite des pluies et de la nature du terrain, le camp est devenu très boueux et inondé sur plusieurs points. Les conditions morales résultent

---

1. Le ministre de la guerre ordonne le lendemain 17, l'évacuation du camp (t. Ier, p. 289).

d'une part des conditions physiques et d'autre part du mécontentement qu'éprouvent·les hommes à être maintenus
sur place sans être armés. Enfin, je ne crois pas qu'on doive
repousser l'éventualité d'une attaque sur le Mans. Je pense
au contraire que Chanzy pourrait bien être repoussé prochainement dans le Nord et le prince Charles se porter sur
le Mans et Conlie. J'ajoute que le général Haca, que je viens
de voir et qui a présidé la commission d'enquête, affirme
que ce camp n'est pas tenable et qu'il faut absolument se
reporter en arrière de Rennes; cet officier général redoute,
comme moi, une attaque de l'ennemi et considère la défense de Conlie comme impossible. Je retrouve à l'instant
une première dépêche d'hier au soir de Marivault. J'ai écrit
de suspendre les envois de personnel, parce que le camp est
inondé, défoncé, au point que certaines tentes ont été enlevées par l'eau. Je reçois du préfet de Rennes de nouveaux
détails sur la lande de Perthe, j'y envoie demain un officier.

Prière de me donner d'urgence une réponse..

BOURGES, 16 décembre 1870. — *Guerre à général Bourbaki.*
— Vu les nouvelles venues de Paris, il est nécessaire de
vous réunir en conseil de guerre ce soir à la préfecture.
Prévenez les généraux Borel, Clinchant, Billot et de Colomb,
et fixez vous-même l'heure de la réunion, quelle qu'elle
soit; le plus tôt sera le mieux.

VENDOME, 16 décembre 1870. — *Général Chanzy à ministre
Guerre, Bourges.* — Bien que la journée d'hier ait été très
mauvaise pour l'ennemi, je ne suis plus assez sûr des troupes
pour tenir sur la rive gauche du Loir.

Je commence donc mon mouvement sur Saint-Calais et
le Mans. J'aurai une station télégraphique à Épuisay et à
Saint-Calais.

16 décembre 1870. — *Guerre à Chanzy.* — J'ai donné
des ordres pour que Bourbaki vous envoie le général
Cérez avec les forces qui pourraient appartenir au
17ᵉ corps ou au 16ᵉ corps. Je suis désolé de ne pouvoir
vous envoyer du monde, mais les troupes de Bourbaki
sont encore incapables de venir vous appuyer. On ne

les a pas maintenues pendant la retraite, alors tout
s'est confondu. Vous avez fait des prodiges depuis
quinze jours pour vous suffire à vous-même. Continuez à tenir en échec des forces bien supérieures. Bien
convaincu qu'avec vous, la retraite reste toujours une
véritable opération militaire, j'approuve pleinement
le mouvement que vous m'annoncez sur Saint-Calais
et le Mans. On vous a envoyé d'Angers et de Tours
tout ce qu'on a pu ramasser. Au cas où vous n'auriez
pas reçu le démenti de la fausse nouvelle relative à la
Ferté-Bernard, voici la dépêche : « Fausse nouvelle de
12 000 Prussiens à la Ferté-Bernard ; elle était donnée
par un M. Laigle Desmasures, maire de Saint-Pierre-
des-Ormes. Il n'y a pas de Prussiens dans un rayon
assez éloigné. »

LÉON GAMBETTA.

MOULINS-SUR-YÈVRE, 16 décembre 1870. — *Le général commandant en chef le 18e corps au ministre de la Guerre et au
général Bourbaki, Bourges.* — Le mouvement du 18e corps
a commencé ce matin et s'opère en bon ordre ; j'ai établi
mon quartier général à Moulins-sous-Yèvre, à la station du
chemin de fer où se trouve aussi la station télégraphique.
Les quartiers généraux des divisions sont : 1re à Asnières,
2e à Brécy, 3e à Osmoy, et cavalerie à Saint-Germain.

BILLOT.

BORDEAUX, 16 décembre 1870. — *Guerre à général de Pisani
à Tours, à communiquer au général Chanzy à Epuisay et à
Gambetta, à Bourges.* — Ayez soin, avant de partir de Tours,
de demander les instructions du général Chanzy qui
n'est plus à Vendôme. Il a ce matin une station télégraphique à Epuisay et une à Saint-Calais ; si vous ne recevez
pas de réponse de lui en temps opportun, vous vous por-
terez, non plus dans la direction d'Amboise, mais dans celle
de Châteaurenaud afin d'inquiéter le mouvement tournant des Prussiens autour de Vendôme. Si vous êtes trop
pressé par l'ennemi, vous vous rejetterez à gauche, dans la

direction de Château-Néville ou de Meuvy-le-Roi. Chanzy
gagnant Saint-Calais, vous tâcherez de vous mettre en relation avec lui. La route par la Chartre est probablement
celle qui offrira le plus de facilité pour cela. Avisez le général Chanzy et de Curten de tous vos mouvements.

                                        DE FREYCINET.

BOURGES, 16 décembre 1870. — *Guerre à général Bourbaki,
Mehun.* — En même temps que je vous répète la dépêche
du général Chanzy, je vous prie, s'il existe parmi vos
troupes des forces appartenant au 17e corps, de donner des
ordres pour qu'elles soient immédiatement restituées au
général Chanzy sous le commandement d'un général. Renvoyez-lui également Cérez.

BOURGES, 16 décembre 1870. — *Guerre à général
Bourbaki.* — Monsieur le général, je désire, maintenant que vous voilà dans vos cantonnements et qu'il
est malheureusement trop certain que les forces réunies
de Frédéric-Charles et du duc de Mecklembourg opèrent
de concert contre le général Chanzy, connaître :

   1° Combien de jours il faut pour que vos divers
corps soient en état de reprendre l'offensive ;

   2° Dans quelle direction cette offensive doit être
engagée.

   Nous sommes à un moment critique et suprême;
les nouvelles que je reçois de Paris nous commandent
une action immédiate. Je voudrais donc voir réunir
vos généraux et connaître le résultat des délibérations
d'un conseil de guerre sur les deux questions posées
plus haut.

   Je vous prie donc de satisfaire à ma demande dans
le plus bref délai, afin que je puisse faire connaître à
Paris notre situation exacte.

                                        LÉON GAMBETTA.

VENDOME, 16 décembre 1870. — *Général Chanzy à ministre
Guerre, Bourges et Bordeaux.* — Le 21e corps a repris ce
matin Fréteval que l'ennemi avait occupé fortement la

nuit dernière. Le matin, duc de Mecklembourg, laissant devant Fréteval et Morée, un corps d'observation, s'est présenté vers midi devant Coulombiers à force de bel essor, obligeant les troupes qui les occupaient à se retirer par le pont de Meslay qu'elles ont fait sauter, et, tournant la tête du ravin de la Houzée, est venu donner la main au prince Frédéric-Charles, parti ce matin de Blois pour nous attaquer sur nos positions en avant de Vendôme à hauteur de Sainte-Anne. Nos troupes ont bien résisté de ce côté, nos positions sont maintenues, on s'est battu jusqu'à la nuit, l'ennemi semble accentuer son mouvement vers l'Ouest, pour couper la route de Tours et la ligne du chemin de fer, et marcher sur Montoire afin de nous tourner par notre droite, en nous coupant de Saint-Amand, où se trouve le général Barry. Nous résisterons demain et si nous sommes forcés, toutes les dispositions sont prises pour nous replier le mieux possible sur la rive droite du Loir, en faisant sauter les ponts maintenus en cas de retraite. Dans cette éventualité, il ne nous resterait plus qu'à nous diriger sur le Mans; je ne le ferai qu'à la dernière extrémité, persuadé que notre meilleure chance est dans la résistance, et que tout mouvement de retraite peut être le signal d'un désordre qu'il faut éviter à tout prix. Je regrette de plus en plus qu'aucune démonstration ne vienne nous aider à sortir d'une situation qui n'est rien moins que difficile.

Général CHANZY.

ÉPUISAY, 16 décembre 1870. — *Général Chanzy au général Bourbaki.* — J'ai été attaqué hier à Vendôme par le prince Charles, arrivé de Blois dans la matinée avec un corps considérable qu'il a joint à celui du grand-duc de Mecklembourg. La journée a été très bonne pour nous, et l'ennemi, qui a éprouvé de grandes pertes, n'ayant pas reparu ce matin, je me suis décidé, quoique à regret, à commencer mon mouvement de retraite sur le Mans où je compte être le 19 ou le 20, si je n'ai pas à combattre en route. Envoyez-moi au Mans le général de Colomb et le général Cérez, qu'on me dit être avec vous, et tous les hommes ou détachements appartenant à la deuxième armée. Je suis aujourd'hui à Épuisay, demain à Saint-Calais, relié par un fil.

VENDÔME, 16 décembre 1870. — *Bourbaki à général Chanzy,
à Vendôme; faire suivre.* — Vous exprimez le regret que je
ne vous vienne pas en aide. Songez que mon secours ne
saurait être immédiat, qu'il me faudrait huit jours au moins
pour vous rejoindre; marcher de Bourges sur Blois alors
que mes éclaireurs se rencontrent journellement avec l'ennemi à Teillay, à Neuvy-sur-Baranjon et à la Chapelle-
d'Angillon, serait une fausse manœuvre que le prince Charles
me ferait expier sans profit pour vous. Je prêterais le flanc
à l'ennemi cheminant entre la Loire et le Cher et adossé à
cette dernière rivière. Vous pouvez, au contraire, en vous
repliant, si c'est nécessaire, ne pas cesser d'avoir votre
ligne de retraite assurée et réclamer le concours de l'armée
du Mans. Si un mouvement dans l'Ouest est jugé nécessaire, je l'exécuterai volontiers, mais en suivant la rive
gauche du Cher; ce sera le seul moyen de rendre votre
position possible.

BOURBAKI.

BOURGES, 17 décembre. — *Général Bourbaki à Guerre.*
— Vous m'avez fait l'honneur de me donner l'ordre, par
une dépêche du 16 de ce mois, de renvoyer au 17ᵉ corps
toutes les troupes qui lui appartiennent, et qui auraient
suivi la 1ʳᵉ armée. Toutes les troupes qui se trouvaient dans
la condition ci-dessus indiquée ont été dirigées de Salbris
sur Blois, par Romorantin, pour rejoindre, dans la forêt de
Marchenoir, l'armée commandée par le général Chanzy.

Quant à M. le général Cérez dont vous prescrivez, dans
la même dépêche, le renvoi à l'armée de M. Chanzy, il n'a
jamais paru dans aucun des corps qui sont sous mes ordres.

EPUISAY, 17 décembre 1870. — *Général Chanzy à Guerre,
Bourges et Bordeaux.* — Retraite d'hier n'ayant pu commencer qu'après avoir replié en deçà du Loir les troupes
qui couvraient Vendôme, fait évacuer la Vielle et la Gare
et fait sauter les ponts, s'est effectuée très difficilement,
harcelé de tous côtés par l'ennemi qui avait pu passer la
rivière à gué ou sur les ponts incomplètement détruits, sur
les deux routes obstruées par des convois et par des chemins défoncés, où l'artillerie s'embourbait. Après avoir été
défendus autant que possible, les canons dont les attelages

et les servants avaient été tués ont dû être laissés dans un ravin à l'aile droite. On n'a pu les en tirer. Nous sommes pressés de tous côtés à droite et en avant par le prince Charles et Mecklembourg, à gauche par les troupes qu'amènerait Manteuffel, et dont avant-postes ont été déjà signalés à Vibraye, Mailleraye et Mondoubleau. Bien qu'il me tarde d'arriver au delà de la Sarthe, je ne puis marcher que lentement à cause des convois, du manque de routes et de la fatigue des hommes qui est extrême. Toute marche de nuit ou forcée serait le signal d'une débandade. Mieux vaut combattre. Nous ferons de notre mieux.

BOURGES, 17 décembre 1870. — *Général Bourbaki à Guerre, Bordeaux.* — Nous n'occupons plus Vierzon. Nous partons après-demain pour aller dans la direction de Montargis. Envoyez les canons à balles du 18ᵉ corps à Nevers.

BOREL.

BOURGES, 17 décembre 1870. — *Général Chanzy à Guerre, Bourges et Bordeaux.* — L'ennemi a attaqué ce matin la division Gougeard à Droué et le 17ᵉ corps sur la route de Vendôme à Saint-Calais. Nous avons toujours devant nous quatre corps d'armée pour le moins avec le prince Frédéric Charles. Du côté de la Ferté-Bernard et de Nogent, on ne signale que quelques partis peu nombreux. Je continue demain mon mouvement de retraite, mais lentement, vu la fatigue, et de façon à disputer pied à pied les positions. Les uhlans ont enlevé quelques traînards cachés dans les villages; nous avons fait des prisonniers qui confirment la concentration de l'ennemi sur cette rive de la Loire et son mouvement à notre suite. J'insiste toujours pour une démonstration sur la rive gauche ou sur Orléans, où il ne peut rester que des forces peu considérables. Je ne pourrai vous envoyer des rapports détaillés et des propositions que quand nous serons au delà de la Sarthe, si nous y avons quelque répit. L'évacuation de la gare de Vendôme, bien que faite à la dernière limite, n'a pas été inquiétée et tout le matériel a pu arriver à Tours. Le général Camô est malade. J'attends impatiemment les généraux de Colombe et Cérez, des cartes de la Sarthe et du pays au delà.

Moulins, 17 décembre 1870. — *Général Billot à ministre de la Guerre Gambetta, et général Bourbaki à Bourges.* — Je reçois à l'instant du préfet du Mans la dépêche suivante : « Des voituriers venant de Courville et Chartres ont dit à Nogent que 800 cavaliers prussiens gardant le pont de Landelle seraient subitement partis à 7 heures matin, hier 15 décembre, pour se diriger vers Villiers et Vendôme à La Loupe. Le bruit courait hier 15 décembre Prussiens auraient subitement quitté Dreux et Chartres, après son d'alarme à leurs troupes pour se diriger vers Vendôme et Chartres. Les Prussiens parleraient tous de Ducrot et diraient le général a pris Versailles dans la journée du 15 décembre. Le 7ᵉ cuirassiers prussiens serait passé aux Autels près Authon, mes éclaireurs m'annoncent d'autre part que Gien a été évacué le 15 courant par l'armée Prussienne qui a quitté précipitamment cette ville. 250 cavaliers qui y étaient restés auraient été en partie détruits et mis en déroute par des francs-tireurs et mobiles qui étaient cachés aux environs de Gien. Il paraîtrait également que Neuvy, Salbris et Theillay ont été évacués et que les troupes qui occupaient ces points se sont repliées sur Orléans avec le même empressement. »

Billot.

Bourges, 18 décembre. — *Général Bourbaki à Guerre.* — La nomination du général de Colomb au commandement du 15ᵉ corps d'armée laisse la 1ʳᵉ division de ce corps sans commandant.

D'un autre côté le général Martineau des Chenez demande à être mis en disponibilité avec beaucoup d'insistance et, dans le cas où il serait fait droit à sa demande, la 2ᵉ division du 15ᵉ se trouverait sans général de division comme la première.

Afin de remplir ces vides, j'ai l'honneur de vous adresser ci-joint deux mémoires de proposition pour le grade de général de division en faveur de MM. les généraux de brigade Darier et Rebilliard qui l'un et l'autre seraient encore dans de très bonnes conditions pour commander les deux divisions vacantes.

Seulement, comme ils sont très jeunes de grade, j'ai l'honneur de vous proposer de les nommer à titre provisoire tout en leur donnant le commandement de ces deux divisions. Il est urgent qu'avant de nous mettre en mouvement il soit pourvu à ces commandements.

BOURGES, 18 décembre 1870. — *Général Bourbaki à Guerre, Bordeaux.* — Les dernières marches incessantes par le verglas et les nuits passées aux bivouacs par un froid de 8 à 12 degrés ont fait périr beaucoup de chevaux de l'artillerie et notablement fatigué ce qui reste.

Les réquisitions pour les remplacer sont insuffisantes.

Je demande l'autorisation, en cas de besoin, de prendre des chevaux dans les régiments de cuirassiers, qui jusqu'à présent ne nous ont rendu aucuns services, pour les mettre à la disposition de l'artillerie.

LA CHARITÉ, 18 décembre 1870. — *Capitaine frégate du Temple, commandant supérieur à la Charité, à M. Gambetta. ministre Guerre, Bourges.* — Monsieur le ministre, votre chef d'état-major qui a bien voulu me recevoir au moment de mon départ de Bourges, le 16, m'a offert le grade de général de brigade qui a été donné à plusieurs capitaines de frégate plus jeunes de grade que moi. Je n'avais jamais désiré cette position; mais comme aujourd'hui j'en ai toutes les charges, ayant sous mes ordres plus qu'une brigade, je dedemande le grade qui, tout en me laissant sous les ordres du général de Pointe que je suis heureux d'avoir pour chef, me permettrait d'agir avec plus d'autorité.

DU TEMPLE.

BOURGES, 19 décembre 1870. — *Guerre à Bourbaki, Avor. (Faire suivre à Biaugy.)* — Dispositions adoptées. Je vous envoie, par exprès, lettre confirmative.

GAMBETTA.

ARDENAY, 19 décembre 1870. — *Général Chanzy à Guerre, Bordeaux et Bourges.* — Le général de Colomb ne rejoignant pas, je demande instamment que le général Jouffroy soit nommé général de division au titre provisoire et placé dès aujourd'hui à la tête du 17e corps. J'insiste également pour que la cavalerie du 17e corps soit placée

sous le commandement du général d'Espeuilles et que le
général Guépratte soit rendue à la direction du service des
remontes. Prière faire connaître votre décision aujour-
d'hui même au Mans où sera mon quartier général.

ARDENAY, 19 décembre, 1870. — *Général Chanzy à Guerre,
Bordeaux, et général Pisani, Tours.* — Il est très important de
couvrir le chemin de fer du Mans à Tours. La place des
troupes du général Pisani me paraît être Château-du-Loir
en détachant des postes à droite pour empêcher les uhlans
de venir couper la ligne. Je maintiens de mon côté des
troupes à Pupille et à Commoy pour relier les colonnes
Pisani et couvrir la ligne. L'ennemi paraît avoir suspendu
son mouvement en avant. On n'aperçoit plus que ses coureurs. Je suis persuadé, que la colonne de Tours, bien répartie en avant de la ligne du chemin de fer et faisant
bonne garde, peut maintenir cette communication importante. L'ennemi paraît être tout entier sur la direction de
Vendôme, replié complètement de la rive gauche et peu
nombreux à Blois.

CHANZY.

BAUGY, 19 décembre 1870. — *Général Bourbaki à Guerre,
Bourges.* — Je viens de recevoir la communication que vous
avez chargé M. de Serre de me faire[1].

La combinaison qui m'est proposée me semble bonne et
je donnerai des ordres pour son exécution, dès que vous
m'aurez fait connaître que vos intentions sont telles.

BOURGES, 19 décembre 1870. — *Guerre à général de Pointe,
Nevers.* — Je lis votre dépêche où il est question de cartouches
falsifiées et de capsules ayant déjà servi, qui auraient été
distribuées aux troupes. Vous parlez d'une enquête à ouvrir.
Je vous prie de vous concerter immédiatement avec le préfet
de Nevers et d'ouvrir cette enquête. Il devra y être procédé
avec une extrême sévérité et la plus grande minutie. Tenez-
moi au courant.

BORDEAUX, 19 décembre 1870. — *Guerre à général Chanzy,*

1. Il s'agit du mouvement de la première armée de la Loire sur
l'Est (cf. ch. XI).

Ardenay, communiquer Gambetta, Bourges. — Le général de Curten a été nommé très régulièrement à la 3ᵉ division du 16ᵉ corps, vous en avez été avisé directement par nous à Épuisay et par M. de Curten, sur notre invitation à Saint-Calais. — Quant au général Morandy, son commandement lui a été retiré en connaissance de cause. — J'ai lu des documents et entendu des témoins qui ne me laissent aucun doute sur les fautes commises à Chambord, au besoin, les propres dépêches du général auraient suffi.

DE FREYCINET.

BOURGES, 19 décembre 1870. — *Guerre à général Chanzy, à Ardenay ou au Mans.* — Général, on va vous envoyer le général de Colomb pour prendre le commandement du 17ᵉ corps; j'écris à Bordeaux pour que l'on fasse comme vous demandez dans le surplus de cette dépêche.

Avez-vous besoin d'un officier d'ordonnance? Il y a ici un officier de spahis qui se recommande du général Vuillemot et du capitaine Roussel, votre chef d'état-major; cet officier s'appelle Laprade. Voudriez-vous demander au général Vuillemot ce qu'il en pense? Je ne vous l'enverrai que s'il vous convient de l'accepter.

BORDEAUX, 19 décembre 1870. — *Guerre à général Bourbaki, Bourges et général Chanzy, le Mans.* (Faire suivre.) — Par ordre, veuillez envoyer immédiatement au général Chanzy le général de Colomb qui commandera le 17ᵉ corps et remplacez le général de Colomb par le général Martineau des Chenez pour commander le 15ᵉ corps.

DE FREYCINET.

TOURS, 19 décembre 1870. — *Général Pisani à Guerre, Bordeaux; Chanzy, Mans; de Curten, Poitiers; Gambetta, Bourges.* — Ai réuni à Tours colonne mobile de 8 700 hommes, infanterie : 1ʳᵉ brigade, 14ᵉ ligne, 200 hommes; 6ᵉ bataillon mobile (Maine-et-Loire) 600, 2ᵉ et 3ᵉ légions mobilisées (Maine-et-Loire) 3 600 hommes, 2ᵉ bataillon 2ᵉ légion mobilisés (Gironde) 500, génie (Maine-et-Loire) 100, train (Maine-et-Loire) 40; 2ᵉ brigade, 4ᵉ zouaves 300, 4ᵉ bataillon mobiles (Mayenne) 800, mobiles (Indre-et-Loire) 300, 4ᵉ 300. Légion mobilisés (Seine-et-Marne) 1 200, mobilisés (Loir-et-Cher) 350; train 30; artillerie, batterie de 4, campagne; 23ᵉ du 9ᵉ régiment 120, batteries de montagne, 1ʳᵉ *bis* du 6ᵉ 80; train, 20; la batterie de 4 débarque ce matin seulement. Brigade de cavalerie 4 escadrons; 8ᵉ hussards 350; 2 escadrons 1ᵉʳ chasseurs d'Afrique 200, sera complétée par 2 escadrons cuirassiers venant de Saumur, 200 hussards et chasseurs arrivent seulement d'Afrique à destination Tours; chevaux extrêmement fatigués par travaux et chemin de fer, repos nécessaire. Ai fait reconnaissance sur rive droite dans toutes les directions, ai fait rétablir pont du Mont-Louis et voie ferrée jusqu'à Amboise; ai fait rétablir hier voie ferrée de Tours à Vierzon, placé aujourd'hui sur rive droite de Loire vers Monnaie 1ʳᵉ brigade avec batterie de montagne et un escadron cavalerie. Plusieurs détachements de Prussiens sur la ligne de Blois à Saint-Amand, la Châtre et Montaire; 30 ulhans venus hier Châteaurenaud ont annoncé corps de 2500 à 3000 Prussiens pour aujourd'hui à Château-renaud.

Bataille du Mans. — Combats de Beaumont et de Sillé-le-Guillaume. — Retraite sur la Mayenne.

Bourges, *Guerre à général Pisani, Tours.* — Il faut garder à tout prix la ligne de communication entre Tours et le Mans afin de pouvoir renforcer Chanzy s'il y a lieu; il faut donc se porter sur Château-Renaud, l'occuper et le garder même avec sacrifices, si cela est nécessaire.

Léon Gambetta.

Le Mans, 20 décembre 1870. — *Général Chanzy à Guerre Tours et Bordeaux.* — Toute l'armée prend en ce moment position autour du Mans. L'ennemi, que je crois aussi fatigué et aussi découragé que nous, n'a inquiété nos mouvements ni hier ni aujourd'hui; je fais couvrir autant que je puis chemin de fer du Mans à Tours. Il faut pour cela que les troupes échelonnées de Tours à la Chartre tiennent bon; les partis qui peuvent le menacer ne doivent pas être nombreux. Je suis persuadé que, dans les situations actuelles de l'ennemi, l'armée de Bourges pourrait facilement se porter sur ses communications entre Paris et l'Est. Ce mouvement nous dégagerait, nous donnerait la possibilité de nous refaire et dans quelques jours les deux armées pourraient tenter un nouvel effort dans la direction de Paris.

Le Mans, 20 décembre 1870. — *Chanzy à Guerre.* — Je trouve ici un encombrement de corps de toutes sortes, sans direction aucune. Il me faut quelque jours pour remédier à cette situation. Je prépare un projet de réorganisation de l'armée, de façon à me débarrasser des non-valeurs et à arriver à une constitution forte. Je vous demande instamment d'attendre que je vous soumette ce projet, avant de prendre les dispositions qui pourraient augmenter les difficultés au milieu desquelles je me trouve. J'ai tout intérêt à avoir au plus vite une bonne et belle armée. Autorisez-moi à agir pour arriver à ce résultat. Je regrette que la mesure qui frappe le général Morandy ait été prise avant que j'aie pu exprimer mon opinion sur sa conduite. Le procès pourrait peut-être s'étendre aux gens qui l'accusent. Je lui notifie votre décision.

J'insiste pour mes demandes au sujet des généraux de Jouffroy et d'Espeuilles. Puisque le général de Colomb commande le 15ᵉ corps, ce que j'ignorais, le général Jouffroy serait bien placé à la tête du 17ᵉ. Je demande toujours le général Cérez.

Bourges, 20 décembre 1870. — *Général Chanzy à ministre Guerre Gambetta, Bourges.* — Vous pouvez envoyer M. Laprade, officier de spahis, je l'utiliserai dans mon état-major.

Blois, le 20 décembre 1870. — *Général commandant en chef 16ᵉ corps à ministre Guerre, Tours.* — Je reçois du général Tripart les renseignements suivants : Prussiens évacuent Orléans, il y a moitié des troupes de ce qu'il y avait avanthier, une partie de leur artillerie et de leurs fourgons et tous les bateaux ont disparu ; ils paraissent se retirer sur

Paris par le faubourg Bannier. Jargeau est complètement évacué par les Prussiens.

Les troupes partant d'Olivet viennent occuper la place des troupes partant d'Orléans. Le pont de Saint-Hilaire-sur-Mesnin a été barricadé immédiatement après l'affaire du commandant, bons renseignements certains.

On dit que les Bavarois surtout sont très démoralisés; ils ont dit hier soir à plusieurs paysans : « Nous périrons tous ici. » Tous les autres renseignements concordent avec ceux du général Tripart sur l'évacuation partielle d'Orléans.

BOURGES, 20 décembre 1870. — *Au général Chanzy, le Mans (Sarthe).* — Général, j'écris à mes collègues du gouvernement de la République à Paris. Je ne veux pas laisser partir ma dépêche sans vous donner communication du passage où je retrace votre noble conduite depuis quinze jours. Voici comment je m'exprime sur votre compte :

A travers ces défaillances, nous avons trouvé un homme de cœur, aussi grand citoyen que bon capitaine, qui a certainement sauvé son armée et l'honneur de la France, c'est le général Chanzy. Seul au milieu d'une déroute, il a rassemblé trois corps d'armée sur six et exécuté une de ces retraites admirables qui illustrent plus un général que dix victoires. Seize jours durant, sans repos ni trêve, d'Orléans à Vendôme, il a tenu en échec les forces victorieuses de Frédéric-Charles, du duc de Mecklembourg et du général de Thann, disputant ligne à ligne le terrain, maintenant par sa vigueur personnelle et sa présence incessante au milieu d'elles, des troupes de même nature et de même condition que celles avec lesquelles des généraux sans cœur prétendaient ne pouvoir résister. Seize jours il a lutté, infligeant à l'ennemi des pertes cruelles, déjouant tous ses mouvements, maintenant intactes ses lignes et ses positions successives, changeant même sa base d'opérations sous le feu des Prussiens, finissant par lasser leur poursuite, et donnant par cette mémorable série d'opérations le temps à l'autre partie de l'armée de la Loire de se replier et de se réorganiser entre Vierzon et Bourges. Le général Chanzy est le véritable homme de guerre supérieur qu'aient révélé les derniers événements militaires : il a bien mérité de la Patrie et le gouvernement de la République s'honorera lui-même en lui décernant une marque exceptionnelle de sa reconnaissance.

Aujourd'hui, il est au Mans où il se refait, prêt à prendre l'offensive sur Chartres aussitôt qu'il le jugera convenable; on peut s'en rapporter à lui.

Telle est, général, l'expression sincère de mon opinion à votre sujet. Je vous prie de la tenir secrète pour vous jusqu'au jour où la France sera délivrée, la République fondée.

GAMBETTA.

LE MANS, 21 décembre 1870. — *Général Chanzy à Gambetta, ministre Intérieur et Guerre, Lyon.* — Je suis très sensible à l'éloge que vous voulez bien faire de mes efforts aux membres du gouvernement de la République à Paris. J'ai la satisfaction du devoir accompli, mais je n'ai pas celle du résultat obtenu, tel que je le désire pour le pays. J'espère y arriver en continuant à apporter à ma tâche toute ma volonté, toute ma vigueur et tout mon dévouement.

CHANZY.

BORDEAUX, 21 décembre 1870. — *Guerre à général Chanzy, le Mans, Gambetta à Lyon.* — Vous avez dû recevoir hier une dépêche qui répond à toutes vos objections et vous donne les pouvoirs les plus étendus pour réorganiser vos divers corps. En tous cas, agissez au mieux qui vous semblera. Les prétendus corps « sans direction aucune » que vous trouvez au Mans ne sont autre chose que des renforts envoyés à votre intention et dont vous pouvez disposer à votre guise, sauf ceux qui seraient à destination de Cherbourg. Le général Cérez est maintenu en Algérie et Colomb va vous arriver pour commander le 17e corps. Soumettez-moi votre réorganisation dès que vous l'aurez arrêtée et poussez-la de votre mieux. En attendant ma réponse recherchez les dépêches arrivées depuis vingt-quatre heures.

DE FREYCINET.

LE MANS, 21 décembre 1870. — *Général Chanzy à Guerre, Bordeaux, Lyon.* — Le général Pisani n'ayant pu tenir à Monnaie, on signale l'ennemi arrivé à Tours. Je prescris aux généraux Pisani et de Curten une fois réunis, comme vous leur en avez donné l'ordre, de se porter sur Château-la-Vallière avec ligne de retraite au besoin sur Lude se reliant avec les forces que j'ai disposées le long du Loir pour couvrir l'aile droite, menacer l'ennemi s'il cherchait à prolonger son mouvement au delà de Tours et me donner la possibilité de l'attaquer si je trouve une bonne occasion. L'armée s'installe dans de bonnes conditions autour du Mans; je n'ai pu encore faire partir d'ici les francs-tireurs Lipowski qu'il me tarde de lancer dans la direction de Nogent. On me signale 4 à 5000 Prussiens à la Ferté-Bernard paraissant se diriger sur Bonnétable. Je prends des mesures pour empêcher ce mouvement. Je suis sans aucune nouvelle des opérations des autres armées et des forces ennemies qu'elles peuvent avoir devant elles. Je suis de plus en plus convaincu qu'un mouvement de la 1re armée sur Troyes est facile, opportun et nécessaire.

CHANZY.

LYON, 21 décembre 1870. — *Gambetta à général Ferri-Pisani, à Langeais, par Saumur.* — Exécutez promptement et à la lettre les ordres du général Chanzy.

LYON, 21 décembre 1870. — *Gambetta à général Curten, Poitiers.* — Exécutez promptement et à la lettre l'ordre du général Chanzy.

LYON, 22 décembre 1870. — *Ministre Guerre à général Bourbaki, Nevers.* — Je vois dans une dépêche en communication que vous annoncez au colonel de Cathelineau qu'il n'est plus sous vos ordres et que vous l'engagez à s'adresser au général Chanzy. Je tenais essentiellement à ce que M. de Cathelineau restât avec vous. Qui donc l'a détaché de votre armée? Comment cet ordre a-t-il été donné sans mon assentiment? Ecrivez-moi à cet égard.

LE MANS, 22 décembre 1870. — *Général Chanzy à ministre Guerre, Lyon et Bordeaux.* — Le sieur Mertz, courrier de l'armée, échappé de Versailles avant-hier, se rend à Bordeaux. Il m'affirme qu'à Versailles il n'y a pas plus de 4 000 Prussiens, environ 1 000 de Bougival à Meudon, peu de batteries. Grande inquiétude chez les Prussiens de Versailles depuis quelques jours. Les officiers couchent habillés. On est persuadé à Versailles qu'un effort dans cette direction serait fait et réussirait.

CHANZY.

BORDEAUX, le 23 décembre 1870. — *Guerre à Gambetta, Lyon.* — Pendant que nous donnons ici des ordres au général Pisani, je reçois communication d'une dépêche du préfet d'Angers au général Chanzy, laquelle m'apprend que par votre ordre il a remplacé le général Pisani par le colonel Cléret; je ne conteste pas le bien fondé de la mesure, mais je vous fais remarquer qu'il y a là une confusion d'attributions de nature à faire naître des inconvénients graves. Pareillement hier, vous avez demandé directement des batteries à Bourges pendant que moi-même, ne recevant pas de réponse de Mazure, je cherchais à m'en procurer ailleurs. Si vous voulez administrer de Lyon, non seulement je n'y objecte rien, mais j'y applaudis, car je crois que votre main ferme produira de bons effets, mais j'ai besoin de le savoir pour ne pas risquer de placer les généraux entre des ordres contradictoires.

C. DE FREYCINET.

LYON, 24 décembre 1870. — *Ministre Guerre à délégué Freycinet.* — Vous avez dû recevoir une dépêche du général Chanzy vous demandant la nomination du capitaine de Boisdeffre au grade de chef d'escadron d'état-major. Je crois que cette nomination doit être faite. Veuillez l'expédier dans le plus bref délai et en prévenir le général Chanzy.

LÉON GAMBETTA.

LYON, 24 décembre 1870. — *Guerre à général Chanzy, au Mans.* — J'écris à Bordeaux pour faire régulariser la nomination de M. de Boisdeffre comme chef d'escadron d'état-major.

J'attends avec une extrême impatience votre dépêche
confidentielle sur la communication du général Trochu. Ici tout va bien, mais d'après ce que je lis dans
les dépêches, les nouvelles générales sont très bonnes.

LÉON GAMBETTA.

LE MANS, 25 décembre 1870.—*Général Chanzy à Guerre, Lyon
et Bordeaux.* — La communication par chemin de fer entre
le Mans et Tours est rétablie. L'ennemi paraît avoir abandonné les vallées de la Loire et du Loir. En arrière de Châteaurenaud et de Montoire, il masque mouvements par
un corps d'une vingtaine de mille hommes établis aux environs de Vendôme, sa cavalerie battant tout le Perche.
3 escadrons appuyés de 5 ou 600 hommes d'infanterie avec
du canon ont fait ce matin une démonstration sur Saint-
Calais où se trouvaient les éclaireurs du capitaine Bernard.
Le général Jouffroy va se porter sur la Baraye et de là sur
Vendôme si de nouveaux renseignements constatent que
l'ennemi n'y est point solidement établi. Dans la vallée de
l'Huisne l'ennemi s'est retiré de la Ferté-Bernard où se
trouve la colonne mobile du général Rousseau. Nogent
paraît abandonné; les éclaireurs Lipowski y arriveront
demain et fouilleront le Perche dans les directions de Brou
et Dilliers. Il est maintenant constant que l'ennemi opère
deux mouvements principaux : l'un dans la direction de
Chartres et au delà, l'autre par Blois et Orléans. Ici l'armée
se reconstitue aussi rapidement que possible, mais le froid
est rigoureux, les malades augmentent, et les souliers et
vêtements sont lents à arriver. Il me serait nécessaire de
connaître les renseignements que vous pouvez avoir sur ce
qui se passe à Orléans sur la direction suivie par la première armée dont j'ignore complètement les mouvements,
et dans le Nord.

CHANZY.

LYON, 26 décembre 1870. — *Gambetta à général
Chanzy, au Mans (Sarthe).* — Des renseignements recueillis, il me paraît certain que le prince Frédéric est
en personne à Orléans avec à peu près 25000 hommes,

plus 6 à 7000 Bavarois du comte de Thann; ils paraissent très fatigués et assez hésitants sur les opérations que nous entreprenons; il y a, paraît-il, un corps
de 20 à 25000 hommes qui aurait filé d'Orléans sur
Chartres dans la direction d'Alençon, ceci sous toutes
réserves. Blois et la Sologne paraissent à peu près vides,
le 15ᵉ corps occupe Vierzon et Bourges. Notre 1ᵉ armée
de la Loire exécute en ce moment un mouvement sur
la nature duquel je vous avais envoyé des instructions
par un officier, M. D'Hondecourt, que je suis bien
étonné que vous n'ayez point reçu; je vous expédierai
un autre messager ce soir, mais les chemins sont si
mauvais qu'il y a d'inévitables retards. Les Prussiens
font un mouvement de va-et-vient entre Orléans et
Montargis; on dit qu'à partir de ce jour ils remontent
vers Paris; le général de Zastrow et le prince de Reuss,
avec à peu près 25 à 30 000 hommes sont entre Joigny
et Auxerre qu'ils occupent. Néanmoins une partie de
ces forces, 7 à 8000 hommes, semble s'être dirigée
sur Montargis. Le corps de Werder qui tient Dijon et
Gray s'élève à 30 000 hommes; c'est le corps que le
général Cremer et Garibaldi tiennent vigoureusement
en échec entre Semur, Autun et Nuits. Belfort est
investi par une force de 30 000 hommes, mais nous
communiquons et nous savons que jusqu'ici les assié-
gés ont causé de nombreuses pertes aux Prussiens,
les ont empêchés d'établir leurs ouvrages; la ligne de
Dôle à Montbéliard par Besançon est fort bien gardée
par les forces de Besançon. Au demeurant, la situation
est bonne et, si les opérations que je vous fais connaître par le rapport réussissent, elle peut devenir
magnifique. Dans le Nord, le général Faidherbe pousse
son organisation; il a eu, il y a trois jours à Pont-
Noyelles, un combat victorieux qui a duré six heures. Le
Havre est dégagé complètement et nous espérons
reprendre promptement Rouen. J'attends avec impatience que vous soyez refait, je donne tous les jours

des ordres à Bordeaux pour qu'on vous donne pleine satisfaction, parce que je sais bien qu'aussitôt en état, vous saurez bien marcher au point central.

LÉON GAMBETTA.

BORDEAUX, 26 décembre 1870. — *Le ministre de la Guerre au général Chanzy.* — La première armée, moins les trois quarts du 15ᵉ corps, est vers Chalon. A Orléans, l'ennemi paraît se concentrer et en même temps diriger des forces vers Montargis. Il ne paraît pas avoir grand monde le long de la Loire ni en Sologne. On signale un corps de 15 à 20 000 hommes sur Auxerre qui paraît se diriger vers Montargis. Dans le nord, la position de Faidherbe est excellente. Je m'occupe d'accélérer les souliers et les vêtements. Vous avez dû en recevoir de fortes quantités.

DE FREYCINET.

LE MANS, 26 décembre 1870. — *Général Chanzy à ministre Guerre, Lyon, Bordeaux.* — A la suite d'un fait inouï dont je vous adresserai la constatation, j'ai envoyé par parlementaire une protestation au commandant prussien à Vendôme et adresse à l'armée l'ordre du jour ci-après :

« Général en chef porte à la connaissance de l'armée la protestation ci-après qu'il adresse par parlementaire au commandant des troupes prussiennes à Vendôme, sûr d'avance que chacun partagera son indignation et son désir de venger de telles injures :

« *Au commandant prussien, à Vendôme.*

« J'apprends que des violences inqualifiables ont été exercées par des troupes sous vos ordres sur la population inoffensive de Saint-Calais, malgré nos bons traitements pour vos malades et vos blessés; vos officiers ont exigé de l'argent et autorisé le pillage; c'est un abus de la force qui pèsera sur vos consciences et que le patriotisme de nos populations saura supporter. Mais ce que je ne puis admettre, c'est que vous ajoutiez à cela l'injure alors que vous savez qu'elle est gratuite. Vous avez prétendu que nous étions les vaincus, cela est faux. Nous vous avons battu et tenu en

échec depuis le 4 de ce mois. Vous avez osé traiter de lâches
des gens qui ne peuvent vous répondre, prétendant qu'ils
subissaient la volonté du gouvernement de la Défense
nationale les obligeant à résister, alors qu'ils voulaient la
paix et que vous la leur offriez. Je proteste avec le droit
que me donne de vous parler ainsi, la résistance de la
France entière et celle que l'armée vous oppose et que vous
n'avez pu vaincre jusqu'ici. Cette communication a pour but
d'affirmer de nouveau ce que cette résistance vous a déjà
appris. Nous lutterons avec la conscience du droit et la
volonté de triompher. Quels que soient les sacrifices qui nous
restent à faire, nous lutterons à outrance sans trêve ni
merci, parce qu'il s'agit aujourd'hui de combattre, non plus
des ennemis loyaux, mais des hordes de dévastateurs qui
ne veulent que la ruine et la honte d'une nation qui prétend
conserver son honneur, son indépendance et son rang. A
la générosité avec laquelle nous traitons vos prisonniers et
vos blessés, vous répondez par l'insolence, l'incendie, le
pillage. Je proteste avec indignation au nom de l'humanité
et du droit des gens que vous foulez aux pieds. »

« Le présent ordre sera lu aux troupes à trois appels con-
sécutifs.

« Au quartier général au Mans, le 26 décembre 1870.

« *Le général en chef,*

« CHANZY. »

FERTÉ-BERNARD, 26 décembre 1870. — *Colonel de Lipowski,
à Guerre, Bordeaux; général Chanzy, au Mans.* — Suis Nogent depuis hier 25 décembre, mes éclaireurs à Chartres,
Brou, Auton, Châteaudun, Bonneval. Colonne qui s'était di-
gée sur Bellême revenue par Nogent hier matin pour
prendre route de Dreux. Hier, capitaines Castener et Cha-
brillat se promenant seuls à cheval du côté de la Loupe,
ont pris 5 dragons 19e régiment, Oldenbourg, tué maréchal
des logis, ramené prisonniers et chevaux. A Nogent, pas
d'employés de télégraphe, urgent de rétablir la ligne. Personnes de Nogent ont reçu aujourd'hui lettres de Paris venant par la poste.

NOGENT-LE-ROTROU, 26 décembre 1870. — *Colonel de Li-*

powski à général *Chanzy*, au *Mans*; ministre *Guerre*, *Bordeaux*.
— Enlevé ce soir courrier venant de Châteauneuf allant par la
Loupe à Nogent-le-Roi; vous envoie lettres et dépêches enlevées à l'ennemi. Un fourgon contenant caisses et malles
remplies d'effets et d'objets volés, fait quelques prisonniers
du 32ᵉ régiment d'infanterie, 13ᵉ corps, formé de trois divisions à Chartres et aux environs; il se compose : 17ᵉ division
à Chartres, commandée par le grand-duc de Mecklembourg;
22ᵉ division, général de Vittich, à Châteauneuf; 3ᵉ division,
dans les environs. A Dreux, 7 bataillons de landwehr entre
Chartres et Courville, 1500 cavaliers venant de Chartres entre
Courville et la Loupe, une compagnie d'infanterie et quelques cavaliers. Habitants de Chartres prétendent Guillaume
et Bismarck dans la ville, logés à l'évêché. Grands approvisionnements à Chartres. Brou évacué; quelques coureurs
seulement.

LYON, 27 décembre 1870. — *Ministre Guerre à général Chanzy, au Mans.* — Général, je reçois ce soir le
capitaine Marois, porteur de vos dépêches du 23 décembre; j'en ai pris connaissance. Dès demain, je vous
enverrai le capitaine Marois avec les instructions relatives à nos mouvements et les ordres sur le point que
vous savez. Je vous remercie de vos communications
où je retrouve comme toujours le général dévoué à la
Défense nationale et le loyal citoyen. J'ai à vous féliciter également du bel ordre du jour que vous avez
adressé aux troupes. Je le porte à la connaissance de
la France par la voie des journaux. Le capitaine Marois est, selon vos désirs, nommé chef d'escadron à
titre définitif. Avant de regagner votre quartier général, il passera par Bordeaux pour y prendre des cartes.

LÉON GAMBETTA.

LE MANS, 27 décembre 1870.— *Général Chanzy à Guerre, Bordeaux.* — Je vous ai déjà fait connaître que pour employer
le général Guépratte selon ses aptitudes il me paraissait bon
de le rendre au service des remontes dans lequel il a passé de
longues années et rendu de bons services. Il faut à la tête

de la cavalerie du 17e corps, qui a si peu agi jusqu'à présent dans cette campagne, un général jeune, ardent, très actif, et je vous ai proposé le général d'Espeuilles.

LYON, 27 décembre 1870. — *Gambetta à Freycinet, Bordeaux.* — Envoyez le plus tôt possible au général Chanzy des cartes détaillées du pays qu'il occupe entre Poitiers et Arvées, principalement la carte à 1/32 100 de l'État-major.

Les cartes demandées doivent comprendre le pays compris entre les deux parallèles qui passent par Poitais et Arvées.

LÉON GAMBETTA.

LE MANS, 28 décembre 1870. — *Général Chanzy à Guerre, Lyon et Bordeaux.* — Le général Jouffroy, parti hier de Besse avec colonne mobile pour surprendre l'ennemi à Montoire, a eu un engagement assez vif entre Fontaine, Saint-Quentin et Montoire ; l'ennemi a opéré sa retraite dans la direction de Châteaurenaud, poursuivi jusqu'à 5 kilomètres au delà de Montoire ; il a laissé entre nos mains une centaine de prisonniers, des caissons, des équipages ; ses ambulances, 2 officiers tués et plusieurs blessés. Le général Jouffroy a l'ordre de continuer, soit sur Vendôme, soit sur Châteaurenaud, selon les indications qu'il recueillera. Je le fais appuyer dans la vallée de l'Huisne. La situation est la même. Général Rousseau reste à la Ferté-Bernard et surveille le Perche. Colonel Lipowski est à Nogent et Catholineau à Vibraye. Général Jaurès fait observer la direction de Mamers par une colonne mobile établie à Ballon. Le mouvement de l'ennemi sur Chartres et au delà continue. Dans les lettres prises sur le courrier prussien à la Loupe on lit qu'ils attendent des vêtements et se préparent à une revue du roi qui semble avoir quitté Versailles.

CHANZY.

BORDEAUX, 29 décembre 1870. — *Guerre à général Chanzy, au Mans.* — Je reçois la dépêche suivante du général de Rivière, commandant le génie du 21e corps, dont j'ai pu apprécier, à Lyon, la capacité militaire et l'intelligence élevée.

« J'ai visité les ponts de l'Ognon depuis Voray jusqu'à Pin. Ils sont en parfait état; rien ne s'oppose donc à une marche sur Gray ou sur Vesoul. J'ai vu ce soir un médecin de Gray qui en arrivait; il m'a rendu compte que les Prussiens se préparaient à faire sauter le pont en pierre et à brûler le tablier du pont suspendu, ils se retirent précipitamment et en désordre, évacuant tous leurs malades, leurs approvisionnements; les trains se succèdent sans interruption, les otages sont relâchés; enfin, ce mouvement a tous les caractères d'une évacuation définitive.

« Il pourrait y avoir là une occasion favorable à saisir pour se jeter au travers de l'ennemi. »

BATAILLE DU MANS

LE MANS, 1er janvier 1871. — *Général Chanzy à préfet, Tours, Romorantin.* — La colonne envoyée sur Vendôme a culbuté hier l'ennemi au delà du Loir en lui faisant 200 prisonniers. Nous occupons les hauteurs de rive droite en face de la ville; tout va bien.

LE MANS, 1er janvier 1871. — *Général Chanzy à Guerre.* — Général Jouffroy a repoussé hier l'ennemi sur la rive gauche du Loir et occupe en face Vendôme les positions de Belain, La Tuilerie. Cette reconnaissance offensive a été vigoureusement conduite par le général, brillamment exécutée par les troupes. J'espère que nous ne resterons pas sur ce succès.

LE MANS, 1er janvier 1871. — *Général Chanzy à Guerre, Bordeaux.* — Je donne des ordres pour le départ des dix officiers d'état-major qui sont désignés pour passer au 19e corps; mais je regrette profondément une mesure qui désorganise, au moment de rentrer en opérations, les états-majors de la 2e armée, constitués déjà en fait d'officiers habitués au service d'État-major dans les limites les plus restreintes.

LE MANS, 2 janvier 1871. — *Général Chanzy à Guerre.* — L'ennemi a envoyé en vain des attaques contre les avant-postes du général Jouffroy que je maintiens sur ses positions. Sur la rive gauche du Loir une reconnaissance de cavalerie s'est avancé jusqu'à 7 kilomètres de Vendôme et a ramené 13 prisonniers dont un officier. J'envoie une batterie de 4 au général Curten puisqu'il croit en avoir besoin, et je compte pour la remplacer sur celle que vous m'annoncez devant arriver ici le 4, venant de Rennes.

CHANZY.

LE MANS, 2 janvier 1871. — *Général Chanzy à Guerre, Bordeaux.* — L'ennemi ayant fait venir des renforts d'infanterie et d'artillerie de Blois dans la nuit du 31 au 1er a pu armer fortement les hauteurs qui dominent Vendôme sur la rive gauche. Le général Jouffroy attend, sur les positions de la rive droite, l'effet que produiront les démonstrations en avant de Châteaurenaud. Les troupes du général Curten ont repoussé les avant-postes prussiens à Longpré et à Saint-Amand, en lui faisant subir des pertes. Les cavaliers algériens du lieutenant-colonel Goursaud ont eu brillant engagement en avant de Lavardin, ont fait quelques prisonniers et tué du monde à l'ennemi. Ils ont eu de leur côté 10 chevaux tués ou blessés, 1 homme tué et 6 blessés dont un officier. Il est très important pour moi d'être fixé sur les forces et les intentions de l'ennemi entre le Loir et la Loire pour mes opérations ultérieures. Le 31, une forte reconnaissance de la colonne Rousseau sur la Bazoche; Gouet a poursuivi l'ennemi jusqu'à Courtalin, lui tuant 65 hommes. Nos éclaireurs à Saint-Calais et Cathelineau dans la forêt de Vibraye font une chasse active aux coureurs ennemis qui battent le Perche. Le général Rousseau doit faire une démonstration sur Bretoncelles.

LE MANS, 4 janvier 1871. — *Général Chanzy à ministre Guerre, à Bordeaux.* — Il est indispensable, en prévision des opérations à entreprendre, d'avoir une force suffisante pour défendre les positions et garder le pays.

Il y a, tant au camp de Conlie qu'à Redon et à Rennes, 5 000 hommes armés; je demande à les faire venir de suite ici. Il y a à Conlie, Pibray, Rennes, Fougères et Redon, 17 000 hommes formés en bataillons; il leur manque des fusils. Il y a à Rennes (40 000 fusils Sprinfeld). Je demande à faire armer d'urgence ces 17 000 hommes (22 bataillons) et à les appeler sur les positions que je leur

assignerai. J'organiserai toutes les forces sous le commandement du général Le Bouëdec. Je demande enfin à disposer des canons de montagne qui sont à Rennes, et qui
serviront au général Le Bouëdec pour défendre ses positions. Il faudrait de plus de la cavalerie pour éclairer;
quelques escadrons d'éclaireurs à cheval ou de cavalerie
régulière suffiraient. Il est urgent d'organiser tout cela. Il
ne manque que les pleins pouvoirs. Prière de me faire
connaître votre décision.

CHANZY.

5 janvier 1871. — *Au général Chanzy, au Mans.* — Je vous
envoie en communication la dépêche suivante que je reçois
de Nogent, du sous-inspecteur des télégraphes.

« D'après renseignements fournis par cantonnier, il n'y
aurait plus de Prussiens à Montmirail, Millerée, la Bazoche, Mondoubleau, Chapelle-Royale, Courtalain, Arrou
et même Châteaudun. »

LE MANS, 6 janvier 1871. — *Général Chanzy à Guerre, Bordeaux.* — L'ennemi a cherché sans succès à attaquer
aujourd'hui les avant-postes des généraux de Curten et
Cléret à la Fourche. Le général Rousseau a été également
attaqué et a repoussé vigoureusement l'ennemi, lui infligeant
des pertes sensibles; de notre côté, un tué et deux blessés.
Tout va bien sur toutes nos positions.

6 janvier 1871. — *Guerre à général Chanzy, au Mans.*
— Général, le commandant de Boisdeffre est parti hier
soir à 6 heures et demie pour le Mans, emportant la
dépêche que je vous ai adressée en réponse à votre
lettre. Par ce temps de communications difficiles, il y
a à craindre que M. de Boisdeffre n'éprouve des retards,
je tiens donc à vous dire que ma dépêche vous expose
un plan qui, tout en se rapprochant beaucoup du
vôtre, en diffère par plusieurs points, notamment la
question de délai. Je veux que vous sachiez que sur
cette question mon appréciation reste entièrement
subordonnée à la vôtre, aujourd'hui plus éclairée que
la mienne, puisque vous venez de conférer avec

M. Brousseau qui vient de Paris. Aussitôt que M. Brousseau pourra partir, je désirerais bien le voir. Ne pourriez-vous pas l'engager à passer par ici avant de se rendre auprès du général Bourbaki?

En ce qui touche les pigeons, il va sans dire que nous ferons tout ce que vous vous voudrez, tout, sans réserve. Mais je vous promets de vous rappeler ce que je vous ai déjà fait dire, à savoir que ce n'est pas une opération qui puisse être confiée à des mains non exercées que de lancer des pigeons; qu'il vaudrait mieux me prévenir à l'avance afin qu'on pût nous envoyer un pigeonnier avec des oiseaux de choix, qui saurait choisir le lieu, le jour et l'heure du départ. Mais encore une fois, ce ne peut être là une difficulté. Envoyez-moi le plus tôt possible M. Brousseau.

GAMBETTA.

LE MANS, 7 janvier 1871. — *Général Chanzy à Guerre.* — L'ennemi a attaqué hier soir plusieurs points et avec des forces assez considérables. En avant de Nogent des troupes venues de Chartres et de Bonneval au nombre de 12 000 hommes environ ont attaqué la Fourche dès le matin; l'action a été sérieuse, le général Rousseau a dû abandonner la position en perdant 3 pièces. Nous avons eu une centaine de blessés dont 2 officiers, nous avons néanmoins fait des prisonniers. Sur la rive droite du Loir, le général Jouffroy vivement pressé par des forces venues de Vendôme, de Blois et, dit-on, de Beaugency et d'Orléans, a dû quitter ses positions sur la rivière, après un combat acharné, et venir s'établir en avant de Saint-Calais. Enfin le général de Curten, attaqué du côté de Saint-Cyr, Villeporches et Villechauve, s'est maintenu sur ses positions et a occupé Saint-Amand : de ce côté, succès pour nous sans pertes sensibles; du côté de l'ennemi, des prisonniers, des tués et des blessés en nombre assez considérable. Il y a évidemment tentative combinée du prince Frédéric-Charles et du duc de Mecklembourg pour nous attirer en dehors de nos positions. Il est possible que ces attaques se renouvellent aujourd'hui. J'ai fait renforcer les colonnes et compléter les munitions

Le Mans, 8 janvier 1871. — *Général Chanzy à Guerre, Bordeaux.* — L'enne mi a continué aujourd'hui les attaques sur l'Huisne et sur le Loir. Au Nord le général Rousseau a dû se replier sur Conneré. J'envoie là le général Jaurès et une partie du 21ᵉ corps. Sur le Loir, quelques positions ont été également abandonnées sans assez de résistance. L'amiral Jauréguiberry, parti pour Château-du-Loir, en va prendre le commandement. Je fais occuper la route de Saint-Calais par une division du 17ᵉ corps.

On m'annonce que, dans l'Orne, les mobilisés se sont retirés de Bellême et de Mortagne devant quelques Prussiens sans essayer de résistance. J'ai donné l'ordre au général Malherbe de faire reprendre ces points et de faire des exemples sur les chefs de ces troupes.

Le Mans, 9 janvier 1871. — *Général Chanzy à Guerre, Bordeaux.* — Les projets de l'ennemi sont aujourd'hui manifestes. Son but est de nous attirer en dehors de nos positions du Mans pour chercher à nous battre en détail, ou bien de nous refouler sur ces positions et de nous y bloquer pour empêcher la marche qu'il prévoit sur Paris.

Les trois lignes d'attaque principales sont : par la vallée de l'Huisne, armée du duc de Mecklembourg, avec menace sur Alençon par Bellême et Mortagne ; par la route de Vendôme au Mans par Saint-Calais, où se trouverait, dit-on, le prince Charles, et enfin au sud du Loir par Herbault, Châteaurenaud pour couper la ligne de Tours au Mans.

Ces deux dernières attaques sont faites par l'armée du prince Charles qui paraît nombreuse et formée de tout ce qu'il a pu tirer de la vallée de la Loire. Dans ces conditions, obligé de faire tête à l'ennemi sur autant de directions, il est indispensable et urgent de faire arriver à Alençon au moins une division du 19ᵉ corps et de diriger immédiatement sur Tours ce que le 25ᵉ corps peut avoir de disponible à Vierzon.

Je renouvelle également et instamment ma demande de faire venir de suite sur Alençon, pour couvrir le chemin de fer du Mans à Caen, les 9000 mobilisés de la Mayenne que le sous-préfet m'a déclaré être prêts et bien outillés.

Tous ces mouvements sont urgents et doivent être faits par les voies rapides. Il nous faut être nombreux partout et ne pas nous exposer à voir nos lignes forcées en certains endroits.

Le Mans, 10 janvier 1871. — *Général Chanzy à Guerre, Bordeaux.* — Les armées du prince Charles et du grand-duc de Mecklembourg ont redoublé d'efforts aujourd'hui dans leurs attaques sur l'Huisne et au sud-est du Mans. Pressées de tous côtés, nos colonnes ont dû battre en retraite sur les positions définitives qui leur avaient été assignées à l'avance. L'action a été des plus vives à Montfort, à Champagne, à Jarigné-l'évêque, à Jupilles, à Changé. Sur ce dernier point, la brigade Ribel, après une vive résistance de plus de 6 heures, a dû abandonner le village à l'ennemi, qui l'occupe depuis nuit.

Nous sommes évidemment en présence d'un effort des plus sérieux de l'ennemi, et d'une ferme volonté de sa part d'en finir avec la 2ᵉ armée. Nous allons lutter comme à Josnes. J'ordonne partout la résistance à outrance. Je défends formellement toute retraite et tout abandon de positions.

Il me faut, pour obtenir cette résistance et un succès, je l'espère, pouvoir ôter son commandement à tout chef de corps qui n'exécuterait pas strictement les ordres reçus, ou ne saurait maintenir sa troupe; mais aussi pouvoir récompenser sur-le-champ les officiers et les soldats qui donneront l'exemple du dévouement et de la ténacité. Je demande instamment ces droits.

La 2ᵉ armée n'a encore rien reçu des récompenses sollicitées pour elle. Cet encouragement serait des plus importants. Nous avons fait aujourd'hui des pertes sensibles, mais l'ennemi a plus souffert que nous, de l'aveu des prisonniers faits sur plusieurs points. Il a eu beaucoup de morts et de blessés depuis quelques jours par notre mousqueterie. Dans une brigade, celle à laquelle appartient le 35ᵉ fusiliers, le général Rothmaler blessé, le major tué, l'adjudant de brigade tué, l'adjudant de régiment et plusieurs officiers tués.

Je vous adresse par lettre copie de mes instructions.

Bordeaux, 11 janvier 1871. — *Guerre à général Chanzy, au Mans.* — Vous êtes pleinement autorisé à enlever son commandement à tout chef de corps qui n'exécuterait pas strictement les ordres reçus ou ne saurait pas maintenir sa troupe, et pareillement vous avez pouvoir de récompenser sur-le-champ les officiers et les soldats qui donneront l'exemple du dévouement et de la ténacité. Quant aux récompenses sollicitées par vous pour la 2ᵉ armée, plus des trois quarts ont été accordées, et les décrets ont paru au *Moniteur*. Si vous ne les avez pas reçus, c'est sans doute par suite d'un retard dans le transport des plis. Je vais les hâter.

DE FREYCINET.

BORDEAUX, 11 janvier 1871. — *Guerre à Chanzy.* — Nous comptons absolument sur vous pour résister à ce suprême effort.

Vous pouvez faire toutes les nominations, promotions et révocations nécessaires, assuré que la ratification suivra sans retard.

L. GAMBETTA.

LE MANS, 11 janvier 1871. — *Général Chanzy à Guerre, Bordeaux.* — Nous avons eu aujourd'hui la bataille du Mans. L'ennemi nous a attaqués sur toute la ligne. Le général Jauréguiberry s'est solidement maintenu sur la rive droite de l'Huisne; le général de Colomb s'est battu pendant six heures avec acharnement sur le plateau d'Auvours; le général Gougeard, qui a eu son cheval percé de 6 balles, a montré la plus grande vigueur, et les troupes de Bretagne ont puissamment contribué à conserver cette position importante. J'ai annoncé au général Gougeard qu'il était commandeur.

Au-dessous de Changé, le général Jouffroy s'est maintenu malgré la fatigue de sa division et les efforts de l'ennemi. La division Roquebrune ne s'est pas laissé entamer sur la route de Parigné. Nous coucherions sur toutes nos positions sans une panique des troupes du général Lalande qui, cédant sans résister, devant un retour offensif tenté à la tombée de la nuit par l'ennemi, ont abandonné la position importante de la Tuilerie. Le vice-amiral Jauréguiberry, chargé de la défense de Pontlieue, a déjà pris ses dispositions pour faire reprendre la Tuilerie avant le jour. C'est

bien le prince Frédéric-Charles que nous avons devant nous
et qui n'est nullement parti pour l'Est[1]. Nous avons fait des
prisonniers, dont j'ignore encore le nombre; tous l'affirment, citent les divisions de son armée et de celles du duc
de Mecklembourg, et évaluent l'ensemble des forces
engagées ou en réserve à 180 000 hommes. Le combat n'a
cessé qu'après la nuit venue. Je sais déjà que deux de nos
colonels sont grièvement blessés, je crois à des pertes sensibles; mais j'espère en avoir infligé de cruelles à l'ennemi.
Je m'attends demain à une nouvelle attaque.

Général CHANZY.

LE MANS, 11 janvier 1871. — *Général Chanzy à Guerre,
Bordeaux.* — Il est de la dernière importance que les 2 divisions du 19e corps que vous voulez bien m'annoncer soient
rendues dans le plus bref délai possible à Alençon. Elles
peuvent me donner le moyen d'un succès en opérant sur un
des flancs de l'ennemi. Prière de me faire savoir le jour
où elles seront à Alençon. Je donnerais tout pour les y
savoir aujourd'hui.

LE MANS, 11 janvier 1871. — *Général Chanzy à Guerre,
Bordeaux.* — Je ne comprends rien aux difficultés que
semble vouloir soulever le général Marivault et à ses
susceptibilités. Je ne tiens nullement à commander aux
forces de Bretagne. Ce que la fraction qui est ici a fait
aujourd'hui à la Tuilerie me fixe suffisamment. Je ne
demande qu'une chose, parce qu'elle est nécessaire, indispensable : c'est que le général Marivault organise comme
il l'entendra, mais le plus vite et le mieux possible, des forces
appelées à défendre les positions du Mans quand nous les
quitterons.

LE MANS, 12 janvier 1871. — *Général Chanzy à Guerre, Bordeaux (extrême urgence).* — Notre position était bonne hier
au soir. La panique des mobilisés de Bretagne a été le signal de la débandade sur toute la rive gauche de l'Huisnes,
toutes les troupes se sont dispersées, ont fui ou refusent

1. Ainsi que l'avait annoncé la veille une dépêche de Clamecy.

de combattre. Le vice-amiral Jauréguiberry déclare que la retraite est impérieusement commandée. Sur les autres positions, les généraux déclarent qu'ils ne peuvent tenir. Le cœur me saigne, je suis contraint de céder. Je donne aux divers corps d'armée les lignes de Carentan comme objectif de cette retraite, parce que j'ai la conviction que toute reconstitution de l'armée avant cette position est impossible. Je la tenterai néanmoins dès que j'aurai pu grouper les fuyards qui, au nombre de plus de 50000, sont déjà sur les routes de Laval et d'Alençon.

BORDEAUX, 12 janvier 1871. — *Guerre à général Chanzy, au Mans.* — Je comprends votre impatience d'avoir le 19e corps à Alençon et, comme vous je donnerais tout au monde pour qu'il y soit aujourd'hui; mais je n'ai malheureusement pas le don de faire des miracles. Les deux divisions partiront de Cherbourg demain; elles fussent parties aujourd'hui 12, si vous aviez pu me donner plus tôt réponse à la dépêche d'hier matin, par laquelle je vous demandais le point définitif de destination. Ces deux divisions, à l'effectif d'environ 30000 hommes, voyageant en chemin de fer, nous devrons nous estimer heureux si elles s'embarquent en quarante-huit heures. Vous ne devez donc espérer les faire entrer en ligne, la 1re que le 15 au matin et la 2e que le 16; à ces dates, je crois qu'elles pourront coopérer avec vous d'Alençon; mais plus tôt il serait chimérique d'y compter. Faites-moi connaître le plus tôt possible sur quel point vous voulez que se rende la 3e division.

LE MANS, 12 janvier 1871. — *Chanzy à Guerre.* — Je reçois à l'instant, midi et demi, votre télégramme au sujet du 19e corps. Vous connaissez les événements. Je veux organiser la retraite de façon à établir le 15 au soir mes divers corps d'armée entre Alençon et Prez-en-Pail, pour m'y reconstituer et reprendre les opérations. Il est donc plus urgent que jamais que les deux premières divisions du 19e corps arrivent promptement à Alençon pour me servir de base et d'appui.

Quant à la 3e division, je désire la voir arriver le plus promptement possible à Argentan et connaître le jour.

RETRAITE SUR LA MAYENNE. — SILLÉ-LE-GUILLAUME

BORDEAUX, 12 janvier 1871. — *Gambetta ministre Guerre à général Chanzy, Domfront. (Faire suivre par tous les moyens possibles et accuser réception.)* — Vos dépêches nous ont plongés dans la stupeur. Mais il nous faut refouler vaillamment notre douleur pour rechercher de sang-froid le remède qu'appelle la situation. Et d'abord nous ne pouvons comprendre cet objectif de Carentan vers lequel vous dirigez votre retraite. Mais songez donc que, Bourbaki étant à l'extrême Est sous Belfort, c'est livrer ce qui reste de la France, c'est abandonner nos arsenaux, Rennes, Brest, Bourges, Nevers ; c'est livrer nos approvisionnements, en un mot c'est anéantir d'avance tous nos moyens de résistance. Nous pensons donc que la réflexion vous a déjà fait renoncer à cette idée et que, comme votre deuxième dépêche de 12 h. 45 tend à le faire supposer, vous êtes actuellement déterminé à vous arrêter et à vous refaire entre Prez-en-Pail et Alençon. Quant à nous, nous considérons une retraite sur Carentan comme un suicide. A la ligne de Prez-en-Pail et Alençon, nous préférerions de beaucoup une retraite sur Laval, avec la ligne de la Mayenne comme protection. Derrière la rivière de la Mayenne, le pays est accidenté, admirablement disposé pour la défense. Enfin, considération déterminante, vous couvririez Rennes et Nantes, dont la conservation est pour nous de premier ordre. Veuillez donc, à moins d'empêchement absolu, diriger votre retraite sur la Mayenne.

Quant à l'appel que vous faites, à Alençon, des deux divisions du 19e corps, nous nous l'expliquons difficilement. Des troupes fraîches à peine formées, débarquant du chemin de fer au milieu d'une armée en

désordre, ne serviront qu'à augmenter le nombre des
fuyards. Il n'y a malheureusement aucune analogie a
établir entre l'appui que vous a prêté le 21ᵉ corps à
Marchenoir et celui que vous fourniraient ces deux
divisions à Alençon; à Marchenoir vous avez trouvé un
corps déjà formé depuis trois semaines et qui était
sur des positions depuis plusieurs jours, tout était
préparé pour vous y recevoir; à Alençon au contraire,
c'est notre armée en déroute qui recevrait des troupes
débarquant de wagon. Nous pensons donc que ce
serait vous offrir un expédient dangereux, et qu'à
tous les points de vue il vaut mieux garder ce 19ᵉ corps
intact pour une action ultérieure. La disposition de
ce corps, dans votre intérêt même, ne pourra vous
être donnée que lorsque vous aurez ressaisi la possession et la cohésion de vos propres troupes.

Quant aux fuyards, adoptez les mesures les plus
énergiques, employez à les arrêter notre cavalerie,
et au besoin notre artillerie. Télégraphiez à Laval et
à Alençon, pour que les autorités civiles et militaires
de ces deux départements vous prêtent le plus vigoureux concours. C'est à Laval que je compte vous rejoindre à la réception de cette réponse que je vous
prie de me faire d'urgence.

Léon Gambetta.

Domfront, 13 janvier 1871. — *Général Chanzy à ministre
Guerre, à Bordeaux.* — Je ne prévoyais certes hier ni les défaillances de la nuit dernière, ni la retraite à laquelle elles
allaient me contraindre. J'en suis le premier navré; mais
ma confiance était telle qu'elle a résisté, et que c'est en
m'en inspirant qu'ont surgi les idées que vous n'admettez
pas. En parlant des lignes de Carentan comme dernier
objectif de retraite, je me rappelais vos propres instructions données à Josnes, quand il s'agissait d'aller reconstituer l'armée. Mais mon intention n'a jamais été de les
gagner si je n'y étais contraint. Ne pouvant me séparer de
la pensée que Paris est aux abois, me cramponnant à l'idée

d'un mouvement dans cette direction, notre but suprême, je portais ma droite à Alençon, appuyée fortement sur le 19ᵉ corps que je croyais une force sérieuse et immédiatement utilisable. Une fois établi d'Alençon à Prez-en-Pail, pivotant sur cette droite avec les éléments réellement résistants de mon armée, ralliant à Argentan le reste du 19ᵉ corps, je marchais sans perdre un jour et sans presque allonger les distances sur Dreux et Evreux, dans la pensée d'appuyer ma gauche à la Seine et de forcer l'Eure dans une partie moins préparée par ennemi pour sa défense que celle de Chartres à Dreux. Ce que je vois autour de moi, vos propres objections, vos préoccupations pour Nantes, alors qu'à Josnes elles étaient surtout pour Cherbourg, me forcent à renoncer à une marche hasardeuse sans doute, mais qui pouvait tout sauver. J'obéis donc et je change mes dispositions pour exécuter le mouvement que vous ordonnez. Dès cette nuit, les 16ᵉ, 17ᵉ et 21ᵉ corps reçoivent l'ordre de prendre pour objectif Laval, de façon à venir s'établir le 17 ou le 18 courant derrière la Mayenne, sur un front de 10 kil., la droite à Laval. La retraite des 16ᵉ et 17ᵉ corps s'effectue jusqu'ici dans d'assez bonnes conditions, malgré deux pieds de neige sur les routes. J'attends encore des nouvelles du 21ᵉ corps qui a dû passer la Sarthe à Neuville.

CHANZY.

BORDEAUX, 13 janvier 1871. — *Gambetta ministre Guerre à général Chanzy, à Sillé-le-Guillaume.* — Général, quelle que soit la cruauté de la fortune à notre égard, elle est impuissante à lasser des hommes tels que vous et qui sont résolus à soutenir jusqu'à épuisement total la guerre sainte contre l'étranger. La confiance du gouvernement en vous n'est en rien diminuée, et l'échec, quelque grave qu'il soit, que vous avez subi ne doit être qu'une leçon et une excitation de plus à bien faire. Cela dit, je réponds à votre dépêche de ce matin.

Quand je vous ai parlé à Josnes des lignes de Carentan, j'ai voulu seulement indiquer que la résistance à outrance du pays avait une dernière forteresse inexpugnable ; mais nous n'en sommes pas encore là, au lendemain d'un premier échec. Ma pensée au contraire a toujours été que le terrain devait être disputé pied à pied comme vous l'avez si bien fait déjà dans votre belle retraite. Quant au dessein que vous nourrissez, me dites-vous, de vous arrêter, s'il était possible, entre Alençon et Prez-en-Pail, pour de là tenter une marche hardie sur Paris par Dreux et Évreux, je vous ferai remarquer que cette tentative généreuse était de nature à amener la perte de votre armée. D'une part, en effet, vous auriez couru le risque de ne point refaire vos troupes avant de reprendre votre marche et, d'autre part, vous auriez infailliblement rencontré sur votre chemin l'armée de Frédéric-Charles commandant général des forces prussiennes dans l'Ouest, laquelle, parcourant du Mans à Dreux ou à Mantes une corde dont vous-même prendriez l'arc, vous aurait nécessairement gagné de vitesse. Nous estimons donc qu'à tous les points de vue la retraite sur Mayenne et Laval est infiniment préférable. Il va de soi qu'en vous parlant de la rivière Mayenne comme ligne défensive, nous n'avons nullement entendu vous prescrire d'aller jusque-là. C'est une limite extrême que nous vous avons indiquée, mais il est certain que si vous trouvez dans l'intervalle, par exemple dans la forêt de Sillé et le bois du Rézé, de bonnes positions défensives, nous nous en applaudirons pour notre part ; car, ainsi que je vous l'ai dit en commençant, nous désirons que le sol de la patrie soit disputé pied à pied.

Nous attachons un grand intérêt à être tenu jour par jour au courant de votre situation. Vous voudrez donc bien chaque soir, aussitôt que la marche des troupes sera terminée, nous faire connaître avec précision les positions occupées par vos divers corps, ainsi que vos projets pour le lendemain. Adressez-nous cette dépêche d'aussi bonne heure que possible afin que nous ayons le temps de vous adresser, s'il y a lieu, des observations.

Veuillez nous envoyer aujourd'hui un résumé de votre situation numérique. Indiquez-nous vos pertes approximatives dans les diverses journées, le nombre des fuyards et finalement le chiffre des troupes que vous pensez avoir sous la main. Dites-nous aussi le chiffre des pertes que vous supposez avoir fait subir à l'ennemi.

Je suis d'ailleurs en mesure, à l'aide des dépêches que je viens de recevoir de Paris et parmi lesquelles se trouve une lettre du général Trochu, de vous dire que les vivres ne manquent nullement dans la place et que le général lui-même recule sa fatale échéance jusqu'à la fin du mois. Cela nous laisse le temps, avec l'énergie que vous saurez puiser vous-même, de regagner le terrain perdu; mais il n'y a pas un jour qui ne doive être utilement employé.

Recevez l'expression de mes sentiments cordiaux.

LÉON GAMBETTA.

DOMFRONT, 13 janvier 1871. — *Général Chanzy à Guerre, Bordeaux.* — La retraite sur la Mayenne s'opère selon vos ordres; je serai ce soir à Sillé-le-Guillaume.

CHANZY.

SILLÉ, 13 janvier 1871. — *Chanzy à Guerre.* — Le 21e corps, après avoir combattu hier toute la journée contre trois divisions du grand-duc de Mecklembourg, a pu opérer sa retraite en très bon ordre et passer la Sarthe sur les ponts de Monbizot, la Guierche et Beaumont.

L'ordre de cette nuit, lui prescrivant de changer son mouvement de retraite, lui est arrivé ce matin, au moment où, en très bon ordre, il marchait sur Alençon où il serait arrivé demain.

C'est, des trois corps d'armée, celui qui a de beaucoup le mieux tenu dans ces derniers jours; cela est dû à l'énergie du général Jaurès, pour lequel je demande de nouveau, et plus instamment que jamais, la nomination au grade de contre-amiral. Il est arrivé ce soir à Sillé-le-Guillaume.

D'après les renseignements recueillis, l'ennemi aurait beaucoup souffert dans les trois dernières journées ; c'est ce qui explique probablement son peu d'ardeur à nous suivre. De notre côté nous avons des pertes sérieuses ; au 21e corps, un seul régiment, sur 13 capitaines, en a perdu 10. Il est néanmoins tout prêt à marcher de nouveau. Je vous envoie ce soir d'urgence un rapport détaillé sur les événements qui viennent de se passer.

13 janvier 1871. — *Général Chanzy à ministre Guerre, Bordeaux.* — Je reçois à l'instant votre télégramme de ce jour ; je suis reconnaissant au gouvernement de la confiance qu'il me conserve : je la justifierai. L'armée sera installée dès demain dans une ligne de défense de Sillé-le-Guillaume à Chassillé sur la route de Laval au Mans. Elle s'y reconstituera. Je prends des dispositions pour faire ramener à leurs corps tous les fuyards. Je ne puis donc vous donner les renseignements sur les troupes et le nombre des fuyards. Je n'aurai que demain le chiffre des pertes. Mon quartier général est à Sillé-le-Guillaume ainsi que celui du 21e corps ; celui du 17e est à Parennes, celui du 16e à Joué-en-Charny.

SILLÉ, 14 janvier 1871. — *Général Chanzy à Guerre, Bordeaux.* — Le temps est exécrable, le pays est couvert de neige, les routes de verglas, une brume épaisse empêche de voir et retarde l'installation sur les positions. La marche pénible des convois sur les rares communications n'a pas encore permis de réparer le désordre. Le 21e corps attardé par ses *impedimenta* est encore échelonné sur la route de Beaumont. Nos positions sont celles-ci : derrière la Veyre et en avant de Sillé. La division marchant de la Flèche sur Sablé pour rallier le 18e corps à cheval sur la route du Mans à Laval en avant de Joué-en-Charny, le 17e corps de Saint-Symphorien à Rouez, son centre à hauteur de Tenive. Le 21e corps à cheval sur les trois routes de Sillé au Mans à Beaumont et à Fresnais occupant fortement la redoute de Conlie. La division Gougeard de Montreil-le-Chétif à Fresnais reliée à la gauche du 21e corps par une brigade de la division en position aux abords de la forêt de Sillé; les parcs et les convois engagés sur les routes dans la direction de Laval derrière chaque division. Les mobilisés de Bretagne qui ont lâché pied malheureusement le 11 au soir à Pontlieue, à Evron; ceux trouvés à Conlie et sur lesquels on ne peut compter, à Aise-le-Béranger; 3 000 mobilisés de la Mayenne qui ont fui ce matin de Beaumont devant quelques uhlans ne résistant qu'à quelques officiers qui cherchaient à les maintenir, dirigés sur Baisse; en avant de nos lignes, des avant-postes d'infanterie et de cavalerie couvrant les divisions et au village de Conlie, pour éclairer tout le pays jusqu'à la Sarthe, les éclaireurs algériens du colonel Goursaud sur lesquels je compte le plus. Je voudrais, en leur infusant la confiance, réchauffer le cœur de tous ces hommes transis, hésitants, sans énergie. Il s'est produit hier au camp de Conlie un fait déplorable qui peint l'armée de Bretagne : les vivres ont été pillés, des armes et des munitions détruites ou abandonnées, et tout cela par plus de 3 000 mobiles refusant à leurs chefs d'aider à l'évacuation régulière du camp et de rester jusqu'au soir sur une position que rien ne menaçait, puisqu'à l'heure qu'il est l'armée l'occupe encore. Je donne au général Marivault, dont je ne m'explique pas l'absence, l'ordre de revenir de suite et de mettre un terme à la débandade des troupes dont il a le commandement.

CHANZY.

BORDEAUX, 14 janvier 1871. — *Gambetta, ministre de la Guerre, à général Chanzy, à Sillé-le-Guillaume.* — Général, je prends communication de votre dépêche de 2 h. 45 à mon délégué au ministère de la Guerre, dont l'activité et l'initiative nous mettent à même de vous secourir au milieu de votre retraite par la présence du 19e corps. Vous demandez la composition et l'emplacement des troupes qu'il vous envoie. Elles doivent débarquer à Alençon sous les ordres du général Girard ; le général Saussier devant commander la 3e division à Argentan. Quant au général Dargent, les instructions qu'il a entre les mains sont fort nettes : il commande la 1re division,

et, jusqu'à l'arrivée du général commandant le
19ᵉ corps, il remplira l'intérim ; dès lors, il n'a qu'à
se rendre à Alençon, comme on le lui a dit, pour surveiller le débarquement des troupes. Quant au délai
fixé pour l'ensemble de ces opérations, il ne dépendra
pas de M. de Freycinet qu'il ne soit scrupuleusement
respecté. Je vous prie d'annoncer au général Jaurès
que je suis bien heureux de pouvoir, dans les attributions de mon département, rendre définitif en sa personne, par un décret qui sera demain au *Moniteur*, le
grade de général de division dans l'armée régulière
qu'il a si valeureusement gagné.

LÉON GAMBETTA.

SILLÉ, 14 janvier 1871. — *Général Chanzy à ministre Guerre,
Bordeaux.* — Ordre à l'armée :

Après des combats heureux, dans la vallée de l'Huisne
sur les deux rives du Loir et jusque sous Vendôme, après
un succès le 11 autour du Mans, en résistant sur toutes nos
positions au principal effort des forces ennemies commandées par le prince Frédéric-Charles et par le duc de Mecklembourg, des défaillances honteuses, une panique inexplicable ont amené dans certaines parties l'abandon de
positions importantes compromettant ainsi la sûreté de
tous. Un effort énergique n'a pas été tenté malgré des ordres
immédiatement donnés et il fallait abandonner le Mans.

La France a les yeux sur la 2ᵉ armée, il ne faut pas
d'hésitation ; la saison est rigoureuse, la fatigue est grande,
les privations sont de tous les instants ; mais notre pays
souffre et, lorsqu'un effort suprême peut le sauver, nul
n'hésitera.

Sachez bien d'ailleurs que pour vous-mêmes le salut est
dans la résistance et non dans la retraite ; l'ennemi va se
présenter sur nos positions, il faut l'y recevoir vigoureusement et l'user.

Serrez-vous autour de vos chefs et prouvez que vous êtes
toujours les soldats de Coulmiers, de Villepion, de Josnes et
de Vendôme.

BORDEAUX, 15 janvier 1871. — *Général Chanzy à Guerre, Bordeaux.*— Les têtes de colonnes ennemies ont paru ce soir sur toutes les routes aboutissant sur nos positions. Il y a eu engagement entre les avant-gardes prussiennes et les éclaireurs algériens à Conlie. Le général Le Bouëdec s'est battu ce soir à Longues avec une colonne assez forte; je m'attends à être attaqué demain sur plusieurs points, mes dispositions sont prises; le préfet d'Alençon signale les Prussiens à Bourg-le-Roi et Ancines, marchant sur Alençon, je doute que les mobilisés de la Mayenne tiennent mieux qu'à Beaumont. Dans le doute de ce qui va se passer, quoique mes projets de résistance ne soient en rien modifiés, je crois utile de faire arrêter les divisions du 19ᵉ corps à Flers, sauf à les diriger ensuite soit sur Alençon, soit sur Domfront, suivant le cas. Vous avez prévu les mouvements, je vous prie de les modifier dans ce sens. Quant à la division Saussier, je vous prie de la diriger sur Argentan. Le général Gougeard a perdu un de ses commandants de brigade, il me demande et je lui donne le colonel Gehenene, officier vigoureux, commandant la 2ᵉ légion de la Loire-inférieure pour cette position, car il sera engagé demain; je vous envoie par télégramme copie de mon ordre à l'armée.

VIERZON, 15 janvier 1871. — *Général à Guerre, Bordeaux. (Confidentielle et urgente.)* — Nous ne sommes pas prêts. Généraux et chefs de service le déclarent. Mais vous ordonnez de partir, nous partirons. Votre ordre couvre ma responsabilité. Je ne saurais la déserter parce qu'elle devient plus lourde. Notre dévouement s'efforcera de conjurer les conséquences de notre organisation incomplète. Les Prussiens n'attendent pas, dites-vous. Oui, mais ils ont tout préparé à l'avance. Il est fâcheux que l'organisation du 25ᵉ corps n'ait pas été commencée quinze jours plus tôt. Je vous prie d'activer l'envoi de ce que je réclame, pour l'artillerie principalement. Nous n'avons qu'un demi-approvisionnement au parc de réserve, au moins des munitions et des vivres. Qu'on nous donne les batteries demandées par le commandant de l'artillerie, s'il est possible.

POURCET.

SILLÉ, 15 janvier 1871. — *Général Chanzy à Guerre, Bor-*

deaux. — J'ai reçu cette nuit de l'amiral Jauréguiberry la communication ci-après : Les généraux Le Bouëdec et Barry attaqués par trois colonnes ennemies sur la route du Mans à Laval ont dû se replier. Quelques régiments ont opposé une vigoureuse résistance. D'autres, c'est le plus grand nombre, se sont débandés. La cohue des fuyards est inimaginable, ils renversent les cavaliers qui s'opposent à leur passage. Ils sont sourds à la voix des officiers. On en a tué deux. Cet exemple n'a rien fait sur les autres. Les Prussiens sont entrés à Épineux-le-Chevreuil et à Loé. Je trouve autour de moi une telle démoralisation que les généraux des corps d'armée m'affirment qu'il serait très dangereux dans ces circonstances de rester ici plus longtemps. Je suis désolé de battre encore en retraite. Si je n'avais pas avec moi un matériel considérable qu'il faut essayer de sauver, je m'efforcerais de trouver une poignée d'hommes déterminés et de lutter, même sans espoir de succès; mais il serait, ce me semble, insensé de sacrifier huit batteries pour n'arriver en résumé à aucun résultat utile. Je ne me suis jamais trouvé, depuis trente-neuf ans que je suis au service, dans une position aussi navrante pour moi. Le général Colomb me prévient à l'instant qu'il est dans une situation analogue. Comme il faut, à tout prix, empêcher l'armée d'être tournée, j'ai prescrit à tous les corps de diriger sur la Mayenne tout leur matériel roulant sans qu'il s'arrête, de défendre avec ce qu'ils peuvent réunir autour d'eux, et pied à pied, le terrain qu'il faut disputer à l'ennemi assez longtemps pour permettre aux *impedimenta* de s'éloigner par des routes difficiles, glissantes et observées. Je suis attaqué depuis une heure par les diverses routes aboutissant sur Sillé et que défendent deux divisions du 21e corps. Les colonnes ennemies débouchent sur nous par tous les chemins, depuis Montreuil-le-Chétif jusque sur la route du Mans à Laval. Toutes les forces de Bretagne, moins la division Gougeard, ont disparu. Cathelineau tient dans la forêt de Villaine. J'ai donné l'ordre au général Curten de marcher de Sablé au canon pour soutenir l'amiral. Le temps est horrible pour la marche, on n'y voit plus à dix pas. La situation est grave. Je ne saurai que ce soir comment elle se dessinera pour nous. Je reçois à l'instant votre télégramme (du 14) de 10 h. du soir. Dans les conditions où je

me trouve et avec la ligne de retraite que vous m'avez ordonnée et sur laquelle je suis maintenant forcément engagé,
je n'ai pas besoin du 19ᵉ corps à Alençon. Sa place est à
Flers. Je n'ai donc rien à modifier aux dispositions prises
pour le faire arriver sur ce point.

Général CHANZY.

15 janvier 1871. — *Gambetta à Chanzy à Sillé-le-
Guillaume. Faire suivre. Extrême urgence.* — Général, j'ai reçu votre douloureuse et loyale dépêche
de 1 h. 10. Je ne veux pas la laisser sans réponse.
Je veux vous dire que je partage vos angoisses et
aussi votre indignation contre les lâches. Je sais que
vous tenterez tout pour conserver au pays ce qui vous
reste de forces vives. Je m'en remets pleinement à
votre patriotisme. C'est dans le malheur que les
hommes se montrent à nu et vous n'avez qu'à gagner
dans l'estime de vos concitoyens à être jugé aux prises
avec la mauvaise fortune. Mais dites-vous que la
France est revenue de plus bas et qu'il suffit, même si
Paris succombait, de quelques mois de résistance et
de quelques hommes de cœur, pour sauver son honneur et rétablir sa fortune. Comptez sur moi comme
je compte sur vous.

LÉON GAMBETTA.

ÉVRON, 16 janvier 1871. — *Général Chanzy à Guerre, Bordeaux.* — Le 19ᵉ corps attaqué hier à midi dans sa retraite
a résisté avec succès jusqu'à 6 heures. Pris à revers, la nuit,
par une forte colonne qui l'avait tourné à l'aide de l'obscurité, il a dû se replier jusqu'à Sauge-le-Briant, ramenant
toute son artillerie. Le combat a été acharné; nos pertes
sont sérieuses. L'amiral a eu un cheval tué sous lui; le colonel Gérard, son chef d'état-major, tué à ses côtés. Le temps
est de plus en plus mauvais; il a plu toute la nuit. Je suis
néanmoins forcé de continuer mon mouvement de retraite
qui devient de plus en plus difficile. Les régiments se dé-
bandent la nuit pour se réfugier dans toutes les fermes et
villages.

LAVAL, 16 janvier 1871. — *Chanzy à Guerre.* — La retraite a continué aujourd'hui dans d'assez bonnes conditions, malgré un temps épouvantable; l'ennemi n'a été pressant sur aucun point; nos reconnaissances lui ont même fait des prisonniers, parmi lesquels le comte de Moltke, officier du 6ᵉ dragons (18ᵉ corps), parent du chef-d'état-major prussien. Je suis arrivé ici à la nuit; le 16ᵉ corps en entier a passé la Mayenne, à l'exception d'une division qui défend les abords de Laval; le 17ᵉ couche à Montsurs et passera demain la Mayenne sur le pont Saint-Jean. Le 21ᵉ, resté ce soir à hauteur d'Évron, passera demain la rivière à Mayenne pour prendre ses positions sur la rive droite. Les mesures sont prises pour préparer la destruction des ponts de Mayenne à Château-Gontier, malgré une protestation du conseil municipal de Laval. Je fais venir d'Argentan à Flers la 3ᵉ division du 19ᵉ corps.

CHANZY.

BORDEAUX, 16 janvier 1871. — *Gambetta à général Chanzy.* — Mon cher général, continuez votre mouvement de retraite et prenez toutes les mesures pour assurer le salut du matériel et des convois...

Je pars ce soir, et ne m'arrêterai pas avant d'être rendu. J'ai impatience de vous voir et de m'entendre avec vous; nous ne pouvons pas ne pas tirer de la situation le meilleur parti.

GAMBETTA.

Laval. — Reconstitution de la deuxième armée de la Loire. — Armistice.

LAVAL, 17 janvier 1871. — *Ministre Guerre à délégué Freycinet, Bordeaux.* — Nous sommes arrivés depuis deux heures à Laval. J'attends d'un moment à l'autre le général Chanzy. C'est à la suite seulement de cet entretien que je pourrai vous fixer. En attendant, j'attire votre attention sur la situation de la ville de

Nantes, où il est de la plus haute importance de préserver notre fabrication de canons et de mitrailleuses. Il est nécessaire d'envoyer un homme énergique pour prendre en main la défense locale. J'avais demandé à l'amiral Fourichon un officier de marine, M. Bérenger. Sachez de ma part s'il le met à notre disposition. Lui ou un autre, il faut un homme sûr. Il est nécessaire également de donner aux Nantais quarante canonniers de marine pour le service de leurs pièces; adressez une demande en mon nom, et comme venant de Laval, en lui disant que c'est après m'être rendu compte que je déclare que c'est une nécessité de salut public. Offrez à Deshorties qui connaît Nantes, en le nommant général de division au titre auxiliaire, le commandement de la place de Nantes. L'armée de Bretagne n'est qu'un ramassis de débandés à cause de l'état-major et des officiers. J'ai le projet, après en avoir conféré avec le général Chanzy, d'enlever tous ces hommes à la Bretagne, de les verser dans les dépôts de troupes dans l'Est et dans le Midi, en traitant les réfractaires comme déserteurs, et en supprimant d'un trait de plume tout l'état-major. Étudiez la mesure dans le détail, et surtout les moyens d'exécution. Tenez-moi au courant des nouvelles de Bourbaki. — Amitiés.

LÉON GAMBETTA.

BORDEAUX, 18 janvier 1871. — *Guerre à Gambetta, Laval. Copie au général Cleret, Saumur.* — Le général Cleret se trouvant aujourd'hui ramené à Angers, je trouve naturel qu'il rentre sous le commandement de Chanzy avec lequel il peut avoir à coopérer sur la Mayenne; si vous partagez cet avis, prière de lui donner des instructions en conséquence *à Saumur, faire suivre;* sa consigne actuelle est de se tenir prêt à défendre la Possonnière; vous aurez, si cela vous convient, à la lui confirmer.

BORDEAUX, 18 janvier 1871. — *Guerre à Gambetta, Laval.* — Je suis bien contrarié d'avoir à vous ennuyer de ma per-

sonne, mais je lutte depuis quelques jours contre une forte
grippe et, malgré toute ma bonne volonté, je vais être obligé
de me mettre au lit. Je tâcherai de tenir tête au gros du
service, mais je désire que vous rentriez le plus tôt possible,
car, souffrant et alourdi comme je le suis, mon travail ne
doit pas être de très bonne qualité; excusez votre affec-
tionné.

C. DE FREYCINET.

LAVAL, 18 janvier 1871. — *Ministre Guerre à délégué
Freycinet, Bordeaux.* — J'ai vu le général Chanzy et
l'amiral Jauréguiberry. Il résulte de ces deux entre-
tiens que la situation et l'état de la deuxième armée
sont assez graves. Le séjour du Mans a été funeste au
moral de l'armée. Les influences de certains partis qui
veulent la fin de la guerre ont pénétré son esprit. Il y
a parmi elle des agents prussiens qui la travaillent.
En outre, certains effectifs ont beaucoup souffert,
notamment celui du 16e corps. Il serait indispensable
de rechercher dans les dépôts du Midi de quoi refaire
le corps de l'amiral qui est descendu à 15 000 hommes.
L'arrivée de troupes fraîches et surtout étrangères à la
propagande qui a été faite au Mans, serait un élément
précieux de reconstitution. Quant aux mobilisés, dont
la panique a été la véritable cause de la déroute, voici
ce que j'ai fait jusqu'à présent. J'ai chargé Cathelineau
de ramasser ce qu'il y aurait de mieux et d'en former
une colonne de 5 à 6 000 hommes dont il prendrait
le commandement. J'ai envoyé le capitaine Le Luyé
pour en faire autant. Je crois que c'est le meilleur
système à prendre; quant à Marivault, il faut s'en dé-
faire, il est incapable et se répand en propos scanda-
leux. Je vous prie également de faire rechercher, en
faisant appel au concours de M. Ranc, le général Lalande qui commandait à la Tuilerie, au besoin de le
faire arrêter et de le diriger sur Laval. Ici les positions
sont prises depuis deux jours. J'ai trouvé Chanzy très
bien disposé et tout à fait ce que je l'avais vu à Josnes.

Il est nécessaire de songer à remplacer immédiatement le général Desmaisons et le général Desplanques. Voyez si vous avez disposé du général Bruchard.
Il serait également utile de faire venir de Saint-
Étienne le commandant du génie Cavaroz qu'on ferait
colonel au titre auxiliaire et à qui l'on donnerait le
commandement d'une brigade. J'attends le général
Paris que l'on doit m'amener ici, pour statuer sur son
sort. Avez-vous des nouvelles de l'Est ?

LÉON GAMBETTA.

LAVAL, 18 janvier 1871. — *Ministre Guerre à délégué
Freycinet, Bordeaux.* — Je viens de voir le général
Chanzy. Il va vous expédier un état tout à fait complet
des diverses positions occupées par son corps d'armée,
y compris le 19e, sur lequel j'ai tout spécialement
attiré son attention relativement à la protection du
Calvados. Quand vous l'aurez reçu et étudié, vous
jugerez ce qu'il y a à faire. Pour le moment il n'est
guère inquiété. Il suppose même que l'ennemi se dé-
robe, mais je crois cette opinion prématurée. Il est
fort décidé à tenir et il tiendra.

De la revision de ses chefs de corps, il résulte certaines modifications urgentes pour lesquelles vous
prendrez des mesures conformes : 1re division du 16e
corps, il faudrait remplacer le général Desplanques
par un général de brigade vigoureux pris, soit dans
l'armée, soit dans la marine : un contre-amiral, par
exemple. Les deux brigades sont d'ailleurs bien commandées par Ribelle et Pereira. Faites confirmer la
nomination de Ribelle comme commandeur de la Légion d'honneur. 2e division, on maintient le général
Barry, mais le général de la 1re brigade Baille a été tué
ou prisonnier; nommez un capitaine de frégate ou de
vaisseau à sa place; à la 2e brigade, général Desmaisons, je l'ai remplacé par M. de Chadoit, chef de bataillon
des mobiles de la Dordogne que j'ai nommé colonel au

titre auxiliaire pour commander la brigade. 3ᵉ division; elle est bien commandée partout. Rien à changer.

1ʳᵉ division du 17ᵉ corps; le général Roquebrune est très bien; 1ʳᵉ brigade, Bérard bien; 2ᵉ brigade, Foucemagne bien, mais blessé. 2ᵉ division, le général Paris est à remplacer par le général Cérez que je vous prie de faire venir d'Afrique où il commande la province d'Oran. Télégraphiez au général Lallemand dans ce sens. 1ʳᵉ brigade, Roch bien; 2ᵉ brigade, Béhier, chef de bataillon au 33ᵉ de marche, est nommé lieutenant-colonel et commandant la brigade. 3ᵉ division, le général Jouffroy est maintenu; 1ʳᵉ brigade, Tartral est à conserver ainsi que Reynier à la 2ᵉ brigade. La 4ᵉ division de cavalerie n'a pas de titulaire. Donnez officiellement le commandement au général de brigade d'Espeuilles.

21ᵉ Corps. — 1ʳᵉ division, général Rousseau bon; 1ʳᵉ brigade, Roux très bien; 2ᵉ brigade, Villars très bien. 2ᵉ division, général Collin excellent, à confirmer pour la décoration d'officier de la Légion d'honneur. 1ʳᵉ brigade, Villain à maintenir; 2ᵉ brigade, nommez, s'il se peut, un capitaine de vaisseau ou de frégate ou un colonel, si vous en avez un; 3ᵉ division, général Villeneuve, officier très vigoureux. Je l'ai nommé général de division à titre provisoire. 1ʳᵉ brigade, Stéfani; 2ᵉ brigade, du Temple, à maintenir tous les deux. 4ᵉ division de réserve, général Bardin, cet officier n'a jamais paru. Il faudrait lui donner l'ordre de rejoindre immédiatement ou le remplacer. 5ᵉ division, Gougeard, officier très vigoureux; 1ʳᵉ brigade, Bel tué ou prisonnier; nommez à sa place le colonel Jehenne, commandant la 2ᵉ légion d'Ille-et-Vilaine. 6ᵉ division; réserve de l'armée, général Bourdillon très bon. Éclaireurs algériens; le lieutenant-colonel Goursault est nommé colonel à titre définitif. Enfin M. de Pierrebourg, officier d'ordonnance du général en chef, lieutenant de mobile, est nommé sous-lieutenant de cavalerie dans l'armée régulière.

J'y tiens, et surmontez les objections des bureaux.

Le général Le Bouëdec est nommé officier de la Légion d'honneur; le colonel anglais, attaché militaire à l'ambassade, M. Feilding, est nommé chevalier de la Légion d'honneur. Voyez à ce dernier sujet M. de Chaudordy, non pas pour avoir son consentement, mais pour lui demander la forme dans laquelle cette décoration devra être annoncée. Il y a lieu également de nommer chevalier de la Légion d'honneur M. de Sabran, capitaine au 32ᵉ mobile de la Sarthe; cette décoration lui a été annoncée.

Il y a lieu de relever de son retrait d'emploi le général Morandy en lui disant, de ma part, que je compte qu'il saura réparer sa faute sous le commandement du général Chanzy; il faudra l'expédier sans retard à la 2ᵉ armée. Le général Saussier, commandant une division du 19ᵉ corps, m'informe qu'il ne peut faire marcher sa division parce qu'elle n'a pas de souliers : vérifiez et avisez. Je ne comprends rien au conflit entre le préfet de l'Orne et Lipowski au sujet du commandement de la subdivision. Je tiens pour Lipowski.

S'il y a des difficultés au Havre pour le départ des troupes du général Loysel, rappelez à celui-ci qu'il a eu pleins pouvoirs, et dites au sous-préfet que la situation ne comporte aucun retard sous aucun prétexte.

Enfin, faites envoyer de Nantes une petite presse au grand quartier général afin de pouvoir porter rapidement à la connaissance des troupes tous les ordres et tous les appels. Le général y tient beaucoup.

Demain je réunirai tous les généraux pour leur tracer vigoureusement leurs devoirs.

Que devient le 25ᵉ corps?

J'ai reçu communication des affaires de l'Est. Pourrait-on se servir du 25ᵉ corps pour aider Bourbaki de près ou de loin ? Il me semble difficile de tenter rien de sérieux avec le commandant de ce corps.

Vous devriez bien prévenir Faidherbe que c'est le moment pour profiter des efforts tentés ailleurs par les Prussiens, pour frapper un coup.

Pour le moment, rien de plus. Passez immédiatement des ordres énergiques à toutes les autorités militaires pour ramasser les fuyards et les diriger immédiatement sur Chanzy. S'il y a des officiers récalcitrants, qu'on les arrête et qu'on les fasse fusiller.

Les nominations et promotions une fois faites, donnez-en connaissance au général.

Quant à l'affaire Deshorties, puisque vous avez pourvu au commandement de Nantes, occupez-vous de lui trouver un poste ailleurs et prochainement.

LÉON GAMBETTA.

BORDEAUX, le 18 janvier 1871. — *Guerre à Gambetta, Laval.* — Je m'occupe des divers points indiqués dans votre dépêche de ce jour, 2 h. 30 soir, en ce qui concerne les demandes de renforts pour reconstituer les divers corps de Chanzy. J'ai le regret de vous dire que nous ne possédons à peu près plus rien dans les dépôts, les derniers régiments que nous avons envoyés au 25e corps, et trois autres que nous formons en ce moment pour une destination que j'indiquerai tout à l'heure, nous ont à peu près épuisés. Tout au plus, en une dizaine de jours, pourrions-nous ramasser quelques milliers d'hommes sans instruction ; serais d'avis, pour ma part, de fondre ensemble les 16e, 17e et 19e corps, en donnant, par exemple, deux divisions du 19e au 16e et la troisième division au 17e, combinaison d'autant plus facile que le 19e n'a pas de commandant en chef ; cette fusion permettrait, en outre, plus facilement de combler les vides dans les cadres d'officiers. On reviendrait ainsi au chiffre de trois corps d'armée qu'avait Chanzy auparavant, et qu'il est permis de croire suffisant pour lui ; quant aux trois régiments en formation dont j'ai parlé, ils sont destinés, avec l'adjonction de mobilisés, à former une division dont l'objet serait, soit de relever le 25e corps dans ses positions, si on se décide à le faire agir, soit de constituer et de donner une seconde division à Cremer qui dispose évidemment d'une trop faible force pour le rôle qu'il joue dans le mouvement général de Bourbaki.

Veuillez me donner vos instructions à cet égard. Si j'ai commis quelques omissions dans mes réponses, excusez-les, car je dicte de mon lit, et je n'ai pas toutes les pièces sous les yeux.

DE FREYCINET.

BORDEAUX, le 18 janvier 1871. — *Guerre à ministre Gambetta, Laval.* — A l'appel du général Chanzy qui le réclamait comme point d'appui dans sa détresse, le 19ᵉ corps a été, comme vous savez, dirigé tout entier vers Domfront. Ce mouvement qui n'était pas prévu dans nos conceptions primitives a pour résultat de découvrir le Calvados et les lignes de Carentan. Je ferai ce que je pourrai pour regarnir ces lignes. Depuis hier matin, je n'ai pas reçu une seule dépêche de Chanzy; veuillez donc, vous qui êtes sur les lieux et pouvez juger, arrêter avec lui quelques dispositions pour Carentan, et avoir la bonté de m'en informer, car l'ignorance où me laisse le général, sans doute parce qu'il vous sait absent de Bordeaux, me met dans le plus dangereux embarras.

LAVAL, le 18 janvier 1871. — *Ministre Guerre à ministre Marine, Bordeaux.* — Mon cher collègue, grâce à l'énergie de Chanzy puissamment secondé par Jauréguiberry, l'armée se refait, mais j'ai grand besoin de votre concours pour nous donner encore des officiers que vous me désignerez, lieutenants de vaisseau, capitaines de frégate et officiers supérieurs et dont vous aurez jugé les aptitudes. Je réclame de votre bienveillant patriotisme un bataillon de 400 hommes pour chacun des trois corps d'armée, ce qui nous ferait une excellente réserve tout à fait nécessaire. La marine est inépuisable et nous ne pouvons pas la mettre à contribution pour de plus hauts intérêts. — Salut cordial.

LÉON GAMBETTA.

LAVAL, le 18 janvier 1871. — *Ministre Intérieur et Guerre à directeur général personnel, Bordeaux. — Directeur sûreté publique, Bordeaux. — Directeur général postes et télégraphes, Bordeaux.* — La journée s'est passée à tout voir, tout reprendre et tout refaire. Je crois y avoir réussi dans la limite de ce qui est possible actuellement. Le général est toujours ferme, résolu. Il est résolu à tenir et il tiendra. Mon voyage lui a fait du bien, et je pense que j'ai bien agi en venant ici. Je ne sais encore quand je pourrai partir. J'aurais bien désiré avoir de vos nouvelles. Écrivez-moi demain matin. Je désire savoir si les circulaires passées aux préfets sur les fonctionnaires à remplacer commencent à recevoir exécution. Je demande aussi qu'on me dise si l'on a prévenu Barni de la mission qu'il doit remplir. Je n'ai rien à dire de plus sur ce sujet : vous savez ce qui est à faire. Demandez au gouvernement la révocation de M. Moreaux, receveur particulier des finances à Neufchâteau, et nommez à sa place M. Demangeon, percepteur à Lamarche, qui depuis l'occupation centralise la recette de plusieurs cantons et empêche ainsi l'argent d'aller aux Prussiens. Faites nommer inspecteur d'académie M. Clavel, docteur ès lettres, professeur au lycée de Bourges.

J'ai reçu les nouvelles de Bourbaki. Il faut attendre pour se prononcer. Savez-vous quelque chose de Faidherbe et de Paris? Ne manquez pas de m'écrire. Freycinet m'a fait savoir qu'il est souffrant. Donnez-moi de ses nouvelles, allez le voir de ma part. Mille choses, et merci de tout ce que vous faites.

LÉON GAMBETTA.

LAVAL, 19 janvier 1871. — *Sûreté générale à Intérieur et Guerre, Laval.* — J'ai reçu votre dépêche et j'ai en communication celle de Freycinet; je ne suis pas étonné de ce que vous dites. Le Mans, avec une population travaillée par l'*Union de la Sarthe* et la *Sarthe*, n'a pu que démoraliser l'armée. Voilà le grand danger de la presse réactionnaire. Ses injures glissent sur nous et la République les dédaigne, mais elles constituent à la longue un dissolvant dangereux. Il y a, je crois, à Laval un journal de ce genre.

J'estime que vous feriez bien d'intimer au rédacteur l'ordre de surseoir à toute polémique tant que l'armée sera dans le pays. Ces gens-là sont lâches. Il obéira. Je pense aussi que Chanzy devrait appliquer avec une sévérité inexorable l'arrêté qu'il avait pris au Mans sur les cafés. Enfin, permettez-moi de vous dire que le ministre de la Guerre a une part de responsabilité dans le découragement de l'armée. On n'a jamais voulu sévir contre les officiers supérieurs ou même les simples capitaines qui sèment la panique par des propos du genre de ceux de Marivault. Vingt fois nous avons signalé à la Guerre des faits de ce genre, jamais on n'a agi, c'est là qu'est la principale cause du mal. Il faudrait à la première occasion une punition exemplaire avec éclat. Que Faidherbe ne laisse pas tomber dans l'eau l'affaire de Péronne.

Le colonel du 38ᵉ de marche dont je vous avais parlé est blessé et prisonnier. Mandez donc devant vous Albert Babaud, aide-major au même régiment, une manière de toqué parisien, mais très brave, très républicain et qui ayant tout vu depuis deux mois pourra vous désigner trois ou quatre officiers capables. Je vous recommande M. Darcos, lieutenant de dragons escorte du général Collin. Il n'est propre qu'à commander un escadron; mais il le commandera excellemment. Enfin, nommez officier, ne fût-ce qu'à titre provisoire, mon ami Raphaël Lalaurie, brigadier dans la même escorte, il est résolu à fond et républicain. Ici rien de nouveau, n'ayez aucune inquiétude.

A. RANC.

LAVAL, 19 janvier 1871. — *Ministre Intérieur et Guerre à délégué Freycinet, directeur général personnel, directeur général de la sûreté publique, directeur postes et télégraphes, Bordeaux.* — Pourquoi ne répondez-vous pas à ma dépêche? Pourquoi ne m'écrivez-vous pas ainsi que je vous l'ai demandé? Pourquoi me laissez-vous sans nouvelles? Il est 4 heures du soir et je n'ai en-

core reçu aucune dépêche de Bordeaux de toute la
journée. On voit bien que vous ne savez pas ce que
c'est que de laisser derrière soi toute une immense
responsabilité.

LÉON GAMBETTA.

LAVAL, 20 janvier 1871. — *Guerre à Gambetta, Laval. Faire
suivre à Calais.* — J'ai reçu au milieu de la nuit votre longue
dépêche de 7 heures; je ne m'explique pas comment
marchent les communications. Vous me demandez si j'ai
assuré l'exécution des ordres que vous m'avez laissés. Je
vous ai répondu hier, et mes dépêches auraient dû vous
parvenir en plein jour. Vous pouvez donc être tranquille
de ce côté, sauf les retards matériels qu'il n'est au pouvoir
d'aucune volonté de supprimer. Quant à ma santé, soyez
sûr que je ne m'y arrête pas plus qu'il ne faut, et que la
force morale n'est pas ce qui me manque; malheureusement, la carcasse est médiocre; néanmoins, je fais face au
service en attendant votre retour, que je souhaite aussi prochain que possible.

C. DE FREYCINET.

FERTÉ-MACÉ, 20 janvier 1871. — *Colonel Lipowski à général
Chanzy à Laval et ministre de la Guerre, Bordeaux.* — Nos
éclaireurs reviennent d'Alençon. Je vous envoie des nouvelles qui me parviennent de la plus haute importance.

Il y avait hier à Alençon la 17ᵉ et la 22ᵉ division prussienne, grand-duc de Mecklembourg; ses troupes sont parties hier et ont défilé devant mes éclaireurs en deux colonnes qui avaient en tout 105 000 hommes : l'une de ces
colonnes a pris par les Galets dans la forêt d'Écouvé, l'autre
par la grande route de Sées, toutes les deux se dirigeant
sur le nord. Ma conviction, d'après les renseignements qui
m'arrivent à l'instant, c'est qu'il a dû se passer quelque
chose sur Paris, et que ces troupes se dirigent de ce côté
par les routes de Langle et de Vimoutiers. Reste à Alençon
15 000 hommes de Prussiens, ils ont pris 300 000 francs et
600 000 en réquisitions. Ils ont renvoyé par la grand'route
de Paris 2 000 voitures chargées.

LAVAL, 20 janvier 1871. — *Chanzy à Guerre, Bordeaux.* — Bien que n'étant point encore fixé d'une façon positive, tout me porte à croire que la menace sérieuse de l'ennemi est sur ma gauche, et que son but est de la tourner pour se porter sur la Manche. Le corps du grand-duc de Mecklembourg paraît se concentrer à Alençon, et ses têtes de colonnes sont signalées par Lipowski en avant de Sées et à Prez-en-Pail. En conséquence, je donne au général Girard, qui a quitté Argentan pour se retirer sur Falaise, l'ordre de se reporter à Argentan, d'y tenir et de ne quitter que s'il est battu; au général Dargent, de renforcer le général Girard avec ce que le général Saussier peut lui amener, de porter sa cavalerie inutile à Mortain, sur la Ferté-Macé et Briouze, et de se tenir prêt à appuyer lui-même dans cette direction, mon intention étant, une fois bien fixé sur ce que je puis avoir à redouter pour ma droite, de faire appuyer successivement les corps le long de la Mayenne sur Mayenne et sur Domfront. Il est de toute nécessité que l'ennemi ne puisse nous couper de notre ligne de retraite sur la Manche. Il faut donc qu'une partie au moins des troupes qui sont au Havre soient portées promptement sur Caen, se reliant par Falaise avec la gauche de celles dont je dispose. Je vous serai obligé de me tenir très au courant des renseignements que vous pourrez avoir sur les mouvements que l'ennemi peut faire sur Orléans et dans l'Est, et de me dire où en est la démonstration que le 25ᵉ corps est en train de faire. Il paraît certain que le prince Frédéric-Charles a quitté le Mans avant-hier. Je ne sais encore vers quel point exactement il se dirige.

LAVAL, 23 janvier 1871. — *Chanzy à Guerre.* — Si j'ai insisté pour organiser la résistance de Bretagne avec des chefs connus et écoutés, c'est qu'il me tarde de pouvoir agir, et je ne le puis sans découvrir un pays que rien ne protégerait plus. Pour laisser Charette avec un simple rôle de partisan, tout en le mettant dans des conditions de résistance sérieuse, il lui faudrait au moins une dizaine de mille hommes qu'on pourrait lui constituer en adjoignant à ses volontaires un certain nombre de bataillons de l'armée de Bretagne, choisis parmi les plus prêts, les mieux armés et les mieux organisés. On lui donnerait pour mission de couvrir Rennes, et de défendre le pays en arrière de la Mayenne et au nord de Laval. On pourrait donner à un autre

chef, que vous choisiriez, une même force et la défense de
la contrée en arrière de la ligne de l'Orne. Les forces de
Bretagne, mal armées, mal commandées, mal organisées,
ne peuvent, malgré la bonté incontestable de leurs éléments,
être employées plus utilement. Le temps presse. Cathelineau
organise avec beaucoup de vigueur, d'activité et d'intelligence la défense du cours inférieur de la Mayenne. Je l'ai
autorisé à requérir les habitants pour les travaux à exécuter. Je reçois de Rennes copie du procès-verbal qui vous a
été adressé de la séance du 20 janvier du comité militaire
de la défense d'Ille-et-Vilaine. Cette question de l'évacuation de l'arsenal, qui demande dix-huit jours, ne me préoc-
cuperait plus si la Bretagne était organisée sérieusement;
je ne connais point, du reste, vos instructions au sujet de
l'évacuation dont il s'agit.

CHANZY.

Laval, 23 janvier 1871.—*Chanzy à Guerre, Bordeaux.* (*Faire
suivre, Calais.*) — Il se produit en ce moment dans tous les
corps ennemis en avant de moi des mouvements dont je ne
puis encore m'expliquer exactement le but. L'évacuation
d'Alençon, la retraite dans l'est des troupes qui s'étaient
avancées jusqu'en vue de Laval, l'inaction des partis ennemis sur la rive droite de la Loire semblent indiquer
qu'une préoccupation pourrait appeler vers Paris une partie
des forces qui nous suivaient. Je ferai reconnaître demain
tous les points qu'on dit évacués par ennemi dans la direction du Mans; je prescris au général Lipowski de se porter
de la Ferté-Macé sur Maquevault pour suivre les colonnes
parties d'Alençon soit pour Lisieux, soit pour Bernay; je
ne puis, avant d'être bien fixé, quitter des positions de
Laval à Mayenne, mais, sans trop m'affaiblir de ce côté, je
renforce successivement mon aile gauche pour reprendre
l'offensive dans la direction de la Seine dès que je n'aurai
plus rien à craindre sur la droite et que je pourrai dégager
Laval sans m'exposer à voir l'ennemi marcher sur Rennes.
Il me tarde de voir les forces de Bretagne, organisées sur
les bases que je vous ai proposées, en mesure de défendre
le pays que je quitterai en se portant derrière la Mayenne
pour compléter le système de défense que Cathelineau
commence à organiser derrière Château-Gontier; suis de

plus convaincu que le général Marivault n'arrivera jamais à ce résultat, je ne puis rien tirer de lui, il embrouille tout et ne cesse de me demander des instructions, alors qu'il en a reçu directement de vous. Quarante ou cinquante mille hommes de Bretagne qu'on me dit armés actuellement peuvent, bien répartis, et commandés par des chefs sérieux, défendre efficacement leur pays et me rendre la liberté d'action dont j'ai besoin pour profiter d'une bonne chance que le mouvement de retraite de l'ennemi, s'il se confirme, peut me procurer d'un moment à l'autre. Je ne puis, à la fois, couvrir la Bretagne, la Seine, la Loire et tenter des opérations qui me forcent à me grouper et par cela même à dégarnir une partie de la ligne si considérable que je suis obligé de tenir pour ne rien compromettre. Général Saussier me demande aller organiser sa division sur les derrières de l'armée; il tient une position sur laquelle je ne puis le remplacer, il importe donc qu'il reçoive sur place tout ce dont il a besoin pour se constituer d'une façon sérieuse et il lui manque beaucoup de choses, si j'en juge par la dépêche qu'il m'adresse ainsi qu'à vous. Mes reconnaissances ont obtenu aujourd'hui bons résultats, elles ont repoussé partout les avant-postes de l'ennemi, fait des prisonniers, dont un officier, et le sous-lieutenant Kara-mohamed a tué de sa main un officier cavalerie prussienne aux environs de la Chapelle-Ransoin.

ROMORANTIN, 25 janvier 1871. — *Général commandant 25e corps à Guerre, Bordeaux.* — Le général Bruat effectue son mouvement dans de bonnes conditions : il a vu le général de Pointe et s'est concerté avec lui sur les opérations à effectuer le 28 au plus tard.

Le général Bruchard prend le commandement de la cavalerie. Ma 2e division s'établira demain matin entre Sèvres et Lassay; sa cavalerie à Veilleus, Mur, Soing, Rougeau et Billy. Les troupes ont assez bien marché aujourd'hui malgré le mauvais état des routes. Quelques mobilisés de l'Indre et du Cher se sont esquivés au moment du départ. Je les fais rechercher. Pas de nouvelles saillantes de l'ennemi. Il est bruit ici qu'il aurait abandonné Tours, se dirigeant partie sur Saumur, partie sur le Mans. L'ennemi ayant prononcé une forte attaque, avec infanterie, cavalerie et artillerie contre la Motte-Beuvron, francs-tireurs ont dû se replier à travers les bois et ont pris position à Salbris : pas de pertes.

A. POURCET.

VIERZON, 25 janvier. — *Général Pourcet à Guerre.* — Mon télégramme d'hier soir vous a indiqué notre position aujourd'hui. J'occuperai demain de Noyers à Chemery avec ma cavalerie en avant et sur ma droite. La mission à remplir nous oblige à manœuvrer de flanc en présence de l'ennemi. Ces conditions généralement défavorables commandent de notre fait une grande vigilance. Jusqu'à présent, tout va bien. L'ennemi n'a montré que de faibles détachements sur la rive gauche de la Loire.

Votre circulaire d'hier soir indiquant un mouvement de retraite des troupes devant Laval, je dois prévoir l'éventualité possible, sinon très probable, d'un corps ennemi qui marcherait sur nous. S'il est dans des proportions à nous permettre d'engager la lutte, nous lui ferons face. Je dois tenir compte cependant de notre organisation non terminée encore et du manque complet d'expérience des officiers et des soldats, au moins dans les mobilisés qui forment les deux tiers de notre effectif. Les troupes ne se connaissant pas entre elles, ne connaissant que fort peu leurs chefs qu'elles ont depuis quelques jours à peine, manquent de la force de cohésion qui est un des éléments principaux et indispensables de leur force.

Si nous étions attaqués par des forces supérieurs, il faudrait décliner le combat général, tout en se faisant respecter convenablement pendant la retraite. Il a donc fallu prévoir le cas où il faudrait prendre sa ligne de défense derrière le Cher. A cet effet, des mesures vont être prises pour miner les ponts en maçonnerie. Il est bien entendu qu'on ne les ferait sauter qu'à la dernière extrémité.

Il m'a paru utile aussi, tant pour assurer notre gauche que pour préserver la riche vallée du Cher d'incursions rapides de l'ennemi, de préparer la rupture du chemin de fer sur certains points. Le génie civil fera à cet effet des chambres sur plusieurs endroits de la voie, de sorte que cette rupture, que rien n'annoncera à l'extérieur pour ne pas donner l'éveil à l'ennemi, ait lieu sous la pression de la machine ou des wagons, et entraîne nécessairement leur déraillement.

Nous éprouvons quelques difficultés pour la nourriture. Néanmoins, je n'ai pas d'appréhensions sérieuses, et espère que nous pourrons suffire à tout.

Ce qui est plus contrariant, c'est le nombre de nos malades qui augmente sensiblement.

Pour leur première marche, les troupes ne s'en sont pas trop mal tirées, eu égard à l'état des routes et au temps humide et malsain que nous traversons. Il neige en ce moment.

Ainsi que j'ai eu l'honneur de vous le mander hier, le général Bruat continue son mouvement sur la Charité dans des conditions qui lui paraissent satisfaisantes. Il est allé concerter ses mouvements ultérieurs avec le général de Pointe, et sera prêt à entrer en opérations le 28..

Vous voulez bien m'annoncer que les mobilisés de la Gironde vont être mis à la disposition du 25e corps, et me demander comment je compte les y endivisionner. Je présume que leur effectif est de 3 600 à 3 800 hommes. Ce chiffre est trop élevé pour pouvoir être ajouté à celui d'une de nos divisions actuelles. Si la légion des Landes, dont je n'ai encore reçu que 1 000 hommes, devaient trop tarder à venir, je pourrais mettre la Gironde à leur place dans la 2e division. Dans le cas contraire, la Gironde pourrait être le noyau d'une 4e division qui s'organiserait pour le 25e corps. A mon sens, 10 000 hommes d'infanterie constituent un chiffre bien suffisant pour une division.

Je regrette de rester toujours sans aucune nouvelle de l'arrivée de MM. les colonels Leclaire et Chautan, dont l'absence laisse le commandement des deux brigades de la 2e division dans des conditions fâcheuses.

LAVAL, 27 janvier 1871. — *Général Chanzy à Guerre, Bordeaux.* — Nos reconnaissances, poussées aujourd'hui très loin dans toutes les directions, ont fait replier les avant-postes ennemis sur les positions qu'il occupe toujours de Sablé à Fresnay-sur-Sarthe par Paillé, Duclair, Joué-en-Charny, Sillé-le-Guillaume et Saint-Pierre-sur-Orne. Elles ont fait quelques prisonniers qui constatent de nouveau que nous avons devant nous l'armée du prince Frédéric-

Charles. Le mouvement de l'armée du duc de Mecklembourg sur Rouen paraît arrêté, tout au moins en partie; on signale, sans que j'aie pu le vérifier, le retour de quelques cavaliers sur Alençon. Lisieux paraît menacé. Une colonne qui se serait avancée par Thiberville sur Firfol. Je donne l'ordre au général Saussier, qui était à Ferne, de remonter vers Mezidon et je prescris au général Dargent de le faire remplacer à Porte, sans dégarnir Argentan. Je préviens le général Lipowski, pour qu'il se porte dans la direction de Lisieux. Les bataillons de la Mayenne (mobiles) aux ordres du colonel Lourmel, qui occupent le pays autour de Prez-en-Pail, étant sans direction, et continuellement aux prises avec des difficultés pour leurs vivres et leur solde, je les adjoins à la 4e division du 21e corps, qui est à Couterne, sous les ordres du général Gougeard, qui aura ainsi la surveillance du pays dans la direction d'Alençon, en reliant le 21e corps qui est le long de la Sarthe, de Mongiron à Ambrieux, au 19e corps qui à sa droite à Briouze et sa cavalerie à Rames.

Vous ne m'avez pas fait connaître si vous approuviez mon projet de défense de la Bretagne, en donnant au général de Colomb, qui conserverait 2 divisions du 17e corps, le commandement de toutes les forces bretonnes réparties sous Cathelineau, Charette, Bérenger et Lipowski. J'insiste près de Charette pour qu'il forme son corps sur la ligne de Vitré à Fougères, au lieu de Rennes, point beaucoup trop éloigné. Il me tarde de plus en plus de me grouper sur ma gauche; il me semble que là est le danger si nous n'y sommes par en force, et que là est aussi la chance de faire quelque chose si nous y arrivons à temps.

Chanzy.

Laval, 27 janvier 1871. — *Général Chanzy à Guerre, Bordeaux.* — Lisieux aurait été de nouveau menacé aujourd'hui par un parti ennemi qui aurait eu un engagement avec la garde nationale à Villiers à 4 kilomètres de la ville. Je presse le mouvement de Lipowski dans cette direction. Je ne connais pas, en dehors des troupes du Calvados et de l'Eure qui forment en grande partie la division Saussier échelonnée le long de la Dives, les forces locales qui peuvent exister dans ces départements et je n'ai aucun chef à désigner pour les

commander ainsi que le demande le commissaire extraordinaire de la défense au Havre, Carnot. Le général Lipowski est
à Gacé ce soir, il annonce la mort d'un duc de Bavière de
l'état-major du duc de Mecklembourg, tué par un franc-
tireur. La colonne ennemie qui venait de Fresnay (Sarthe) et
a réoccupé Alençon ne se composait que de 500 fantassins
et de deux escadrons de cuirassiers ; je rappelle au préfet
de l'Orne que c'est le général Dargent qui a la direction des
opérations dans la sphère d'action de son corps d'armée.
Le préfet se serait retiré sur Sées, poursuivi par la colonne ;
17ᵉ et 21ᵉ corps, la situation est restée la même, nos reconnaissances, composées d'infanterie et de cavalerie, ont
repoussé partout celles de l'ennemi. Des renseignements
fournis par les habitants du pays semblent indiquer un
mouvement de l'ennemi par Sablé et la Flèche dans la direction d'Angers. Le général Jaurès se plaint du mauvais vouloir du maire de Bais et de son empressement à faire combler les coupures faites sur les routes sur l'injonction des
agents prussiens. Je lui ai prescrit de faire arrêter ce fonctionnaire et de le traduire au besoin devant une cour
martiale. J'envoie un escadron d'éclaireurs coucher ce soir
à Bais. Par suite de l'approbation que vous avez donnée au
projet que je vous ai soumis pour l'organisation de la
défense de la Bretagne, je vais charger le général de Colomb
de hâter cette organisation et l'installer dans son nouveau
commandement.

Chanzy.

Court-Chevernay, 28 janvier. — *Général Pourcet à Guerre.*
— Nos colonnes en marche sur Blois ont trouvé évacués les
villages qui avaient été attaqués hier par nos reconnaissances ; mais à 4 kilomètres de Blois, l'infanterie ennemie, placée derrière des embuscades et des maisons crénelées
du faubourg de Vienne, a ouvert sur nos têtes de colonnes
un feu très vif.

La fusillade a continué pendant deux heures avec une
violence extrême ; à la nuit tombante, un dernier effort de
nos soldats qui se sont jetés résolument en avant, et ont
traversé les faubourgs au pas de course sous le feu de l'ennemi, nous a rendus définitivement maîtres de la rive
gauche.

Au même instant, le pont miné sautait en l'air, et d'énormes gerbes de feu brûlaient le tablier provisoire établi sur l'arche qui avait déjà été rompue. L'ennemi s'est retiré en désordre sur la rive droite, mais son mouvement a été si précipité qu'il a laissé entre nos mains une partie de ses morts, dont un capitaine de chasseurs hessois, et des blessés, parmi lesquels plusieurs officiers des divers corps.

Nous avons déjà fait une centaine de prisonniers, et on continue à fouiller les maisons où l'on en trouve encore.

Un grand nombre d'armes et de munitions sont tombées entre nos mains.

Nous avons eu trois hommes tués; le chiffre de nos blessés est de dix environ, parmi lesquels quelques officiers.

Armistice.

LAVAL, 29 janvier 1871. — *Chanzy à Guerre.* — Quelque pénible que soit pour l'armée la situation que lui crée l'armistice alors qu'elle était prête à de nouveaux efforts, vos ordres seront exécutés. J'ai prescrit partout de faire cesser les hostilités. Le commandant Marois, de mon état-major, est parti en parlementaire sur Sillé-le-Guillaume pour prendre les renseignements que vous me demandez au sujet du ravitaillement de Paris, et pour déterminer, avec le commandant des troupes prussiennes qui sont devant nous, l'heure et le lieu de la réunion des officiers accrédités pour déterminer les emplacements des avant-postes à maintenir dans chacune des deux armées. J'ai indiqué Évron, à mi-distance de Laval à Sillé-le-Guillaume, qui paraît être un des points importants de la ligne ennemie. Je me ferai représenter par un officier d'un grade égal à celui qu'enverra le général prussien. Je propose mon chef d'état-major général. Les généraux Dargent et Cléret, qui sont trop éloignés de moi et en présence de corps ennemis séparés de ceux qui se trouvent devant moi, ont reçu mes instructions pour s'entendre directement avec les commandants de ces corps. A partir de maintenant il ne sera fait aucune modification aux emplacements occupés par nos avant-postes, et je continue jusqu'à leur achèvement les mouve-

ments en cours d'exécution sur mes lignes. Les reconnaissances ennemies se sont faites aujourd'hui comme les jours
précédents, et ont eu avec les nôtres quelques petits
engagements.

Ne considérant l'armistice que comme un répit, je vais le
mettre à profit pour constituer solidement toutes les parties de l'armée et pousser rapidement l'organisation des
forces destinées à la défense de la Bretagne. Je vous adresserai dès demain des demandes pour compléter nos effectifs et pour pourvoir les corps de tout ce dont ils ont besoin.

CHANZY.

La dépêche ci-dessus du général Chanzy répond à un télégramme personnel de M. de Freycinet qui lui faisait part de la
conclusion de l'armistice. Nous avons reproduit (tome Iᵉʳ, p. 253)
la dépêche du 28 janvier, 11 h. 15 soir, par laquelle M. Jules
Favre annonçait l'armistice à la délégation de Bordeaux ainsi que
la dépêche circulaire par laquelle la délégation portait cette nouvelle « à la connaissance du pays ». Le 29 au soir, le délégué à
la Guerre adressa la dépêche circulaire suivante aux chefs de
corps; c'est à cette dépêche que répondent le télégramme du
général Chanzy, daté de Laval le 30 janvier, et les télégrammes
des généraux Clinchant et Faidherbe qu'on trouvera plus loin.

BORDEAUX, 29 janvier, 9 heures soir. — *Ministre
Guerre à chefs de corps. (Extrême urgence).* — Un armistice de 21 jours vient d'être conclu par le gouvernement de Paris. Veuillez, en conséquence, suspendre
immédiatement les hostilités en vous concertant avec
le chef des forces ennemies en présence desquelles
vous pouvez vous trouver. Vous vous conformerez aux
règles pratiques suivies en pareil cas. Les lignes des
avant-postes respectifs des forces en présence sont
déterminées sur-le-champ et avec précision par l'indication des localités, accidents de terrain et autres
points de repère. Le procès-verbal constatant cette
délimitation est échangé et signé des deux commandants en chef ou de leurs représentants. Aucun mouvement des armées en avant des lignes ainsi déterminées ne peut être effectué pendant toute la durée de

l'armistice. Il en est de même du ravitaillement et de tout ce qui est nécessaire à la conservation de l'armée, qui ne peut non plus s'effectuer en avant desdites lignes. Donnez également des instructions aux francs-tireurs. Afin d'éviter toute difficulté ultérieure, je vous invite instamment à faire apporter la plus grande précision dans la rédaction des procès-verbaux et dans la réunion des éléments qui leur servent de bases.

S'il surgissait quelque difficulté sur laquelle vous jugeriez bon d'être éclairé, référez-m'en par dépêche d'*extrême urgence* en gagnant le temps nécessaire dans les négociations. Réponse urgente.

C. DE FREYCINET.

LAVAL, 30 janvier 1871. — *Général Chanzy à Guerre, Bordeaux.* — Votre télégramme circulaire d'hier 9 h. 10 soir, me donnant l'ordre formel de suspendre immédiatement les hostilités et de me concerter avec le chef des forces ennemies, j'ai donné de suite des instructions à tous les avant-postes français et j'ai envoyé de suite un parlementaire au général prussien. L'ennemi, qui avait bien certainement connaissance avant nous de l'armistice, mais qui n'est entré en communication avec aucun de nos chefs de corps d'armée pour la mise à exécution, a continué cette nuit et ce matin ses mouvements et fait occuper Orbec, a envoyé des uhlans à Honfleur et semble vouloir, avant de s'entendre définitivement sur l'armistice, s'établir sur certains points qu'il nous est avantageux de ne pas laisser prendre. Je préviens le général Dargent et le général Lipowski pour qu'ils ne se laissent pas prévenir par l'ennemi sur les points importants dont il s'agit. Je ne serai du reste fixé sur les conditions et obligations qu'à la réception de la lettre que m'apporte un parlementaire du prince Charles.

NEVERS, 30 janvier 1871. — *Général de Pointe à Guerre, Bordeaux.* — 500 Prussiens attaquent ce matin à Joigny; le maire parlemente avec eux, leur annonçant l'armistice. Les troupes françaises prennent position en arrière pour arrêter l'ennemi si les paroles du maire ne peuvent y parvenir.

CHINON, 30 janvier 1871. — *Préfet Indre-et-Loire à ministre Gambetta. (Très urgent.)* — On m'apprend à l'instant qu'un officier prussien s'est présenté en parlementaire aux troupes cantonnées à Montbazon et qu'il leur a communiqué ordre du général prussien d'évacuer avant midi le département en exécution de l'armistice conclu à Versailles; que de là il s'est rendu près du général, à Lisle-Bouchard, pouvant ainsi se rendre compte du nombre et de la position de nos forces. J'ai invité le commandant français sous sa responsabilité à n'obéir qu'aux ordres des autorités françaises. N'y a-t-il pas lieu pour vous de prendre des mesures dans cette circonstance pour éviter toute surprise de la part de l'ennemi sur un autre point du territoire?

DUREL.

LAVAL, 31 janvier 1871. — *Général Chanzy à ministre Guerre, Bordeaux.* — Je n'ai reçu que ce soir à 7 heures la lettre du prince Charles contenant un exemplaire de la convention du 28 janvier. Je vous ai transmis par télégraphe ce document *in extenso*. Le prince se déclare prêt, pour l'armée qu'il commande, à se retirer le 31 janvier à midi en deçà de la ligne de démarcation indiquée à l'article premier, dans le cas où je lui ferais connaître par écrit mon consentement. Il m'informe que copie de la convention a été envoyée aux avant-postes de Durthal, Tours et du sud d'Orléans. Je viens de faire porter aux avant-postes allemands à Saint-Jean-sur-Erve ma réponse déclarant que demain à midi mes avant-postes se seront retirés partout à 10 kil. en deçà de la ligne de démarcation. Pour éviter toute ambiguïté devant la rédaction douteuse de l'article 1er, j'informe le commandant des troupes allemandes que, par suite des positions occupées actuellement par les miennes, j'ai admis cette ligne de démarcation de la façon suivante : de Honfleur sur la côte par Pont-l'Évêque, Lisieux, Livarot, le Haras du Pin, Argentan, Écouché, Fromentel, Rennes, Carronges, Linières et à partir de la ligne du département de la Mayenne avec l'Orne et la Sarthe et du Maine-et-Loire avec la Sarthe et l'Indre-et-Loire. Le général Girard me télégraphie à l'instant que l'ennemi a étendu brusquement ses cantonnements aujourd'hui en réoccupant Alençon, Nonan, Exmes et Gancé.

POITIERS, 31 janvier 1871. — *Général de Jancigny à Guerre, Bordeaux*. — On me fait savoir de nos avant-postes dans l'Indre-et-Loire qu'un aide de camp du général prussien qui commande à Tours est venu hier à 8 heures du soir notifier à nos troupes que, par suite de l'armistice conclu entre la France et l'Allemagne, toutes les troupes françaises doivent évacuer de suite le département d'Indre-et-Loire. On me demande de tous côtés s'il faut exécuter cet ordre, je n'ai reçu de vous aucune instruction à ce sujet et j'ai cru devoir maintenir nos troupes dans leurs positions. Je suis sans aucune espèce de nouvelle, et si le préfet de la Vienne ne m'avait pas communiqué la dépêche annonçant l'armistice, je n'en saurais rien à l'heure qu'il l'est ; je demande une réponse urgente.

LAVAL, 30 janvier 1871. — *Général Chanzy à Guerre et Commerce, Bordeaux. Extrême urgence.* — Le commandant Marois que j'avais envoyé en parlementaire m'informe qu'il a vu le général Stolberg et que cet officier général lui a annoncé qu'un parlementaire m'était envoyé, par le prince Charles, porteur de la convention. M. Marois a lu les articles de cette convention relatifs au ravitaillement. Toutes les voies ferrées et fluviales sont admises. La question serait donc résolue affirmativement pour le réseau de l'Ouest ; M. Marois a fait partir la dépêche destinée au ministre du commerce à Paris en faisant connaître cette solution. J'ai envoyé un de mes officiers prendre sur la route de Laval l'officier parlementaire qui m'était annoncé, ce dernier n'ayant pas osé dépasser ses avant-postes. Dès que j'aurai reçu cette convention, je vous la communiquerai.

NEVERS, 31 janvier 1871. — *Général de Pointe à Guerre, Bordeaux.* — De tous côtés et sur tous les points, les Prussiens avancent et envahissent le pays. S'ils ne se retirent pas sur protestations, que faut-il faire ?

LAVAL, 31 janvier 1871. — *Général Chanzy, à ministre Guerre, Bordeaux.* — Je vous adresse ci-dessous le texte de l'ordre général que j'adresse à l'armée :

« Officiers et soldats de la 2e armée, un nouveau coup nous frappe, il ne doit ni ne peut nous abattre. Après une lutte héroïque qui a duré près de cinq mois; après des souffrances et des privations noblement supportées, alors que toutes ressources étaient épuisées à Paris, le Gouvernement de la Défense nationale a dû conclure le 28 janvier à Versailles avec l'ennemi une convention dont la conséquence est un armistice de 21 jours, expirant le 19 février. Quelque pénible que soit pour vous la situation que crée cette mesure, alors que confiants dans votre bon droit, animés par votre patriotisme, vous alliez tenter de nouveaux efforts, la parole du gouvernement engagée doit être loyalement respectée. Les hostilités sont suspendues. Une Assemblée est convoquée; elle saura affirmer que la France entend que son honneur reste intact, comme son territoire. Le devoir pour vous est de mettre ce repos forcé à profit pour vous préparer à reprendre la lutte, si des prétentions orgueilleuses rendent une paix honorable impossible. Sans autre idée que celle de sauver la patrie, vous resterez l'armée de l'ordre et de la défense nationale, prête à tous les sacrifices, animée d'un seul désir, celui de combattre à outrance jusqu'au triomphe; d'un seul sentiment, celui de la vengeance, si le but de l'Allemagne est de nous opprimer, de nous réduire et de nous humilier.

« Au grand quartier général de Laval, le 31 janvier 1891.

« *Le général commandant en chef la 2e armée,*

« CHANZY. »

BOURGES, 1er février 1871. — *Général Mazure à Guerre, Bordeaux.* — Je ne puis croire à votre dépêche. En abandonnant le Loir-et-Cher, l'ennemi sera aux portes de Bourges. J'avais la prétention de le laisser à La Ferté ou tout au plus à Lamotte-Beuvron, et de ne le laisser avancer dans le Loiret que jusqu'à Jargeau. Dois-je attendre d'autres ordres pour faire rentrer les troupes? et à quelle distance des lignes des départements concédés?

BOURGES, 1er avril 1871. — *Général Mazure à Guerre, Bordeaux.* — Mieux valait la capitulation de Paris sans armistice! J'attends des instructions pour la remise des postes aux Prussiens sur les limites des départements qui leur sont concédés; nous devrons donc nous retirer en dehors de ces limites, et à quelle distance, car nos postes ne peuvent se trouver sur la même ligne que ceux de l'ennemi; dans deux jours les Prussiens n'auraient plus eu sur la rive gauche de la Loire que la tête de pont d'Orléans et Tours; aujourd'hui, ils vont se trouver aux portes de Bourges et enserrer l'Indre. Quelles conditions pour reprendre la lutte!

NEVERS, 1er février 1871. — *Général de Pointe à Guerre, Bordeaux, et général division, Bourges.* — En exécution de la convention signée à Versailles le 28 janvier 1871, et d'après une entente préliminaire, la ligne de démarcation, par rapport à la Nièvre, serait la frontière du département de la Nièvre du côté du Loiret et de l'Yonne. Les armées devant se tenir à 10 kilomètres de cette frontière, la ligne prussienne serait Briare, Toucy, Courson; la ligne française, Neuvy, Arguian, Saint-Amand, Entfains, Clamecy. Puis-je signer une convention dans ces conditions?

LAVAL, 2 février 1871. — *Général Chanzy à Guerre, Bordeaux.* — M. de Vésian, ingénieur attaché à mon état-major, que j'avais envoyé en parlementaire, rentre du Mans et me remet la dépêche ci-après que je vous adresse *in extenso:* « J'ai eu trois conférences avec le colonel commandant de place, à qui j'ai été conduit par un officier de l'état-major du prince Frédéric-Charles et qui est chargé de la surveillance du chemin de fer. Le colonel, après avoir pris les ordres du prince, m'a dit que l'autorité prussienne se réservait de faire chaque jour un train pour Versailles et un train de retour et qu'en dehors de ces deux trains, la voie resterait entièrement disponible pour les trains de ravitaillement de Paris, et que tous les sauf-conduits délivrés à cet effet par l'autorité française seraient visés par l'autorité prussienne. Il m'a renouvelé publiquement et à haute voix ces assurances dans une rencontre fortuite dans la rue. Il a autorisé l'ingénieur de la Compagnie, qui m'accompagnait, à diriger immédiatement sur Paris 2 trains de ravitaillement qu'hier on avait arrêtés à Rennes en voyant le mauvais vouloir des agents prussiens chargés du chemin de fer. J'ai donc rempli la mission dont vous m'aviez chargé, mais je dois vous faire connaître mes impressions. L'autorité supérieure prussienne est peut-être sincère en protestant de son intention d'entendre la convention dans le sens le plus large; mais les agents inférieurs me paraissent peu complaisants et élèvent des difficultés à tout propos. Je crois qu'une convention écrite serait nécessaire et que cette convention ne pourrait être facilement négociée qu'à Versailles, par les chefs mêmes de la Compagnie de l'Ouest. — H. DE VÉSIAN. »

CHANZY.

LAVAL, 3 février 1871. — *Général Chanzy à Guerre, Bordeaux.* — Je n'ai encore reçu aucune réponse du général Avensleben à la lettre que je lui ai écrite hier au sujet de la stricte observation des conditions faites aux deux armées par l'article premier de la convention. Je vous ai transmis dans la journée copie de mes instructions au général Dargent, pour ce qui est des prétentions émises par le grand-duc de Mecklembourg. Rien de saillant en avant de nos lignes; il serait très important d'arriver promptement à régler d'une façon exacte les questions des voies ferrées pour le ravitaillement de Paris, des communications à assurer soit par le télégraphe, soit par la poste, avec les départements envahis par l'ennemi, en ce qui concerne les élections. On ne peut régler aucune de ces questions par parlementaire aux avant-postes prussiens, qui n'ont, pas plus que les généraux commandant le corps en arrière, le pouvoir nécessaire pour statuer, les solutions ne pouvant venir que d'une entente directe entre les gouvernements.

L'amiral Jauréguiberry, dont la santé est meilleure, renonce, quant à présent, à la permission que vous aviez bien voulu lui donner.

LAVAL, 4 février 1871. — *Chanzy à Guerre.* — Les nouveaux renseignements reçus aujourd'hui ne me laissent plus aucun doute sur les mouvements qu'opère l'armée du prince Charles pour une concentration dans l'Indre-et-Loire. Il me tarde donc de recevoir une réponse de vous à mon télégramme chiffré d'hier, 3 février. Il n'y a pas un moment à perdre pour prendre un parti. Le général Bourdillon,

parti ce matin pour Bordeaux où il va se présenter aux
élections, est chargé de vous remettre le rapport qui
expose mes appréciations et mes propositions. J'insiste de
plus en plus pour qu'aucune entrave, de quelque nature
qu'elle soit, ne vienne ni retarder ni gêner l'organisation
de la défense de la Bretagne, telle que je vous l'ai proposée
et que vous l'avez admise. Il faut que dans quelques jours
les armes, les effets et tout ce qui manque encore soit com-
plété. Il faut surtout qu'aucune considération n'empêche les
légions d'arriver promptement sous les ordres des chefs
qui leur ont été désignés et sur les positions qu'elles doivent occuper.

Le 19ᵉ corps n'a pas moins de 250 kilomètres à faire pour
arriver sur les positions indiquées dans ce rapport.

VIERZON, 5 février 1871. — *Général commandant 25ᵉ corps à
Guerre, Bordeaux.* — Pour obéir à la convention de Versailles, le 25ᵉ corps a évacué le Loir-et-Cher et se retire en
arrière de Vierzon qui doit rester un terrain neutre. Ce
mouvement de retraite qui nous enlève sans combat les
lignes de la Loire et du Cher, et pousse l'ennemi à 20 lieues
plus au sud, est moralement, stratégiquement, fort regrettable, surtout après notre succès du 28 janvier. L'ennemi
lui-même ne pouvait le prévoir puisque, dans le projet de
convention signé le 31 janvier à Blois et que je vous ai
transmis, il reconnaissait que nous étions seuls maîtres, en
face de Blois, de la rive gauche de la Loire.

POURCET.

BOURGES, 5 février 1871. — *Général division à Guerre, Bordeaux.* — La position faite aux troupes de l'Indre, du Cher
et de la Nièvre, par la délimitation convenue, ne peut
amener qu'un nouveau désastre à la reprise des hostilités.
Je ne conçois qu'un moyen de donner quelque force aux
délibérations de l'Assemblée nationale, c'est de constituer,
à une certaine distance en arrière, une ligne de défense
s'appuyant à l'est à Lyon et à l'ouest à Bordeaux, dans les
départements du Puy-de-Dôme, Corrèze et Dordogne et
d'y établir et d'y concentrer les troupes. Il n'y a pas de
temps à perdre, et je demande l'autorisation de faire

évacuer sans retard tout le matériel destiné à la défense de Bourges, qui me paraît désormais sans objet.

MAZURE.

LAVAL, 5 février 1871. — *Chanzy à Guerre.* — L'ennemi, en avant de nos lignes, paraît exécuter strictement les conditions de l'armistice; le général Dargent me rend compte que la ligne de démarcation en avant de lui est bien fixée. Je lui demande si l'ennemi a bien cessé toute menace sur Honfleur. Je tiendrai la main à ce que rien ne soit compromis de ce côté. Nous occupons fortement Mézidon. Les généraux Saussier et Lipowski ont de bonnes positions en avant de Caen. La grosse question est toujours celle du ravitaillement de Paris par les voies ferrées. Les commandants des troupes allemandes auxquels je m'adresse, sur la demande des délégués du gouvernement ou des agents des Compagnies, n'ont aucun des pouvoirs néces- saires pour régler ces questions; continuer dans cette voie c'est perdre du temps; je ne connais du reste rien des con- ventions qui ont pu être passées, en dehors de celles du 28 janvier. Ces questions ne peuvent se discuter et recevoir de solution qu'à Paris ou à Versailles.

J'ai dû délivrer un assez grand nombre de permissions à des officiers de tout grade qui vont se présenter aux élec- tions; toute exclusion eût été du plus mauvais effet dans l'armée.

L'ennemi continue ses mouvements vers la Loire. Je re- grette que vous ne m'ayez pas fait connaître votre décision au sujet des propositions que je vous ai soumises; il peut en résulter des retards très compromettants pour la sécu- rité de la 2ᵉ armée et le succès des opérations, si les hosti- lités doivent être reprises.

CHANZY.

NEVERS, 5 février 1871. — *Général de Pointe à Guerre, Bordeaux.* — La tyrannie des Prussiens devient insuppor- table. Après leur avoir livré par ordre des positions exceptionnelles où j'avais tout lieu d'espérer de les arrêter, quel que fût leur nombre, ils écrasent les départements, sur lesquels ils n'ont aucun droit de guerre, de contribu-

tions. Malgré mes sommations faites au nom des termes
de la convention, l'officier prussien, qui est à Gien, premier poste prussien, s'oppose à la circulation des trains
destinés à alimenter Paris. Que faire ? Sur certains points,
à Saint-Fargeau et Bleneau, l'exaspération des populations
s'est montrée telle que les Prussiens ont jugé prudent
de se retirer d'eux-mêmes.

LAVAL, 7 février 1871. — *Chanzy à Guerre, Bordeaux.* —
Le système militaire à suivre se trouve grandement changé
par suite des derniers événements.

Laissé sans nouvelles, j'ignore l'état des autres armées
et des forces militaires de la France ; mais il me semble
que la 2ᵉ armée est en ce moment la seule force réelle
qui puisse couvrir Bordeaux et le sud-ouest du pays.
Or, l'armistice, en donnant l'Indre-et-Loire aux Allemands,
leur permet d'y masser leurs troupes et d'être prêts à
couper complètement, de vous, la 2ᵉ armée.

Je sais que le prince Charles a commencé ses préparatifs
et va se rendre à Tours.

Il faut prendre des mesures ; je vous envoie un rapport
complet et détaillé sur ce qu'il y a à faire, à mon avis.

Je crois devoir vous indiquer dès maintenant, d'une manière générale, ce qui m'intéresse particulièrement.

Je voudrais constituer plus solidement l'armée de défense
de la Bretagne et de la Normandie ; je suis disposé à y
ajouter encore deux nouvelles divisions (Saussier et Goujard),
et je ramènerais sur la rive gauche de la Loire la 2ᵉ armée.

Il importe, pour ne pas être pris à l'improviste, que vous
me fassiez connaître si vous approuvez ce plan général,
afin que je puisse préparer et même commencer, dès
maintenant, mes mouvements en conséquence [1].

CHANZY.

LAVAL, 10 février. — *Chanzy à Guerre, Bordeaux.* — Je

1. Le même jour, le général Le Flô, ministre de la Guerre, appelait par dépêche le général Chanzy à Paris ; le commandant de la
2ᵉ armée de la Loire partit aussitôt par train spécial et arriva à
Paris dans la nuit. Le général Le Flô était parti pour Bordeaux,
une heure auparavant, à la nouvelle de la démission de Gambetta.
Le général Chanzy assista, dans les nuits des 9 et 10 février, à deux
séances du Conseil du gouvernement.

rentre à l'instant de Paris que j'ai quitté à 10 heures du matin; le résultat des élections n'y était pas connu; tout y était dans le plus grand calme.

J'ai entretenu le Gouvernement du projet dont traite le rapport que j'ai envoyé le 2 au ministre de la Guerre par le général Bourdillon; ce projet a été approuvé en ce qui concerne le mouvement à effectuer pour porter la 2ᵉ armée de l'autre côté de la Loire. Les Prussiens se massent dans l'Indre-et-Loire, ainsi que je l'avais prévu; il n'y a donc plus un moment à perdre, et je fais commencer, dès demain, le mouvement dans les conditions indiquées dans mon rapport.

CHANZY.

CHAPITRE X

OPÉRATIONS DE L'ARMÉE DE L'OUEST

Les opérations des troupes réunies dans l'Ouest étant intimement reliées d'une part à celle des armées de la Loire et de la Sarthe, de l'autre à celles de l'armée du Nord, on ne trouvera dans ce chapitre que les dépêches, d'ailleurs assez peu nombreuses, qui ont trait aux opérations isolées des généraux Briand et Loysel. « La région de l'Ouest, au début du siège de Paris, n'était protégée que par 30 à 35 000 hommes, presque tous gardes nationaux mobiles, mal armés, mal équipés et encore plus mal commandés par des chefs nommés pour la plupart à l'élection. Aucune résistance sérieuse ne fut d'abord tentée. La richesse du pays était faite d'ailleurs pour tenter l'ennemi qui cherchait des moyens de vivre ; d'où les incursions fréquentes qui, dès le commencement d'octobre, marquèrent, dans la direction d'Évreux, de Dreux, de Chartres et de Châteaudun, comme les amorces de quatre lignes convergentes par lesquelles les Allemands se préparaient à déboucher sur le Mans[1]. »

13 octobre 1870. — *Guerre à général Gudin, Rouen.* — Je voudrais savoir quelle disposition vous avez prise pour

1. FREYCINET, *loc. cit.*, p. 115.

protéger le département de l'Eure, les Andelys notamment, et couvrir Rouen efficacement.

Les Prussiens sont à Gisors, menacent les Andelys, et de là Rouen.

ROUEN, 19 octobre 1870. — *Général division à Guerre.* — Le général Amiens me rend compte que Montdidier où il avait 2 compagnies de mobiles a été surpris. La faute en serait au sous-préfet qui avait promis de prévenir le chef du détachement, au moins quatre heures à l'avance, ce qu'il n'a pas fait. Plus de cent mobiles ont été fait prisonniers.

ÉVREUX, 22 octobre 1870. — *Inspecteur Évreux à directeur général, Tours.* — L'on bombarde Vernon; la municipalité va au-devant de l'ennemi pour capituler.

TOURS, 31 octobre 1870. — *Guerre à Kératry, général commandant supérieur à Nantes (faire suivre).* — Je vous autorise à vous emparer, après communication préalable avec les autorités maritimes, de tout ce qui vous est nécessaire pour vos opérations, mais je vous recommande de ne pas contrarier les miennes.

TOURS, 31 octobre 1870. — *Guerre à Estancelin[1], commandant des gardes nationales, à Caen.* — Je trouve votre mesure sur le casernement, excellente. Je vous prie seulement de me dire quel accueil elle aura eu auprès des populations. Je vous fais répondre sur la question de la solde par secrétaire général.

TOURS, 10 novembre 1870. — *Ministre Guerre à général, Caen.* — J'ai décidé que la légion irlandaise[2] en formation à Caen serait dissoute. Les engagés de cette légion seront rapatriés aux frais de l'État, à moins qu'ils n'aiment mieux

1. M. Estancelin, député de la Seine-Inférieure au Corps législatif, avait été nommé, le 24 septembre, commandant supérieur des gardes nationales de Normandie, avec le titre de général. Nommé vice-président du camp de Cherbourg, le 18 décembre, il donna sa démission (Cf. t. Iᵉʳ, p. 246).

2. La légion irlandaise dont le major James Dyer Mac-Adaras avait proposé la formation au général de Pali-Kao et à laquelle Caen avait été assigné comme lieu de formation.

entrer dans le 5ᵉ bataillon étranger à Bourges, si le chef de corps consentait à les y recevoir.

Donnez des ordres en conséquence. Ayez soin de prévenir les délégués irlandais de cette disposition que je porte à la connaissance des généraux Fiéreck et Bourbaki.

TOURS, 11 novembre. — *Général à Caen à ministre de la Guerre.* — Votre dépêche du 10 prescrit que la légion irlandaise, en formation à Caen, serait dissoute. Son effectif est de 90 hommes tous habillés et équipés. Vous ordonnez de les rapatrier, ou de les envoyer, s'ils veulent, au 5ᵉ bataillon étranger à Bourges. Il y a deux capitaines et deux sous-lieutenants dans cette compagnie; devraient-ils, eux aussi, aller à Bourges?

TOURS, le 11 novembre 1870. — *Note pour M. de Freycinet.* — On me signale l'existence de deux établissements, aujourd'hui en chômage, qui pourraient être utilisés pour le service de la guerre, savoir :

1° A Granville, une fabrique de produits chimiques pouvant être mise immédiatement en activité et produire 2 000 à 3 000 kil. de salpêtre par jour. On en livrerait 30 000 kil. dans dix jours.

2° A Villedieu près Granville, une usine où l'on peut fabriquer des capsules et des enveloppes de cartouches métalliques pour fusils étrangers.

L'usine de Granville serait en mesure de préparer du fulminate pour amorces, de telle sorte qu'on aurait sous la main tous les éléments d'une fabrique de cartouches.

Prière à M. de Freycinet de vouloir bien rechercher pourquoi l'administration de la guerre n'a tiré jusqu'ici aucun parti des usines ci-dessus désignées et prendre les mesures nécessaires pour mettre à profit les ressources qu'elles présentent.

Le ministre de l'Intérieur et de la Guerre,

Signé : LÉON GAMBETTA.

TOURS, le 14 novembre 1870. — *Gambetta au général Briant.* — Général, j'ai pris connaissance d'un plan d'organisation militaire et de défense territoriale de la haute Normandie, présenté par le Comité de défense de la Seine-Inférieure. Je juge qu'il y a lieu de donner suite aux propositions du Comité qui se résument dans les points ci-après :

1° Formation d'un corps d'armée spécial comprenant les forces militaires disponibles du département de la Seine-Inférieure et de la partie du département de l'Eure située sur la rive droite de la Seine, avec organisation d'un service spécial d'intendance.

2° Affectation de toutes les ressources financières actuelles à la mise sur pied du premier ban des gardes nationaux mobilisés.

3° Création d'une division, ou colonne mobile d'attaque, composée des éléments ci-après : gardes mobilisés, infanterie de ligne, cavalerie et artillerie de campagne.

4° Occupation des positions défensives par les gardes nationaux sédentaires ou mobilisés.

5° Organisation d'un camp d'instruction, et construction de fortifications passagères à Rouen.

Je vous confie, général, le commandement supérieur des forces militaires actives des départements de la Seine-Inférieure et de l'Eure (partie située sur la rive droite de la Seine), et je vous invite à entreprendre d'urgence la mise à exécution du programme ci-dessus et à le réaliser sans tenir compte des obstacles. Vous vous concerterez à cet effet avec M. le délégué des services de la Guerre auquel j'adresse copie conforme de la présente dépêche.

Recevez, etc.

L. GAMBETTA.

30 novembre 1870. — *Guerre à général Briand, commandant la 2ᵉ division militaire à Rouen. Faire suivre.* — Je m'em-

presse de vous adresser mes chaudes félicitations pour le brillant fait d'Étrepagny, non seulement à cause du résultat que votre dépêche m'annonce[1] et dont j'apprécie la sérieuse valeur, mais aussi de l'intrépide exemple que vous avez donné vous-même et qui m'est signalé de tous côtés. Je vous serai reconnaissant de transmettre dès à présent mes compliments aux officiers Offry, Miquel, Duperche et Marsu dont la conduite à vos côtés, d'après les récits qui m'arrivent, aurait été brillante. J'attends avec impatience votre rapport pour donner à chacun ce qui lui revient, dans les récompenses que le gouvernement de la Défense nationale tient à cœur d'offrir aux défenseurs de la République.

C. DE FREYCINET.

Occupation de Rouen. — Lignes de Carentan. Armistice.

L'occupation de Rouen par l'armée allemande est racontée en ces termes par M. de Freycinet (*loc. cit.*, p. 211) :

« Le 1er décembre, pendant que le général Briand recevait l'invitation de réunir toutes ses forces pour se porter le plus rapidement possible vers Paris, on apprit tout à coup que le corps vainqueur quatre jours auparavant à Villers-Bretonneux se dirigeait en grande hâte sur Rouen. Il comptait environ 25 000 hommes, 50 pièces d'artillerie, et était commandé par le général Manteuffel en personne. Il apparaissait simultanément à Neufchâtel, à Forges et sur les hauteurs de Lyons. Sa marche s'opérait par trois routes, et il convergeait nettement sur Buchy, où les forces françaises se trouvaient réunies. Ces forces, à l'organisation desquelles les autorités locales de la Seine-Inférieure travaillaient depuis plus d'un mois, mais qui n'avaient pas encore beau-

---

1. Nous n'avons pas retrouvé la dépêche du général Briand au sujet du combat du 29 novembre, dont le succès ne fut d'ailleurs que passager; Étrepagny, occupé le 29, fut évacué dès le lendemain et le général Briand, abandonnant la route de Gisors, revint sur Rouen.

coup de consistance, comprenaient 15 000 mobiles, 2000 marins et 1 200 éclaireurs du corps Mocquard : en tout, un peu moins de 20 000 hommes et 24 pièces de canon. L'action s'engagea le 4 décembre autour de Buchy. Elle fut assez bien soutenue jusque vers 2 heures de l'après-midi. Les marins avec les éclaireurs volontaires faisaient subir des pertes sensibles à l'ennemi ; mais les mobiles, déconcertés par les obus qui pleuvaient en grand nombre, commencèrent à se débander. Vers 5 heures, les premières troupes en retraite arrivèrent à Rouen, où leur vue fit naître une émotion très vive. Déjà, pendant la journée, les autorités locales, en proie à une grande anxiété, ne s'étaient arrêtées à aucune mesure défensive. La garde nationale n'était point convoquée ; quelques troupes de ligne, qu'on avait sous la main, n'étaient point utilisées ; les pièces de marine placées en position sur les hauteurs étaient abandonnées. Bref, la ville se trouva comme prise à l'improviste par la nouvelle de la défaite de Buchy. Après un débat tumultueux entre les autorités civiles et militaires, il fut décidé que Rouen ne se défendrait pas, mais se rendrait à l'ennemi en subissant les conditions du vainqueur. Depuis, des polémiques fort vives se sont échangées au sujet de cette capitulation, dont personne n'a voulu accepter la responsabilité. Les Rouennais ont prétendu que le général Briand, après avoir fort peu paru au combat de Buchy, avait évacué la ville le lendemain à la première heure avec ses troupes, et avait ainsi paralysé la résistance. Le général Briand, de son côté, affirme ne s'être retiré qu'après avoir vainement attendu la convocation de la garde nationale et avoir constaté chez les habitants une résolution bien arrêtée de ne pas défendre la ville. »

Voici les principales dépêches relatives à l'occupation de Rouen :

Tours, 2 décembre 1870, 6 h. 30 du matin. — *Ministre Guerre à général Briand, Rouen.* — Grande victoire à Paris et sortie de Ducrot avec 100 000 hommes, il occupe la Marne. Ramassez tout ce que vous pourrez et marchez vigoureusement sur Paris, de manière à détourner le plus possible l'attention de l'ennemi. Observez votre gauche, où doit se trouver le corps de Manteuffel.

C. DE FREYCINET.

ROUEN, 2 décembre, 3 h. 40. — *Général Briand à ministre Guerre, Tours.* — Le préfet et le comité de défense s'alarment du mouvement que je vais faire sur Paris, à cause du retrait d'une grande partie des troupes de la Seine-Inférieure et de l'Eure. Ils ont une crainte extrême qu'on ne puisse résister à la marche de l'ennemi, qui a occupé Aumale ce matin et qu'on dit marcher sur Rouen avec plus de 15 000 hommes et une nombreuse artillerie. Pour répondre aux vœux du préfet et du comité, je vous signale encore cette situation. Je serai probablement demain soir à Vernon pour me porter sur Mantes, à moins que vous ne m'ordonniez de suspendre le mouvement pour m'opposer à la marche de l'ennemi sur Rouen. Prière de répondre avec extrême urgence.

ROUEN, 2 décembre 1870, 5 h. s. — *Préfet à Intérieur et Guerre, Tours.* — M. le général Briand m'a communiqué l'ordre que vous lui avez donné et réitéré de marcher sur Paris avec toutes forces disponibles, mais je ne dois pas vous laisser ignorer que, dans son opinion, comme dans la mienne, ce mouvement pourrait compromettre la Seine-Inférieure, et notamment Rouen, puisque les renseignements arrivés au général annoncent que 15 000 ennemis marchent d'Aumale sur Neufchâtel (40 kilomètres de Rouen) par deux routes différentes, ayant en arrière des forces plus considérables.

Situation tellement grave que je crois devoir vous demander de suspendre tout mouvement en avant jusqu'à l'arrivée de M. Jullien, qui part cette nuit pour Tours, vous priant de le recevoir demain soir, 3 courant, à son arrivée.

DESSEAUX.

ROUEN, 3 décembre 1870, 7 h. matin. — *Estancelin à ministre Guerre, Tours.* — L'ennemi marchant sur trois colonnes évaluées à 15 000 hommes chacune, d'après les rapports qui nous arrivent, s'avance rapidement sur Rouen, dont il est à huit lieues. Si le général Briand part, malgré la défense qui sera faite par la garde nationale, il y a lieu de penser que la ville sera occupée et que l'armée ennemie, en se mettant à la poursuite du général Briand, paralysera son action. En retardant son départ de deux jours, il peut, aidé par les gardes nationaux, essayer de culbuter l'armée ennemie et se diriger ensuite sur Paris.

Rouen, 4 décembre 1870, 4 h. 20 s. — *Secrétaire général à Intérieur et Guerre, Tours.* — Position devient très grave près Rouen, ennemi en forces s'avance rapidement par un mouvement tournant sur la ville. La population de Rouen et environs va être appelée aux lignes de défense inachevées.

Ennemi paraît nombreux et avoir forte artillerie. — Nous sortons du comité de défense. Le général Briand va vous informer au surplus.

Rouen, 4 décembre 1870, 9 h. 40 s. — *Préfet à Intérieur, Tours.* — Notre situation est des plus graves. La lutte a été engagée ce matin sur tous les points contre l'ennemi, à Buchy, à Clères, à Fleury. Nos troupes ont été obligées de se replier en désordre devant des forces supérieures et une artillerie formidable. On s'efforce de les rallier derrière notre dernière ligne de défense; si elle est forcée, ce qui est à craindre, demain les Prussiens entreront à Rouen.

DESSEAUX.

Rouen, 5 décembre 1870. — *Commandant mobilisés du département de la Seine-Inférieure à maire Rouen.* — Je reçois l'ordre, de M. le général commandant la 2e division militaire, de faire battre en retraite tous les gardes nationaux mobilisés qui sont à Rouen.

J'ai accepté le commandement supérieur de ces troupes, il est donc de mon devoir de les diriger dans la retraite.

Depuis trois mois, j'ai consacré tous mes instants à la formation des gardes nationales; elles peuvent encore rendre des services, je dois marcher avec elles.

Agréez, etc.

Le commandant supérieur.

DU QUESNAY.

Rouen, le 5 décembre 1870. — *Commandant du Quesnay à maire.* — Le commandant supérieur des gardes nationales se retire avec ses troupes mobilisées; il engage MM. les gardes nationaux sédentaires de bonne volonté à se joindre à lui.

Le commandant supérieur,

Du Quesnay.

Rouen, 5 décembre 1870. — *Préfet à Gouvernement, Tours.* — Avons adressé population proclamation suivante :

« Hier, nous faisions appel pour la défense de la ville à votre dévouement patriotique. L'autorité militaire promettait une énergique défense.

« Ce matin, à 4 heures, le général Briand nous confirmait cet engagement d'honneur, et la garde nationale, au son de la générale, s'assemblait sous les armes.

« A 5 heures, le général Briand prévenait le maire qu'il jugeait toute défense impossible en face de forces trop imposantes, et qu'il donnait l'ordre de battre en retraite. Un des adjoints, accompagné de plusieurs officiers de notre garde nationale, est allé lui demander ce matin encore ses dernières résolutions. Le général a persisté dans sa décision ; il a quitté la ville avec toutes les troupes placées sous ses ordres.

« M. le préfet, venu à l'Hôtel de Ville, confirme la situation et s'associe à la déclaration du conseil.

« Dans cette cruelle extrémité, il importait de vous faire connaître la part de responsabilité qui incombe à chacun.

« D'autres et pénibles devoirs vont naître, nous nous efforcerons de n'y pas faillir.

« *Le préfet, le maire, les adjoints, les membres du Conseil.* »

Bordeaux, le 8 décembre 1870. — *Guerre à général Briand[1], au Havre.* — Général, il est bien entendu que, allant à Cherbourg pour y prendre les lignes de Carentan, vous y exercerez le commandement suprême.

Cherbourg, 11 décembre 1870. — *Général commandant forces de Cherbourg à Guerre, Bordeaux.* — Les troupes que

1. A la suite de l'évacuation de Rouen, le général Briand fut nommé au commandement des lignes de Carentan ; le général Loysel essaya de réorganiser au Havre l'armée de l'Ouest.

vous avez annoncées pour la défense de Carentan ne sont
pas arrivées; 30 000 hommes environ sont nécessaires pour
la défense des lignes.

Urgence extrême à les envoyer; je n'ai à Cherbourg que
4 000 hommes et 5 000 à Carentan; manque absolu de grandes
tentes et tentes-abris et d'ustensiles de campement; plus de
la moitié de la garde nationale mobilisée n'est ni armée ni
habillée. Ces imprévoyances de la part de l'administration
locale sont impardonnables, il manque aussi des armes et
des munitions.

Il y aurait surtout urgence à envoyer ici du campement
de toute sorte, car, en l'absence de baraquements, il est indispensable de mettre les hommes sous la tente. J'étais venu à
Cherbourg pour combattre et j'ai tout à organiser.

BRIAND.

CAEN, 11 décembre 1870. — *Comité militaire Calvados à
Guerre, Bordeaux, et armée de la Loire, quartier général.* —
Pour défendre le Calvados et soutenir la résistance dans
l'Eure et notamment à Serquigny, conformément à votre
dépêche du 8, ordre avait été donné par l'autorité militaire,
après l'abandon de Rouen et d'Evreux, d'arrêter à Caen, pour
l'envoyer à Lisieux puis vers l'ennemi, tout corps pouvant
combattre en se repliant soit de l'Eure soit d'ailleurs vers
la Manche. Ces mesures avaient été hautement approuvées
par le comité qui persiste dans cette opinion. Pendant que
les forces du Calvados étaient au feu, un seul bataillon de
mobile de la Charente a été retenu en exécution de cet
ordre, il est en parfait état d'armement et d'équipement. Le
comité a vu avec un vif regret continuer sur Cherbourg par
ordre supérieur beaucoup d'autres bataillons en état de
combattre; aujourd'hui le mouvement de retraite de l'ennemi
se prononçant et Cherbourg n'étant nullement menacée, le
comité signale au gouvernement, dans l'intérêt du ravitaillement de Paris, la nécessité de faire sortir des lignes de
Carentan et de porter en avant aussi loin que possible sur
la rive gauche de la Seine toutes troupes en état de combattre, auxquelles se joindraient les forces actives du Calvados. Le comité militaire du Calvados fait tout ce qui est
humainement possible pour organiser avec les plus pauvres

ressources une résistance honorable et reste frappé de surprise en se voyant paralyser par une dépêche télégraphique, celle qui menace de cour martiale les actes les mieux intentionnés.

LE HAVRE, 13 décembre 1870. — *Sous-préfet à ministre intérieur et Guerre, Bordeaux.* — Un mouvement de retraite très accentué s'opère aujourd'hui dans l'armée qui investissait le Havre et se disposait à commencer son attaque. De tous côtés on me signale une retraite précipitée. L'ennemi serait au delà de Bolbec. Sans doute des nouvelles de Paris motivent cette opération.

Il me semble que, lorsque la retraite sera suffisamment indiquée, nous devrons poursuivre l'ennemi avec toutes nos forces disponibles, sans toutefois dégarnir les forts et la place, afin de prévenir tout retour offensif.

E. RAMEL.

LE HAVRE, 13 décembre 1870. — *Sous-préfet à Guerre, Bordeaux.* — L'ennemi qui se concentrait autour de nous et préparait une attaque qui était imminente, se replie tout à coup avec précipitation, sans que nous en connaissions exactement la cause. Il est question de grands succès obtenus sous Paris par notre armée et en même temps d'un mouvement offensif de l'armée du Nord. Cette dernière hypothèse paraît la plus vraisemblable.

Dans ces circonstances, non seulement je suis prêt à faire partir les 4000 hommes du général Briand, mais à engager le commandant supérieur à faire un mouvement en avant, de manière à produire une diversion à l'attaque de l'armée du Nord. Nous attendons votre réponse avant de faire marcher en avant un corps d'une dizaine de mille hommes.

E. RAMEL.

LE HAVRE, le 13 décembre 1870. — *Guerre à sous-préfet; Mouchez, le Havre; général Guilhermy, Serquigny ou Évreux; général Lauriston, Lisieux; commandant général Chanzy, Vernon; et Gambetta, Bourges.* — Nous verrions avec la plus vive satisfaction qu'un corps le plus nombreux possible sortit immédiatement du Havre et se portât à la poursuite de l'ennemi avec la plus grande rapidité : il serait extrêmement utile que les généraux Guilhermy et Lauriston, de leur côté, appuyassent le mouvement avec toutes les forces régulières ou autres dont ils pourront disposer. Nous avons tout lieu de croire qu'une attaque heureuse a été effectuée par Faidherbe dans le Nord. Sans doute aussi des sorties de Paris sont couronnées de succès, et il est indispensable que de tous les points chacun concoure au but commun.

Prière de nous informer des suites données à la présente.

DE FREYCINET.

BORDEAUX, le 13 décembre 1870. — *Guerre à Gambetta, Bourges. (Faire suivre.)* — Vous m'aviez donné pour instruction de renvoyer du Havre à Cherbourg un minimum de 5000 hommes sur les 17 000 que Briand y avait amenés. On n'a laissé partir avec Briand que 1 600 hommes: Vous m'avez dit, et le Gouvernement ici m'a répété que toutes les troupes à destination de Cherbourg devaient y être envoyées et qu'elles ne devaient point être détournées de leur route; j'ai alors donné l'ordre au sous-préfet du Havre Ramel et au commandant de place Mouchez d'exécuter l'ordre précédemment donné et d'envoyer à Cherbourg un supplément de 4 000 hommes; or, voici les deux dépêches que j'en reçois:

« Ce n'est pas moi qui ai demandé au général Briand de laisser ses troupes ici, il a cru devoir céder à la protestation de la population; je ne puis pas accepter la responsabilité qu'il a déclinée tout en conservant la défense maritime du Havre. Je demande à être remplacé dans commandement territoire. Les troupes partiront demain. »

« Les 4 000 hommes dont vous exigez le départ au moment où l'ennemi commence son attaque, vont partir; mais il est bien entendu que vous assumez l'entière et grave responsabilité des conséquences qu'un pareil ordre peut entraîner tant au point de vue de la défense du Havre que de l'inaction et du soulèvement populaire qui vont se produire; je dégage complètement la mienne. »

Il vous appartient de décider; je vous prie d'envoyer directement votre réponse au Havre et de vouloir bien m'en faire connaître la substance pour que je m'y conforme de mon côté.

Bourges, 13 décembre. — *Ministre Guerre à délégué Freycinet, Bordeaux.* — J'apprends avec un plaisir bien vif la retraite de l'ennemi dégageant le Havre. Je vous prie de faire donner des ordres pour que l'on poursuive les Prussiens sur leurs derrières. Il y a là un certain nombre de traînards que l'on pourrait ramasser facilement. Tout ce que j'apprends ici démontre que leurs armées sont fatiguées et démoralisées. Il faut en profiter.

Faites-moi envoyer des nouvelles de Paris, quelles qu'elles soient et d'où que vous les tiriez.

Léon Gambetta.

Bordeaux, 14 décembre. — *Guerre à Gambetta, Bourges.* — Briand a introduit au Havre plus de 15 000 hommes, il y en avait déjà 2 600 ; total : près de 18 000 hommes. Briand en a amené avec lui 16 000, reste plus de 16 000 hommes, sans compter les mobilisés, et l'opinion de tous les militaires est que la garnison du Havre ne doit dans aucun cas dépasser 12 000 hommes et que c'est même trop. Concluez d'après cela ce que valent les plaintes quand on veut enlever 4 000 sur plus de 16 000 hommes en sus des mobilisés. Il est vrai qu'il y a l'émotion populaire. C'est de la politique. Je suis incompétent.

C. de Freycinet.

Bordeaux, 15 décembre 1870. — *Sous-préfet à Guerre et Intérieur.* — Ennemi, qui paraissait se retirer avec précipitation, semble vouloir se concentrer avec des forces plus considérables dans les environs. Il se préparait à établir un camp retranché à Yvetot et des communications entre les deux rives de la Seine. En même temps Wolf, messager du gouvernement, arrivé par ballon, annonce que les bruits de grands succès mentionnés dans précédente dépêche sont controuvés. Il y a eu seulement des combats heureux sous Paris ; succès de Faidherbe pas confirmés non plus. Dans cette situation, mouvement en avant paraît devoir être différé, jusqu'à ce que les intentions de l'ennemi se dessinent bien.

Le Havre me semble aussi menacé qu'il y a trois jours.

E. Ramel.

BORDEAUX, le 18 décembre 1870. — *Guerre à Gambetta, Bourges.* — J'ai remplacé, sur sa demande, Guillermy, le commandant de l'Eure, qui a été si malencontreusement blessé, par le colonel Roy, des mobilisés du Calvados. J'ai encouragé le général Lauriston et j'ai recommandé aux deux préfets de faire tous leurs efforts pour calmer et relever les populations, et pour venir en aide aux généraux. Cela était nécessaire car l'un des deux m'annonçait cavalièrement ce matin qu'il prenait le commandement des troupes, parce que le général était trop incapable. Mais je pense qu'il ne sera point mis dans un pareil embarras. J'ai télégraphié aux deux commandants de département et aux deux préfets, je leur ai indiqué ce qu'ils devaient faire pour maintenir la résistance; pour le moment je veille avec attention sur ce côté. Je pense que tous comprendront maintenant qu'il faut rester unis, s'appuyer les uns sur les autres, et n'introduire au moment du danger aucun changement dans le commandement ni dans l'administration. Si vous y ajoutez quelques mots de vous, comme vous savez les dire, je crois que cela suffira pour empêcher l'incident de renaître; mais, franchement, votre préfet du Calvados est parfois bien gênant.

DE FREYCINET.

LE HAVRE, 18 décembre 1870. — *Sous-préfet à Intérieur.* — 60 cavaliers prussiens se sont avancés dans la journée jusqu'à Saint-Romain. Les francs-tireurs d'Elbeuf en ont tué une dizaine et blessé un grand nombre. Un des nôtres tué. L'ennemi semble vouloir prendre ses quartiers d'hiver à Rouen, se fortifie vers Barentin et Uclair contre une attaque du Havre. Il utilise pour ses opérations le cours de la Seine, où il aurait placé des torpilles pour arrêter nos canonnières.

Manteuffel a quitté hier Rouen se dirigeant sur Amiens et annonçant son retour dans huit jours. En ce moment 15 000 hommes environ à Rouen et une centaine de pièces de canon.

Commençons aujourd'hui à envoyer des colonnes en avant pour inquiéter l'ennemi et arrêter ses exécutions.

E. RAMEL.

LYON, 24 décembre 1870. — *Gambetta à Freycinet, Bordeaux.* — Je vois passer depuis deux jours déjà les dépêches du Havre sur un mouvement en avant sur Rouen. Vous êtes-vous rendu compte de la situation, et qu'en pensez-vous?

LÉON GAMBETTA.

BERNAY, 25 décembre. — *Général commandant Eure à Guerre, Bordeaux.* — L'ennemi a évacué Elbeuf et Bourgtheroulde. Il doit occuper encore, sur la rive gauche de la Seine, la Bouille, Grand-Couronne et hauteurs environnantes. Hier, francs-tireurs ont attaqué, à Saint-Ouen-de-Thouberville, un petit détachement, lui ont tué 5 hommes et fait des prisonniers.

DIEPPE, 28 janvier 1871. — *Chef station à directeur télégraphe, Bordeaux.* — On annonce l'arrivée à Rouen du corps mecklembourgeois, 45 000 hommes, dont une partie se dirige sur Marville et le reste paraît se diriger sur le Havre. On s'attend à le voir passer à Dieppe et y séjourner peut-être.

BORDEAUX, 11 janvier 1871. — *Guerre à commandant Mouchez, sous-préfet, général Peletingeas.* — On envoie au Havre le général Loysel avec mission d'y organiser rapidement, au moyen des forces qui s'y trouvent et de quelques adjonctions opportunes, un corps d'armée de 25 000 hommes chargés d'opérer sous sa direction en avant du Havre. Ce corps sera composé de deux divisions dont l'une sera commandée par le général Peletingeas. Le général Loysel ne relèvera à aucun degré des autorités civiles et militaires du Havre, il jouira à leur égard des prérogatives ordinaires des commandants en chef de corps d'armée; les autorités sont invitées à lui faciliter, dans la mesure de leurs attributions, l'organisation de ce corps destiné à assurer d'une manière définitive la sécurité de la ville du Havre et à purger ses environs de ses envahisseurs.

DE FREYCINET.

BORDEAUX, 11 janvier 1871. — *Intérieur et Guerre à sous-préfet, Havre.* — Il importe d'aviser, me disiez-vous, dans une précédente dépêche; c'est ce que je fais en désignant M. Carnot comme préfet de la Seine-Inférieure et commissaire extraordinaire de la République dans la Seine-Inférieure, l'Eure et le Calvados. M. Carnot a pour mission d'organiser les forces de la Défense nationale dans les trois départements. Il est à la hauteur du rôle important que je lui ai assigné et j'espère que, votre concours lui étant acquis, il triomphera des difficultés. M. Carnot a quitté Bordeaux hier soir pour se rendre directement au Havre.

LÉON GAMBETTA.

CAEN, 31 janvier 1871. — *Préfet Eure à Intérieur, Bordeaux.* — Non seulement Évreux est occupé, mais on veut y lever des contributions. On a installé toute une préfecture. Mon conseiller de préfecture délégué a été saisi et amené Rouen devant le duc de Mecklembourg parce qu'il n'a pas voulu souscrire aux exigences de ses officiers. Ils ont demandé les rôles, les budgets et les réquisitions dont vous verrez les détails dans le pli cacheté que je reçois aujourd'hui et que je vous envoie. Les communications ne sont pas rétablies. C'est par des exprès qui échappent aux soldats prussiens que je reçois ces communications.

LE HAVRE, 1er février, 4 h. 55 matin. — *Général Loysel à Guerre, Bordeaux.* (*Urgence extrême.*) — Le commandant Harel rentre d'Alvimare; délégué prussien lui a mis sous les yeux le texte convention signée par Bismarck et Jules Favre. L'armistice, qui compte du 28 pour Paris, ne commence que trois jours après pour départements. Il détermine lignes démarcation pour armée Havre, d'Étretat sur Saint-Romain. Chaque armée doit se tenir éloignée de 10 kilomètres de cette ligne.

Ces étranges stipulations étant tout à fait en désaccord avec les instructions que j'ai données, M. Harel vient en demander de nouvelles. Occupant Criquetot, Bolbec et Lillebonne, je ne puis admettre que nous soyons rejetés sur la place. Je ne veux donc pas signer une stipulation ratifiant la ligne Jules Favre, à moins que vous m'en donniez l'ordre formel, et je ferai connaître par un ordre du jour que nous subissons les conditions dictées par M. J. Favre. Réponse urgente. Harel attendra qu'elle soit arrivée; je pense que Fécamp, Dieppe et tous les ports de la côte doivent nous appartenir.

LE HAVRE, 1er février, 10 h. 10 du soir. — *Général Loysel à Guerre, Bordeaux.* — J'ai sous les yeux texte convention apporté par Harel. La ligne de démarcation partant de Pont-l'Evêque et se dirigeant vers Lignières, nous abandonnons toute rive gauche de la Seine, et il n'y a plus à s'occuper de la tête de pont Honfleur que vous avez prescrit d'établir. Je ne puis admettre la ligne d'Étretat à Saint-Romain avec la condition de se tenir à 10 kilomètres en arrière.

Le 28, j'occupais Goderville, Bolbec, Lanquetot et Lillebonne; la règle d'*uti possidetis* me les donne, et nul n'a le droit d'en disposer pour les remettre à l'ennemi. Les Prussiens revendiquent aussi les ports où nos croiseurs se rendaient constamment, ce qui est inadmissible. Les conditions concernant Paris sont exorbitantes, tous les corps de francs-tireurs doivent être dissous. Donnez-moi d'urgence des instructions. Je ne veux rien céder si je ne reçois ordre formel.

LE HAVRE, 2 février 1871. — *Général Loysel à Gambetta, Guerre, Bordeaux.* — Nouvelle entrevue hier soir entre commandant Harel et major Schlieffen ; commandant a fait observer que la ligne Étretat-Saint-Romain était le résultat d'une erreur dont nous avons le droit de réclamer rectification; major a répondu que rectification ne pouvait venir que sur réclamation formée par gouvernement. Harel a prévenu d'après la teneur de votre dépêche du 31 janvier que la protestation était faite. En attendant solution, Harel a fait observer qu'il était nécessaire de régler provisoirement questions de détail, surtout emplacement des troupes respectives pour pouvoir régler complètement la convention provisoire. La conférence reprendra ce soir à Yvetot; il est indispensable que je connaisse le plus tôt possible le résultat de la protestation que vous avez formée.

HAVRE, le 2 février 1871. — *Le préfet de la Seine-Inférieure à Intérieur et Guerre, Bordeaux.* — Dieppe est occupé par les Prussiens, contrairement à tout droit. Le 30 janvier, un détachement de marine, avec le commandant du *Diamant*, prenait possession à 2 h. 30. En même temps qu'un détachement de mobilisés venait d'Abbeville et interdisait l'entrée à un détachement prussien arrivant à 4 heures avec pavillon parlementaire. A 8 heures du soir, le 30, une convention nous laissant la possession de Dieppe fut signée par les chefs des détachements. Plusieurs pourparlers eurent lieu le 31. Le 1er février à 8 heures du matin, le colonel prussien V. Einem annonça qu'en vertu de conventions entre Faidherbe et Mecklembourg, il venait occuper Dieppe et amena, dans la journée, 3 500 hommes. Toutes protestations ont été faites avant le rembarquement des marins du *Diamant*. Si Dieppe ne nous est pas rendu comme occupé sans droit pendant l'armistice, on laisse à la disposition des Prussiens un port qui recevra tous leurs approvisionnements et leurs munitions sans le moindre contrôle. ·

Déjà nous ne pouvons plus communiquer télégraphiquement pour élections, guerre ou ravitaillement et notre câble avec l'Angleterre est à l'ennemi.

Carnot.

Le Havre, 3 février 1871. — *Général Loysel à ministre Gambetta, Bordeaux.* (*Extrême urgence.*) — Je suis en demeure d'accepter les limites tracées par la convention de Versailles et d'évacuer Fécamp, Lanquetot et Lillebonne, toute opposition devant être considérée comme un refus de reconnaître la convention faite par les deux gouvernements et le rejet de l'armistice. — Le territoire neutre qui s'étend à 10 kilomètres en arrière de la ligne Étretat-Saint-Romain pourra être occupé par moi jusqu'à ce qu'une décision ait été prise par les gouvernements au sujet de la réclamation relative à la ligne de démarcation de la rive gauche de la Seine. Le grand-duc déclare qu'il s'entendra avec le général commandant le 19e corps qui s'est adressé à lui pour cela. Nous occupons toujours Honfleur, qui nous est indispensable comme communication ; mais la situation est tendue. D'après les termes de la convention, tout le territoire en arrière de la ligne de Fécamp, Lanquetot et Lillebonne, y compris la côte et la Seine, est livré à l'occupation allemande. C'est déplorable. La voie ferrée peut être remise en état, la Seine rendue navigable jusqu'à Paris, d'après les prescriptions de votre dépêche du 1er février, 6 h. 3 du soir. Après avoir présenté des réclamations fondées, je crois devoir me conformer à la lettre de la convention. Cependant je fais réserves pour la ligne Fécamp-Lillebonne, qui est l'objet d'une protestation de votre part.

HAVRE, 3 février 1871. — *Général Loysel à Gambetta, Bordeaux.* (*Extrême urgence.*) — J'ai reçu par le quartier général prussien la dépêche signée Jules Favre :

« Le ministre affaires étrangères, vice-président du gouvernement, à général Dargent, commandant 19e corps à Caen et à général Loysel, commandant en Normandie, Havre. — Un armistice de 21 jours est conclu entre les belligérants, c'est la difficulté des communications seule qui a empêché le gouvernement de Paris de vous transmettre le texte : j'ai télégraphié de suite au ministre de la guerre Gambetta qui a dû vous en informer. Voici, en ce qui vous concerne, la ligne de démarcation, je copie la convention : elle partira de Pont-l'Évêque sur les côtes du département du Calvados, se dirigera sur Linières dans le nord-est du département de la Mayenne, pour la Normandie. Du côté de la mer, la partie réservée à l'armée française est ainsi indiquée : la péninsule du Havre, jusqu'à une ligne à tirer d'Étretat dans la direction de Saint-Romain. Je télégraphie à M. Gambetta de confirmer mes indications et je vous prie de vous y conformer de suite pour éviter tout incident fâcheux. Signé : JULES FAVRE. »

En ce moment, le commandant Harel arrête les stipulations d'après les bases de la convention. Je suis informé que le général Dargent, conformément à la même convention, a reconnu à l'ennemi la rive gauche de la Seine. Honfleur occupé, nous n'avons plus de communications avec vous. J'ai fait au ministre des affaires étrangères la réponse suivante, mais sans savoir si elle passera : « Je suis obligé d'accepter les lignes de démarcation fixées par la convention du 28 janvier, mais j'ai remis protestation au grand-duc de Mecklembourg, commandant en chef du 13e corps d'armée, et j'ai rendu compte au ministre de la guerre ; je ne puis admettre qu'un armistice, qui doit constater le *statu* quo au moment de la signature, me dépouille de la ligne de Fécamp à Lillebonne que j'occupais. Je ne puis admettre que l'armée ennemie envahisse nos ports avec lesquels j'ai toujours été en relations pour nos croisières et où j'ai conservé les stations télégraphiques, ni qu'elle s'installe sur des territoires qu'elle n'avait jamais occupés. Je ne puis admettre que nous soyons privés d'Honfleur et de tout le pays au nord de Routot, Pont-Audemer et Corneilles, qui a toujours été à nous. » J'ai, de plus, adressé au commandant Harel, pour être remise au duc de Mecklembourg, la protestation suivante :

« Monsieur le général en chef,

« Les questions diplomatiques livrées aux militaires sont ordinairement résolues avec promptitude et équité. Je me suis adressé à la loyauté allemande. Je ne puis. croire que cet appel ne soit pas entendu, les lignes de démarcation tracées par la convention de Versailles n'ont dû être admises par le plénipotentiaire français que d'après la communication de renseignements inexacts sur la position des armées. A la date du 28 janvier, j'occupais la ligne de Fécamp à Lillebonne par Goderville et Lanquetot. J'étais en relations constantes avec tous les ports de la côte par les croisières et les troupes de débarquement qu'ils portaient, partout les stations télégraphiques ont été maintenues sur la rive gauche de la Seine, Honfleur peut être considéré comme un faubourg du Havre et tout le pays au nord de Routot, Pont-Audemer et Corneilles n'a cessé d'être à ma disposition dans le département de l'Eure. Quant aux territoires de la rive droite au nord de la ligne passant par Duclair, Barentin, Monville et rejoignant le chemin de fer d'Amiens, les troupes allemandes n'ont occupé d'une manière suivie qu'Yvetot seulement. Il est donc juste de penser que l'envahissement de tout le pays ne saurait être fait après la conclusion d'un armistice. Il existe à cet égard des règles précises. Les armées belligérantes ne dépassent pas les points sur lesquels elles se trouvent au moment de la signature, et ce principe se trouve encore consacré par le 2e paragraphe de l'article Ier de la convention : « Les armées belligérantes conserveront leurs positions respectives. » Dans de pareilles conditions, c'est une interprétation loyale de la convention que je réclame. Je proteste comme soldat contre l'attribution à mon corps d'armée de la ligne d'Étretat-Saint-Romain, placée en arrière de mes positions. Je proteste également contre la prise de possession par les armées almandes des ports et des territoires qui n'ont jamais été occupés par elles.

« C. LOYSEL. »

HAVRE, 4 février 1871. — *Préfet Seine-Inférieure à Gambetta et Steenackers, Bordeaux.* — Si la délimitation indiquée par la convention de Paris pour la rive gauche de la Seine est définitive, comme je l'apprends, Honfleur et toute la côte que nous n'avons cessé d'occuper nous sont enlevés, et nous sommes privés de toute communication télégraphique directe avec vous. Je rappelle que le Calvados entier et l'arrondissement de Pont-Audemer étaient à nous le 29 janvier et que la dépêche Bismarck ne fixait pas de délai pour l'exécution de l'armistice dans les départements.

CARNOT.

LE HAVRE, 4 février 1871. — *Général Loysel à ministre Gambetta, Guerre, Bordeaux.* — Viens de signer stipulations suivantes : « Article 1er, les hostilités cesseront sur tous les points, à la notification du présent armistice ; art. 2, la durée de l'armistice a été fixée par la convention conclue le 28 janvier, entre le gouvernement allemand et le gouvernement de Paris; art. 3, l'armistice étant conclu entre les deux gouvernements, les généraux en chef ne croient pas devoir fixer un délai pour la dénonciation de l'armistice, ce soin incombant à leurs gouvernements respectifs; art. 4, d'après la convention conclue entre les gouvernements, la ligne extrême de démarcation, entre les armées belligérantes, est fixée par une ligne tirée d'Étretat, dans la direction de Saint-Romain; en outre, les deux armées doivent se tenir chacune au moins à 10 kilomètres de cette ligne extrême et l'intervalle existant ainsi entre elles, doit être déclaré neutre; art. 5, conformément aux dispositions de l'article qui précède, S. A. R. le grand-duc de Mecklembourg, s'engage à ne pas faire dépasser par les avant-postes

de son armée une ligne qui, partant de Fécamp, passe par
Mentheville, Gonfreville, Bernières, Lanquetot, Beuzevillette,
la Trinité et aboutit à Lillebonne, tous ces points sont
situés sur la ligne extrême de l'armée allemande, qui
pourra les occuper mais non les dépasser; art. 6, de son
côté, M. le général Loysel s'engage à ne pas faire dépasser
par son armée une ligne qui, partant de Saint-Jouin, passe
par Marnevillette, Rolleville, Saint-Martin-du-Manoir, Gai-
neville et aboutit à Rogerville; ces points sont situés sur
la ligne extrême de l'armée française, qui pourra les occuper, mais non les dépasser; art. 7, la zone de terrain
comprise entre les lignes décrites, dans les deux articles
précédents, ne pourra être occupée par aucune troupe des
deux armées belligérantes, et aucune d'elles ne pourra en
tirer des vivres ou des ressources de quelque nature qu'elles
soient, les ambulances de la Société internationale pourront seules s'y établir; art. 8, toutefois, M. le général Loysel
ayant adressé à son gouvernement une réclamation contre
la ligne de démarcation qui lui est imposée par la convention de Versailles, S. A. R. le grand-duc de Mecklembourg ne s'oppose pas à ce que l'armée française continue
à occuper une partie du terrain neutralisé par l'article précédent, jusqu'à ce qu'une décision ait été prise au sujet de
cette réclamation, ce qui doit avoir lieu dans un délai de
trois jours à partir d'aujourd'hui, c'est-à-dire d'ici au
10 février à midi; art. 9, aucune place de guerre, assiégée
ou bloquée, ne se trouvant sur le terrain occupé par la
partie des armées belligérantes qui font l'objet de la présente convention, il n'y a pas lieu de faire des stipulations
à ce sujet; art. 10, il sera nommé, dans chaque armée,
deux commissions pour veiller à l'exécution des stipulations
du présent armistice et prononcer sur les difficultés qui
pourraient survenir : sont désignés par l'armée allemande,
M...; pour l'armée française, M. Nicolas, capitaine adjudant-major au 76ᵉ régiment de marche et M. le comte
d'Arciac, capitaine adjudant-major au 53ᵉ régiment de
garde mobile. Ces officiers, qui doivent se tenir dans la
zone neutre, s'établiront à Saint-Romain. Ils devront s'y
trouver à partir du 6 février à midi; art. 11, les stipulations ci-dessus sont arrêtées sous la réserve des rectifica-
tions générales qui pourront être faites par les deux gou-

vernements; art. 12, conformément aux stipulations de la convention de Versailles, il est bien entendu que les chemins de fer pourront être remis en état, dans toute leur étendue, même dans le territoire occupé par l'armée allemande, même la Seine pourra être remise en état de navigation depuis son embouchure jusqu'à Paris. Fait et clos à Yvetot les jours, mois et ans que dessus; le chef d'escadron d'état-major fondé de pouvoirs de M. le général Loysel, Harel. Grafschlieffen, major d'état-major, fondé de pouvoirs de S. A. R. le grand-duc de Mecklembourg. Ratifié au Havre, le 4 février 1871. G Loysel. » J'occuperai jusqu'au 6 la ligne extrême et me maintiendrai à Bolbec attendant l'issue de votre protestation. Nous sommes dans une situation déplorable : coupés par Dieppe de nos communications avec le Nord, coupés par Honfleur, de nos communications avec vous, et déjà l'ennemi, qui a envahi tout le pays et les ports, nous assiège réellement dans le Havre. Voilà le premier résultat de la convention.

C. LOYSÈL.

CHAPITRE XI

OPÉRATIONS DE L'ARMÉE DE L'EST

Formation de l'armée des Vosges[1].
Camp de Bourges.

BESANÇON, 12 octobre 1870. — *Général division à Guerre, Tours*. — De Remiremont, je reçois du général Cambriels le télégramme suivant : « L'ennemi a essayé de nous enfermer dans notre pâté de montagnes; j'ai dû battre en retraite sur Remiremont, j'attends l'ennemi mais j'ai déjà décidé que je prendrais pour ligne de retraite la ligne de Lure et pour objectif Besançon. Je ne sais au juste quelles sont les forces que j'amènerai avec moi, elles seront d'environ 20 000 hommes. Faites prendre par l'intendance précautions en conséquence et priez notre directeur du génie et d'artillerie de choisir une position qui puisse devenir une protection pour la ville et me permettre en même temps de sortir; prévenez la compagnie du chemin de fer d'accumuler du matériel à Lisle-sur-le-Doubs pour transporter mes troupes; prenez vos précautions. On m'annonce à l'instant qu'une forte colonne prussienne est apparue de nouveau dans le Haut-

---

1. Pour la situation de l'armée de l'Est à la date du 10 octobre, au moment où M. Gambetta prit en main le ministère de la Guerre, voir ch. IX, p. 137.

Rhin; écrivez au ministre pour approvisionnements de cartouches de toutes espèces et canons de 4 et de 12 et de montagne. Je vous prie en conséquence de donner les ordres les plus urgents pour qu'on m'envoie sans retard Besançon tout ce qui sera possible en cartouches et en artillerie. »

RUPT, 13 octobre 1870. — *Général Cambriels à Guerre, Tours.* — Je rallie en marche toutes les troupes disséminées autour de moi et non organisées en y ajoutant les 12 000 hommes que j'avais avec moi. Je compte avoir dans la main une trentaine de mille hommes. Il est indispensable de les organiser et de les bien équiper avant de les remettre en rase campagne. Il est également nécessaire d'augmenter considérablement mon artillerie, qui est tout à fait insuffisante. Je vous supplie de donner des ordres pour faire diriger sur Besançon de l'artillerie de campagne, ainsi que des effets de campement, d'habillement et d'insister sur les ordres que j'ai donnés à Prémonville pour constituer une réserve considérable en vivres et munitions.

TOURS, 13 octobre 1870. — *Ministre Guerre à général Cambriels, à Lure.* — Général, je fais appel à votre patriotisme. Le commandement des compagnies franches avec une brigade de mobile dans la zone des Vosges a été donné au général Garibaldi qui a généreusement offert son épée et ses services à la République française. Le général Garibaldi est parti pour aller vous voir et se concerter avec vous sur les moyens d'action[1]. Je compte sur le bon accueil que vous allez lui faire, et je suis sûr qu'un homme de cœur tel que vous mettra loyalement sa main dans celle de l'illustre patriote, pour triompher ensemble des difficultés présentes.

Rendez-moi compte de votre entrevue.

1. Le commandement des corps francs des Vosges avait été donné au général Garibaldi le 12 octobre à la suite de plusieurs conférences qui eurent lieu à Tours entre le général et M. Gambetta. (Cf. t. Ier, p. 79 et suiv.) — Pour les premières instructions données au général Bourbaki après l'évacuation d'Orléans, voir ch. IX, p. 217 et suivantes.

BELFORT, 19 octobre 1870. — *Denfert-Rochereau, colonel commandant, à Guerre, Tours.* — Le général Crouzat m'a remis le commandement. Je suis très flatté de la confiance que vous me témoignez et ferai tous mes efforts pour la justifier.

Je reçois à l'instant nouvelles suivantes de Neufbrisach : La garnison a fait une sortie le 15. Deux colonnes parties à 4 heures du matin ont surpris l'ennemi établi dans le village de Veckolsheim et Volffisheim.

L'ennemi a subi des pertes évaluées à 200 hommes tués ou blessés et 13 prisonniers.

De notre côté, 1 tué, 20 blessés, 16 disparus; après ce combat, ennemi a abandonné Heiteren et Veckolsheim.

LYON, 19 octobre 1870. — *Préfet Rhône à ministre Guerre.*

Mon cher Gambetta,

Trois officiers d'état-major vont vous porter le vœu, commun à tous les patriotes de Lyon, de vous voir ici et le regret de n'avoir pas été prévenus assez tôt pour vous rencontrer à Besançon.

Il est trop tard, je le sais, et vous n'avez pas le temps de quitter votre poste, même pendant un jour. Mais il n'est pas trop tard pour vous dire que Lyon est disposé à se défendre, mais que, dans son état présent, dépourvu de tout, sans troupes, sans canons, sans munitions, sans provisions, avec des fusils médiocres, il ne peut pas même essayer la résistance. Des canons, des artilleurs, il y en a, personne ne l'ignore, à Toulon en quantités considérables.

De la poudre, il n'est pas impossible de nous en procurer, et j'y travaille activement.

Des approvisionnements, le conseil municipal et moi, nous allons, je pense, y pourvoir si le gouvernement nous aide d'un peu d'argent. J'ai télégraphié hier à ce sujet et n'ai pas encore de réponse.

Des hommes, des troupes un peu exercées dont il est impossible de se passer, nous en aurons si vous rassemblez ce qui est disséminé dans le Midi un peu partout, et si vous ne permettez pas qu'on nous l'enlève au fur et à mesure.

Songez-y, Lyon est un des organes vivants de la France. Bien soutenus nous pourrons quelque chose. Laissés comme nous sommes, il est inutile de le dissimuler, nous sommes vaincus d'avance.

Je vous embrasse de tout mon cœur qui est bien gros.

P. CHALLEMEL-LACOUR.

BESANÇON, 19 octobre 1870, 3 h. 15 soir. — *Général Cambriels à Guerre, Tours.* — Je conserve mon commandement et consacrerai tous mes efforts à organiser l'armée en formation sous Besançon.

TOURS, le 19 octobre 1870, 10 h. 35 soir. — *Guerre à général Cambriels, à Besançon.* — Général, je vous remercie de votre détermination, je n'attendais pas moins de votre patriotisme.

Énergie, vigilance, confiance mutuelle, et nous rétablirons nos affaires.

GAMBETTA.

TOURS, 21 octobre 1870. — *Guerre au général Cambriels, à Besançon.* — J'ai reçu votre dépêche confidentielle contenant la lettre des conseillers généraux de la Haute-Saône sur les faits relatifs au général Garibaldi. Je vous prie de ne point perdre de vue que je ne puis accueillir qu'avec une extrême réserve les appréciations qui sont produites sur le général Garibaldi, et les faits et gestes de son corps d'armée. Vous en comprenez la raison. Elle tient tout entière à l'individualité si tranchée du général Garibaldi. Je suis, sur son compte, disposé à ne point me laisser influencer par des renseignements que je ne puis contrôler. Je vous prie de vouloir imiter ma circonspection à cet égard. Pour ce qui est de l'incident de la Caisse du receveur particulier, il faut que vous sachiez que j'ai donné au général Garibaldi un droit de réquisition personnel et que j'ai autorisé les préfets et les agents administratifs à requérir pour son compte. Ce n'est pas légèrement que j'ai accordé ce droit; c'est parce que je me crois en mesure de pouvoir toujours répondre des actes de réquisition du général quand il les aura ordonnés lui-même. C'est une question de mesure. Je vous remercie néanmoins de votre dépêche.

DOLE, le 21 octobre 1870. — *Garibaldi à ministre Guerre, Tours.* — Difficultés de toute sorte proviennent d'intendants et commandants de place. Ai dû emprunter et payer de poche dépenses pour vivre indispensable troupe. Intendant Besançon défend à sous-préfet payer chevaux nécessaires à troupes en marche et location de chars requis pour transports de vivres et campements quoique très minime. Avant de laisser faire à général indigné réquisition argent pour payer choses nécessaires autorisées par vous, ai consulté sous-préfet Dôle, qui, après ordre reçu d'intendant Besançon, a conseillé pas faire. Voulons pas laisser protester signature Garibaldi. Télégraphiez à payeur Jura, intendant Besançon, administrateur et sous-intendant Lons-le-Saulnier de payer et faire payer dépenses ordonnées par général, sinon deux brigades ayant ordre marcher demain matin contre ennemis partiront sans absolu nécessaire. Général et intendant de Lons-le-Saulnier avaient annoncé leur arrivée hier trois heures. Personne venu ; signalerons ensuite à votre justice ceux dont mauvais vouloir est manifeste.

22 octobre 1870. — *Guerre à général de division, Bordeaux.* — A raison des circonstances, j'ai cru qu'il était bien de dispenser dans tous les départements les nouveaux fonctionnaires de se rendre la visite prescrite par le code cérémonial. Je verrai avec plaisir que vous entrez dans mes vues à cet égard. Il va sans dire que les visites non officielles sont, non seulement autorisées, mais recommandées, afin d'établir le bon accord entre les autorités et les chefs de service.

LYON, 22 octobre 1870. — *Préfet Rhône à ministre Intérieur et Guerre.* — Les objections nombreuses et persistantes qu'a soulevées jusqu'à présent ma demande de 300 bouches à feu de la marine me montrent que personne autour de vous ne connaît exactement la situation de Lyon et les conditions de la défense.

Je vous transmets, non pas le résultat de mes observations et de mes idées personnelles, mais celui des études approfondies de tout le corps du génie actuellement à Lyon et notamment de son chef, le colonel de Rivière. Veuillez peser ces considérations et les apprécier vous-même, sans vous en remettre à personne. Quand vous en serez pénétré, vous serez en mesure de répondre à toutes les objections et de surmonter toutes les difficultés.

· Les anciennes fortifications de Lyon laissent la ville exposée au péril d'un bombardement. Par suite, il a été indispensable d'étendre l'action des fortifications actuelles au moyen d'ouvrages avancés, pour rejeter l'ennemi au delà de la portée de ses canons.

Ces ouvrages, dont la possession sera vivement disputée (car une fois aux mains des Prussiens, la ville serait infailliblement brûlée); ces ouvrages, dis-je, devront être fortement armés; et puisque les ressources de l'arsenal de Toulon nous sont ouvertes, il y aurait folie à ne pas nous assurer un armement supérieur à celui de l'ennemi. Jusqu'à présent, nous nous sommes toujours présentés aux Prussiens avec une artillerie inférieure. Ne commettons plus la même faute, elle nous a déjà valu trop de défaites.

Le chiffre de 300 bouches à feu est loin d'être exagéré pour le grand périmètre des nouvelles défenses. Il suffit, pour le prouver, de mettre en regard le développement des crêtes qui ont surgi depuis un mois, et qui est de plus de 8 kilomètres.

En autre, comme les nouveaux ouvrages ont été assis dans des positions élevées, d'où l'on découvre au loin le terrain, il est indispensable, pour utiliser toute la portée du tir des canons de la marine, de les consacrer en partie à l'armement des nouveaux ouvrages; et comme la portée de ces pièces est plus du double de celle de l'artillerie de campagne prussienne, les Prussiens ne pourront même pas engager la lutte avec nos batteries; c'est le contraire qui aurait lieu, si nous ne placions dans les ouvrages que l'ancien matériel : il serait démonté avant que de pouvoir faire le moindre mal à l'ennemi.

N'oubliez pas d'ailleurs qu'une puissante artillerie peut seule donner à nos jeunes troupes l'aplomb qui leur fait encore défaut.

On pourrait placer un tiers des bouches à feu de la marine en dehors, le reste sur les remparts actuels et sur les ouvrages qui couvrent les coteaux de la Saône, d'où l'on soutiendrait parfaitement la ligne avancée.

· Dans le cas où, par suite de motifs dont je ne puis discuter la convenance, il faudrait restreindre nos demandes, le chiffre de 200 bouches à feu serait un minimum absolu. Mais peut-on parler de minimum, quand il s'agit de la défense de Lyon? Je vous le demande, mon cher Gambetta.

Pesez équitablement nos raisons; croyez que les hommes dont je résume les idées, et parmi eux je vous cite encore une fois M. de Rivière, auquel Metz doit de pouvoir être encore défendu à cette heure; croyez que ces hommes n'exagèrent rien.

Le matériel que nous réclamons avec tant d'insistance existe, personne ne l'ignore, ou plutôt tout le monde sait qu'il ne constitue qu'une faible partie du matériel qui gît inutile dans nos ports. Songez ce que serait la défense heureuse d'une ville qui offre aux Prussiens un si puissant appât, et l'élan qu'il donnerait au Midi; je ne m'appesantis pas là-dessus. Vous sentez aussi bien que moi l'importance d'un tel succès pour la France entière. Armez-nous, et mon plus grand désir sera que les Prussiens viennent jusqu'à nous.

J'envoie un officier d'artillerie à Toulon pour qu'il entre en communication avec le préfet maritime et puisse me fournir dès demain l'état que vous me demandez. Mais, en vérité, à quoi bon? N'est-ce pas plutôt aux marins à savoir et à vous dire quelles pièces ils peuvent nous envoyer à bref délai?

Pardonnez-moi, mon cher ami, le mouvement de fatigue qui m'a échappé. Oui, je resterai avec vous jusqu'à la fin. J'admire votre courage, je vous aime. Puissé-je tomber ici sur la brèche, avant de voir votre dévouement inutile!

P. CHALLEMEL-LACOUR.

Tours, 22 octobre 1870. — *Guerre à intendant, Besançon.* — Si le sous-intendant mandé par le général Garibaldi l'a été pour être attaché à son corps, dites-lui qu'il doit rester à son poste. Si au contraire il n'a été mandé que pour donner des renseignements, je ne vois aucun inconvénient à son voyage pourvu qu'il soit rentré à son poste. Je vous conjure d'éviter tout ce qui pourrait ressembler à un conflit.

22 octobre 1870. — *Guerre au général Cambriels, Besançon.* — Pouvez faire éclairer suivant vos besoins, mais je désire que premier ordre soit suivi le plus tôt   ssible.

Tours, 22 octobre 1870, 12 h. 30 matin (minuit). — *Intérieur et guerre à général Garibaldi, Dôle.* — Reçu exactement toutes vos dépêches; quand aux difficultés qui vous proviennent d'intendants et commandants de place, instruction télégraphique leur est adressée d'avoir à vous faciliter toutes vos opérations. Quant aux fonds que vous avez dû débourser et emprunter pour payer les dépenses de vivres indispensables, ordre est donné aux payeurs du Jura, intendants de Besançon, administrateurs et sous-intendants à Lons-le-Saulnier, de payer et faire payer dépenses ordonnées par vous et sous votre signature personnelle, ainsi que nous sommes convenus. Le sous-préfet de Dôle devra également payer les chevaux nécessaires à vos troupes en marche et locations de chars requis pour transport de vivres et campements.

Pour reprendre l'expression de votre dépêche, nous ne laisserons pas protester votre signature. On mettra à votre disposition le capitaine-adjudant-major Seignobosc; mais, quant aux chirurgiens de marine, il m'est absolument impossible de vous les accorder, parce qu'ils ne sont pas dans mon département, de même pour les officiers français que vous voulez faire détacher pour organiser vos recrues. Je n'ai moi-même pas assez d'officiers pour vous en donner. L'ordre de vous donner de l'artillerie a dû être transmis dès hier, je le renouvelle ce soir.

Léon Gambetta.

Tours, 22 octobre 1870, 11 h. 30. (*Urgence.*) — *Intérieur et Guerre à commandant Keller, à Wesserling.*—Je vous ai expliqué à Besançon la nature du commandement de Garibaldi. Je maintiens mon interprétation, mais votre patriotisme saura bien éviter les discordes et servir à l'œuvre commune.

Léon Gambetta.

Tours, 23 octobre 1870. — *Ministre Guerre à général Garibaldi, Dôle.* — Je suis informé qu'Ordioni doit rejoindre votre quartier général. Je dois vous dire que c'est Ordioni qui m'a été signalé comme agent bonapartiste et comme étant d'une honorabilité suspecte.

Tours, 24 octobre 1870. — *Ministre Guerre à général Garibaldi, à Dôle.* — Ordre est donné, à Besançon, de mettre à votre disposition le plus de munitions possible.

24 octobre 1870. — *Guerre à directeur artillerie, Besançon.* — Ordre de mettre à la disposition de Garibaldi toutes munitions qui lui seront nécessaires, et dont vous pourrez disposer.

25 octobre 1870. — *Guerre à général Garibaldi.* — Je vous félicite et vous remercie de votre activité ; ce qui me fait plaisir surtout, c'est l'accord qui existe entre vous et nos autorités militaires françaises. En continuant ainsi, nous ferons de bonnes affaires. J'ai réitéré l'ordre de vous envoyer le capitaine Seignobosc. Pour vos chirurgiens, je vous ai déjà dit qu'il m'était à peu près impossible d'en prendre à la marine, qui n'est pas de mon département. Pourquoi ne feriez-vous pas offres à des chirurgiens volontaires qui seraient tout heureux de se trouver placés sous vos ordres ? Il n'en manque pas à Lyon. Écrivez donc au préfet de ma part. Pour moi, vous le savez, je suis tout décidé à faire ce qu'il faudra pour vous seconder.

26 octobre 1870. — *Guerre à général Garibaldi, à Dôle.* — J'écris ce soir à Cambriels pour lui rappeler que tous volontaires dans sa région sont placés sous votre commandement. Priez-le de vous communiquer ma dépêche.

26 octobre 1870. — *Guerre à général Cambriels, à Besançon.* — Tous volontaires dans votre région sont placés sous les ordres de Garibaldi. Dites à M. Nella que cette règle s'applique à lui et à ses soldats, et que le patriotisme lui fait un devoir de lui obéir. S'il s'y refusait, je me verrais dans la nécessité de lui demander de se retirer.

27 octobre 1870. — *Guerre à général Cambriels*[1], *Besançon.* — L'état de votre santé me force à regret de vous relever de votre commandement dont l'exercice et les multiples occupations ne peuvent qu'ajouter à votre situation maladive. Prenez un congé pour vous rétablir et recouvrez des forces, que je me promets d'utiliser, aussitôt qu'elles seront revenues, pour la défense du pays. J'ai nommé le général Michel au commandement du corps d'armée de l'Est.

28 octobre 1870. — *Guerre à Garibaldi, à Dôle.* — Henri Martinet est agréé comme trésorier-payeur général de votre armée. La commission sera régularisée aussitôt que possible. La présente dépêche en tiendra lieu sur-le-champ. Dites-lui d'assurer son service pendant son absence.

TOURS, 29 octobre 1870, 6 h. 15 m. — *Guerre à général Cambriels, Besançon.* — Je vous ai remplacé par le général Michel et vous prie de me dire si l'état de votre blessure ne vous permettrait pas de prendre un commandement à l'armée moins actif que celui du corps des Vosges.

GAMBETTA.

BESANÇON, 29 octobre 1870, 10 h. 45 matin. — *Général Crouzat à Guerre, Tours.* — Le général Cambriels ayant quitté hier le commandement supérieur de la région de l'Est, j'ai pris par son ordre le même jour le commandement supérieur des troupes.

TOURS, 30 octobre 1870. — *Guerre à général Cambriels, Montpellier.* — Général, je vous autorise à publier la dépêche par laquelle je vous relève de votre commandement uniquement par raison de santé, et où je vous dis que je ferai de nouveau appel à votre concours dès que vos forces seront rétablies; je ne

---

1. En réponse à une lettre du général Cambriels demandant à être relevé de son commandement pendant dix jours pour aller se faire opérer à Lyon des suites d'une blessure à la tête.

pensais pas qu'il y eût à en faire mention dans le décret de nomination de votre successeur, mais vous devez reconnaître aujourd'hui que mon intention n'a
jamais été d'être dur à votre égard. Je vous avais vu
à Besançon et vous savez dans quels termes nous nous
étions quittés. A bientôt, je l'espère.

30 octobre 1870. — *Guerre à général commandant supérieur,
Besançon.* — Veuillez tancer vertement les officiers du premier bataillon des Vosges, qui vous ont offert leur démission, que vous avez bien fait de refuser, pour ne plus servir
sous les ordres du chef qui leur a été donné. Il faut obéir
devant l'ennemi, sous peine de la rigueur de toutes les lois
militaires.

Tours, 30 octobre 1870, 5 h. 24 matin. — *Guerre à général en chef, Besançon.* — Le ministre de l'intérieur et de la
guerre vous autorise à effectuer la marche dont parle votre
dépêche d'hier au soir.

Au surplus, le général Michel a reçu ordre de se rendre
immédiatement à son poste, il arrivera sans doute avant
votre départ.

31 octobre 1870. —*Guerre à général de division, Langres.* —
Le gouvernement vous remercie d'avoir retiré votre démission. Les pouvoirs que vous me demandez, pour substituer des
officiers de votre choix à ceux qui ne feraient pas leur devoir
dans la garde mobile de la Haute-Marne, vous seront accordés si ces mêmes mutineries persistent. Un ordre du jour
sévère à ces jeunes soldats devra les avertir pour la dernière fois. Marchons tous d'accord. Que les autorités civiles
et militaires se prêtent un mutuel concours et nous parvien-
drons à dominer cette crise.

Tours, 1er novembre. — *Prince de Valori à Gambetta.* —
L'importance de l'idée qui suit n'échappera pas à Votre
Excellence; je vous l'abandonne.

Si par un malheur imprévu la France était obligée de
faire un sacrifice, le seul possible, le seul qui puisse com-
penser par une légitime satisfaction la blessure faite à l'or-

gueil national, c'est la cession de ce repaire d'aventuriers,
de policiers et de bandits qu'on appelle la Corse !...

Ce serait un soufflet sur la joue de l'Angleterre, de l'Italie,
de la Russie, de tous ceux qui nous abandonnent. La Prusse,
qui veut une marine, accepterait.

Pardonnez-moi ce griffonnage dans une gare, me rendant à Tours, et croyez, monsieur le ministre, à mon profond et respectueux dévouement.

Prince de Valori.

Dôle, 1ᵉʳ novembre 1870, 12 h. m. (minuit.) — *Quartier
général armée des Vosges à Steenackers, à ministre Intérieur,
Tours.* — Pour Gauckler, qui arrive, communiquez-lui que,
Dijon ayant capitulé, sommes obligés de modifier nos plans.
Dites au ministre que j'avais prévenu, à Besançon, des pro-
babilités de cet événement, et à qui j'ai demandé, il y a
trois jours, en signalant la marche de l'ennemi, une démonstration militaire qui, faite, eût sauvé Dijon, qu'il est
impossible de continuer sur pareils éléments, surtout avec
les conflits d'autorité qui surgissent chaque jour ; ainsi, sur
le terrain que nous occupons, à Dôle même, on envoie un
capitaine du génie, qui, sans nous informer de rien, venait
pour faire sauter les ponts. Nous conjurons le ministre de
mettre fin à cet état de choses ; si on ne veut pas de nos
services, qu'on le dise, nous ne supporterons pas plus longtemps pareille situation.

Tours, 1ᵉʳ novembre 1870, 11 h. 50 matin. — *Guerre à
général commandant Lyon.* — Garibaldi demande que Besançon fasse un mouvement sur Chalon.

L'idée me semble juste et j'ai télégraphié en conséquence
au général de Besançon, avec lequel je vous prie de vous
entendre.

C. de Freycinet.

Tours, 1ᵉʳ novembre 1870, 4 h. 45 matin. — *Guerre à général Garibaldi, Dôle.* — Général, la mobilisation de toute
la garde nationale du Jura que vous m'annoncez comme
bien disposée vient d'être ordonnée.

Tours, 2 novembre 1870.—*Guerre à colonel Gauckler, à Dôle.*
— Dites-moi dans quel état exact se trouve l'armée de Garibaldi, au point de vue de l'équipement, l'habillement et de l'état sanitaire. S'il y a quelque chose à faire, nous le ferons immédiatement. Si cet état est bon, faites-le-moi connaître également. J'ai besoin d'être renseigné pour que le ministre français à Florence soit en mesure de démentir les bruits accueillis par les journaux hostiles à l'action de Garibaldi en France.

3 novembre 1870. — *Guerre à général, Langres.* — Lorsque vous avez retiré la démission que vous aviez d'abord donnée, je vous ai félicité de votre patriotisme et je vous ai recommandé de prêter votre concours le plus actif au préfet de votre département. Je verrais avec le plus profond regret qu'à l'occasion de l'extension des pouvoirs du préfet un conflit s'élevât entre vous deux. — Tout acte de votre part, qui aurait pour effet de porter atteinte à la considération du représentant civil du pouvoir central, aurait à mes yeux les inconvénients les plus graves. J'attends les explications du préfet et demain le conflit sera vidé. Je persiste à croire que la concorde vaudrait mieux que toutes ces difficultés.

Lyon, 4 novembre 1870. — *Andrieux, procureur République à ministre Guerre.* — J'ai l'honneur d'être président d'un comité franco-polonais qui cherche à créer à Lyon une légion polonaise. Cette légion devait faire partie de l'armée des Vosges, et jusqu'à ce jour les quelques hommes qui forment le premier noyau de cette légion ont été soldés par l'intendance de l'armée des Vosges. Aujourd'hui l'intendance quitte Lyon, et je ne sais quel sera le sort du dépôt qui reste dans notre ville. Je suis convaincu que la légion polonaise ne peut se former qu'à la condition de faire venir des hommes de l'étranger, notamment de Galicie. Jugez-vous à propos de faciliter la création de ce corps dans ces conditions? Je désire connaître votre opinion, afin de savoir ce que je dois faire moi-même. Les Polonais sont généralement de bons soldats; M. le colonel O'Byrn, qui vous remettra cette lettre, est estimé de ses compatriotes et a fait ses preuves lors de la dernière insurrection. Veuillez l'entendre.

Si vous jugez inutile d'appeler de l'étranger des Polonais,
nous ne donnerons pas suite à notre projet. Dans le cas
contraire, l'exécution n'en sera possible qu'autant que vous
en faciliterez les moyens.

Vous seul, monsieur le ministre, êtes juge de l'opportunité
d'une tentative qui jusqu'à ce jour n'a donné que des résultats insignifiants, faute de ressources. Je mets à votre disposition mon concours, si vous le jugez à propos, en m'en
rapportant dans tous les cas à votre décision.

Tours, 4 novembre 1870. — *Guerre au commandant en chef,
Besançon.* — Donnez une batterie d'obusiers de campagne à
Garibaldi.

Belfort, 4 novembre. — *Colonel Denfert à ministre Guerre,
Bordeaux.* — Je suis investi depuis hier à 2 heures du soir.
Hier matin j'ai encore évacué des malades sur Besançon. Je
viens d'adresser une proclamation à la population et à la garnison, dont je tâcherai de vous adresser prochainement le
texte. J'ai pu rallier tous mes détachements, sauf M. Keller
et ses francs-tireurs et deux compagnies de mobiles de Saône-
et-Loire, et j'occupe toutes les positions extérieures qui peuvent être soutenues par le canon de la place. L'ennemi y a
fait cette nuit quelques reconnaissances, mais n'a, pas
attaqué. Je m'attends à ce que cela ne dure pas; mais je
suis décidé à ne pas me laisser enfermer dans la fortification avant d'y avoir été contraint.

J'ai disputé l'investissement le 2 novembre à Grosmagny
et à Roppe. Un bataillon, le 1er de la Haute-Saône, posté à
Grosmagny, attaqué avec de l'artillerie, n'a pas tenu plus
d'une heure et demie et, de crainte d'être tourné, s'est replié
à la débandade. Il me manque environ 150 hommes, dont
le commandant ne m'a pas donné le chiffre exact encore,
et le détail. A Roppe nous avons réussi à empêcher l'occupation du village ce jour-là. Le combat a duré de 10 heures
du matin à 4 heures du soir entre l'ennemi et le 1er bataillon
du 16e de marche (chef de bataillon Duringe). A la fin l'ennemi a été délogé de maisons qu'il avait occupées. Le soir
j'ai envoyé un officier du génie faire replier ce bataillon. A
7 heures il s'est rassemblé sans bruit et est venu se reposer

à Offemont et a occupé dans la matinée le village d'Eloie et la partie occidentale de la forêt d'Arsot. Il y a été attaqué vers 10 heures du matin hier 3 novembre et s'est défendu en battant en retraite à travers le bois, mais en bon ordre, jusqu'au hameau de la Forge, où il s'est établi sous le canon de la place.

En même temps que je faisais occuper le 2 au soir partie occidentale de la forêt d'Arsot, je plaçais un autre bataillon au village de Salbert avec d'autres troupes en grand'garde au Valdoie. Ces troupes avaient ordre d'examiner le mouvement de l'ennemi et de venir garnir la crête du Salbert en cas d'attaque, pour de là se reporter sous le canon de la place. L'ennemi a tourné au loin vers Bas-Evette, venant de Sermamagny et allant à Chalonvillars pour compléter l'investissement, mais sans attaquer le Salbert.

J'ai donné des ordres dans la soirée, qui ont été aussitôt exécutés, pour faire occuper par nos troupes les positions extérieures pouvant être soutenues par le canon de la place, et je compte les disputer.

Le canon du fort de la Miotte a tiré hier et a mis un obus sur l'épaulement d'une batterie ennemie à 4 000 mètres environ. Il a également atteint un groupe à la même distance. Ce matin les Hautes-Perches ont atteint les villages de Bessoncourt et de Vézelois.

Tours, 5 novembre 1870. — *Guerre à général Garibaldi, à Dôle.* — J'apprends de divers côtés bonne fin de votre journée d'hier. Recevez mes remerciments et mes félicitations. Pour artillerie, Besançon ne pouvait détacher qu'une batterie obusiers de montagne. Ordre a été donné le 4 de la mettre à votre disposition.

Bordeaux, le 6 novembre 1870. — *Délégué ministère de la Guerre à général Garibaldi, Autun.* — Je vous remercie avec reconnaissance de la cordiale coopération que vous voulez bien nous prêter.

DE FREYCINET.

Dôle, 6 novembre 1878, 7 h. 30 soir. (*Urgence.*) — *Guerre à général Garibaldi, Dôle.* — Nous nous décidons à abandonner la ligne du Jura en laissant des garnisons à Besançon et à Auxonne. L'ennemi paraît vouloir se porter par diverses routes sur le Morvan et tâcherait peut-être de gagner Nevers en évitant Chagny. Je pense que ce qui serait le plus avantageux, c'est qu'avec nos vaillantes troupes vous alliez défendre les défilés du Morvan si propices pour vos mouvements et vos hardis coups de main. Tâchez de couvrir la direction de Nevers. Le colonel Bonnet est à Chagny avec des forces et de l'artillerie, prêt à vous donner la main.

C. DE FREYCINET.

Tours, 7 novembre. — *Guerre à général Prémonville, Besançon.* — Assurez-vous que volontaires strasbourgeois actuellement à Bâle demandent leur rapatriement pour combattre et faites-les revenir. C'est le moins que l'on doive aux Strasbourgeois, après l'héroïque défense de leur ville. Ne soyez pas trop rigoureux pour l'équipement. Adressez-vous à consul Bâle.

Tours, 7 novembre 1870, 11 h. 20. *(Urgence.)* — *Guerre à général en chef, Besançon.* — Garibaldi et colonel Bonnet, à Chagny, sont en train de se concerter pour défendre le Morvan et retarder le plus possible la marche de l'ennemi sur Nevers. De votre côté, ainsi que je vous l'ai télégraphié hier, vous devez, sans jamais découvrir Lyon, utiliser cependant vos forces de manière à appuyer Garibaldi et Bonnet. Nous avons un immense intérêt à ce que l'ennemi arrive le plus tard possible à Nevers.

Or, il menace d'y venir de plusieurs côtés : 1° de Dijon par Chagny ou par Bligny ou par Arnay-le-Duc; 2° d'Avallon et Clamecy, débouchant de Chaumont ou de Troyes. Réglez vos mouvements là-dessus, en tâchant de retarder le plus possible le mouvement de l'ennemi sur Nevers, sans jamais cependant découvrir la route de Lyon. Je crois que vous n'avez pas à vous inquiéter des détachements isolés qui peuvent descendre derrière le Jura.

C. DE FREYCINET.

Tours, le 8 novembre 1570, 1 h. matin. — *Guerre à*

général Garibaldi, Dôle. — J'ai laissé au général Cambriels l'ordre de mettre à votre disposition deux bataillons de gardes mobiles ; si l'ordre n'a pas été exécuté, cela tient au changement du général Cambriels ;
je vais le renouveler. Je vous ai fait envoyer quatre
obusiers de montagne, mais les communications sont
coupées et il se peut qu'il y ait du retard ; quant à
l'escadron de cavalerie légère, j'en avais parlé avec le
colonel Gauckler, mais vous savez que nous sommes
très démunis, ne vous pressez pas trop, je ferai tout
pour vous satisfaire ; je compte encore vous envoyer de nouvelles armes prises sur celles qui viennent d'arriver. Gardez bien vos communications avec
moi.

LÉON GAMBETTA.

CHAGNY, 9 novembre 1870. — *Colonel commandant supérieur Chagny à Guerre, Tours.* — Par dépêches du 8 à 9 heures
soir, recommandez me concerter autant que possible avec
général en chef Crouzat. Hier soir général Michel, que j'ai
vu Chagny avec général Garibaldi, a parlé comme général
en chef. Reçois à l'instant deux dépêches Crouzat, l'une
général commandant supérieur par intérim, l'autre général
commandant en chef ; désire être fixé positivement. Général
Crouzat annonce arrivée Chagny dans quatre jours avec
30 000 hommes, 40 pièces canon prêtes à combattre. Dans
ces conditions marchant sur Dijon, Crouzat par Saint-Jean-
de-Losne, Bonnet par Beaune, francs-tireurs, éclaireurs, etc.,
par la Côte-d'Or, Garibaldi par vallée d'Ouche, succès
presque certain. Donnez ordre, si jugez opportun. Communiquez à généraux Crouzat, Garibaldi.

BONNET.

14 novembre 1870. — *Guerre à général Garibaldi, Autun.* —
Général, je suis tout prêt à laisser partir avec vous les volontaires mobilisables du Creuzot qui demandent à servir sous
vos ordres. Mais ce n'est pas à vous qu'il peut être utile de
faire remarquer que nous avons besoin de laisser au Creuzot

tous les ouvriers qui seront nécessaires à la fabrication des engins de guerre.

J'autorise donc volontiers tous les volontaires disponibles à marcher avec vous et je donne des ordres au maire en conséquence. Je compte sur vous pour obtenir des ouvriers employés à la fabrication des canons qu'ils resteront à leur poste où ils rendent de si grands services. Salut fraternel.

TOURS, 16 novembre. — *Gambetta à général Garibaldi, Autun.*

Mon cher général,

Je n'ai pas voulu vous embarrasser de mesquines querelles et de vulgaires incidents soulevés autour de votre glorieuse personne et qui, dans ces derniers temps, m'ont cependant causé beaucoup d'ennui.

Tout le mal est venu d'une double direction et de certaines divergences de vues dont je n'ai point le goût de vous entretenir parce que je tiens à vous prouver tous les jours en quelle profonde estime je vous tiens, vous qui représentez si courageusement et si noblement parmi nous l'esprit de sacrifice à la République et de solidarité entre l'Italie et la France.

J'ai chargé le colonel Frappoli, en qui j'ai toute confiance, de vous décharger de tous ces embarras, d'être entre vous et moi un intermédiaire honoré de nous deux et je suis sûr d'avoir répondu à vos plus intimes opinions pour un homme éprouvé au service de la démocratie depuis de longues années.

C'est donc avec une entière confiance que je vous l'envoie pour remplir auprès de vous les fonctions de chef d'état-major, et vous faciliter la rude et glorieuse entreprise dont vous avez bien voulu assumer le fardeau au milieu de vos frères de France.

Salut fraternel.

Votre serviteur dévoué,

LÉON GAMBETTA.

Tours, 16 novembre 1870, 8 h. 30 m. — *Guerre à général commandant, Lyon.* — Je suis forcé de retirer l'armée de l'Est de Chagny, mais je vous envoie un corps de troupes qui portera votre garnison à plus de 30 000 hommes.

Voyez de former votre garde nationale à l'instar de celle de Paris, c'est-à-dire en une partie pouvant tenir la campagne et le reste gardant la ville. Instruisez-la et habituez-la graduellement au feu.

Imitez la tactique de Trochu et faites de fréquentes sorties pour défendre vos forts éloignés. Complétez votre armement le plus rapidement possible.

Faites inonder les routes en amont de Lyon.

Vous pourrez avoir l'ennemi sous vos murs dans huit jours.

C. DE FREYCINET.

Semur, 21 novembre 1870, 5 h. 50 s. — *Ingénieur à Gouvernement, Tours.* — Châtillon a été évacué le 20 par les Prussiens qui se sont repliés sur Troyes.

La colonne signalée le 19 à Saint-Seine s'est repliée le 20 sur Dijon avec force réquisitions.

Dijon n'envoie et ne reçoit plus de nouvelles.

Semur est trop éloigné de l'ennemi pour l'observer désormais.

PLESSIER.

Tours, 21 novembre 1870, 4 h. s. — *Général Garibaldi, Arnay.* — Je reçois dépêche de Bordone ce matin 8 h. 35, m'apprenant brillant fait d'armes à Châtillon. Recevez pour vous et vos vaillantes troupes nos félicitations et signalez-moi les braves qui s'y sont distingués.

C. DE FREYCINET.

Tours, le 23 novembre 1870. — *Guerre à M. Gambetta au Mans.* — Je viens de voir le général Bourbaki. Si vous devez rentrer ce soir ou demain matin, j'attendrai votre retour pour vous donner les résultats de notre entrevue. Si vous devez rentrer plus tard, je vous les télégraphierai pour avoir votre décision.

C. DE FREYCINET.

Tours, 24 novembre 1870, 11 h. 25 matin. — *Guerre à général Bressoles, Lyon.* — Je vous invite à hâter l'exécution de vos mesures pour faire occuper la position de Chagny et environ-

Les populations sont inquiètes et commencent à nous accuser, ne connaissant pas nos nécessités stratégiques.

Tours, 25 novembre 1870, 10 h. 25 matin. — *Guerre à général Bressoles, Lyon.* — Chalon et Chagny sont évacués par l'ennemi. Vous n'avez donc plus rien qui vous retienne à Lyon, si ce n'est l'organisation même de votre armée. Hâtez-la le plus que vous pourrez et vous rendrez de grands services.

Je vous prie d'empêcher qu'on crée aucune entrave à Garibaldi.

Laissez-le agir librement et ne gênez point ses entreprises aventureuses.

Tours, 26 novembre. — *Ministre Guerre au général Cambriels, à Lagrasse (Aude).* — J'ai reçu, général, la lettre par laquelle vous me demandez la convocation d'un conseil de guerre devant lequel vous voudriez expliquer votre conduite, afin de mettre un terme aux accusations sans preuves dont vous êtes l'objet dans quelques journaux. J'ai d'abord à m'excuser d'avoir répondu si tardivement à cette lettre, mais je vous prie de mettre sur le compte d'une absence forcée que je viens de faire le retard tout involontaire que j'ai mis à vous faire connaître mon opinion sur cet incident. Je ne puis convoquer le conseil de guerre que vous réclamez avec une insistance qui vous fait le plus grand honneur à mes yeux. Vous ne pouvez ni ne devez oublier les termes dans lesquels nous nous sommes quittés, non plus que les divers télégrammes que je vous ai adressés et qui sont de nature à vous couvrir suffisamment devant l'opinion publique. Après ces diverses communications, si je convoquais le conseil de guerre que vous demandez,

je semblerais participer dans une mesure quelconque
aux sentiments de suspicion qui vous poursuivent contre toute justice, et c'est ce que je ne veux à aucun
prix. Je ne puis donc vous répéter ici que ce que je vous
ai dit déjà à plusieurs reprises : à savoir, que lorsque
j'ai quitté Besançon je vous ai laissé votre commandement, parce que ma confiance en vous restait pleine
et entière malgré la retraite des Vosges ; que depuis
vous avez dû résigner ce commandement pour des raisons de santé que j'ai pu juger moi-même comme
très légitimes ; que c'est avec mon consentement et
tous mes regrets de me priver momentanément de vos
services, que vous êtes venu dans le Midi prendre le
repos dont vous aviez besoin, et qu'enfin j'ai toujours
eu le dessein de vous rappeler à un autre commandement dès que vous vous jugeriez vous-même en état
de suffire aux nécessités du service. Je compte, général, que cette nouvelle lettre de moi, dont je vous autorise à faire tel usage qu'il vous semblera bon, vous
suffira pour confondre vos accusateurs et pour vous
rendre le repos, la tranquillité et le respect auxquels
vous donnent droit les souffrances que vous avez endurées au service de la France et de la République.

LÉON GAMBETTA.

LYON, 26 novembre 1870. — *Général division Bressolles à
Guerre, Tours.* — Mais enfin qui commande ici ?

Général Crevisier d'un côté, général Cremer de l'autre,
donnent des ordres dans ma division sans me prévenir ;
l'un veut prendre le commandement de la subdivision à
Bourg, l'autre donne des ordres à la gendarmerie et amène
des gendarmes avec lui, en déclarant au capitaine de Mâcon,
qui lui faisait des observations, qu'il n'y avait plus ni chef
ni hiérarchie. En vérité, que veut dire tout ce désordre ?

TOURS, 26 novembre 1870, 11 h. matin. — *Intérieur
à préfet, Jura.* — C'est la première nouvelle que vous
me donnez des déprédations commises par le corps

Wolowski. J'aurais vivement désiré que dès le début vous m'eussiez averti de cet état de choses.

Vous êtes armé de tous les pouvoirs nécessaires pour réprimer ces abus. Je vous prie cependant de ne rien exagérer, de ne pas voir les choses trop en noir; la guerre est la guerre, c'est votre devoir d'en alléger le fardeau à vos populations, et prenez toutes mesures à cet égard, je les ratifierai; mais il n'est pas en votre pouvoir de faire que les choses se passent comme en temps ordinaire, et sous ce rapport j'ai peur que vous ne vous laissiez aller à des sentiments de commisération que je partage, mais que notre devoir est de réprimer. Je vous renouvelle tous mes sentiments.

LÉON GAMBETTA.

Tours, 27 novembre 1870, 11 h. 5 soir. — *Guerre à général Bressoles, Lyon.* — Si le général Crévisier ne vous obéit pas d'une manière absolue, menacez-le de destitution. Vous seul commandez les troupes dans votre division.

Brisez sans hésiter toutes les résistances, nous vous approuvons.

DE FREYCINET.

Tours, 30 novembre 1870. — *Guerre à général Crévisier, Beaune.* — Je vous donne l'ordre formel de vous rendre à Lyon, ainsi que vous l'a enjoint le général Bressolles.

Tours, 30 novembre 1870. — *Guerre à général Bressolles, Lyon.* — Je donne ordre formel au général Crévisier de se rendre à Lyon, ainsi que vous le lui avez enjoint.

Chagny, 30 novembre 1870, 4 h. 45 soir. — *Colonel Pellissier à général, Moulins.* — La position des armées françaises et prussiennes, hier 29, était la suivante :

Aile gauche Garibaldi, quartier général Labussière, sur rivière d'Ouche; Bordone et état-major à Bligny-sur-Ouche; armée française, 1er bataillon mobilisés Saône-et-Loire à Bessy-en-Chaume se reliant à gauche avec Garibaldi, 1er bataillon francs-tireurs à Nox se reliant à gauche avec le ba-

taillon précédent, 1er bataillon mobilisés Saône-et-Loire se
reliant à gauche avec les francs-tireurs et à droite avec Nuits.
— Deuxième légion mobilisés du Rhône à Nuits. — Première
légion mobilisés du Rhône, ignore sa position. — Prussiens
occupent Dijon et, après attaque infructueuse de Garibaldi
sur Dijon, l'ont poursuivi jusqu'à Lanthenay. J'apprends à
l'instant que les Prussiens sont à Arnay-le-Duc.

Pellissier.

Lyon, 5 décembre 1870, 10 h. 50 matin. — *Préfet Lyon
à Guerre, Tours.* — La conduite de Bordone à Autun est l'objet des plaintes de tous, une cause de découragement, un
péril très grave. Elle mériterait un conseil de guerre. Vous
devez en savoir plus long que moi, mais ce que je sais
m'oblige à dire que le maintien d'un tel chef d'état-major
est un scandale. Garibaldi est aveugle, vous ne pouvez pas
l'être. N'y a-t-il pas moyen d'éloigner Bordone sans blesser
Garibaldi? En tout cas, tout doit céder à l'intérêt public.

Challemel-Lacour.

Tours, 7 décembre 1870. — *Guerre à général Garibaldi, à Autun.* — Général, j'ai à vous remercier de tout
ce que vous faites à la tête de votre petit corps d'armée
si simplement et si grandement, selon votre manière
habituelle. Je fais tout ce que je peux pour vous soutenir et je vous demande de ne jamais douter du concours que je désire vous prêter. J'ai reçu votre dépêche
concernant la nomination de l'avocat Le Piccon comme
préfet des Alpes-Maritimes. Ma confiance en vous est
telle que je l'accepterais de votre main et le nommerais
immédiatement si le poste de Nice n'était pas occupé
par un des plus vieux et des plus fidèles serviteurs de la
démocratie, un des hommes qui honorent le plus notre
parti, M. Marc Dufraisse, qui a bien voulu accepter cette
mission et que je ne peux remplacer que sur sa demande. Je vous envoie mes saluts fraternels.

Chalon, 7 décembre 1870. — *De Serres à Gambetta, Lyon.*

— *Urgent et confidentiel.* — Prière faire insérer aux journaux une note dans le sens suivant :

« L'attaque vigoureuse de Nuits par des forces considé-
« rables ennemies, quoique bien soutenue par nos armes,
« avait amené le gouvernement, pour rassurer le pays, à
« renforcer les troupes qui couvrent la Côte-d'Or, la vallée
« de la Saône et Lyon par des détachements importants
« tirés de l'armée de la Loire. Ces énergiques mesures ont
« été superflues, l'ennemi ayant arrêté sa marche en avant,
« sans même conserver Nuits, et aujourd'hui on a pu même
« faire revenir à leur point de départ les troupes tirées de
« Bourges et de Nevers. »

                                                « DE SERRES. »

TOURS, 6 décembre 1870. — *Intérieur à préfet, Lyon.*
— Tout ce que vous me dites sur Bordone m'est connu ; mais je ne puis l'enlever à Garibaldi, qui veut le garder. C'est sur Garibaldi directement qu'il faut agir.

                                       LÉON GAMBETTA.

8 décembre 1870. — *A général commandant la division militaire, Bordeaux.* — Le délégué du ministre de la Guerre et les services administratifs se transportent à Bordeaux[1] où ils arriveront demain matin vendredi vers 6 heures. Je vous serai fort obligé de mettre à leur disposition dans l'hôtel de la division militaire le plus grand nombre de locaux possible.

                                       DE FREYCINET.

JOSNES, 10 décembre 1870, 12 h. matin (minuit). —
Intérieur et Guerre à délégué de Freycinet, Bordeaux. —
J'ai trouvé tout ici parfaitement maintenu, grâce à la fermeté de main et à l'énergie indomptable du général

1. La translation du gouvernement de Tours à Bordeaux avait été décidée à la suite de l'évacuation d'Orléans : « Malgré la ténacité du général Chanzy, on ne pouvait se flatter que des troupes aussi éprouvées résisteraient indéfiniment ; or, l'armée vaincue, toute la vallée de la Loire était livrée, et Tours était ouvert. » (FREYCINET, *la Guerre en province*, p. 191.)

Chanzy. Non seulement il garde ses positions depuis trois jours, mais il refoule les masses du prince Frédéric-Charles et leur cause les pertes les plus cruelles. Il se bat depuis le 28 novembre; on peut apprécier par là l'honnêteté des assertions de M. de Moltke disant que l'armée de la Loire est anéantie, quand la moitié de cette armée suffit, à elle seule, pour tenir en échec les plus vieilles troupes de Frédéric-Charles. Je vous prie de vous occuper activement de la recomposition des divisions du général Chanzy au point de vue des officiers supérieurs et des moyens matériels de toute sorte, on n'a pas traversé d'aussi rudes journées sans avoir besoin à la fois de repos et de recomposition.

Je ne sais rien de Bourbaki; je vous prie de ne point le perdre de vue, de lui passer les ordres généraux les plus précis et de me tenir au courant. A voir ce que nous avons ici sur les bras, je ne pense pas qu'il ait affaire à beaucoup de monde, et il faudrait, dans l'intérêt même de la 1re armée, l'inviter à tenter quelque sérieuse diversion.

Pressez également Bressoles; renforcez Garibaldi et faites-les agir systématiquement; songez à Carentan. Je crains qu'il n'y ait beaucoup de décousu de ce côté. Il est nécessaire de donner un successeur au général des Pallières. Voici ce que je propose: on nommerait Borel commandant du 15e corps et le lieutenant-colonel Le Perche, présentement aide de camp de Bourbaki, chef d'état-major général de la 2e armée. Il faudrait aussi sérieusement penser à Crouzat ou tout au moins le débarrasser de Varaignes, son mauvais génie, le même qui a déjà perdu Cambriels. Je vous rappelle l'affaire du général Mazelles à Mézières; chargez le colonel du génie du commandement de la place; apprenez-moi surtout que vous utilisez sur l'heure les mobilisés en état de marcher à l'ennemi, quant à ce qui se trouve dans les dépôts, pressez leur

armement et, au lieu de former des régiments de
marche avec des dépôts multiples, constituez autant
que possible un bataillon de marche avec les ressources
d'un même dépôt ou de deux, au plus de trois. Faites-
vous également, par les soins du préfet de Bordeaux,
renseigner sur l'impression politique produite par le
déplacement du gouvernement. Communiquez ma
dépêche au gouvernement en livrant à la publicité
tout ce qui est compatible avec la prudence. Je désire
avoir une réponse à cette dépêche, demain matin à la
première heure.

LÉON GAMBETTA.

BORDEAUX, 10 décembre 1870, 4 h. 25 soir. — *Guerre à
Gambetta, à Josnes.* — Le général Clinchant s'est évadé et
est actuellement à Poitiers.

L'intendant Friant le signale comme un « jeune, bon et
vigoureux officier général ». Ces renseignements me sont
confirmés par ailleurs. Vous pourriez le mander auprès de
vous, et lui confier, s'il vous convient, le commandement du
15e corps, en remplacement des Paillères.

DE FREYCINET.

TOURS, le 11 décembre, midi. — *Le ministre de la
Guerre au Gouvernement, à Bordeaux.* — Je suis revenu
à Tours, ayant quitté le général Chanzy hier dans
l'après-midi. Ses efforts sont admirables, et, jusqu'à
présent, couronnés de constants succès[1]. Il protège la
ligne de la Loire sans céder un pouce de terrain. Je crois
que la situation est assez bonne pour me permettre de
m'éloigner. Je me rends à Bourges pour voir le parti
qu'il est bon de tirer de la seconde armée[2]. Écrivez-
moi à Bourges ; c'est de là que j'écrirai moi-même.

LÉON GAMBETTA.

1. Combats de Josnes et de Beaugency.
2. Les 15e, 18e et 20e corps sous la direction du général Bourbaki; l'armée commandée par le général Chanzy était composée
des 16e, 17e et 21e corps.

BORDEAUX, le 11 décembre 1870. — *Délégué du ministre de la Guerre, à Gambetta, Bourges.* — Chanzy vient d'adresser ce matin 11 h. 40 à général Bourbaki la dépêche suivante :

« Le mouvement qu'il est possible et indispensable de faire pour rétablir coûte que coûte notre situation est le suivant : marcher de Bourges sur Vierzon, pousser le gros de la 1re armée par Romorantin sur Blois, prendre position entre la Loire et le Cher, intercepter la communication de l'ennemi entre Orléans et son armée engagée sur Tours, de façon à couper cette armée de sa base d'opération. Si ce mouvement se fait, je me charge de tenir sur la rive droite de la Loire. Me faire connaître la décision qu'on aura définitivement prise. »

Je suis convaincu pour ma part que le salut est là, et depuis hier matin je demande vainement à Bourbaki d'exécuter ce mouvement ; si vous vous heurtez aux mêmes refus et si d'autres généraux sont prêts à faire ce que Bourbaki ne croit pas pouvoir faire, je vous confirme et complète mes propositions pour organiser le commandement ainsi : Général en chef de l'armée, Billot ; chef de l'état-major général, Borel ; commandant le 18e corps, Feillet-Pilatrie ; commandant le 20e, général Clinchant, évadé de Prusse, actuellement à Poitiers ; commandant le 15e, Penhoat, actuellement dans le 18e corps et qui sera bien placé dans le 15e à cause des troupes de marine.

Je reçois à l'instant une dépêche de Bourbaki qui, à la suite de mes nouvelles instances de ce matin, manifeste quelque intention de marcher vers Chanzy, mais avec une extrême lenteur. Stimulez-le, il en a grand besoin ; rappelez à l'armée l'intendant Friant qui en est absent depuis plusieurs jours, nous ne savons pour quel motif.

DE FREYCINET.

BORDEAUX, le 11 décembre 1870. — *Guerre à Gambetta, Bourges.* — Je reçois du général Barry la dépêche suivante de Blois :

« Mon sous-intendant que vous avez rencontré à Château-Renaud m'informe que vous lui avez prescrit de se rendre à Vendôme avec mon convoi ; le capitaine Fournier, commandant mon artillerie, que vous avez rencontré à Herbault,

m'informe que vous lui avez prescrit de se rendre avec ses
pièces à Château-Renaud. Je ne puis croire à ces déclarations
dont le résultat serait de me laisser ici sans vivres et sans
artillerie. » Je suppose que c'est à vous que cette dépêche
s'adresse et c'est pourquoi je vous la transmets pour que
vous y répondiez s'il y a lieu.

DE FREYCINET.

LYON, 11 h. soir. — *Général de division à Guerre.* — Nuits
a été occupé par l'ennemi après un combat acharné. Je fais
renforcer le général Cremer par 6000 hommes, tirés de
Lyon, et trois batteries d'artillerie. Le colonel Pellissier a
envoyé, de son côté, trois bataillons pour soutenir le général Cremer. Je n'ai pas de nouvelles depuis. Engagement
vif depuis ce matin sur l'Ognon, aux environs de Pesmes,
et attaque sur toute la ligne de la Saône et du Doubs
depuis Besançon.

BRESSOLLES.

12 décembre 1870. — Quartier général de Saint-
Martin. — *Guerre à Freycinet, délégué à Bordeaux.* — *Aux
généraux Chanzy au château des Noyers (Loir-et-Cher)
et Bourbaki à Mehun. A communiquer à tous les chefs.*
   Le Ministre de l'Intérieur et de la Guerre;
   Vu la rigueur de la saison et la nécessité d'assurer
pendant la campagne d'hiver aux troupes en marche
des cantonnements de nature à donner aux soldats
l'abri et le repos nécessaires pour refaire leurs forces;

   ARRÊTE :

   Pendant la durée de la campagne d'hiver, les généraux et les chefs de corps sont autorisés à loger chez
l'habitant autant de monde que pourront en contenir
les locaux qui se trouveront sur le passage des troupes.
— Ce genre de cantonnement sera porté à la connaissance de tous les maires, qui en assureront l'exécution.
Les chefs de corps enverront devant les troupes en
marche des officiers et sous-officiers chargés de visiter
les locaux et fixer d'avance l'effectif à loger dans cha-

que maison. La mesure du cantonnement devra être immédiatement appliquée.

Le Ministre de la Guerre,

Léon Gambetta.

Bourges, 12 décembre 1870[1]. — *Ministre Intérieur et Guerre à Dumangin, attaché au ministère Intérieur, à Bordeaux.* — Recherchez immédiatement à Bordeaux M. Blech, de Sainte-Marie-aux-Mines, et dites-lui de venir en toute hâte à Bourges où j'ai le plus pressant besoin de lui parler. Si par hasard il était déjà parti, télégraphiez-lui l'invitation de se rendre ici, partout où vous saurez qu'il pourra se trouver, à Lyon, chez Blech, 15, quai Retz, et à Bâle, Schweizerhof. Je lui écris de mon côté.

Léon Gambetta.

Bourges, 12 décembre 1870. — *Ministre Guerre à général Bressolles, Lyon.* — Je suis à Bourges depuis ce matin pour présider à la réorganisation de la 2ᵉ armée de la Loire. J'ai lu en communication une dépêche du général Cremer qui nous est adressée et qui nous entretient de divers incidents relatifs aux corps francs placés du côté de Beaune et à la démission du colonel Boursier. Je ne connais pas cette affaire, veuillez me renseigner immédiatement.

Lyon, 12 décembre 1870. — *Général division Bressolles à Gambetta, ministre Guerre, Bourges.* — Voici en peu de mots explication affaire francs-tireurs.

Général Cremer se plaindrait du désordre qu'il y avait dans distribution de vivres à ses troupes. Afin de parer à une situation difficile, j'avais prescrit que toutes les troupes agissant sous ses ordres seraient soumises au régime militaire au point de vue de la solde et des prestations; c'était

1. M. Gambetta était arrivé à Bourges le 12 au matin, à 7 heures. (Cf. tome Iᵉʳ, ch. v.) Il se rendit le 13 au quartier général du général Billot. La constitution définitive de l'armée de Bourbaki fut arrêtée dans la journée du 14 (t. Iᵉʳ, p. 219).

de cette façon conjurer une grosse difficulté, car souvent les francs-tireurs ou autres, soumis au régime de la solde journalière sans prestations en nature, manquent de vivres et viennent en demander alors que l'administration, comptant sur la position particulière, ne peut en donner.

Le général Cremer avait notifié cet ordre, pris dans l'intérêt du service et en conformité d'une de vos décisions, lorsque les francs-tireurs de Bourras ont refusé absolument de reconnaître autorité du général Cremer en criant : « Pas de chef d'armée, nous ne sommes pas de l'armée, vive Bourras! etc. » Tels sont les faits relatifs à cette petite mutinerie qui ne sera rien, je pense; mais j'attends d'autres renseignements. Prière, du reste, me donner instructions à cet égard : les francs-tireurs sont-ils, oui ou non, indépendants des chefs qui commandent? Beaucoup ont cette prétention.

BOURGES, 13 décembre. — *Intérieur et Guerre à Freycinet, délégué de la Guerre à Bordeaux.* — J'ai commencé à m'enquérir de la situation ici. J'ai trouvé les troupes dans un détestable état de désorganisation. J'ai retrouvé ici l'intendant Friant. J'ai ordonné une pointe sur Vierzon, qui est en train de s'exécuter. Ce mouvement me paraît avoir perdu beaucoup de son importance, depuis la dernière nouvelle de Chanzy. Je crois donc que ce qui importe le plus, c'est de trouver un bon point de concentration où cette armée pourra se refaire, être reconstituée avec un nouvel endivisionnement et un nouvel embrigadement. Cette opération terminée, on dirigera alors la nouvelle armée vers l'Est où elle agira séparément, espérons-le, avec quelque vigueur, car ce ne sont pas les éléments qui manquent, l'armée n'a rien perdu de son artillerie.

Où en êtes-vous avec les mobilisés disponibles? Ne les faites pas partir s'ils ne sont pas en bon état au point de vue de l'équipement, de l'habillement. Écrivez-moi là-dessus aujourd'hui même.

Bressolles se plaint de ce que vous le négligez.

Qu'y a-t-jl de fondé dans ses plaintes? Pressez-le, mais aidez-le.

J'ai pressé les ordres dans le Calvados pour que l'on ne retarde en rien nos opérations sur Carentan.

Le temps est ici fort mauvais pour des recrues. Tenez prêts, pour la reconstitution de l'armée, les effets d'habillement, souliers, pantalons, etc.

LÉON GAMBETTA.

BORDEAUX, le 13 décembre 1870. — *Guerre à Gambetta, Bourges.* — Je suis en possession de vos trois dépêches de ce jour : 10 h. 30, 11 h. 30, 11 h. 30, et j'y réponds.

Le camp de Nevers n'a jamais été abandonné, du moins dans ma pensée; il avait été dit seulement :

1° Que l'emplacement actuel paraissant dangereux, on en chercherait un autre.

2° Que les mobilisés prêts à entrer en ligne seraient immédiatement affectés à la défense du département; mais tout le personnel est nommé et le commandant avait ordre de fonctionner; au surplus, je télégraphie dans le sens de votre dépêche, à savoir : de s'installer si possible au sud de Nevers entre Allier et Loire; vous me dites de nommer Brisson administrateur, mais vous avez déjà désigné Segonville qui est un très bon intendant militaire prisonnier sur parole; quant à Conlie, son organisation n'a jamais été entamée; tout le personnel est en fonction et Marivault a toujours été fermement maintenu à la tête. L'enquête est terminée et vous en lirez les rapports dès votre retour; vous me recommandez de fortifier Chanzy et de ne pas envoyer de mobilisés dans la 2e armée. Il y a évidemment confusion de numéros d'armée; je vous avais télégraphié que j'envoyais des mobilisés dans la 2e armée parce que c'est Chanzy qui est la 2e armée et non Bourbaki qui est la 1re. A l'armée de Bourbaki, je n'envoie pas de mobilisés; ceux que j'expédie à Bourges sont pour Bourges même; je regrette que le déplacement de Deshorties ait fait naître un nuage dans votre esprit. Tous les jours je déplace des généraux sans vous en référer, il ne m'est donc pas venu à l'esprit de faire exception pour un lieutenant-colonel, d'autant plus que jusqu'ici

vous ne m'aviez paru attacher à cet officier qu'une médiocre
importance et, j'ajoute, celle qu'il a réellement. Si vous voulez
que désormais je vous soumette tous les déplacements jusqu'à lieutenant-colonel exclusivement; je n'ai pas d'objection,
mais à la pratiqué peut-être trouverez-vous cela compliqué.

De vive voix je pourrais vous en dire long sur le personnage. Vous savez bien que je ne mets jamais de passion dans
le service. Ayez donc confiance de loin, je m'engage à tout
justifier, de plus; mais ne me mettez pas en position de
passer mon temps à vous ennuyer de ces détails en même
temps que j'ai l'air d'être tenu en échec par mon subordonné.

                                        DE FREYCINET.

BORDEAUX, 14 décembre. — *Guerre à Gambetta, Bourges.*
— J'ai reçu aujourd'hui le chef d'état-major de Bressolles;
c'est prodigieux, même chez nos généraux les plus intelligents le manque d'initiative; il y a une foule de détails que
j'ai réglés en un trait de plume, qui auraient pu l'être aussi
bien il y a trois semaines et qui retardaient l'organisation
indéfiniment. On peut espérer maintenant que dans quelques jours cette armée sera prête, mais c'est plus long
que cela aurait dû l'être et je m'attendais à mieux. S'il vous
prend fantaisie de passer par Lyon, vous ferez bien de se-
couer tout ce monde, car vraiment le Sud-Est ne prend
pas assez part à la défense.

Quant à Garibaldi, j'éprouve une difficulté toute spéciale
à le renforcer. La plupart des mobilisés auxquels je m'adresse
refusent absolument d'aller auprès du général; je viens encore d'essuyer un refus péremptoire de Besançon qui aurait
pu et dû fournir 4 à 5 000 mobilisés pour Garibaldi; néanmoins, je cherche encore.

                                        DE FREYCINET.

BORDEAUX, le 14 décembre 1870. — *Guerre à Gambetta,
Bourges.* — Je dois attirer votre attention sur une situation
grave. Vous m'aviez fourni une note de laquelle il résultait
qu'au 15 décembre, je toucherais 100 et quelques mille fusils
pendant que l'Intérieur, de son côté, en toucherait plusieurs centaines de mille. Je suis loin d'avoir touché le
chiffre annoncé, il m'en manque près de la moitié; quant

à l'Intérieur, j'ignore ce qu'il a reçu, mais voici le point aigu de là situation. J'ai fait rechercher, il y a trois jours, par une circulaire télégraphique, quels étaient les bataillons de mobilisés prêts à entrer en ligne. Sauf quatre ou cinq départements, la Gironde, Maine-et-Loire, le Gers, la Creuse, la réponse invariable a été celle-ci : Tant d'hommes sont prêts, mais ils ne sont pas armés. Les mobilisés qui commencent à affluer dans certains camps sont également sans armes.

A Toulouse, personne n'est armé ; à la Rochelle, c'est à peu près de même. A Conlie, vous avez plus de 30 000 hommes sur 40 000 qui n'ont pas un fusil.

Que voulez-vous faire de ces multitudes, et avec quoi voulez-vous que je ravitaille les armées?

Quand je vous aurai expédié les 30 000 mobilisés armés que j'ai recrutés de droite et de gauche et les 40 000 hommes des dépôts avec les 40 000 fusils des arsenaux ; que me restera-t-il à vous donner ? Rien. Absolument rien que 1 000 fusils par jour de la fabrication de l'État. Je n'ai aucun moyen de procurer les armes. Je vous en demande donc, si vous voulez que je vous fournisse des soldats.

De Freycinet.

Bordeaux, le 15 décembre 1870. — *Guerre à Gambetta, Bourges.* — Le colonel Thoumas nous a fourni à ce jour 88 batteries ordinaires et 20 batteries de montagne. Avant le 31 décembre, il nous aura fourni plus que les 100 batteries convenues, sans compter celles de montagne. Puisqu'il a devancé son échéance, ne retardons pas la nôtre. Autorisez-moi donc à le faire nommer général. Ce serait d'autant plus opportun qu'il ne faut pas que cela ait l'air d'un avancement banal de 1er de l'an.

De Freycinet.

Tours, 15 décembre 1870. — *Guerre à Gambetta, Bourges.* — Je considère comme très fâcheux que Bourbaki ne continue pas son mouvement à petites journées vers l'Ouest. C'était le seul moyen de préoccuper l'ennemi et de soutenir Chanzy. Vous avez du reste reçu de ce général une dépêche aujourd'hui même qui est très pressante dans le même sens. Se-

lon moi, une bonne position à prendre pour observer l'ennemi et nous reconstituer nous-mêmes était la position de
Selles entre la Sauldre et le Cher, un peu à gauche de Romorantin. On commande de là plusieurs routes, on couvre
la ligne de Tours à Blois, on a toutes les facilités du ravitaillement et on est protégé par des cours d'eau. Tandis qu'à
Nérondes, je crains bien qu'on ne protège que des points
qui ne sont pas actuellement menacés. A mon sens, Bourbaki a le plus grand tort de ne pas vouloir se porter à
gauche de Vierzon. C'est l'abandon de l'armée de Chanzy
qui peut être entourée à tout instant par la totalité des
forces du prince Charles. Je ne puis pas comprendre que
des troupes, si désorganisées qu'elles soient, ne puissent pas
marcher à toutes petites journées comme des convalescents,
Si donc il en est temps encore, j'insiste pour que vous obli-
giez Bourbaki à se porter dans la direction de Selles.

BORDEAUX, le 15 décembre 1870. — *Guerre à Gambetta,
Bourges.* — On me parle continuellement avec amertume
de 50 000 marins qui pourraient être levés et qui ne le
sont pas. Cela fournit matière à comparaisons pénibles,
aujourd'hui surtout qu'on fait partir les mobilisés; j'ai
déjà écrit dans ce sens à l'amiral. Vous feriez bien de
peser énergiquement sur lui. C'est à la fois une mesure militaire et politique.

DE FREYCINET.

BELFORT, 15 décembre 1870. — *Général commandant Belfort à Guerre, Tours.* — Le colonel Keller commandant les
francs-tireurs des Vosges m'informe qu'un combat très vif
a eu lieu hier vers 2 heures, vers Soultz et Guebwiller. Les
francs-tireurs et les gardes nationaux ont arrêté l'ennemi
dans sa marche.

AUTUN, le 16 décembre 1870. — *Colonel Gauckler à de
Freycinet, délégué Guerre, à Bordeaux.* — Capitaine de vaisseau Pradier fait afficher qu'il est chargé de la défense de
Saône-et-Loire par le gouvernement et se pose comme
notre antagoniste. Si on ne met pas ordre à ce scandale, général Garibaldi se retirera et notre armée sera dissoute;
prière d'agir immédiatement.

Bourges, le 16 décembre 1870. — *Ministre Guerre à Freycinet, à Bordeaux.* — Je reçois ce matin le général Espivent de la Villeboisnet, qui a été désigné, paraît-il, pour commander la 3e division du 18e corps. Ce choix fait en dehors du général Billot et de moi qui étions tombés d'accord pour prendre le général Bonnet, nommez le général où vous voudrez. Faites-le venir auprès de vous à Bordeaux; mais ne donnez pas un poste de combat à un homme aussi usé. Réponse aujourd'hui même, le général l'attend.

LÉON GAMBETTA.

Bordeaux, le 16 décembre 1870. — *Guerre à Gambetta, Bourges.* — Le ministère de la Guerre possède actuellement en magasin 21 000 fusils Chassepot, Snyder et Remington. A mesure qu'on lui en livrera, il armera les hommes du camp de Conlie et des dépôts. En attendant, ordre est donné au commandant de Marivault de maintenir ses hommes dans les meilleures conditions possibles. Je vous envoie par la poste le rapport d'enquête et, suivant votre ordre, je dirige sur Conlie un médecin inspecteur.

Puisque vous gardez Colomb au 15e corps, veuillez me désigner le général que vous désirez mettre à la tête du 17e. Je ne croyais pas Espivent aussi âgé; sur l'état qui m'a été remis à mon entrée, il figure comme ayant 57 ans. Le général Lefort est à Bayonne et non à Bordeaux, ce qui ne veut point dire qu'on ne puisse y mettre Crouzat, si vous le désirez. Je le croyais mieux placé à la tête d'une division active et je l'avais mis à la tête de la 2e division du 17e corps, mais c'est facile à changer. J'enregistre la révocation de M. Bérard, que je ne pouvais me permettre sur la simple réclamation du préfet du Gard. Espivent et Varaigne ont reçu ordre de venir à Bourges. Ils recevront des destinations quelconques dans leurs corps, à moins que vous n'en décidiez autrement. Cela répond, je crois, à vos cinq dernières dépêches.

DE FREYCINET.

Bordeaux, 17 décembre 1870, 8 h. 15 soir. — *Jules Cazot à Gambetta, Bourges.* — Le premier ban des mobilisés, c'est-à-dire les célibataires, veufs sans enfants, a produit 540000 hommes : défalcation des non-valeurs, on peut compter sur 500000. Peu sont en ligne, la plupart attendent l'ordre de partir. J'ai demandé hier à la Guerre le relevé, par jour, des mobilisés mis à sa disposition. Au fur et à mesure je vous le ferai parvenir. A peu de chose près, ils sont armés, équipés et habillés. Je complète l'armement insuffisant ou défectueux. 112000 fusils arrivent à Brest par l'*Érié*. J'en dirige une partie sur Conlie. Les fonds de solde sont faits.

LYON, 17 décembre 1870. — *Général division Bressolles à Guerre, Tours.* — Je n'ai d'autre objection à faire pour le passage de Cremer sous les ordres de Garibaldi que celui d'avoir le regret de voir passer sous un autre commandement un corps de mobilisés que je connais et dont les chefs et les hommes désiraient servir sous mes ordres. Je m'étais appliqué à former un petit corps d'armée. Vous m'en enlevez les éléments au fur et à mesure de leur formation ; comment voulez-vous, en de pareilles conditions, que je dise quand je serai prêt ? Évidemment, c'est toujours à recommencer et je ne le serai jamais. Vous m'avez enlevé le 27e provisoire, vous m'enlevez le 83e, le 57e de marche, une batterie d'artillerie, les deux batteries des légions du Rhône, vous ne constituez pas mes états-majors ni mon chef administratif. A la place, vous m'envoyez le 61e de marche qui m'arrivera ayant besoin de se reformer probablement. Partir, on peut toujours le faire ; reste à savoir les conditions dans lesquelles on se trouve. Il ne m'est encore rien arrivé de ce que vous m'avez annoncé, pas même le 2e bataillon du régiment de l'Yonne que je réclame depuis plusieurs mois ; telle est la situation vraie de la troupe que j'avais formée. Il est parti, soit pour Tours, soit pour Garibaldi, 15 000 hommes et 3 batteries d'artillerie, c'est-à-dire ce que j'avais de mieux et de prêt absolument.

Plan d'opérations dans l'Est.

Nous empruntons à M. de Freycinet (*loc. cit.*, p. 218 et suiv.) l'exposé du plan d'opérations dans l'Est qui fut adopté à la suite de la défaite d'Orléans.

« A peine les suites de la défaite d'Orléans étaient-elles conjurées, qu'il fallut s'occuper de reprendre l'offensive sur quelque autre point. Car c'était une des nécessités de la situation de ne pas demeurer dans l'inaction. On était sous le coup de la terrible échéance de Paris, et, Paris tombé, la lutte devenait bien difficile, sinon impossible. Nous étions donc obligés de nous hâter, dans l'intérêt de Paris, comme dans l'intérêt de la France.

« Une grande incertitude régnait d'ailleurs sur la durée probable du siège. Cette durée dépendait non des progrès méthodiques de l'ennemi, mais du chiffre des approvisionnements, sur lequel les appréciations avaient toujours beaucoup varié. Au début, le 15 décembre était marqué par M. Jules Favre comme la limite extrême. Depuis lors, le même homme d'État avait indiqué le 10 janvier. Le général Trochu laissait entrevoir une date plus éloignée, et des informations particulières parlaient du milieu de février. On avait donc devant soi une période assez courte pour n'en rien perdre, mais assez longue pour tenter une opération de longue haleine.

« L'offensive ne pouvait être reprise par les troupes du général Chanzy, auxquelles de glorieuses fatigues avaient imposé un repos bien nécessaire. Elle ne pouvait l'être davantage par l'armée du général Faidherbe, encore incomplètement formée, et d'ailleurs trop peu nombreuse pour frapper un coup décisif. Sur les autres points il n'existait que des corps en voie de formation, incapables par conséquent d'entrer en lutte immédiate. Seule, la 1re armée, ramenée à Bourges par le général Bourbaki, pouvait offrir une force suffisante. M. Gambetta, à son retour de Josnes, se rendit auprès d'elle pour juger de la situation. Il comptait, par sa présence, en hâter la réorganisation et en même temps lui communiquer cette flamme qu'il portait en lui et dont certains symptômes donnaient à croire qu'elle manquait.

« Il trouva en effet la 1re armée très abattue. La marche, le froid, et surtout ces impressions pénibles qui s'emparent des troupes pendant la retraite, avaient affaibli l'armée plus que des engagements meurtriers n'auraient pu le faire. Le 18e corps seul s'était bien tenu, mais les 15e et 20e avaient beaucoup perdu. On leur envoya en quelques jours 20 000 hommes de nouvelles troupes, on leur rendit les fuyards arrêtés sur divers points, on les dota de plusieurs batteries d'artillerie; enfin, le personnel supérieur fut remanié. Le général Martineau des Chesnez avait déjà succédé au général des Paillères; le général Clinchant, vigoureux officier qui revenait d'Allemagne, succéda au général Crouzat; le général Borel, qui avait dirigé l'état-major général pendant la campagne de Paris, reçut les mêmes attributions auprès du général Bourbaki. Bref, le 18 décembre, la 1ʳᵉ armée, forte alors de plus de 100 000 hommes et de 300 bouches à feu, se trouva en état de reprendre les hostilités.

« Un plan d'opération dans l'Est fut proposé au ministre par le général Bourbaki.

« Ce plan consistait à mettre en marche la totalité des troupes de la 1ʳᵉ armée, à passer la Loire en aval de Nevers, à la Charité et à Cosne, à remonter vers Montargis par Donzy et Saint-Fargeau; enfin, de là, à gagner la forêt de Fontainebleau suivant le programme primitif, qui venait d'échouer si malheureusement à Orléans. Pendant ce temps le corps de Garibaldi et les généraux Bressolles et Cremer devaient agir de concert dans la direction de Dijon et de Gray pour produire une diversion dans l'Est et faire lever le siège de Belfort.

« M. Gambetta, qui était encore à Bourges, m'ayant consulté sur ce projet, je lui soumis, après études dans les bureaux, les observations suivantes :

« Depuis l'époque où la tentative sur Fontainebleau et, de là, sur Paris, avait été conçue, les circonstances avaient bien changé. Au lieu de 200 000 hommes pour l'exécuter, on disposait seulement de 100 000. On ne possédait plus Orléans comme base d'opérations. On n'avait plus la perspective de rejoindre l'armée victorieuse du général Ducrot. Et puis, que ferait la 1ʳᵉ armée toute seule contre les forces réunies du prince Charles? On venait de voir la 2ᵉ armée aux prises avec elles, et, malgré des prodiges de valeur et de constance, malgré les ressources d'esprit du général Chanzy, cette armée, après tout, avait été obligée de battre en retraite. Quelle ne serait pas la situation de la 2ᵉ armée, lancée en avant dans le territoire ennemi? Elle serait inévitablement défaite sous Montargis. Et, même si elle échappait à son redoutable adversaire, qu'obtiendrait-elle sous les murs de Paris? Elle n'y réussirait certainement pas mieux que le général Ducrot et tournerait inutilement autour des lignes jusqu'à ce qu'elle fût entourée et écrasée ou, au moins, repoussée. De plus, on découvrirait ainsi totalement Bourges et Nevers, en sorte que le moindre corps ennemi, détaché par le prince Charles, pourrait à volonté brûler ces établissements, et menacer les derrières de notre armée.

« La deuxième partie du plan, à savoir l'action des généraux Bressolles et Garibaldi sur Belfort, n'était guère moins sujette à objections. En effet, les forces qu'on allait y faire manœuvrer atteignaient à peine 50 000 hommes, et c'étaient (la suite ne l'a que trop prouvé en ce qui concerne le 24e corps) les moins solides de toutes. Elles seraient donc paralysées ou détruites par les 60 ou 70 000 hommes que l'ennemi pouvait facilement leur opposer. On tombait donc dans l'écueil, si souvent reproché, de diviser les forces et d'exposer chaque fraction à se trouver en infériorité numérique. Ne valait-il pas mieux réunir les deux groupes qu'on voulait faire agir isolément?

« Telle fut en effet l'idée qui inspira le contre-projet élaboré à Bordeaux. Je le résumai comme il suit :

« On renoncerait, quant à présent, à marcher directement sur Paris. On séparerait les 18e et 20e corps du 15e, et on les porterait rapidement, en chemin de fer, jusqu'à Beaune, Ces deux corps, conjointement avec Garibaldi et Cremer, seraient destinés à s'emparer de Dijon, ce qui semblait très réalisable puisqu'on ferait agir 70 000 hommes environ contre 35 à 40 000 ennemis. Pendant ce temps, Bressolles et son armée se porteraient par chemin de fer à Besançon, où ils ramasseraient les 15 à 20 000 hommes de garnison. Cette force totale de 45 à 50 000 hommes opérant de concert avec les 70 000 victorieux de Dijon, n'aurait pas de peine à faire lever, même sans coup férir, le siège de Belfort et offrirait une masse compacte de 110 000 hommes, capable de couper les communications dans l'Est, malgré tous les efforts de l'ennemi. La seule présence de cette armée ferait lever le siège de toutes les places fortes du Nord et permettrait au besoin de combiner plus tard une action avec Faidherbe. En tous cas, on aurait la certitude de rompre définitivement la base de ravitaillement de l'ennemi.

« Quant au 15e corps, séparé des 18e et 20e corps, il aurait pour mission essentielle de couvrir Bourges et Nevers en se retranchant dans les positions de Vierzon et en occupant solidement la forêt.

« Plus tard, quand le 25e corps serait suffisamment formé, il pourrait relever — comme il le fit en effet — le 15e corps dans sa faction et lui permettrait de grossir, s'il y avait lieu, l'armée de l'Est.

« Pour le moment, la présence du 15e corps à Vierzon devait avoir un autre avantage : c'était de dissimuler le mouvement à l'ennemi. Elle le dissimula en effet si bien que, pendant une dizaine de jours, les troupes destinées à renforcer l'armée de Werder (le corps Zastrow notamment) errèrent à l'aventure de Montargis à Avallon et d'Avallon à Montargis, selon les renseignements contradictoires qui leur parvenaient au sujet de notre armée. On en sera moins surpris, si l'on se rappelle que déjà la résistance développée par le général Chanzy avait induit l'ennemi en erreur, en lui faisant supposer que presque toute l'armée de la Loire battait en retraite sur Marchenoir. Il avait même cru un instant que le général d'Aurelle s'y trouvait en personne. Il était donc assez naturel que, voyant toujours devant lui, à Vierzon, un corps de quelque importance, il n'ait pas soupçonné le départ pour Dijon d'une force aussi considérable que celle des 18e et 20e corps.

« Le programme qui précède ne marquait, on le voit, que les traits généraux et laissait les mesures d'exécution à l'initiative des chefs de l'armée. Il était d'ailleurs muet sur le tracé au delà de Dijon et de Besançon, lequel restait subordonné aux événements de guerre, aux difficultés que la saison ferait naître, à mille causes enfin que nous ne pouvions actuellement prévoir et que les généraux apprécieraient mieux plus tard et sur les lieux.

« M. Gambetta, en ayant approuvé la donnée fondamentale, soumit le programme, tel quel, à l'appréciation des généraux. Ils s'y rallièrent unanimement et, dès le 20, l'exécution commença. »

BEAUNE, 18 décembre 1870. — *Général Cremer à général division Bressolles, à Lyon.* — Nous avons été attaqués par 24.000 Prussiens et 11 batteries d'artillerie; nous avons

tenu jusqu'à 5 heures et les avons fait reculer sur la gauche.
Nous sommes obligés de nous replier, n'ayant plus de
munitions pour l'infanterie et pour l'artillerie. Je reste de
ma personne à Beaune et je soutiens la retraite avec le 57ᵉ et
le bataillon de la Gironde, et les renforts que j'espère que
vous m'enverrez de Lyon. Nous ne sommes nullement découragés et nous reprendrons l'offensive quand nous
aurons reçu des munitions. Nos pertes sont sensibles. Celler,
Crazoni, capitaine Aubrion grièvement blessés, mais je crois
pouvoir affirmer Prussiens bien plus éprouvés ; l'artillerie a
été admirable. Envoyez-moi tout de suite la brigade pour
tenir à Beaune, et les munitions à Chagny.

CREMER.

BOURGES, le 18 décembre 1870. — *Gambetta à Freycinet, Bordeaux.* — Reçu votre dépêche ; j'attends de
Serres, je vous remercie de la manière supérieure
dont vous avez écrit à Conlie, à Lisieux et à Lyon.
Cremer me semble très menacé, surveillez ce côté-là.

LÉON GAMBETTA.

CHALON, 18 décembre 1870. — *Général Bourbaki à Guerre,
Bordeaux.* — Rien n'est changé à ce qui a été convenu et
dont de Serres a dû vous donner connaissance. Nos mouvements dépendront de ceux de l'ennemi. L'évacuation de
Dijon est confirmée. L'ennemi se replie vers Gray d'un
autre côté. D'après les renseignements qui m'arrivent de
Nevers, il paraîtrait que les troupes ennemies qui étaient
à Auxerre se replieraient sur Tonnerre et Châtillon-sur-
Seine. Demain, le 18ᵉ sera complètement arrivé, le 20ᵉ ne
sera pas concentré avant 48 heures. D'ici là, nous serons
mieux renseignés sur la marche de l'ennemi et nous pourrons décider la direction dans laquelle il sera le plus utile
d'opérer l'exécution de l'ensemble du projet qui vous a été
communiqué.

BOURGES, 19 décembre 1870. — *Intérieur à Lairy, attaché au cabinet Intérieur, à Bordeaux.* — Il y a à Sancerre une légion dite La Berruyère au sujet de laquelle

vous avez dû recevoir, avec un rapport apostillé par le sous-préfet de Sancerre, une dépêche télégraphique en date du 15. Cette légion demande à avoir une solde. Il faudrait également lui faire délivrer la chaussure et l'attacher au corps du général de Pointe de Gévigny. Je vous prie de passer des ordres aujourd'hui même pour qu'il soit fait droit à cette requête. L'effectif, d'ailleurs, de cette légion, ne passe pas 100 hommes. Vous informerez directement le sous-préfet de Sancerre.

Léon Gambetta.

Bordeaux, 19 décembre 1870. — *Guerre à général Bressolles, Lyon, à communiquer à Gambetta, Bourges.* — Le préfet de la Côte-d'Or qui hier s'est plaint beaucoup de la retraite de Cremer sur Chagny, me télégraphie aujourd'hui ce qui suit :

« Ricciotti arrive et, au lieu de fuir, réoccupe position. Trains amenant troupes Lyon se succèdent. Je propose comme général commandant colonel Bourras ou le colonel Millot, du 57e de marche. »

Quelle suite convient-il de donner à cette proposition et le général Cremer vous paraît-il blâmable en cette circonstance.

De Freycinet.

Bourges, 19 décembre 1870. — *Guerre à général Cremer, à Beaune.* — Général, puisque vous jugez que vous devez vous replier sur Chagny, je vous adresse l'ordre formel de tenir dans cette position jusqu'à la dernière extrémité, jusqu'à la mort. C'est une position indispensable pour les mouvements ultérieurs qui peuvent être décidés.

Gambetta.

Beaune, 19 décembre 1870. — *Général Cremer à Guerre, Bourges.* — Non seulement je tiendrai Chagny jusqu'à la mort, mais je n'y ai envoyé que les troupes à ravitailler en munitions; de ma personne, je suis à Beaune où je tiendrai aussi, je compte même reprendre l'offensive avec mes renforts et des munitions renouvelées. Je ne suis nullement démoralisé, au contraire; j'ai tenu tout le jour avec 10 000 hommes contre 25 000.

Bourges, 19 décembre 1870. — *Guerre à général Cremer, à Beaune.* — Je vous remercie de votre résolution et je compte sur vous. Nous allons tout disposer pour vous venir promptement en aide.

GAMBETTA.

Lyon, 20 décembre 1870. — *Général Bressolles à Gambetta, Guerre, Bourges.* — Je vous envoie communication de la dépêche suivante du général Cremer; je vous prie donner des ordres pour que pareil état de choses cesse le plus tôt possible.

« *Général Cremer à général Bressoles, Lyon.* — A Beaune beaucoup d'ordre et de calme. La cour spéciale s'organise, et le serait déjà si l'on n'avait changé 3 fois l'officier de gendarmerie en 5 jours. J'ai donné des ordres en arrière pour arrêter les fuyards, je ne m'explique pas les nouvelles alarmantes que vous recevez. Tout se passe dans le plus grand calme.

« Le préfet est des plus désagréables, pérore publiquement et envoie des ordres à mes chefs de corps, qui naturellement ne répondent pas. Vous envoie mon rapport ce soir sur la bataille.

« CREMER. »

Lyon, 20 décembre. — *Général Bressolles à Guerre Freycinet, Bordeaux.* — Comme je vous l'ai dit, 1re division s'est bien battue; 2e légion a pris la fuite au premier coup de fusil; en somme, moins de mal que la rumeur publique voudrait le faire croire; émotion populaire à Lyon par suite de ce combat. Il serait à désirer que les légions du Rhône partent pour l'armée de la Loire et fussent remplacées ici par d'autres régiments; mais dans ce cas il faudrait me laisser leur artillerie ou me la remplacer, car ce sont deux batteries Armstrong de gros calibre.

Lyon, 20 décembre 1870. — *Général Bressolles à Gambetta, ministre Guerre, Bourges.* — Lieutenant-colonel Deshorties rentre de Beaune et de Chagny, la situation y est bonne, le moral des troupes bon; l'affaire de Nuits s'est bornée à l'évacuation de la ville à la nuit close.

Général Cremer reste à Beaune avec le 57e d'infanterie, protégé du côté de Nuits par un faible rideau de troupes et paraît s'être porté sur la vallée de Louche. Il n'y a pas eu d'attaque dans la journée d'hier, Chagny est fortement occupé par les troupes du général Cremer et les renforts que j'ai expédiés hier.

Lyon, 20 décembre 1870. — *Général commandant 24e corps d'armée à Gambetta, Bourges.* — J'avais envoyé mon chef-d'état major à Beaune pour voir ce qui s'était passé et me rendre compte; l'émotion populaire à Lyon a été vivement excitée à cause de la 1re légion du Rhône, presque tous enfants de Lyon, qui a été engagée et s'est vivement défendue; elle et le 52e ont tenu contenance énergique. Il n'en est pas de même de la 2e légion du Rhône. Chagny est fortement retranché et fortement occupé; Beaune sert d'avant-garde. Légion du Rhône trop près de Lyon; ne pourrait-on les envoyer à l'armée de la Loire? Mais il serait à regretter pour mon corps d'armée de perdre leurs batteries d'artillerie, 2 batteries Armstrong.

Dans le combat de Nuits, Prussiens ont beaucoup souffert et quitté le village; colonel Celler mortellement blessé, colonel Graziani du 32e, très grièvement; ennemi va, dit-on, sur vallée de Louche.

Lyon, 20 décembre 1870. — *Général Bressolles à Freycinet Guerre, Bordeaux.* — Deshorties revenu de Beaune; la position des troupes est bonne, leur moral n'est pas attaqué; 1re légion du Rhône s'est bien battue. Général Cremer a tenu position jusqu'à nuit close et a fait beaucoup de mal à l'ennemi. Il s'est bien conduit et il n'y a aucun blâme à lui imputer. Du reste dépêche du préfet Côte-d'Or de ce matin rectifie les faits comme vous avez pu le voir.

Beaune, 20 décembre 1870. — *Général Cremer à général Bressolles, Lyon.* — Commandant Valentin exagère ses pertes. Beaucoup d'hommes rentrés. A continué son mouvement malgré mes ordres positifs. Demande depuis

10 jours à rentrer à Lyon et correspond dans ce sens avec
le préfet. Écrit qu'il obéit au préfet. Je demande sa révocation. Il est impossible de commander si tout le monde
s'en mêle et est écouté. En somme, tout va bien, mais lais-
laissez-moi les 57ᵉ et 32ᵉ à Beaune, sous mes ordres, en
attendant que vous commandiez personnellement. Colonel
Deshorties vous parlera du général Bousquet. Il est comme
au Mexique. La 3ᵉ compagnie de francs-tireurs libres est à
Chagny, elle a été très belle, et bien commandée.

LYON, 21 décembre 1870. — *Général Bressolles à Guerre,
Loverdo, Bordeaux.* — Je n'ai plus entendu parler de Crévisier depuis ordre d'arrestation lancé contre lui; s'il revient
je ne manquerai de l'arrêter suivant ordre du ministre.

AUTUN, le 21 décembre 1870. — *État-major à délégué
Guerre, Bordeaux.* — Général Cremer nous prévient d'arrivée du général Busseroles; voilà bien des fois que notre
situation change avec les noms et situations militaires des
différents généraux dans notre voisinage. L'on nous retient
troupes à nous destinées; aujourd'hui un autre donne ordre
à un bataillon, qu'employons depuis un mois environ, de
se rendre à Verdun; c'est une confusion nuisible au service
de la République. Attendons de Serres avec impatience;
troupes ni armes n'arrivent pas; seuls, une batterie de 12 est
ici et escadron hussards sur le point d'arriver.

BORDONE.

BORDEAUX, le 21 décembre 1870. — *Guerre à Gambetta,
Lyon, et de Serres à la préfecture, Nevers.* — Comme il importe avant tout de régler le commandement, je viens
vous prier de décider : 1° que les 18ᵉ, 20ᵉ corps et autres
forces amenées de Bourges, forment un 1ᵉʳ groupe sous la
direction permanente de Bourbaki; 2° que Garibaldi et
Cremer forment un second groupe sous la direction permanente de Garibaldi; 3° que l'armée de Lyon, la garnison de Besançon et autres troupes qui pourront être ramenées dans cette direction forment un 3ᵉ groupe sous la
direction permanente de Bressolles; 4° que temporairement, chaque fois que les circonstances le rendront utile,

les trois groupes ci-dessus obéiront à la direction stratégique de Bourbaki, et que celui-ci sera seul juge de l'opportunité de créer cette direction unique. Il est bien entendu
que je ne sépare pas dans ma pensée Bourbaki de son état-
major, représenté par Borel, et actuellement renforcé par de
Serres. Je crois que vous n'aurez nulle difficulté à faire accepter cette subordination éventuelle à Bressolles. Quant à
Garibaldi, je crois que vous la lui ferez accepter également,
en la décorant du nom de *coopération*, et en mettant en
avant les nécessités stratégiques qui commandent de sub-
ordonner les mouvements du corps le moins nombreux
aux mouvements du corps le plus nombreux.

Si vous approuvez, je donnerai des instructions en conséquence aux généraux.

C. DE FREYCINET.

BORDEAUX, le 21 décembre 1870. — *Guerre à Gambetta,
Lyon.* — Nous sommes beaucoup plus d'accord que vous ne
pensez pour les 3 groupes relatifs au commandement; dès
l'instant que Bourbaki commandera les 18e, 20e et 24e, cela
me suffit. Il ne restera en dehors que Garibaldi. Or celui-
ci, j'en suis certain, coopérera avec empressement et il demande déjà des instructions à cet égard depuis plusieurs
jours; en fait il acceptera la direction stratégique de l'armée
principale et je n'ai jamais entendu autre chose. En conséquence, voici l'ordre de service que je me propose de lancer
aux généraux et que je vous prie de me dire si vous approuvez:

« A partir de ce jour la direction stratégique des 18e, 20e
et 24e corps d'armée, ainsi que de toutes autres troupes en
campagne dans la direction parcourue par ces corps, à l'exception toutefois de l'armée du général Garibaldi, appartiendra au général Bourbaki. L'armée du général Garibaldi
conservera son indépendance, mais le général sera prié de
vouloir bien accueillir les propositions du général Bourbaki
en vue d'une coopération de l'armée du général Garibaldi
à l'action de l'armée du général Bourbaki. »

Il est indispensable qu'un ordre réglant le commandement soit promptement expédié aux généraux.

C. DE FREYCINET.

BORDEAUX, 22 décembre 1870. — *Guerre à Gambetta, Lyon.*
— Voici la dépêche que je reçois du général Bourbaki :
« Nevers, 22 décembre. La première division du 20ᵉ corps
n'a pas fini d'embarquer. L'opération ne marche pas, faute
de matériel; prière d'en activer l'envoi le plus possible; si
l'administration du chemin de fer ne produit pas meilleur
résultat, notre concentration, qui devait être effectuée en
48 heures, ne sera pas achevée avant six jours. » Or j'avais
prévenu Audibert il y a plus de trois jours; vous qui êtes
sur les lieux, veuillez donc le terrifier pour le faire marcher.
Peut-être pourriez-vous le remplacer d'office dans son exploitation par Jacquemin, directeur de l'Est qui est à Bâle.
La seule menace suffira peut-être pour le faire aller. Au
besoin, ne peut-on faire usage de la cour martiale, sauf à
gracier après?

DE FREYCINET.

LYON, 22 décembre 1870. — *Ministre Guerre à général Busserolles à Beaune, Côte-d'Or.* — M. de Serres est mon délégué. Les instructions qu'il vous apporte sont les miennes
propres. Veuillez les exécuter sans retards et avec la plus
exacte ponctualité.

BESANÇON, 23 décembre 1870. — *Général à Guerre, Lyon.*
— Les commandants des bataillons du Doubs me transmet-
tent le télégramme suivant :
Des renseignements certains nous annoncent que Belfort
a fait dans la nuit de mercredi à jeudi une vigoureuse sortie
dont les Prussiens auraient beaucoup souffert. Aujourd'hui
le général Trescow a fait afficher une proclamation inter-
disant aux civils sur la rive droite du Doubs toute circulation hors des routes depuis Delle, Audincourt, Pont-de-
Roide et Blamont. Hier, des mobiles du détachement de
Saint-Maurice ont tué quelques uhlans au delà de Beutal.
On me communique également par dépêche : « Je suis prévenu que les Prussiens ont fait préparer des logements pour
6 000 hommes entre Delle et Montbéliard. »

DE LENONCOURT.

BESANÇON, 23 décembre 1870. — *Général division à Guerre,
Bordeaux.* — Je viens former colonne de 4 000 hommes :

un bataillon de chasseurs à pied, deux de ligne, un bataillon de mobilisés, deux bataillons mobiles, deux batteries d'artillerie; nécessaire connaître sens pris par colonne, pour faire prendre dispositions pour vivres. Si elle va dans Haut-Doubs, si expédition prend cette direction, elles devront se tenir prêtes à partir, cela changerait mes dispositions pour les troupes de la garnison.

DE LESONCOURT.

BORDEAUX, 23 décembre 1870. — *Délégué à ministre de la Guerre Gambetta, Lyon.* — Ainsi que je l'explique dans une dépêche à de Serres dont je vous ai envoyé copie, il y a des raisons toutes spéciales pour que l'opération que nous avons en vue s'effectue avec la plus grande rapidité. J'ai parlé à Lemercier et je crois que du côté de la Compagnie d'Orléans les choses doivent, à partir de ce jour, continuer mieux qu'elles n'ont commencé du côté de la Compagnie de Lyon. J'espère ainsi que de Serres, d'après les instructions que je lui avais données et qu'il me paraît être en train d'accomplir avec vigueur, aura vaincu l'inertie du début. — Reste la question de l'armée de Lyon. Nous avons fourni, ou du moins expédié, — car nous ne pouvons malheureusement répondre des chemins de fer, — à peu près tout ce que vous aviez demandé; mais il faudrait maintenant presser Ressoles, et je crois que c'est le moment d'appesantir sur lui votre main vigoureuse. A mon sens il faudrait qu'il parte dimanche et qu'il fût rendu avec son monde à Besançon lundi soir; à ce propos, vous m'obligeriez beaucoup de me répondre sur la question du commandement. Approuvez-vous l'ordre de service que je vous ai soumis? Il est indispensable de régler la question d'une manière précise. Faites-moi connaître aussi d'où devront partir les instructions aux généraux pour l'exécution du plan. Je ne parle pas, bien entendu, de ce qui rentre dans le domaine naturel du commandant en chef, mais de la direction générale : comme de donner tel but aux opérations au lieu de tel autre. Jusqu'à ce moment et comme il ne s'agissait que de préparatifs, je n'ai adressé aucune dépêche aux généraux, mais le moment arrive où il faudra que l'un de vous leur en envoie régulièrement.

DE FREYCINET.

BORDEAUX, 23 décembre 1870. — *Guerre à Gambetta à Lyon (confidentielle). Communiquer à de Serres à Chagny.* — J'ai reçu de vous presque simultanément plusieurs dépêches très importantes auxquelles je tâcherai de répondre avant la fin de la soirée. Mais il en est une qui les domine et qui appelle une réponse immédiate : je veux parler de celle qui me signale les observations du général Bourbaki touchant le rôle du 15e corps. Mon étonnement en recevant la dépêche de Bourbaki a été, je l'avoue, extrême. Je croyais que le plan, tel que je l'avais indiqué, avait été approuvé par lui dans ses diverses parties et conséquemment aussi en ce qui touche le 15e corps dont la séparation d'avec les deux autres et non la dissémination, comme il a été dit, avait été explicitement formulée. Si le général avait des objections, c'est alors qu'il fallait les produire et non ajourner à aujourd'hui, que l'opération est en train. Je ne saurais, pour ma part, voir là dedans qu'une porte de derrière destinée, en cas d'insuccès, à rejeter la responsabilité sur d'autres têtes; je n'y saurais à aucun degré souscrire. Mon rôle pur et simple a été de proposer un plan. On avait le droit de le modifier, on avait le droit de ne pas le suivre. On a aujourd'hui le droit de le modifier. Mais alors qu'on accuse nettement les rôles, que le général Bourbaki nous dise catégoriquement ce qu'il veut qu'on fasse de son 15e corps. Si vous l'approuvez, vous me donnerez vos instructions et je les suivrai ponctuellement. Mais que le général reste dans un vague nuageux et veuille me faire trancher, à moi, des questions au-dessus de ma compétence, et cela dans un sens contraire à ma propre opinion, c'est ce que bien évidemment je ne puis faire. J'attendrai donc une nouvelle dépêche de votre part avant de toucher en quoi que ce soit aux ordres qui ont dû être donnés au 15e corps avant le départ de Bourbaki et qui ont dû être, je suppose, la réalisation technique de la pensée qui consistait à couvrir en ce moment Vierzon et Bourges.

DE FREYCINET.

LYON, le 23 décembre 1870. — *Ministre Intérieur à Directeur général Intérieur, Bordeaux.* — Voici sur le combat de Nuits une note bien complète et très exacte, qui présente les faits sous leur vraie physionomie. Il en résulte que le combat de Nuits a été une heureuse, très heureuse affaire pour nos armes. Publiez-la au *Moniteur*, et inspirez-vous-en pour écrire aux préfets, car cette affaire a été très défigurée dans les premiers jours qui l'ont suivie.

« Heureux combat à Nuits.

« Le combat de Nuits soutenu le 18 de ce mois par le général Cremer, avec moins de 10 000 hommes et 3 batteries d'artillerie, n'a fini qu'à la nuit close.

« La retraite de nos troupes, qui s'est faite en très bon ordre, n'a pas dépassé un rayon de 1000 mètres autour de cette ville.

« Les trains du chemin de fer ont toujours atteint la station de Prémeaux, 3 kilomètres du lieu de l'action. L'ennemi a attaqué sur trois directions, en masses considérables, soutenu par 7 batteries.

« Il n'a pris possession de la ville qu'à la faveur de l'obscurité et alors que notre artillerie ne pouvait plus, par son tir, s'opposer à ses mouvements.

« La 1re légion des mobilisés du Rhône, le 3e bataillon des mobilisés de la Gironde et les 32e et 57e d'infanterie de marche, les francs-tireurs des Cévennes, de la Mort et de Lyon ont glorieusement combattu dans cette journée et ont imposé à l'ennemi les pertes les plus cruelles. Ce dernier a dû abandonner la ville dans la nuit même vers 4 heures du matin, et, depuis ce moment, il n'a ni renouvelé son attaque, ni inquiété les positions du général Garibaldi à Autun, à Bligny. Arnay-le-Duc et Épinac. Dans la journée du lendemain, dès le matin, les paysans sont venus inopinément se mêler à l'action et ont fait très bravement le coup de feu. Ricciotti Garibaldi était à Ladoue comme avant-poste avec quelques centaines de francs-tireurs, et le général Cremer restait à Beaune. Le surlendemain, Nuits était complètement abandonné par l'ennemi qui laissait nombre de morts dans les villages environnants, et nous y reprenions possession des

blessés que nous n'avions pu évacuer à temps et d'un
nombreux matériel laissé dans la matinée du jour du
combat par la 1er légion des mobilisés du Rhône qui
partait en reconnaissance dans la direction de Dijon.
Les pertes du général Cremer ne dépassent pas 1 200
hommes tués, blessés ou prisonniers, en majeure partie de l'héroïque 1re légion des mobilisés du Rhône.

« L'ennemi, de son propre aveu, en a perdu quatre
fois plus, parmi lesquels le prince de Bade et plusieurs colonels.

« En somme, bonne journée pour nos troupes qui
voyaient le feu la plupart pour la première fois et qui
ont montré la solidité des vieux soldats.

« La démoralisation de l'ennemi est telle que la plupart des prisonniers qu'il emmenait lui ont échappé et
rejoignent à chaque instant leur corps. »

LÉON GAMBETTA.

AUTUN, 23 décembre 1870. — *De Serres à général Bourbaki, Nevers, et de Freycinet, Guerre, Bordeaux.* — J'ai menacé de la Cour martiale les agents responsables de la
Compagnie d'Orléans pour lenteur dans la concentration
du matériel[1]. Hier matin, j'ai supprimé moi-même les services publics sur des sections où ils auraient déjà dû l'être.
J'étendrai cette mesure jusqu'à Marseille s'il le faut. Aujour-
d'hui 23 vous aurez une telle quantité de matériel que le
retard sera sans doute regagné. Quant au débarquement,
tout est absolument prêt, réglé par moi-même pour qu'il
soit fait avec une rapidité qui, je l'espère, vous satisfera en
tout point. Comptez du reste sur toute l'énergie dont je
suis capable pour ne rien négliger de ce qui peut faciliter
notre tâche.

AUTUN, 23 décembre 1870. — *De Serres à de Freycinet,
Guerre, Bordeaux.* — J'ai éclairci certains points encore obscurs

---

1. Sur ces retards, l'une des causes de l'insuccès de la marche
de Bourbaki sur l'Est, cf. FREYCINET, *loc. cit.*, p. 224, et tome Ier,
p. 318.

et crois qu'il y a lieu mettre ordre dans l'interminable question Frappoli[1]. Il est incontestable que certains désordres préjudiciables aux affaires viennent de son immixtion dans le recrutement des corps de Garibaldi. Je vous prie de mettre fin à tout en faisant télégraphier à Frappoli à Lyon-Chambéry que toute disposition prise par lui en sens contraire de celles de Garibaldi amènerait le retrait de la commission qu'il a reçue.

Il y a lieu de conserver et de développer ce qui existe et de ne pas le gêner surtout quand il produit. Ordonner dans le même sens, à Baillehache, décidément un malhonnête homme, dont il faut se débarrasser. Je suis satisfait de ce que j'ai vu ici : ordre, intelligence et confiance.

23 décembre 1870. — *Lyon à de Serres, Autun.* — Pouvez-vous me dire quand sera fini l'embarquement? Quel retard inexplicable! Réponse.

LÉON GAMBETTA.

AUTUN, 23 décembre 1870, 11 h. 45 matin. — *De Serres à de Freycinet, Guerre, Bordeaux.* — Je suis tout heureux du résultat de première entrevue avec Garibaldi. Comptez sur lui; il est tout entier dans vos idées et vos vues et prêt à tout faire avec nous. Je suis doublement heureux que mes prévisions soient ici entièrement satisfaites.

AUTUN, 23 décembre 1870, 11 h. 50 matin. — *Garibaldi à de Freycinet, Bordeaux.* — Ai vu de Serres et suis heureux de vous apprendre que nous nous entendons parfaitement.

G. GARIBALDI.

BORDEAUX, 23 décembre 1870, 12 h. 28 (minuit). *Extrême urgence.* — *Guerre à Audibert, Clermont (faire suivre) et Lemercier, Poitiers (faire suivre).* — L'embarquement de nos troupes se fait avec une lenteur qui sera une éternelle honte pour ceux qui en sont la cause. Dès demain, une enquête sera ouverte et un commissaire extraordinaire sera

1. Voir sur cet incident, t. I, p. 410.

envoyé sur les lieux pour constater à qui la responsabilité incombe. Mais le ministre s'adresse aujourd'hui à deux hommes de cœur, à deux Français, aux deux directeurs des Compagnies de Lyon et d'Orléans et il les adjure, au nom de la patrie, de laisser de côté toute récrimination puérile entre les compagnies et d'unir fraternellement leurs efforts pour mettre fin à des retards qui pourraient amener un irréparable désastre.

C. DE FREYCINET,

BORDEAUX, 24 décembre 1870. — *Guerre à général Bourbaki, Nevers (à communiquer à Gambetta, Lyon, Bressolles, Lyon et de Serres, Chalon-sur-Saône, faire suivre).* — Vous avez dû être instruit que vous aviez la direction stratégique suprême, non seulement des 18e et 20e corps, mais encore du 24e corps Bressolles, ainsi que de toutes autres troupes, moins celles de Garibaldi, qui pourraient être mises en campagne dans votre sphère d'action. En tous cas je vous le confirme. Il vous appartient en conséquence d'assigner le mode de coopération que vous voulez avoir de Bressolles. J'avais soumis l'idée de l'envoyer à Besançon pendant que vous marcheriez sur Dijon. D'après certaines dépêches il semblerait que vous préféreriez le faire aller à Dôle. Quoi qu'il en soit, c'est à vous de décider cette question d'après la plus grande utilité que vous y verrez pour l'opération d'ensemble. Veuillez donner des ordres précis dans ce sens à Bressolles et lui indiquer en même temps la date à laquelle il devra être rendu au point que vous lui indiquerez. En un mot, veuillez régler directement sa marche selon vos appréciations. Je lui ai dit de se tenir prêt à dater de dimanche, mais je ne puis lui en dire davantage, pour la double raison qu'il est sous vos ordres et que je ne puis apprécier d'ici à quel moment vous quitterez Chagny.

DE FREYCINET.

BESANÇON, 24 décembre 1870. — *Général division à Guerre, Bordeaux et à général Crouzat, Lyon.* — Depuis cinq jours, division prussienne devant la place de Langres venue par la route de Dijon, elle se trouve à cheval sur la route de Langres à Chaumont. De petits engagements entre ces troupes et celles de la garnison de Langres maintiennent les Prussiens à distance des positions de la place.

Lyon, 24 décembre 1870. — *Général Bressolles, commandant le 24e corps, à Guerre, Bordeaux.* — Colonne ennemie de 4 à 5 000 hommes a couché, 22 décembre, à Panges entre Sainte-Scène et Sombernon. A Corcelles 1 800 hommes, à Plombières de 1 200 à 1 500. 23 uhlans, venus de Dijon à Montbard, annoncent arrivée pour aujourd'hui de 8000 hommes dans cette ville. De Marigny on annonce qu'il en arrivera 4000 à Sainte-Scène.

Chagny, 24 décembre 1870. — *De Serres à Gambetta, Lyon, — en communication à de Freycinet, Guerre, Bordeaux.* — Je trouve ici seulement vos dépêches des 22 soir et 23 relatives à l'embarquement et aux termes du débarquement.

J'ai le 22 à 8 heures matin supprimé moi-même des services sur le Lyon-Méditerranée qui auraient dû l'être, menacé même de cour martiale. J'avais pensé à Bourges que des Français, directeurs de Compagnies, feraient mieux et auraient du cœur sinon du patriotisme[1]; j'en avais le droit, j'ai le regret de m'être trompé : aussi ai-je pris hier 23 dès le matin toutes

---

[1]. Sur cette question de l'embarquement, M. Lebleu, ingénieur des mines, qui était chargé au ministère des Travaux publics du contrôle de la Compagnie de Lyon, et que l'administration de la Guerre avait attaché à l'armée de l'Est, pour surveiller le service des voies ferrées, s'exprime comme suit dans un rapport, en date du 6 février 1871, que cite M. de Freycinet : « On a vivement accusé la Compagnie P.-L.-M. d'avoir occasionné, par sa négligence, le défaut de ravitaillement et par suite le désastre de l'armée de l'Est. Sans vouloir me faire le défenseur de cette Compagnie, je pense qu'une accusation aussi grave et aussi exclusive est injuste. Les employés du chemin de fer ont fait leur devoir, peut-être sans beaucoup d'ardeur et d'enthousiasme, cependant d'une manière suffisante pour assurer le service s'il avait été organisé. Mais cette organisation même péchait par la base, et c'est uniquement dans ce vice qu'il faut chercher la cause d'un désordre qui s'est manifesté dès le commencement de la guerre et qui s'est propagé jusqu'à ces derniers temps. Un chemin de fer est un outil puissant et docile, mais qui doit être employé avec intelligence. Un personnel nombreux et discipliné est habitué à obéir à des ordres précis, émanés d'une direction unique; il est complètement dévoyé lorsque des ordres, souvent contradictoires, lui arrivent de plusieurs côtés à la fois. Le défaut d'unité est donc le vice capital auquel il a été fait allusion. »

mesures coercitives. Le 23 le matériel a afflué, l'embarquement bien engagé a permis de mettre en mouvement plus
de trente trains, et aujourd'hui 24 le gros de l'opération,
l'artillerie étant avancée, pourra être fait, car le débarquement est assuré largement par mes propres soins depuis le
22 au matin à Chagny et à Chalon. J'ai tout réglé à Étang,
Montchanin, Chagny, pour que la circulation soit rapide, et
les retards seront, je l'espère, compensés. Je passe jour et
nuit sur la brèche. Je verrai aujourd'hui la ligne de Chalon-
Dôle que nous utilisons pour les subsistances au moins. Les
installations, si même la ligne est prête, eussent été insuffisantes. Je ne réponds pas à l'affirmation du général que
la voie de terre eût été plus rapide, il eût fallu quatre jours
de plus et les troupes eussent fait 180 kilomètres par des
froids de glace en pays difficile, je n'ai pas à insister. Je
rappellerai simplement la dépêche de Freycinet sur le système du général, conclusion plus profondément vraie que
vous ne pouvez le croire. Je n'ai qu'une crainte, c'est d'avoir
à faire bien rapidement usage des pièces que vous m'avez
confiées. Je vous déclare à nouveau que je ferai tout pour
en user à temps, en vous demandant toujours avis si les circonstances laissent la moindre possibilité.

CHAGNY, 24 décembre 1870. — *De Serres à de Freycinet,
Guerre, Bordeaux. — Extrême urgence. — Communication à
Gambetta à Lyon.* — Je trouve à Chagny à l'instant, 2 heures
et demie matin, communication de votre dépêche à Gambetta 8 h. 30 soir, relative aux récriminations de Bourbaki,
et au 15e corps. J'en suis heureux et fier. J'ai pensé et écrit
sous autre forme dans mon journal les mêmes choses. Toucher au 15e corps pour en faire ce que demande Bourbaki
serait une faute inqualifiable. Sa présence à Bourges ou en
tout autre point entre les deux armées, s'il est bien mené,
immobilise une force double au moins chez l'ennemi, et le
rôle du 15e corps est le plus beau qui puisse exister, mais
tout autrement que Bourbaki le pense. Votre mouvement de
chemin de fer effectué, nous laisserons derrière le 15e corps
(et nous l'avons sous la main) le matériel nécessaire à son
transport en entier, et cette force jetée à un moment très
proche au delà de Besançon ou au delà du Mans, décidera
peut-être du sort de la France. Pour ma part, je le répète,

à Bourges ou même au-dessous de cette ville, le 15ᵉ corps surveille l'ennemi, immobilise une bonne partie de ses forces, le trompe sur les nôtres aussi bien que sur nos projets et, grâce aux dispositions qui seront prises, je l'espère, d'abord pour *ne le laisser entamer à aucun prix*, ensuite pour le lancer rapidement en un point choisi, il peut décider du sort du pays. Tel est selon moi le programme du 15ᵉ corps. Je supplie de l'admettre et de le donner tel à son chef.

CHAGNY, le 24 décembre 1870. — *De Serres à de Freycinet, Guerre, Bordeaux. — Communication à Gambetta, Lyon.* — Faites tout ce que vous pourrez pour que ce que j'ai proposé à Gambetta (par lettre que les circonstances m'ont fait facilement expédier avant-hier) soit réalisé pour le 24ᵉ corps.

Bousquet est absolument incapable; son incapacité est proverbiale dans le corps de l'état-major; il doit céder le commandement de la 2ᵉ division à Busserolles, que j'ai vu, qui me paraît bon et qui en a formé brigade à Sathonay.

Busserolles laisserait la 3ᵉ division encore très faible à Cremer, qui est jeune, vigoureux, plein de bonne volonté et capable[1]. Cremer plaît fort à Garibaldi et désire agir sous lui. C'est bien dans le programme, et ce que je vous propose éminemment désirable. Décidez par dépêche que Cremer avec la 3ᵉ division du 24ᵉ corps et les troupes régionales non endivisionnées restera sur la gauche; les deux autres divisions du 24ᵉ partant de Lyon sur la droite, comme c'est convenu.

De tout ce que j'ai entendu et analysé ici, Bressolles est au-dessous de ce qu'on a pensé, il faudra avoir en vue un autre homme. Je n'ai pas de nom à indiquer, mais, pour mémoire, je signale que Garibaldi estime Busserolles capable.

CHAGNY, le 24 décembre 1870. — *De Serres à de Freycinet, Guerre, Bordeaux. — Urgent et confirmatif.* — Vous avez

1. Cremer, capitaine d'état-major, aide de camp du général Clinchant, servit devant Metz jusqu'à la Capitulation; s'étant échappé d'Allemagne, il vint se mettre à la disposition du gouvernement de Tours et reçut, avec le grade de général de division, le commandement d'un corps de gardes mobiles et de gardes nationaux mobilisés, rassemblés sur l'aile droite de Garibaldi, depuis Beaune jusqu'à Dôle.

ma dépêche, 24, 2 h. 55 matin, relative au 15e corps; j'ai cru devoir la communiquer à Gambetta, j'y reviens entre nous. Celui que vous savez veut simplement des forces pour lui, que tout le reste soit compromis plutôt que le piédestal qu'on lui a fait. Je sens cette pensée non seulement dans chacun de ses actes mais dans chacune de ses pensées. Voilà l'explication de la retraite de Gien à Bourges, etc. Le plan qui se réalise ne demanderait que le 18e et ce qui est à Autun aujourd'hui. Il y a en plus Cremer et l'ex-Crouzat, et Lyon, et les garnisons, et toutes les facilités, c'est-à-dire trois fois plus qu'il n'en faut. Si j'étais quelque chose, cette dépêche de Nevers seule me fixerait sur l'homme — si je ne l'étais déjà.

Je vous en supplie, faites que le ministère seul mène le 15e corps avec un bon chef à sa tête, qu'il achève à Bourges sa reconstitution en 3 divisions moins grosses qu'autrefois, qu'il couvre Vierzon et cette ville, mais seulement contre des forces qu'il puisse vaincre assez sûrement, sinon il s'éloignera, car, avant tout, il doit ne pas se laisser entamer tout en immobilisant au profit de Chanzy et Bourbaki un et même deux corps ennemis. Il doit menacer Orléans et être prêt à marcher sur Blois, Orléans, ou Gien, suivant les circonstances, mais surtout être prêt à s'embarquer.

Si par la fatalité persistante qui a fait commettre tant de fautes au pays, le 15e corps est enlevé de Bourges, qu'on le donne à Chanzy plutôt qu'à la 1re armée.

Prenez en mains par Gambetta les mouvements généraux du 15e et alors la partie est belle, je vous l'assure.

CHALON, le 24 décembre 1870. — *De Serres à de Freycinet, Guerre, Bordeaux.* — Je crois bon de passer pour une heure au moins à Lyon chez Gambetta; il faut en finir avec les obscurités, les hésitations et les faux-fuyants du général. Je crois avoir franchement et complètement fait admettre à Bourges le plan tel que l'indiquait votre lettre. Il doit être maintenu tel sans modifications ou bien admettre les conclusions de votre dépêche; télégraphiez-moi à Chalon jusqu'à 8 h. et demi si vous croyez me dispenser de ce voyage; en tout cas, je serai ici demain, c'est-à-dire à l'état-major général, et je vous garantis qu'on marchera carrément et sans hésitation, si, comme je l'espère, Gambetta me conserve la confiance qu'il m'a témoignée à Bourges. Je réponds de faire marcher comme vous le désirez tous deux ou de briser sans hésitation toute résistance. '

CHALON, le 24 décembre 1870. — *De Serres à de Freycinet, Guerre, Bordeaux.* — Je reçois à l'instant de Gambetta la dépêche suivante :

« Je vous remercie de votre prodigieuse activité et j'approuve pleinement vos observations sur le 15e corps, vous pouvez transmettre des ordres conformes. Je vous avais invité également à me transmettre et à soumettre au général Bressolles les ordres, les heures de débarquement des troupes placées sous son commandement, faites-le sans retard, écrivez à Bressolles et à moi, accusez-moi réception; il y a urgence. »

Je me suis empressé de répondre :

« Je vous accuse réception de votre dépêche de 2 h. 12 du soir et vous remercie du fond du cœur. Je ne fais que mon devoir, j'espère arriver à faire plus. Je verrai ce soir Bressolles après vous avoir vu, j'arriverai à Lyon avant minuit, j'avise le général Bressolles pour conférer sans retard avec lui. Pour le 15e corps tout sera fait. Je télégraphie à de Freycinet. »

Je vous prie de donner au 15e corps ses instructions, j'ignore en ce moment l'état de son état-major général, il était seulement en composition lorsque j'ai quitté Bourges; Martineau y est-il resté comme commandant en chef? Où est le quartier général aujourd'hui? Le champ d'opération actuel nous est familier, les instructions peuvent être assez précises, donnez-moi les miennes sur ce point spécial. De minuit à 7 heures matin adressez à la préfecture à Lyon, chez Spuller; après, à Chalon, gare.

DE SERRES.

BORDEAUX, 24 décembre 1870. — *Guerre à Gambetta, Lyon.* — Je vous envoie copie du suprême appel que j'adresse aux deux compagnies d'Orléans et de Lyon. Je vous prie d'envoyer sur les lieux un commissaire extraordinaire enquêteur que vous trouverez facilement à Lyon ou parmi les préfets environnants. Faites signifier par télégraphe à Audibert à Clermont et à Lemercier à Poitiers (faire suivre), que

si, dans les 24 heures, 20 000 hommes au moins ne sont
embarqués et conduits à Chagny en sus de ceux qui y sont
déjà, ils seront l'un et l'autre incarcérés le soir même, en
vertu d'un décret du 11 novembre relatif aux opérations des
armées. Il y a 48 heures que je vous aurais consulté sur
cette mesure si j'avais connu la situation qui m'est révélée
ce soir pour la première fois par une dépêche de Bourbaki.

DE FREYCINET.

BORDEAUX, 24 décembre 1870. — *Délégué Ministre de la
Guerre à Gambetta, Lyon à de Serres, Chalon-sur-Saône en
gare.* — Je reçois du général Bourbaki une dépêche ainsi
conçue, faisant suite à celle d'hier :

« Comme vous l'avez ordonné, le 15ᵉ corps est resté à
Bourges à votre disposition immédiate. Je ne me rends pas
compte des services qu'il peut être appelé à rendre dans
cette région. Ne jugerez-vous pas opportun de le diriger par
les voies ferrées, dès que le matériel sera devenu disponible,
sur les mêmes points que le 18ᵉ et le 20ᵉ ? Il augmenterait
notablement les chances de succès, le fractionnement des
troupes en petits paquets ne pourrait que les diminuer. »

Cette persistance du général Bourbaki m'oblige à revenir
sur la question. Je demande que la situation soit nettement
tranchée, et je me refuse, quant à moi, à accepter la responsabilité militaire que ce général voudrait déverser sur
nos têtes, conformément à un système que vous avez déjà
eu occasion d'expérimenter et contre lequel je m'élèverai
toujours. Si le général Bourbaki ne croit pas devoir, au dernier moment, se charger d'exécuter un plan qu'il avait
d'abord approuvé, ainsi que le constate votre dépêche du
19 courant, 11 h. 22 soir, qu'il se démette purement et simplement de son commandement ; j'en serais, pour ma part,
enchanté, car j'ai toujours pensé et dit que Bourbaki n'est
pas l'homme qu'il faut. Si, au contraire, il continue d'ap-
prouver le plan, alors qu'il l'exécute droitement, sans réti-
cences et récriminations perfides. Si, enfin, il a en vue un
plan meilleur et que vous l'adoptiez, je demande à le connaître et j'en surveillerai l'exécution de mon mieux ; mais
jamais je ne consentirai à ce que, par un habile déplacement des rôles, nous civils, dont le rôle est de proposer,

nous portions devant la France la responsabilité des fautes militaires que le général Bourbaki aura pu commettre.

DE FREYCINET.

BORDEAUX, 24 décembre 1870. — *Guerre à Gambetta, Lyon.* — Je vous propose de décider que les 3 divisions de Bressolles seront respectivement commandées par Thibaudin (qui a pris le nom de Commagny), par Busserolles et par Cremer, ce qui permettra de se passer de Bousquet comme divisionnaire. La division Cremer resterait au voisinage de Garibaldi pour manœuvrer avec lui. Ils s'entendent très bien ensemble. Si vous approuvez, donnez des ordres directs à Bressolles pour mettre à exécution, et télégraphiez-moi.

C. DE FREYCINET.

BORDEAUX, 24 décembre 1870. — *Guerre à Gambetta, Lyon.* (*Personnelle.*) — Je réponds à vos diverses dépêches, sauf en ce qui concerne l'artillerie (munitions, armes, artilleurs, etc.) pour lequel objet j'ai chargé Thoumas de vous répondre directement : 1° pour Conlie, j'ai institué une commission des comptes de trois membres. J'attends l'approbation des finances pour nomination d'un inspecteur des finances. On fonctionnera le mieux possible ; mais ne comptez pas sur un résultat avant plusieurs mois ; remarquez que tout d'abord vous aviez demandé, non une commission, mais un simple comptable, d'où un petit retard. 2° Celler est depuis hier nommé chef d'escadron. 3° Pour la colonne à tirer de Besançon, je ne comprends rien à la réponse de Rolland et de Bigot ; ils ont, avec les mobilisés, 25 000 hommes de garnison, ils doivent en pouvoir fournir 10 000 au moins ; à quoi bon cette garnison au moment où l'arrivée de nos armées protégera la place? Évidemment, il y a erreur dans leur esprit : ils croient qu'on veut dépouiller la place purement et simplement, tandis qu'il ne s'agit de faire concourir cette colonne qu'à partir du moment où la place ne sera plus menacée. 4° Vous me dites que Bressolles doit aller à Dôle et non à Besançon ; il est impossible que vous l'ayez décidé ainsi, mais c'est la première nouvelle. J'avais parlé de Besançon dans ma lettre. 5° Bressolles réclame

des officiers qui n'arrivent pas. Pour les artilleurs, Thoumas vous répondra qu'il les a fournis pour l'état-major,
Bressolles nous a télégraphié lui-même à trois reprises qu'il
en a assez et de ne plus lui en envoyer ; quant aux deux généraux de division, l'un, Thibaudin, part demain ; l'autre,
Bruat, capitaine de vaisseau, non sous mes ordres conséquemment, a refusé. Je n'ai personne pour le remplacer ;
je ne puis en faire sortir de terre alors que chaque corps de
son côté en réclame, que chaque corps en fasse avec son
personnel, que Bressolles fasse de même ou qu'il conserve
Bousquet provisoirement ; il est excentrique, mais je le crois
moins mauvais que vous ne le jugez. 6° Pour le décret relatif aux mobilisés anciens militaires, j'ajourne l'exécution ;
mais cette question se rattache à une très grosse : le recrutement de nos dépôts, que ce décret même ne résout pas
et que vous ne pourrez traiter que de vive voix ; au reste,
cette question, comme beaucoup d'autres, me fait désirer
vivement votre retour surtout pendant l'exécution de la
marche de Bourbaki ; il est impossible que nous restions
vous d'un côté, moi de l'autre, et puis le télégraphe laisse
subsister bien des malentendus, votre présence ici me
semble très nécessaire. 7° Vous me demandez un ordre détaillé des mouvements, qu'entendez-vous par là ? Ces ordres
ne peuvent être faits ici et sont toujours faits par l'état-
major du général qui commande. C'est Borel qui a dû les
établir pour l'embarquement des troupes et qui les établira
pour les marches quotidiennes ; le ministère n'y est et n'y peut
être pour rien. 8° Le retard du matériel vous exaspère, et
moi aussi, mais que puis-je faire de plus ? J'ai menacé l'Orléans et expédié le directeur en personne sur sa ligne ; pour
le Lyon je vous ai envoyé Audibert à Bourges recevoir vos
ordres. J'ai maintenu de Serres sur les lieux, je ne puis y
aller moi-même, je ne puis parler un plus ferme langage
que vous-même ; reconnaissons donc que nous sommes en
présence d'un de ces obstacles d'inertie ou d'impéritie contre
lesquels la meilleure volonté échoue, et surtout ne me dites
pas, mon cher ministre, de *mettre plus d'ordre dans tout
cela*. Vous savez bien que je fais mon possible et je crois
même l'impossible. Ne vous laissez pas influencer par les
lamentations de Bourbaki qui exagère toutes les difficultés ;
nous viendrons à bout de tout cela heureusement, pourvu

cependant que vous reveniez et que vous puissiez causer un moment chaque jour avec votre délégué.

Je reçois à l'instant vos dépêches sur les finances; à la bonne heure! voilà du bon Gambetta! Votre fidèle et peut-être un peu méconnu.

C. DE FREYCINET.

LYON, 24 décembre 1870. — *Gambetta à Freycinet.* — J'approuve complètement l'esprit de la dépêche de vous que je viens de lire et qui est partie de Bordeaux le 24 à 10 h. 57 minutes. J'approuve aussi la question que vous avez raison de vouloir poser à Bourbaki. Je vous autorise à la poser en mon nom et je vous prie de me faire connaître la réponse qu'il vous aura faite.

LÉON GAMBETTA.

BORDEAUX, le 24 décembre 1870. — *Guerre à général Frappoli et Baillehache, Lyon. (Faire suivre.)* — Le Gouvernement tient essentiellement à ne contrarier en rien le général Garibaldi qui lui prête un précieux concours; en conséquence MM. Frappoli et Baillehache sont expressément invités, chacun en ce qui le concerne, à éviter dans leurs actes ou leurs paroles de faire quoi que ce soit qui puisse contredire ou gêner les ordres de Garibaldi. S'il survenait la moindre plainte de la part du général Garibaldi, le Gouvernement se verrait obligé de retirer toute commission à MM. Frappoli et Baillehache; mais il est convaincu que cet appel à leur bon esprit suffira et qu'aucun conflit ne se produira.

DE FREYCINET.

AUTUN, le 24 décembre 1870. — *État-major à délégué Guerre, de Freycinet, Bordeaux.* — Comptais sur votre promesse de ne pas donner croix ou mentions à troupes sous nos ordres sans nous en prévenir. Je reçois à l'instant un brevet de chevalier et 3 mentions honorables pour tirailleurs francs-comtois, qui me parviennent par le général commandant à Nevers. Cela nous oblige à sortir de la réserve que nous avions adoptée comme règle. Avions pris note des personnes récompensées; mais avant et au-dessus

d'elles sont autres qui auront le droit de se plaindre et de
nous accuser de mauvais vouloir à leur égard et que nous
attendions pour les proposer pour des récompenses.

BORDONE.

BORDEAUX, 24 décembre 1870, 3 h. 30 soir. — *Guerre à
général Bourbaki, Nevers (faire suivre).* — J'ai fait part à
M. le ministre Gambetta des objections soulevées par vous
au sujet du rôle assigné au 15e corps, et c'est avec son autorisation expresse que je vous adresse la dépêche suivante :

Vous aviez accepté le plan d'ensemble qui vous avait été
proposé, et vous en avez commencé l'exécution. Dans ce
plan figure explicitement la situation du 15e corps à ou
près Bourges, contre laquelle vous vous élevez aujourd'hui.
Vos objections signifient-elles que vous ne croyez pas pouvoir, après nouvel examen, vous charger avec succès de la
tâche que vous avez entreprise? Si elles ont cette significa-
tion, il faut le dire nettement et nous aviserons.

Ces objections signifient-elles que vous avez un plan meilleur à substituer à celui en cours d'exécution? En ce cas,
comme je vous l'ai télégraphié ce matin, proposez-le en
détail et avec précision à M. le ministre de la guerre, qui
appréciera s'il convient de modifier la résolution adoptée.

Mais entre ces deux alternatives parfaitement nettes, il
est une situation que nous n'accepterons jamais, c'est celle
qui consiste à laisser un général qui exécute de son plein
gré un plan accepté par lui, introduire, chemin faisant, des
critiques rétrospectives qui pourraient faire croire qu'il
agit malgré lui, de telle façon qu'il se trouverait à l'avance
déchargé de la responsabilité de toutes les fautes militaires
qui pourraient se commettre. Cette situation ne conviendrait
pas davantage à vous-même qui avez certainement le cœur
trop haut placé pour la rechercher.

La seule qui peut convenir aux uns et aux autres, est
celle qui consiste à laisser chacun à son vrai rôle : nous,
pour vous indiquer le but vers lequel nous voulons tendre;
vous, pour y arriver par des combinaisons militaires dont
vous avez la charge et l'honneur.

Veuillez donc nous faire connaître immédiatement si
vous acceptez sans réserve le plan en cours, ou si vous en

déclinez l'exécution, ou enfin quelles sont les modifications moyennant lesquelles vous consentirez à en rester chargé.

C. DE FREYCINET.

BORDEAUX, le 25 décembre 1870. — *Guerre à colonel Bordone, Autun.* — A la demande de M. de Serres qui m'en a prié après avoir vu votre quartier général, j'ai envoyé un avis au général Frappoli et à M. Baillehache pour les inviter à s'abstenir avec le plus grand soin de tout ce qui pourrait contrarier en quoi que ce soit les desseins du général Garibaldi, auquel j'ai personnellement le désir d'être agréable à raison du précieux concours qu'il veut bien nous prêter. Je suis convaincu que Frappoli, qui est un homme parfaitement honorable et conciliant, et, à son exemple, Baillehache se conformeront avec empressement à mes instructions et sauront éviter tout ce qui pourrait contrarier le général Garibaldi. De votre côté, colonel Bordone, je vous demande de me montrer la même bonne volonté que je vous montre moi-même; abstenez-vous de tout ce qui pourrait provoquer des conflits avec Frappoli et Baillehache. Ces messieurs opèrent actuellement sur un terrain distinct du vôtre. Laissez-les donc à leurs affaires et ne vous en occupez plus. Vous avez présentement devant vous une tâche assez grande et assez belle pour n'avoir rien à envier à personne. L'armée de Garibaldi, où vous remplissez un rôle si important, est appelée à se couvrir d'honneur par sa coopération avec nous. Consacrez donc, je le répète, toutes vos pensées à cette œuvre capitale et ne vous en détournez pas pour créer des difficultés à Frappoli et Baillehache, qui accomplissent en ce moment un mandat régulièrement donné et qui doit par conséquent être respecté. Je compte sur le bon esprit dont vous avez fait preuve dans notre dernière entrevue pour nous épargner des conflits qui tourneraient, soyez-en sûr, au détriment de tout le monde.

DE FREYCINET.

AUTUN, le 25 décembre 1870. — *Colonel Gauckler à bureau de reconnaissances, Guerre, Bordeaux; à de Serres, Chalon. (Faire suivre.)* — Badois sortis de Dijon le 25. 300 couchés à Velars

passent journée 25; 200 à Fleurey partis ce matin, route de
Dijon à Pont-de-Passy très surveillée; ennemi semble inquiet. Colonne bavaroise de Châtillon par Saint-Seine se
dirige sur Semur; 3000 hommes avant-garde à Laville-
neuve menacent à la fois Semur et Soubernon; ont eu
6 hommes tués par francs-tireurs. Sont montés contre roi de
Prusse; surveillons de près. Personne n'est venu à Montbard.

BORDEAUX, 25 décembre 1870. — *Guerre à général Bourbaki,
Chalon (faire suivre ; à communiquer à Gambetta)*. — Je vous
ai adressé hier 24 courant 2 h. 50 soir une dépêche relative
aux objections que vous avez soulevées contre le rôle assigné au 15e corps et je vous ai prié de me faire connaître
catégoriquement quelle était la ligne de conduite que vous
croyez devoir tenir d'après ces objections. Je vous prie de
ne pas différer davantage votre réponse destinée à prévenir tout malentendu.

DE FREYCINET.

CHAGNY, 25 décembre 1870. — *Général commandant en
chef 18e corps à Guerre, Bordeaux*. — J'ai reçu la batterie de
mitrailleuses que vous avez bien voulu m'envoyer. Je vous
serais reconnaissant de vouloir bien m'en expédier deux
autres pour que chaque division d'infanterie du 18e corps
en possède une; en outre, j'ai appris par M. de Serres que
plusieurs batteries de 7, système de Reffye, étaient prêtes;
je serais heureux d'en avoir deux à la réserve.

BILLOT.

CHALON, 25 décembre 1870. — *De Serres à Gambetta, Lyon;
Freycinet, Guerre, Bordeaux; colonel Deshorties, 8e division,
Lyon*. — Il n'y a rien à modifier aux dispositions prises ce
matin; si les trains sont arrêtés par les neiges, les troupes
descendront et se cantonneront si l'arrêt doit être long;
s'il est court, elles bivouaqueront avec de grands feux. Je
réglerai ce soir avec Cremer et Busserolles ce qui a été arrêté
avec le général à Lyon.

CHALON, le 25 décembre 1870. — *De Serres à Gambetta, Lyon;
à de Freycinet, Guerre, Bordeaux*. — On[1] est revenu aujourd'hui

1. Le général Bourbaki.

soir sur le 15e corps en posant sur son emploi et utilité une
série de questions bizarres. J'ai nettement et carrément développé nos idées sur le rôle qui était assigné à ces forces,
sans paraître admettre qu'il pût être modifié. On a admis
son maintien où il est pour le moment et après : j'ai fait
les hypothèses et présenté les solutions. Pas *une* objection
sérieuse n'a été présentée par ces forts qui m'ont laissé voir,
une fois encore, leur pauvreté. La tenue, l'attitude, la façon
d'être, plus docile et charmante que jamais, tout est aussi
obscur que certain voyage non éclairci encore. Il faudra
bien cependant être bientôt fixé, car l'heure du travail
sérieux est proche. Si à force d'efforts j'étais éclairé avant
tout moment sérieux, soyez convaincu que je saurai éviter
toute conséquence malheureuse. Plus je vais, plus je renforce
ma conviction sur l'insuffisance du personnage. Je me donne
comme second objet d'étude urgente la recherche et l'ana-
lyse du remplaçant.

CHALON, le 25 décembre, 1870. — *De Serres à de Freycinet,
Guerre, Bordeaux.* — Avant de quitter Lyon, où j'ai vu Gambetta, réglé avec Bressolles son affaire, je passe au télégraphe où je trouve avis de l'arrivée de votre dépêche du 24
11 h. 50 soir sur le 15e. Vos instructions pour le 15e sont
identiquement celles indiquées par moi au colonel Desplas
en présence de Colomb au moment où je l'avisais de la
modification du mouvement; ce sont aussi celles que j'ai
fait envoyer d'Avor par Borel au général Martineau. Je suis
heureux d'avoir encore réalisé vos intentions. Il n'y a donc
qu'à les confirmer en les développant au général commandant le 15e corps pour ce qui est des positions à prendre.
Je suis absolument d'avis d'attacher l'agent voyer chef aux
forces *opérant à Bourges;* il connaît à fond le pays qu'il a
préparé; solide, vigoureux, animé des meilleurs sentiments,
il peut et doit rendre de grands services. Quant aux mouvements éventuels du 15e corps, je me suis mal exprimé
dans ma dépêche, car je n'ai jamais eu l'intention de faire
opérer une retraite en chemin de fer, un déplacement par
ce moyen était envisagé par moi pour être employé dans
le cas seulement où l'ennemi ne menacerait plus le corps
et qu'il serait à lancer à grande distance. Dans le cas, au
contraire, d'une attaque directe ou indirecte, il est incon-

testable qu'il faut exécuter uniquement votre programme qui a toujours été le mien. Je pars à 4 heures pour Chalon, j'arriverai à 7 heures et dès la matinée vous rendrai compte aussi bien des 18e et 20e que de la discussion que je soulèverai sur le rôle ultérieur du 15e. Le général y sera arrivé pour le 24, tout est ordonné, départ dimanche entamé, suite lundi. Je ferai rejoindre ce qui est en trop à Beaune par les nouvelles sections non encore ouvertes, Chalon-Dôle. J'ai remanié cette nuit l'endivisionnement et l'embrigadement du 24e sans trouble ; au contraire, car je prends les résultats acquis et qu'on allait renverser inutilement. Cremer 1re, Commagny 2e1, Busserolles 3e ; ce dernier sera peut-être à prendre pour le tout sous peu (dès le déplacement). Je vais bien ; comptez sur moi.

CHALON-SUR-SAÔNE, 25 décembre 1870. — *Gambetta à de Serres, Chalon-sur-Saône.* — La neige est ici à 35 centimètres au-dessus du sol. Il devient presque impossible de faire charrier. Je crois nécessaire et fatal tout ensemble de suspendre l'exécution des ordres. Répondez-moi d'urgence. Il serait urgent aussi de passer des ordres pour faire déblayer les rails. Je vais faire déblayer ici les voies pour gagner la gare.

L. GAMBETTA.

LYON, 25 décembre 1870. — *Ministre Intérieur à directeur général du Télégraphe, à Bordeaux.* — Je vous envoie une dépêche que je reçois de M. de Serres. Elle est conçue dans le même esprit et se propose le même but que celle que je vous ai fait passer hier. Procédez donc aujourd'hui comme vous avez fait, habilement et discrètement.

L. GAMBETTA.

CHALON, 25 décembre 1870. — *De Serres à Gambetta, Lyon, de Freycinet, Guerre, Bordeaux.* — Il neige à outrance ici

1. Le général Thibaudin qui s'était échappé d'Allemagne et qui avait repris du service sous ce nom.

aussi, mais cela ne doit pas effrayer : on déblaiera ici comme
à Lyon en tant que cela sera nécessaire, et, quoiqu'on serait enchanté *ici comme à Lyon* d'en faire prétexte pour ne
pas partir, je forcerai le départ à moins que les difficultés
ne dépassent les forces humaines. Lyon ferait de même. Je
télégraphie à Bressolles sur sa destination; le général est
arrivé ici après 19 heures de trajet. Il arrive 48 heures trop
tôt : il me faut atténuer l'effet de cette disposition peu heureuse. J'ai pris toutes les mesures de précautions nécessaires pour les journaux de la localité. Peut-être prierai-je
même le général de faire une promenade en chemin de fer :
il n'est ici d'aucune utilité, au moins jusqu'à demain soir,
vu le temps surtout. Heureusement qu'au-dessus de nous et
dans la Nièvre il fait au moins aussi mauvais. J'ai pris ce
soir des mesures énergiques pour corriger les retards dus à
de malencontreuses dispositions prises par le général à Nevers. Espérons que petit à petit, l'ayant sous la main, nous
obtiendrons ce que nous voudrons avec moins de difficultés.
Le successeur de Crouzat[1], animé du meilleur esprit, se mul-
tiplie, fait et voit tout par lui-même : j'en suis enchanté, et
c'est un homme sur lequel vous pouvez compter. Avec lui
et Billot, Chanzy eût fait des prodiges.

CHALON, 25 décembre 1870. — *De Serres à de Freycinet,
Guerre, Bordeaux.* — *Communication Gambetta, Lyon.* — Je
n'ai pas besoin de vous développer mes idées sur les fortifications passagères ni vous faire connaître quelle application j'en ferai maintenant. Je vous prie de donner des
ordres pour qu'on nous envoie de Lyon aussitôt que possible quelques centaines de pioches, autant de bêches et un
millier de pelles. Qu'on envoie un lot à Chagny et Beaune,
un lot à Dôle en avisant toujours le quartier général et préférablement l'ingénieur chef du génie avec prière aussi de
pousser le ralliement des ingénieurs déjà nommés. Il importe énormément qu'ils soient ici, je n'ai pas malheureusement cette partie des cadres de nos corps. Si vous pouvez,
transmettez-les-moi pour que je fasse prendre d'urgence les
mesures d'organisation pratique. Je vous recommande les
outils.

1. Le général Clinchant.

BORDEAUX, 25 décembre 1870. — *Guerre à Gambetta, Lyon général Bourbaki, de Serres, Chalon. (Faire suivre.)* — Je crois pouvoir vous dire d'après l'ensemble de mes renseignements que jusqu'ici l'ennemi ne paraît pas se douter de notre mouvement.

DE FREYCINET.

CHALON, 26 décembre, 12 h. 54 matin. — *De Serres à Gambetta, Lyon; à de Freycinet, Guerre, Bordeaux.* — Il y a lieu d'ê... satisfaits des résultats du jour et ils dépassent la prévision exprimée dans ma dépêche d'hier soir. Tout ce qui se rapporte à la division Cremer du 24e est réglé. Sa composition, ses positions, son action, son rôle. Cremer possède le tout, Busseroles ramène la partie des autres divisions à leur nouvelle destination, leur transport est assuré. Billot, avec lequel j'ai passé quelques heures, est content de ses troupes qu'il aura *toutes* demain, du programme que je viens de lui développer et qu'il est heureux et impatient d'exécuter. Ici, ce qui manque encore va arriver bien plus vite que le général[1] ne l'a cru, comme les dépêches me le confirment. Enfin, et c'est là l'important, le général devenu aussi net qu'il avait été obscur jusqu'à ce moment, non seulement accepte franchement sa tâche, mais aborde avec confiance l'exécution du plan adopté. Je sors d'un entretien de deux heures avec lui et je l'ai laissé absolument autre, tel qu'il doit être. Je ferai tout ce qu'il faut pour le maintenir ainsi. J'espère y réussir. En somme, impression satisfaisante, la confiance est revenue, l'espérance renaît, l'impatience apparaît déjà. Si le temps nous seconde tant soit peu, les résultats sérieux sont proches.

BORDEAUX, 26 décembre 1870. — *Guerre à Gambetta, Lyon.* — Je n'ai encore reçu aucune réponse à la dépêche que j'ai passée avant-hier à Bourbaki d'après vos instructions touchant le 15e corps et que je lui ai rappelée hier. Vous apprécierez s'il ne conviendrait pas que vous insistiez vous-même pour l'obtenir.

DE FREYCINET.

1. Le général Bourbaki. « Les opérations furent entreprises avec résolution et beaucoup de bonne volonté. » (FREYCINET, *loc. cit.*, p. 228.)

Autun, 26 décembre 1870. — *État-major à général direc‑*
teur bureau justice militaire; à de Freycinet, délégué Guerre
Bordeaux. — On m'apprend à l'instant, mais nous ne pou‑
vons le croire, que le nommé Chenet, condamné à mort par
conseil de guerre, dont peine a été commuée en travaux
forcés à perpétuité par Garibaldi, vient d'être gracié à
Lyon. Prière instante de nous renseigner télégraphique‑
ment à ce sujet.

Bordone.

Lyon, 26 décembre 1870. — *Guerre à général Bressolles.* —
J'avais résolu et arrêté que je nommerais le commandant
Valentin colonel de la 1ʳᵉ légion des mobilisés du Rhône. Je
suis surpris d'apprendre par voie indirecte qu'il a été fait un
autre choix. Je désire que cette erreur soit rectifiée et qu'on
prévienne les intéressés.

Chalon, 26 décembre 1870. — *Général Bourbaki à Guerre,*
Bordeaux et Lyon. — Parti avant-hier soir de Nevers, je ne
suis arrivé qu'hier soir à Chalon. C'est pour cela que je n'ai
pas encore répondu à votre dépêche. D'après la conversa‑
tion que j'ai eue avec M. de Serres, le 15ᵉ corps a complè‑
tement cessé de faire partie de mon commandement. Je
ne suis plus en correspondance avec son chef. Je n'ai donc
pas à décliner une responsabilité qui ne m'incombe à
aucun titre. Mais si nous sommes assez heureux pour enle‑
ver les deux points convenus de la ligne ennemie et pour
pouvoir continuer notre marche vers ses communications,
il est évident que ces deux points devront être solidement
gardés, sous peine de voir menacer ou même couper les
nôtres. J'aurais trouvé à ce moment un appui précieux dans
le 15ᵉ corps pour jouer ce rôle ou pour me permettre de
faire tel autre détachement qui m'aurait garanti mes
communications. Le matériel ayant fait défaut, le mouve‑
ment de concentration de l'armée sur les points désignés
s'opère beaucoup plus lentement que nous ne l'espérions.
Le 18ᵉ corps sera à peine réuni après-demain, le 20ᵉ ne
semble pas devoir l'être avant quatre jours. J'ai donné les
ordres les plus précis pour que les troupes fussent canton‑
nées et placées dans les meilleures conditions possibles, en
raison de la rigueur extrême de la saison. Nous subirons

néanmoins quelques pertes; un certain nombre de chevaux
sont morts même en wagon. Je ne néglige rien pour me
procurer des renseignements sur Dijon. Vous savez combien les obstacles matériels déjouent parfois tous les calculs.
Je ne serai donc content que quand je connaîtrai exactement les travaux exécutés par l'ennemi dans la place
même ou dans les environs. Je termine en disant que je
crois que le 15ᵉ corps en laissant l'ennemi dans le doute
sur nos mouvements joue quant à présent un rôle fort
utile, mais qu'il sera non moins avantageux de lui en assigner ultérieurement un autre. Dans les circonstances
actuelles et pour le moment présent, je crois que le mieux
est ce que nous faisons.

Lyon, 26 décembre 1870. — *Général Bressolles à Guerre
Bordeaux.* — Cette nuit le 86ᵉ de marche est parti d'ici
pour Beaune par 3 trains. Ce matin trois trains emmènent cavalerie et génie; dans la journée 6 trains emmènent
l'artillerie et les réserves divisionnaires. La nuit prochaine
8 trains emmènent la 2ᵉ division d'infanterie; l'intendance et
l'état-major fermeront la marche dans la journée du 27.

Lyon, 26 décembre 1870. — *Général Bressolles à Guerre,
Bordeaux.* — D'après mes prévisions et sans tenir compte
des obstacles que la neige peut apporter à la circulation,
toutes les troupes de Lyon et le quartier général du 24ᵉ corps
seront arrivés à Besançon le 28 au matin, nous ne sommes
pas encore fixés sur le départ de la 3ᵉ division qui doit partir
de Beaune, nous n'avons reçu aucune dépêche de ce côté.

Chalon, 27 décembre 1870, 12 h. 55 matin. — *De Serres
à de Freycinet, Guerre, Bordeaux.* — *Communication à Gambetta, Lyon.* — Mon programme pour demain 27 matin,
Chalon, de 10 à 4 route de Dôle, retour à Chalon où je passerai la nuit, la dernière certainement.

Cremer et Busseroles me signalent les mobilisés de l'Ain
comme des troupes de moral et d'allure excellents et qui
feraient des soldats de premier ordre à utiliser immédiatement s'ils étaient armés et équipés. Les mobilisés de Saône-
et-Loire, 3 200 hommes que le général Pellissier a sous ses
ordres à Verdun et Seurre, seront des troupes de première

qualité quand ils seront outillés. Voyez si vous pouvez fournir un peu d'effets d'équipement et campement.

Je vous ferai parvenir les besoins exacts.

DE SERRES.

LYON, 27 décembre 1870. — *Gambetta à de Serres,*
Chalon-sur-Saône. — Très satisfait de vos œuvres et de
votre activité. J'ai reçu aujourd'hui messager de général
Chanzy. Je lui ai répondu en lui faisant le détail de
nos affaires. Il est en très bonne voie de réorganisation
et même prêt à marcher dans quelques jours à peine,
et au besoin dès demain, s'il était nécessaire. Je lui ai
répondu d'après nos dernières conversations. Je suis
pour affaire urgente obligé de quitter Lyon[1]. J'y reviendrai, mais je vous charge de rester sur les lieux,
de tout surveiller et de ne jamais hésiter à prendre les
mesures suprêmes s'il y a lieu. Si vous aviez quelque
chose de très impérieux à me faire savoir, télégraphiez
à M. Challemel qui me fera transmettre.

LÉON GAMBETTA.

BORDEAUX, 27 décembre 1870. — *Guerre à Gambetta, Lyon.*
— En réponse à votre dépêche de ce matin, 10 h. 40, je
me suis assuré qu'une dépêche avait été passée à M. Friant
et une autre à Nevers; je les fais néanmoins confirmer.

DE FREYCINET.

BORDEAUX, 27 décembre 1870. — *Guerre à Gambetta, Lyon.*
— En réponse à votre dépêche de ce matin, 10 h. 52, relative à l'état-major du 24e corps, j'ai l'honneur de mettre
sous vos yeux les deux dépêches ci-après :

1° « Lyon, 19 décembre. — *Bressolles à Guerre, Bordeaux.*
— Ne m'envoyez plus d'officiers pour mes états-majors, ils
sont constitués très suffisamment; avec les trois que vous
m'envoyez aujourd'hui, j'en ai assez. »

2° « Lyon, 23 décembre. — *Bressolles à Loverdo, Guerre,*

---

1. M. Gambetta quitta Lyon le 27 et arriva le 28 à Bordeaux.

Bordeaux. — Ne m'envoyez donc plus d'officiers d'état-major, je n'en ai pas besoin, mais pas du tout. »

Prière, d'après cela, de dire à Bressolles de désigner exactement ce qui lui manque.

DE FREYCINET.

BORDEAUX, 27 décembre 1870. — *Guerre à Gambetta, Lyon.* — En réponse à la partie de vos deux dépêches d'hier relative à l'emploi des mobilisés du Midi, mon avis est : 1° d'envoyer 15 à 20000 hommes à Bourges où ils s'instruiraient rapidement au voisinage du 15ᵉ corps, dans lequel ils s'incorporeraient ensuite au moins à concurrence de 10 000 hommes remplaçant les trois régiments amenés par Bourbaki; 2° d'envoyer à Besançon une trentaine de mille mobilisés qui s'instruiraient dans le camp retranché et en formeraient la garnison; 3° cette garnison se substituerait à celle qui y est actuellement et qui pourrait fournir une colonne d'au moins 15 000 hommes servant à agir séparément ou à compléter les 18ᵉ, 20ᵉ et 24ᵉ; dans ce cas, il faudrait que je renouvelle à Rolland mes précédentes instructions que j'ai laissées tomber, d'après ce que vous m'avez dit; 4° le général de Serres serait envoyé immédiatement à Besançon et y servirait d'abord à hâter l'organisation de la colonne de 15 000 hommes et ensuite à préparer une ou deux nouvelles divisions parmi les troupes survenues accessoirement. J'enverrais un général à Besançon pour commander ladite colonne jusqu'à ce qu'elle se fût fondue, s'il y a lieu, dans les divers corps.

C. DE FREYCINET.

BORDEAUX, 27 décembre 1870. — *Délégué Guerre à Gambetta, Lyon, et généraux commandant armées en campagne, Bourbaki, Chalon; Bressolles, Lyon; Garibaldi, Autun; Chanzy, le Mans; Briand, Cherbourg et Faidherbe, Arras.* — La rigueur de la saison m'engage à revenir avec une nouvelle énergie sur les circulaires que je vous ai déjà adressées et que j'ai reproduites hier encore, touchant la nécessité du cantonnement; vous ne devez négliger aucun moyen pour mettre nos soldats à l'abri du froid. Vous avez les pouvoirs les plus étendus pour requérir des logements dans toutes les maisons à votre portée; qu'aucune formalité ne vous arrête, vous êtes assuré d'avance de mon approbation tant que la mesure prise, par vous sera nécessitée par la protection de vos troupes. Je sais que ces pouvoirs ne seront jamais mis en œuvre par vous inutilement et que vous éviterez avec soin tout ce qui peut molester l'habitant ; mais dans ces limites de réserve et de sagesse, vous ne devez pas hésiter à mettre à contribution toutes les ressources que vous offre le pays tant que durera le cantonnement ; vous redoublerez de précautions pour vous mettre à l'abri de toute surprise de l'ennemi ; vous devez vous éclairer à grande distance, de façon à connaître la présence de l'ennemi au moins à une journée de marche de vos avant-postes. Le cantonnement devra prendre fin, et la vie sous la tente recommencera aussitôt que la température le permettra. Veuillez m'accuser réception de la présente dépêche.

DE FREYCINET.

BORDEAUX, 27 décembre 1870. — *Guerre à général Bressolles, Lyon.* — J'apprends avec grande satisfaction que vos troupes et votre quartier général seront à Besançon le 28 courant.

DE FREYCINET.

BELFORT, 27 décembre 1870. — *Colonel Denfert à ministre Guerre, Bordeaux.* — La place tient bon. La garnison reste solide. Malgré le formidable feu de l'ennemi et quelques dégâts partiels, les remparts sont intacts. Les canons démontés ont été remplacés, pas une embrasure vide.

On nous assure que notre artillerie fait du mal à l'ennemi et qu'il est décimé par la variole et les maladies.

Notre population civile est superbe de dévouement, pas une défaillance malgré la ruine des propriétés privées.

Comme à Strasbourg, plus qu'à Strasbourg peut-être, les Prussiens ont écrasé de leurs feux la partie inoffensive. Un mot de remerciement de la part du gouvernement ferait bon effet et entretiendrait tous les courages.

Dénoncez toutes ces horreurs à l'opinion publique européenne.

La délégation suisse n'a pas encore été autorisée à faire sortir de la place les femmes, les enfants et les vieillards.

Nous en avions 13000 inscrits vivement désireux de quitter ces lieux de désolation.

Faites votre possible pour que la généreuse démarche du Conseil fédéral aboutisse. Depuis le 12 courant, pas un courrier n'a pu pénétrer dans nos murs. Nous sommes dans une fiévreuse attente des événements accomplis depuis cette date à Paris et sur la Loire.

Les vivres sont abondants, les tués et blessés sont relativement peu nombreux. J'en estime le nombre à trois ou quatre cents. Le gouvernement est très solide.

CHALONS, 28 décembre 1870. — *Le général Bourbaki au ministre de la Guerre, Bordeaux et Lyon.* — Je suis informé de l'évacuation de Dijon par l'ennemi dans la journée d'hier 27. Je prescris au général Cremer de s'établir en avant de cette ville et d'y faire exécuter les travaux de défense nécessaires. Le général Pellissier occupera la ville même avec des mobilisés; je me suis entendu à ce sujet avec M. de Serres. Je crois que le 20e corps achèvera son mouvement après-demain, nous rejoignant en chemin de fer, ce qui n'empêchera pas le 18e et les autres troupes que j'ai sous la main de se porter en avant dès que je le jugerai nécessaire; je vous prie de ne pas oublier les 400 chevaux d'artillerie que vous m'avez promis. Il serait bien utile de convenir d'un chiffre pour nos communications télégraphiques.

BORDEAUX, 28 décembre 1870. — *Gambetta à colonel Gauckler, à Autun.* — Faites rechercher et arrêter immédiatement le sieur Pinard, ancien ministre, et dirigez-le sous bonne escorte à Lyon où il sera traité selon ses mérites.

LYON, 28 décembre 1870, 9 h. 15 matin. — *Chef d'état-major à ministre L. Gambetta, Bordeaux, et à préfet, Marseille.* — En ce moment, nos avant-gardes entrent à Dijon évacué par les Prussiens, 5 h. 45 du matin.

BORDONE.

BORDEAUX, 28 décembre 1870, 10 h. 45 matin. — *Guerre à général Bourbaki, Chalon; à de Serres, Chalon; à Gambetta, Lyon.* — Veuillez me faire connaître chaque jour, aussitôt la marche des troupes terminée, les positions exactes

occupées par ces troupes et les projets du lendemain. Je
désire que cette dépêche me parvienne le plus tôt possible,
afin que j'aie le temps, avant la nuit, de vous envoyer,
moi-même, s'il y a lieu, des instructions.

Dès cette dépêche reçue, je vous prie de m'indiquer, en
traits généraux, le mouvement que vous comptez effectuer
dans l'hypothèse où le corps ennemi de Dijon, se retirant
par Gray, opérerait sa jonction avec le corps d'investissement de Belfort.

DE FREYCINET.

CHALON-SUR-SAONE, 28 décembre 1870, 3 h. soir. —
Général Bourbaki à Guerre, Bordeaux. — Je réponds à votre
télégramme de ce jour. Le 15e corps, moins la partie en
route pour rejoindre, est à Chagny.

La 1re division du 20e corps est à Javilly-sur-le-
Doubs; le reste du 20e corps est dirigé par les voies ferrées
de Decize sur Dôle.

Le général Pellissier occupera Dijon dès demain. Le général Cremer occupera en même temps les positions en avant
de cette ville.

Le colonel Bombonnel appuie le mouvement.

Le général Garibaldi se charge d'observer la route de
Tonnerre et d'occuper le Val-Suzon.

La position de Dijon bien assurée, je concentrerai les 18e
et 20e corps entre Auxonne, Pontailler, Pesmes et Dampierre.

Si l'ennemi, ce que je ne crois pas, venait à faire résistance à Gray, je m'y porterais directement avec ces
deux corps, pendant que le général Bressolles marcherait
sur ce même point par Besançon.

S'il évacue Gray sans combat, il nous attendra vraisemblablement à Vesoul. Nous l'y suivrons sans retard, à moins
que le prince de Reuss ne menace sérieusement Dijon, ce
qui est peu probable.

Du reste, une fois notre concentration opérée sur la rive
gauche de l'Ognon, nos mouvements devront forcément
être en rapport avec ceux de l'ennemi. Si nous sommes
vainqueurs à Vesoul, et si Garibaldi occupe les Vosges entre
Vesoul et Belfort, le siège de cette dernière place sera forcément levé.

Aurons-nous à lutter contre des troupes venant du duché

de Bade ou détachées de l'armée du prince Frédéric-Charles ?
Je l'ignore.

En tout cas, je ferai en sorte de n'engager le combat que dans de bonnes conditions.

Je m'entendrai, d'ailleurs, au préalable avec votre délégué, M. de Serres.

Toutes ces dispositions seront forcément subordonnées aux circonstances qui pourront se produire pendant le cours même des opérations.

BOURBAKI.

AUTUN, le 28 décembre 1870, 4 h. 21 soir. — *Colonel Gauckler à Ranc, chef police, Bordeaux.* — Arrivée à Autun de Pinard, ex-ministre, signalée par distribution dans tous les cafés des numéros du *Drapeau* des 10 et 16 décembre.

CHALON, 29 décembre 1870. — *Le général Bourbaki au ministre de la Guerre, Bordeaux.* — Je vous remercie des encouragements que vous me donnez. Si mes opérations réussissent, le siège de Belfort sera levé. Je pourrai, en me jetant sur les communications de l'ennemi, prêter un secours efficace aux défenseurs de Paris, peut-être même les aider à faire lever le blocus de la capitale. Les mouvements qui me sont signalés semblent avoir pour objet une concentration de l'ouest à l'est, par Châtillon-sur-Seine, et de l'est à l'ouest vers Vesoul et Combeaufontaine. S'ils devenaient assez considérables pour me priver d'un succès, je ne pourrais plus que disputer le terrain à l'ennemi sans exercer d'influence sérieuse sur la situation militaire de la France. Je crois donc qu'il y a un intérêt réel à ce que vous renforciez mon armée en infanterie, en artillerie et en chevaux. Malgré les mesures prises pour mettre les troupes le mieux possible à l'abri, le temps a été si mauvais que nous avons perdu un certain nombre de chevaux. Il serait essentiel de les remplacer; renforcez-moi le plus vite possible de toutes les troupes disponibles, afin de me donner, le jour du choc, les meilleures chances de succès. Là, me semble-t-il, est l'intérêt réel du moment; il me faut pouvoir compter sur des troupes bien commandées pour protéger efficacement nos communications ou pour opérer une concentration propre à assurer le succès. J'espère pouvoir me mettre en route après-demain matin.

CHALON, 29 décembre 1870. — *Le général Bourbaki au ministre de la Guerre, Bordeaux.* — Notre concentration a été retardée par la rigueur de la saison et par les mauvaises dispositions des administrations des chemins de fer. Néanmoins, le 20ᵉ corps sera rendu à Dôle le 31, le 18ᵉ à Auxonne le 1ᵉʳ janvier. Je hâterai le plus possible les mouvements ultérieurs. Je confie au général Logerot, nouvellement promu, le commandement de la 1ʳᵉ brigade de la 1ʳᵉ division du 20ᵉ corps.

BORDEAUX, 29 décembre 1870, 10 h. 50 matin. — *Intérieur et Guerre à général Bourbaki, Chalon; à général Chanzy, au Mans (faire suivre) et à de Serres, Dôle.* — Je reçois la dépêche suivante du général de Rivière, commandant le génie du 24ᵉ corps et dont j'ai pu apprécier à Lyon la capacité militaire et l'intelligence élevée :

« J'ai visité les ponts de l'Ognon depuis Voray jusqu'à Pin ; il sont en parfait état, rien ne s'oppose donc à une marche sur Gray ou sur Vesoul. J'ai vu ce soir un médecin de Gray qui en arrivait, il m'a rendu compte que les Prussiens se préparaient à faire sauter le pont en pierre et à brûler le tablier du pont suspendu. Ils se retirent précipitamment et en désordre, évacuant tous leurs malades, leurs approvisionnements, les trains se succèdent sans interruption, les otages sont relâchés ; enfin ce mouvement a tous les caractères d'une évacuation définitive. Il paraît y avoir là une occasion favorable à saisir pour se jeter au travers de l'ennemi. »

LÉON GAMBETTA.

BORDEAUX, le 29 décembre 1870, 12 h. s. (midi). — *Guerre à général Bourbaki, Chalon, et copie à de Serres, à Dijon, préfecture.* — Pressez le général Garibaldi pour qu'il occupe solidement, si ce n'est déjà fait, le Val-Suzon, de manière à bien couvrir votre gauche, malgré l'improbabilité d'une marche de l'ennemi de Tonnerre sur Dijon.

J'étudie les moyens de vous procurer quelques renforts. En tous cas, ne perdez pas de vue que vous avez un intérêt capital à arriver rapidement à Vesoul, afin de prévenir la jonction des forces situées à droite et à gauche.

Mes renseignements sur les mouvements de l'ennemi sont parfaitement d'accord avec les vôtres.

C. DE FREYCINET.

BORDEAUX, 29 décembre 1870, 12 h. 15 m. — *Guerre à général Bourbaki, Chalon (faire suivre)*. — Je vous remercie des détails que vous me donnez par votre dépêche de ce soir, 28 décembre, 4 h. 30. Je n'ai aucune observation à présenter sur vos dispositions de demain 29, qui me paraissent bien conçues, la concentration et la marche sur Gray me semblant combinées de manière à ce qu'on puisse prévoir avec une quasi certitude qu'il n'y aura pas plus de résistance à Gray qu'à Dijon. Si votre mouvement se continue avec rapidité, vous arriverez à Vesoul avant les renforts venus d'Orléans ou d'Auxerre, car le premier gros des forces arrivera seulement ce soir à Tonnerre; il sera donc très en retard sur vous pour se porter sur Vesoul par Langres; je ne pense, d'ailleurs, nullement qu'il soit tenté de se porter de Tonnerre sur Dijon; j'en conclus qu'en suivant votre programme vous arriverez à Vesoul le premier et sans doute sans combat; je me félicite de la bonne entente qui règne entre vous et M. de Serres, qui est en mesure de vous donner de très utiles indications; il est bien entendu d'ailleurs que ces indications, quelque confiance qu'elles méritent, ne doivent gêner en rien la liberté de vos décisions, dont vous avez seul la responsabilité. J'espère, général que, Dieu aidant, vous allez rendre à la France de grands services.

DE FREYCINET.

CHALON, 30 décembre 1870. — *Général Bourbaki à Guerre, Bordeaux. Confidentiel*. — Je complète ma dépêche d'hier soir. Les généraux Clinchant, Billot et Borel ont l'aptitude nécessaire pour exercer le commandement d'un corps d'armée de 45 000 hommes; mais leur présence à la 1re armée est très utile et je ne saurais par qui les remplacer.

CHALON, 30 décembre 1870. — *Bourbaki à Guerre, Bordeaux.* — Il a été formé avec le 29e de marche, le 38e de ligne, le régiment d'infanterie de marine, 2 régiments de la brigade de cavalerie Boerio et 3 batteries de 8, un corps sous les ordres du général Pallu; je me réserve la haute direction de cette troupe d'élite pour l'employer dans un moment décisif ou pour soutenir un choc ou une retraite.

CHALON, 30 décembre 1870. — *Général Bourbaki à Guerre, Bordeaux.* — Malgré le temps affreux que nous avons en ce moment et qui rend peu praticables les différentes voies de communication, j'espère que le mouvement des troupes et des parcs des 18e et 20e corps de Nevers sur Chalon sera terminé demain. Comprenant l'importance de la rapidité d'exécution de notre marche en avant, je n'ai pas attendu l'arrivée des dernières troupes pour mettre en route les premières.

Le quartier général du 18e corps, aujourd'hui à Beaune, sera demain à Saint-Jean-de-Losne, et après-demain à Auxonne. Celui du 20e corps sera demain, je l'espère, à Dôle. Toutes les précautions possibles sont prises en vue de protéger hommes et chevaux contre les rigueurs de la saison. Si l'évacuation de Gray est complète, je réduirai notre parcours en me contentant de faire occuper cette ville par la division Cremer et marchant avec toutes mes forces directement sur Vesoul. Lorsque ce dernier point nous appartiendra, je ne pourrai me porter plus au Nord avant d'avoir fait lever le siège de Belfort. N'oubliez pas que les 18e et 20e corps ne comptent pas plus de cinquante et quelques mille combattants. Des envois de chevaux me seraient fort utiles.

CHALON, 30 décembre 1870. — *Général Bourbaki à Guerre, Bordeaux.* — Reçu aujourd'hui votre lettre du 18 qui nomme général de Colomb au commandement du 15e corps et annule la nomination de cet officier général au 17e. Général de Colomb parti depuis huit jours pour prendre commandement du 17e.

BORDEAUX, 30 décembre 1870, 10 h. 25 m. — *Guerre à Audibert, directeur de la Compagnie Lyon, à Clermont-Ferrand, et en communication à Dijon, pour de Serres.* — Je reçois du général Bourbaki la dépêche suivante :

« Chalon, le 29 décembre, 10 h. 40 soir. — Notre communication a été retardée par la rigueur de la saison et par les mauvaises dispositions des administrations des chemins de fer. »

Voilà donc une dépêche conçue dans le même sens que tant d'autres. Nous ne voulons accuser les intentions de personne, mais il est certain que nous n'avons pas trouvé au total dans votre exploitation les ressources et l'énergie que les Prussiens obtiennent toujours sur leurs réseaux, que le chemin de l'Est a fournies à l'État au commencement de la campagne et que votre personnel même aurait peut-être su déployer s'il s'était simplement agi d'un trafic commercial exceptionnel. Nous n'avons ni le temps ni la possibilité, vous devez le comprendre, de nous livrer à des enquêtes sur chaque fait particulier, en vue de saisir les vraies causes et d'atteindre directement les coupables. Ce qu'il nous faut, c'est une rapidité et une liberté complète de nos mouvements, et de la part des Compagnies de chemins de fer un concours dévoué, plein, sans réserve. Si votre administration n'est pas dans des conditions à nous assurer ce concours, tel que nous le comprenons, nous nous verrons, à regret, mais pour en finir avec ces interminables polémiques, obligés d'exploiter nous-mêmes votre réseau en nommant un commissaire directeur.

DE FREYCINET.

BORDEAUX, le 31 décembre 1870, 12 h. 59 matin (midi 59). — *Guerre à général Bourbaki, Chalon, et communication à de Serres, Dijon (faire suivre).* — Votre dépêche du 30 courant, 7 h. 15 soir, montre que vous sentez toute l'importance de marcher très rapidement sur Vesoul. La rapidité est ici la condition essentielle du succès, car il n'est pas douteux que toutes les forces de la région à votre gauche tendent à se concentrer vivement vers Langres, tandis que celles venues de Dijon rejoignent camp de Belfort. Vous êtes donc entre deux armées que vous pouvez écraser séparément ou au moins annihiler, et qui, par leur jonction, pourraient vous menacer sérieusement. Ne perdez donc pas un instant et faites des miracles d'activité.

Je m'évertue à vous fournir des renforts.

Déjà je ramasse à votre intention quelques bataillons de marche à Auxonne et à Dôle. Demandez-les en passant et incorporez-les où vous jugerez utile. En outre, je forme une division à Besançon pour remplacer au 24e corps la division Cremer, laquelle restera définitivement sous vos ordres directs. Vous vous enrichirez donc au total d'environ 15 000 hommes. Quant aux chevaux, j'ai dit d'en envoyer 400 à Lyon. Mais réclamez-les au service compétent.

DE FREYCINET.

BORDEAUX, 31 décembre 1870, 11 h. 50 soir. — *Guerre à de Serres, Dijon (faire suivre). (Très confidentielle.)* — Je suis très préoccupé de la lenteur de notre concentration qui, pour une raison ou une autre, a manqué totalement son effet. Nous avons donné aux Prussiens le temps de prendre leurs dispositions et aujourd'hui nous devons avoir 70 000 hommes concentrés autour de Belfort et 80 000 en voie de l'être près de Langres. Par cette rapidité de mouvement les Prussiens nous donnent un grand exemple, que nous ne suivons pas. Mais laissons là les plaintes stériles. Le fait actuel c'est que, quand nous arriverons à Vesoul, si jamais nous y arrivons, nous pourrons avoir sur les bras 150 000 hommes, sans compter les renforts venant d'Allemagne. Dans ces conditions, nous sommes trop faibles et je me décide à vous envoyer le 15e corps que je remplacerai à Vierzon par un corps improvisé.

Il faudrait, selon moi, que le 15e corps fût envoyé à Besançon, de manière à élever à 60 000 hommes les forces venant de cette direction sur Belfort, tandis que Bourbaki marcherait par la direction Vesoul-Lure, de manière à prendre l'armée de siège entre deux feux. Seulement il faudrait aller vite.

Bourbaki souscrira d'avance à toute combinaison tendant à lui adjoindre le 15e corps. Mais je vous prie de me dire : 1° si c'est bien à Besançon et non à Gray que vous êtes d'avis d'envoyer ce corps; 2° quelle est, d'après l'allure de la concentration et l'ordre de marche adopté, la date précise à laquelle le 15e corps devrait être transporté sur

Clerval, point auquel vous savez que le chemin de fer est intercepté. Veuillez conférer avec Bourbaki et surtout Borel, et me télégraphier en conséquence.

C. DE FREYCINET.

BORDEAUX, 31 décembre 1870, 12 h. soir (minuit). — *Guerre à général Bourbaki, Chalon, et de Serres, Dijon (faire suivre).* — Je suis sans dépêche de vous ce soir.

Notre mouvement s'effectue avec une lenteur désespérante. Il me serait bien difficile à distance de dire avec certitude à qui en est la faute. Sont-ce les ordres d'embarquement qui ont été mal donnés? Est-ce le matériel qui a manqué? Sont-ce maintenant les étapes à pied qui ne se font pas? Ce qui est certain, c'est que nous nous laissons distancer de plus en plus par les Prussiens et que, si nous ne pressons pas davantage notre marche sur Vesoul, non seulement nous trouverons une forte concentration à notre droite, environ 70 000 hommes, mais nous trouverons aussi une forte concentration à notre gauche, peut-être 80 à 90 000 hommes. J'insiste donc de toutes mes forces auprès de vous pour que vous obteniez de votre armée un peu de cette mobilité que nous montre en ce moment même l'armée prussienne.

Je charge M. de Serres de vous entretenir du projet que j'ai de vous renforcer prochainement, ce que rend plus nécessaire encore la lenteur inattendue de votre mouvement.

C. DE FREYCINET.

CHALON-SUR-SAONE, 1er janvier 1871, 12 h. 20 matin (minuit 20). — *Général Bourbaki, à Guerre, Bordeaux.* — Je pars pour Dijon. Je serai demain à Dôle. Si le pont de Pesmes est rétabli, les 18e et 20e corps coucheront demain sur la rive droite de l'Ognon. Nous aurons ainsi parcouru 280 kilomètres en onze jours. Il est incontestable que si le matériel avait été prêt en quantité suffisante et en temps opportun, nous n'aurions dû opérer plus vite notre concentration, mais nous n'aurions pu l'exécuter plus rapidement par les voies ordinaires, puisqu'il nous aurait fallu parcourir, en moyenne, 25 kilomètres par jour.

Quoi qu'en dise le général Rolland, qui admet que l'ennemi fasse 70 kilomètres par jour, je ne crois pas que les Prussiens, par corps d'armée, marchent plus vite, surtout par le temps actuel. La concentration autour de Belfort était inévitable. Je vous demande de me faire connaître ce que vous apprendrez des mouvements de l'ennemi sur Langres et Châtillon-sur-Seine. Je cherche à me renseigner directement.

C. Bourbaki.

Bordeaux, 1er janvier 1871, 12 h. 50 matin (minuit 50). — *Guerre à général Bourbaki, Chalon, et de Serres, Dijon (faire suivre).* — Une des grandes fautes de cette concentration me paraît être d'avoir voulu beaucoup trop se servir des chemins de fer. Au delà de Dijon il fallait aller par voie de terre sur Gray et Vesoul et on aurait gagné beaucoup de temps. Je vois par une dépêche d'Audibert de ce jour que la voie entre Dijon et Auxonne n'est pas encore en état. Comment se fait-il donc qu'on reste l'arme au bras depuis tant de jours à attendre que l'exploitation soit reprise?

Je vois plusieurs personnes qui arrivent de vos côtés et qui toutes déclarent ne rien comprendre à cette quasi immobilité. Or, pendant ce temps, les Prussiens marchent.

Le froid et la neige ne les arrêtent pas. De grâce, donc, dans l'intérêt même de la sécurité de l'armée, tâchez de regagner par marche rapide une partie du temps perdu.

C. de Freycinet.

Bordeaux, 2 janvier. — *Freycinet, délégué Guerre, à général Bourbaki.* — Je vois une dépêche de vous à colonel Fischer. Je vous prie instamment de vous abstenir de télégraphier en termes qui pourraient faire supposer que vous êtes pour quelque chose dans le commandement. De telles dépêches, je vous l'ai déjà dit, doivent être expédiées par l'état-major du général en chef, ou, si elles le sont par vous, il faut qu'elles fassent mention que c'est par ordre du général. Je sais bien que celle-là est dans ce cas, mais il faut que cela apparaisse clairement dans la forme, pour ne pas déplacer la responsabilité.

Répondez, je vous prie.

Belfort, 2 janvier 1871. — *Denfert, colonel commandant supérieur de Belfort à ministre de la Guerre.* — Bien qu'investie depuis 60 jours écoulés et bombardée depuis un mois, la forteresse est dans une assez bonne situation. Aucun de nos forts extérieurs n'a été pris par l'ennemi qui tire en ce moment un peu de tous les côtés, en paraissant faire porter son principal effort sur Bellevue. Cette situation tient à deux causes : la première, c'est que nous avons défendu à l'abri des canons à longue portée les positions extérieures dont nous tenons encore une partie, ce qui a eu pour effet que l'ennemi n'a pu, qu'après deux attaques, se rapprocher assez pour tirer sur la ville (il lui a fallu un mois pour y arriver) ; la seconde, c'est que nous avons fait un usage de l'artillerie meilleur que dans les autres places assiégées. Nous avons pu réussir à tirer au moins à 1 500 mètres plus loin qu'à Strasbourg, Neuf-Brisach et Schlestadt, grâce à une modification légère que j'ai pu faire effectuer aux affûts, dans les quelques jours qui ont précédé l'investissement; nous nous sommes en outre servis de l'artillerie, en la laissant ou en la masquant, et voici un mois qu'elle tient tête à l'assiégeant.

Mais cette situation entraîne des consommations considérables de munitions et je désirerais savoir dans quelle limite de temps, vous serez en mesure de débloquer la place. La résistance peut durer assez longtemps encore pour vous donner le temps de combiner une opération. Mais il ne faut pas nous perdre de vue. Je serais heureux d'avoir des indications de votre part à ce sujet.

L'esprit de la population est bon ; l'état sanitaire, sans être bon, est moins mauvais qu'on ne pourrait le craindre dans une place assiégée.

Denfert-Rochereau.

Dole, 2 janvier 1871. — *Général Bourbaki à Guerre, Bordeaux.* — L'ennemi fait des démonstrations de quelque importance pour menacer Dijon en se portant sur Villeaux, position assurée par les troupes du général Pellissier et par celles du général Garibaldi. Le général Cremer, qui couche le soir entre Champlitte et Dijon, rétrogradera sur cette dernière ville pour concourir à sa défense s'il le juge nécessaire. Je crois que l'ennemi veut nous déterminer soit à

réduire l'effectif des forces marchant sur Vesoul, soit à nous
retarder. Je tiens à déjouer ce projet en ne me privant
d'aucun élément autre que la division Cremer; nous éprouvons beaucoup de peine à marcher rapidement, vu l'état
actuel des routes et les difficultés de s'approvisionner de
vivres. Le 15e corps constituera un très bon appoint, mais
il faut qu'il ne perde pas de temps, les 18e et 20e corps
doivent coucher ce soir sur les bords de l'Ognon et continuer leur marche demain matin; j'ai établi aujourd'hui
mon quartier général à Dôle.

BORDEAUX, 3 janvier 1871, 3 h. 58 soir. — *Guerre,
Bordeaux, à général en chef Bourbaki, Dôle.* — Des considérations de la plus impérieuse nécessité, tirées de
l'état de Paris, commandent une parfaite unité de
vues et d'action entre nos diverses armées; dès lors il
faut, ainsi que je vous l'ai demandé, que vous nous
indiquiez chaque soir, aussitôt que la marche de la
journée est terminée, les positions exactes occupées
par les différents corps placés sous vos ordres, ainsi
que vos projets pour le lendemain. En ce moment
même où nous aurions tant besoin d'être renseignés
nous ne connaissons point la répartition de vos forces,
ni la direction de leurs mouvements. Je tiens par-
dessus tout, afin de pouvoir en informer exactement
le général Trochu et le général Chanzy, selon le cas,
à ce que vous fournissiez immédiatement : 1° une
situation complète de vos forces réparties sur les
divers points; 2° les marches que vous projetez de
leur faire exécuter demain; 3° le plan général de vos
opérations pour les jours qui vont suivre ; 4° quel est
en ce moment votre principal objectif et à quelle date
vous pensez pouvoir vous en emparer ; 5° quelles sont
vos idées sur les opérations à accomplir; en un mot,
nous faire connaître, comme vient de le faire le général
en chef de la 2e armée, quel est votre plan tactique.
Il nous faut plus que jamais coordonner et préciser
nos mouvements, avoir de la suite, ne jamais marcher

à l'aventure, mais savoir à toute heure où nous en sommes et ce que nous voulons. Je ne saurais trop exiger de vous, dans l'accomplissement de la tâche qui vous est confiée et qui exige de votre part autant de confiance que de hardiesse et de mobilité, et j'y compte au nom du gouvernement tout entier.

J'ai remarqué avec une pénible surprise le vague de certaines de vos dépêches; ainsi dans votre dépêche d'hier soir soir, 11 h. 55, vous dites : « Le général Cremer, qui couche ce soir entre Champlitte et Dijon, rétrogradera sur cette dernière ville pour concourir à sa défense s'il le juge nécessaire. » Il semble résulter de là que nous ne connaissiez pas le point exact où se trouvera ce général et que vous abandonniez à votre subordonné l'appréciation d'une question aussi grave que celle de savoir s'il doit ou s'il ne doit pas secourir Dijon; c'est à vous, général en chef, de décider de telles questions, et le général Cremer doit recevoir à ce sujet des ordres nets et précis et ne jamais rester dans l'arbitraire; je vous demande une prompte réponse.

LÉON GAMBETTA.

DOLE, 3 janvier 1871, 5 h. 40 soir. — *Général Bourbaki à Guerre, Bordeaux.* — Les colonnes ennemies qui sont signalées à l'ouest de Dijon, notamment du côté de Villeaux et de Port-Royal, ne peuvent, me semble-t-il, faire concevoir de craintes sérieuses pour la conservation de Dijon. La configuration du terrain est de nature à faciliter les opérations des divers corps appelés à s'opposer à leur marche. Le général Pellissier et le général Garibaldi ont entre les mains plus de 20 000 hommes; la division Cremer a dû quitter ce matin Fontaine-Française pour garder Orgeux qui est à 10 kilomètres seulement de Dijon; la brigade et les deux batteries du 15e corps que vous m'avez annoncées ajouteront encore un solide appoint à cet ensemble de forces; il me semble que dans ces conditions les habitants de Dijon doivent être rassurés et attendre les événements qui vont se produire sous peu de jours. Je persiste à croire que la démonstration de l'ennemi sur Dijon n'a pour but que de retarder notre mouvement sur Vesoul et Belfort, mouvement que je cherche à accélérer le plus possible, mais qui se trouve ralenti par la rupture des ponts de Pesmes et de Dresilley-sur-l'Ognon, par l'état actuel des routes, enfin, par les difficultés qu'éprouve l'intendant en chef à nous faire parvenir nos vivres. Il importe de ne pas sacrifier notre opération principale à un but secondaire, ce serait faire précisément ce que l'ennemi désire. Je vous demande donc de maintenir les ordres que vous avez donnés pour l'envoi, aujourd'hui même, à Dijon, d'une brigade et de deux batteries du 15e corps, et pour l'embarquement, à partir de demain, à destination de Besançon, des autres éléments de ce corps; il est bien désirable que l'administration des chemins de fer prenne toutes les mesures possibles pour accélérer cette opération; dans le cas où la proximité de l'ennemi viendrait à la contrarier, je donnerai les ordres et avis que vous me prescrivez par votre dépêche d'aujourd'hui 10 h. 20 matin.

BOURBAKI.

DOLE, 3 janvier 1871, 10 h. 30 soir. — *Général Bourbaki, Dôle, à Guerre, Bordeaux.* — Je crois, dans mes différentes dépêches, vous avoir renseigné sur tout ce que vous me demandez aujourd'hui. Avant votre départ de Bourges, il était parfaitement convenu que nous manœuvrerions de façon à évacuer Dijon, Gray, Vesoul et à faire lever le siège de Belfort. Ces résultats obtenus, nous devions, suivant les mouvements de l'ennemi, la disposition de ses forces, la nature du théâtre de nos opérations, chercher, en passant par Épinal, à couper les lignes de communication de l'ennemi entre l'Alsace, la Lorraine et Paris, ou bien nous porter sur Langres ou Chaumont, afin d'obtenir le même résultat en menaçant de près l'armée d'investissement de Paris. Je vous ai adressé des télégrammes dans le même sens le 20 et le 29 décembre. Je vous ai fait connaître, le 30 décembre, l'itinéraire des 18e et 20e corps d'armée, et je vous ai prévenu, le 1er janvier, que ces corps coucheraient, le 2, sur la rive droite de l'Ognon, si le pont de Pesmes était rétabli. Hier 2, je vous ai mandé que ces mêmes corps coucheraient sur les bords de l'Ognon, et qu'ils continueraient ce matin leur marche sur Vesoul.

Les renseignements relatifs à la marche d'aujourd'hui sont les suivants. Le 18e corps suit la route de Pesmes à Vesoul, le 20e va de Mornay à Voray gagner la route de Besançon à Vesoul. Le 24e commencera demain son mouvement en passant par Marchaux et faisant étapes entre Corcelles et Scay-la-Tour. Le 18e corps doit coucher ce soir dans le voisinage de Bouboillon, le 20e vers Etuz. Si l'état des chemins n'y met pas obstacle, nous arriverons le 5 janvier, savoir : le 18e corps entre Mailley et Grandvelle, le 20e à Echenoz-le-Sec; le 24e, partie en avant de Montbozon sur la rive gauche de la Linotte, partie à Esprels; si le 15e corps arrive à temps à Besançon, comme je l'espère, je le chargerai ou de menacer Montbéliard ou de nous venir directement en aide suivant les circonstances; si les Prussiens défendent Vesoul, comme on nous le fait croire, puisque les troupes de Dijon et de Gray se sont repliées sur ce point, nous serons bien concentrés et en mesure de les attaquer; je reconnaîtrai, le 6, leurs positions, et je marcherai contre eux autant que possible le jour même. S'ils abandonnent cette ville sans combat, comme ils ont abandonné Dijon et Gray, nous ne les trouverons probablement que devant Belfort. Quant à l'épisode Cremer, il est simple. En quittant Dijon, je n'avais pu me rendre un compte exact de la valeur de la menace annoncée contre cette ville; à mon arrivée à Dôle, les télégrammes de M. Menotti Garibaldi m'ont fait craindre que les Prussiens tentassent de la réoccuper, et j'ai prescrit au général Cremer de revenir à Dijon si la menace devenait assez sérieuse pour mériter ce mouvement, ou dans le cas contraire de rester à l'emplacement choisi par lui entre Dijon et Champlitte pour y passer la nuit et attendre des instructions ultérieures. Cette division est venue donner de la consistance aux troupes du général Pellissier, armées seulement de fusils à piston, et aux troupes du général Garibaldi; j'ai prescrit à son chef de se porter, en deux jours, à Champlitte et de faire étape au point qui lui semblerait le meilleur dans cette direction, en tenant compte et de l'état de la route et de la fatigue des troupes. La rigueur de la saison et les accidents imprévus mettent en défaut les calculs faits à l'avance avec une trop grande rigueur, aussi ai-je laissé aux commandants de corps d'armée, comme au général Cremer dans la circonstance rappelée par vous, dans des limites définies, une certaine latitude à ce sujet, parce que c'est sage et pratique.

J'ai demandé qu'une brigade du 15ᵉ corps fût dirigée sur Dijon; si les nouvelles que je recevrai aujourd'hui ou demain font reconnaître que ces deux détachements sont inutiles ou trop considérables, et si les forces que m'opposera l'ennemi le rendent nécessaire, je rappellerai la brigade du 15ᵉ corps de la division Cremer; je vous ai prévenu aujourd'hui que cette dernière division était revenue à Orgeux; quant aux 15ᵉ et 24ᵉ corps, ils sont placés comme vous le savez. Le 24ᵉ est à Besançon, le 15ᵉ a dû commencer aujourd'hui le mouvement en chemin de fer que vous lui avez ordonné. Je porterai demain mon quartier général à Besançon, que je crois être le meilleur point à choisir pour communiquer avec les commandants de corps d'armée, pour recevoir plus facilement les nouvelles concernant les mouvements de l'ennemi, enfin pour veiller au départ du 24ᵉ corps, pour connaître les conditions dans lesquelles pourront débarquer les premières troupes du 15ᵉ, et pour m'assurer de l'arrivée des approvisionnements nécessaires. Dès que j'aurai quitté Besançon, mes communications télégraphiques ne pourront être assurées qu'au moyen de postes de cavaliers échelonnés entre le grand quartier général et la station la plus voisine ou la plus sûre; les communications éprouveront par suite des retards inévitables.

BOURBAKI.

BORDEAUX, 3 janvier 1871, 11 h. 50 soir. — *Guerre, Bordeaux, à général Bourbaki, Dôle.* — Quelque invraisemblable qu'ait d'abord paru une marche de Montbard sur Dijon, cette marche paraît aujourd'hui s'accentuer; d'autre part, j'ai lieu de penser que Dijon est loin de posséder actuellement les 20 000 hommes dont parle votre dépêche, car Garibaldi me fait l'effet d'être toujours aux environs d'Autun, et les bataillons disponibles à Auxonne ont été incorporés dans les 18ᵉ et 20ᵉ corps; il me semble donc que Dijon ne possède que Pellissier avec ses mobilisés, plus la brigade du 15ᵉ corps qui a dû y arriver aujourd'hui, et c'est même probablement le dégarnissage de Dijon qui a déterminé le mouvement de l'ennemi. En cet état, je pense que vous ferez bien de vous renseigner sur l'importance des forces ennemies qui pourraient menacer Dijon et, si ces forces étaient considérables il serait prudent de maintenir dans cette ville une troupe respectable, comprenant, par conséquent, des forces en sus de la troupe Pellissier. Il vous appartient de voir si, en faisant venir Garibaldi, ou en ramenant Cremer, ou en maintenant une division du 15e corps, vous pouvez garantir la sécurité de Dijon, qui n'est, par soi-même, qu'un objectif secondaire, mais qui peut avoir un grand intérêt comme base de vos communications et de votre ravitaillement, par chemin de fer, à mesure que vous avancerez.

C. DE FREYCINET.

Passage de l'Ognon. — Victoire de Villersexel.
Bataille d'Arcey.

AUXONNE, 5 janvier. — *Général Billot à ministre Guerre, Bordeaux.* — J'ai l'honneur de porter à votre connaissance les faits relatifs au passage de l'Ognon effectué le 2 janvier 1871 par le 18e corps exécutant son mouvement de marche en avant d'Auxonne, dans la direction de Vesoul.

La largeur de la rivière est de 50 à 60 mètres; la communication entre les deux rives était établie primitivement, aux abords de la ville de Pesmes, au moyen de deux ponts, l'un en pierre, à deux arches, à l'entrée même de la ville, l'autre en bois, aux piles en maçonnerie, à trois travées, au lieu dit les Forges, à 3 kilomètres environ en aval.

Les Prussiens avaient fait sauter le pont de Pesmes au moyen d'un fourneau de mine pratiqué dans l'intérieur même de la pile. La pile était complètement détruite au-dessus du niveau de l'eau. Ils avaient en même temps détruit le tablier du pont des Forges, dont les piles subsistaient seules.

Pour arriver aux points prescrits par vos instructions, j'ai pris mes dispositions pour passer la rivière. Elle a été franchie par le 18e corps de trois manières différentes :

1° Sur la glace, qui se trouvait avoir de 15 à 20 centimètres d'épaisseur. L'infanterie tout entière a pu passer
ainsi;

2° Sur un pont de bateaux, de 54 mètres de longueur,
établi à côté du pont de Pesmes, par M. le chef d'escadron
d'artillerie Logerot, commandant l'artillerie de la place
d'Auxonne, au moyen du matériel des pontonniers appartenant à cette place. Ce passage a servi à la plus grande
partie de l'artillerie et aux voitures de toutes sortes;

3° Sur le pont des Forges réparé par l'ingénieur des
ponts et chaussées Belin, de l'arrondissement de Dôle; au
moyen de la compagnie du génie auxiliaire d'Auxonne et
des ressources locales. Ce passage, dont le rétablissement a
été terminé le dernier, a servi principalement à la cavalerie.

Les particularités relatives à l'établissement et aux services rendus par ces passages provisoires sont les suivants.

La surface de la glace avait été recouverte soit de
paille répandue soit d'un platelage en madriers, pour la
préserver de l'usure produite pas la circulation. Quelques
chevaux ont passé en même temps que les hommes, mais
un accident arrivé à l'un d'eux, sous les pieds duquel la
glace s'est rompue, a fait réserver le passage pour l'infanterie seule à l'exclusion des chevaux. A la fin de la journée,
il a été jugé prudent de déplacer les passages, quoique cette
précaution ne fût peut-être pas rigoureusement nécessaire.

La mise en place du pont de bateaux a occupé l'après-
midi de la journée du 2 janvier. La nuit du 1er au 2 avait
été nécessaire pour la réunion et le chargement du matériel, la matinée du 2 pour le transport d'Auxonne à Pesmes.
La mise en place commencée à 1 heure de l'après-midi a
été terminée à 7 heures et demie du soir environ. Le
travail a été exécuté sous la direction du commandant Logerot par une section du génie de la garde nationale de la
Côte-d'Or et quelques ouvriers de l'arsenal. Le pont, qui
est encore en place, a 54 mètres de longueur. Il comprend
huit supports entre culées, sept bateaux et un chevalet dont
la présence est motivée par l'insuffisance du nombre des
bateaux.

Si la durée de l'opération a dépassé de beaucoup les limites ordinaires correspondant aux conditions normales,
il faut l'attribuer à la nécessité de briser la glace pour

mettre à flot, et mouvoir les bateaux, au temps employé au calfatage des voies d'eau, conséquence du mauvais état du matériel, à l'inexpérience complète de la manœuvre où se trouvait le personnel improvisé que le commandant Logerot avait sous la main, enfin au froid vif qui gênait les travailleurs.

La réparation du pont des Forges a commencé à 7 heures du matin, le 2 janvier. Elle a été terminée le lendemain à 10 heures du matin sans que le travail eût été discontinué. Les matériaux ici n'étaient pas préparés d'avance. L'abatage de quelques arbres, situés dans les environs, les a fournis.

Le défilé des troupes commencé vers midi a été terminé le lendemain à la même heure. Il a eu lieu toute la nuit, à la faveur du clair de lune.

J'ai cru aussi devoir, monsieur le ministre, vous signaler les circonstances spéciales qui ont caractérisé cette opération militaire :

Le passage de l'infanterie sur la glace, et l'utilisation d'un matériel de pont sur lequel nous ne comptions pas, et dont la découverte inespérée dans l'arsenal d'Auxonne a permis de hâter d'un jour la marche du corps d'armée.

Je dois ajouter que le passage s'est effectué sans coûter au corps d'armée un homme, une voiture ou un cheval.

Le zèle et l'activité des officiers a beaucoup contribué au bon ordre du passage.

BORDEAUX, 5 janvier 1871. — *Ministre Guerre à colonel Gauckler, Autun.* — Faites conduire à Lyon M. Pinard, ancien ministre de l'Empire, qui vient d'être arrêté. Le préfet du Rhône que je préviens l'interrogera et prendra telles mesures qui conviendront. Rendez-moi compte. J'ai lu de vous une dépêche à Freycinet qui est assez inquiétante au sujet de l'état vrai de l'état-major et de l'entourage du général Garibaldi. Je désire savoir toute la vérité, et je vous prie de m'écrire par le retour du télégraphe.

VIENNE, 6 janvier 1871. — *Corbureau à de Serres, Bordeaux.* — Le corps Werder paraît occuper une position en avant de Vesoul et de Nozoy, s'appuyant avec aile gauche à l'Ognon, quartier général à Nozoy-le-Bourg. Composition de ce corps : Division badoise Glimmer, composée de 3 brigades infanterie, 3 régiments dragons et 54 pièces canon ; brigade Goltz, composée des 30e et 34e régiments prussiens avec artillerie ; la brigade Goltz quitta Langres à la fin de décembre pour se joindre à Werder. Probablement le 60e régiment prussien a pris la place de celte brigade devant Langres. La ligne de l'Allaisne entre Montbéliard et Delle, fortifiée, surtout à Granvillard et Montbéliard, est occupée par les 1re et 4e divisions de réserve, la 1re sous Trescow, la dernière sous Schmerling ; une partie des forces semble être restée devant Belfort et une autre paraît occuper Héricourt. Le quartier général de Trescow est à Bourogne. Composition de la division Trescow : 67e de ligne et 4 régiments combinés de la landwehr poméranienne à 3 bataillons chacun, 2e régiment de réserve dragons et 2e régiment de réserve uhlans avec artillerie. Composition de la division Schmerling : 25e de ligne et 4 régiments prussiens combinés de la landwehr, 3 bataillons chacun, artillerie et probablement 2 régiments artillerie de réserve ; 2 de ces régiments de landwehr semblent avoir rejoint la division depuis peu, venant de l'Alsace.

7 janvier 1871. — *Guerre à général Bourbaki, Besançon (faire suivre).* — Je reçois du préfet de la Savoie la dépêche suivante :

« Chambéry, 7 janvier 1871, 2 h. 50 min. du soir.

« Renseignements très sûrs. Non seulement Bade et pays allemand, mais encore Vosges et lignes frontières entièrement dépourvues de troupes allemandes. Ont été dirigés vers Paris hommes âgés ou très jeunes, marqués pour condamnation et qui marchent avec répugnance manifeste. »

Bordeaux, 7 janvier 1871, 2 h. 40 soir. (Urgence.) — *Guerre à général Bourbaki, à Montbozon.* — Je reçois une dépêche du quartier général de Garibaldi permettant d'espérer une prochaine occupation de Dijon par les troupes de ce général.

Vous feriez bien d'entrer en communication directe avec lui afin de retirer, le cas échéant, la division Cremer, dès que vous jugerez sa présence inutile à la protection de Dijon.

Une dépêche Havas, que je vous communique aujourd'hui, semble indiquer la levée du siège de Langres et un acheminement des troupes de siège sur Vesoul. Vous verrez s'il

n'y aurait pas'à combiner en ce cas une double action de la
division Cremer avec une colonne formée à Langres, de manière à opérer vigoureusement sur les derrières de l'ennemi ou à empêcher la jonction des renforts venant de Châtillon ou de Chaumont. Ainsi que je vous l'ai dit, je crois
que Langres peut fournir 10 à 12 000 hommes à l'armée
en campagne.

C. DE FREYCINET.

BATAILLE DE VILLERSEXEL

ROUGEMONT, 9 janvier 1871, 7 h. 40 soir. — *De Serres à
Guerre, Bordeaux.* — La bataille finit à 7 heures[1]. La nuit
seule nous empêche d'estimer l'importance de notre victoire. Le général en chef couche près Villersexel, au centre
du champ de bataille, et toutes les positions assignées à
l'armée pour ce soir par l'ordre général de marche d'hier
occupées par elle. Villersexel, clef de la position, a été enlevé aux cris de : « Vive la France ! » A demain les résultats.

MONTBOZON, 9 janvier 1871, 2 h. 47 soir. — *De Serres à de
Freycinet, Guerre, Bordeaux.* — Le programme pour demain, et pour toute armée, est la continuation du mouvement d'aujourd'hui, à la distance d'une étape, qui la portera à la hauteur d'Esprels, Villersexel, Villechevreux, nous
rendant absolument maîtres de l'unique route Montbéliard-
Vesoul, et d'une des deux routes Belfort-Vesoul. Le 15ᵉ qui
commence à arriver Clerval avec à peu près une division,
a pour ligne d'opérations pour deux divisions, la partie de
la route Baume-les-Dames-Belfort, entre Fontaine et cette
dernière ville. J'espère que, dans trois jours, il pourra avoir
cette force vers Aray et peut-être au delà, c'est-à-dire à
notre extrême droite, menaçant directement l'investissement
de Belfort.

Rien de bien précis encore sur les mouvements de l'ennemi. Le généralissime a traversé lui-même Esprels et les

1. Pour les opérations de l'armée de l'Est depuis la reprise de
Dijon jusqu'à la bataille de Villersexel, cf. FREYCINET, *loc. cit.*,
p. 231 et sq.

environs des avant-postes. Le poste de l'ennemi doit avoir quitté Noroy-le-Bourg, où je vous le signalais hier, pour se porter soit sur Lure, soit dans des positions au nord de Vesoul. Les coureurs et quelques petits détachements restent encore au sud de cette ville, soit pour couvrir le mouvement de recul, soit peut-être, ce que nous saurons demain, pour masquer une concentration sous cette ville.

Je crois pouvoir affirmer que les mouvements d'aujourd'hui, ainsi que ceux de demain, tout en nous élevant, améliorent sensiblement nos positions. Nous restons maîtres de choisir la droite ou la gauche pour notre opération ultérieure, réalisée avec la masse totale des forces, celles de l'ennemi se trouvant fatalement, dans les trente-six heures qui vont suivre, divisées en deux parties, l'une à Belfort, qu'il doit couvrir, l'autre vers Vesoul et sur la route de Luxeuil, qu'il paraît vouloir conserver.

Je vous transmettrai, demain matin, une dépêche chiffrée confidentielle, sur celui que vous savez.

DE SERRES.

BOURNEL, 10 janvier 1871. — *De Serres, Guerre, Bordeaux* (confidentielle). — J'ai étudié cette nuit avec général Bourbaki toutes les mesures nécessaires pour préparer la bataille d'aujourd'hui, bataille que l'ennemi doit absolument livrer, quelles qu'en soient les conditions, s'il a conscience de sa situation par rapport à la nôtre. Toutes les dispositions sont arrêtées entre nous, et notre situation, comme force et positions, est beaucoup plus belle où l'ennemi avait tous avantages. Nous prendrons, s'il y a lieu, l'offensive. La lutte au château de Villersexel a duré toute la nuit; le splendide château dominant la ville, refuge de quelques compagnies prussiennes, a été incendié par elles pour couvrir leur salut. Le général en chef, parti dès 4 heures du matin, est magnifique de vigueur, d'entrain et d'élan; c'est à lui que revient incontestablement l'honneur de la journée, dont les premières heures, écoulées en dehors de son action personnelle, ont laissé à désirer. Il a enlevé les régiments déjà fatigués du 20e corps avec un élan irrésistible et les a lancés dans Villersexel regorgeant d'ennemis; la position était à nous. Quant à ce que vous qualifiez de savante manœuvre,

entre les deux groupes des forces ennemies, vous devez vous
féliciter vous-même, en n'oubliant pas que ce sont encore
vos idées, qui, par ma voie, ont collaboré à cette belle
tâche. Je laisse au général, qui n'y manquera pas, le soin de
le dire et de l'écrire.

BORDEAUX, 10 janvier 1871, 5 h. 50 soir. — *Guerre à général Bourbaki, Villersexel, à communiquer à M. de Serres.* —
M. de Serres, par une dépêche de ce jour, me fait connaître
la splendide attitude que vous avez eue dans la journée
d'hier. Elle ne m'étonne pas, mais j'en suis glorieux pour
la France. Elle est pour moi la garantie de nouveaux succès.

C. DE FREYCINET.

CLAMECY, 10 janvier 1871, 10 h. 30 soir. — *Sous-préfet,
Clamecy, à préfet, général, Nevers; Guerre, Bordeaux.* — Une
personne, arrivant d'Auxerre, annonce que le 2e corps prussien Poméranie arrive à marche forcée de Paris pour renforcer l'armée de l'Est; ce corps est évalué à 25 000 ou
30 000 hommes. Vers midi, des cavaliers prussiens sont
arrivés à Auxerre pour occuper la ville, ils sont allés jusqu'à Avallon, l'infanterie n'était pas encore signalée. Le
corps vient de la direction de Courtenay, 3 000 chevaux environ, pontonniers, 6 ou 10 batteries. Ils suivaient trois ou
quatre routes parallèles. Un aérostat monté est tombé à
Oudine près Courson, vers 3 heures, nous attendons ici les
deux aéronautes.

BORDEAUX, 10 janvier 1871, minuit 15. — *Guerre à général
Bourbaki, à Montbozon (faire suivre); à communiquer à de
Serres.* — M. de Serres vient de nous annoncer la brillante
victoire que vous avez remportée en avant de Villersexel.
C'est le couronnement mérité de la savante manœuvre que
vous exécutiez depuis quatre jours, avec autant de sagesse
que de prudence, entre les deux groupes de forces ennemies.
Je vous en félicite de tout mon cœur, ainsi que votre excellent chef d'état-major Borel, dont j'ai reconnu la main dans
plusieurs dispositions. Il nous tardera de récompenser les
braves qui se sont distingués dans cette journée et auxquels
le Gouvernement sera heureux de témoigner sa reconnaissance.

Je crois que les conséquences de votre succès seront considérables à bref délai.

C. DE FREYCINET.

COURSON, 11 janvier 1871, 11 h. 25. — *Procureur République, Joigny, à Guerre, Bordeaux, et à général en chef armée de l'Est.* — Deuxième corps armée prussienne traversa hier et aujourd'hui arrondissement Joigny venant du Loiret, paraissant aller Châtillon-sur-Seine. Mon collègue de Sens m'écrit : « Frédéric-Charles commandera armée de l'Est, il est aujourd'hui seize lieues de moi, où il se dirige d'Orléans sur Châtillon, emmène 60 000 hommes (9ᵉ et 10ᵉ corps). 30 000 landwehr venant de Prusse le rejoindront, Mecklembourg commande armée de la Loire fort réduite ; 9ᵉ corps se compose des nᵒˢ 12, 52, 8, 48, infanterie. » Mon collègue Sens ajoute : « Renseignements sûrs. »

BORDEAUX, 12 janvier 1871, 11 h. 30. — *Guerre à général Bourbaki, Bournel et à de Serres (faire suivre).* — J'ai reçu votre dépêche de cette nuit, 1 heure et demie. Elle me suggère les réflexions suivantes :

1° La prise d'Arcey que vous projetez pour demain ne me parait pas ajouter beaucoup à l'interception des communications de l'ennemi, telle que vous l'avez déjà obtenue par la prise de Villersexel. Le temps exigé pour cette opération est-il bien en rapport avec le résultat que vous en retirerez ?

2° Vous paraissez abandonner, au moins quant à présent, la marche sur Lure. Ne craignez-vous pas, en inclinant ainsi tout entier vers la droite, de permettre à deux groupes d'ennemis, de Belfort et de Vesoul, de se rejoindre par la route de Lure ? Je crains que vous ne perdiez le bénéfice de cette séparation en deux tronçons que vous aviez si bien entamée.

3° Vos mouvements successifs s'accomplissent avec une grande lenteur, puisque trois jours se sont écoulés entre Villersexel et Arcey, points distants de 8 à 9 kilomètres.

Je ne nie point les difficultés, mais mon devoir est de vous prévenir que, d'après l'ensemble de nos renseignements, des renforts arrivent de divers côtés à l'ennemi et qu'en ajournant ainsi, même pour les meilleurs motifs, vous trouverez l'ennemi en grande force numérique.

Telles sont les réflexions que je vous soumets. Vous apprécierez dans quelle mesure les circonstances permettent d'en tenir compte.

J'approuve très fort la marche de Cremer en arrière de Vesoul pour couper la retraite de l'ennemi.

C. DE FREYCINET.

ORNANS, 13 janvier 1871. — *Général Bourbaki à Guerre.* — Les villages d'Arcey et de Sainte-Marie viennent d'être enlevés avec beaucoup d'entrain, et sans que nous ayons éprouvé de pertes trop considérables, eu égard aux résultats obtenus. Je gagne encore du terrain ; je suis très content de mes commandants de corps d'armée et de nos troupes.

En manœuvrant, j'ai fait évacuer Dijon, Gray et Vesoul, dont il a été pris possession dès hier par des éclaireurs, enfin Lure.

Les journées de Villersexel et d'Arcey font grandement honneur à la 1re armée, qui n'a cessé d'opérer depuis six semaines par un temps des plus rudes, en marchant constamment malgré le froid, la neige et le verglas.

J'espère dans très peu de jours pouvoir vous annoncer la levée du siège de Belfort et l'évacuation de Montbéliard. Je vous prie de bien me renseigner sur ce que vous croirez que je devrais faire de mieux. Marcher sur Chaumont où sur Épinal. Ceci dépend complètement de la marche des troupes du prince Frédéric-Charles. Il faut que je le rencontre dans de bonnes conditions. Ne me ménagez ni vos avis ni vos renseignements. Envoyez-moi toujours les chevaux pour mon artillerie.

Mon quartier général sera aujourd'hui à Ornans.

ARCEY, 14 janvier, 9 h. 5 matin. — *De Serres à directeur général Steenackers. — Communication à Gambetta et de Freycinet, Guerre, Bordeaux.* — Hier, pendant le combat d'Arcey, la ligne télégraphique était poussée jusqu'aux batteries ; quelques heures à peine après l'enlèvement des positions, un poste fonctionnait dans le village arraché à l'ennemi. Je suis heureux de pouvoir vous adresser mes félicitations pour de tels résultats qui ont fait ici l'admiration de tous. J'appuierai chaudement et avec bonheur les propositions de récompenses auprès du général en chef et du ministère.

BORDEAUX, 14 janvier 1871, 1 h. 20. — *Guerre à général Bourbaki, Ornans.* — Je vous félicite du fond de mon cœur de votre beau succès d'Arcey, qui, avec celui de Villersexel, doit faire réjouir la France de vous avoir placé à la tête de sa première armée.

Quant à moi, je ne saurais vous dire la joie et la confiance que m'a apportées votre dépêche de 3 heures, qui ne me parvient qu'à minuit.

Demain je vous enverrai des renseignements détaillés, et aussi précis que possible, sur la situation des forces prussiennes. Mais en tout état soyez assuré que la rapidité avec laquelle vous projetez d'opérer augmentera considérablement vos chances de succès. Quand nous cherchons à vous faire hâter, c'est par l'unique pensée de diminuer les dangers de votre marche ; mais pas un instant nous ne doutons de vos excellentes dispositions.

L'armée de Chanzy n'a pas été aussi heureuse que vous. Après deux jours de combats victorieux, un poste de mobilisés a subitement été pris de panique. La contagion s'est communiquée à la division des forces bretonnes, également mobilisées et postées dans le voisinage, et le général Chanzy a dû évacuer le Mans pour ne pas se compromettre. La retraite n'a pas été inquiétée, et cet incident, tout nous porte à le croire, n'aura pas de suite.

Chanzy est actuellement arrêté à Sillé. Détrompez-vous, d'ailleurs sur la présence du prince Charles, qui est au Mans, et non dans l'Est, avec de très grandes forces. Nous ne vous perdrons pas de vue. Dans quelques jours Cremer recevra une bonne division de troupes de ligne, et nous effectuerons par un autre côté une opération que je vous expliquerai et qui est destinée à vous couvrir.

Allons, général, continuez vos succès. Nul plus que moi n'y applaudira. Transmettez aussi mes compliments à votre précieux chef d'état-major Borel et remerciez de Serres de son dévouement.

C. DE FREYCINET.

15 janvier 1871. — *Gambetta à général Bourbaki, Ornans.* — J'ai envoyé à Paris les résultats heureux de vos opérations dans l'Est. L'entreprise a été approuvée

unanimement par tous, les résultats obtenus les ont
remplis de confiance. Je leur ai dit combien vous aviez
déployé de qualités d'énergie et de brillante bravoure
dans les divers combats qui ont eu lieu.

Je suis personnellement heureux de vous exprimer
en mon nom et au nom de tous mes collègues la confiance complète que nous avons mise en votre loyauté,
et, pour ma part, je me félicite tous les jours de n'avoir
jamais douté des grandes qualités militaires que vous
deviez mettre au service de la France envahie. Je
compte bien recevoir promptement de vous de plus
complètes et plus fortifiantes nouvelles.

AIBRE, 16 janvier.— *Général Bourbaki à Guerre.* — L'armée
s'est battue toute la journée.

Ce soir, nous occupons Montbéliard et différentes positions, demain nous recommencerons au point du jour, et,
bien que nous ayons devant nous beaucoup plus de forces
qu'on ne s'y attendait en hommes et surtout en puissante
artillerie, j'espère demain pouvoir gagner encore du chemin
et avancer.

AIBRE, 16 janvier, 10 h. soir. — *Général Bourbaki à Guerre.*
— L'armée a combattu encore toute la journée. Nous nous
sommes maintenus dans nos positions. Nous ne nous sommes avancés que d'un côté par l'occupation de Chenebier.
Nous avons une brigade dans Montbéliard. Mais le château
tient encore. Un instant nous avons été maîtres de quelques
maisons d'Héricourt; il n'a pas été possible de les conserver. Les forces de l'ennemi sont considérables, et son artillerie formidable. Le terrain, par sa configuration et les
obstacles de toute nature qu'il présente, facilite beaucoup
la résistance qu'il nous oppose.

AIBRE, 17 janvier. — *Général Bourbaki à Guerre.* — J'ai fait
exécuter une attaque générale de l'armée ennemie, depuis
Montbéliard jusqu'au pont Vaudois, en cherchant à faire
franchir la Lisaine à Bétoncourt, Basserel, Héricourt, et à
m'emparer de Saint-Valbert. J'ai essayé de faire opérer par

mon aile gauche un mouvement tournant destiné à faciliter
l'opération.

Les troupes qui en étaient chargées ont été elles-mêmes
menacées et attaquées sur leur flanc.

Elles n'ont pu se maintenir sur leurs positions.

Nous avons eu devant nous un ennemi nombreux, pourvu
d'une formidable artillerie. Des renforts lui ont été envoyés
de tous côtés. Il a pu, grâce à ces conditions favorables,
comme à la valeur de la position qu'il occupait, aux obstacles existant à notre arrivée ou créés par lui depuis, résister
à tous nos efforts, mais il a subi des pertes sérieuses.

N'étant pas parvenu à réussir le 15 janvier, j'ai fait recommencer la lutte le 16 et le 17, c'est-à-dire pendant trois
jours.

Malheureusement, le renouvellement de nos tentatives
n'a pas produit d'autres résultats, malgré la vigueur avec
laquelle elles ont été conduites; l'ennemi, toutefois, a jugé
prudent de se tenir sur une défensive constante. Le temps
est aussi mauvais que possible; nos convois nous suivent
difficilement. En dehors des pertes causées par le feu de
l'ennemi, le froid, la neige et le bivouac, dans ces conditions exceptionnelles, ont causé de grandes souffrances.

Je reviendrai demain dans les positions que nous occu-
pions avant la bataille pour me ravitailler le plus facilement
en vivres et en munitions. Je vous adresserai, le plus promptement possible, un rapport sur les combats de Villersexel
et d'Arcey, et sur les faits qui se sont accomplis dans les
trois journées de lutte de la 1re armée, contre les positions
d'hier. Je vous demanderai d'accorder des récompenses que
vous jugerez bien méritées par la valeur et l'énergie de
ceux que je vous proposerai.

Bordeaux, le 18 janvier 1871. — *Guerre à Gambetta, Laval.*
— L'officier de marine Bérenger a reçu ordre de l'amiral
de se rendre de Toulon à Nantes.

Je vais faire demander les 40 canonniers. Votre dépêche
dit d'envoyer *Deshortes* à Nantes. Est-ce Deshorties que vous
avez voulu dire? Si oui, je vous ferai de respectueuses observations. Je ne crois pas ce choix de nature à atteindre
votre but. En outre, j'ai longuement conféré hier avec un
délégué nantais, M. Bernard, qui m'a prié de laisser les

choses en l'état avec M. Bérenger pour les mobilisés bretons; vous savez sans doute que la Loire-Inférieure a réclamé
les siens pour sa défense et les a en grande partie; d'autres
sont envoyés à Carentan; pour le reste, nous ferons comme
vous voudrez. J'ai dit à Ranc tout à l'heure de vous communiquer la dépêche à Bourbaki, donnez-moi, je vous prie,
des nouvelles de l'armée de Chanzy. Impossible, dans cette
ignorance, de faire aucune combinaison, non seulement
pour l'Ouest, mais même pour l'Est; il ne faudrait pas que
Chanzy se crût dispensé de toutes obligations envers votre
ministère quand vous n'y êtes pas.

DE FREYCINET.

BORDEAUX, 18 janvier 1871, 3 h. 30 soir. — *Guerre à général Bourbaki, à Aîbre ou à Arcey.* — Quand la France
connaîtra vos dépêches, elle ne pourra que rendre hommage
à la bravoure de la 1re armée, à l'énergie, au sang-froid et
aux capacités de son chef. La 1re armée a fait tout ce que
les circonstances permettaient de faire; elle ne pouvait à la
fois vaincre un ennemi supérieur en nombre et les éléments. Elle a le droit d'être fière de sa conduite.

Deux corps d'armée, celui de Zastrow et le 6e corps, sont
signalés comme suivant la route Semur, Is-sur-Tille et
Champlitte. Il doit bien y avoir là une quarantaine de mille
hommes que je suppose se rendre vers la route de Vesoul
à Langres, pour tourner à droite sur Combeaufontaine.
Autant qu'on en peut juger, par des dépêches assez con-
fuses, le gros de cette force doit être actuellement à la hauteur de Gray, vers Fontaine-Française.

L'armée de Garibaldi, renforcée cependant de mobilisés,
n'a rien fait pour les inquiéter. Dans ces conditions, je crois
qu'il pourrait devenir dangereux pour vous, à un moment
donné, de stationner devant l'armée de Belfort, tandis
qu'une nouvelle force vous prendrait par derrière.

Peut-être un parti préférable serait-il de se dérober rapidement devant cette armée, en laissant, par exemple, pour
l'observer, le 15e corps, qui serait à peine en mesure de
vous suivre et en prenant avec vous les 18e, 20e et 24e pour
livrer bataille aux deux corps dont j'ai parlé. C'est une
simple indication, bien entendu, que je vous donne, vous

laissant absolument juge de ce que vous pouvez et devez faire dans les circonstances où vous êtes.

Notre 25ᵉ corps d'armée, actuellement à Vierzon, devait partir avant-hier pour commencer la diversion que vous savez. En présence de l'échec de Chanzy, et n'ayant plus que ce corps pour protéger tout le sud-ouest et le centre de la France, nous avons dû ajourner son départ. Si, après étude, vous jugiez absolument indispensable pour vous-même que cette diversion fût opérée, coûte que coûte, dites-nous-le et nous verrons ce qu'il sera possible de faire. Mais ne perdez pas de vue, je le répète, que ce corps est actuellement notre seule force disponible au sud-ouest de la Loire.

DE FREYCINET.

MOUVEMENT SUR BESANÇON

ARCEY, 18 janvier 1871, 18 h. 55 soir. — *Général Bourbaki à Guerre, Bordeaux.* — Je suis très sensible aux encouragements que vous me donnez et à l'appréciation que vous faites, par votre télégramme de ce jour, des efforts tentés par la 1ʳᵉ armée. Je regrette vivement obligation de battre en retraite.

Je cherche à le faire dans les meilleures conditions. Le mouvement de Pontarlier rend cette tâche bien difficile. J'attendrai d'être plus complètement renseigné sur attitude de l'armée de Belfort, comme sur les projets du 6ᵉ corps et du corps Zastrow, pour prendre un parti.

Je craindrais un échec en laissant au 15ᵉ corps seul le soin de maintenir armée de Belfort, qui est aujourd'hui de 90 000 hommes. Je ne vous demanderai de faire agir le 25ᵉ corps qu'autant que la situation deviendrait assez critique pour rendre cette mesure indispensable. Je ferai tout ce qui dépendra de moi pour que la 1ʳᵉ armée accomplisse le plus énergiquement possible la tâche qui lui incombe; après avoir pourvu à sa sécurité, je m'efforcerai de rendre son rôle plus actif.

J'accepte, pour M. de Serres comme pour moi, les encouragements contenus dans votre dépêche.

J'ai déjà eu occasion de vous dire combien le concours qu'il me prête en toute circonstance m'est précieux.

C. BOURBAKI.

BORDEAUX, 19 janvier 1871. — *Guerre à Gambetta, Laval.* — Un conflit de plus en plus accentué s'élève entre le général Rolland et le préfet, M. Ordinaire. Vous en pourrez juger par la dépêche ci-après du général Rolland :

« J'insiste sur la demande de ma dernière dépêche. Il m'est impossible d'avoir le moindre rapport avec un préfet qui a dit dans son salon, en présence de plusieurs personnes et de mon officier d'ordonnance : « Ce cuistre de marin, je « saurai bien le faire partir. »

Il est impossible à distance de savoir d'où viennent les torts, probablement des deux côtés. Quoi qu'il en soit, ces deux autorités ne peuvent plus rester ensemble. Ce qui, du reste, m'a été confirmé ces jours-ci par un délégué de Besançon.

Je vous prie de décider le changement du préfet ou du général et de me le faire connaître sans retard, car en ce moment il y a péril à laisser Besançon en proie à la discorde dans le commandement à propos de conflit.

La question relative à Lipowski s'est réglée tout naturellement et, je crois, sans froissement. C'est le colonel Tardy qui, à la demande du préfet, a pris le commandement de la subdivision administrative, et Lipowski reste le chef des forces vives. Je crois qu'il conviendrait, en récompense des derniers actes de Lipowski, de le nommer général. C'est même une nécessité depuis la nomination de Charette. Il conviendrait également de nommer Cathelineau colonel. Il n'est en ce moment que lieutenant-colonel. Prière de me donner votre décision.

C. DE FREYCINET.

BORDEAUX, 19 janvier 1871, 3 h. 50 soir. — *Guerre à de Serres, à Soye.* — Je vous prie de demander au général Bourbaki ce qu'il penserait du plan suivant :

Toute l'armée redescendrait rapidement entre le Doubs et l'Ognon, vers Besançon. On laisserait entre Auxonne et Besançon une force suffisante pour tenir en respect, sous les murs de ces deux places, une armée ennemie. Tout le reste de l'armée, sous le commandement du général Bourbaki, s'embarquerait à Besançon et se rendrait par chemin de fer à Nevers. Si ce mouvement est bien combiné, et je me charge de le concerter avec la Compagnie, il devra se faire en six jours. Pendant ce temps, le 25e corps se rendrait à la Charité et passerait sous les ordres de Bourbaki. L'ensemble des forces se réunirait à Clamecy pour, de là, se diriger sur Auxerre, Troyes, Châlons, et finalement opérer jonction avec l'armée de Faidherbe, qui est actuellement près de Saint-Quentin.

Ce plan m'est suggéré par la pensée que le mouvement tenté de l'Est est irrévocablement manqué, et qu'il ne faut point s'acharner à le poursuivre.

L'attention de l'ennemi est éveillée ; il a eu le temps de se concentrer, et désormais le général Bourbaki le trouvera en forces supérieures dans toutes les directions. Au contraire, par la nouvelle ligne que j'indique, on trompe l'ennemi, qui pendant quelques jours continuera à chercher Bourbaki dans l'Est, et on opérera, sur les armées de Paris et d'Orléans, une seconde puissante diversion, qui obligera l'ennemi à détacher une nouvelle couche de forces.

Quant à Bourbaki, s'il marche avec rapidité, il aura vraisemblablement la ressource de se réfugier, à la dernière extrémité, sous la protection des places du Nord.

Faites-moi part, sans retard, de l'avis du général.

C. DE FREYCINET.

BORDEAUX, 19 janvier 1871, 7 h. soir. — *Guerre à général Bourbaki, Soye.* — M. de Serres a dû vous communiquer un plan que je propose. Plus j'étudie la question et plus je me convaincs que vous devez vous rabattre vers Besançon avec toute la rapidité possible.

Ainsi que je l'ai dit, je ne crois pas que vous soyez menacé entre Gray et Pontailler. Aucun renseignement, ici, ne nous confirme la présence de l'ennemi dans cette direction. Enfin, je crois que vous ne devez chercher une vigoureuse offensive que sur un autre théâtre que celui où vous êtes.

C. DE FREYCINET.

BORDEAUX, 20 janvier 1871. — *Guerre à Gambetta.* — Je reçois, à 11 h. 30 seulement, la dépêche que vous me passez à 4 h. 30. C'est ce qui m'explique pourquoi vous même, à cette dernière heure, n'aviez pas reçu les quatre dépêches que je vous ai passées aujourd'hui. — Je résume les affaires du jour en vous disant qu'il n'y a rien de nouveau dans l'Est et que je me suis occupé scrupuleusement et promptement de toutes vos prescriptions. — J'attends moi-même avec une grande impatience que vous me répondiez touchant l'emploi du 25e corps, touchant le plan proposé à Bourbaki et, accessoirement, touchant la colonne Cléret.

DE FREYCINET.

POMPIERRE, 20 janvier 1871. — *Général Bourbaki à Guerre, Bordeaux.* — Le mouvement général de l'armée a été continué aujourd'hui sur quelques points. L'ennemi a essayé de nous inquiéter, il a été accueilli par un feu nourri qui l'a obligé de se tenir à distance. Il nous suit, mais très mollement. J'apprends à l'instant l'évacuation de la position de Blamont. Je dirige cette nuit même une division du 24e corps sur Pont-de-Roide. Le reste du corps passera le 21 de Clerval dans la même direction de façon à assurer complètement la position en occupant le Lomont. J'établirai demain mon quartier général à Baume-les-Dames. J'ai prescrit au général Pellissier d'envoyer à Auxonne deux bataillons de mobilisés. Le 15e corps prendra position demain en arrière du ruisseau de Soye, le 20 à Romain, Mesaux et Huanne; le 18e en arrière de Rougemont, la réserve générale de l'armée et le régiment de marche de chasseurs d'Afrique entre Avilley et Scay.

BOURBAKI.

BAUME, 21 janvier 1871, 1 h. 45 soir. — *Général Bourbaki à Guerre, Bordeaux.* — M. de Serres m'a communiqué votre télégramme de cette nuit. Je crois qu'il est indispensable que les points d'embarquement soient multiples, Besançon étant position centrale où se chargerait la plus grande partie du parc et du matériel de l'artillerie. L'infanterie pourrait se charger depuis Baume-les-Dames jusqu'au-dessus Besançon.

La concentration du matériel devrait se faire par trains tout formés (bataillon de 1000 hommes ou batterie), afin d'éviter le besoin d'une composition trains, aux gares d'embarquement. La concentration première et celle successive se ferait mieux à petite distance de Besançon, et non à cette gare même, fortement occupée par l'intendance avant. Quant au débarquement, il y a avantage à multiplier les stations et à adopter toutes celles à moins de deux journées de marche du point de concentration, qui reste admis conformément à votre programme, en gagnant cependant le plus de hauteur possible vers le nord, au-dessus de Nevers.

Embarquement commencerait dès que l'attitude de l'ennemi, ou nos positions entre Besançon et Ognon, couvriraient contre tout danger d'un engagement sérieux avant la fin de l'opération.

Dès maintenant, je crois que le commencement, pour le matériel, parc et parties accessoires, peut être fixé au 22 ou 23 et à Besançon,

BOURBAKI.

Dijon, 21 janvier 1871, 3 h. soir. — *Colonel Gauckler à de Freycinet, Guerre, Bordeaux.* — Nous sommes attaqués depuis ce matin 8 heures. On se bat sur toute la ligne entre Plombières, Daix, Ahuy et Norges-la-Ville. Le feu commence à se ralentir.

GAUCKLER.

Besançon, 21 janvier 1871, 3 h. 10 soir. — *Général de la 7ᵉ division militaire, à Guerre, Bordeaux, et général Bourbaki, Baume-les-Dames.* — Vous me placez dans une situation épouvantable. Besançon est défendu aujourd'hui par cinq bataillons qui n'ont pas de cartouches. Je suis menacé par la gauche, Marnay, Pin et Pesmes, et si l'attaque est sérieuse, le chemin de fer de Besançon à Dôle et de Dôle à Mouchard peut être coupé. J'ai mis à Marnay et à Pin deux bataillons de mobilisés de la Haute-Saône; ils sont insuffisants, si ce n'est pas une simple démonstration de l'ennemi; devant nous, à Voray et à Lussey, je n'ai que 300 hommes; aujourd'hui un régiment de lanciers a pris une panique affreuse, 60 hommes de grand'gardes sont partis au grand galop jusqu'à Besançon, semant l'épouvante.

Je suis monté à cheval et j'ai brûlé la cervelle au premier que j'ai rencontré ; j'ai cassé en face du régiment un lieutenant qui descendait la grand'garde sur les lieux et qui n'a pas su arrêter les fuyards.

Demain, cour martiale pour deux.

J'ai donné 7 bataillons et 2 batteries au 24e corps. J'ai envoyé sur le plateau de Blamont et la rive gauche du Doubs 6 bataillons et 9 pièces de montagne pour garder cette position : il ne me reste que les mobilisés qui ne savent pas tenir un fusil et n'ont pas de cartouches, et parmi eux pas un officier, un sous-officier ou un caporal qui sache ce que c'est qu'une consigne et soit capable de la faire respecter. Je saurai me faire tuer, mais cela ne sauvera pas la place, qu'il est impossible de défendre dans ces conditions.

ROLLAND.

DIJON, 21 janvier 1871, 5 h. soir. — *Colonel Gauckler à de Freycinet, Guerre, Bordeaux.* — 5 heures, le combat continue. L'ennemi a fait de fortes pertes, d'après prisonniers que j'ai interrogés. Des forces nombreuses nous tournent par la droite où les mobiles se sont sauvés sans combattre.

Bordone est au feu ; dis-moi si je dois lui remettre la dépêche un peu vive que tu viens de lui adresser. Ce n'est peut-être pas le moment. J'attends tes ordres.

DIJON, 21 janvier 1871, 5 h. 10 soir. — *Général Garibaldi à Guerre, Bordeaux.* — Aujourd'hui combat moins sérieux que celui d'hier, mais plus décisif, obligeant ennemi en pleine retraite et qui est ce soir poursuivi par nos francs-tireurs.

G. GARIBALDI.

BORDEAUX, 21 janvier 1871, 11 h. 20 soir. — *Guerre à général Bourbaki, à Besançon ou à Baume-les-Dames.* — L'ensemble des dépêches parvenues depuis vingt-quatre heures indique que l'ennemi, infléchissant son mouvement par suite, sans doute, de la connaissance du vôtre, cherche à couper vos communications de chemin de fer avec Dijon et avec Lyon.

Il paraît avoir été repoussé à Dijon, mais il s'est emparé de Dôle et il marche sans doute sur Arc-Senans. Son insuccès à Dijon semble indiquer qu'il n'est pas en très grande force ; cependant, il y a lieu de se préoccuper sérieusement de cette situation et peut-être feriez-vous bien, s'il en est temps encore, de diriger des forces sur le point menacé.

En tout cas, je crois que ce doit être un motif pour vous de précipiter votre mouvement le long du Doubs pour ne pas risquer de vous laisser envelopper.

Les renseignements que j'ai ne sont pas assez précis pour que je puisse vous donner une autre direction positive. Je me borne à appeler votre attention sur cette tentative de l'ennemi, pour le cas où elle ne vous aurait pas été suffisamment signalée.

C. DE FREYCINET.

BORDEAUX, 22 janvier 1871. — *Le ministre des Affaires étrangères à M. Gambetta, ministre de l'Intérieur et de la Guerre à Lille.* — Renseignements et appréciations militaires de Londres.

On croit toujours qu'il serait très important d'envoyer des renforts à Faidherbe. Bourbaki doit craindre d'être coupé de Dijon par les troupes qui s'avancent du Nord-Est vers cette ville. On estime que les forces allemandes qui sont en France : Sous Werder et opposées à Bourbaki, environ 100 000 hommes qui dans un jour ou deux seront portés à 130 000. Sous Gœben, devant Faidherbe, à Saint-Quentin et dans les environs, 35 000 hommes. Devant Paris, 200 000 hommes de toutes armes, y compris l'artillerie des batteries de siège, sous le duc de Mecklembourg. Devant Chanzy, 25 000 hommes, sous Frédéric-Charles, au Mans : je vous tiendrai au courant ; et à Vendôme 70 000 hommes, le second corps bavarois probablement. A Orléans et sur la Loire, près de Gien, on compte 20 000 hommes.

BATAILLE DE DIJON

BORDEAUX, 22 janvier 1871. — *Guerre à Gambetta, Lille. Faire suivre.* — J'ai la satisfaction de vous informer que les Prussiens ont été complètement défaits à Dijon par les garibaldiens et les mobilisés. Ceux-ci se sont bien conduits et ·

j'ai télégraphié à Pellissier, qui les commande, de proposer des récompenses. Les dépêches annonçant cet heureux résultat sont de ce soir 5 heures.

C. DE FREYCINET.

DIJON, 22 janvier 1871. — *Général Garibaldi à ministre Guerre, Bordeaux.* — Hier attaqués vigoureusement par l'ennemi, nous l'avons obligé de battre en retraite après douze heures d'un rude combat.

L'armée des Vosges a encore une fois bien mérité de la République.

BORDEAUX, 22 janvier 1871, 9 h. 30 matin. — *Guerre à Gambetta, Lille, voie Jersey, Havre.* — Je résume l'ensemble des faits de ces deux derniers jours.

De l'ouest, Chanzy, comme j'ai dit, a craint d'être tourné et a demandé s'il pouvait prendre pour objectif Rennes ou Carentan. Je lui ai répondu Carentan, mais seulement s'il ne pouvait faire mieux.

Les dépêches d'aujourd'hui sont un peu plus rassurantes. Il n'a pas encore quitté Laval.

A l'est, Bourbaki continue son mouvement sur Besançon. Nous sommes convenus avec lui d'un plan qui consisterait à le transporter rapidement sur un autre point, avec changement complet d'objectif.

Je ne précise pas davantage parce que vous n'avez pas mon chiffre spécial et que je ne suis pas assez sûr des autres chiffres.

L'ennemi cherche à tourner Bourbaki par le sud. Hier Dijon a été violemment attaqué, mais très bien et avec succès défendu par les Garibaldiens. Les mobilisés ont pris la fuite.

Dôle est occupé par l'ennemi, je m'attends à une nouvelle attaque de Dijon aujourd'hui.

J'ai informé Bourbaki de tous ces faits. Une partie du 25e corps, commandée par Bruat, fait une vigoureuse démonstration dans la direction que vous savez. Le reste du corps va en faire une vers Tours. Il me paraît bon de nous montrer, autant que possible, partout où l'ennemi envoie si audacieusement ses avant-gardes.

La question des mobilisés est grave ; l'expérience de tous

ces jours-ci révèle que tous les préfets sans exception vous
ont livré des bataillons incomplètement équipés, mal armés,
mal commandés et absolument dénués d'instruction. Nous
nous sommes donné beaucoup de mal pour les amener au
voisinage de nos lignes afin de satisfaire l'impatience des
préfets, et il se trouve que nous nous sommes encombrés des
non-valeurs et pis encore.

C'est une question que vous aurez à creuser dès votre
retour.

C. DE FREYCINET.

BORDEAUX, 22 janvier 1871, 2 h. 50. — *Guerre à général
Garibaldi, Dijon.* — Le Gouvernement de la République est
heureux de vous remercier par ma voix et de féliciter l'armée
des Vosges de sa brillante conduite dans la journée d'hier.

C. DE FREYCINET.

BORDEAUX, 22 janvier 1871, 10 h. soir. — *Guerre à préfet,
Dijon.* — Je vous remercie de votre dépêche m'annonçant
le beau succès de Garibaldi et du général Pellissier. Je suis
heureux de voir votre ville si bien gardée et je vous félicite
du bon esprit avec lequel vous vous êtes uni à eux pour
concourir à la défense. Continuez à entretenir avec eux les
meilleures relations; vous servirez les intérêts de la République.

C. DE FREYCINET.

BORDEAUX, 22 janvier 1871, 10 h. 20 s. — *Guerre à général
Pellissier, Dijon.* — On annonce que les mobilisés que vous
commandez se sont brillamment conduits. Je vous en félicite et je vous prie de féliciter vos troupes de la part du
gouvernement; proposez des récompenses pour ceux que
vous en jugerez dignes.

C. DE FREYCINET.

BORDEAUX, 23 janvier 1871. — *Guerre à Gambetta, Lille.*
(*Faire suivre.*) — Les mobilisés Haute-Savoie commandés
par le général Franzini se trouvaient à Beaune pendant les
combats de Dijon. Appelés de la manière la plus pressante
par les généraux Pellissier et Garibaldi, ils ont rétrogradé

sur Chagny sous prétexte que leurs armes étaient mauvaises ; cependant, dans une dépêche, Pellissier leur offrait de changer les armes et de ne les occuper qu'à des positions en arrière.

Bref, leur conduite a été, selon moi, honteuse ; les généraux Crouzat, Pellissier et Garibaldi ont fait arrêter Franzini et j'ai recommandé de le traduire régulièrement en conseil de guerre.

Quant aux mobilisés eux-mêmes, voilà le préfet d'Annecy, qui, pendant toute cette triste affaire, n'a cessé de crier qu'on allait faire du mal à ses administrés ; le voilà, dis-je, qui aujourd'hui vous demande instamment de renvoyer ses bataillons dans le Midi, sous peine, ajoute-t-il, de n'être pas maître de l'émotion populaire. Mon avis serait de laisser l'affaire suivre son cours naturel et de maintenir les bataillons de la Haute-Savoie à Dijon où ils sont enfin venus. Néanmoins, je crois ne devoir rien prescrire sans avoir vos instructions.

C. DE FREYCINET.

DIJON, 23 janvier, 4 h. 25 soir. — *Général Pellissier à Guerre.* — Dijon très violemment attaqué depuis 1 heure de l'après-midi par forte colonne prussienne par le côté Nord et le côté Ouest. Tout le monde est à son poste.

5 h. 16 soir.

L'ennemi, à 1 500 mètres d'ici, occupe Pouilly et château de Saint-Apollinaire.

6 h. 15 soir.

L'ennemi se retire battu. Ricciotti a pris le drapeau du 61e de ligne prussien.

BORDEAUX, 23 janvier 1871, 5 h. 5 du soir. — *Guerre à Bourbaki, Besançon.* — L'ennemi attaquera vraisemblablement Dijon demain avec de grandes forces. Ne pouvez-vous faire un mouvement qui prête appui à Garibaldi ?

Il y aurait peut-être là une belle occasion de punir l'ennemi de sa témérité à opérer entre vous et Garibaldi.

C. DE FREYCINET.

Dijon, 23 janvier 1871, 7 h. 35 soir. — *Ministre Guerre, Bordeaux.* — Une troisième attaque du côté du nord depuis midi jusqu'à la nuit. Repoussée encore par nos braves. Notre quatrième brigade a enlevé un drapeau à l'ennemi, que je vous enverrai.

Général GARIBALDI.

Dijon, 23 janvier 1871, 10 h. 20 soir. — *Colonel Gauckler à bureau de reconnaissances, Guerre, Bordeaux.* — Dijon a été attaqué de nouveau aujourd'hui par 21e, 49e, 2e et 61e régiments, 24 pièces d'artillerie et cavalerie de la division Hann de Weyhern. Attaque sur Fontaine repoussée ; attaque très sérieuse sur Pouilly et Saint-Apollinaire, Ricciotti, cerné un moment à Pouilly, s'est dégagé et a pris drapeau du 61e. Pertes prussiennes énormes, prisonniers du 61e annoncent perte de moitié de leur effectif, avec beaucoup d'officiers. Mobilisés, qui avaient plié d'abord, ont fini par charger à la baïonnette. Brouillard ce matin, combat a duré de midi à 6 h. 30. Avons perdu de braves officiers ; il y a eu des traits de bravoure.

GAUCKLER.

Bordeaux, 23 janvier 1871, 10 h. 25 soir. — *Guerre à de Serres, Besançon.* — Le transport en chemin de fer étant indéfiniment ajourné, votre présence à Besançon ne me paraît plus aussi utile. Je vous prie donc de rentrer à Bordeaux aussitôt que vous vous serez entendu avec le général Bourbaki ; j'aurais désiré vous laisser auprès de lui, mais les circonstances m'obligent à vous rappeler. Vous lui en exprimerez tous mes regrets.

C. DE FREYCINET.

Belfort, 24 janvier 1871. — *Le commandant supérieur au ministre de la Guerre, Bordeaux.* — J'ai reçu la lettre de M. le général Véronique du 22 décembre et je sais que ma lettre du 10 décembre vous est parvenue. Je sais également que vous avez reçu ma lettre du 2 janvier. Mais cette dernière ne contenait rien des faits passés depuis le 10, et se bornait à une indication générale des causes de notre résistance et des moyens qui restent à notre disposition. Les principaux faits se sont passés les 13 et 20 décembre et les 8 et 21 janvier.

Le 13 décembre à 1 heure après-midi j'ai fait enlever le bois de Baviller, mais le même soir à 7 heures les Prussiens auraient lancé une forte colonne contre le village de Andeluans et le bois de Bosmont dont ils se sont emparés et sont venus se heurter contre le village d'Anjoulin, d'où ils ont été repoussés avec pertes. Ce retour offensif ayant été prévenu, il y avait assez de troupes dans ce village pour poursuivre l'avantage et reprendre le bois de Bosmont, mais le commandant de la colonne n'eut pas assez de confiance pour agir et, le lendemain matin à 6 heures, laissait enlever la ferme de Froideval et le grand bois; nous avons dû ensuite évacuer le 14 décembre le bois de Baviller; le 20 nous fîmes, avec 150 éclaireurs, par une nuit assez obscure, un simulacre d'attaque générale contre les batteries ennemies: les Prussiens surpris sonnèrent le clairon, rappelèrent les troupes d'Essert et Baviller et dirigèrent des feux nourris de peloton auxquels nous avons répondu par un tir d'artillerie très nourri et qui a dû être très meurtrier, du Château, des Barres, de Bellevue et de la ville. Je n'ai pas laissé les journaux de Belfort donner la clef de cette affaire à laquelle l'ennemi n'a rien dû comprendre.

Dans la nuit du 7 au 8 janvier à minuit, l'ennemi enveloppe le village de Danjoulin et, après un combat qui a duré une grande partie du jour sans que j'aie pu l'appuyer, le détachement a été en grande partie fait prisonnier. La position avait été très longtemps gardée, et cette affaire n'a été désastreuse qu'à raison de la capture des troupes qui s'y trouvaient. Dans la nuit du 20 au 21 janvier, également à minuit, l'ennemi a attaqué Pérouse et les bois occupés à droite et à gauche de ce village. Le commandant de ce détachement a montré un rare coup d'œil militaire; il a jugé, d'après la conduite des Prussiens, du moment précis de leur attaque, a prévenu tout son monde et pris toutes ses dispositions. Un bataillon de mobiles s'est laissé surprendre. Mais d'autres mobiles, le bataillon du 84ᵉ et les éclaireurs ont très bien reçu l'ennemi. La supériorité numérique des assaillants leur a permis toutefois de se rendre assez vite maîtres des bois; mais, malgré plusieurs assauts, ils m'ont pu venir à bout des retranchements du village et ont dû faire des pertes que je ne saurais évaluer d'après les rapports que j'ai reçus à moins de quatre à cinq cents hommes hors de combat. Nous avons toutefois évacué le village, dont la position devenait dangereuse après la perte des bois.

L'ennemi nous a aujourd'hui chassés de presque toutes nos positions avancées et se prépare à attaquer nos forts. Il a ouvert, la nuit du 22 au 23, une parallèle à 700 mètres des deux Perches. Notre défense extérieure a été longue ; mais il ne faudrait pas juger d'après cela de la durée possible de la défense de nos forts eux-mêmes, car nos munitions d'artillerie s'épuisent et nous ne pouvons opposer de difficultés notables à la marche de l'ennemi.

C'est d'autant plus nécessaire que nous avons entendu le canon de Villersexel le 9 janvier et que, sans en savoir le résultat précis, nous avons pour ainsi dire assisté pleins d'espérances aux combats qui se sont livrés autour de la place les 15, 16, 17 et 18 janvier. Tout ce que nous avons pu savoir de ces combats par des observations et des inductions comparées, c'est que notre armée a dû être maîtresse de Héricourt le 16 au soir et que le combat du 18 janvier au soir a dû être livré d'Etupes à Exincourt. Nous ignorons pourquoi et où l'armée s'est retirée.

Il est nécessaire qu'elle ne tarde pas à revenir pour relever le moral des troupes que son départ a assez abattu.

DENFERT-ROCHEREAU.

DIJON, 24 janvier 1871. — *Préfet Haute-Marne, inspecteur du camp, à Gambetta, Bordeaux.* — Il devient nécessaire de composer un corps d'armée de 50 000 hommes sous le commandement de Garibaldi ; les légions mobilisées de Saône-et-Loire s'élèvent à 10 000 hommes, il faut les placer sous son commandement. Donnez-lui au moins en attendant la légion qui est commandée par le colonel Pélissier ; ce dernier en sera heureux. Nous n'avons ici aucune nouvelle de la grande armée de l'Est ; ce qu'on nous rapporte de tous côtés de Bourbaki rend son remplacement nécessaire par le général Clinchant.

Départ de l'armée de l'Est pour Pontarlier.
Désastre de l'armée de l'Est.

BORDEAUX, 24 janvier 1871. — *Guerre à Gambetta, Saint-Malo. (Faire suivre.)* — Je ne m'explique pas que vous ayez passé toute la journée d'hier sans dépêches de moi, il n'y a pas eu un seul jour où je ne vous aie envoyé quatre ou cinq dépêches. Il faut croire que les communications entre Lille et Bordeaux sont fort irrégulières.

Garibaldi a encore remporté un très grand succès hier, c'est décidément notre premier général; cela fait un pénible contraste avec l'armée de Bourbaki qui depuis huit jours piétine sur place entre Héricourt et Besançon; aussi, si vous m'en croyez, quand Bourbaki aura quitté ces parages avec les 15e, 18e et 20e corps, il faudra réunir les corps Cremer et Bressolles en une seule armée sous le commandement de Garibaldi.

Je crois que cette combinaison sera aujourd'hui acceptée avec empressement par l'opinion, qui se montre très impressionnée des succès de Garibaldi. Je vous demanderai donc, si vous n'êtes pas encore de retour à cette époque, de m'autoriser à prendre cette mesure à laquelle j'attache une grande importance et qui me paraît la seule qui puisse sauvegarder notre situation militaire dans l'Est.

L'organisation de chacun des corps resterait d'ailleurs ce qu'elle est, simplement, la direction de Garibaldi remplacerait la direction de Bourbaki. Je me fais fort, avec cette organisation, de reprendre les Vosges.

DE FREYCINET.

BESANÇON, 24 janvier 1871, 12 h. 5 m. (minuit 5). — *Général Bourbaki, à Besançon, à Guerre, Bordeaux.* — Les 2e et 7e corps d'armée prussienne ont commencé à couper communication avec Lyon. Ils passent le Doubs et peut-être la Loue. En me hâtant le plus possible, je ne sais si je parviendrai à les reconquérir. Je prendrai demain un parti, selon les renseignements que je recevrai. Il est au moins étonnant qu'aucun avis de la marche de forces aussi considérables ne me soit parvenu en temps opportun. Intendant Friant, malgré les promesses, n'a pas réuni à Besançon approvisionnement suffisant pour l'armée.

BOURBAKI,

BORDEAUX, 24 janvier 1871, 9 h. 40 m. — *Guerre à général Bourbaki, Besançon.* — Je reçois votre dépêche de cette nuit 12 h. 05. Vous dites que vous n'avez pas été prévenu du mouvement de l'ennemi sur Dijon, Dôle et Mouchard. Vous n'avez donc pas reçu la dépêche que je vous ai envoyée le 21, à 10 heures du soir, par laquelle je vous faisais connaître cette marche de l'ennemi, son intention de vous couper Lyon, et j'insistais sur l'opportunité pour vous de précipiter (c'était mon expression) votre mouvement vers le Midi. D'ailleurs, c'était votre souci de vous renseigner par vous-même dans une région si voisine de votre armée.

Je ne m'explique pas qu'aujourd'hui encore, et en présence des faits significatifs qui s'accomplissent à côté de vous et menacent si sérieusement vos communications, vous vous borniez à me dire que vous prendrez un parti demain selon les renseignements que vous recevrez. Votre parti devrait être déjà pris et même exécuté. Vous auriez dû, envoyer des forces importantes sur Mouchard et sur Dôle. Je suis convaincu que sur ces deux points il n'y a pas 15 000 ennemis. Par conséquent, avec deux bonnes divisions, vous auriez pu les déloger et préserver la voie de Besançon à Lyon. En tout cas, vous auriez pu leur faire cruellement expier leurs dégâts. Vous connaissez du reste mon opinion sur l'ensemble de vos mouvements; autant j'admire votre attitude sur le champ de bataille, autant je déplore la lenteur avec laquelle l'armée a manœuvré avant et après les combats. Le pays n'est pas fait autrement pour les Prussiens que pour vous, et cependant je vois l'ennemi vous gagner constamment de vitesse et accomplir une entreprise à côté de vous avec une célérité, une audace et un bonheur incroyables.

Selon moi, vous n'avez aujourd'hui qu'un parti à prendre, c'est de reconquérir immédiatement et sans perdre une minute les lignes de communication que vous avez si regrettablement perdues et de prévenir la chute de Dijon, que les tentatives renouvelées de l'ennemi pourraient amener, malgré l'héroïsme de Garibaldi.

Je vous prie de dire à M. de Serres que, conformément à ma dépêche d'hier, je désire qu'il rentre le plus tôt possible à Bordeaux.

C. DE FREYCINET.

BORDEAUX, 21 janvier 1871, 1 h. 59 soir. — *Guerre à général Bourbaki, Besançon.* — Je crois qu'il serait extrêmement dangereux pour vous de demeurer autour de Besançon, où le mieux qui pourrait vous arriver serait d'être désormais paralysé. Il faut à tout prix sortir de cette situation et effectuer, par voie de terre, avec les 15e, 18e et 20e corps, le trajet que vous deviez effectuer en chemin de fer. Ainsi, il faut, avec les forces que j'indique, gagner le plus vite possible Nevers ou, mieux encore, la région Auxonne, Joigny, Tonnerre. Vous trouverez dans cette région une vingtaine de mille hommes que j'ai déjà disposés pour vous recevoir.

Dans quelle direction précise devrez-vous faire ce mouvement? C'est à vous naturellement de le déterminer, d'après la position de l'ennemi et les conditions du théâtre de la guerre. Mais il faudrait faire en sorte que ce mouvement profitât à reprendre Dôle, protéger Dijon et débarrasser nos communications ferrées au-dessus de Besançon.

Quant aux corps de Cremer et de Bressolles, vous auriez soin de leur assigner de bonnes positions, pour protéger votre propre mouvement.

Je répète, en terminant, qu'il faut vous hâter et que votre grand intérêt est, si je ne me trompe, de vous retirer, à tout prix, avec les trois corps sus-indiqués.

DE FREYCINET.

BORDEAUX, 24 janvier 1871, 5 h. soir. — *Guerre à Gambetta, Saint-Malo. Attendre l'arrivée de M. Gambetta, chiffre spécial, strictement confidentiel.* — Vous m'engagez à veiller sur l'armée de l'Est. Il me sera facile de vous montrer par mes dépêches que je n'ai pas manqué à ces devoirs et que j'ai suivi tous les mouvements de Bourbaki avec une sollicitude minutieuse, ne lui ménageant ni les renseignements

ni les avis. Le télégraphe, de son côté, l'a très exactement
mis au courant de tout ce qui pouvait l'intéresser. Malheureusement, il en a peu tenu compte. Sous l'influence de je
ne sais quelles idées préconçues, il s'est refusé à voir le
mouvement qui s'est opéré, de la part de l'ennemi, dans la
direction de Dijon, Dôle et Mouchard. De plus, toutes ses
manœuvres, depuis les combats d'Héricourt, se sont effectuées, comme avant, avec une lenteur désespérante. Il en
résulte que sa position, aujourd'hui, sans être précisément
critique, est de nature à préoccuper. Je lui télégraphie sans
relâche de se hâter et de quitter des positions où il est
menacé d'être bloqué définitivement. J'espère qu'il le fera
et je crois qu'il en a encore le temps, mais à la condition
d'apporter à ses allures un peu plus de décision que par le
passé.

C. DE FREYCINET.

Besançon, 24 janvier 1871, 7 h. 50 soir. — Général Bourbaki, Besançon, à Guerre, Bordeaux. — Quand vous serez
mieux informé, vous regretterez le reproche de lenteur que
vous me faites. Les hommes sont exténués de fatigue, les
chevaux aussi. Je n'ai jamais perdu une heure, ni pour
aller, ni pour revenir.

Je viens de voir tous les commandants de corps d'armée;
ils sont d'avis que nous prenions les routes de Pontarlier;
c'est la seule direction que l'état moral et physique de nos
troupes nous permette de prendre. Vous ne vous faites pas
une idée des souffrances que l'armée a endurées depuis le
commencement de décembre. J'avais envoyé une division
en chemin de fer, pour s'emparer de Quingey et Mouchard,
une autre à Bussy, les deux commandées par le général
Martineau. Elles se sont repliées. Pendant que j'ai visité
aujourd'hui les troupes de la rive droite du Doubs, le général Baurail est allé placer lui-même à Bussy celles du
15e corps, pour les maintenir sur les positions et faire occuper les ponts de la Loue les plus voisins. Entre Dôle,
Quingey et Mouchard, il y a deux corps d'armée ennemis,
le 2e et le 7e. Demain je compte faire partir le plus vite possible trois divisions pour occuper les positions dont nous
avons besoin et l'entrée de Pontarlier. Si ce plan ne vous
convient pas, je ne sais vraiment que faire. Soyez sûr que

c'est un martyre d'exercer un commandement en ce moment. J'avais prescrit au général Bressolles de garder le
plateau de Blamont et les hauteurs de Lomont, de laisser
un poste à Clerval pour empêcher le rétablissement des
ponts, et d'affecter une division avec les mobilisés à cette
mission. J'apprends à l'instant que ces positions sont abandonnées et j'ordonne de les reprendre.

Si vous croyez qu'un de mes commandants de corps
d'armée puisse faire mieux que moi, n'hésitez pas, comme
je vous l'ai déjà dit, à me remplacer, soit par Billot, soit
par Clinchant ou Martineau. Ne comptez pas sur le service
des troupes de Bressolles. Je n'y ai jamais compté. La tâche
est au-dessus de mes forces.

BOURBAKI.

BESANÇON, 24 janvier 1871, 7 h. 50 s. — *Général Bourbaki
Besançon, à Guerre, Bordeaux.* — Votre dépêche me prouve
que vous croyez avoir une armée bien constituée. Il me
semble que je vous ai dit souvent le contraire. Du reste, je
vous répète que le labeur que vous parlez de m'imposer
est au-dessus de mes forces, et que vous feriez bien de me
remplacer par Billot ou Clinchant.

Je vous ai envoyé une longue dépêche ce soir, j'attends la
réponse avec impatience.

Les deux divisions du 25ᵉ corps qui doivent se rallier
n'arriveront qu'après-demain ; mais je commence mon
mouvement demain à moins d'ordres contraires. Ma santé
est très altérée.

C. BOURBAKI.

BORDEAUX, 24 janvier 1871, 11 h. 55. — *Guerre à général
Bourbaki, à Besançon.* — Sans nouvelles de vous ce soir, je
reviens avec une nouvelle insistance sur la nécessité pour
vous de vous dégager. Il faut que vous quittiez Besançon
avec les corps que j'ai indiqués dans une précédente dépêche, et que vous vous portiez vers la région que j'ai également indiquée. A vous de déterminer le moment et la direction de votre mouvement, mais il est nécessaire qu'il se fasse
à bref délai. Cela est nécessaire, non seulement au point de
vue militaire, mais encore pour rassurer le pays, qui commence à être inquiet sur le sort de votre armée.

Les renseignements du jour confirment ce que nous savions sur le mouvement de l'ennemi par Dijon, Dôle et Mouchard, je suis même porté à croire que l'ennemi reçoit des renforts dans cette direction, qui débouchent par Is-sur-Tille. Pour peu donc que vous tardiez, vos difficultés pour vous dégager augmenteront sensiblement.

Cette situation se dessinant, peut-être vaudrait-il mieux ramener la totalité de vos forces, en assurant seulement la garnison de Besançon. La partie des forces que vous ne conserveriez pas définitivement serait laissée en relation avec Garibaldi. Elle conserverait la disponibilité de ses mouvements, tandis que, si vous la laissez autour de Besançon, il est à craindre qu'elle ne soit bientôt réduite à en grossir la garnison et à tenir un rôle purement passif.

DE FREYCINET.

BORDEAUX, 25 janvier, 2 h. 30. — *Guerre à général Bourbaki, Besançon. (Extrême urgence.)* — Vos dépêches chiffrées d'hier au soir ne sont arrivées que ce matin après 10 heures. Elles n'ont été déchiffrées et je n'ai pu en prendre connaissance que vers 1 heure. Je m'empresse d'y répondre.

Je suis tombé des nues, je l'avoue, à leur lecture. Il y a huit jours à peine, devant Héricourt, vous me parliez de votre ardeur à poursuivre le programme commencé ; et aujourd'hui, sans avoir eu à livrer un seul nouveau combat, après avoir fait des mouvements à peine sensibles sur la carte, vous m'annoncez que votre armée est hors d'état de marcher et de combattre, qu'elle ne compte pas 30 000 combattants, que la marche que je vous conseille vers l'ouest ou le sud est impossible et que vous n'avez d'autre solution que de vous diriger sur Pontarlier[1]. Enfin vous concluez par me demander mes instructions.

Quelles instructions voulez-vous que je donne à un général en chef qui me déclare qu'il n'y a pas d'autre parti à prendre ?

Puis-je, je vous le demande, prendre la responsabilité

1. La retraite sur Pontarlier avait été décidée à la suite d'un conseil de guerre tenu à Château-Farine où le général Billot fut seul d'avis de marcher sur Auxonne.

d'un de ces échecs qui suivent trop souvent la détermination qu'on impose à un chef d'armée ?

Je ne puis que vous manifester énergiquement mon opinion, mais je n'ai pas le droit de me substituer à vous-même, et la décision, en dernier lieu, vous appartient. Or, mon opinion, c'est que vous exagérez le mal. Il me parait impossible que votre armée soit réduite au point que vous dites. Le commandement d'un bon chef ne peut pas, en si peu de temps, laisser une telle démoralisation s'accomplir.

Je crois donc que, sous l'impression de votre dernier insuccès, vous voyez la situation autrement qu'elle n'est. En second lieu, je crois fermement que votre marche sur Pontarlier vous prépare un désastre inévitable. Vous n'en sortirez pas. Vous serez obligé de capituler, ou vous serez rejeté en Suisse. Quelle que soit la direction que vous preniez pour sortir de Pontarlier, l'ennemi aura moins de chemin à faire que vous pour vous barrer le passage.

Ma conviction bien arrêtée, c'est qu'en réunissant tous vos corps et vous concertant au besoin avec Garibaldi, vous seriez pleinement en force pour passer soit par Dôle, soit par Mouchard, soit par Gray, soit par Pontaillier. Vous laisseriez ensuite le 24ᵉ corps et le corps Cremer en relation avec Garibaldi, et vous continuerez votre mouvement en prenant autant que possible pour objectif les points indiqués dans mes dépêches précédentes, et, si l'état de votre armée ne permettait réellement pas une marche aussi longue, vous vous dirigeriez vers Chagny pour y stationner ou pour vous y embarquer. Remarquez que, dans la position que vous allez prendre, vous ne couvrirez pas même Lyon.

Telle est, général, mon opinion; mais, je le répète, c'est à vous seul de décider en dernier ressort, car vous seul connaissez exactement l'état physique et moral de vos troupes et de leurs chefs.

BORDEAUX, le 25 janvier, 5 h. 33. — *Guerre à général, Bourbaki, Besançon.* (*Extrême urgence.*) — Plus je réfléchis à votre projet de marcher sur Pontarlier, et moins je le comprends. Je viens d'en parler avec les généraux du ministère, et leur étonnement égale le mien. N'y a-t-il point erreur de nom? Est-ce bien Pontarlier que vous avez voulu dire? Pontarlier près de la Suisse? Si c'est là en effet votre objectif, avez-vous envisagé les conséquences? Vous mourrez de faim certainement. Vous serez obligé de capituler ou d'aller en Suisse. Car, pour vous échapper, je n'aperçois nul moyen. Partout vous trouverez l'ennemi devant vous et avant vous. Le salut, j'en suis sûr, n'est que dans une des directions que j'ai indiquées, dussiez-vous laisser vos *impedimenta* derrière vous, et n'emmener avec vous que vos troupes valides. A tout prix, il faut faire une trouée. Hors de là, vous vous perdez.

BESANÇON, 25 janvier 1871, 12 h. 55 s. (midi 55). — *Général Bourbaki, Besançon, à Guerre, Bordeaux.* — La marche que vous me prescrivez, impossible, c'est comme si vous ordonniez à la 2e armée aller à Chartres. J'ai une armée sur droite, évaluée à 90 000 hommes (au centre et à gauche), deux corps d'armée, 2e et 7e, qui viennent Dôle, Forêt-Chaux et Quingey.

Dans mes trois corps armée, je n'ai pas 30 000 combattants. Dôle est le lieu d'une grande concentration : des batteries sont établies sur les routes. Si je vais jusqu'à Dôle, je ne reviendrai pas à Besançon et je ne passerai pas plus loin. Je vois une seule chance, route de Pontarlier, et ceci, d'accord avec commandants corps armée. Je n'ai passables que trois quarts de 18e corps, 6 000 hommes de réserve et une bonne partie de la division Cremer. Je puis gagner de Pontarlier vallée du Rhône, couvert par un masque de troupes, mais je ne puis avoir espérance battre forces supérieures.

Répondez-moi de suite, je vous prie.

BOURBAKI.

BORDEAUX, 25 janvier 1871, 3 h. 10 s. — *Guerre à Gambetta, Laval.* — Je vous transmets une dépêche chiffrée de Bourbaki que Chanzy pourra vous traduire.

La situation dans l'Est se révèle tout à coup très grave, plus grave encore que je ne pensais. Depuis quelques jours, je recevais des dépêches insipides et émollientes qui ne me satisfaisaient pas. Ayant insisté très vivement pour que Bourbaki fît un mouvement, il me répond par la dépêche ci-dessus, qui dévoile une armée découragée et des chefs plus découragés encore.

J'ai répondu à Bourbaki que son projet me semble des plus dangereux et j'ai insisté pour lui faire adopter une direction vers le sud ou vers l'ouest, mais je n'ai pas grand espoir qu'il se range à mes avis.

Il y a malheureusement deux mauvais chefs de corps sur quatre, et je crois que leur influence sur cet esprit hésitant, peu capable, prompt au découragement, a été déplorable.

Quant à de Serres, je suis sans aucune nouvelle de lui depuis quarante-huit heures.

Il est fort à souhaiter, pour la marche des affaires, que votre retour ne se fasse pas attendre. Il surgit, à chaque instant, de grosses questions, qui demanderaient une solution immédiate et que je ne puis résoudre, n'ayant pas une autorité suffisante.

Vous les soumettre par télégraphe est impossible, vu le temps et la difficulté des explications. J'appelle donc votre venue de tous mes vœux.

C. DE FREYCINET.

Besançon, 25 janvier 1871, 3 h. 55 soir. — *Général Bourbaki à Guerre, Bordeaux.* — J'éprouve le besoin d'insister près de vous sur les dangers que présenteraient toutes opérations de la 1re armée sur Nevers, Auxerre ou Tonnerre, quelque désirable qu'en soit la réalisation.

L'état moral de l'armée est très peu solide. Elle ne pourrait enlever Dôle. En outre, il nous faudrait passer entre deux rivières occupées par l'ennemi, exécuter ainsi une double marche de flanc, passer la Saône à Auxonne, et, pour peu que l'ennemi, profitant de cette situation, menace nos derrières, accepter le combat, ayant la Saône à dos, avec un seul point de passage.

L'ennemi ne peut se concentrer aussi rapidement sur une de ses ailes que sur son centre, et plus il me suivra vers le sud, puis il découvrira sa propre ligne de communication.

Si je puis le devancer à Salins, mon mouvement se trouvera réduit comme distance, comme difficulté des routes que couvre la neige et comme temps.

J'ai dirigé ce matin trois colonnes : la division Cremer, a réserve générale de l'armée et une division du 20e corps qui s'arrêteront ce soir sur les bords de la Loue, à Clairons et à Ornans, et qui continueront leur route demain, soit dans la direction de Salins, soit dans celle de Pontarlier, suivant les circonstances.

Ma grande préoccupation est d'assurer la subsistance des hommes. Elle sera bien réduite si Besançon ne possède toutes les ressources que j'avais demandé d'y accumuler. L'intendant Friant prétend avoir signalé, à plusieurs reprises, l'impossibilité d'atteindre le résultat voulu, à cause de l'encombrement des voies ferrées.

Il importe peu qu'il soit ou non responsable de cette situation ; elle ne m'en cause pas moins une situation extrêmement difficile.

Je reçois votre télégramme de cette nuit réclamant des nouvelles. Je vous ai télégraphié hier soir 8 h. 30 et 9 heures, et cette nuit à minuit 45.

Quant à présent, je ne puis que chercher à me dégager et non à percer la ligne ennemie.

Général BOURBAKI.

BESANÇON, 26 janvier 1871, 1 h. 45 matin. — *Général Bourbaki à Guerre, Bordeaux.* — Je fais occuper les débouchés de Salins et le passage de la Loue. J'avais chargé général Bressolles de faire garder les défilés du Lomont. J'apprends que son corps d'armée a fui tout entier, presque sans combattre. Je pars avec le 18ᵉ corps pour tâcher de reconquérir les positions perdues.

Vous me dites de m'entendre avec Garibaldi. Je n'ai aucun moyen de correspondance avec lui. Mais si vous ne faites pas attaquer l'ennemi sur ses communications, je me considère comme perdu. Je tiendrai le plus longtemps possible de Salins à Pontarlier et au mont Lomont ; c'est tout ce que je puis faire avec les troupes que j'ai sous moi.

Donc, par tous les moyens, et aussitôt que je verrai possibilité de me jeter sur Dôle, j'en profiterai, soyez-en bien sûr. Vu l'état moral et physique actuel de l'armée, et tant que l'ennemi tiendra l'Ognon et la Saône, je ne pourrai tenter une pareille entreprise. Croyez-le, en ne me faisant pas assurer mes derrières, vous m'avez laissé aux prises avec 110000 hommes.

Les légions du Rhône sont impossibles; elles ne peuvent entendre un coup de fusil sans fuir.

BOURBAKI.

BESANÇON, 26 janvier 1871. — *Général commandant la 7ᵉ division à Guerre, Bordeaux.* — Général Bourbaki vient de se tirer un coup de pistolet dans la tête; n'est pas encore mort. L'impression du jugement porté sur ses opérations paraît avoir été la cause de cet acte. Généraux convoqués ce soir vont s'entendre, mais la situation faite à la place est devenue des plus graves. Avez une armée qui va manquer de vivres, les voies de fer étant depuis un mois exclusivement employées aux transports des troupes. La ville, qui n'a pu rien recevoir depuis cette date, a, par le fait, déjà comme un mois de blocus.

Envoyez-moi des ordres d'urgence.

Général ROLLAND.

BESANÇON, 26 janvier 1871, 7 h. 30 soir. — *Général Borel à Guerre, Bordeaux.* — Le général Bourbaki vient de se tirer un coup de pistolet dans la tête.

Désignez immédiatement quelqu'un pour prendre le commandement de l'armée qui est trop lourd pour moi et que je vais remettre au général Martineau, qui est le plus ancien général de division, dès qu'il sera arrivé. Je le fais prévenir d'arriver en toute hâte, ainsi que Billot et Clinchant.

BORDEAUX, 26 janvier 1871, 5 h. 56 soir. — *Guerre à général Bourbaki.* — En face de vos hésitations et du manque de confiance que vous manifestez vous-même sur la direction d'une entreprise dont nous attendions de si grands résultats, je vous prie de remettre votre commandant au général Clinchant. Jusqu'à ce que cette remise soit effective et efficace, vous assurerez sous votre responsabilité l'exécution des mesures que commande l'intérêt de l'armée [1].

LÉON GAMBETTA.

1. « Cette dépêche se croisa avec celle par laquelle le général

BORDEAUX, 26 janvier 1871, 5 h. 50 soir. — *Guerre à général Clinchant, Besançon.* — A la réception de la présente dépêche, vous prendrez le commandement général de la 1re armée, en remplacement du général Bourbaki, que j'avise à l'instant même. Je suis sûr que la résolution et la confiance qui vous animaient à Bourges ne vous ont pas abandonné et que vous saurez ramener vos forces. Vous nous aviserez de vos dispositions.

LÉON GAMBETTA.

P. S. — Vous pourvoirez vous-même à votre remplacement à la tête du 20e corps, provisoirement ou d'une manière définitive, avec officier général qui vous agréera le mieux. Vous remplacerez également le général Bressolles à la tête du 24e corps par le général Commagny qui appartient à ce corps.

LÉON GAMBETTA.

COURCHEVERNY, 27 janvier 1871. — *Général commandant en chef 25e corps à Guerre. Bordeaux.* — Nous avons continué notre mouvement aujourd'hui sans difficulté ; une reconnaissance a surpris à Contres une trentaine de uhlans qu'elle a fusillés de très près ; l'ennemi a pris la fuite en laissant un prisonnier et emportant plusieurs blessés.

Aujourd'hui 3 escadrons, en arrivant à Cellettes, ont trouvé le village barricadé et défendu par de l'infanterie et de la cavalerie, le village a été vigoureusement attaqué et l'ennemi, après avoir résisté à deux charges, s'est replié en désordre en laissant entre nos mains 3 prisonniers du 16e d'infanterie. J'ignore le chiffre de ses pertes, qu'il a enlevées, suivant son habitude. De notre côté un tué et 3 blessés dont un officier, un homme disparu.

Général POURCET.

Rolland annonçait le suicide. Ce fut un soulagement pour chacun de nous, en ces tristes moments, de penser que la décision qui atteignait le général se trouvait étrangère à sa funeste résolution. » (FREYCINET, *loc. cit.*, p. 267.)

DIJON, 27 janvier 1870. — *Colonel Gauckler à bureau de reconnaissances Guerre, Bordeaux.* — Rien de nouveau autour de Dijon; ennemi se dirige vers Arbois, quartier général à Chevigny, sur route Gray à Dôle. On s'est battu à Mont-sous-Vaudrey, route de Dôle à Arbois, francs-tireurs et gardes nationaux; numéros de régiments indiquent 3e corps. Service télégraphique du 2e corps a passé à Saint-Seine pour Maloy.

BORDEAUX, 27 janvier 1871, 4 h. 40 soir. — *Guerre à général Clinchant, Besançon.* — J'ai reçu votre dépêche de ce matin 8 h. 15. — Je vous remercie du dévouement avec lequel vous vous préparez à remplir la mission que je vous ai confiée.

Vous me dites, général, qu'il vous faudrait actuellement cinq ou six jours pour déboucher par la plaine en avant de Besançon. Ce long délai ne peut s'expliquer que par le fait que le mouvement sur Pontarlier est déjà fortement engagé; c'est ce qu'indiquent au surplus diverses dépêches desquelles il résulte que le quartier général du 24e corps était hier à Pierre-Fontaine et celui du 20e corps à Ornans. En présence du fait accompli, force nous est donc d'accepter la direction de Pontarlier comme ligne de retraite. Mais je dois attirer de nouveau votre attention sur le danger qu'il y aurait à vous enfermer à Pontarlier. L'ennemi se fortifierait autour de vous et vous succomberiez fatalement. Je vous signale à titre de renseignement une route directe par les plateaux, par Ornans, Levier, Nozeroy, qu'on me dit exister en bon état et dont vous pourriez avoir intérêt à vous servir. Je vous engage à vous méfier des neiges que vous trouverez en plus grande quantité à mesure que vous vous approcherez de la Suisse; on me dit qu'à Pontarlier les routes ont 50 centimètres de neige. Quelle que soit la direction que vous suiviez, je vous engage bien vivement à utiliser votre génie civil et militaire à barricader et mieux encore détruire les routes latérales par lesquelles l'ennemi peut vous attaquer. Envoyez des détachements en avant pour opérer ce travail de préservation.

Je compte, général, sur votre fermeté et sur le dévouement de tous vos chefs de corps pour tirer meilleur parti possible d'une situation que vous n'avez pas créée, mais où je déplore profondément de voir l'armée irrévocablement engagée.

LÉON GAMBETTA.

BORDEAUX, 27 janvier 1871, 11 h. 15 soir. — *Guerre à général Garibaldi, Dijon.* — Je viens confier à votre grand cœur la situation de notre armée de l'Est, et vous demander votre appui pour elle. Vous seul pouvez en ce moment tenter une diversion efficace. Le général Bourbaki vient d'attenter à ses jours. A l'heure où je vous écris, j'ignore s'il vit encore. L'armée, fatiguée par la rigueur du froid et par des marches stériles, est en retraite sur Pontarlier. Elle abandonnera cette direction au point le plus favorable pour se rabattre vers le Sud, sur Bourg par exemple. L'ennemi occupe actuellement Dôle, Mouchard, Arbois, Poligny, Andelot, Champagnole. Il s'y renforce actuellement par des troupes qui suivent les routes de Pesmes à Gray et de Pesmes à Dampierre. Notre armée est donc menacée de voir sa retraite inquiétée et coupée lorsqu'elle descendra par les routes comprises entre la Suisse et la direction de Besançon à Lons-le-Saulnier. Le seul moyen de conjurer cette dangereuse situation me paraît être de venir inquiéter les communications de l'ennemi lui-même en s'installant sur ses derrières, dans la forêt de Chaux notamment. Pour cela, il faudrait porter votre centre d'action à Dôle et enlever conséquemment cette place à l'ennemi qui s'y est soigneusement fortifié. Un tel résultat à atteindre exigerait selon moi que vous partiez de Dijon avec presque toutes vos forces disponibles, ne laissant dans Dijon qu'un chef très vigoureux et 8 à 10 000 mobilisés des moins aptes à faire campagne. De notre côté, nous appuierons votre mouvement par une diversion que tenterait un corps de 15 000 mobilisés dans la direction de Lons-le-Saulnier, Arbois. Votre entreprise devrait commencer le plus tôt possible, le 30 courant ou même préférablement le 29. Vous tâcheriez de vous mettre en communication télégraphique avec le nouveau chef de l'armée, le général Clinchant, qui doit être actuellement à Ornans, et vous l'informeriez du moment où votre appui lui serait assuré.

L'entreprise que nous vous demandons est très difficile, impossible pour tout autre que pour vous, puisqu'il s'agit, avec de faibles forces, de préserver Dijon contre un coup de main et d'arracher Dôle à l'ennemi en même temps que de vous maintenir dans vos positions étendues, comme la forêt de Chaux que l'ennemi occupe déjà sans doute.

Cette entreprise est digne de votre génie. Croyez-vous pouvoir la tenter? Répondez-nous d'urgence, je vous en prie.

C. DE FREYCINET.

BORDEAUX, 27 janvier 1871, 11 h. 46 soir. — *Guerre à général Clinchant, Besançon.* — Mettez-vous immédiatement en relations télégraphiques avec Garibaldi et tenez-le au courant de tous vos mouvements.

Il va tenter avec ses forces, que nous avons récemment accrues, de vous venir en aide.

C. DE FREYCINET.

BORDEAUX, 27 janvier 1871, 11 h. 56 soir. — *Guerre à général Crouzat et en communication à général Pellissier, Lyon.* — Accélérez à tout prix la concentration des troupes destinées à opérer sous Pellissier et portez le point de concentration le plus près possible de Lons-le-Saulnier.

Je vous donne tout pouvoir sur chemin de fer pour faire des trains, ainsi que sur tous autres moyens de transport que vous jugeriez utile de réquisitionner. Au nom de la patrie, hâtez-vous!

C. DE FREYCINET.

DIJON, 28 janvier 1871. — *Général Crouzat à Guerre, Bordeaux.* — Le général Martin me télégraphie ce qui suit : « Révolte dans le camp de Sathonay, par l'annonce du départ. Les hommes disent qu'ils ne sont pas instruits, qu'ils n'ont pas d'effets, qu'ils sont mal armés. Malgré ma présence, je n'ai pu même les faire entrer dans leurs baraques. Les Hautes-Alpes et l'Ardèche sont les plus excités, je suspends donc forcément le départ pour aujourd'hui. Je préviens le ministre. Je vais voir le préfet, et je monte au camp. »

DIJON, 28 janvier 1871. — *Bordone, chef état-major, à délégué Guerre, Bordeaux.* — Reçu votre dépêche; voici la réponse du général : « Nous ferons partir notre matériel sur Lyon et nous manœuvrerons avec l'armée. Nous avons 1 500 hommes sur Dôle et 2 000 sur les arrières de l'ennemi, entre Langres et Dijon. » Je dois ajouter que j'ai fait partir ce monde en éclaireurs pour un mouvement d'ensemble que j'ai reconnu nécessaire avant la réception de votre dépêche; ferons du mieux possible.

PONTARLIER, 29 janvier 1871. — *Général Bressolles à Guerre, Bordeaux.* — Le général en chef croit devoir suspendre mon remplacement. J'accepte de rester à la tête du 24e corps, mais seulement à cause de la gravité des circonstances, me réservant de faire ressortir l'erreur inqualifiable qui a été commise par le commandant en chef et dont on m'attribue les résultats. J'ai ordre écrit en main et m'en servirai aussi énergiquement que possible.

DIJON, 29 janvier 1871. — *Chef état-major à délégué Guerre, Bordeaux.* — Continuerons à occuper et défendre Dijon et utiliserons pour cela toute notre artillerie attelée. Quant au reste, si l'envoyons arrière, ce n'est que pour l'abriter contre coups de main qu'ennemi pourrait tenter avec forces supérieures, quand il connaîtra notre mouvement. Avons assuré nos derrières. Commandant d'Auxonne réclame remplaçant pour maladie et infirmités. Pourvoir temporairement avec officier d'armée régulière disponible. Avons eu déjà engagements avec troupes entre Auxonne et Dôle. Ennemi a plié et paraît remonter vers Pesmes et Gray; comptez sur nous et sur grandes qualités militaires de notre général. Reconnaissances cavalerie ont également refoulé ennemis vers Seurre.

DIJON, 29 janvier 1871. — *Chef état-major à délégué Guerre, Bordeaux.* — Engagements à nos avant-postes sur une grande étendue avec troupes remontées dans direction de Pesmes et de Gray; succès, fait prisonniers et tué assez grand nombre d'ennemis, sans pertes de nos côtés. En rentrant, trouvé votre dépêche. Belle récompense de nos efforts, obéissance à vos ordres; vais faire délimiter nos positions prises et aviser nos corps détachés.

PONTARLIER, 29 janvier 1871. — *Général Clinchant à Guerre, Bordeaux.* — Je crois devoir suspendre jusqu'à nouvel ordre le remplacement du général Bressolles; je n'ai personne à mettre à la place de Commagny, et le moment est très difficile pour un changement de commandement.

Le général commandant en chef.

CLINCHANT.

PONTARLIER, 29 janvier 1871. — *Général Clinchant à Guerre, Bordeaux. (Extrême urgence.)* — J'ai reçu votre dépêche au sujet de l'armistice [1]. J'avais commencé un mouvement par la route des Rousses; j'avais assez de vivres pour me donner le temps de l'exécuter. Si, pendant l'armistice, je ne peux m'approvisionner, je vais mourir de faim. Le pays n'est pas assez riche pour nourrir notre armée. Il faut à tout prix que l'on trouve un moyen de faire passer par la Suisse ce qui nous est nécessaire pour vivre. Le commerce pourrait faire ses achats et faire venir ses denrées à Pontarlier. La Suisse serait ainsi couverte.

PONTARLIER, 29 janvier 1871. — *Général Bressolles à Guerre, Gambetta, Bordeaux.* — Comme complément à la dépêche que je viens de vous envoyer, je crois devoir vous envoyer copie de l'ordre de Bourbaki :

« Prenez vos dispositions pour vous porter avec votre corps d'armée sur Besançon dès demain matin, vous laisserez aux troupes ne faisant pas partie de votre corps d'armée et ayant déjà opéré sur la position de Blamont, le soin de défendre cette position ainsi que Pont-de-Roide.

« Vous vous contenterez de faire garder momentanément par deux bataillons chacun des points de Clerval et de Baume. Ces deux bataillons devraient se retirer s'ils y étaient forcés par l'ennemi ou s'ils en recevaient l'ordre; mais en ayant soin de détruire ponts avant leur départ. »

1. Dépêche circulaire du 29 janvier (V. p. 321).

. Voilà l'ordre.

Le général Bourbaki lui-même en a vérifié et reconnu
l'exactitude à M. Bampont, officier de mon état-major, que
j'avais envoyé à Besançon pour rendre compte de l'exécution
du mouvement ordinaire. Il y a là une machination que je
saurai bien découvrir. C'est à moi qu'on reproche pareille
infamie d'abandonner mon poste sans ordre.

Général Bressolles.

. Pontarlier, 30 janvier, 5 h. 25 soir. — *Général Clinchant
à Guerre.* — Je n'ai pas encore de réponse officielle du général Manteuffel; mais d'après une lettre apportée par un
parlementaire prussien pendant une conférence près de
Frasne, il paraîtrait que le général Manteuffel ne voudrait
pas reconnaître cet armistice pour l'armée de l'Est, disant
qu'il ne concerne que les armées du Nord et de Paris.

Besançon, 30 janvier 1871. —*Général à Guerre, Bordeaux.*
— Le général commandant les forces prussiennes à Saint-
Vit, avec lequel j'ai dû me mettre en communication d'après
vos ordres, en raison de l'armistice, prétend que l'armistice n'existe pas, pour l'armée allemande du Sud opérant
en Franche-Comté et qu'elle a reçu au contraire l'ordre de
continuer ses opérations. Nous prenons nos mesures en
conséquence, persuadés d'ailleurs que c'est une prétention
déloyale pour occuper certaines positions nécessaires aux
projets ultérieurs de l'ennemi.

De Bigot.

Lyon, 30 janvier 1871. — *Général commandant 8e division
à Guerre, Bordeaux.* — Le lieutenant-colonel commandant
provisoirement la subdivision à Dijon m'adresse un rapport
ainsi conçu : « Je crois de mon devoir de vous rendre compte
de l'effet produit par la nouvelle de l'armistice. L'état-major
de l'armée des Vosges, notamment le général Bordone, ont
manifesté hautement un vif mécontentement, disant : « C'est
« une trahison contre la révolution, alors nous la ferons nous-
« mêmes. » Je dois ajouter que, tout en prononçant ces paroles, le général Bordone donnait des ordres pour que
ses troupes observent l'armistice.

DIJON, *30 janvier 1871. — *Chef état-major à délégué Guerre, Bordeaux.* — Je reviens des avant-postes conférer avec le général Herr von Wehern, qui était à Arc-sur-Tille. Tout mouvement est arrêté pour lui comme pour nous; mais il m'a dit que, n'ayant pas encore reçu de son gouvernement communication officielle de l'armistice, nous ne pourrions procéder à délimitation qu'après cette réception. Comme dernière satisfaction de notre marche dans le sens précédemment indiqué par vous, je dois vous dire que nos troupes occupaient Montrolland, à 3 kilomètres de Dôle, position dominante qui rendrait Dôle inhabitable à forces décuples !

DIJON, 30 janvier. — *Garibaldi à ministre Guerre.* — Mon cher et brave Gambetta, vos paroles d'approbation sur le peu que j'ai fait, pour la belle cause de la République française, resteront toute ma vie gravées dans mon cœur, et je vous en suis bien reconnaissant.

A vous, au-dessus de tout éloge, et qui, plus que personne, avez tant mérité de la patrie, je me permets de rappeler une seule chose : continuez, avec toute l'énergie dont vous êtes doué, à battre sur la tête de la réaction.

Vous pouvez compter sur les braves qui m'accompagnent, sans exception, et sur votre dévoué

G. GARIBALDI.

DIJON, 31 janvier 1871. — *Garibaldi à ministre Guerre, Bordeaux.* — Le général prussien avise de Mirebeau que Doubs, Jura et Côte-d'Or ne sont point compris dans l'armistice. Informez.

DIJON, 31 janvier 1871. — *Chef état-major à délégué Guerre, Bordeaux.* — J'arrive à 8 heures de Mirebeau à la recherche du général prussien, il m'a communiqué l'ordre de ne pas suspendre les hostilités dans le Doubs, le Jura et la Côte-d'Or; pendant que la convention les fait suspendre partout, nos ennemis marchent, et les renforts et les armes que vous nous avez promis n'arrivent pas. Réponse urgente.

BESANÇON, 31 janvier 1871. — *Général à ministre Guerre, Bordeaux.* — Pour faire suite à ma dépêche d'hier relative à la prétention de l'armée allemande (dite du Sud) de continuer ses opérations malgré l'armistice, où j'indiquais la déloyauté avec laquelle cette armée cherche à profiter du temps d'arrêt que la nouvelle de l'armistice a dû apporter dans nos mouvements pour corriger ce que les siens avaient de défectueux au point de vue stratégique et pour améliorer ses positions, je dois aujourd'hui porter à votre connaissance, pour que cette conduite soit signalée au mépris universel, que depuis l'armistice les colonnes mobiles prussiennes sont employées à dévaster systématiquement tous les bourgs, villages et lieux habités, situés sur leurs lignes d'opérations, où non seulement elles pillent tout ce qui est à leur convenance, mais encore détruisent et brisent tous les effets et objets mobiliers qu'elles ne peuvent emporter, ceux mêmes qui ne seraient d'aucune utilité pour notre armée, pendant la durée de l'armistice, ayant donc la volonté de tout détruire uniquement pour ruiner à fond de malheureux habitants inoffensifs.

De Bigot.

PONTARLIER, 31 janvier 1871. — *Général Clinchant à Guerre, Bordeaux.* — J'occupe Pontarlier et les routes qui conduisent à la Suisse. Tous les défilés qui peuvent me permettre de rester dans cette position et d'y tenir sont gardés. Malheureusement, certaines troupes ne tiennent plus, surtout depuis qu'elles ont connaissance de l'armistice. Je me défendrai jusqu'au bout, mais je crains que la solidité de mes soldats ne me fasse défaut.

Clinchant.

BORDEAUX, 31 janvier, 7 h. soir. — *Ministre de la Guerre à ministre de l'Intérieur, à Versailles, pour Paris.* — L'ajournement inexplicable, auquel votre télégramme ne faisait aucune allusion, des effets de l'armistice en ce qui touche Belfort, les départements de la Côte-d'Or, Doubs et Jura, donne lieu aux plus graves complications dans la région de l'Est. Les généraux prussiens poursuivent leurs opérations sans tenir compte de l'armistice, alors que le ministre de la Guerre, croyant pleinement aux termes de votre impérative dépêche, ordonnait à tous les chefs de corps d'exécuter l'armistice et d'arrêter leurs mouvements, ce qui a été exécuté religieusement pendant quarante-huit heures ; il faut sur-le-champ fixer l'application de l'armistice à toute la région de l'Est, et réaliser, comme c'est votre devoir, cette entente ultérieure dont parle la convention du 28 janvier. Entre temps, nous autorisons les généraux français à conclure directement une suspension d'armes pour le temps nécessaire pour nous faire parvenir et vous communiquer les lignes de démarcation arrêtées ou proposées par eux. — Je vous prie de me faire prompte réponse.

LÉON GAMBETTA.

Lons-le-Saulnier, 31 janvier 1871. — *Administrateur à Intérieur et Guerre, Bordeaux.* — Une dépêche que me communique le général Pellissier annonce que l'armistice ne s'étendra aux départements du Doubs, du Jura et de la Côte-d'Or que lorsque la ligue de démarcation entre les parties belligérantes aura été réglée.

La dépêche ajoute que cette situation a causé un grand étonnement à Bordeaux. Ici cette situation prend d'autres proportions ; la nouvelle de l'armistice a énervé la défense et l'ennemi continue le mouvement que vous connaissez contre l'armée de l'Est. Il prétend même que l'armistice laisse tout à fait en dehors les trois départements. Il est indispensable de régler cela cette nuit même : votre réponse ne peut se faire attendre. J'attends explications immédiatement.

TROUILLEBERT.

Bordeaux, 31 janvier 1871, 4 h. soir. — *Guerre à général Garibaldi, Dijon ; à général Clinchant, Pontarlier ; et à général Pellissier, Bourg.* — La convention signée par M. J. Favre dit textuellement : « La ligne de démarcation laissera à l'occupation allemande les départements de la Sarthe, de l'Indre-et-Loire, de Loir-et-Cher, du Loiret et de l'Yonne, jusqu'au point où, à

l'est de Quarré-les-Tombes, se touchent les départements de la Côte-d'or, de la Nièvre et de l'Yonne.
A partir de ce point, le tracé de la ligne sera réservé à
une entente qui aura lieu aussitôt que les parties con-
tractantes seront renseignées sur la situation actuelle
des opérations militaires en exécution dans les départements de la Côte-d'Or, du Doubs et du Jura. Dans
tous les cas elle traversera le territoire composé de
ces trois départements en laissant à l'occupation allemande les départements situés au nord, à l'armée française ceux situés au midi de ce territoire.

« Les opérations militaires sur le terrain des départements du Doubs, du Jura et de la Côte-d'Or, ainsi
que le siège de Belfort, se continueront indépendamment de l'armistice, jusqu'au moment où on se sera
mis d'accord sur la ligne de démarcation dont le tracé
à travers les trois départements mentionnés a été réservé à une entente ultérieure. »

Tel est le texte de la convention.

Par conséquent, portez toute votre attention à
vous mettre dans la meilleure situation possible pour
que la ligne de démarcation favorise votre ravitaillement. Je vous autorise à traiter directement avec
le général Manteuffel pour le règlement de votre
propre armistice.

LÉON GAMBETTA.

BORDEAUX, 31 janvier 1871, 4 h. s. — *Guerre à général
Clinchant, à Pontarlier.* — M. Gambetta, que je quitte à l'instant, me charge de vous transmettre en son nom la dépêche
suivante, qui fait suite à celle qu'il vous a déjà adressée
tout à l'heure.

Vous êtes investi par le Gouvernement du droit de traiter
et de combattre pour votre propre compte, et de conclure
directement avec le général ennemi un armistice dans les
conditions et au moment que vous jugerez le plus opportun.
L'exception prévue au sujet des armées de l'Est, dans le
texte de la convention passée entre les deux ministres, a eu

pour cause l'éloignement où étaient les plénipotentiaires du théâtre des opérations et l'ignorance où ils étaient forcément de vos positions respectives. En conséquence, vous avez à vous comporter comme un belligérant distinct et indépendant des lois; employez la voie de la force ou des négociations à votre appréciation et au mieux des intérêts et de l'honneur de votre armée.

C. DE FREYCINET.

BORDEAUX, 31 janvier. — *Guerre à général Clinchant, à Pontarlier.* (*Faire suivre.*) *Et à général Garibaldi, à Dijon.* (*Faire suivre.*) — D'après le texte officiel de l'armistice que nous recevons à l'instant, il est fait une exception que rien ne nous avait fait prévoir. Les opérations militaires sur le terrain des départements du Doubs, du Jura, et de la Côte-d'Or se continueront indépendamment de l'armistice, jusqu'au moment où les deux puissances belligérantes se seront mises d'accord sur le tracé d'une ligne de démarcation entre les armées dans lesdits départements. Veuillez en conséquence continuer les hostilités à votre appréciation, avec tous les moyens d'action dont vous disposez.

LYON, 31 janvier, 7 h. 15 soir. — *Préfet Rhône à Guerre, Bordeaux.* — Ainsi, c'est avéré! L'armistice n'est pas applicable aux départements du Doubs, du Jura et de la Côte-d'Or. Celui qui a consenti une pareille condition, quel que soit son nom, est un misérable, pardonnez-moi cette expression.

P. CHALLEMEL-LACOUR.

BORDEAUX, 31 janvier 1871, 11 h. 55 s. — *Délégué Guerre à général Bourbaki, Besançon.* — C'est avec bonheur que j'ai appris de votre aide de camp, M. Massa, que votre vie est hors de danger.

J'estime en vous un brave et loyal soldat, qui a fait noblement son devoir sur les champs de bataille, et il m'eût été extrêmement douloureux de vous voir enlevé à la patrie.

En vous parlant ainsi, je crois être l'interprète du pays tout entier, qui n'a jamais douté de la parfaite droiture de votre caractère. Je serais heureux d'apprendre que cette dépêche vous a trouvé en bonne voie de guérison.

C. DE FREYCINET.

ORDRE DU JOUR DU GÉNÉRAL CLINCHANT

Soldats de l'armée de l'Est.

Il y a peu d'heures encore, j'avais l'espoir, j'avais même la certitude de vous conserver à la défense nationale. Votre passage jusqu'à Lyon était assuré à travers les montagnes du Jura.

Une fatale erreur nous a fait une situation dont je ne veux pas vous laisser ignorer la gravité. Tandis que notre croyance en l'armistice, qui nous avait été notifié et confirmé à plusieurs reprises par notre gouvernement, nous recommandait l'immobilité, les colonnes ennemies continuaient leur marche, s'emparaient des défilés déjà en nos mains et coupaient ainsi notre ligne de retraite.

Il est trop tard aujourd'hui pour accomplir l'œuvre interrompue : nous sommes entourés par des forces supérieures; mais je ne veux livrer à la Prusse ni un homme, ni un canon. Nous irons demander à la neutralité suisse l'abri de son pavillon; mais je compte, dans cette retraite vers la frontière, sur un effort suprême de votre part : défendons pied à pied les derniers échelons de nos montagnes, protégeons les défilés de notre artillerie et ne nous retirons sur un sol hospitalier qu'après avoir sauvé notre matériel, nos, munitions et nos convois.

Soldats, je compte sur votre énergie et sur votre ténacité. Il faut que la patrie sache bien que nous avons tous fait notre devoir jusqu'au bout et que nous ne déposons les armes que devant la fatalité.

Pontarlier, 31 janvier.

VERRIÈRES-FRANÇAISE, le 1er février 1871, 2 h. 10. — *Général Clinchant à Guerre, Bordeaux.* — Tout ce que vous écrivez à Jules Favre, je l'ai tenté inutilement près de Manteuffel, il m'a même refusé suspension d'armes de 36 heures pour que le gouvernement puisse élucider la question. L'ennemi ayant continué les hostilités malgré mes protestations, et menaçant de cou-

per ma retraite, même vers la Suisse, ce qui entraîne-
rait la perte de l'armée et de tout le matériel, j'ai
dû me rendre à la dure nécessité de franchir les frontières. Le matériel a presque effectué son passage à
l'heure qu'il est. Le général Billot couvre la retraite
avec trois divisions du 18° corps.

Je vous enverrai aujourd'hui le texte de la convention
que j'ai conclue avec la Suisse.

VERSAILLES, le 1er février 1871, 9 h. du soir. — *Le
ministre des Affaires étrangères au ministre de l'Intérieur et de la Guerre, à Bordeaux.* —Quand j'ai signé la
convention d'armistice, j'ai été forcé de subir une
exception pour le siège de Belfort, dont je n'ai pu obtenir discontinuation. L'application de l'armistice a été
également suspendue pour les armées de l'Est jusqu'au
tracé de la ligne de démarcation qu'on ne pouvait arrêter, dans l'ignorance où on était de la position respective des armées. Les généraux ont dû s'entendre à
cet effet; j'insiste auprès de l'état-major prussien pour
que de pleins pouvoirs soient envoyés.

Télégraphiez aux généraux français de concourir de
suite à cette démarcation dans le Nord. J'ai dû abandonner le département de la Somme; par conséquent
Abbeville n'aura à supporter que sa quote-part dans les
charges du département de la Somme. J'ai télégraphié
à M. Faidherbe, qui me le demande, que la convention
doit être interprétée en ce sens; confirmez-lui cet
ordre. Il est entendu que la ville ne sera frappée d'aucune contribution ni réquisition de guerre. Quant aux
élections, il est entendu que, dans les pays occupés,
les maires feront fonctions de préfets.

Les Gouverneurs laisseront toute liberté pour les
élections. En Alsace, l'autorité allemande ignore ce
qui se fait.

JULES FAVRE.

P. S. — Les fonctions des préfets, pour les élections dans les départements occupés par l'armée allemande, seront exercées par les maires‘ des chefs-lieux des départements.

BOURG, 1er février 1871, 11 h. 6 s. — *Colonel Keller à Gambetta, ministre de la Guerre, Bordeaux.* — Mes volontaires ont été mis quatre fois à l'ordre du jour, mais presque détruits devant Héricourt. Ayant des cadres solides, je demande à recruter, comme Charette, des mobilisés de toute la France. Ne pouvant aller ni Belfort ni Besançon, je m'établis dans l'Ain, d'accord avec le préfet. Je veux avoir corps formé fin d'armistice.

Colonel KELLER,

Ancien député.

CHAGNY, 1er février 1871 (sans indication d'heure). — *Général Garibaldi à général Clinchant, Pontarlier.* — Je me propose de faire une démonstration sur les derrières de l'ennemi vers Pontarlier. Tenez-moi informé.

Général GARIBALDI.

GEX, 2 février 1871. — *Général d'Ariès à ministre de la Guerre, Bordeaux.* — Le 31 janvier, sur l'ordre du général commandant en chef le 24e corps, je laissai mes 2 batteries à Moulhe avec l'artillerie de réserve du corps d'armée et je me rendis avec mon infanterie à Morez où j'arrivai vers 6 heures du soir après des fatigues très grandes. Le quartier général du 24e corps quittait Moulhe le même jour pour rétrograder sur l'abergement. Arrivé à Morez, je me mets en communication avec le général Cremer qui occupait avec quelques escadrons les défilés de Saint-Laurent. Le général Cremer me répondait « : J'arrive ce soir à Morez, donnerai nouvelles graves. » A 11 heures du soir je recevais le général qui me disait « : Je me replie devant une infanterie et une artillerie nombreuses. »

Le lendemain matin 1er février, un télégramme du commandant du 1er escadron laissé en éclaireur à Saint-Laurent annonçait que l'ennemi se mettait en mouvement sur deux colonnes dont l'une semblait prendre la direction de Saint-Claude. Je pris alors la direction de Gex en passant par les Rousses et la Faucille. Cette direction m'avait été donnée par le commandant du 24° corps. Je suis arrivé aujourd'hui à 2 heures après avoir traversé le Jura, mes hommes ayant souvent de la neige jusqu'au-dessus des genoux; ils sont exténués. Je vais les laisser se reposer pendant deux jours, rallier tout ce que je pourrai et prendre ensuite la direction de Bourg. Ma division n'a jamais été constituée, j'avais une simple brigade composée du 15° bataillon de chasseurs de marche, du 63° de marche, des 3 bataillons de mobiles Haut-Rhin, Haute-Garonne, Tarn-et-Garonne.

J'ai laissé par ordre 150 chasseurs avec mon artillerie; près de 200 hommes du 63° ont escorté un convoi à Besançon, un nombre égal est affecté à l'escorte des bagages du grand quartier général. Je pense avoir ici ce soir ou demain matin un millier de fantassins; j'ai de plus le régiment de dragons de marche, colonel Droz, environ 250 chevaux, 2 autres régiments de cavalerie du 15° corps sont cantonnés dans les villages avoisinants. Le général Cremer arrive à l'instant même; notre intention est de nous rendre à Bordeaux après avoir cantonné nos troupes.

A. D'ARIÈS.

GEX, 2 février 1871, 4 h. 45 soir. — *Général Cremer à Guerre, Bordeaux.* — Détaché de ma division aux avant-postes de cavalerie, j'ai tenu deux jours à Saint-Laurent avec deux escadrons de dragons, et deux autres à Morez avec un seul escadron.

Je ramène toute la cavalerie qui m'était confiée après avoir couvert la division d'Ariès. J'ai fait partir successivement les chasseurs d'Afrique, un régiment de cavalerie légère et le 6° dragons dont je ramène moi-même le dernier escadron, avec ma batterie Armstrong montée sur traineaux. Par ordre d'autres généraux et en mon absence, ma division a passé en Suisse, cela n'eût jamais eu lieu moi présent; cependant le brave colonel Collavet, du 86° provisoire, a refusé de passer et est arrivé avec son corps.

L'ennemi n'aura aucun canon de ma division.

J'ai trouvé ici le général d'Ariès; après avoir cantonné nos troupes, nous irons porter au gouvernement tous les renseignements avec l'assurance de notre implacable résolution de persévérer dans la lutte à outrance.

Général CREMER.

VERRIÈRES, 2 février 1871. — *Général Clinchant à Guerre, Bordeaux.* — Le 28, le 15e corps occupait Sombacourt, Pontarlier; le 18e corps occupait Doules, Argon, Vuillégein. Dommartin et tenait la communication avec Besançon. Au moyen de sa cavalerie, le 20e corps occupait Bulle, Dompière, Bannaud, Frasnes et Bonnevaux. Le 24e corps était échelonné sur la route de Mouthe jusqu'à Mouthe. La réserve était aux environs de Sombacourt, la cavalerie et la division Cremer marchèrent toute la nuit pour occuper le défilé de Tonan. Le 29, l'armée conserva ses positions, pendant que le général Cremer avec la cavalerie occupait le défilé débouchant sur la route de Saint-Claude, suivi par le 24e corps qui dégageait la route de la vallée en se portant jusqu'à Mouthe et en avant. Le 29 au soir, le général Cremer couchait à Saint-Laurent; dans la soirée les avant-gardes de l'ennemi, qui avaient fait une marche de 40 kilomètres, attaquèrent Sombacourt, Chaffois et les Planches. On lui signifia l'armistice, mais il n'arrêta pas son mouvement; nous évacuâmes Sombacourt, Chaffois et les Planches. Le 30, l'armée ne fit aucun mouvement, conformément aux instructions signifiant l'armistice; sur le soir, les troupes occupant Frasnes et Dompierre se replièrent pour éviter une collision avec l'ennemi qui se présenta pour les déloger. L'ennemi se présenta devant Saint-Laurent où nous étions encore le 30 au matin. Dans la nuit du 30 au 31 et le 31, des parlementaires furent envoyés au général de Manteuffel et l'armée ne fit aucun mouvement. Le 31, Cremer couchait à Moret; dans la nuit du 31 au 1er, l'armée prit position pour combattre autour de Pontarlier, en couvrant les routes de la Suisse et fit évacuer son matériel. Le 1er, l'armée entra en Suisse. Son arrière-garde disputait le terrain autant qu'il était nécessaire pour assurer l'évacuation de son artillerie. Les renseignements seront complétés dès que le général en chef aura fait venir les archives de son état-major qu'il n'a pas sous la main en ce moment.

CLINCHANT.

VERRIÈRES-DE-JOUX, le 2 février 1871, 1 h. matin. — Général Clinchant à Guerre, Bordeaux. — Je vous envoie copie de la convention passée avec le gouvernement helvétique :

« Entre M. le général en chef de l'armée de la Confédération et M. le général de division Clinchant, général en chef de la 1re armée française, il a été fait les conventions suivantes :

1° L'armée française, demandant à passer sur le territoire de la Suisse, déposera ses armes, équipements et munitions en y pénétrant;

2° Ces armes, équipements et munitions seront restitués à la France après la paix, et après le règlement définitif des dépenses occasionnées à la Suisse par le séjour des troupes françaises. Il en sera de même pour le matériel d'artillerie et les munitions.

4° Les chevaux, armes et effets des officiers, seront laissés à leur disposition. Des dispositions ultérieures seront prises à l'égard des chevaux de troupe.

(Manque les § 3 et 5 que l'on a demandés à Lyon, qui, paraît-il, n'a plus de communication avec Verrières.)

6° Les voitures de vivres et de bagages, après avoir déposé leur contenu, retourneront immédiatement en France avec leurs conducteurs et chevaux.

7° Les voitures du trésor et des postes seront remises, avec tout leur contenu, à la Confédération helvétique, qui en tiendra compte lors du règlement des dépenses.

8° L'exécution de ces dispositions aura lieu en présence d'officiers français et suisses désignés à cet effet.

9° La Confédération se réserve la désignation d'internement pour les officiers et pour la troupe.

10° Il appartient au Conseil fédéral d'indiquer les prescriptions de détail destinées à compléter la présente convention.

Fait en triple expédition,

Verrières, le 1er février 1871.

CLINCHANT, HANS HERZOG.

Signé : Général CLINCHANT.

BORDEAUX, 2 février 1871. — *Ministre Guerre à général Garibaldi, à Mâcon (Faire suivre.)* — Cher et illustre ami, combien je vous remercie de tout ce que vous faites pour notre République. Votre grand et généreux cœur vous porte toujours là où il y a quelque service à rendre, quelque danger à courir. Ah ! quand donc viendront les jours où mon pays pourra dire tout ce qu'il vous garde de reconnaissance. Je vous recommande bien notre département de Saône-et-Loire, puisque notre Côte-d'Or a été abandonnée. Couvrez Lyon et, pour cela, maintenez-vous à Chagny aussi fortement que vous le pourrez. Vous savez maintenant, par les mesures que j'ai prises, comment je crois qu'il est encore possible de tirer parti de la situation qui nous a été faite. Aidez-moi par votre action militaire et par votre influence persuasive. Évitons les complications et, en attendant la reprise des hostilités, conduisons-nous en républicains connaissant la politique et sachant la pratiquer. Je vous remercie de votre belle lettre, elle m'est bien précieuse. Je vous embrasse.

GAMBETTA.

LYON-PERRACHE, 3 février 1871, 10 h. 30 matin. — *Général Billot à Gambetta, Intérieur et Guerre.* — Après avoir couvert la retraite de l'armée, conformément aux ordres du général Clinchant, je viens, avec autorisation et sans être interné, rendre compte de notre

situation au gouvernement de la défense nationale
et prendre ses ordres. Le 18e corps et la réserve ont
vaillamment combattu le 1er février à la Cluse et à
Oyel, près le fort de Joux. Deux attaques des Prussiens ont été repoussées. Nous sommes restés maîtres
des positions sur toute la ligne, 64 prisonniers sont
restés entre nos mains. Les pertes de l'ennemi sont
considérables. Le manque de vivres et de munitions
joint à l'ensemble des mouvements prescrits en raison
de la situation faite à l'armée par l'armistice exécuté
par nous pendant trois jours, pendant que l'ennemi
marchait pour couper nos communications, m'a déterminé, conformément aux instructions du général Clinchant, à ordonner la retraite. Elle s'est effectuée en
Suisse, partie sur Gex, pour des corps isolés auxquels
j'ai donné liberté de manœuvrer. Le combat du 1er février nous coûte 700 hommes, et notamment l'héroïque colonel Achille, qui depuis deux mois allait au
feu avec deux blessures ouvertes. L'attitude de nos
troupes d'arrière-garde a été admirable aux combats
de la Cluse et d'Oyel, malgré le découragement produit par l'armistice, la proximité de la Suisse et les
privations de toute nature qu'elles supportaient depuis
deux mois.

BILLOT.

SAINTE-CROIX (SUISSE), 4 février 1871. — *Général Pallu,
commandant réserve générale première armée à Guerre, Bordeaux.* — La réserve générale que je commande et le 44e de
marche ont assuré la retraite de l'armée en tenant le col
et le village de la Cluse en face du fort de Joux. L'affaire a
duré depuis 11 heures jusqu'à 5 heures, nous avions devant
nous les troupes de Manteuffel. Nous avons fait à l'ennemi
environ 80 prisonniers et lui avons tué ou blessé 500 hommes.
De notre côté le 29e de marche, le 44e de marche, l'infanterie de marine surtout, ont fait des pertes marquées. Un
colonel, un chef de bataillon tués, mon chef d'état-major
blessé à mes côtés. Les événements qui se sont précipités

dans la nuit du 1ᵉʳ au 2 février m'ont empêché d'adresser mon rapport au général en chef. Je n'ai pas voulu déposer les armes, et je cherche à percer avec ma petite troupe dévouée. Je suis donc séparé de mon chef et vous adresse sommairement le compte rendu d'un fait d'armes qui honore la réserve générale et le dernier jour de la première armée.

Général PALLU DE LA BARRIÈRE.

NEUCHATEL, le 4 février 1871. — Le général Clinchant me charge de transmettre à la Guerre la dépêche suivante :

« Toute l'armée a effectué son mouvement. Le fort de Joux tient encore et a arrêté l'ennemi. Toute l'artillerie est en Suisse. Quelques détachements d'infanterie isolés restent en France et cherchent à gagner Lyon par la montagne. »

DE DRÉE.

LYON, le 4 février 1871. — *Préfet Lyon à Gambetta, Guerre, Bordeaux.* — *Personnelle. Très urgente.* — L'armistice pouvant être rompu d'un moment à l'autre, je dois vous prévenir que *l'ennemi, s'il marche sur Lyon, trouvera une ville sans troupes, sans provisions…* Nous aurons pour nous défendre six cents marins, dont la moitié sont malades, et une poignée de républicains des faubourgs. Je serai avec eux s'ils ne m'égorgent pas avant, intention qu'ils manifestent tous les jours. Nous passons d'alerte en alerte, mais mieux vaut *l'invasion jusqu'à Marseille que de signer notre sentence de mort.* Malheureusement je crains d'être dans deux ou trois jours tout à fait alité.

P. CHALLEMEL-LACOUR.

GEX, 4 février 1871, 2 h. 45 soir. — *Général de division de Busserolles à ministre de la Guerre, Bordeaux.* — Ma division s'est réfugiée en Suisse malgré moi. J'ai fait appel à tous les chefs de corps pour entraîner les hommes à se frayer un passage à travers les lignes ennemies : trente officiers ou soldats ont répondu à mon appel. Nous avons pu gagner Gex où je me suis placé sous les ordres du général d'Ariès. Il m'autorise à aller attendre vos ordres à Mâcon. Je vous prie avec toute l'instance possible de me permettre d'aller à Bordeaux vous présenter des explications sur les derniers événements.

BUSSEROLLES.

LONS-LE-SAULNIER, 5 février 1871. — *Général Pellissier à Guerre, Bordeaux, et général Crouzat, Lyon.* — Général prussien répondu à parlementaire qu'il ne reconnaissait pas armistice pour nous et qu'il marchait sur moi en plusieurs colonnes avec toutes ses forces tant que je serai dans département Jura; évacue Lons-le-Saulnier, pars cette nuit pour Beaurepaire environs, département Saône-et-Loire.

GEX, 11 février 1871, 11 h. 45 (midi). — *Général Pallu à général Billot, ministère Guerre, Bordeaux.* — Séparé de toutes nouvelles depuis huit jours, j'arrive avec une petite troupe intrépide, après avoir franchi les lignes prussiennes. quoique ayant marché toujours en colonne, militairement, en uniforme et en armes. Je prends connaissance de votre dépêche du 3 dans le *Moniteur*. Je vous ai rendu compte verbalement, 1er février au soir, et par un rapport en date du 2 février, de la conduite du corps que je commandais. Au nom de ce corps qui s'est dévoué et qui a cruellement souffert, donnant suite également aux réclamations que je reçois, je vous demande de vouloir bien faire insérer une note rectificative au *Moniteur universel*, par laquelle seront indiqués et réunis, mon nom et celui de la réserve générale de la 1re armée, au lieu de réserve, locution vague qui s'adresse aux réserves de tous les corps d'armée. Je vous serai reconnaissant pour moi et pour la réserve générale de vouloir me télégraphier à Bourg la suite qu'il conviendra de donner à cette demande.

Profond respect.

Général PALLU DE LA BARRIÈRE,

CHAPITRE XII

OPÉRATIONS DE L'ARMÉE DU NORD

L'armée du Nord n'a jamais eu un effectif de plus de 50000 hommes, en y comprenant deux brigades détachées, l'une dans l'Est, l'autre à Abbeville; l'organisation en fut très lente. M. Testelin, commissaire délégué du gouvernement pour les départements de l'Aisne, du Nord, du Pas-de-Calais et de la Somme, y présida au début, déployant une grande activité patriotique, mais se heurtant presque partout à l'inertie des autorités militaires dont l'ambition semblait limitée à défendre les places fortes dont le commandement leur était confié. On ne cherchait même pas à améliorer les éléments de cette défense désorganisée par les envois de matériel à Paris; on se bornait à habiller et à armer les gardes mobiles sans se préoccuper d'y former des cadres convenables. (Faidherbe, *Armée du Nord*, p. 8.)

M. Gambetta, dès son arrivée à Tours, se préoccupa de cette situation qui lui était signalée par M. Testelin et par le colonel Farre, directeur des fortifications à Lille. Le général Bourbaki, qui était sorti de Metz à la suite des négociations Régnier, se trouvait à Tours : il lui confia le commandement supérieur « de l'armée du Nord et de l'Oise » et lui donna l'ordre de se rendre sans délai à Lille. Bien que la confiance dans l'efficacité de la prolongation de la défense lui fît défaut, le général Bourbaki se mit assez résolument à l'œuvre dès son arrivée dans le Nord (22 octobre) et s'entoura surtout de concours intelligents et dévoués. Le général Farre, qu'il prit pour chef d'état-major, le général Treuille de Beaulieu, les colonels Brian, Lecointe et Rittier, l'intendant en chef Richard, le lieutenant-colonel de Villenoisy, furent ainsi les véritables créateurs de l'armée du Nord. A la date du 22 novembre, trois brigades étaient constituées et une quatrième en voie de formation, avec six batteries, dont trois de pièces de 4, lorsque le général Bourbaki, à la suite de manifestations hostiles des populations, se démit de son commandement et retourna à Tours, après avoir remis le commandement intérimaire au général Farre, en exécution des instructions de M. Gambetta (19 novembre).

L'armée allemande profita de ces incidents pour étendre ses progrès. Après diverses escarmouches aux environs de Gisors et d'Etrepagny, le général de Gœben décida de marcher sur Amiens et porta le 8ᵉ corps par les routes de Montdidier et de Roye dans la direction de Corbie. On trouvera plus loin la dépêche du général Farre qui rend compte du combat dit de Villers-Bretonneux ou d'Amiens; voici d'abord, les principales dépêches qui résument les premières opérations des troupes de la 3ᵉ division :

LILLE, 7 octobre 1870. — *Général Espivent à Commissaire général.* — Monsieur le commissaire général, je m'empresse de répondre à votre lettre datée de ce jour. Nos ressources militaires se divisent en deux catégories : l'armée proprement dite et la garde nationale mobile.

Je vais vous entretenir successivement de la situation de ces deux éléments. L'armée, dans la 3ᵉ division, se compose uniquement de dépôts de corps dans lesquels les instructeurs ne sont que bien juste suffisants pour assurer l'instruction des recrues de la classe 1870, qui va être appelée le 16 de ce mois, et dont les effectifs ne sont pas moindres de 1 000 hommes par dépôt. Les officiers appelés à diriger les compagnies ne sont nommés que très récemment, et n'offrent, par suite, pas toute l'expérience et la pratique du commandement que l'on pourrait désirer.

La partie aujourd'hui disponible forme successivement des compagnies, que le ministre de la Guerre appelle à lui pour constituer l'armée dite de la Loire.

Pas un corps n'est exempt de cette obligation, et malgré toute l'activité que j'apporte dans la composition des cadres de ces compagnies, j'ai bien de la peine à les constituer, tant les éléments font défaut.

Il nous est donc impossible de songer à mobiliser une force quelconque de l'armée en dehors des exigences ministérielles.

Reste la garde nationale mobile. Le ministre, dans ses instructions, déclare que, ni par sa composition, ni par son instruction, on ne peut songer à lui faire jouer le rôle de troupes de ligne; mais, ainsi que nous en sommes convenus, une partie vivace, si je puis m'exprimer ainsi, peut être appelée à former des compagnies d'éclaireurs volontaires pour inquiéter les communications de l'ennemi, et je n'ai pas perdu un instant pour faire appel dans les bataillons à l'effet que chacun constitue une de ces compagnies.

(Une copie des instructions, à la date du 5 de ce mois, est ci-jointe.)

Si cette mesure réussit, rien n'empêchera de multiplier le nombre de ces compagnies.

Il restera à leur indiquer les points sur lesquels ces compagnies devront être dirigées. C'est d'après les indications que vous seul pourrez me donner, d'après le dire des émissaires que vous avez bien voulu envoyer dans l'Aisne et dans les Ardennes, que nous pourrons les déterminer.

La première chose que me demanderont les commandants de ces compagnies sera des havresacs, sans lesquels les hommes ne peuvent porter ni leurs effets, ni leurs vivres, ni leurs munitions. L'intendant militaire a passé des marchés pour 10 000 havresacs, mais il m'a déclaré hier qu'il ne les aura pas avant un mois, et nous ne pouvons attendre un pareil délai. Je lui prescris d'en mettre à notre disposition au fur et à mesure des livraisons.

Les gardes mobiles se plaignent déjà que les effets dont ils sont pourvus deviennent insuffisants pour la saison, surtout s'ils doivent passer des nuits en plein air, et ils nous demandent des capotes qu'il nous est impossible de leur donner.

On pourrait, il me semble, y suppléer par une distribution de gilets, de tricots qui existent, si je ne me trompe, en grande quantité dans le commerce; mais le département seul pourrait en faire l'acquisition.

Les armes ont besoin de beaucoup de pièces de rechange;

j'ai abouché un industriel de Lille avec le colonel directeur d'artillerie à Douai, et nous sommes convenus que, si ses tarifs sont raisonnables, il aura la fourniture de toute la garde mobile de la division; mais il n'y a que trois jours que cette convention a été conclue et il faut le temps matériel pour son exécution.

Il n'est pas douteux pour moi que les compagnies ainsi pourvues ne puissent jouer le rôle que vous désirez. Aussitôt que j'aurai les réponses des chefs de bataillon, je m'empresserai de vous les communiquer.

Je déplore notre pauvreté, que j'ai cru devoir expliquer, en votre présence, à MM. les membres de la commission du conseil général; mais qu'y faire? Je ne puis, avec l'exposition qui précède, que vous indiquer ce qu'il me semble possible de faire avec nos faibles ressources.

Recevez, etc.

Le général commandant la 3e division militaire,

ESPIVENT DE LA VILLESBOISNET.

LILLE, 9 octobre 1870, 11 h. 15 soir. — *Commissaire de la défense à Gambetta, Tours. (Chiffrée.)* — Conformément à la conversation que nous avons eue à Amiens, je vous demande formellement la mise en retrait d'emploi de mon général de division Espivent de la Villesboisnet. Il nous a fallu des efforts inouïs pour obtenir l'envoi de deux compagnies d'infanterie et d'un bataillon de mobiles et nous n'avons pu obtenir un officier quelconque pour prendre le commandement. Vous savez maintenant la belle défense de Saint-Quentin, due exclusivement à son préfet et à sa garde nationale. Nommez-moi immédiatement général de brigade, adjoint aux commissaires de la défense, Farre (Jean-Joseph-Frédéric-Albert), colonel du génie, directeur des fortifications à Lille; avec ce simple titre, il pourra parfaitement remplacer le général de division et nous ferons quelque chose.

Si vous pouviez rendre à M. Morcrette sa place de procureur général à Douai, cela serait de bonne politique. La nomination de M. Reybaud a produit un effet détestable.

LILLE, 28 octobre 1870, 11 h. 15 matin. — *Général Bour-*

baki à Guerre et Marine, Tours. — Les places du Nord n'ont que l'armement de sûreté. Beaucoup de grosses pièces rayées ont été dirigées sur Paris. Je demande de faire envoyer de Rochefort ou de Cherbourg, par Dunkerque, cinquante pièces de 30 rayées, avec affûts, 500 projectiles par pièces et accessoires complets pour ajouter à l'armement des principales places.

Canonniers brevetés ne manquent pas sur Côtes-du-Nord. Si possible, joignez à cet envoi 200 ou 300 000 kilogrammes de poudre.

BOURBAKI.

LILLE, 29 octobre 1870. — *Ordre du jour du général Bourbaki.* — Citoyens, gardes nationaux, soldats et gardes mobiles.

J'ai été appelé par le ministre de la Guerre au commandement militaire de la région du Nord.

La tâche qui m'incombe est bien grande et je la trouverais au-dessus de mes forces si je n'étais soutenu par les sentiments qui vous animent.

Tous mes efforts tendent à créer, le plus tôt possible, un corps d'armée mobile qui, pourvu d'un matériel de guerre, puisse tenir la campagne et se porter facilement au secours des places fortes que je me hâte de mettre en bon état de défense.

Pour moi, qui ai loyalement offert mon épée au Gouvernement de la défense nationale, mes forces et ma vie appartiennent à l'œuvre commune qu'il poursuit avec vous, et vous me verrez, au moment du danger, à la tête des troupes qui seront incessamment organisées.

Pour remplir cette tâche difficile et faire payer cher à notre implacable ennemi chaque pas qu'il fera sur notre territoire, il faut que la concorde et la confiance règnent au milieu de nous et que nos cœurs ne soient animés que du désir de sauver notre malheureuse France.

Vous pouvez compter sur le plus énergique concours et le dévouement le plus absolu de ma part, comme je compte sur votre courage et votre patriotisme.

BOURBAKI.

LILLE, 31 octobre 1870, 10 h. 11 soir. — *Préfet à Intérieur, Tours, (Chiffrée.)* — Bourbaki mal reçu à Douai. Très démonté voyant qu'il n'inspire pas confiance. Me prie de vous écrire. Fâcheuse coïncidence entre arrivée Lille et capitulation Metz. Sa proclamation, assez bien vue, n'a pu détruire prévention populaire.

On compare sortie inexpliquée de Bourbaki avec sortie de Boyer. Bourbaki dit avec raison que le moindre échec serait appelé trahison. En deux mots, il demande son rappel, ne trouvant pas ici confiance suffisante. Je crois à sa bonne foi, mais sa position est délicate. Il propose, comme remplaçant, Durrieu ou Cambriels. Le malheur veut qu'il ait pour aide de camp Magnau, nom mal vu à Lille. Attendez retour de Testelin qui jugera situation. La population est découragée. Le désir de paix fait grand progrès même parmi amis.

Les dernières dépêches d'Avesnes disent que l'ennemi se rapproche d'Hirson. Rien de positif. Pouvez-vous nous envoyer de suite chassepots avec cartouches? Nous sommes sans armes.

PIERRE LEGRAND.

TOURS, 13 novembre 1870. — *Délégué Guerre à ministre Intérieur et Guerre.*

Monsieur le ministre,

Je croirais engager gravement ma responsabilité en confiant plus longtemps au général Bourbaki le commandement de la région du Nord.

Vous vous rappelez l'impression que me fit cet officier général à son passage ici. Il me parut découragé et peu apte dès lors à faire les efforts suprêmes réclamés par la situation. Ses lettres n'ont fait que me confirmer dans cette appréciation. Elles révèlent toutes un abattement profond et peuvent se résumer ainsi : « Je ferai mon devoir de soldat, mais les moyens me manquent de le faire efficacement. » En vain j'ai écrit au général de chercher à organiser des forces, de profiter des ressources naturelles du pays, de commander de l'artillerie, de lever des volontaires, etc. Je lui ai donné à cet égard des pouvoirs illimités, et, comme on dit vulgairement, carte blanche. Rien n'a pu vaincre cette apathie, qui a fini par scandaliser les populations. Vous avez reçu du commissaire à la défense, de M. Testelin, plusieurs dépêches, une entre autres du 9 courant, qui s'exprime très nettement. Tous les officiers évadés de Metz qui ont vu Bourbaki à Lille sont unanimes à blâmer cette attitude. Je reçois tous les jours des doléances dans ce sens. Récemment je vous ai communiqué une lettre caractéristique, c'est celle de l'intendant Richard qui, ami du général Bourbaki, avait sollicité la faveur de s'adjoindre à lui pour organiser les forces du Nord. Navré aujourd'hui de l'indolence de son chef, il demande à s'en séparer.

Je n'en finirais pas, monsieur le ministre, si je voulais énumérer les faits qui démontrent à quel point le général Bourbaki est éloigné d'être l'homme qui convient à un moment comme celui-ci. Je n'incrimine pas ses intentions que j'admets loyales, malgré les soupçons dont elles sont l'objet; mais son moral n'est pas bon. Le général serait impuissant à communiquer autour de lui la confiance et l'énergie qu'il n'a pas lui-même.

Cependant le temps marche et l'ennemi avance, et la région du Nord sera bientôt menacée. Ce riche district possède actuellement plus de 60 000 hommes de troupes éparses, qui avec un peu d'activité pourront être portées à 100 000. Ces éléments de défense ne doivent pas rester plus longtemps inutilisés. J'ai donc l'honneur de vous proposer de profiter de la mesure générale qui vous sera soumise, d'abolir les commandements régionaux, pour retirer au général Bourbaki celui du Nord et mettre cet officier général en disponibilité.

J'avais un instant songé à vous le proposer pour un corps d'armée, mais j'ai acquis la conviction que son commandement découragerait les troupes.

Agréez, monsieur le ministre, l'expression de mes sentiments respectueux et dévoués.

Le délégué à la Guerre,

C. DE FREYCINET.

LILLE, 19 novembre 1870, 4 h. 25 soir. — *Général Bourbaki à Guerre, Tours.* — Je quitte le Nord demain. D'après vos ordres, je donne le commandement de la division au général Farçe. J'ai la satisfaction de laisser les places bien armées et aptes à se défendre. Je laisse quatre brigades d'infanterie organisées, sept batteries d'artillerie, 400 chevaux de dragons et de gendarmerie.

Les commandements régionaux étant supprimés, j'autorise les officiers de l'état-major général à se rendre à Tours prendre vos ordres.

C. BOURBAKI.

LILLE, 19 novembre 1870, 5 h. 40 soir. — *Commissaire général à Guerre, Tours. (Chiffrée.)* — Bourbaki atterré; tout son entourage bonapartiste s'envole. Majorité (?) civile et militaire enchantée.

Pour la 3ᵉ division militaire, on me parle de Faidherbe, Lillois, général de brigade à Oran ou Tlemcen, où il a publié une proclamation très républicaine. Au point de vue politique, très bon; au point de vue militaire, il a un beau passé au Sénégal, mais vous serez renseigné dans les bureaux de la Guerre. Je ne suis pas compétent. Je vous enverrai ce soir une note détaillée.

Pour le commissaire : PIERRE LEGRAND.

LILLE, 19 novembre 1870. — *Général Farre à Guerre, Tours.* — Les trois brigades du 22ᵉ corps, établies à l'ouest d'Amiens, ont été attaquées le 27, 11 heures du matin; nos précautions étaient prises. Bientôt toutes nos troupes furent en ligne pour soutenir la lutte, augmentées sur la droite par quelques bataillons de la garnison d'Amiens sur un développement de plus de 15 kilomètres; tous les efforts d'un ennemi plus que double en nombre n'ont pu l'entamer que vers le soir à Boves, d'abord, et ensuite à Villers-Bretonneux où les munitions étaient épuisées. Chacun a fait son devoir, la faiblesse des approvisionnements en munitions dans le Nord m'a obligé à abandonner la défense d'Amiens et de la Somme, la retraite s'est faite avec ordre en plusieurs colonnes; toutes les troupes sont réunies autour d'Arras et dans quelques places voisines où elles seront promptement rétablies sur un bon pied; nos pertes en officiers sont malheureusement sensibles; nos jeunes soldats ont été admirables, leur discipline excellente; les mobiles laissent à désirer davantage, mais ils ont été bien éprouvés.

Général FARRE.

LILLE, 20 novembre 1870, 4 h. 10 soir. — *Commissaire de la défense à Gambetta, Guerre, Tours. (Chiffrée.)* — Bourbaki part ulcéré ; confessez-le, contentez-le, ou ne vous en servez plus du tout. Tout son état-major est parti dans l'espoir de désorganiser le service. Pourvoyez donc vite à son remplacement.

On ne m'a pas répondu relativement au général Lecointe, que j'ai gardé malgré un ordre venu de Tours. Nous n'aurions plus eu personne. Conservez-nous-le, nous allons le mettre en route.

TESTELIN.

LILLE, 28 novembre 1870, 6 heures matin. — *Commissaire de la défense à Guerre, Tours. (Chiffrée.)* Avons éprouvé un échec grave Amiens. Sommes obligés de battre en retraite. La ville va être occupée par l'ennemi.

TESTELIN.

LILLE, 29 novembre 1870, 9 h. 31 soir. — *Commissaire de la défense à Gambetta, Guerre, Tours. (Chiffrée.)* — La retraite de l'armée du Nord est complète et bien exécutée. Le général Farre a déployé dans cette campagne, de l'aveu de tous, des qualités de véritable stratégiste.

L'insuccès tient à deux causes : le nombre des ennemis et surtout la tenue des mobiles qui a été déplorable.

Nous croyons politique de ne pas le dire et de reformer le corps des officiers nommés sous l'Empire. Plusieurs se sont fait bravement tuer.

En résumé, nous sommes battus, mais point abattus.

TESTELIN.

La retraite vers le Nord, à la suite du combat de Villers-Bretonneux, s'opéra dans l'ordre le plus complet, sans que l'ennemi, affaibli par des pertes considérable, cherchât à l'inquiéter. La ville d'Amiens fut cependant évacuée et la citadelle capitula le 29.

Un décret du 18 novembre avait appelé le général Faidherbe, commandant la division de Constantine, à remplacer le général Bourbaki dans le commandement de l'armée du Nord. Le général Faidherbe, dès son arrivée à Lille, décida de reprendre les opérations et il le fit aussitôt avec un vif succès (8 décembre). Le fort de Ham fut repris le 9 par le général Lecointe; le général Faidherbe reconnut lui-même la ville de la Fère dans les journées du 12 et du 13; le combat de Querrieux fut un échec sérieux pour l'avant-garde du général de Manteuffel; enfin la bataille de Pont-Noyelles fut une véritable victoire pour la jeune armée du Nord.

ORDRE DU JOUR

DU GÉNÉRAL FAIDHERBE EN PRENANT POSSESSION DE SON COMMANDEMENT

Officiers, Sous-Officiers et Soldats.

Appelé à commander le 22ᵉ corps d'armée, mon premier devoir est de remercier les administrateurs et les généraux qui ont su, en quelques semaines, improviser une armée qui s'est affirmée si honorablement les 24, 26 et 27 novembre sous Amiens.

J'exprime surtout ma reconnaissance au général Farre qui vous commandait, et qui, par une habile retraite devant des forces doubles des siennes, vous a conservés pour le service du pays.

Vous allez reprendre de suite les opérations avec des renforts considérables qui s'organisent chaque jour et il dépendra de vous de forcer l'ennemi à vous céder à son tour le terrain.

Le ministre Gambetta a proclamé que, pour sauver la France, il vous demande trois choses : la discipline, l'austérité des mœurs et le mépris de la mort.

La discipline, je l'exigerai impitoyablement.

Si tous ne peuvent atteindre à l'austérité des

mœurs, j'exigerai du moins la dignité et spécialement la tempérance. Ceux qui sont aujourd'hui armés pour la délivrance du pays sont investis d'une mission trop sainte pour se permettre les moindres licences en public.

Quant au mépris de la mort, je vous le demande au nom même de votre salut. Si vous ne voulez pas vous exposer à mourir glorieusement sur le champ de bataille, vous mourrez de misère, vous et vos familles, sous le joug impitoyable de l'étranger. Je n'ai pas besoin d'ajouter que les cours martiales feraient justice des lâches, car il ne s'en trouvera pas parmi vous.

Le 5 décembre 1870.

Le général commandant le 22e corps d'armée.

L. FAIDHERBE.

BOURGES, le 18 décembre 1870. — *Guerre à délégué Freycinet, Bordeaux.* — Reçu à l'instant votre dépêche concernant l'organisation des deux corps d'armée du Nord. Il va sans dire que je donne mon autorisation et mon acceptation pour les choix proposés par le général Faidherbe, en vue de la composition de ces divers corps. Toutefois, je vous prie de réserver les avancements dans la marine. Car il est bien certain qu'il ne m'appartient pas à moi, ministre de la Guerre, de les donner, mais je les ferai obtenir. En attendant, il faut leur donner dans l'armée le grade équivalent. Il faut nommer Faidherbe général commandant en chef les deux corps, prévenir Bressolles du numéro de son corps d'armée, et pousser ce dernier en avant, sans tenir compte des lamentations habituelles de la ville de Besançon.

LÉON GAMBETTA.

Batailles de Pont-Noyelles et Bapaume.

LILLE, 23 décembre. — *Préfet Nord à Intérieur et Guerre, à Bordeaux.* — Je reçois du général Faidherbe la dépêche suivante :

« Aujourd'hui, de 11 à 6 heures, bataille à Pont-Noyelles.

« Nous sommes restés maîtres du champ de bataille après un long combat d'artillerie, terminé par une charge de l'infanterie sur toute la ligne. »

ARRAS, 24 décembre. — *Général Faidherbe à ministre de la Guerre, Bordeaux.* — L'armée prussienne nous a livré bataille le 23 décembre, de 11 heures du matin à 6 heures du soir. Nous étions dans une position favorable, sur un affluent de la Somme, entre Daours et Conty. Nos troupes ont admirablement soutenu la lutte pendant toute la journée. Des villages ont été pris et repris. Notre succès était même complet à 5 heures, notre infanterie ayant partout repoussé l'ennemi à la baïonnette.

De 5 à 6 heures les Prussiens, profitant de la nuit, ont réoccupé quelques villages dans la vallée. Nos troupes ont bivouaqué sur leurs positions. L'ennemi n'a pas tenté de les déloger.

FAIDHERBE.

ARRAS, 25 décembre. — *Général à Gouvernement, à Bordeaux.* — Après la bataille du 23, à Pont-Noyelles, qui est un beau succès pour notre jeune armée, je vais cantonner mes troupes pendant quelques jours autour d'Arras. Le froid est très rigoureux, nos soldats en souffrent ; nous sommes du reste tout prêts à reprendre les opérations.

L. FAIDHERBE.

LYON, 26 décembre 1870. — *Gambetta à général Faidherbe, Arras.* — Nous avons tous applaudi à votre brillante journée de Pont-de-Noyelle et au brillant élan dont les troupes, que vous avez si rapidement organisées, ont fait preuve. Poussez à l'organisation ,vigoureusement. Il y a déjà trois semaines, vous m'avez demandé nomination pour 23ᵉ corps. J'ai tout approuvé et je pense qu'on vous a expédié le tout. En tous cas, comptez que je ratifie vos actes. Ici, nos affaires sont en bonne situation. Les deux armées de la Loire sont réparées et en état de reprendre l'offensive. L'Allemagne est découragée, elle sent que nous ne sommes qu'au début de la guerre de l'indépendance; deux mois de persévérance et la France sera plus glorieuse, plus grande que jamais.

LILLE, 30 décembre 1870, 4 h. 10 soir. — *Général en chef à Guerre, Bordeaux.* — Des corps francs ont été formés en dehors de l'action militaire qui n'en a pas toujours été informée, et pour tous sans exception, depuis leur départ, on n'a jamais entendu parler des troupes, à peine a-t-on vu les chefs par hasard. Un des corps a pu être ressaisi; on l'a licencié sur-le-champ; on sait que quelques autres expéditionnent avec succès dans les Ardennes; mais on n'a aucune donnée sur leur objectif, il est impossible de fournir le document demandé; on n'a pas même l'espoir de l'obtenir plus tard.

Pour le général : VILLENOISY.

VITRY (?), 30 décembre 1870, 8 h. 30. — *Général Faidherbe à Intérieur et Guerre, Bordeaux, et à commissaire général défense des cinq départements, Lille, et à major adjoint, Lille.* — Les mobilisés du Nord sont tous ou à l'armée active, ou dans les places fortes dont ils suffisent à peine à former les garnisons et où, sous la surveillance des commandants de place et autres autorités militaires, ils sont dans les meilleures conditions possibles pour être instruits et disciplinés.

Il ne semble donc pas qu'il y ait lieu de construire un camp à Helfaut pour les y mettre. Qui enverrait-on à leur place à l'armée ou dans les garnisons?

FAIDHERBE.

VITRY, 31 décembre 1870. — *Faidherbe à Intérieur et Guerre, Bordeaux; à commissaire défense et à major adjoint,*

Lille. — Dès hier 30 décembre, nos opérations ont recommencé, une forte colonne a parcouru le pays autour d'Arras sans rencontrer personne ; notre cavalerie a fait de son côté une reconnaissance vers Vimy aujourd'hui. Toute l'armée quitte la ligne de la Scarpe et se porte devant Arras pour marcher ensuite en avant.

LILLE, 2 janvier 1871. — *Général en chef à Guerre, Bordeaux.* — Général en chef compte marcher demain sur Bapaume, avec environ 40 000 hommes et 90 canons. Temps très rigoureux, troupes fatiguées. Les Prussiens inondent le pays de cavalerie. Mézières bombardé, canonnade cessé aujourd'hui à 10 heures, motif inconnu ; chemin de fer coupé à Rue près Abbeville. On y dirige attaque combinée.

VILLENOISY.

BORDEAUX, le 3 janvier 1871. — *Gambetta à général Faidherbe. Arras.* — Je désirerais savoir nettement où vous en êtes pour vous envoyer un état exact de notre situation et vous soumettre une vue d'ensemble. Je vous transmets, avec l'expression de mes sentiments de cordiale sympathie, les félicitations chaleureuses de M. Jules Favre qui me charge personnellement de vous les envoyer. Réponse urgente.

L. GAMBETTA.

LILLE, 3 janvier 1871. — *Commissaire défense et colonel état-major, Bordeaux.* — Pas de nouvelles directes du général en chef, reconnaissances et blessés annoncent que toutes les positions défendues hier ont été enlevées aujourd'hui. Les Prussiens seraient poursuivis en pleine retraite ; en tous cas, le succès paraît important.

TESTELIN, VILLENOISY.

ARRAS, 3 janvier 1871. — *Général Faidherbe à ministre de la Guerre, Bordeaux, et commissaire de défense, Lille.* — Aujourd'hui 3 janvier, bataille sous Bapaume de 8 heures du matin à 6 heures du soir. Nous avons chassé les Prussiens de toutes les positions et de tous les villages. Ils ont fait des pertes énormes, et nous des pertes sérieuses.

FAIDHERBE.

ARRAS, 4 janvier 1871. — *Préfet à Intérieur, Bordeaux.* — Le général Faidherbe me transmet le récit suivant de la bataille de Bapaume qu'il me prie de vous faire télégraphier :

« Le 1er janvier, l'armée du Nord, sortie des lignes de la Scarpe où l'armée prussienne n'osait l'attaquer, se cantonna devant Arras. Le 2 elle se mit en marche vers les cantonnements de l'ennemi autour de Bapaume. La 2e brigade de la 1re division du 22e corps enleva les villages d'Achiet-le-Grand et de Beaucourt. La 1re division du 23e corps, malgré des prodiges de valeur, échoua dans l'attaque du village de Béhagnies; mais les Prussiens, se voyant tournés par l'occupation d'Achiet-le-Grand, évacuèrent Béhagnies pendant la nuit. Le 3, à la pointe du jour, la bataille s'engagea sur toute la ligne : la 1re division du 23e corps enleva les villages de Sapignies et de Faureril, appuyée à sa gauche par la division des mobilisés; la 2e division du 22e corps entra de haute lutte dans le village de Jefvillers qui était devenu le centre de la bataille et enleva les positions prussiennes en arrière, très vigoureusement défendues ,ainsi que le village d'Avesnes-lès-Bapaume.

« La 1re division du 22e corps s'emparait en même temps de Grevillers et de Ligny Thilloy. A 6 heures du soir nous avions chassé les Prussiens de tout champ de bataille couvert de leurs morts; de très nombreux blessés prussiens restaient entre nos mains dans les villages où l'on avait combattu, ainsi qu'un grand nombre de prisonniers. Quelques pelotons emportés par leur ardeur s'engagèrent sans ordre dans les faubourgs de la ville de Bapaume où les Prussiens s'étaient retranchés dans quelques maisons; comme il n'entrait pas dans nos vues de prendre cette ville, au risque de la détruire, ces pelotons furent rappelés à la nuit.

« Les pertes des Prussiens pendant ces deux jours sont très considérables; les nôtres sont sérieuses.

« FAIDHERBE. »

LILLE, 5 janvier 1871. — *Général Faidherbe à Gambetta, ministre Guerre. (Recommandée; personnelle.)* — Voici ma situation : mon armée est de 35 000 hommes, dont moitié combattant sérieusement. Ils diminuent à chaque affaire. Le reste est utile en figurant sur le champ de bataille. Avec telle armée ne puis tenir la campagne en présence de forces égales qu'en m'appuyant sur place forte. Mon artillerie nombreuse et bonne. A la suite de la victoire de Bapaume, puis espérer secourir Péronne si ennemi ne reçoit pas renforts.

LILLE, 5 janvier. — *Général Faidherbe à ministre de la Guerre, Bordeaux.*

Monsieur le ministre,

Les forces militaires des deux départements du Nord et du Pas-de-Calais se composent :

1° D'une armée active (22ᵉ et 23ᵉ corps), montant en ce moment à 25 000 hommes environ, d'un tiers de troupe, un tiers de mobiles et un tiers de mobilisés, armée qui possède seize bonnes batteries de campagne;

2° Des garnisons des quinze places fortes, composées de mobilisés, infanterie et artillerie, au nombre de 55 000 hommes environ.

Ces quinze places fortes exigeraient, pour faire une bonne défense, 80 000 hommes.

Si l'on suppose que la guerre recommence après l'armistice, il faut admettre que les Prussiens enverront de 80 000 à 100 000 hommes contre le Nord, avec de puissants trains de siège rendus disponibles à Paris. En présence de pareilles forces, l'armée du Nord ne pourra pas tenir la campagne; elle devra donc se répartir dans les places fortes dont les garnisons se trouveraient ainsi portées à un chiffre suffisant.

Il est à croire que les forces prussiennes, pour pousser la guerre plus rapidement, se partageraient alors en deux armées de 40 000 à 50 000 hommes chacune.

L'une entreprendrait la conquête du groupe des places maritimes de Boulogne, Calais, Gravelines, Saint-Omer, Bergues et Dunkerque, dont la majorité des habitants parle un idiome germanique, et l'autre la conquête des places de la partie orientale : Arras, Douai, Lille, Cambrai, Valenciennes, etc., dont la richesse est faite pour tenter l'ennemi.

Suivant leur système, les Prussiens bombarderaient ces villes dont les populations voudraient sans doute se rendre après cinq ou six jours de bombardement, qui auraient amené l'incendie d'une partie des maisons. Les fabriques, qui sont les bâtiments les plus en vue par leurs dimensions, et qui renferment des machines et des métiers de grande valeur, seraient les premières atteintes.

En conséquence, la résistance collective de ces villes de l'est des deux départements ne me paraît pas devoir durer beaucoup plus d'un mois, car, en un jour, les Prussiens se porteraient de l'une à l'autre avec leur matériel, dans un pays de plaines, couvert de voies ferrées et d'excellentes routes.

Le groupe des villes maritimes, à cause des inondations et de l'appui qu'elles tirent du voisinage de la mer en notre pouvoir, peut résister plus longtemps, peut-être six semaines.

Si, au lieu de se rendre après quelques jours de bombardement, les populations, laissant brûler les maisons, consentaient à se défendre jusqu'à la dernière extrémité, les Prussiens se trouvant obligés, après avoir brûlé les villes, d'en passer par le siège des fortifications, je pense, malgré la puissance de leur artillerie, que le temps de la résistance pourrait être au moins doublé, et qu'il leur faudrait au moins deux mois et demi pour faire la conquête de toute la contrée.

Dans cette seconde hypothèse, il faudrait aussi qu'ils sacrifiassent beaucoup de monde; mais, comme compensation, ils ne manqueraient pas de rançonner impitoyablement un pays aussi riche.

Je dois dire que je ne crois pas ma seconde hypothèse (la défense des villes jusqu'à la dernière extrémité) admissible. Si un commandant voulait se défendre à outrance dans une ville, il pourrait avoir pour lui les troupes régulières, une partie des mobiles, et le peuple qui ne possède rien, et dont le patriotisme pourrait être facilement surexcité; mais il aurait contre lui presque toute la bourgeoisie, la garde nationale sédentaire et, sans doute, les mobilisés.

D'après ce que je viens d'exposer, si la guerre devait continuer, il serait peut-être bon, pour la soutenir dans l'ouest de la France et dans le midi, contrées dont j'ignore les ressources militaires, de tirer de la région du nord une dizaine de bonnes batteries de campagne aguerries et habituées à tenir tête aux Prussiens.

On pourrait encore peut-être en tirer 6 000 à 8 000 hommes de troupes de l'armée active; mais l'énergie et, par suite, la durée de la défense des places fortes, privées de ce bon élément, en seraient réduites d'autant.

Le général en chef de l'armée du Nord,

L. Faidherbe.

LILLE, 10 janvier 1871. — *Général Faidherbe à Guerre, Bordeaux.* — J'espérais que les Prussiens ne nous contesteraient pas notre victoire de Bapaume; mais je vois, par leurs bulletins, que nous venons d'être anéantis, pour la seconde fois en dix jours, par l'armée de Manteuffel, commandée aujourd'hui par le prince Albert. En maintenant intégralement le récit de la bataille tel que je vous l'ai fait le 4 janvier, je me bornerai, comme après Pont-Noyelles, à vous signaler les principales inexactitudes matérielles des dépêches prussiennes. Elles disent que l'armée du Nord a battu en retraite, pendant la nuit même, sur Arras et Douai.

L'armée du Nord a couché dans les villages conquis sur les Prussiens; elle n'est allée prendre les cantonnements, où nous sommes encore, qu'à 8 heures du matin, sans que l'ennemi ait donné signe de vie.

En fait de poursuite de cavalerie, voici le seul incident qui a eu lieu le 4, vers 9 heures du matin; deux escadrons de cuirassiers blancs ayant chargé sur l'arrière-garde des chasseurs à pied d'une de nos colonnes, les chasseurs se formèrent en cercle, firent feu à cinquante pas et anéantirent complètement un des escadrons, dont hommes et chevaux restèrent sur le sol, tandis que l'autre s'enfuyait à toute bride. Les chasseurs n'eurent que trois hommes légèrement blessés.

L'armée est pleine de confiance et ne doute plus de sa supériorité sur les Prussiens.

ACHIET, 12 janvier. — *Général Faidherbe au ministre de la Guerre.* — A mon arrivée à Bapaume, j'apprends avec stupéfaction que Péronne est aux mains des Prussiens. Cependant, j'avais été informé de la manière la plus certaine que le 3 janvier, par suite de la bataille de Bapaume, le siège avait été levé et l'artillerie assiégeante retirée de devant la place. Depuis, des renseignements journaliers m'annonçaient que le bombardement n'avait pas commencé.

J'ai décidé que le commandant de place de Péronne serait traduit devant un conseil de guerre pour rendre compte de la reddition de cette place, lorsque ses défenses étaient intactes et qu'une armée de secours était à cinq ou six lieues, manœuvrant pour la dégager.

BORDEAUX, 15 janvier 1871. — *Guerre à général Faidherbe, à Bapaume.* — Je sais officiellement que Manteuffel a quitté le Nord pour prendre le commandement des troupes opérant dans l'Est, en remplacement de Werder battu; vous ne devez donc avoir devant vous que des troupes peu nombreuses et commandées par un général inexpérimenté. Agissez en conséquence.

ALBERT, 16 janvier 1871, 10 h. soir. — *Armée du Nord, général en chef à Guerre, Bordeaux; à commissaire défense et major adjudant, Lille; préfet du Pas-de-Calais, Arras.* — L'armée du Nord, continuant sa marche, est allée le 14 de Bapaume à Albert où elle est entrée sans coup férir, la première armée allemande se repliant devant elle. Le 15, l'armée du Nord a été reconnaître les passages de la Somme; tous les ponts sont coupés et l'armée prussienne a barricadé et retranché les villages de la rive gauche. Les routes sont tellement glissantes que les mouvements de troupes sont, pour ainsi dire, impossibles. Nous continuons à faire journellement quelques prisonniers.

L. FAIDHERBE.

BORDEAUX, 18 janvier 1871. — *Gambetta à Testelin, Lille.* — Je vous remercie, mon cher ami, de votre dépêche. Vous devez savoir que tout ce qui me vient de vous, avis, conseils, preuves de sympathie, me touche toujours profondément. Je crois avoir fait un bon choix en vous envoyant M. Bert[1]. Je lui ai racommandé de se mettre en communication constante avec vous. Il a pour instructions de seconder Faidherbe qui conservera la haute main. Le mouvement que vous m'annoncez révèle dans le général Faidherbe un homme qui pense, qui prévoit et qui agit sous son initiative : rare trouvaille dans le temps où nous vivons. Ce mouvement me remplit de joie, et j'y applaudis de toutes mes forces. Vous me dites que vous pouvez venir me voir, si je vous le demande. Combien j'aimerais mieux aller à vous. Je ne renonce pas à cette idée, et je vais étudier les moyens pratiques de la mettre à exécution. Faites-moi connaître cette nuit quelle serait la voie la plus rapide pour arriver jusqu'à vous. J'attends votre réponse par le télégraphe.

LÉON GAMBETTA.

SAINT-QUENTIN, 18 janvier, soir. — *Général Faidherbe à Guerre.* — Le 17, une brigade de l'armée du Nord a délogé du bois de Buire, près Templeux, quelques bataillons de la garnison allemande de Péronne, qui s'y étaient établis pour s'opposer à notre passage. Le même jour un corps prussien, composé d'infanterie et d'artillerie, a abandonné le village de Vermand à l'approche de nos troupes. Le 18, la colonne en marche a été attaquée dès le matin par une partie du corps d'armée du général Gœben : une de nos divisions a combattu toute la journée dans une position en avant de Vermand, où elle s'est maintenue jusqu'à la nuit.

1. Voir tome Ier, p. 492.

COMBAT DE VERMAND ET BATAILLE DE SAINT-QUENTIN

Récit du général Faidherbe.

... Le 18, nous fûmes attaqués plus sérieusement pendant que nous continuions notre marche dans la direction de Saint-Quentin.

Dès 8 heures du matin, la queue de la division du Bessol fut harcelée par la cavalerie de la division von den Gœben. A midi elle fut attaquée près de Beaurais par l'avant-garde de la division von Kummer; cela nous prouvait que le général von Gœben avait mis toute son armée à nous suivre à marches forcées, en même temps qu'il appelait à lui des renforts de toutes parts.

Une charge de hussards sur un bataillon de mobiles du Gard fut vigoureusement arrêtée par un bataillon de mobiles de Seine-et-Marne sous les ordres du colonel de Brouard.

Le général du Bessol, qui était déjà arrivé avec sa 2e brigade à Raupy, rétrograda avec un bataillon et quatre pièces de canon pour dégager sa 1re brigade. Mais il trouva la chose déjà faite par la division Payen du 23e corps, qui, au bruit du canon, était revenue de Vermand vers Caulaincourt et Trefcon et se trouvait aux prises avec l'ennemi.

La division du Bessol reprit alors sa route vers les cantonnements indiqués au sud de Saint-Quentin.

La 1re brigade de la division Payen, lieutenant-colonel Michelet, avec les fusiliers marins, avait rompu le premier effort de l'ennemi; bientôt elle fut appuyée par la 2e brigade, commandant de la Grange.

Le général Paulze d'Ivoy, voyant qu'il avait alors sur les bras des forces considérables : les divisions von Kummer et von Gœben, dut prendre une position en conséquence; il alla occuper avec de l'infanterie les bois qui s'étendant entre Caulaincourt et Vermand, et plaça la batterie Dupuich sur le plateau qui est au nord de ces bois. Dans cette position il repoussa l'ennemi et tint bon jusqu'à la nuit close. La 2e division, celle des mobilisés du général

Robin, venue au canon, prit part à la fin de l'engagement. Cette division fut laissée en partie à Vermand, pendant la nuit, tandis que la division Payen venait prendre son cantonnement à Saint-Quentin même.

Le combat de Vermand nous coûta peut-être 500 hommes tués ou blessés. De fortes pertes de l'ennemi peuvent seules expliquer qu'il n'ait pas fait d'efforts plus vigoureux pour nous enlever nos positions devant Vermand. Les Prussiens disent nous avoir pris un canon ce jour-là ; ils l'ont repêché du fond d'un abreuvoir de village où la maladresse d'un conducteur l'avait fait verser, et où on l'avait abandonné après de grands et inutiles efforts pour ne pas retarder la marche de la colonne.

Ce qui venait de se passer le 18 prouva que la concentration des forces prussiennes était déjà trop complète pour qu'il fût possible de tenter une marche vers le nord, afin d'aller s'appuyer aux places fortes ; on était obligé d'accepter la bataille autour de Saint-Quentin. Par une heureuse coïncidence, c'était le jour même où l'armée de Paris livrait la bataille de Montretout.

La situation n'était, du reste, pas mauvaise ; avec toutes les ressources d'une grande ville à portée, nous trouvions, dans les hauteurs qui entourent Saint-Quentin à trois ou quatre kilomètres, d'excellentes positions de combat. La cause de cette avance de l'armée prussienne sur nos prévisions, c'est que le général von Gœben, en apprenant la reprise de Saint-Quentin, par le colonel Isnard, le 15, s'exagéra l'importance de ce fait ; ignorant que le colonel Isnard n'avait qu'une faible colonne composée presque entièrement de mobiles, il crut à l'existence de forces considérables autour de Saint-Quentin et commença son mouvement vers l'est, même avant de connaître notre propre mouvement dans cette direction.

Les troupes eurent l'ordre d'être sur pied à la pointe du jour et leurs emplacements leur furent désignés. Nos forces montaient à près de 40 000 hommes.

Le 23e corps, renforcé de la brigade Isnard, s'établit en arc de cercle, tournant le dos à la ville, sa gauche au moulin de Rocourt, et sa droite au village de Foyet. Il s'étendait donc du canal à la route de Cambrai. Seulement, il était par inversion : sa 1re division (Payen) formant sa gauche et sa 2e division (mobilisés Robin) formant sa droite. La brigade Isnard était entre les deux.

Le 22e corps s'établit de l'autre côté du canal, s'étendant de Gauchy à Grugis, jusqu'à la route de Paris, face au sud. Notre armée formait ainsi une demi-circonférence autour de Saint-Quentin, au sud et à l'ouest.

L'ennemi devait arriver sur le 23e corps à l'ouest par les routes de Péronne et de Ham, et sur le 22e corps au sud par les routes de Chauny (Paris) et de la Fère.

Nos lignes de retraite étaient la route de Cambrai par le Cabelet et celle du Cateau, par Bohain.

La brigade Pauly (mobilisés du Pas-de-Calais), qui se trouvait à Bellicourt, était à même de protéger ces lignes de retraite.

La bataille commença du côté du 22e corps. La 2e brigade de la 1re division (Derroja) était à peine rendue à Gauchy, et la 2e division (du Bessol), à Grugis, que de profondes colonnes d'infanterie prussienne, précédées de cavaliers, arrivèrent par la route de Paris, vers Castres. C'étaient les trois divisions von Barnekow, prince Albert de Prusse, et comte de Lippe; une brigade de la cavalerie de la garde était commandée par le prince de Hesse.

L'action s'engagea immédiatement entre les tirailleurs des deux armées, et la batterie Collignon s'établit sur une excellente position, près du moulin, dit A-tout-Vent. On se disputa la possession des hauteurs en avant de Gauchy et l'ennemi mit aussitôt en ligne de nombreuses batteries.

La 1re brigade (Aynès) de la 1re division, qui avait couché à Saint-Quentin, arriva alors au pas de course et vint se placer à la gauche des troupes engagées, étendant ainsi notre front de bataille jusqu'à la route de la Fère.

Le général du Bessol venait d'être grièvement blessé.

Pour combattre l'artillerie ennemie, les batteries de Montebello et Bocquillon, la batterie Gaignaud de 12 et plus tard la batterie Beauregard vinrent se placer au centre de la position auprès de la batterie Collignon. Ces cinq batteries arrêtèrent pendant toute la bataille les efforts de l'ennemi, en lui faisant subir des pertes énormes.

Pour s'opposer à l'attaque de colonnes considérables arrivant d'Orvillers et d'Haucourt, le colonel Ayries, avec une partie de sa brigade, s'avança sur la route de la Fère, où il tomba bientôt mortellement frappé. Il était environ 3 heures : l'ennemi nous débordant en ce moment vers la Neuville-Saint-Amand, nos troupes se replièrent presque jusqu'au faubourg d'Isle.

Le commandant Tramond arrêta ce mouvement rétrograde en se mettant à la tête de ses bataillons du 68ᵉ de marche et chargeant l'ennemi à la baïonnette.

On regagna le terrain perdu jusqu'à la hauteur des batteries qui n'avaient pas cessé leur feu.

Cependant la lutte continuait avec acharnement à la droite de la division. Les hauteurs avancées de Gauchy furent assaillies six fois par des troupes fraîches qui se renouvelaient sans cesse; six fois, nos soldats, animés par le courage et l'intrépidité du colonel Pittié, repoussèrent ces assauts. Dans ces attaques, nos soldats se rapprochèrent plusieurs fois jusqu'à vingt pas de l'ennemi jonchant le terrain de ses morts. La cavalerie prussienne ne fut pas plus heureuse devant l'élan et la solidité de notre infanterie. Une charge faite par un régiment de hussards fut, en peu de temps, arrêtée et brisée par des feux d'ensemble bien dirigés par le colonel Coffin. Dans cette lutte, les mobiles du 91ᵉ et du 46ᵉ, malgré l'infériorité de leur armement, rivalisèrent de courage avec les troupes de ligne, animés par l'exemple de la plupart de leurs officiers et particulièrement de leurs chefs de corps, MM. Povel et de Laprade.

Mais comment résister indéfiniment à des troupes fraîches amenées incessamment, même de Paris, sur le champ de bataille, par le chemin de fer? La 2ᵉ brigade, débordée par sa droite, se vit enfin obligée de céder le terrain. Elle battit en retraite, en très bon ordre. Son mouvement entraîna celui de la gauche de notre ligne, et les batteries, après avoir tiré jusqu'au dernier moment pour protéger la retraite, furent contraintes de se retirer à leur tour par le faubourg d'Isle, sous la protection des barricades établies dans ce faubourg et qui retardèrent la marche de l'ennemi. La nuit, du reste, était venue.

Au 23ᵉ corps, l'action ne s'était sérieusement engagée contre les divisions von Thummer et von den Gœben qu'entre 9 et 10 heures. La division Robin (mobilisés) avait occupé les villages de Fayel, Francilly, Salency, détachant un bataillon dans le village d'Halman et garnissant par ses tirailleurs les bois en avant de son front.

La brigade Isnard s'étendait de Francilly à la route de Savy, et la brigade de la Grange de la division Payen, formait un échelon à la gauche de la précédente, jusqu'au canal.

La 1re brigade (Michelet) de la 1re division était en réserve derrière le centre de la ligne de bataille.

Dès le commencement de l'affaire, un escadron de nos dragons eut près de Savy, avec un régiment de cavalerie prussienne, un engagement dans lequel le lieutenant-colonel Baussin reçut un violent coup de sabre à la tête et où nous eûmes une quinzaine de blessés.

La batterie Halphen avait pris une excellente position à gauche de Francilly et y combattit d'une manière remarquable pendant toute la journée. Les batteries Dupuich et Dieudonné s'établirent en arrière de la droite de la division Robin pour défendre la route de Cambrai, par où il était à craindre que l'ennemi tentât de nous tourner et de nous couper la retraite, c'était là en effet l'intention du général von Gœben.

Les batteries de réserve furent placées à la gauche du 23e corps sur les hauteurs dominant la route de Ham. C'est à Ham que le chemin de fer amenait une partie des troupes venant d'Amiens et de Rouen. Il pouvait aussi en transporter par la Fère jusqu'à quelques kilomètres du champ de bataille.

Pendant la première partie de la journée, la lutte ne consista qu'en un combat de tirailleurs et d'artillerie pour la possession des bois et des villages qui se trouvaient entre les deux armées. Mais, vers 2 heures, des renforts ennemis venant de Péronne attaquèrent vigoureusement notre extrême droite et enlevèrent le village de Fayet à la division Robin, menaçant ainsi la route de Cambrai. La 1re brigade du commandant Payen, envoyée sur ce point, aborda vivement le village sous la protection d'une batterie et démie d'artillerie de réserve, envoyée par le général en chef. En même temps, la brigade Pauly, des mobilisés du Pas-de-Calais, venant de Bellicourt au bruit du canon, prenait la part la plus honorable à cette opération. On réussit à repousser les Prussiens du village; le 48e mobile s'y établit et l'occupa jusqu'à la nuit. Quant aux autres troupes elles prirent position en arrière sur les hauteurs où se trouvaient les batteries Dupuich et Dieudonné, et empêchèrent l'ennemi de faire des progrès vers la route de Cambrai.

Sur la gauche les brigades Isnard et de la Grange, déployant une grande valeur, pénétrèrent à plusieurs reprises dans les bois de Savy. Mais vers 4 heures, par l'arrivée de la division Memerly, du 1er corps prussien, elles se trouvèrent en présence de forces trop supérieures et se virent obligées de céder peu à peu le terrain.

Le général Paulze d'Ivoy reçut alors du général en chef l'ordre d'envoyer des renforts à sa gauche, pour arrêter les progrès de l'ennemi, sur la route de Ham; malgré ces renforts, l'ennemi put bientôt s'avancer sur la route et le long du canal et ne fut plus arrêté, jusqu'à la chute du jour qui ne tarda pas à arriver, que par le feu qui partait des solides barricades construites au faubourg Saint-Martin.

M. le chef de bataillon du génie Richard, premier aide de champ du général en chef, resté jusqu'à la nuit à cette barricade pour y arrêter l'ennemi le plus longtemps possible, y fut cerné et ne parvint à s'échapper qu'après avoir été pris plusieurs fois et s'être débarrassé de plusieurs Prussiens à coups de revolver. Ainsi, à la nuit, du côté de l'ouest comme du côté du sud, nos troupes, épuisées par une journée entière de combat succédant à trois journées de marches forcées et d'escarmouches, par un temps et des chemins épouvantables, se trouvaient rejetées sur Saint-Quentin par un ennemi dont le nombre augmentait à chaque instant par les renforts qu'il recevait de Rouen, d'Amiens, de Péronne, de Ham, de Laon, de la Fère et enfin de Beauvais et de Paris.

La retraite fut alors ordonnée au 22e corps par la route du Cateau et au 23e corps par celle de Cambrai.

Le général en chef et son état-major, après avoir suivi le 22e corps jusqu'à Essigny, prit avec la cavalerie la route intermédiaire qui passe à Montbrehain. Les têtes de colonnes prussiennes entrèrent à Saint-Quentin par les routes de la Fère et de Ham, lançant quelques obus sur la ville et faisant prisonniers tous les soldats débandés, perdus, éclopés et quelques compagnies qui se trouvaient cernées.

Il resta entre leurs mains trois ou quatre petits canons

de montagne qui se trouvaient en position au faubourg d'Isle et deux pièces de 4 abandonnées dans la ville. Cette artillerie appartenait à la petite colonne auxiliaire qui était entrée à Saint-Quentin l'avant-veille.

Mais les quinze batteries de campagne de l'armée du Nord furent ramenées intactes à Cambrai avec leurs caissons et notre convoi.

LILLE, 20 janvier 1871, 11 h. 46. — *Testelin à Gambetta, Laval (faire suivre). (Chiffrée. Confidentielle.)* — Plan Faidherbe a échoué, bataille acharnée perdue devant Saint-Quentin. — Ne recevons que nouvelles désastreuses. — Votre dépêche, dont je vous remercie vivement, me fait un devoir de vous faire connaître ma pensée, au risque de déplaire.

La République, et, de l'aveu de tous, c'est vous, a sauvé l'honneur par la résistance. — Le moment de la force est passé; c'est l'habileté qui doit prévaloir. — Trouvez moyen de faire, vous personnellement, qu'on accuse de vouloir seul la guerre, une manifestation publique et formelle en faveur de la paix.

Tenez pour certain que la masse de la nation va rendre la République et vous responsables de nos désastres matériels, et qu'elle se vautrera de nouveau aux pieds du premier venu qui lui donnera la paix; c'est triste, mais c'est vrai.

TESTELIN.

Lille, 23 janvier 1871.

ORDRE GÉNÉRAL A L'ARMÉE DU NORD.

Soldats,

C'est un devoir impérieux de votre général de vous rendre justice devant vos concitoyens; vous pouvez être fiers de vous-mêmes, car vous avez bien mérité de la patrie! Ce que vous avez souffert, ceux qui ne l'ont pas vu ne pourront jamais l'imaginer, et il n'y a personne à accuser de ces souffrances, les circonstances seules

les ont causées. En moins d'un mois, vous avez livré trois batailles à un ennemi dont l'Europe entière a peur. Vous lui avez tenu tête. Vous l'avez vu reculer maintes fois devant vous. Vous avez prouvé qu'il n'est pas invincible et que la défaite de la France n'est qu'une surprise amenée par l'ineptie d'un gouvernement absolu. Les Prussiens ont trouvé dans les jeunes soldats à peine habillés et dans des gardes nationaux des adversaires capables de les vaincre. Qu'ils ramassent des traînards et qu'ils se vantent dans leurs bulletins, peu importe.

Ces fameux preneurs de canons n'ont pas encore touché à une de vos batteries. Honneur à vous! Quelques jours de repos, et ceux qui ont juré la ruine de la France nous retrouveront debout devant eux.

Le Général commandant en chef l'armée du Nord,

FAIDHERBE.

LILLE[1], 22 janvier 1871. — *Gambetta à Freycinet, Guerre, Bordeaux.* — Je vous envoie ci-après les nominations que j'ai faites dans l'armée du Nord. Faites connaître le jour où elles seront insérées au *Moniteur.* Je désire qu'elles y paraissent demain.

Chef d'état-major (génie), général Farre, nommé général de division (titre définitif). — Commandant le 23e corps (génie), général Paulze d'Ivoy, nommé général de division (titre définitif). — Commandant le 22e corps (génie), général Lecointe, nommé général de division (titre définitif). — Infanterie, colonel Derroja, nommé général de brigade (titre définitif). — Infanterie, colonel Dufaure du Bessol, nommé général de brigade (titre définitif). — Marine, capitaine de vaisseau Payen à nommer contre-amiral (voir l'amiral Fourichon) ou général de division (titre définitif). — Gé-

_____

1. Sur le voyage de M. Gambetta à Lille, cf. t. Ier, p. 71 *sq.*

nie, lieutenant-colonel de Villenoisy, nommé colonel
(titre définitif). — Infanterie, lieutenant-colonel de
Gislain, nommé colonel (titre définitif). — Infanterie,
lieutenant-colonel Pittié, nommé colonel (titre définitif). — Génie, chef de bataillon Michelet, nommé lieutenant-colonel (titre définitif). — Génie, capitaine Lu-
cas de Peslouan, nommé chef de bataillon (titre
définitif). — Génie, capitaine Allard, nommé chef de
bataillon (titre définitif). — Génie, capitaine Richard,
nommé chef de bataillon (titre définitif). — Génie,
capitaine Mélard, nommé chef de bataillon (titre définitif).

Je vous enverrai ce soir l'état des besoins de l'armée
du Nord en ce qui concerne le matériel et les approvisionnements à lui envoyer immédiatement.

Rendez compte par télégraphe à Faidherbe des nominations ci-dessus.

LÉON GAMBETTA.

BORDEAUX, 23 janvier 1871. — *Délégué Guerre à Gambetta,
Lille. (Faire suivre.)* — J'ai reçu votre état de nominations
dans l'armée du Nord cette nuit seulement.

Elles seront envoyées ce matin au *Moniteur;* mais elles n'y
paraîtront que demain, ce journal n'insérant que vingt-
quatre heures après.

Vous serai obligé de me répondre au sujet de Charette
pour lequel je vous ai télégraphié il y a trois jours. Le général Chanzy insiste de nouveau vivement pour que le commandement de tous les mobilisés bretons soit confié à ce
général.

Je vous ai fait connaître que cette mesure ayant un côté
politique, j'étais dans l'impossibilité absolue de prendre
aucune décision.

Veuillez me donner vos instructions pour cette affaire, à
laquelle le général Chanzy attache une grande importance.

Il dit que ce sera le seul moyen pour lui de reprendre
l'offensive sans compromettre la Bretagne.

C. DE FREYCINET.

LILLE, le 3 février 1871. — *Général en chef à Guerre, Bordeaux.* — J'ai reçu les deux dépêches suivantes :

1° « Ministre des affaires étrangères au général Faidherbe, commandant en chef l'armée du Nord. — Le département de la Somme ayant été réservé à l'armée allemande, j'ai le regret de vous dire qu'Abbeville doit être évacué et rendu. Il est convenu qu'on n'y frappera ni contributions de guerre ni réquisitions. Abbeville ne sera soumis qu'à sa quote-part dans les charges du département de la Somme. Givet nous est conservé par la convention ainsi que Langres. »

2° « Commandant Matrot à général Faidherbe. — M. le comte de Bismark maintient rigoureusement l'obligation pour les troupes françaises d'évacuer immédiatement le département de la Somme y compris Abbeville ; en cas retard, les autorités allemandes considéreront armistice comme non exécuté. Le colonel Baboni a reçu des ordres en conséquence et il y obéira. »

LILLE, 5 février 1871, 9 h. 20 soir. — *Général en chef à Guerre, Bordeaux.* — Ai refusé candidature, tant ma présence me semble nécessaire à l'armée du Nord ; suis d'ailleurs indisposé ; en conséquence, demande à vous envoyer à ma place général Farre, très au courant, et qui vous portera mon avis par écrit. Je doute, du reste, qu'on puisse arriver de Lille à Bordeaux le 10 courant.

Veuillez répondre de suite.

FAIDHERBE.

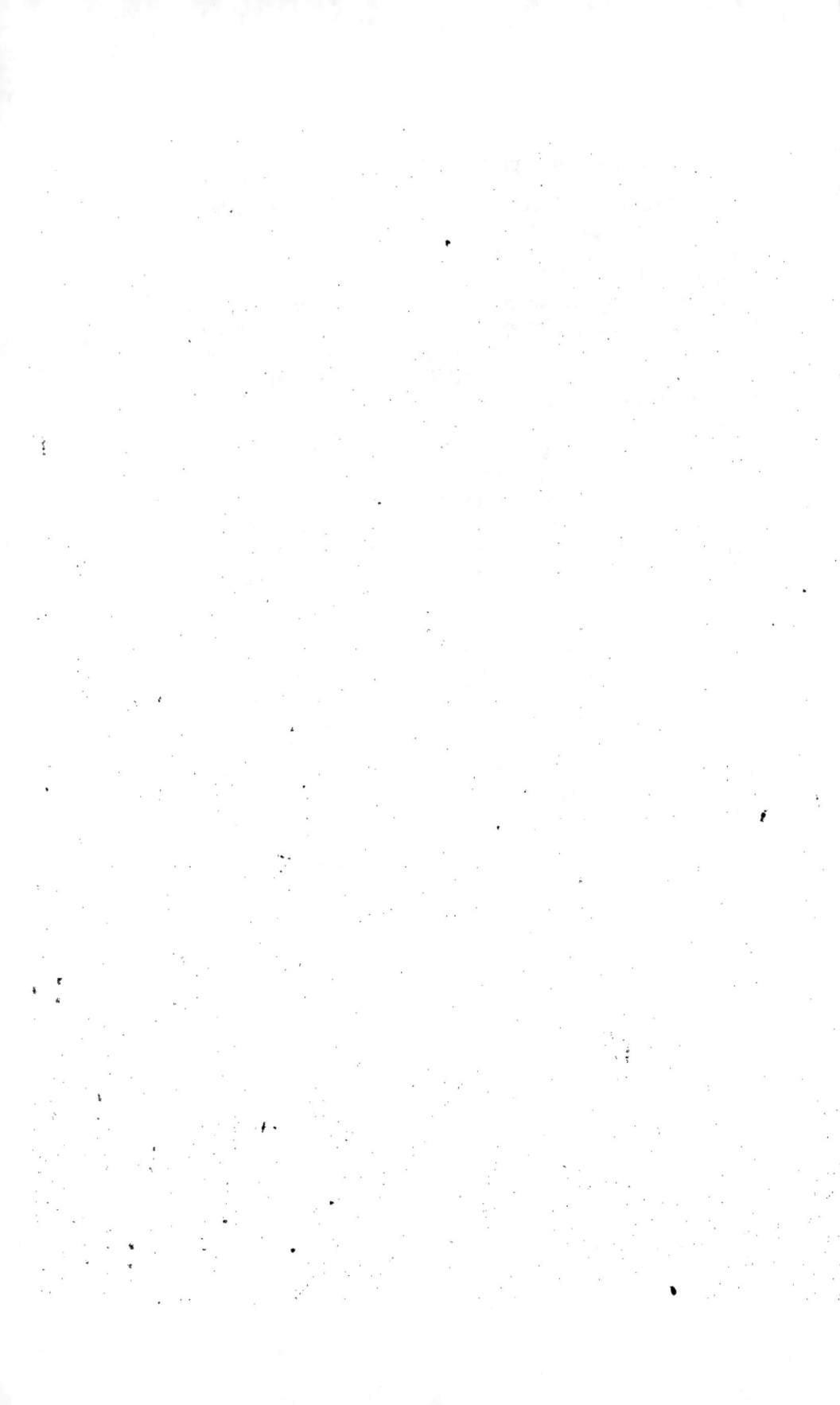

TABLE DES MATIÈRES

CHAPITRE VIII

CHAPITRE X

CHAPITRE XI

CHAPITRE XII

Paris. — Typ. Georges Chamerot, 19, rue des Saints-Pères. — 1905.

G. CHARPENTIER et E. FASQUELLE, ÉDITEURS

11, Rue de Grenelle, Paris.

ŒUVRES DE LÉON GAMBETTA

DANS LA BIBLIOTHÈQUE CHARPENTIER à **3 FR. 50** LE VOLUME

Discours et Plaidoyers choisis, avec notice biographique, par M. Joseph REINACH. — Édition ornée du médaillon de GAMBETTA, par J.-P. CHAPLAIN (3ᵉ mille). 1 vol.

Discours et Plaidoyers politiques, publiés par M. Joseph REINACH. — L'ouvrage forme onze volumes in-8. Prix de chaque volume . . . . **7 fr. 50**

Dépêches, Circulaires, Décrets, Proclamations, publiés par M. Joseph REINACH. — L'ouvrage forme deux volumes in-8. Prix de chaque volume. . . . . **7 fr. 50**

Paris. — Typ. Chamerot et Renouard. 19 rue des Saints-Pères. — 1905.

www.ingramcontent.com/pod-product-compliance
Lightning Source LLC
Chambersburg PA
CBHW070623270326

41926CB00011B/1795